PROCÈS-VERBAUX

DES ÉTATS DU GÉVAUDAN

DOCUMENTS RELATIFS A L'HISTOIRE DU GÉVAUDAN

DEUXIÈME PARTIE

PROCÈS-VERBAUX

DES DÉLIBÉRATIONS

DES ÉTATS DU GÉVAUDAN

PUBLIÉS PAR LA SOCIÉTÉ D'AGRICULTURE, SCIENCES ET ARTS
DE LA LOZÈRE, SOUS LES AUSPICES DU CONSEIL GÉNÉRAL
ET SOUS LA DIRECTION DE M. FERDINAND ANDRÉ,
ARCHIVISTE DU DÉPARTEMENT.

TOME VIIe

MENDE
IMPRIMERIE TYPOGRAPHIQUE DE C. PRIVAT
5, Rue Basse, 5
1881

1734

MM. les commissaires de l'assiette. — Lecture des commissions contenant les sommes à imposer. — Lecture des commissions. — Refus d'admission de M. Maurin, curé de Marvejols, procureur pour le commandeur de Palhers. — Contestation entre des consuls de Saint-Germain-du-Teil et de Saint-Pierre-de-Nogaret, pour l'entrée aux Etats. — Prestation du serment. — Une lettre doit accompagner les procurations. — Nomination de M. Gros, à la charge de syndic, et de M. de Lhermet à celle de greffier. — Gratification demandée par les héritiers de M. de Saint-Sauveur, ancien syndic. — Capitation des Cévennes. — Refonte de la capitation. — Appurement des comptes des receveurs. — Dixième des biens nobles. — Retenue du dixième sur les intérêts payés par le diocèse et par les communautés. — Commission pour prendre connaissance des dettes des communautés, de leurs dépenses, de l'emploi des biens patrimoniaux, etc. — Les collecteurs ne peuvent être continués qu'après avoir rendu leur compte. — Les subventions ne peuvent être établies sans le consentement des Etats généraux. — Finances des offices de l'ancienne maréchaussée. — Les quittances des tailles doivent être sur papier timbré. — Règlement au sujet de la fourniture des voitures pour le transport des équipages des troupes. — Maison du collége des Médecins à Montpellier. — Indemnité accordée au diocèse. — Changement du commis établi à Chirac pour la vérification des étoffes. — Pont de Quézac. — Revendeurs du sel. — Pont de Meyrueis. — Réparation du pont et de la côte de Bayard.

— *Pont de Malegazane, entre Saint-Chély et Termes.* — *Pont de Fournels.* — *Entretien des chemins du diocèse.* — *Réquisitions au sujet du droit de visite et marque établi sur toutes les étoffes.* — *Clôture des Etats.*

L'an mil sept cens trente-quatre, et le lundy vingt-neufvième jour du mois de mars. Les gens des Trois Etats du pays de Gévaudan, convoqués par ordre du Roy, en la ville de Maruejols, sont venus à la salle de l'hôtel de M. le baron de Peyre, où loge Mgr l'illustrissime et révérendissime seigneur, Mgr Gabriel-Florent de Choiseul, évêque, seigneur et gouverneur de la ville de Mende, comte de Gévaudan, conseiller du Roy en tous ses Conseils, Président-né desdits Etats et assiette, qui les attendoit, étant accompagné de Mre Antoine-Cleriadus de Choiseul-Beaupré, prêtre, licencié en théologie de la faculté de Paris, chanoine, archidiacre de l'église de Mende et vicaire général de mondit seigneur évêque de Mende, et de Mre Vital Dangles, prêtre, chanoine et prévôt de ladite église de Mende, aussy vicaire général et official de mondit Sgr évêque, et de MM. les commissaires ordinaires ; et, tous ensemble, sont allés à l'église collégiale Notre-Dame-de La Carce de ladite ville, pour y entendre la messe du Saint-Esprit. Après laquelle, s'étant rendus dans la salle de l'auditoire des Cours du baillage de Gévaudan et royale ordinaire dudit Maruejols, ils ont pris chacun leur place, sçavoir : mondit Sgr le Président, sur un fauteuil, placé sur une estrade élevée, au-dessous d'un dé ; et sur la gauche de cette estrade et à la tête du banc, Mre Eymar Henry de Moret, chevalier, comte de Peyre, baron de Montbreton, Marchastel et Burzet, Sgr de La Baume, Le Vivier, Baldassé, Larcis, Les Bessons, Saint-Latger, Beauregard, Montrodat, Sgr et gouverneur de la ville de Maruejols, mestre de camp d'un régiment de cavalerie, baillif du pays de Gévaudan, en tour, pour le Roy, la présente année, commissaire ordinaire desdits Etats et assiette ; Mre Jean-Amédé de Rochefort d'Aly, comte de St-Point et de Montferrant, baron de Cénaret, Sgr de Laval, Pougnadoire et Saint-Chély-de-Tarn, lieutenant de nosseigneurs les maréchaux de France, au diocèse de Mende et commis des nobles dudit pays, commissaire ordinaire desdits Etats et assiette ; M. Me Jean-Joseph Cailar de Bardon, juge en chef et général de la ville de Mende et de toute la temporalité de mondit Sgr évêque ; et Me Jean Vincens, notaire royal, 1er et 2e consuls de la ville de Mende, l'année dernière, commissaires ordinaires des Etats et assiette, sur un banc placé au milieu du parterre ; sieur Antoine Bonnicel, 3e consul, étant décédé ; MM. les ecclésiastiques, sur un banc à la droite de Mgr le Président, chacun suivant son rang ; et sur le banc dudit sieur ballif, MM. les barons et gentilhommes de ce diocèze ou leurs députés, aussy suivant leur rang ; et les sieurs consuls et députés des autres villes et communautés dudit diocèze, qui ont entrée et voix délibérativé auxdits Etats, assis sur le bas banc, en l'absence de Mre de Rochefort d'Aly, chevalier de Saint-Point, capitaine dans le régiment du Chaylar cavalerie, commissaire principal desdits Etats et assiette.

Le sieur comte de Peyre, baillif en tour, pour le Roy, ayant entre ses mains les commissions de nosseigneurs les commissaires, qui ont présidé pour le Roy à l'assemblée des Etats généraux de la province, tenus à Montpellier, le 6e février dernier, a dit que nosdits seigneurs luy ordonnent, par leursdites commissions, et à M. le baillif du Gévaudan, étant en tour ou son lieutenant, aux consuls de Mende et à un de Maruejols, commissaires ordinaires comme luy, de procéder au département des deniers y contenus, et ainsy qu'il a été consenty et résolu auxdits Etats. Lesquels deniers Sa Majesté veut être imposés, la présente année, pour le soutien de l'Etat, et pour fournir aux autres dépenses qui se fairont dans le royaume, aussy bien que pour les appointements de son altesse sérénissime, Mgr le duc du Maine, gouverneur de la province, entretenement de ses gardes et de MM. les lieutenants dans ladite province, dettes et affaires de la province et de ce diocèze, et au département des deniers des gratifications ordinaires et extraordinaires contenus au billet, sur ce envoyé, signé : Touzard, en attendant l'arrest de validation du Conseil d'Etat de Sa Majesté, pour être payés aux premiers jours d'avril, juillet et octobre de la présente année ; et a remis les susdites commissions au greffier du diocèze pour en faire la lecture.

Et à l'instant, lecture a été faite desdites commissions, ensemble des instructions et autres actes y attachés, contenant, entre autres choses, permission d'imposer pour les vaccations et journées des consuls de Mende et de Maruejols et du syndic du diocèze, députés aux derniers Etats de la province.

La lecture ayant été finie, lesdits sieurs ballif et commis des nobles sont sortis de l'assemblée.

Mgr le Président a fait appeler les gens des Trois Etats dudit pays de Gévaudan, et ayant fait remettre au greffier les procurations des députés auxdits Etats, il leur en a fait la lecture. Et ayant fait appeler M. de Palhers, s'est présenté Mᵉ Maurin, prêtre et curé de la ville de Maruejols, qui a demandé d'être admis dans l'assemblée, en conséquence de la procuration à luy faite par Mʳᵉ de Forbin d'Oppède, bailly, grand'croix de l'ordre de Saint-Jean-de-Jérusalem, commandeur de Cognac, receveur et procureur général du commun trésor, lieutenant et vicaire général au grand prieuré de St-Gilles. Sur quoy, le syndic du diocèse a représenté que M. le commandeur de Palhers est seul en droit de prendre le rang et séance dans l'assemblée, à raison de sa commanderie de Palhers, et que, par conséquent, il est seul personne capable et légitime pour fournir une procuration et envoyer un procureur, lorsqu'il ne peut point venir luy-même ; que d'ailleurs suivant les règlements et uzages constamment observés, les MM. de l'église et de la noblesse qui ne peuvent pas assister aux Etats, doivent envoyer une lettre adressée à Mgr le Président, pour toute l'assemblée, contenant les raisons pour lesquelles ils ne peuvent pas venir, et qu'il importe que cet uzage soit conservé pour soutenir la dignité de Mgr le Président et de l'assemblée. Sur quoy, a été unanimement délibéré de rejetter ladite procuration ; et, à l'instant, Mgr le Président a nommé ledit Mᵉ Maurin, curé de Maruejols, pour remplir la place vacante de M. le commandeur de Palhers ; et, ayant été introduit dans l'assemblée, il y a pris rang et séance.

Et ayant fait appeler le consul du mandement de Nogaret, s'est présenté sieur Germain Vignes, consul de la paroisse de Saint-Germain-du-Teil, porteur de la procuration de ladite communauté, qui a demandé d'être admis dans l'assemblée, pour y prendre le rang et séance du consul du mandement de Nogaret. Et en même temps, s'est aussy présenté sieur Pierre Reversat, du Besset, porteur de la procuration de la communauté de Saint-Pierre-de-Nogaret, qui a aussy demandé d'être admis dans l'assemblée en qualité de consul du mandement de Nogaret. Sur quoy, ledit sieur Vignes a représenté que la paroisse de Saint-Germain-du-Teil est la plus considérable du mandement de Nogaret, et que, pour cette raison, il doit avoir la préférence pour l'entrée aux Etats du pays. Ledit sieur Pierre Reversat a représenté que Saint-Pierre-de-Nogaret donne le nom au mandement, et en est le chef lieu ; que d'ailleurs, il est député, non-seulement de la communauté de St-Pierre-de-Nogaret, mais encore celle de Trélans : qu'ainsy il doit être admis dans l'assemblée. Ledit sieur syndic a représenté qu'il ne sçauroit dire rien de précis sur la contestation de ces deux consuls jusques à ce qu'ils ayent remis les actes qui établissent leurs droits et l'usage qui a été observé entre les communautés du mandement de Nogaret, avant l'établissement des mairies, et a requis l'assemblée d'ordonner la remise desdits actes, offrant de faire des recherches de son côté aux archives du diocèze, dans le cours de cette année, afin que cette contestation puisse être décidée l'année prochaine ; qu'il croit néanmoins que le consul de Saint-Pierre-de-Nogaret doit être admis par provision, attandu qu'il est député par les habitants de deux communautés, dont l'une est le chef-lieu. Sur quoy, a été unanimement délibéré que les consuls des paroisses qui forment le mandement de Nogaret, remettront incessamment, audit sieur syndic, les actes sur lesquels ils se fondent pour prétendre la préférence les uns sur les autres pour l'entrée aux Etats du pays ; et néanmoins que le consul de

Saint Pierre-de-Nogaret sera admis par provision dans l'assemblée, où il a été introduit, et a pris rang et séance.

L'assemblée ayant été réglée et chacun ayant pris sa place, le serment en tel cas requis et accoutumé, a été prêté, sçavoir : par MM. de l'église, la main mise sur la poitrine ; et, par MM. de la noblesse et députés du Tiers-Etat, la main levée à Dieu. Et, tous ensemble, ont promis à Mgr le président, moyennant leur serment, de ne rien faire, en cette assemblée, contre l'honneur de Dieu ny contre le service du Roy.

Ensuite a été unanimement résolu que les sommes contenues aux commissions de nosseigneurs les commissaires, président pour le Roy aux Etats généraux de la province, tenus à Montpellier, le 6ᵉ février dernier, seront imposées, la présente année, sur les contribuables aux tailles du pays de Gévaudan ; et les Etats ont donné pouvoir à MM. les commissaires de l'assiette, qui s'assembleront demain, d'en faire le département.

Comme il est d'uzage dans la province que MM. de l'église et MM. les barons, qui ne peuvent pas assister aux Estats généraux envoyent, outre leurs procurations, une lettre adressée à Mgr le Président, pour toute l'assemblée, contenant les raisons pour lesquelles ils ne peuvent pas venir, que cet usage a été toujours observé dans ce pays, pour soutenir la dignité de Mgr le Président et de l'assemblée, et que néantmoins quelques-uns ont obmis d'écrire lesdites lettres ; a été délibéré que les procurations, tant de MM. de l'église que de MM. les barons et gentilshommes, seront refusées à l'avenir, conformément aux anciennes délibérations, sy elles ne sont pas accompagnées d'une lettre pour Mgr le

Président, qui contienne les raisons pour lesquelles ils ne peuvent assister en personne, et que le greffier du diocèze couchera la présente délibération dans les lettres d'avis pour la convocation des Etats prochains.

Mgr le Président a dit que la place de syndic de ce diocèze ayant vacqué par la mort de M. de St-Sauveur, MM. les commis et députés ordinaires creurent qu'il étoit nécessaire de la remplir, parce que le diocèze était chargé de plusieurs affaires importantes, et qu'il falloit d'ailleurs disposer toutes choses pour la tenue des présents Etats et assiette ; et que s'étant assemblés en la ville de Mende, le 26ᵉ janvier dernier, ils nommèrent pour syndic dudit diocèze Mᵉ Mathieu Gros, avocat en la Cour des Aydes de Montpellier, dont la droiture, la capacité et l'attention aux affaires sont connues à l'assemblée, qui l'a veu remplir, avec l'approbation publique, la charge de greffier, et même celle de syndic, pendant quelques années ; M. de St-Sauveur n'ayant pas été toujours en état de travailler, à cause de ses indispositions, et qu'il croit que l'assemblée doit approuver et confirmer le choix qui a été fait dudit M. Gros, en le nommant pour syndic.

Mgr le Président a dit encore que la place de greffier du diocèze se trouvant vacante par cette élection, ils y nommèrent Mᵉ Jean Bonnissel de Lhermet, fils, avocat en Parlement, dont ils connoissoient la capacité et le mérite, et comme il s'est acquité de ses fonctions avec beaucoup d'exactitude et de diligence, il croit que l'assemblée doit approuver et confirmer le choix qui a été fait dudit Mᵉ de Lhermet, et le nommer greffier du diocèze. Sur quoy les dits sieurs Gros et de Lhermet étant sortis de l'assemblée, le choix fait dudit Mᵉ Gros pour sindic dudit diocèze, dudit M° de Lhermet pour greffier dudit diocèze a été approuvé et ils ont été confirmés dans leurs charges. Après quoy les Etats ayant fait appeler lesdits sieurs Gros et de Lhermet, lecture leur a été faite de la présente délibération ; et Mgr le Président leur a fait prêter le serment, la main levée a Dieu, de remplir les devoirs de leurs charges ; ce qu'ils ont promis et juré de faire.

Ledit sieur sindic a dit encore que les héritiers de feu M. de St-Sauveur, souhaitent de se régler avec le diocèse, sur les sommes qu'ils luy doivent et qu'ils supplient l'assemblée de leur accorder une gratification pour les services rendus par M. de St-Sauveur, en qualité de sindic de ce pays, pendant quatorze années. Sur quoy, a été renvoyé à MM. les commissaires ordinaire, pour arrêter compte avec les héritiers de M. de St-Sauveur, pour convenir des termes des payements et pour examiner qu'elle somme il convient d'accorder auxdits sieurs héritiers, pour la gratification par eux demandée ; sur laquelle il sera délibéré, sur leur rapport, aux Etats de l'année prochaine.

Ledit sieur sindic a dit encore que M. le contrôleur général en envoyant les instructions à MM. les commissaires du Roy, leur a manqué expressement, par une lettre, que le pays des Cévennes doit payer la capitation cette année, en exécution de l'arrest du Conseil du 22° may 1731. qui porte en termes formels que les communautés des Cévennes doivent payer la totalité de leurs impositions, comme elles faisoient avant l'arrest du 19° août 1704, et que le diocèze ne pourra point demander à l'avenir aucune remise à ce sujet, qu'on l'a ainsy déclaré aux députés du pays qui ont assisté aux derniers Etats généraux de la province. Sur quoy, a été unanimement délibéré que les paroisses des Cévennes seront comprises dans les Etats de la capitation de la présente année 1734.

Ledit sieur syndic a dit encore que la capitation est considérablement augmentée cette année et a requis l'assemblée de pourvoir à la répartition de l'augmentation. Sur quoy, a été renvoyé à MM. les commissaires de l'assiette, pour procéder à cette répartition, avec leur attention et leur exactitude ordinaire.

Ledit sieur sindic a dit encore, qu'il a été délibéré, aux derniers Etats généraux, de faire une nouvelle répartition de la capitation dans toute la province, et MM. les sindics généraux ont été chargés de prendre des mesures, dans le cours de cette année, afin qu'on puisse procéder a cette répartition aux prochains Etats ; et, en conséquence, M. Joubert, syndic général prie l'assemblée, par sa lettre d'avis, de donner une attention toute particulière à la répartition qui doit être faite, cette année, sur les communautés de ce pays ; il marque que, suivant les instructions qui furent faites pour la capitation, de l'année 1705, et qui ont toujours servi de règle, il doit être procédé à la capitation, non point en fixant le contingent de chaque communauté, avant de faire les taxes des rôles, mais en réglant les taxes des particuliers, par rapport à ce que le général du pays doit porter, et que le contingent d'une communauté, par rapport à la capitation, doit être proportionné, chaque année, au nombre et aux facultés des particuliers sujets aux taxes; qu'il est d'autant plus important de faire la répartition cette année, sur ce principe, qu'elle pourra fournir pour parvenir à la répartition générale de la province. Sur quoy, a été unanimement renvoyé à MM. les commissaires de l'assiette pour faire la répartition de l'entière capitation, eu égard aux nombres et aux facultés des habitants de chaque communauté.

Ledit sieur sindic, a dit encore que MM. les receveurs des tailles de ce pays, négligent d'apurer leurs comptes de la capitation, sous prétexte que quelques MM. des mains fortes, diffèrent de payer leurs cotités, ou de rapporter les quittances de la capitation qu'ils sont obligés de payer hors de la province ; mais que ce prétexte n'est point légitime pour dispenser MM. les receveurs d'apurer leurs comptes de la capitation, puisqu'ils doivent faire livre net. Sur quoy, a été unanimement délibéré que les receveurs des tailles du présent diocèse apureront leurs comptes de la capitation, et ledit sieur sindic a été chargé de faire des diligences pour les y obliger.

Ledit sieur sindic a dit encore qu'il a été délibéré, aux derniers Etats généraux, que les biens nobles et droits seigneuriaux comme fourds, moulins, forges, rentes foncières et autres droits compris dans les états arrêtés en 1712, seront taxés au tiers en sus de ce qu'ils le feurent alors ; et que MM. les sindic généraux envoyeront des états de ces biens nobles et droits seigneuriaux dans les diocèses et les communautés, conformément eux instructions que furent suivies dans le recouvrement du dixième de l'année 1712. Lesquelles serviront de règle à cet égard, sauf à y faire, dans la suite, les changements qui seront trouvés nécessaires, et que M. de Joubert marque, par sa lettre d'avis, qu'il envoyera le plustôt qu'il pourra ces états et instructions. Sur quoy, a été unanimement renvoyé à MM. les commissaires ordinaires pour faire les arrangements qu'ils jugeront nécessairess pour le recouvrement du dixième sur les biens nobles Etats seigneuriaux, lorsqu'ils auront reçu les états et instructions de la province.

Ledit sieur sindic, a dit encore qu'il a été délibéré aux derniers Etats généraux que les diocèzes et les communautés de la province remettront un état de leurs dettes, dont l'intérêt est payé à cinq pour cent; que les receveurs des tailles en exercice retiendront le dixième des intérêts payés, à cinq pour cent par les diocèzes, et que les collecteurs fairont pareillement la retenue du dixième sur les rentes des communautés, à cinq pour cent, et qu'ils remettront ce dixième au receveur en exercice, lequel portera à la caisse de la province, tant le dixième qu'il aura reçu des collecteurs, que celui dont il aura fait lui même le retenue, et que M. de Joubert, sindic général, a envoyé plusieurs exemplaires d'une lettre qu'il a écrit à ce sujet aux communautés de ce pays. Sur quoy, a été délibéré d'en donner avis par un article de la mande, et que les exemplaires de la lettre de M. de Joubert seront envoyés dans toutes les paroisses.

Ledit sieur sindic, a dit encore, qu'en conséquence des délibérations de la province, le Roy a étably une commission semblable à celle de 1662. En conformité de laquelle des commissaires se transporteront dans toutes les paroisses, pour prendre une connaissance particulière de chaque communauté, par rapport aux dettes, aux dépenses ordinaires et à l'employ des biens patrimoniaux, et que ces mêmes commissaires prendront dans chaque communauté un état des habitants capitables et de leur facultés. Sur quoy, a été unanimement délibéré d'en donner avis aux communautés par un article de la mande et de charger les consuls et greffiers des communautés de faire connoitre avec sincérité et exactitude, la situation actuelle desdites communautés sur ces différents chefs.

Ledit sieur sindic a dit encore, que suivant les règlements de la province, les collecteurs ne peuvent point être continués pendant deux années, à moins qu'ils n'ayent rendu compte et payés les reliquas avant de prendre la seconde collecte. Sur quoy, a été unanimement délibéré qu'il en sera donné avis aux communautés par un article de la mande.

Ledit sieur sindic a dit encore, qu'il a été délibéré aux derniers Etats généraux de la province que les subventions, qui sont etablies dans les communautés, ne pourront être continuées que jusques en l'année 1736, inclusivement, mais qu'on ne pourra point en établir des nouvelles à l'avenir, sans le consentement des Etats généraux, attandu que, suivant le principal privilège de la province, aucune imposition ne peut être faite sans son consentement sur les communautés qui le composent. Sur quoy a été unanimement délibéré d'en donner avis par un article de la mande, qu'oy que l'assemblée n'aye point connaissance qu'on lève des droits de subvention dans aucune communauté de ce pays.

Ledit sieur sindic a dit encore, qu'il est connu à MM. les commissaires ordinaires qu'il y a un homme devenu fou dans une paroisse du diocèze, qui attaque et insulte tous ceux qu'il rencontre; il menace même de mettre le feu anx granges et aux maisons; que les parents de cet homme sont pauvres et hors d'état de le tenir enfermé, et que l'assemblée pourrait prendre des mesures, pour prévenir les désordres que ces sortes de gens causent, lorsqu'on ne les met point en lieu de seureté, étant question de la seureté et de l'utilité publique. Sur quoy, a été unanimement renvoyé à MM. les commissaires ordinaires pour faire enfermer ces sortes de gens dans un hôpital, pourvoir à leur subsistance, et prendre les précautions qu'ils jugeront convenables pour la seureté publique, lorsque des cas pareils arriveront.

De relevée.

Ledit sieur sindic a dit encore que la province payoit tous les ans, au diocèze de Mende, une somme de 1,078 livres 11 sols 2 deniers, qui étoit employée au payement de partie des inthérêts dus aux propriétaires des offices de l'ancienne maréchaussée ; et que le surplus de ces intérêts étoit payé par imposition, et compris dans le département des deniers ordinaires ; et comme la province ne payoit qu'avec le fonds qu'elle recevoit des diocèzes, il a été déterminé que chaque diocèze payera les intérêts dont il sera débiteur ; ce qui ne porte aucun préjudice au pays, puisqu'il n'y a du changement que dans la manière du payement qui doit être fait par le diocèze sans recourir à la province ; et a requis l'assemblée de lui procurer le fonds que la province cesse de faire. Sur quoy, a été unanimement délibéré, que l'imposition pour les intérêts de l'ancienne maréchaussée sera augmentée de la somme de 1,078 livres 11 sols 2 deniers, pour remplacer le fonds que la province cesse de faire.

Ledit sieur sindic a dit encore que quelques collecteurs du diocèse ont été assignés devant les visiteurs généraux des gabelles, juges des formules au département de Montpellier, en condamnation d'amende pour avoir fait les quittances de la taille sur du papier timbré, et que le fermier du domaine prétend qu'il est ordonné, par les édits et déclarations du Roy, de faire les quittances de la taille sur du papier timbré ; mais que ces édits et déclarations n'ayant jamais été envoyés ny publiés dans le Gévaudan, on n'a pas peu s'y conformer, et qu'il paroit juste que le pays prenne le fait et cause des collecteurs, qui ont été assignés, et de ceux qui pourroient l'être à l'advenir sur le même fondement. Sur quoy a été unanimement délibéré d'avertir les communautés de ce pays, par un article de la mande, de faire mettre, à l'avenir, les quittances de la taille sur du papier timbré ; et, pour le surplus, a été renvoyé à MM. les commissaires de l'assiette et ordinaires.

Ledit sieur sindic a dit encore, qu'en conséquence des délibérations de la province, on a passé un nouveau bail pour la fourniture des vivres pour les équipages des troupes qui passent dans la province, et qu'il est porté, par un des articles du traité, que sy lesdits entrepreneurs n'ont pas assemblé le nombre des voitures et chevaux nécessaires dans les lieux où les troupes doivent passer ou de ceux d'où elles partent, et que les consuls des communautés soient obligés d'y suppléer, en commandant les voitures des habitants, lesdits entrepreneurs seront tenus de payer aux particuliers qui auront été forcés de marcher avec leurs charrettes, bêtes à dos, ou chevaux, pour le voyage ou retour d'un lieu d'étape à l'autre, sçavoir : pour chaque charrette attelée à deux bœufs, 6 livres ; pour celles qui seront attelées de quatre bœufs, 10 livres ; pour chaque bête à bat, 5 livres 10 sols ; et, pour chaque cheval, 3 livres, outre et par dessus la rétribution qui auroit été payée au particulier par les officiers pour ladite fourniture. Et au cas que les bêtes desdits particuliers vinssent à périr ou qu'elles fussent blessées ou qu'il fut causé quelque dommage à leurs charrettes, harnais et effets pendant ces voitures, lesdits entrepreneurs seront obligés de les indemniser plainement, sauf leur recours contre les troupes, ainsy qu'ils l'aviseront, sans pouvoir alléguer pour s'excuser, de n'avoir pas fourny lesdites voitures et chevaux, qu'ils n'ont pas été avertis du passage des troupes ny aucune raison ny prétexte que ce soit. Sur quoy, a été unanimement délibéré d'en donner avis aux communautés, par un article de la mande.

Ledit sieur sindic a dit encore que les héritiers d'un créancier du diocèze représentèrent à Mgr le Président et à MM. les commissaires ordinaires qu'ils étoient dans l'incertitude sy leurs auteurs n'avoient pas receu du diocèze l'intérêt de l'intérêt. Sur ces représentations on fit des recherches, en remontant jusques en l'année 1630, et on a reconnu clairement que quelques intérêts avoient été accumulés et avoient formé un capital dont l'intérêt a été payé ; que par conséquent le diocèze a payé l'intérêt de l'intérêt. Mais on a trouvé aussy qu'il y a eu une suppression des intérêts légitimes pendant plusieurs années ; qu'on ne peut rien dire de clair ny de précis, attendu qu'il est question d'une affaire tres ancienne, sur laquelle il y a eu divers procès et plusieurs jugements ; on croit néantmoins pouvoir assurer que la suppression des intérêts légitimes monte à une somme plus considérable que les intérêts illégitimes sur le véritable capital, et diminuer par là la rente légitime de chaque année ; et qu'ils prient l'assemblée de vouloir bien compenser les intérêts illégitimes qui ont été payés avec la suppression des intérêts légitimes, et leur accorder, en tant que de besoin, décharge ; ayant communiqué toutes les connaissances qu'ils avoient sur cette affaire. Sur quoy, a été renvoyé à MM. les commissaires de l'assiette.

Ledit sieur sindic a dit encore que l'arrentement du collége des étudiants en médecine de ce diocèse finira le 31ᵉ décembre prochain, et qu'il est nécessaire de passer un nouveau bail. Sur quoy, ledit sieur sindic a été chargé de faire procéder aux affiches et publications accoutumées et de passer le contrat d'arrentement au plus offrant et dernier enchérisseur, suivant les ordres qui lui seront donnés par MM. les commissaires ordinaires.

Ledit sieur sindic a dit encore que Mᵐᵉ la comtesse de Montpeyroux demande une quittance finale de son bail de cette maison, qui prit fin au mois de décembre 1729, aussy bien que du bail qui doit finir au mois de décembre prochain, offrant de remettre toutes les quittances des tailles et censives et des pensions des étudiants pendant la durée des deux baux. Sur quoy, ledit sieur sindic a été chargé de faire ces deux quittances finales et de rapporter au diocèze les quittances des charges et des pensions des étudiants.

Ledit sieur sindic a dit encore, qu'en conséquence des ordres de MM. les commissaires, il a fait vérifier cette maison par le sieur Girard, architecte de Montpellier, lequel l'a trouvée en fort mauvais état ; le tout ayant besoin d'être refait à neuf, aussy bien qu'une maîtresse muraille de toute la longueur du collége, et un mur de refente ; et que les portes, vitres, fenêtres et contrevents ont aussy besoin d'être refait, afin que les locataires puisssent y être à couvert des rigueurs des saisons, et enfin que cette maison est entièrement délabrée, et qu'on ne pourra point y habiter dans peu de temps sy on n'y fait les réparations nécessaires. Sur quoy a été unanimement renvoyé à MM. les commissaires ordinaires pour faire renouveler les diligences qui avoient été commencées pour parvenir à la vente de cette maison.

Ledit sieur sindic a dit encore qu'il a été accordé, à ce diocèze, une somme de 12,000 livres pour l'indemniser en partie des dommages causés aux récoltes de l'année 1732, par les grêles, les orages et autres accidents du ciel, et pour la mortalité des bestiaux de cette même année. Sur quoy, a été renvoyé à MM. les commissaires de l'assiette pour procéder à la répartition de cette somme en faveur des communautés qui ont souffert les dommages.

Ledit sieur sindic a dit encore que le commis proposé dans la ville de Chirac pour la vérification des laines et étoffes qu'on y fabrique pourroit être changé au Malzieu ou à Saugues et y rendre des grands services au diocèze, attendu qu'il n'y a point de commis dans ce quartier là, quoyqu'il soit d'une grande étendue et qu'il y ait un grand nombre de fabricants, et que les commis de Maruejols et de La Canourgue pourroint veiller aux manufactures de Chirac. Sur quoy, a été unanimement renvoyé à MM. les commissaires de l'assiette et ordinaires pour examiner l'utilité et inutilité de ce changement et faire les arrangements et changements qu'ils connoitront être avantageux au pays.

Ledit sieur sindic a dit encore que le procès sur la chûte du pont de Quézac est instruit aussy bien que la demande en liquidation de la finance des offices des regratiers et revendeurs de sel ; mais que M. l'Intendant n'a pas peu les juger, parce qu'il fut absent de la province ou malade, presque toute l'année dernière. Sur quoy, ledit sieur sindic a été chargé de solliciter le jugement de ces deux affaires.

Ledit sieur sindic a dit encore qu'il a formé opposition envers une ordonnance rendue en l'absence de M. l'Intendant, qui condamne les paroisses d'Ure, La Parade, Saint-Pierre des Tripiers et quelques autres paroisses du pays, à contribuer aux frais de la réparation du pont de communication de la ville de Meyrueis avec les fauxbourgs, et a requis l'assemblée d'approuver cette opposition et de lui donner pouvoir de continuer les poursuites. Sur quoy, ayant été délibéré, cette opposition a été approuvée, et ledit sieur sindic a été chargé de continuer les poursuites.

Ledit sieur sindic a dit encore que, sur les contestations qu'il y avoit entre les diocèzes de Mende et d'Uzès, touchant les réparations du pont et côtes de Bayard, il fut rendu une ordonnance par M. l'Intendant, le 14ᵉ octobre 1735, portant que les sieurs Brémond et Laval, entrepreneurs de cette cotte et de ce pont, les mettront en état, conformément à l'adjudication qui leur en fut faite dans le délay de quinzaine, et après ce délay passé, il sera permis aux sindics des diocèzes d'Uzès et de Mende, de faire publier ces réparations à la folle enchère des entrepreneurs, et que le bail sera adjugé au dernier moins-disant par les commissaires du diocèze d'Uzès, en présence du sindic du diocèze de

Mende ; et qu'à l'égard des ouvrages et augmentations qui doivent être faites à la côte de Bayard, la vérification en sera faite par le sieur de Larnac, inspecteur des chemins du diocèze d'Uzès, en présence des sindics des diocèzes intéressés auxdites réparations, pour être, sur ladite vérification, délibéré par MM. les commissaires ordinaires desdits diocèzes, ainsy qu'il appartiendra. Sur quoy, a été unanimement renvoyé à MM. les commissaires ordinaires.

Ledit sieur sindic a dit encore, qu'il seroit nécessaire de faire construire un pont à Malegazane, entre Saint-Chély et Termes et un autre pont au lieu de Fournels. Sur quoy, a été unanimement délibéré de renvoyer à une autre année l'entreprise des nouveaux ponts et chemins, et cependant MM. les commissaires ordinaires ont été priés de faire faire les réparations qu'ils jugeront nécessaires pour la conservation des ponts et chemins qui ont été déjà construits, et pour les rendre praticables ; le pays n'étant pas en état de faire aucune nouvelle entreprise à cause de l'augmentation des tailles et de la capitation.

Ledit sieur sindic a dit encore, qu'en conséquence des ordres de MM. les commissaires ordinaires, il adjugea, l'année dernière, l'entretien d'une partie des chemins du diocèze, pour empêcher le dépérissement, et qu'il est nécessaire, dans la même vue, d'adjuger l'entretien de plusieurs autres parties du chemin. Sur quoy, ledit sieur sindic a été chargé de continuer les adjudications de l'entretien des chemins, sous les ordres de MM. les commissaires ordinaires,

Ledit sieur sindic a dit encore que, par deux arrêts du Conseil, des 7 octobre 1732 et 30° juin 1733, toutes sortes d'étoffes qui se fabriquent dans le Royaume, ont été assujetties au droit de visite et de marque, avec injonction aux ouvriers de mettre, à la tête desdites étoffes, leurs noms et le lieu de la manufacture.

Mgr le Président a représenté aux Etats généraux de l'année 1752, que les étoffes du Gévaudan ont toujours été exceptées des règlements généraux, et notamment par des arrêts du Conseil, des 14 décembre 1673 et 7 octobre 1692, et par les ordonnances rendues en conséquence par M. de Basville, à cause du peu de valleur de ces étoffes, qui ne sont ny de prix ny de qualité à recevoir l'aprêt et les teintures, en la manière prescrite pour les autres étoffes; que d'ailleurs il n'y a aucune manufacture publique dans le Gévaudan ; les ouvriers étant dispersés dans plus de mille villages ou hameaux dont il est composé. Les Etats généraux de la province insérèrent cette affaire dans le cahier qui fut envoyé à la Cour, et Sa Majesté fit répondre qu'elle se fairoit rendre un compte plus particulier de cette affaire, et que cependant on donneroit des ordres pour faire rendre les étoffes du Gévaudan, qui pourroient avoir été saizies et arrêtées, par le deffaut de la marque. Il a été délibéré anx derniers Etats généraux, que les sindics des pays de Gévaudan, du Velay et du Vivarais, conféreroient avec le sieur de La Cour, inspecteur extraordinaire, lequel devoit se transporter dans ce pays, au mois de may prochain, pour examiner l'utilité ou l'inutilité de la marque, mais on a eu avis que cet inspecteur est mort à Montpellier. Sur quoy, a été unanimement renvoyé à MM. les commissaires ordinaires pour soutenir et conserver ce pays dans les exceptions dont il a jouy jusques à présent et dont la privation ruineroit les fabriquss et tout le peuple.

Après quoy le *Te Deum* a été récité et la bénédiction a été donnée par Mgr le Président.

Fait, clos et arresté à Maruejols, le vingt-neufvième mars mil sept cens trente-quatre.

Signé : † G. Fior., évêque de Mende.

1735

Les commissaires de l'assiette. — Lecture des commissions contenant les sommes à imposer. — Nomination de commissaires pour vérifier les titres de noblesse de M. le comte de Saint-Point, pour la baronnie de Cénaret. — Prestation du serment. — Les procurations doivent être accompagnées d'une lettre à M. le président. — Confirmation des officiers du diocèse. — Rapport de MM. les commissaires sur les titres de M. le marquis de Saint-Point. — Nomination de M. de Saint-Point à la charge de commis des nobles. — Capitation. — Reliquat du compte de M. de Saint-Sauveur, syndic du pays, réglé à 19,000 livres. — Gratification à M. de Saint-Sauveur. — Remboursement fait à M. de Celets. — Les quittances sur papier timbré. — Convoi ou fourniture des mulets pour l'armée d'Italie. — Délibération pour la vente de la maison du collège de médecine à Montpellier. — Marque des étoffes. — Pont et côte de Bayard. — Chemin de Cultures. — Droit de leude. — Clôture des Etats.

L'an mil sept cens trente-cinq, et le vingt huitième jour du présent mois de mars. Les gens des Trois Etats du pays de Gévaudan, convoquéz par ordre du Roy, en

ladite ville de Mende, sont allés en procession à l'église
cathédrale de ladite ville, pour y entendre la messe du
Saint-Esprit. Après laquelle, s'estant rendus au palais
épiscopal, dans la salle destinée pour la tenue desdits
Etats, et y ont chacun pris leur place, sçavoir : Mre Vital
Dangles, prêtre, chanoine et prévôt de l'église cathédrale de Mende, vicaire général de Mgr l'illustrissime
évêque de Mende, comte du Gévaudan, commissaire
principal desdits Etats et assiette ; Mre Emmanuel de
Bessuéjols, chevalier, Sgr de Roquelaure, Bessuéjols,
baron de Montchanson et Tolet, Sgr de Ceyrac, Gabriac,
La Souq, du Bacon-l'Eglise, en Gévaudan, comte et
baron d'Apcher, Sgr et baron de la ville de Saint-Chély
et autres places, guidon des gendarmes de la Reyne,
chevalier de l'ordre militaire de Saint-Louis, baillif
dudit pays de Gévaudan, en tour, pour Mgr l'évêque de
Mende, la présente année ; M. Me Hiérome Harlet, lieutenant général au bailliage de Gévaudan, nommé par
M. le Président, pour remplir la place de M. de Baillar-
guet, pourveu de la commission de la mairie de Mende,
qui est absent ; sieurs Antoine Borrier et Jean Favier,
2e et 3e consuls de Mende, l'année dernière, commissaires ordinaires desdits Etats, sur un banc placé au
milieu du parquet ; Mre Giraud Pierre de Michel du Roc,
Sgr du Roc, Aldy, le Mas et autres places, maire de la
ville de Maruejols, commissaire ordinaire desdits Etats
et assiette ; MM. les ecclésiastiques, sur un banc, à la
droite de M. le Président, chacun suivant son rang ; et,
sur le banc dudit sieur baillif, MM. les barons et gentilshommes de ce diocèse ou leurs députés, aussy suivant
leur rang ; et les sieurs consuls et députés des autres
villes et communautés dudit pays, qui ont entrée et

voix délibérative auxdits Etats, assis sur le bas-banc, la place de M. le commis des nobles étant vacante par la mort de M. le baron de Cénaret.

M. le Président, commissaire principal, ayant en main les commissions de nos seigneurs les commissaires, qui ont présidé pour le Roy à l'assemblée des Etats généraux de la province, tenus à Montpellier, le 7e février dernier, a dit que nosdits seigneurs luy ordonnoient, par leursdites commissions, et à M. le baillif du Gévaudan, étant en tour, ou son lieutenant, aux consuls de Mende et à un de Marvejols, commissaires ordinaires, comme luy, de procéder au département des deniers y contenus, et ainsi qu'il a été consenty et résolu auxdits Etats. Lesquels deniers Sa Majesté veut être impozéz, la présente année, pour le soutien de l'état et pour fournir aux autres dépenses qui se feront dans le royaume, aussy bien que pour les appointements de son altesse sérénissime, Mgr le duc du Maine, gouverneur de la province, entretenement de ses gardes et de MM. les lieutenants généraux dans ladite province, dettes et affaires de ladite province et de ce diocèse, et au département des deniers des gratifications ordinaires et extraordinaires contenus au billet, sur ce envoyé, signé ; Pujol, en attendant l'arrêt de validation du Conseil d'Etat de Sa Majesté, pour être payés aux premiers jours d'avril, juillet et octobre de la présente année, et a remis les susdites commissions au greffier du diocèze, pour en faire la lecture. Et à l'instant, lecture a été faite desdites commissions, ensemble des instructions et autres actes y attachéz, contenant, entr'autres choses, permission d'imposer pour les vaccations et journées des consuls de Mende et de Maruejols et du syndic du diocèse, députés aux derniers Etats de la province.

La lecture ayant été finie, ledit sieur baillif est sorti de l'assemblée. M. le Président a fait appeler les gens des trois Etats dudit pays du Gévaudan, et ayant fait remettre au greffier les procurations des députés aux Etats, il en a fait la lecture. Et ayant fait appeler M. le baron de Cénaret, à son tour, s'est présenté Mre Claude-Gabriel de Rochefort d'Ally, comte de Saint-Point et de Montferrant, Sgr de Laval, Pougnadoire, de Saint-Chély-du-Tarn, fils aîné de feu Mre Jean-Amédée de Rochefort d'Ally, comte de Saint-Point, qui a demandé d'être admis dans l'assemblée, pour y prendre le rang et séance du baron de Cénaret, en vertu de la donation qui luy fut faite de cette baronnie, lors de son mariage avec Mlle Anne-Felicité Allemand de Montmartin, le 30 septembre 1724. Sur quoy, le sindic a dit que, suivant les règlements du diocèse, conformes à ceux de la province, il est préalable que M. le comte de Saint-Point remette son contract de mariage qu'il luy donne la propriété de la baronnie de Cénaret, et requiert la nomination des commissaires pour examiner cet acte, et en faire le rapport ; et que jusques alors M. le comte de St-Point ne peut point être admis dans l'assemblée. Sur quoy, M. le Président a nommé pour commissaires : M. le prieur de Sainte-Enimie, pour l'église, et M. le baron d'Apcher, pour la noblesse, et M. du Roc, maire de Maruejols et M. Brun de Rostang, consul de La Canourgue, et le sieur Gros, sindic du diocèze, pour le Tiers-Etat, pour examiner le contract de mariage dudit Sgr de Saint-Point, et en faire leur rapport a l'assemblée.

Les consuls de Langogne, de Florac et de Serverette ayant voulu prendre rang et séance à leur tour, le sieur

Clavel de Blazère, ancien maire de Langogne, s'est présenté et a dit qu'il devait être admis dans l'assemblée, à l'exclusion du consul de Langogne, attendu qu'il a fait une soumission, pour payer dans un mois la nouvelle finance de son office, et a représenté un certificat de cette soumission.

M. Fabre, garde des sceaux au présidial de Nîmes, s'est aussy présenté et a dit, qu'ayant payé le prix de la finance de la mairie de Florac, il doit être admis au lieu et place du consul de Florac.

Le sieur Blanquet de Serverette s'est aussy présenté et a dit qu'il avoit les mêmes raisons que M. Fabre, pour exclure le consul de Serverette. Sur quoy, les voix ayant été recueillies, a été unanimement délibéré que les consuls de Florac et de Serverette prendront leur rang et séance ordinaire dans l'assemblée jusques à ce que lesdits MM. Fabre et Blanquet rapportent des provisions de leurs mairies ou une commission ou une ordonnance de Mgr l'Intendant, et que le consul de Langogne occupera aussy sa place ordinaire, et jusques à ce que ledit sieur de Blazère justifie le payement de la nouvelle finance de son office, et à l'instant, lesdits sieurs consuls ayant pris leur rang et séance ordinaire, lesdits sieurs Fabre, Blazère et Blanquet se sont retirés, en faisant leurs protestations telles que de droit.

L'assemblée ayant été réglée et chacun ayant pris sa place, le serment en tel cas requis et accoutumé a été prêté, sçavoir : par MM. de l'église, la main mise sur la poitrine, et par MM. de la noblesse et députés du Tiers-Etat, la main levée à Dieu, et, tous ensemble, ont promis à M. le président, moyennant leur serment, de ne rien faire en cette assemblée contre l'honneur de Dieu ny contre le service du Roy.

Ensuite a été unanimement résolu que les sommes contenues aux commissions seront imposées, la présente année, sur les contribuables aux tailles du pays de Gévaudan ; l'assemblée donnant pouvoir à MM. de l'assiette, qui s'assembleront demain, d'en faire le département.

Comme il est d'usage dans la province que MM. de l'église et MM. les barons, qui ne peuvent pas assister aux Etats généraux envoyent, outre leurs procurations, une lettre adressée à M. le Président, pour toute l'assemblée, contenant les raisons pour lesquelles ils ne peuvent pas venir ; que cet usage a été toujours observé dans ce pays, pour soutenir la dignité de M. le Président et de l'assemblée, et que néantmoins quelques uns ont obmis d'écrire lesdites lettres. A été délibéré que les procurations de MM. les barons et gentils hommes seront refusées à l'avenir, conformément aux anciennes délibérations, si elles ne sont pas accompagnées d'une lettre pour M. le Président, qui contienne les raisons pour lesquelles ils ne peuvent assister en personne et que le greffier du diocèze couchera la présente délibération dans les lettres d'avis pour la convocation des Etats prochains.

M. le Président a dit que, conformément à l'usage et aux instructions de nos seigneurs les commissaires, président pour le Roy aux Etats de la province, et l'assemblée est en droit de procéder à la confirmation et nouvelle élection des officiers du diocèse. Sur quoy, les sieurs Gros et de Lhermet, étant sortis de l'assemblée, a été délibéré, d'une voix unanime, de confirmer ledit sieur Gros dans la charge de sindic du pays, et ledit sieur de Lhermet dans la charge de greffier.

Après quoy, les Etats ayant fait appeler lesdits sieurs Gros et de Lhermet, lecture leur a été faite de la présente délibération, et M. le Président leur a fait prêter le serment, la main levée à Diou, de remplir le devoir de leurs charges ; ce qu'ils ont promis et juré de faire.

M. le Président a prié MM. les commissaires nommés pour examiner le contract de mariage de M. de Saint-Point, de faire leur rapport à l'assemblée. Sur quoy, M. le prieur de Sainte-Enimie a dit, qu'ayant examiné, pour l'église, conjointement avec M. le baron d'Apcher, pour la noblesse, et MM. le maire de Maruejols, les consuls de La Canourgue, le sindic du diocèse, pour le Tiers-Etat, le contract de mariage passé entre M#re# Claude-Gabriel-Amédée de Rochefort d'Ally, marquis de St-Point, et M#lle# Anne-Félicité Allemand de Montmartin, le 30 septembre 1724, ils ont trouvé que feu M. le comte de St-Point, baron de Cénaret, donne audit M#re# Claude-Gabriel-Amédée de Rochefort d'Ally, marquis de Saint-Point, la baronnie de Cénaret, qui luy donne droit de prendre rang et séance dans cette assemblée ; que cette donation fut ratifiée par feu M. de Saint-Point, le 28 may 1725, par un acte public, qui a été aussy examiné, et que ledit Sgr comte de Saint-Point, estant donataire de la baronnie de Cénaret, il doit être admis dans l'assemblée, en cette qualité, sans être tenu de remettre ses titres de noblesse, attendu qu'il est fils de maître et qu'il a rapporté l'extrait de son baptême. Sur quoy, M. le Président ayant fait appeler les voix en la manière accoutumée, a été unanimement délibéré que ledit Sgr de St-Point, en ladite qualité de donataire de feu M. le comte de Saint-Point, son père, sera admis dans l'assemblée, et qu'il y prendra le rang et séance de M. le baron de

Cénaret, après avoir prêté le serment, en tel cas requis et accoutumé. Et à l'instant ayant été introduit dans l'assemblée par le sieur de Lhermet, secrétaire, il a été reçu et a prêté le serment, en tel cas requis, entre les mains de M. le Président, en la forme ordinaire; et ensuite ledit Sgr de Saint-Point, baron de Cénaret, a pris place et séance suivant son rang.

M. le Président a dit que la place de commis de nobles, de ce pays, étant vaccante par la mort de M. le comte de Saint-Point, il importe de la remplir incessamment d'un seigneur qui succède à son mérite et à sa qualité; et, à l'instant, ayant fait appeler les voix suivant l'usage, ledit sieur comte de Saint-Point, baron de Cénaret, a été nommé d'un consentement unanime pour commis de nobles, comme étant un des seigneurs les plus propres pour remplir les fonctions de cet employ, par rapport à sa naissance et à son mérite distingué, avec attribution des honneurs, fruits et profits y attachés.

Et à l'instant, ledit Sgr de Saint-Point, baron de Cénaret, ayant été introduit dans l'assemblée par le sieur de Lhermet, il y a été reçu en ladite qualité de commis des nobles, et a prêté le serment accoutumé, à genoux, entre les mains de M. le Président, auquel ledit sieur baron de Cénaret, commis des nobles, a fait son remerciment et à l'assemblée.

Ledit sieur sindic a dit que nos seigneurs des Etats généraux de la province ont fait dresser, cette année, un nouveau tarif pour la répartition de la capitation sur tous les diocèzes; qu'on a pris pour règle de proportion le nombre des habitants capitables de chaque diocèse, eu égard à leurs facultés, suivant les procès-verbaux qui ont été faits par MM. les commissaires subdélégués, pour vérifier et examiner l'état des communautés dont la province est composée ; qu'on a tiré de ces procès-verbaux le nombre de gentils hommes, des gradués, des bourgeois, des marchands, artisans, ouvriers, domestiques, et généralement de toutes les conditions, dont on a fait des classes différentes ; qu'on a ensuite déterminé la taxe de chaque classe pour toute la province, et que le contingent de chaque diocèse a été fixé sur le nombre des gens de chaque classe ; en sorte que la capitation des diocèzes est plus ou moins forte, s'il renferme plus ou moins des particuliers de chaque classe ; que par cette opération, la capitation du diocèze de Mende devoit monter 127,000 livres, sur la somme de 1,600,000 livres ; mais qu'elle a été réduite à 109,000 livres, et que le nouveau tarif n'est que provisoire pour cette année, et qu'on y faira des changements l'année prochaine, sy on trouve qu'il doive en être fait, sur les mémoires qui seront envoyéz par MM. les commissaires des diocèses ; que par cette nouvelle fixation, ce pays est extrêmement chargé, les particuliers de chaque condition et classe étant capitéz sur très haut pied, mais que la classe la plus surchargée est celle des artisans et ouvriers, que M. le commissaire subdélégué fait monter, par ces procès-verbaux, au nombre de 15,705 livres, lesquels doivent être capités, suivant la fixation de la province, six livres l'un dans l'autre, lorsque la capitation du général diocèze montera 125,000 livres. Et comme elle montera, cette année, tout au moins 134,000 livres, en y comprenant les leveures et les fraix ordinaires, il faudroit, suivant les taux de la province, taxer

chaque artisan et ouvrier, l'un dans l'autre, au delà de
6 livres ; que l'assemblée est instruite que les artisans,
ouvriers de ce pays, ne sont pas en état de supporter
plus d'un tiers de cette taxe, l'un dans l'autre, et que sy
on leur en impose au delà, les deux tiers de la capitation
se trouveront en non valeurs, n'étant pas possible que
les collecteurs fassent le recouvrement sur le pied de
cette taxe, ny ayant pas des effets exploitables pour la
valeur de 6 livres chez les deux tiers des artisans et ouvriers de ce pays ; que M. de Joubert, sindic général de
la province a envoyé un dépouillement des procès-verbaux du commissaire subdélégué, contenant le nombre
des particuliers de toutes les conditions de chaque communauté de ce pays et l'état de fixation de la taxe de
chaque condition, qu'on pourroit travailler à un projet
de répartition sur cet état de dépouillement ; qu'on
pourroit faire encore un second projet sur les rôles de
la capitation de l'année dernière, et les comparer l'un
avec l'autre ; que ce travail seroit déjà commencé dès
que les commissions, instructions de la province sont
arrivéz fort tard, qu'on n'a peu renvoyer plus loin la
tenue de cette assemblée sans retarder en même temps
le payement du premier terme ; ce qui auroit été très
onéreux au pays ; mais que l'assemblée pourroit charger MM. les commissaires de s'assembler extraordinairement pour examiner les deux projets de répartition de
la capitation et la régler, pour cette année, de la manière
qu'ils jugeront la plus cenvenable. Sur quoy, l'assemblée ayant veu et examiné la fixation des taxes de capitation de différentes classes, a été unanimement délibéré que MM. les commissaires s'assembleront extraordinairement pour examiner les deux projets de réparti-

tion, et qu'ils régleront pour cette année le contingent de chaque communauté avec leur attention et leur prudence ordinaire ; ils ont été aussy priés de faire dresser des mémoires, pour représenter à nosdits seigneurs des Etats généraux de la province, que ce pays a été trop chargé, et d'en écrire de la part de l'assemblée à Mgr l'évêque de Mende, qui est actuellement à Paris, et de le supplier d'appuyer de son crédit la justice des représentations qui sont faites.

Ledit sieur sindic a dit encore que M. de Montferrier, sindic général, luy marque par sa lettre du 14 de ce mois, que les instructions touchant le dixième de l'industrie imposé sur les marchands, artisans et maîtres-ouvriers, ne sont pas encore prêtes et qu'il les envoyera le plutôt qu'il lui sera possible, et a requis l'assemblée d'en délibérer. Sur quoy, a été unanimement renvoyé à MM. les commissaires, qui s'assembleront extraordinairement le second jour du mois de may.

Ledit sieur sindic a dit encore que les Etats du pays renvoyèrent, l'année dernière, à MM. les commissaires ordinaires, pour arrêter un compte avec les héritiers de M. de Saint-Sauveur, précédent sindic, et pour convenir des termes ausquels ils doivent payer les sommes par eux dues ; qu'en conséquence de cette délibération, MM. les commissaires ordinaires procéderont, pendant la signature des rôles de la capitation, à l'audition du compte qui leur fut présenté par dame Françoise Lucresse de Chapelain d'Issenges, veuve de M. de St-Sauveur, en la qualité de mère et légitime administraresse des personnes et biens de ses enfants, et non autrement ; que par la clôture dudit compte, ladite dame se trouva reliquataire, en la susdite qualité, de la somme de

22,121 livres 13 sols ; que ladite dame d'Issenges fit proposer à MM. les commissaires de luy remettre et transporter ce reliquat, en augmentation de ses créances et hypothèques sur les biens délaisséz par M. de St-Sauveur, moyennant le prix et somme de 19,000 livres, payable en trois payements égaux, de deux en deux années, à commencer au 1er juin 1736, et ainsy consécutivement, de deux en deux années, jusques à l'entier payement de ladite somme de 19,000 livres, dont l'intérêt commenceroit de courir le 1er juin 1734, et qu'il diminueroit à proportion des payements qui seraient faits ; que le pays se réserveroit la priorité et privilége de son hypothèque et jusques à l'entier payement du capital et des intérêts, et que la remise de 3,121 livres deviendroit nulle et comme non avenue, à défaut de payement aux susdits termes.

MM. les commissaires ordinaires acceptèrent la proposition de ladite dame, aux susdites conditions, sous le bon plaisir de nos seigneurs des Etats généraux de la province et de l'assemblée, pour le bien et l'avantage du pays ; qu'il est notoire que M. de Saint-Sauveur laissa beaucoup de dettes à sa mort, et que ses biens auroient été mis en distribution sy ses créanciers eussent exigé à la rigueur les payements de leurs dettes ; ils furent touchés tous de la générosité de Mme sa veuve et de MM. ses enfants qui voulurent, pour l'honneur de leur famille et de la mémoire de leur père, acquitter les dettes qu'il avoit laissé en mourant. MM. les commissaires du diocèse se crurent plus obligés que les autres créanciers à seconder de si beaux desseins, à cause des services que M. de Saint-Sanveur a rendu à ce pays en qualité de sindic pendant 14 années et en qualité d'officier de guerre dans le temps des troubles, d'autant mieux qu'on n'auroit trouvé personne qui voulut prendre la cession et la subrogation du diocèze, aux prix et conditions qu'elle a été faite à Mme de Saint-Sauveur. Par ces considérations, MM. les commissaires ordinaires se déterminèrent à l'avis d'accorder la remise de 5,121 livres, et, en conséquence, le sindic du pays fut chargé de passer l'acte de cession et subrogation en faveur de ladite dame ; ce qui fut exécuté le 25° jour du mois de may dernier, et Mre Jean-Aimé de Grégoire de St-Sauveur, écuyer du Roy dans sa petite écurie, intervint dans l'acte et s'obligea solidairement avec ladite dame d'Issenges, sa mère, au payement du capital et des intérêts, aux termes convenus ; ayant renoncé par exprès à toute division de dette et bénéfice d'ordre et de discussion ; et ledit sindic a requis de délibérer sur cette cette cession et subrogation.

Sur quoy, l'assemblée ayant veu l'acte passé ledit jour 25° may 1734, a approuvé unanimement la cession qui a été faite, à ladite dame d'Issenges, du reliquat du compte de feu M. de Saint-Sauveur, au prix de 19,000 livres, aux clauses et conditions dudit acte ; et ledit sieur sindic a été chargé d'en poursuivre l'authorisation aux prochains Etats généraux.

Ledit sieur sindic a dit encore que l'assemblée des Etats du pays, de l'année dernière, chargea MM. les commis et députés ordinaires d'examiner qu'elle somme il convenoit d'accorder aux héritiers de M. de Saint-Sauveur, précédent sindic, pour la gratification par eux demandée, afin qu'on peut la déterminer dans cette assemblée ; qu'en conséquence de cette délibération, MM. les commissaires, après avoir meurement discuté cette affaire, trouvèrent qu'il étoit convenable d'accorder 3,000 livres de gratification aux héritiers de M. de Saint-Sauveur, à condition que cette somme seroit tenue en compte sur les 19,000 livres, que Mme de Saint-Sauveur doit payer au diocèze, suivant le contract dudit jour 25e may 1734, et non autrement, et MM. les commis et députéz ordinaires feurent chargés de rapporter cet avis à l'assemblée pour y être délibéré. Sur quoy, les voix ayant été recueillies, a été unanimement délibéré, sous le bon plaisir de nos seigneurs des Etats de la province, d'accorder 3,000 livres de gratification aux héritiers de M. de Saint-Sauveur, à condition que ladite somme de 3,000 livres sera tenue en compte sur les 19,000 livres que Mme de Saint-Sauveur doit payer au diocèze, conformément au susdit contract du 25e may 1734, et non autrement ; et ledit sieur sindic a été chargé de poursuivre l'authorisation de la présente délibération aux prochains Etats généraux de la province.

Ledit sieur sindic a dit encore que les Etats du pays, de l'année dernière, renvoyèrent à MM. les commissaires de l'assiette et ordinaire, pour délibérer sur la proposition qu'il leur fut faite de donner une décharge aux héritiers d'un créancier, qui avoit reçu du diocèze l'intérest de l'intérest, et de compenser les intérêts illégitimes avec les intérêts légitimes, qui n'ont pas été payés à ce créancier ; qu'en conséquence de cette délibération, MM. les commissaires de l'assiette, ayant traité avec ce créancier, ils déterminèrent de compenser les intérêts illégitimes avec les intérêts légitimes, qui n'ont pas été payés, et de rembourser le capital qui a été formé par l'accumulation des intérêts sur l'offre faite, par les créanciers, de le recevoir à la perte de deux cinquièmes, attendu que la rente qu'il produisoit, n'étoit qu'à trois pour cent. Et il fut donné pouvoir au sindic du pays de passer l'acte de compensation desdits intérêts et de faire le remboursement des capitaux, à la perte des deux cinquièmes pour le créancier, suivant son offre. MM. les commissaires sont instruits que cette affaire regarde M. de Célets, conseiller au Parlement de Toulouze, qui envoya sa procuration à M. François Laurens, advocat en Parlement, habitant de cette ville, lequel ladite compensation a été faite, et il luy a été payé une somme de 2,158 livres ; moyennant laquelle, il a tenu quitte le diocèze des capitaux, provenant d'intérest, à concurrence de la somme de 4,596 livres 10 sols, et M. de Célets a envoyé au sindic du pays une lettre dans laquelle il fait le détail de tout ce qui s'est passé et du traité fait avec ledit M⁰ Laurans, son procureur, et il déclare qu'il approuve et ratifie le règlement de MM. les commissaires, et tout ce qui a été fait par son procureur, et afin que cette dette avec la procuration et la quittance puissent être employés dans le compte que le sindic du pays rendra à l'assiette prochaine ; il a requis l'assemblée de délibérer sur ce traité fait avec M. de Célets, et sur le payement de la somme de 2,158 livres. Sur quoy, ayant été délibéré, l'assemblé a approuvé et ratifié, d'une voix unanime, la transaction passée avec M. Laurens, en conséquence de la procuration de M. de Célets et du payement de la somme de 2,158 livres.

Ledit sieur sindic a dit encore, qu'en conséquence des délibérations des Etats et assiette de l'année dernière, il impétra des lettres royaux en la Cour des Aides de Montpellier, pour évoque, en cette Cour, toutes les instances particulières qui avoient été formées contre divers particuliers du diocèze, à l'occasion des quittances de la taille, que les collecteurs du pays avoient écrit sur du papier commun ; que cette affaire avoit été toujours regardée comme très considérable, puisqu'on pouvoit attaquer toutes les familles où il y a eu des collecteurs, depuis plus de trente années, mais que M. l'abbé de Choiseul a obtenu, le 7 septembre 1734, une décharge générale en faveur de tous les particuliers qui pourroient se trouver dans la contrevention, jusques et incluse l'année 1733, à la charge par le sindic du pays de payer les frais des procès qui seront portés suivant le compte qui en a été arrêté à la somme de 45 livres 19 sols 9 deniers, dont la quittance sera employée dans le compte qui sera rendu, par le sindic, à la prochaine assiette. Sur quoy, M. l'abbé Dangles, président, a été prié unanimement de faire des remercîments, de la part de l'assemblée, à M. l'abbé de Choiseul, et de le supplier de continuer ses bons offices au pays.

Ledit sieur syndic a dit aussy que, par ordonnance du Roy, du 31 décembre 1734, il a été accordé aux communautéz de la province du Languedoc, qui ont fourni des mulets pour servir à l'armée d'Italie, 20 sols par jour, pour le louage desdits mulets, depuis le mois d'octobre 1733 jusques au mois de juin 1734 ; 50 sols pour la couverture de chaque mulet, et 120 livres pour le prix de chaque mulet mort, en faisant le service ; mais que les communautés ou particuliers, qui ont fait la fourniture, ne pourront retirer le payement de ce qui leur sera dû à cet égard, qu'en rapportant un jugement de vérification de cette fourniture ; et a requis l'assemblée de délibérer. Sur quoy, a été unanimement délibéré qu'il en sera donné avis aux communautés par un article de la 'mande.

De relevée.

'Ledit sieur sindic a dit aussy que l'assemblée est instruite du mauvais état du collége des étudiants de ce pays, scitué près le couvent de Saint-Mathieu, à Montpellier, qu'il est nécessaire de refaire le toit, à neuf, aussy bien qu'une maitresse muraille de toute la longueur du collége, et un mur de refente ; que les portes, vitres, fenêtres et contrevents ont aussy besoin d'être refaits, affin que les locataires puissent y être à couvert des rigueurs des saisons ; et enfin que cette maison est entièrement délabrée, et qu'on ne pourra point y habiter dans peu de temps, sy on n'y employe en réparation une somme de 12,000 livres, suivant l'avis du sieur Girard, architecte de Montpellier, qui offre de dresser un devis desdites réparations ; que cet ouvrage ne peut point être différé, parce que MM. les trésoriers de France sont requis de rendre une ordonnance, pour faire abattre cette maison, sur le fondement que sa ruine est très prochaine ; que MM. les députés du pays aux Etats généraux se sont donnés tous les mouvements possibles, depuis plusieurs années, pour parvenir à la vendre ; qu'il y a eu des offres jusques à la somme de 12,000 livres, mais qu'on n'a pas voulu les effectuer, un des offrants ayant prétendu que son offre n'avoit pas été acceptée dans le temps prescrit, et l'autre, qu'il n'avoit entendu payer le prix de son offre, qu'avec des contracts à trois pour cent. En sorte que la somme de 12,000 livres n'auroit produit que la rente de 360 livres ; que néantmoings, il y a aujourd'hui une offre à la somme de 10,000 livres, payable en argent comptant, et qu'il est question de savoir si l'assemblée voudra l'accepter ; qu'il croit devoir rappeler à l'assemblée, qu'il fut délibéré aux Etats de l'année 1725, de vendre cette maison ; que cette délibération fut confirmée et autorisée par un arrêt du Conseil d'Etat, du 3ᵉ décembre de la même année ; qu'en conséquence de cet arrêt, il fut fait des affiches et publications pour parvenir à la vente, et que par une délibération du 20ᵉ janvier 1726, il fut donné pouvoir spécial de procéder à cette vente, d'en rendre le pays garant, et de stipuler que le prix en seroit employé au remboursement des rentiers du pays, dont les rentes sont à cinq pour cent ; que les affiches et publications furent faites les 10ᵉ, 17ᵉ et 24ᵉ février de la même année ; qu'il y eut quelques offres, et une principalement à la somme de 12,000 livres, faite par Mʳᵉ Belaud, conseiller du Roy, correcteur en la Chambre des Comptes de Montpellier ; que cette offre fut acceptée par une délibération du 23ᵉ décembre 1727, qui renouvela les pouvoirs de vendre, aux conditions que le pays seroit garant de la vente et jouissance, et de l'exemption de tous obits, pensions et fondations. Mais cette offre n'eut point d'effet, parce que ledit sieur Belaud forma plusieurs difficultés qui engagèrent le sindic du pays à poursuivre un second arrêt au Conseil, le 23ᵉ août 1729, qui ordonna qu'il seroit fait de nouvelles publications et affiches, pour parvenir à la vente de cette maison, au prix le plus avantageux, en observant les formalités en tel cas requises et accoutumées, conformément à l'arrêt du Conseil dudit jour 15ᵉ décembre 1725. Il fut aussy ordonné, par le même arrêt, que celuy ou ceux qui acquéront cette maison, ou seront et demeureront propriétaires incommutables, sans qu'ils puissent être recherchéz à l'avenir, n'y obligéz, pour la possession et jouissance d'icelle, de payer aucuns droits de huitième ou sixième denier, dont Sa Majesté les décharge par exprès.

En exécution de cet arrêt, MM. les commissaires du pays s'assemblèrent le 28 septembre 1729, et chargèrent le sindic du pays de faire procéder aux nouvelles publications et affiches ; ce qui fut exécuté le 16°, 23° et 30° octobre suivant.

En conséquence de ces publications, il a été fait diverses offres, dont la dernière, faite par M° Louis Fontanes, advocat, habitant de Montpellier, à 10,000 livres, payables en argent comptant, et la plus avantageuse ; elle a été faite à condition que ladite maison ou collége lui sera vendu, avec toutes ses appartenances et dépendances et son entière contenance, sans en rien réserver ny retenir, avec ce qui s'y trouve bâti et cloué et affiché, ses entrées, issues, libertés et facultés, quitte des arrérages, jusques et incluse l'année 1734, et pour toujours de toute servitude, obits, pensions et fondations quelconques, que le sindic du pays luy rapportera une délibération de l'assemblée, qui détermine la vente et donne pouvoir de la faire sur cette offre, un arrêt du Conseil, qui authorise cette délibération et qui ordonne que la vente sera faite et qu'elle sera valable, nonobstant tous deffauts de forme qui pourroit être intervenus, tant à ladite aliénation qu'aux diligences faites pour y parvenir, attendu que les formalitéz qui ont dû et doivent être observées, regardent le pays et non l'acquéreur, et encore que la délibération et arrêt, qui interviendront, permettent au sindic du pays de recevoir lesdites 10,000 livres et de les employer au remboursement des créanciers dudit pays, dont les rentes sont au denier vingt, et de créer et établir, à perpétuité sur ledit pays, une rente annuelle de 500 livres, en faveur des écoliers dudit pays, étudiant en médecine, en représentation des revenus dudit collége, et que moyennant le payement de ladite somme de 10,000 livres ledit de Fontanes sera déchargé du prix de son acquisition, sans qu'il puisse être recherché par les écoliers, présents et avenirs, et sans que le pays, sous quelque prétexte que ce soit, réduise cette rente de 500 livres, ny que les écoliers puissent, quand le cas arriveroit, avoir aucun droit ny recours sur la maison vendue ; que l'offre dudit sieur Fontanes est très avantageuse aux quatre étudiants, puisqu'elle leur procure à chacun une rente de 125 livres par année, tandis qu'ils n'ont jouy jusques à présent que de la rente annuelle de 79 livres, et encore, qu'ils ont passé plusieurs années sans rien percevoir, et qu'ils sont à la veille de perdre tout par la ruine imminente de la maison ; que l'offre dudit sieur Fontanes ne renferme rien d'onéreux pour le pays, puisque les conditions qui y sont apposées ne tendent qu'à la garantie à laquelle le pays doit se soumettre, et s'est volontairement soumis par ces précédentes délibérations, et pour rendre ledit sieur de Fontanes, propriétaire incommutable, comme il est juste qu'il le soit, après qu'il aura rempli son offre ; ainsi ledit syndic a requis l'assemblée de délibérer. Sur quoy, l'assemblée s'étant fait représenter les actes cy-dessus mentionnés, et les ayant examinés, a été délibéré, d'une voix unanime, d'accepter l'offre dudit Mᵉ Fontanes, avocat, habitant de Montpellier, en date du 18 décembre dernier ; et en conséquence, de luy vendre la maison ou collége des étudiants, située près le couvent de Saint-Mathieu, à Montpellier, avec toutes ses appartenances et dépendances et son entière contenance, sans en rien réserver ny excepter, avec tout ce qui s'y trouve bâty et cloué et affiché ; ses entrées, issues, libertés et facultés ; avec ses droits de directe, supposé qu'elle relevât et ne fut pas franche et allodiale, la taille et autres charges ordinaires, quitte néantmoings de tous arrérages, jusques et incluse l'année 1734, et pour toujours de toutes servitudes, obits, pensions et fondations quelconques, moyennant le prix et somme de 10,000 livres, payable en argent, lors de la passation du contract, au sindic du pays, et que ledit sieur sindic est chargé d'employer au remboursement des créanciers dudit pays, dont les rentes sont au denier vingt, et d'établir à perpétuité, sur ledit pays, en faveur des écoliers, étudiant, une rente annuelle de cinq cents livres, qui ne pourra être réduite ny modérée, sous quelque prétexte que ce soit ; et qu'au moyen du payement de ladite somme de 10,000 livres, qui sera faite par ledit sieur Fontanes, il sera et demeurera valablement déchargé du prix de son acquisition, sans qu'il puisse être recherché par lesdits écoliers, présents et avenir, ny qu'il puisse recourir sur la maison vendue, sous aucun prétexte. De quoy, le pays luy est garant. Et ledit sieur sindic a été chargé de poursuivre un arrêt au Conseil du Roy, qui confirme et authorise la présente délibération et ordonne l'exécution, non obstant les défauts de forme qui pourroient être intervenues, tant dans ladite aliénation que dans les diligences qui ont été faites, attendu qu'elles regardent le pays, qui doit être garant de la régularité de ses poursuites.

Ledit sieur sindic a dit encore, qu'en conséquence des délibérations de l'année dernière, il a arrêté un compte avec Mme la comtesse de Montpeyroux, sur l'arrentement de ladite maison ou collége des étudiants, depuis dix années de sa jouissance, et qu'après la déduction des pensions payées aux étudiants et de la taille de chaque année, dont ladite dame luy a remis les acquits, elle luy a encore payé une somme de 513 livres 5 sols, dont elle étoit débitrice ; moyennant quoy, le syndic luy a fait une quittance finale, qu'il requiert l'assemblée d'approuver. Sur quoy, ayant été délibéré, ladite quittance finale a été unanimement approuvée, et ledit sieur sindic a été chargé d'employer cette somme de 513 livres 5 sols dans la recette du compte qu'il doit rendre à l'assiette prochaine.

Ledit sieur sindic a dit encore, qu'il a été délibéré, aux derniers Etats généraux, que les sindics des pays de Gévaudan, du Velay et de Vivarais, conféreront avec le sieur Mazurier, inspecteur extraordinaire, nommé à la place de feu sieur de La Cour, pour se transporter dans ce pays et y examiner l'utilité ou inutilité de la marque des étoffes, ordonnée par les arrêts du Conseil, du 7e octobre 1732, et a requis l'assemblée de délibérer. Sur quoy, a été unanimement renvoyé à MM. les commissaires ordinaires, pour soutenir et conserver ce pays dans les exemptions dont il a jouy jusques à présent et dont la privation ruineroit les fabriques et tout le peuple.

Ledit sieur sindic a dit encore, qu'en conséquence des délibérations des Etats, de l'année dernière, et des ordres de MM. les commis et députéz ordinaires, il a assisté à la vérification des ouvrages et augmentation qui doivent être faites au pont et à la côte de Bayard, conjointement avec MM. les sindics des diocèzes d'Alais et d'Uzès, dont le devis a été dressé par le sieur de Larnac, commissaire, à ce député, par ordonnance de M. l'Intendant, du 14 . . . . . 1733.

Que le deffaut général de cette côte provient de ce que les entrepreneurs ne sont pas assez élevés, et de ce qu'ils n'ont pas prolongé les rampes dans la longueur nécessaire, pour ne donner au chemin que la pente de 6 pouces par toise ; qu'ils n'ont pas fait des tournans aux bouts des rampes, et que c'est la raison pour laquelle on trouve une pente extraordinaire et précipitée au bout de chaque rampe, et que les entrepreneurs ont négligé de mettre en état plusieurs endroits de cette côte, que le sieur Brémond, fils, adjudicataire de quelques augmentations qui doivent être faites au pont de Bayart, n'y ayant pas fait travailler, elles ont été mises à la folle enchère, en conséquence d'une ordonnance de M. l'Intendant, et adjugées au même prix, à Jean Robert, du lieu de Villefort, sous le cautionnement du sieur Meffre ; et que, sur le rapport qui en fut fait à MM. les commis et députés ordinaires du diocèze, ils délibérèrent de poursuivre une ordonnance par devant M. l'Intendant, pour obtenir la permission de faire procéder à une partie des réparations, et pour faire renvoyer le surplus en un temps où les impositions feussent moins fortes qu'elles le sont à présent. Mais ayant fait attention qu'il faudroit procéder, dans la suite, à un nouveau devis, faire une seconde vérification avec les sindics des trois diocèzes, procéder à de nouvelles publications et à une seconde adjudication, dont les frais seroient considérables ; ledit sieur sindic a été chargé de proposer à l'assemblée de donner son consentement, que les réparations et augmentations, portées par le devis du sieur de Larnac, et par son procès-verbal, signé par les sindics des trois diocèzes, soient faites incessamment, et décharger le sindic du pays de poursuivre une ordonnance à ce sujet.

Sur quoy, a été unanimement renvoyé à MM. les commissaires.

Ledit sieur sindic a dit encore, que le diocèze de Mende a contribué par erreur à la réparation du chemin qui a été construit depuis Villefort jusques au pont de Bayart ; cette contribution ayant été faite par inadvertance, parce que cette partie de chemin fut comprise dans l'adjudication qui fut faite pour la réparation du pont et de la côte de Bayart, et que, sur le rapport quy en feut fait à MM. les commis et députés ordinaires, ils délibérèrent, le 22ᵉ novembre dernier, de poursuivre la restitution des sommes qui ont été induement payées par ce diocèze, pour la construction de ladite partie de chemin, depuis Villefort jusques au pont de Bayart, mais que le sindic du diocèze d'Uzès se plaint beaucoup de la rigueur de cette délibération, prétendant qu'il est question de très peu de chose, et que les frais de la vérification et estimation surpasseront le montant de la restitution. Sur quoy, ayant été délibéré, le sindic du pays a été chargé d'écrire au sindic du diocèse d'Uzès, et de le prier de requérir à la première assemblée de MM. les commissaires du diocèze d'Uzès, qu'il soit déclaré par lesdits sieurs commissaires que la partie du chemin, depuis Villefort jusques au pont de Bayart, n'intéressa point le pays de Gévaudan, et qu'il ne doit point contribuer à la réparer et à l'entretien, et que ce n'est que par erreur qu'elle feut comprise dans l'adjudication du pont et de la côte de Bayart.

Ledit sieur sindic a dit encore, que les grands chemins des Cevènes et quelques autres chemins du diocèze sont en mauvais état, par la négligence des entrepreneurs. Sur quoy, ledit sieur sindic a été chargé, d'une voix unanime, de poursuivre partout où besoin sera, les entrepreneurs des ouvrages de ce diocèze, pour les obliger à remplir leurs engagements.

Ledit sieur sindic a dit aussy que le pas, appelé de Cultures, sur le chemin de Mende à Chanac, est fort dégradé et en mauvais état, par l'éboulement des terres, et qu'il croit qu'il faudra changer l'emplacement de ce chemin, et a requis ladite assemblée de délibérer. Sur quoy, a été unanimement renvoyé à MM. les commissaires ordinaires.

Ledit sieur sindic a dit encore, que M. de Montferrier, sindic général de la province, luy demande, par une lettre du 4 février dernier, un état détaillé de tous les droits de leude, péage et passages, bats, pontonnages et autres, non compris dans les droits seigneuriaux qui sont possédés par des seigneurs ou des particuliers non ecclésiastiques, sans toucher à ceux qui sont possédés par les communautés ou par le clergé. Sur quoy, a été unanimement délibéré qu'il en sera donné avis aux communautés, par un article de la mande, et MM. les commissaires ont été priez de prendre connoissance de ses droits, en procédant à la répartition de la capitation, chacun dans l'étendue de leur département.

Après quoy, le *Te Deum* a été récité en la marière ordinaire.

Fait, clos et arrêté à Mende, le vingt-huitième mars mil sept cent trente-cinq.

Signé : Dangles, vicaire général, Président.

1736

MM. les commissaires de l'assiette. — Lecture des commissions pour les sommes à imposer. — Deux députés pour le baron du Roure se présentent, et nomination d'une commission pour examiner lequel des deux doit assister aux Etats. — Vote des sommes demandées. — Une lettre doit accompagner les procurations de MM. les députés. — Confirmation des officiers du diocèse. — Prestation du serment. — Rejet des deux procurations du baron du Roure. — Remboursement à faire au diocèse de Mende par la province. — Instruction pour les receveurs des tailles. — Réquisition pour la diminution du prix du sel. — Remboursement de la somme de 27,000 livres payée pour la suppression des offices de regratiers, de nouveau rétablis. — Collége de Montpellier, poursuites à faire pour obtenir l'autorisation de vendre la maison. — Réquisitions pour la liquidation de la finance des offices de l'ancienne maréchaussée. — Contre les usurpations faites sur les grands chemins par les propriétaires des fonds qui les avoisinent. — Interruption de la messagerie de Mende à Toulouse. — Refonte de la capitation. — Habillement des miliciens. — Droit de marque et visite des étoffes du Gévaudan. — Réparation aux ponts et chemins. — Clôture des Etats.

L'an mil sept cents trente-six, et le mercredy quatrième jour du présent mois d'avril. Les gens des Trois Etats du pays de Gévaudan, convoqués par ordre du Roi, en la ville de Maruejols, sont allés en procession à l'église collégiale de Notre-Dame-de-La-Carce, de ladite ville, pour y entendre la messe du Saint-Esprit. Après laquelle, s'estant rendus dans la salle de l'auditoire des Cours du bailliage de Gévaudan et royale ordinaire de Maruejols, ils ont pris chacun leur place, sçavoir : Mre Vital Dangles, prêtre, chanoine et prévôt de l'église cathédrale de Mende, vicaire général de Mgr l'illustrissime évêque de Mende, comte de Gévaudan; M. Me Guillaume Brugière, juge, lieutenant général au bailliage de Gévaudan, pour M. le baillif, en tour pour le Roy, la présente année, commissaire ordinaire desdits Etats et assiette; Mre Claude-Gabriel-Amédée de Rochefort d'Ally, comte de Saint-Point et de Montferrant, baron de Cénaret, Sgr de Laval, Pougnadoire et Saint-Chély-de-Tarn, commis des nobles dudit pays, commissaire ordinaire desdits Etats et assiette ; M. Me Jean Masse, pourveu de la commission de la mairie de Mende ; sieurs Antoine Borrier et Jean Favier, second et tiers consuls dudit Mende, l'année dernière, commissaires ordinaires desdits Etats et assiette, sur un banc placé au milieu du parterre ; Mre Géraud-Pierre de Michel du Roc, Aldy, le Mas et autres places, maire de la ville de Maruejols, commissaire ordinaire desdits Etats et assiette ; MM. les ecclésiastiques, sur un banc à la droite de M. le Président, chacun suivant son rang ; et, sur le banc dudit sieur baillif, MM. les barons et gentilhommes de ce diocèze ou leurs députés, aussy suivant leur rang ; et, les sieurs consuls et députés des autres villes et communautés dudit pays, qui ont entrée et voix délibérative auxdits Etats, assis sur le bas banc ; M. Deleuze, commissaire principal, étant absent.

Ledit Me Bruguière, lieutenant général au bailliage de Gévaudan, pour M. le baillif en tour, ayant en main les commissions de nos seigneurs les commissaires qui ont présidé, pour la Roy, à l'assemblée des Etats généraux de la province tenus à Narbonne le 5ᵉ février dernier, a dit que nosdits seigneurs luy ordonnent par leurs dites commissions et à M. le baillif de Gévaudan, étant en tour, ou son lieutenant, aux consuls de Mende et à un de Marvejols, commissaires ordinaires, comme luy, de procéder au département des deniers y contenus et ainsy qu'il a été consenty et résolu auxdits Etats, lesquels deniers Sa Majesté veut être imposés, la présente année, pour le soutien de l'Etat, et pour fournir aux autres dépenses quy se fairont dans le Royaume, aussy bien que pour les appointements de Son Altesse serenissime Mgr le duc du Maine, gouverneur de la province, entretenement de ses gardes et de MM. les lieutenants généraux dans ladite province; dettes et affaires de la province et de ce diocèse et département des deniers des gratifications ordinaires et extraordinaires, contenus au billet, sur ce envoyé, signé Touzart, en attendant l'arrest de validation du conseil d'Etat de Sa Majesté, pour être payés aux premiers jours d'avril, juillet et octobre de la présente année, et a remis les susdites commissions au greffier du diocèse pour en faire la lecture.

Et à l'instant lecture a été faite des commissions, ensemble des instructions et autres actes y attachéz, contenant entre autres choses, permission d'imposer pour les vacations et journées des consuls de Mende et de Marvejols et de sindic du diocèse députés aux Etats de la province.

La lecture ayant été finie, lesdits sieurs Bruguière, lieutenant général pour M. le baillif, en tour, et commis des nobles sont sortis de l'assemblée.

M. le président a fait appeler les gens des Trois Etats dudit pays de Gévaudan, et ayant fait remettre, au greffier, les procurations des députés auxdits Etats, il en a fait la lecture. Et ayant fait appeler, M. le baron Du Roure s'est présenté M. Aldebert Duprat, avocat en Parlement, porteur de la procuration de Mre Ange-Urbain de Grimoard de Beauvoir, chevalier, comte du Roure, brigadier des armées du Roy, gouverneur des villes et citadelle du Pont Saint-Esprit baron du Roure, quy a demandé d'être admis dans l'assemblée.

S'est aussy présenté M. Jean-Louis Bastide, ancien garde du Roy, porteur de la procuration de Mre Louiss Claude-Scipion de Grimoard de Beauvoir, comte du Roure, premier enseigne de la première compagnie des mousquetaires et brigadier des armées du Roy, baron du Roure, qui a demandé pareillement d'être admis l'assemblée. Surquoy, M. le président a dit auxdits sieurs procureurs que les droits de leurs constituants seront examinés après que l'assemblée aura été formée, et a nommé à cet effet M. le baille du Chapitre cathédral de Mende et M. le prieur de Ste-Enimie, pour l'Eglise ; M. le baron de Cénaret et M. de Servières, pour la noblesse, le sieur maire de Florac et le sieur consul de la Canourgue pour le Tiers-Etat.

L'assemblée ayant été réglée et chacun ayant pris sa place, le serment en tel cas requis et accoutumé a été prêté, scavoir : par MM. de l'Eglise, la main mise sur la poitrine ; et par MM. de la noblesse et députés du Tiers-Etat, la main levée à Dieu ; et, tous ensemble, ont promis à M. le Président, moyennant leur serment, de ne rien faire, en cette assemblée, contre l'honneur de Dieu, ny contre le service du Roy.

Ensuite a été unanimement résolu que les sommes contenues aux commissions de nos seigneurs les commissaires, président pour le Roy aux Etats de la province, tenus à Narbonne, le 3ᵉ février dernier, seront imposées, la présente année sur les contribuables aux tailles du pays de Gévaudan, et les Etats ont donné pouvoir à MM. les commissaires de l'assiette, qui s'assembleront demain, d'en faire le département.

Comme il est d'usage dans la province que MM. de l'Eglise et MM. les barons, qui ne peuvent pas assister aux Etats généraux, envoyent, outre leurs procurations, une lettre adressée à M. le Président pour toute l'assemblée, contenant les raisons pour lesquelles il ne peuvent pas venir; que cet usage a toujours été observé dans ce pays pour soutenir la dignité de M. le Président et de l'assemblée, et que néantmoins quelques-uns ont obmis d'écrire lesdites lettres; a été délibéré que les procurations, tant de MM. de l'Eglise que de MM. les barons et gentilshommes seront refusées à l'avenir, conformément aux anciennes délibérations, sy elles ne sont accompagnées d'une lettre pour MM. le Président, quy contienne les raisons pour lesquelles ils ne peuvent assister en personne, et que le greffier du diocèse couchera la présente délibération dans les lettres d'avis pour la convecation des Etats prochains.

M. le président a dit que, suivant l'usage et instructions de nosseigneurs les commissaires, président pour le Roy, aux Etats généraux de la province, cette assemblée est en droit de faire procéder à la confirmation ou nouvelle élection des officiers du diocèse. Sur quoy, les sieurs Gros, sindic, et de Lhermet, greffier, étant sortis de l'assemblée, a été délibéré, d'une voix unanime, de confirmer ledit sieur Gros dans la charge de sindic du pays, et ledit sieur de Lhermet dans la charge de greffier.

Après quoy, les Etats ayant fait appeler lesdits sieurs Gros et de Lhermet, lecture leur a été faite de la présente délibérations, et M. le président leur a fait prêter le serment, la main levée à Dieu de remplir le devoir de leurs charges; ce qu'ils ont promis et juré de faire.

Ledit sieur sindic a dit que, MM. les commissaires nommés pour examiner les droits de M. le baron de Barjac et de M. le baron de Florac, pour l'entrée aux présents Etats, et y remplir la place de baron du Roure, sont d'avis que les deux procurations doivent être rejetées; que la procuration de M. le baron de Barjac, ne peut point être accueillie, parce qu'il a été dépouillé de l'entrée aux présents Etats, par la réception, quy a été faite, aux derniers Etats généraux, de M. le baron de Florac en sa qualité de baron du Roure; que M. le baron de Florac, quoyque receu, aux Etats généraux de la province, en qualité de baron du Roure, ne peut point envoyer un procureur pour remplir sa place dans cette assemblée, jusques a ce qu'il ait fait les demarches nécessaires pour y être admis en personne ou par procureur, et qu'il ayt envoyé les titres pour établir que la baronnie du Roure luy appartient, et qu'il est de la qualité requise, pour prendre dans cette assemblée le rang et séance qui est deu à cette baronnie. Surquoy, ayant été unanimement délibéré que les deux procurations seront rejetées, et M. le président a nommé M. de Gabriac pour remplir la place de M. le baron du Roure; lequel ayant été introduit dans l'assemblée par le greffier du diocèse, a prêté le serment accoutumé.

Ledit sieur sindic a dit encore que la province de Languedoc ayant été remboursée, par le Roy, du prix des mulets fournis pour le service de l'armée d'Italie, en l'année 1733, M. l'Intendant a fait la répartition de la somme remboursée, en faveur de tous les diocèses quy avoient fait des fournitures et que, par son ordonnance du 12 mars dernier, le contingent du diocèse, pour la fourniture de 40 mules ou mulets a été réglée 12,147 livres; mais que cette ordonnance renferme diverses dispositions dont la première, porte que le trézorier de la bourse de Languedoc, tiendra en compte au receveur des tailles de ce diocèse en exercice, la présente année, 1736, cette somme de 12,147 livres.

La seconde, que ledit sieur receveur des tailles la tiendra en compte aux collecteurs des communautés du présent diocèse, compris dans l'état arrêté par M. l'Intendant, chacun pour ce qui les concerne, sur les impositions de la présente année.

La troisième, que les consuls et répartiteurs des impositions des communautés, seront tenus de faire, chacun en droit soy, un moins imposé dans les rôles des impositions de la présente année du montant entier de la somme pour laquelle ces communautés sont employées dans ledit état, sous peyne d'en répondre en leur propre et privé nom, sauf à pourvoir par impositions au payement des sommes dues aux particuliers quy ont prêté auxdites communautés ou avancé pour elles le prix, tant de l'achat desdits mulets que des harnais, et autres dépenses faites à l'occasion desdites fournitures.

La quatrième, que les consuls des communautés, dans lesquelles on aura fait vérifier, par MM. les commissaires du Roy aux Etats les sommes prêtées ou avancées à l'occasion desdites fournitures, comprendront, dans l'imposition de la présente année 1756, toutes les sommes dont la vérification se trouvera avoir été faite, le tout conformément au jugement de vérification dont il sera fait mention dans le préambule desdites impositions.

La cinquième, mais qu'à l'égard des communautés dont les dettes contractées par raison desdites fournitures n'ont point été vérifiées par MM. les commissaires du Roy, les consuls desdites communautés seront tenus de remettre dans trois mois, pour tout délay, au greffier de MM. les commissaires du Roy, les ordonnances, délibérations, contracts d'emprunt et les autres pièces justificatives de ces dépenses, pour être procédé, pendant la tenue des prochains Etats généraux, à la vérification des sommes quy se trouveront légitimement dues, et être pourveu à leur remboursement par imposition, en l'année prochaine 1737.

La sixième, que les consuls et départiteurs quy négligeront d'imposer les sommes vérifiées, ou de faire vérifier celles quy ne sont pas encore vériffiées et de remettre, à cet effet, les pièces justificatives devers le greffe de MM. les commissaires du Roy, demeureront responsables de tous les dépens, dommages et intérêts envers les communautés ; au payement desquels ils seront condamnés en leur propre et privé nom, à la décharge desdites communautés, jusques à l'actuel payement des créanciers.

La septième, qu'à l'égard des communautés, dans lesquelles l'achapt des mules et mulets, la fourniture des harnais et autres dépenses, qui auront été faites par des particuliers, qui auront entrepris de s'en charger à leurs risques, périls et fortune, et à la décharge desdites communautés, il est ordonné que les sommes pour lesquelles lesdites communautés se trouveront comprises dans le susdit état, seront remises par les consuls auxdits particuliers sur les ordonnances quy leur seront accordées par M. l'Intendant, en justifiant des fournitures par eux faites et des conventions par eux passées avec lesdites communautés ; au moyen desquelles ordonnances particulières et des quittances quy seront faites en conséquence, les consuls demeureront bien et valablement déchargés ; ledit sieur sindic ayant requis l'assemblée de délibérer. Sur quoy, a été unanimement délibéré que ladite ordonnance sera imprimée, et qu'il en sera envoyé des exemplaires aux communautés intéressées, avec une copie de l'article tiré de l'état arrêté par M. l'Intendant, contenant la somme quy doit être moins imposée dans chaque communauté, afin qu'on se conforme à ladite ordonnance.

Ledit sieur sindic a dit encore qu'aux Etats généraux de l'année 1734, MM. les receveurs des tailles passèrent un traité avec la province, par lequel il fut convenu que MM. les receveurs des tailles ne prendraient point des leveures du recouvrement des biens nobles, biens ruraux et industrie des marchands et artisans, à condition qu'ils ne seroient point compris aux rolles de l'industrie ; mais que ce traité a été révoqué aux derniers Etats généraux, tant pour le passé que pour l'avenir ; ayant été déterminé qu'il sera fait compte, à MM. les receveurs, des leveures du recouvrement des dixièmes, des années 1734 et 1735, et qu'ils payeront pareillement leurs cottités de l'industrie, pour ces deux années, de la même manière que s'ils avoient été compris dans les rolles ; le tout suivant la taxe et règlement quy sera fait par la province, quy doit envoyer une instruction à ce sujet. Sur quoy, a été unanimement renvoyé à MM. les commissaires de l'assiette extraordinaire, pour comprendre les leveures de MM. les receveurs dans les rolles de l'industrie pour l'avenir, et exécuter ce quy sera contenu dans les instructions quy seront envoyées à ce sujet par la province.

Ledit sieur sindic a dit aussy que quoyque le dixième de l'industrie des marchands et artisans dut diminuer de la moitié, attendu qu'il feut imposé l'année dernière par doublement, il ne diminuera pas cependant cette année de l'entière moitié, parce qu'on a obmis d'imposer, l'année dernière, le montant de la dresse des rôles, l'assistance des consuls et autres fraix de la répartition, qu'il est indispensable de remplacer, cette année, par doublement ; qu'il faudra ajouter encore à l'imposition les leveures de MM. les receveurs et les non-valeurs ; et a requis l'assemblée de délibérer. Sur quoy, a été unanimement délibéré que les frais de la répartition de l'industrie des marchands et artisans, de l'année dernière, sera imposée par doublement, dans les communautés où elle fut obmise.

Ledit sieur sindic a dit aussy, que l'assemblée est instruite des soins extraordinaires que Mgr l'évêque de Mende et MM. les commis et députés ordinaires du pays se donnent depuis longtemps, pour obtenir la diminution du prix du sel ; qu'on a présenté à ce sujet divers mémoires ; que la demande du pays feut trouvée juste, il y a trois ans, mais qu'elle ne feut point accueillie à cause de l'indemnité du dédommagement qui feut demandé par MM. les fermiers généraux des gabelles ; ils prétendirent qu'il [devoit] leur être accordé au moins 50,000 livres par année. Cette somme exhorbitante, que le Roy ne crut pas donner et que le pays n'étoit pas en état de payer, fit échouer cette affaire. Depuis ce temps là, Mgr l'évêque de Mende et MM. les commis et députés ordinaires ont pris le party de poursuivre un arrêt au Conseil, qui ordonne que le prix du sel sera diminué dans le Gévaudan, au renouvellement des fermes; que les mémoires du sindic du pays ayant été renvoyez à M. de Saint-Maurice, il a donné un avis favorable pour le pays, et que Mgr l'évêque de Mende employe, actuellement à Paris, son crédit, pour faire réussir cette affaire.

Sur quoy, M. le Président a été prié, par l'assemblée, de faire de très humbles remerciements à Mgr l'évêque de Mende et à M. de Saint-Maurice, et de les supplier de continuer leur protection au pays.

Ledit sieur sindic a dit encore que les habitants du pays ayant été inquiétés autrefois par les regratiers et revendeurs de sel, quy avoient été établis en exécution des édits et déclarations du Roy, il feut délibéré d'acheter ces charges de regratiers et revendeurs; que l'acquisition en feut faite en l'année 1657, au prix de 27,000 livres; qu'en conséquence de cette acquisition, les habitants du pays ont eu la liberté de faire voiturer le sel et de le vendre à petites mesures, sans aucune interruption, jusques en l'année 1752, que MM. les fermiers généraux des gabelles établirent des nouveaux regratiers, sur le fondement de la déclaration du Roy de 1720, qui fait deffences, à toutes personnes, de vendre du sel à petites mesures, sans une permission ou commission de MM. les intéressés aux gabelles; que le pays se trouvant par là privé de l'effet de son acquisition, MM. les commissaires du pays jugèrent à propos de demander au Roy le remboursement de la finance de 27,000 livres ; que par un arrest du Conseil, du 18ᵉ octobre 1752, il fut ordonné que le sindic du pays représenteroit ses titres pardevant M. de Saint-Maurice, que la chose a été exécutée, et que M. de Saint-Maurice a envoyé les actes à la Cour avec son avis favorable, et que Mgr l'évêque de Mende, qui est à Paris, se donne de grands mouvements pour le succès de cette affaire. Sur quoy, M. le Président a été aussy unanimement prié, par l'assemblée, de faire de pareils remerciements.

Ledit sieur sindic a dit encore, qu'en conséquence de la délibération des Etats de l'année dernière, il poursuit un arrest au Conseil quy permette de vendre le collége des étudiants du pays, conformément aux délibérations, et que Mgr l'évêque de Mende se donne aussy de grands mouvements pour faire rendre cet arrest. Sur quoy, M. le président a été aussy prié unanimement de supplier Mgr l'évêque de Mende de continuer ses bontés au pays.

De relevée.

Ledit sieur sindic a dit encore qu'il a été délibéré aux Etats généraux de la province, tenus à Narbonne, au mois de décembre dernier, qu'il sera procédé, dans le cours de cette année, à la diligence des sindics des diocèzes, à la liquidation des sommes dues aux acquéreurs de l'office de l'ancienne maréchaussée ; auquel effet, lesdits acquéreurs seront tenus de rapporter, non-seulement les contracts d'acquisitions, mais encore les quittances du payement du prix énoncé auxdits contracts, sans toutesfois que les diocèzes puissent imputer sur le capital, quy se trouvera légitimement deu, l'excédant des intérêts qui ont été payés auxdits acquéreurs, sur le pied de leurs contracts, au delà de cinq pour cent, sauf depuis la délibération prise par les Etats, le 14ᵉ janvier 1734, pour charger les diocèses du remboursement desdits offices ; depuis lequel temps lesdits intérêts n'ont deu être payéz qu'à raison de cinq pour cent, suivant la lettre écrite à ce sujet par MM. les sindics généraux, aux sindics des diocèses ; mais que le pays de Gévaudan n'est point dans le cas énoncé dans cette délibération, attendu que depuis l'année 1720 le diocèse n'a payé les intérêts de la finance des offices de l'ancienne maréchaussée que sur le pied de cinq pour cent ; qu'à la vérité, depuis l'année 1720, jusques en l'année 1729, inclusivement, on ne fit que des payements à compte, mais qu'à l'assemblée des Etats du pays, tenus à Mende, au mois de mars 1729, il fut délibéré qu'on imposeroit ce quy manquoit, pour parfaire les intérêts à raison de cinq pour cent, depuis l'année 1720 ; ce qui fut exécuté, ladite année 1729 ; que le 8ʳ janvier 1730, il fut passé un acte de transaction, receue par Mᵉ Vincens, notaire de Mende, entre MM. les propriétaires de la finance desdits offices et le sindic du diocèse, par lequel, ladite finance, feut réglée à la somme de 27,500 livres, que le diocèse avoit retiré du prix des ventes, et que cette somme resteroit à perpétuité sur le diocèse, moyennant la rente annuelle et perpétuelle de la somme de 1,375 livres. Sur quoy, a été unanimement délibéré que le sindic du diocèse remettra, devers le greffe de la province, les actes nécessaires pour faire authorizer le traité fait avec MM. les propriétaires de la finance des offices de l'ancienne maréchaussée.

Ledit sieur sindic a dit aussy qu'il feut rendu une ordonnance par M. l'Intendant, le 20° mars 1732, portant que les propriétaires des terres, quy ont fait des usurpations sur les grands chemins, soient tenus, chacun en droit soy, sur leurs possessions, réparer toutes les dégradations par eux faites d'entretenir les fossés et murailles de soutènement de leurs champs, dans ces endroits, où ils doivent le faire ; qu'il feut envoyé des exemplaires de cette ordonnance dans toutes les communautés ; et comme cette ordonnance n'a pas produit de grands effets, il en a été rendu une seconde, le 25 février dernier, qui ordonne de plus fort l'exécution de la province ; et, en cas de contestation sur les usurpations et dégradations, que les particuliers seront assignés pardevant M. Barrandon, subdélégué, pour convenu d'experts, pour être procédé à la vérification et estimation desdites usurpations et dégradations, dont il sera dressé procès verbal, aussy bien que des dires et contestations des parties, et que le tout sera envoyé à M. l'Intendant, pour y prononcer, et a requis l'assemblée de luy donner pouvoir d'agir, en exécution de ladite ordonnance, contre les particuliers quy ont fait des usurpations et des dégradations. Sur quoy, a été donné pouvoir audit sieur sindic de poursuivre les particuliers quy ont fait des usurpations et des dégradations sur le grand chemin, suivant les ordres quy luy seront donnés, par MM. les commissaires et députés ordinaires.

Ledit sieur sindic a dit encore, que M. Carré, directeur des postes à Toulouse, ayant demandé une augmentation de 200 livres par année, sur la ferme de la messagerie de Mende à Toulouse, et que le prix en feut fixé par contract à 600 livres par année, à commencer le 1ᵉʳ janvier 1736, MM. les commis et députés ordinaires jugèrent à propos d'interrompre cette messagerie, et a requis l'assemblée d'approuver cette interruption. Sur quoy, a été unanimement délibéré que la messagerie de Mende à Toulouse sera supprimée, à moins que MM. les directeurs des postes ne veulent la laisser subsister au prix ordinaire de 400 livres par année.

Ledit sieur sindic a dit encore, qu'il a été délibéré, aux derniers Etats généraux de la province, qu'il sera procédé, au commencement de cette année, à une refonte de la capitation dans tous les diocèzes, et qu'à cet effet il sera dressé, dans chaque communauté, un dénombrement contenant les noms, surnoms, qualités et profession de tous les chefs de famille, soit nobles, bourgeois, laboureurs, artisans, journaliers et manœuvriers, et généralement de toutes les personnes sujettes à la capitation, qui habitent dans lesdites communautés ; que MM. les commissaires procéderont à une nouvelle répartition ou refonte de la capitation sur ledit dénombrement, et que le tout sera envoyé à la province pour y être vérifié, et qu'après ces opérations finies on examinera les représentations quy ont été faites, au nom du pays, pour obtenir une diminution ; qu'en exécution de cette délibération, MM. les commis et députés ordinaires ont fait envoyer une lettre circulaire dans toutes les communautés, contenant plusieurs articles sur la manière de dresser les dénombrements ; que pour parvenir à cette refonte, il y aura plusieurs opérations à faire, qui demanderont beaucoup de travail et de discussion, et a requis l'assemblée de délibérer. Sur quoy, a été unanimement renvoyé à MM. les commissaires de l'assiette et ordinaires, en les priant de faire cette refonte ou nouvelle répartition de la capitation avec leur attention et leur exactitude ordinaire.

Ledit sieur sindic a dit aussy, qu'il feut rendu une ordonnance par M. l'Intendant, le 31 mars 1735, portant qu'il seroit imposé la somme de 3,194 livres 8 sous pour le contingent de ce diocèse, du menu habillement des miliciens; mais que cette ordonnance étant arrivée après la tenue de l'assiette et l'envoi des mandes, MM. les commissaires crurent devoir renvoyer l'imposition de cette somme jusques à cette année, pour éviter aux communautés les embarras et les frais qu'auroit causé cette imposition, faite extraordinairement; et a requis l'assemblée de comprendre cette somme dans l'imposition de cette année. Sur quoy, a été unanimement renvoyé à MM. les commissaires de l'assiette pour faire l'imposition de cette somme, supposé qu'ils ne trouvent pas, dans les reliquats des comptes de MM. les receveurs, un fonds suffisant pour la payer.

Ledit sieur sindic a dit aussy, que MM. les députés aux Etats généraux de la province ont fait tous leurs efforts pour empêcher que les serges, les cadis et autres étoffes fussent assujetties à la visite et à la marque; mais que nonobstant leurs représentations et les mémoires quy ont été fournis, il a été déterminé que toutes les étoffes, fabriquées dans le Gévaudan, seront marquées, et qu'il doit être dressé des règlements pour appliquer la marque. Sur quoy, a été unanimement renvoyé à MM. les commissaires de l'assiette, pour faire l'imposition de cette somme, supposé qu'ils ne trouvent pas, dans les reliquats des comptes de MM. les receveurs, un fonds suffisant pour la payer.

Ledit sieur sindic a dit aussy, que MM. les députés aux Etats généraux de la province ont fait tous leurs efforts pour empêcher que les serges, les cadis et autres étoffes feussent assujetties à la visite et à la marque ; mais que nonobstant leurs représentations et les mémoires quy ont été fournies, il a été déterminé que toutes les étoffes fabriquées dans le Gévaudan seront marquées, et qu'il doit être dressé des règlements pour appliquer la marque. Sur quoy, a été unanimement renvoyé à MM. les commissaires de l'assiette et ordinaires pour faire des représentations à M. l'Intendant, à la Chambre générale du commerce, aux Etats généraux de la province, et partout où besoin sera, pour le bien et l'avantage du diocèse.

Ledit sieur sindic a dit que l'assemblée délibéra, en l'année 1734, d'interrompre les nouvelles constructions des ponts et chemins, et de se réduire à entretenir les ouvrages déjà faits ; le pays n'étant pas en état de faire aucune entreprise, cause de l'augmentation des charges dont les contribuables sont accablés ; que MM. les commis et députés ont sy bien secondé les intentions de l'assemblée, qu'ils n'ont fait faire que de petites réparations et absolument nécessaires ; mais qu'on ne sauroit se dispenser, cette année, de faire de plus grandes dépenses, sy on veut empêcher le dépérissement des chemins ; et a requis l'assemblée de délibérer. Sur quoy, a été unanimement délibéré de renvoyer à MM. les commissaires de l'assiette, en les priant de ménager les réparations avec leur économie ordinaire, jusques à ce que le pays reçoive quelque soulagement pour la diminution des impositions.

Fait, clos et arrêté à Maruejols, le quatrième jour du mois d'avril mil sept cent trente-six.

Signé : Dangles, vicaire général, Président.

1737

MM. les commissaires de l'assiette. — Lecture des commissions pour les sommes à imposer. — Prestation du serment. — Une lettre doit accompagner les procurations. — Confirmation des officiers du diocèse. — Vente de la maison du collége de Montpellier, au prix de 10,000 livres. — Diminution du prix du sel sur le pied qu'il se vendait avant 1724. — Indemnité pour perte de bestiaux. — Ordonnance contre les entrepreneurs de la reconstruction du pont de Quézac. — Suppression du dixième. — La retenue du dixième sur les gages des maîtres et maîtresses d'école ne doit avoir lieu que lorsque les gages se portent à 100 livres. — Décharge de la somme de 2,000 livres pour l'office de marqueur de cadis, etc. — Délibération portant d'emprunter 40,000 livres pour la subsistance des pauvres du diocèse. — Réparation des ponts et chemins. — Clôture des Etats.

L'an mil sept cens trente-sept, et le lundy quatrième jour du mois de mars. Les gens des Trois Etats du pays de Gévaudan, convoqués par ordre du Roy, en la ville de Mende, sont venus à la salle du palais épiscopal, où Mgr l'illustrissime et révérendissime Sgr Mgr Gabriel-Florent de Choiseul-Beaupré, évêque, seigneur et gouverneur de la ville de Mende, comte du Gévaudan, conseiller du Roy en tous ses Conseils, président-né desdits Etats et assiette les attendoit, étant accompagné de Mre Antoine-Clérialdus de Choiseul-Beaupré, prêtre, docteur en théologie de la faculté de Paris, chanoine et archidiacre de l'église cathédrale de Mende, abbé de St-

Memmie, conseiller et aumônier du Roy, vicaire général de mondit Sgr évêque, et de Mre Vital Dangles, prêtre, chanoine et prévost de l'église cathédrale de Mende, aussy vicaire général et official de Mgr l'évêque, et de MM. les commissaires ordinaires, et, tous ensemble, sont allés en procession à l'église cathédrale dudit Mende, pour y entendre la messe du Saint-Esprit. Après laquelle étant revenus audit palais épiscopal, ils ont pris chacun leur place et séance dans la salle destinée pour la tenue desdits Etats, sçavoir : Mgr le Président, sur un fauteuil, placé sur une estrade élevée au-dessous d'un dais ; et, sur la gauche de cette estrade, et à la tête du banc : noble Mathieu Gros, sindic du pays de Gévaudan, commissaire principal desdits Etats et assiette ; M. Me Hiérome Harlet, juge, lieutenant général au bailliage du Gévaudan, pour M. le baillif, en tour, pour Mgr l'évêque de Mende, la présente année, commissaire ordinaire desdits Etats et assiette ; sieurs Antoine Borrier et Jean Favier, 2e et 3e consuls dudit Mende, l'année dernière, commissaires ordinaires desdits Etats et assiette, sur un banc, placé au milieu du parterre ; Mre Géraud-Pierre de Michel du Roc, Sgr du Roc, Aldy, le Mas et autres places, maire de la ville de Maruejols, commissaire ordinaire desdits Etats et assiette ; MM. les ecclésiastiques, sur un banc à la droite de Mgr le Président, chacun suivant son rang ; et, sur le banc dudit sieur baillif : MM. les barons et gentilshommes de ce diocèze ou leurs députés, aussy suivant leur rang : et les sieurs consuls et députés des autres villes et communautés dudit pays, qui ont entrée et voix délibérative auxdits Etats, assis sur le bas banc.

M. Gros, commissaire principal, ayant en main les

commissions de nosseigneurs les commissaires, qui ont présidé, pour le Roy, à l'assemblée des Etats généraux de la province, tenus à Montpellier, le 4 février dernier, a dit que nosdits seigneurs luy ordonnent, par leurs dites commissions, et à M. le bailli du Gévaudan, étant en tour ou son lieutenant, aux consuls de Mende et à un de Marvejols, commissaires ordinaires comme luy, de procéder au département des deniers y contenus, et ainsy qu'il a été consenty et résolu auxdits Etats ; lesquels deniers Sa Majesté veut être imposés, la présente année, pour le soutien de l'Etat et pour fournir aux autres dépenses qui se fairont dans le Gévaudan, aussy bien que pour les appointements de son altesse sérénissime Mgr le duc du Maine, gouverneur de la province, entretenement de ses gardes et de MM. les lieutenants généraux dans la province, dettes et affaires de la province et de ce diocèse, et département des deniers des gratifications ordinaires et extraordinaires, contenus au billet, sur ce envoyé, signé : Pujol, en attendant l'arrest de validation du Conseil d'Etat de Sa Majesté, pour être payés aux premiers jours d'avril, juillet et octobre de la présente année, et a remis les susdites commissions au greffier du diocèse, pour en faire la levée.

Et à l'instant lecture a été faite desdites commissions, ensemble des instructions et autres actes y attachéz, contenant, entr'autres choses, permission d'imposer pour les vacations et journées des consuls de Mende et de Maruejols et du syndic du diocèse, depputéz auxdits Etats de la province.

La lecture ayant été finie, lesdits sieurs commissaire principal et ledit sieur lieutenant de bailif du Gévaudan, en tour, sont sortis de l'assemblée ; ledit sieur commis des nobles étant absent.

Mgr le Président a fait appeler les gens des trois Etatz du pays de Gévaudan, et ayant fait remettre au greffe les procurations des députés auxdits Etats, il en a fait la lecture. L'assemblée ayant été réglée, chacun ayant pris sa place, le serment en tel cas requis et accoutumé ayant été prêté, sçavoir : par MM. de l'église, la main mise sur la poitrine ; et par MM. de la noblesse et députéz du Tiers-Etat, la main levée à Dieu, et, tous ensemble, ont promis à Mgr le Président, moyennant leur serment, de ne rien faire en cette assemblée contre l'honneur de Dieu ny contre le service du Roy.

Ensuite a été unanimement résolu que les sommes contenues aux commissions de nosseigneurs les commissaires, présidant pour le Roy aux Etats généraux de la province, tenus à Montpellier le 4e février dernier, seront imposés, la présente année, sur les contribuables aux tailles du pays de Gévaudan, et les Etats ont donné pouvoir à MM. les commissaires de l'assiette, qui s'assembleront demain, d'en faire le département.

Comme il est d'usage dans la province que MM. de l'église et MM. les barons, qui ne peuvent pas assister aux Etats généraux, envoyent, outre leurs procurations, une lettre adressée à Mgr le Président, pour toute l'assemblée, contenant les raisons pour lesquelles ils ne peuvent pas venir ; que cet usage a été toujours observé dans ce pays pour soutenir la dignité de Mgr le Président et de l'assemblée, et que néantmoings quelques-uns ont obmis d'écrire lesdites lettres ; a été délibéré que les procurations, tant de MM. de l'église que de MM. les barons et gentilshommes, seront refusées à l'avenir, conformément aux anciennes délibérations, sy elles ne sont pas accompagnées d'une lettre pour Mgr le Pré-

dent, qui contienne les raisons pour lesquelles ils ne peuvent pas assister en personne, et que le greffier du diocèse couchera la présente délibération dans les lettres d'avis, pour la convocation des Etats prochains.

Mgr le Président a dit que, suivant l'usage et instructions de nosseigneurs les commissaires, présidant pour le Roy aux Etats généraux de la province, cette assemblée est en droit de faire procéder à la confirmation ou nouvelle élection des officiers du diocèse. Sur quoy, les sieurs Gros, sindic, et de Lhermet, greffier, étant sortis de l'assemblée, a été délibéré, d'une voix unanime, de confirmer ledit sieur Gros dans la charge de sindic, et ledit sieur de Lhermet dans la charge de greffier. Après quoy, les Etats ayant fait appeler lesdits sieurs Gros et de Lhermet, lecture leur a été faite de la présente délibération, et Mgr le Président leur a fait prêter le serment, la main levée à Dieu, de remplir le devoir de leurs charges; ce qu'ils ont promis et juré de faire.

Ledit sieur syndic a dit, qu'en conséquence de la délibération prise aux Etats de l'année dernière et des arrêts du Conseil du 15 décembre 1725, 25ᵉ août 1729 et 24ᵉ avril 1736, il a fait la vente du collége des étudiants du Gévaudan, par contract du 1ᵉʳ février de cette année, au prix de 10,000 livres, qui luy ont été payés et qu'il a déposé entre les mains de M. Lequepeys, receveur, qui va entrer en exercice, ainsi qu'il le justifiera par le compte qu'il rendra à l'assiette, et a requis l'assemblée d'approuver et authorizer ladite vente. Sur quoy, les voix ayant été recueillies, ladite vente a été unanimement approuvée et authorizée.

Ledit sieur sindic a dit encore, qu'en conséquence de la même délibération, prise aux Etats de l'année dernière, et des ordres de MM. les commissaires ordinaires, il a fait des diligences pour employer cette somme des 10,000 livres au remboursement d'un créancier du diocèse et établir la rente de 500 livres, en faveur des étudiants du Gévaudan ; mais que ce créancier a un délay de trois mois, aux termes de son contract, avant de pouvoir être obligé de recevoir son remboursement, et que l'avertissement n'ayant été donné que le 19ᵉ février dernier, le remboursement ne pourra être fait que le 19ᵉ jour du mois de may prochain. Sur quoy, a été unanimement délibéré que ladite somme de 10,000 livres sera employée au payement du salaire des pauvres, qu'on fait travailler aux chemins, en attendant que le remboursement puisse être fait.

Ledit sieur sindic a dit que, par arrest du Conseil, du 1ᵉʳ janvier de cette année, le prix du sel a été diminué dans le Gévaudan, pour trois années, et rétably sur le même pied qu'il était avant l'année 1724 ; que cet arrêt a été publié, affiché dans la ville de Montpellier, et signifié à M. de Callas, directeur des fermes générales dans le Languedoc ; qu'on a fait de semblables publications et affiches dans les villes de Mende, Maruejols et Langogne, et que le tout a été signifié aux receveurs des Chambres à sel de ces trois villes ; lesquelles en conséquence délivrent le sel sur le pied de la diminution ordonnée. Sur quoy, l'assemblée a remercié Mgr le Président, des grands mouvements qu'il s'est donné et des soins qu'il a bien voulu prendre, pour l'obtention de cet arrest, et a supplié de faire de nouvelles démarches, quand il en sera temps, pour obtenir une diminution définitive.

Ledit sieur sindic a dit aussy, qu'il est important

d'apprendre aux communautés que le prix du sel a été rétably sur le même pied qu'il étoit avant l'année 1724, et de charger les consuls de dénoncer au sindic du diocèze les regratiers ou revendeurs de sel, qui ne se seront pas conformés à l'arrest du Conseil du jour de la publication qui en a été faite dans les villes de Mende, Marvejols et Langogne, afin qu'on puisse agir entr'eux, par les voyes de droit, et faire les procédures convenables, pour l'intérêt du pays.

Sur quoy, a été unanimement délibéré qu'il en sera donné avis aux communautés, par un article de la mande, et que les exemplaires dudit arrest leur seront envoyés.

Ledit sieur sindic a dit que Mgr le Président a obtenu un don, du Roy, de la somme de 15,000 livres pour la mortalité des bestiaux de l'année 1735, indépendamment de l'indemnité qui sera accordée pour les pertes des récoltes de l'année 1736; mais que la répartition de ces deux sommes ne pourra être faite que lorsqu'on aura receu une ordonnance de M. l'Intendant à ce sujet, et les instructions de la province. Sur quoy, a été unanimement renvoyé à MM. les commissaires ordinaires pour faire la répartition de ces deux sommes, et l'assemblée a remercié, Mgr le Président, de ses bontés envers le diocèze.

Ledit sieur sindic a dit encore que, par une ordonnance de M. l'Intendant, du 22ᵉ janvier dernier, sieurs Louis et Jean Pélissier, entrepreneurs du pont de Quézac, ont été condamnés solidairement et par corps, à mettre en état le pont de Quézac, à leurs frais et dépens, et encore qu'ils ont été condamnés avec la même solidarité en tous les dépens exposés par le diocèze; que cette ordonnance a été signifiée auxdits sieurs Pélissier, dans leur domicile, à Béziers, avec commandement d'y satisfaire, et qu'il ne reste qu'à faire emprisonner lesdits Pélissier et à saisir leurs biens. Sur quoy, ledit sieur sindic a été unanimement chargé de faire toutes les diligences et poursuites nécessaires, jusques à ce que lesdits Pélissier ayent satisfait à l'ordonnance de M. l'Intendant, suivant les ordres qui luy seront donnés par MM. les commissaires ordinaires.

Ledit sieur sindic a dit que le dixième de l'industrie des marchands et artizans, le dixième des revenus des biens nobles et des biens roturiers, le dixième des rentes et généralement que tous les dixièmes qui ont été levés pendant les années 1754, 1755 et 1756, sont supprimés, à commencer du 1er janvier de cette année ; qu'ainsy on ne les exigera pas cette année, non plus que les années suivantes, et que nosseigneurs des Etats généraux de la province demandent avec instance la reddition des comptes du dixième à MM. les receveurs des tailles ; qu'ainsy, ceux qui doivent des arrérages de ces dixièmes doivent les payer incessamment, pour éviter les fraix des diligences qui seront faites contr'eux.

Sur quoy, a été unanimement délibéré, qu'il en sera donné avis aux communautés, par un article de la mande.

Ledit sieur sindic a dit encore, qu'il y a des discussions entre quelques communautés de ce diocèze, et MM. les receveurs des tailles, par rapport à la retenue et au payement du dixième des gages des maîtres et maîtresses d'école, qui ne vont pas à 100 livres, doivent être exempts de la retenue du dixième ; mais lorsque les gages vont à 100 livres et au delà, ils sont sujets au dixième, et qu'il doit être retenu pour les années 1734, 1735 et 1736 ; que le montant de ce dixième a deu être retenu sur les maîtres et maîtresses d'école, qui en sont débiteurs personnellement, et non sur les autres, comme on l'a pratiqué mal à propos dans quelques communautés ; mais comme les collecteurs n'ont été avertis de retenir ce dixième que vers le milieu de l'année 1735, il a été décidé que les communautés doivent supporter le dixième des gages payés aux maîtres et maîtresses d'école, antérieurement à l'avis donné pour la retenue, à moins que ces maîtres et maîtresses d'école résident encore dans la communauté et qu'on puisse prendre le payement de ce dixième sur les biens ou sur leurs gages. Mais qu'à l'égard des gages des maîtres et maîtresses d'école, depuis la réception de l'avis pour la retenue, les collecteurs en sont responsables en leur propre, attendu qu'il n'a tenu qu'à eux de retenir le dixième, en payant lesdits gages. Sur quoy, a été unanimement délibéré, qu'il en sera donné avis aux communautés, par un article de la mande.

De relevée.

Ledit sieur sindic a dit qu'en l'année 1727, le diocèse ayant été recherché pour le droit du joyeux avènement à la Couronne, à l'occasion des offices des marqueurs des étoffes qui avoient été autrefois établis dans le pays, le sindic du pays fournit des deffenses, par ordre de MM. les commissaires ordinaires, devant M. l'Intendant, pour obtenir la décharge de la somme de 2,000 livres qui était demandée ; que ces deffenses ont demeuré sans aucune réplique de la part du traitant ; mais que la demande de la somme de 2,000 livres feut renouvelée l'année dernière, et qu'il a fallu se pourvoir devant le Roy, pour obtenir une décharge, qui a été accordée le 30 novembre dernier; et qu'il croit que la décision du Conseil, à ce sujet, doit être transcrite dans le procès-verbal des Etats pour y avoir recours dans les suites, en cas de besoin. Sur quoy, a été unanimement délibéré que ladite décision du Conseil sera transcrite dans le présent verbal, étant de teneur :

Décision du Conseil, du 30e *novembre* 1736. — *Rôle du* 10e *décembre* 1726, *art.* 2060.

Le sindic du diocèze de Mende, taxé à 2,000 livres pour l'office de marqueur des cadis qui se fabriquent en la ville de Mende, demande décharge, cet office étant supprimé, par ampliation : Maheu, secrétaire de M. de Gaumont, conseiller d'Etat ordinaire, ainsi signé.

Le sindic du pays a dit que MM. les commissaires ordinaires déterminèrent, au mois de décembre dernier, d'emprunter une somme de 40,000 livres pour en employer une partie à l'achapt des grains nécessaires pour la subsistance des pauvres du pays, qui ne sont pas en état de gagner leur vie, et une autre partie pour la subsistance des pauvres valides, en les occupant à la réparation des chemins, pour éviter les maladies contagieuses, suite ordinaire de la dizette des grains; que cet arrangement ayant été proposé aux Etats généraux du Languedoc, ils ont donné leur consentement à l'emprunt de ladite somme de 40,000 livres, suivant la destination ci-dessus mentionnée, à la charge néantmoins que le remboursement en sera fait par imposition, dans cinq années, après que l'emprunt aura été vérifié par MM. les commissaires du Roy; mais que cet emprunt ne pouvant être fait qu'en vertu d'un arrest du Conseil, il a besoin d'une délibération par écrit pour l'obtenir, et a requis l'assemblée de délibérer. Sur quoy, les voix ayant été recueillies, a été unanimement délibéré d'emprunter la somme de 40,000 livres, pour employer une partie à la subsistance des pauvres, qui ne sont pas en état de gagner leur vie, et une autre partie à la subsistance des pauvres valides, en les occupant à la réparation des chemins, pour éviter les maladies contagieuses ; et, ledit sieur sindic, a été chargé de poursuivre un arrêt du Conseil, qui authorise cet emprunt ; et, l'employ, qui en sera fait, suivant les délibérations qui seront prises à ce sujet par MM. les commissaires de l'assiette et ordinaires, conformément à la délibération ci-dessus mentionnée.

Ledit sieur sindic a dit encore que MM. les commissaires ordinaires ont fait travailler aux chemins les pauvres valides, pour les aider à subsister, depuis plus de trois mois, dans le quartier de Châteauneuf et Langogne, et, depuis plus de deux mois, au chemin de Mende à Maruejols, qu'on ménage l'argent du diocèze, autant qu'il est possible, la plus haute taxe des ouvriers n'étant qu'à 6 sols par jour, depuis le mois de décembre dernier, et que le plus grand nombre ne sont payés qu'à raison de 4 à 5 sols, et même quelques-uns à 3 sols par jour ; que cependant la dépense est déjà considérable, et a requis l'assemblée de l'approuver et authoriser, et de donner pouvoir à MM. les commissaires ordinaires de la continuer, et de faire les achapts des grains qu'ils jugeront nécessaires pour l'avantage du pays et la subsistance des pauvres. Sur quoy, l'assemblée a unanimement approuvé les travaux et la dépense qui a été faite pour la subsistance des pauvres, en les occupant à travailler aux chemins, et a été donné pouvoir à MM. les commissaires ordinaires de l'assiette de continuer cette dépense et de faire les achapts des grains qu'ils jugeront nécessaires pour l'avantage du pays et la subsistance des pauvres.

Ledit sieur sindic a dit que MM. les commis et députés ordinaires ont fait réparer les ponts et chemins en quelques endroits du diocèze, avec beaucoup d'économie ; mais qu'il seroit nécessaire de plus grandes dépenses en divers endroits pour les conserver et en empêcher le dépérissement ; que les habitants de Sainte-Enimie demandent la construction d'un chemin pour ouvrir un passage aux voitures, depuis Meyrueis jusqu'à Sainte-Enimie, et ensuite vers Chanac, pour aller en Rouergue ; que les habitants de Saint-Alban et du Malzieu demandent pareillement la construction d'un chemin depuis Saint-Alban jusques au Malzieu. Sur quoy, les voix ayant été recueillies, a été unanimement délibéré de renvoyer, à MM. les commissaires ordinaires, tout ce qui concerne les ponts et chemins, et de faire vérifier en quels endroits doit passer le chemin demandé par les habitants de Ste-Enimie, et l'utilité ou l'inutilité de ce chemin ; et, ledit sieur sindic, a été chargé de se transporter à Saint-Alban et au Malzieu, pour examiner l'état des ponts et des chemins desdits lieux et les réparations qu'il convient de faire.

Après quoy, le *Te Deum* a été récité, et la bénédiction a été donnée par Mgr le Président.

Fait, clos et arrêté à Mende, le quatrième mars mil sept cent trente-sept.

Signé : † G. Flor., évêque de Mende.

1738

MM. les commissaires de l'assiette. — Lecture des commissions contenant les sommes à imposer. — Prestation du serment. — Vote des sommes demandées. — Une lettre doit accompagner les procurations. — Confirmation des officiers du diocèse. — Sommes empruntées pour achat de grains. — Remboursement à M. Bastide, créancier du diocèse. — Mention d'un arrêt qui permet de procéder à l'élection des officiers municipaux. — Placement de la somme de 10,000 livres provenant de la maison du collége de Montpellier. — Les gages des maires ne doivent être imposés que sur les communautés dont les revenus excèdent les dépenses ordinaires. — Capitation. — Pont de Quézac. — Indemnité de 10,000 livres. — Réparation des ponts et chemins. — Chemin de Saugues à Langogne. — Arrêt de règlement pour le contrôle des délibérations. — Clôture des Etats.

L'an mil sept cens trente-huit, et le lundy troisième jour du mois de mars. Les gens des Trois Etats du pays du Gévaudan, convoqués par ordre du Roy, en la ville de Maruejols, sont venus à la salle de l'hôtel de M. le comte de Peyre, où loge Mgr l'illustrissime et révérendissime Sgr, Mgr Gabriel-Florent de Choiseul-Beaupré, évêque, seigneur et gouverneur de la ville de Mende, comte de Gévaudan, conseiller du Roy en ses Conseils, président-né desdits Etats et assiette, qui les attendoit, étant accompagné de Mre Vital Dangles, prêtre, chanoine et prévôt de l'église cathédrale de Mende, vicaire général et official de mondit Sgr évêque, et de MM. les commissaires ordinaires. Et, tous ensemble, sont allés à l'église collégiale de N.-D.-de-La-Carce, de ladite ville, pour y entendre la messe du Saint-Esprit. Après laquelle, s'étant rendus dans la salle de l'auditoire des Cours du bailliage de Gévaudan et royale ordinaire dudit Maruejols, ils ont pris chacun leur place, sçavoir : mondit Sgr le Président, sur un fauteuil, placé sur une estrade élevée, au-dessous d'un dais ; et, sur la gauche de cette estrade, à la tête du banc, M. Me Guillaume Bruguière, juge, lieutenant général au bailliage du Gévaudan, pour M. le baillif, en tour pour le Roy, la présente année, commissaire ordinaire desdits Etats et assiette ; M. le chevalier de Saint-Point, commissaire principal, étant absent ; Mre Claude-Gabriel-Amédée de Rochefort d'Aly, comte de Saint-Point et de Montferrant, baron de Cénaret, Sgr de Laval, Pougnadoire et Saint-Chély-du-Tarn, commis des nobles dudit pays, commissaire ordinaire desdits Etats et assiette ; M. Me Iliérome Harlet ; sieurs Antoine Borrier et Jean Favier, anciens premier, second et tiers consuls de la ville de Mende, commissaires ordinaires desdits Etats et assiette, sur un banc, placé au milieu du parterre ; Mre Géraud-Pierre de Michel du Roc, Sgr du Roc, Aldy, le Mas et autres places, maire de la ville de Maruejols, commissaire ordinaire desdits Etats et assiette ; MM. les ecclésiastiques, sur un banc, à la droite de Mgr le Président, chacun suivant son rang ; et, sur le banc dudit sieur baillif, MM. les barons et gentilshommes de ce diocèze ou leurs députés, aussy suivant leur rang ; et, les sieurs consuls et députés des autres villes et communautés dudit pays, qui ont entrée et voix délibérative auxdits Etats, assis sur le bas banc.

Ledit Me Guillaume Bruguière, juge, lieutenant général au Bailliage du Gévaudan, pour M. le baillif, en tour pour le Roy, la présente année, ayant en main les commissions de nosseigneurs les commissaires, qui ont présidé pour le Roy à l'assemblée des Etats généraux de la province, tenus à Montpellier, le 5ᵉ décembre dernier, a dit que nosdits seigneurs lui ordonnent, par leursdites commissions, et à M. le bailif du Gévaudan, étant en tour ou son lieutenant, aux consuls de Mende et à un de Maruejols, commissaires ordinaires, comme luy, de procéder au département des deniers y contenus, et ainsy qu'il a été consenty et résolu auxdits Etats. Lesquels deniers Sa Majesté veut être imposés, la présente année, pour le soutien de l'Etat et pour fournir aux autres dépenses qui se fairont dans le Royaume, aussy bien que pour les appointements de son altesse sérénissime, Mgr le duc du Maine, gouverneur de la province, et entretenement de ses gardes et de MM. les lieutenants généraux dans ladite province, dettes et affaires de la province et de ce diocèze, et département des deniers des gratifications ordinaires et extraordinaires contenues au billet, sur ce envoyé, signé : Touzart, en attendant l'arrest de validation du Conseil d'Etat de Sa Majesté, pour être payés aux premiers jours d'avril, juillet et octobre de la présente année, et a remis les susdites commissions au greffier du diocèse pour en faire la lecture.

Et à l'instant, lecture a été faite desdites commissions, ensemble des instructions et autres actes y attachéz, contenant, entr'autres choses, permission d'imposer pour les vacations et journées des consuls de Mende et de Maruejols et du sindic du diocèse, députés auxdits Etats de la province. La lecture ayant été finie, lesdits sieurs lieutenants de M. le bailif du Gévaudan, en tour, et ledit sieur commis des nobles, sont sortis de l'assemblée ; ledit sieur commissaire principal étant absent.

Mgr le Président a fait appeler les gens des Trois Etats du pays de Gévaudan et, ayant fait remettre au greffier les procurations des députés auxdits Etats, il en a fait la lecture.

L'assemblée ayant été réglée et chacun ayant pris sa place, le serment en tel cas requis et accoutumé ayant été prêté, sçavoir : par MM. de l'église, la main mise sur la poitrine ; et, par MM. de la noblesse et députés du Tiers-Etat, la main levée à Dieu, et, tous ensemble, ont promis à Mgr le Président, moyennant leur serment, de ne rien faire en cette assemblée contre l'honneur de Dieu ny contre le service du Roy. Ensuite a été unanimement résolu que les sommes contenues aux commissions de nosseigneurs les commissaires, présidant pour le Roy aux Etats généraux de la province, tenus à Montpellier, le 5° décembre dernier, seront imposées, la présente année, sur les contribuables aux tailles du pays de Gévaudan ; et, les Etats, ont donné pouvoir à MM. les commissaires de l'assiette, qui s'assembleront demain, d'en faire le département.

Comme il est d'usage dans la province que MM. de l'église et MM. les barons, qui ne peuvent pas assister aux Etats généraux, envoyent, outre leurs procurations, une lettre adressée à Mgr le Président, pour toute l'assemblée, contenant les raisons pour lesquelles ils ne peuvent pas venir ; que cet usage a été toujours observé dans ce pays, pour soutenir la dignité de Mgr le Président et de l'assemblée, et que néantmoings quelques-uns ont obmis d'écrire lesdites lettres ; a été délibéré que les procurations, tant de MM. de l'église que de

MM. les barons et gentilshommes, seront refusées à l'avenir, conformément aux anciennes délibérations, sy elles ne sont pas accompagnées d'une lettre pour Mgr le Président, qui contienne les raisons pour lesquelles ils ne peuvent assister en personne, et que le greffier du diocèse couchera la présente délibération dans les lettres d'avis pour la convocation des Etats prochains.

Mgr le Président a dit que, suivant l'usage et instruction de nosseigneurs les commissaires, présidens pour le Roy aux Etats généraux de la province, cette assemblée est en droit de faire procéder à la confirmation ou nouvelle élection des officiers du diocèse. Sur quoy, les sieurs Gros, sindic, et de Lhermet, greffier, etant sortis de l'assemblée, a été délibéré, d'une voix unanime, de confirmer ledit sieur Gros dans la charge de sindic, et ledit sieur de Lhermet dans la charge de greffier. Après quoy, les Etats ayant fait appeler lesdits sieurs Gros et de Lhermet, lecture leur a été faite de la présente délibération, et Mgr le Président leur a fait prêter le serment, la main levée à Dieu, de remplir le devoir de leurs charges ; ce qu'ils ont promis et juré de faire.

Ledit sieur sindic a dit que, par les délibérations prises l'année dernière aux Etats du pays, et par l'arrêt du Conseil, du 21 may 1737, il luy a été donné pouvoir d'emprunter la somme de 40,000 livres, pour en employer une partie à la subsistance des pauvres qui n'étoint pas en état de gagner leur vie ; et, une autre partie, à la subsistance des pauvres valides, en les occupant à la réparation des chemins, pour éviter les maladies contagieuses, sur les ordres de Mgr le Président et de MM. les commissaires ordinaires ; qu'en conséquence desdites délibérations et arrest du Conseil, il a fait des emprunts à concurrence de 39,200 livres, dont la plus grande partie fut employée à acheter des seigles dans l'Albigeois, qui furent transportés dans le Gévaudan, pour y former trois greniers, l'un à Mende, l'autre à Serverette, et le troisième à Châteauneuf ; que l'établissement de ces trois greniers fit diminuer la dizette, en obligeant ceux qui avoient resseré leurs grains, à les exposer en vente, et à les donner même à crédit, à un prix raisonnable ; que le surplus de l'emprunt fut employé à faire subsister les pauvres, en les occupant à réparer les chemins ; qu'il est question à présent : 1° d'approuver l'emprunt de 39,200 livres ; 2° l'employ qui en a été fait en achat de seigles et à la réparation des chemins pour faire subsister les pauvres ; 3° de la clôture du compte quy doit être rendu, tant pour l'achat des grains et des dépenses faites à ce sujet, que de la réparation des chemins ; 4° d'imposer une somme de 10,000 livres, conformément audit arrest du Conseil, pour commencer de payer les sommes empruntées ; qu'on pourra néantmoins réduire l'imposition à une somme moindre de 10,000 livres, attendu que le diocèse ne sera pas en perte de l'entier emprunt, ny peut être même de la moitié ; que la chose ne peut être bien éclaircie que par le compte qui sera rendu ; qu'on pourra néantmoings fixer l'imposition à la somme de 7,627 livres, dont les charges, de cette année, se trouvent moindres que celles de l'année dernière ; et que par cet arrangement, les contribuables payeront la présente année 1738, la même cotité de taille qu'ils ont payé l'année dernière 1737.

Sur quoy, l'assemblée a remercié Mgr le Président, des grands services qu'il a rendus au pays, dans cette fâcheuse conjoncture, en lui procurant l'abondance au milieu de la dizette ; et ensuite l'assemblée a unanimement approuvé et authorizé l'emprunt de 59,200 livres, aussy bien que l'employ qui en a été fait ; et a renvoyé à MM. les commissaires de l'assiette pour clôturer le compte qui doit être rendu à ce sujet, et faire l'imposition de 7,627 livres, et l'employer, au 1er janvier 1758, au remboursement des sommes empruntées, en exécution dudit arrest du Conseil.

Ledit sieur sindic a dit aussy, qu'en conséquence des ordres de MM. les commissaires ordinaires, il a fait délivrer à crédit plusieurs quantités de seigle, dont il a néantmoins des assurances, par écrit, que les débiteurs sont solvables ; que quelques-uns ont payé en tout ou en partie ; mais que certains autres sont fort en arrière et demandent des délais pour payer le montant de leurs billets ; que cette affaire est très importante pour le pays, puisque cet argent doit servir pour rembourser ceux qui ont prêté l'argent pour l'achat de ce même blé, auxquels on payera l'intérêt à cinq pour cent, jusques au jour du remboursement ; et a requis l'assemblée de délibérer sur le délay qui doit être accordé à ces débiteurs. Sur quoy, a été unanimement renvoyé à MM. les commissaires ordinaires.

Ledit sieur sindic a dit encore, que l'assemblée est instruite que, par les délibérations prises aux Etats et assiette du pays, et par une transaction, passée en conséquence, le 25 mai 1734, par le sindic du pays avec Mme de Saint-Sauveur et M. son fils aîné, les reliquats des comptes de feu M. de Saint-Sauveur, furent modérés à la somme de 16,000 livres, payables dans six années, avec l'intérêt à cinq pour cent, sçavoir : 5,333 livres 6 sols 8 deniers, payables au 1er juin 1736 ; 5,333 livres 6 sols

8 deniers, au 1ᵉʳ juin 1738 ; pareille somme au 1ᵉʳ juin 1740 ; que Mᵐᵉ de Saint-Sauveur a payé les intérêts des termes échus jusques à présent, aussy bien que le premier tiers du capital ; que M. Blanquet, médecin de la faculté de Montpellier, est chargé de payer le second tiers, qui doit échoir au mois de juin prochain ; que le premier tiers a été employé à rembourser une somme de 6,000 livres, due à M. Bastide, du Rachas, provenant des derniers emprunts faits par M. de Saint-Sauveur ; et a requis l'assemblée d'approuver le remboursement fait à M. Bastide, du Rachas, et de délibérer que les sommes, qui seront payées par Mᵐᵉ de Saint-Sauveur, seront pareillement employées à rembourser les derniers emprunts faits par M. de Saint-Sauveur. Sur quoy, le remboursement fait audit sieur Bastide, a été unanimement approuvé et authorizé, et a été délibéré que les autres sommes seront employées à rembourser les derniers emprunts faits par M. de Saint-Sauveur.

Ledit sieur sindic a dit encore que, par un autre arrest du Conseil, du 4 décembre 1737, le Roy a révoqué toutes les commissions qui avoient été expédiées par l'exercice des charges municipales des communautés du Royaume, et a permis à toutes les communautéz de procéder, suivant les anciens règlements, à l'élection des officiers municipaux, dont les charges n'auront pas été acquises ; que cet arrest a été envoyé dans les communautés du diocèse de Mende, à la diligence du subdélégué de M. l'Intendant ; mais qu'il y a apparence que quelques exemplaires ce sont égaréz, parce que plusieurs communautés ont écrit à MM. les commissaires pour s'informer s'il est permis de nommer des nouveaux consuls. Sur quoy, a été unanimement délibéré, qu'il sera donné avis aux communautés, par un article de la mande, qu'il leur est permis de procéder, suivant leurs anciens usages, à l'élection des officiers municipaux, dont les charges n'ont pas été acquises, et que les commissions du grand sceau, qui avoient été expédiées pour l'exercice de quelques charges municipales, ont été révoqués, et que par conséquent, les commissionnaires ne peuvent plus exercer.

Ledit sieur sindic a dit encore, qu'en conséquence des délibérations prises l'année dernière aux Etats du pays, il a remboursé à M. Lequepeys, par contract du 19e may 1757, une somme de 10,000 livres, qui étoit à la rente constituée de cinq pour cent, sur le diocèse; que ce remboursement a été fait avec une pareille somme de 10,000 livres que ledit sieur sindic a receu du prix de la vente du collége des étudiants du Gévaudan, en médecine à Montpellier, ainsy qu'il est énoncé fort au long dans le procès-verbal des Etats de l'année dernière et des années précédentes, et que, conformément auxdites délibérations et à l'arrest du Conseil, du 24e avril 1756, il a été étably une rente de 500 livres, non réductible, sur le pays, en faveur desdits étudiants, en représentation dudit capital de 10,000 livres, et a requis l'assemblée d'approuver et authoriser le remboursement fait à M. Lequepeys, et l'établissement de la rente constituée de 500 livres, non réductible, en faveur desdits étudiants du Gévaudan. Sur quoy, les voix ayant été recueillies, le remboursement fait à M. Lequepeys, de la somme de 10,000 livres capitale, et l'établissement de la rente constituée de 500 livres non réductibles, en faveur des étudiants, du Gévaudan, en médecine à Montpellier, ont été unanimement approuvés et authorizés.

Ledit sieur scindic a dit encore qu'il a été rendu un jugement, par nosseigneurs les commissaires du Roy, sur les impositions de la communauté de Langogne, de l'année dernière 1757, contenant un règlement provisoire sur les sommes que ladite communauté doit imposer pour ses dépenses ordinaires, et ordonne en outre que, conformément à la déclaration du Roy, du 30 avril 1697, et aux ordonnances de règlement de nosdits seigneurs les commissaires du Roy, les loyers de l'hôtel de ville de Langogne, ensemble le prix de l'afferme du corrétage et portefaissage, et généralement tous les autres revenus de ladite communauté, quels qu'ils puissent être, seront moins imposés annuellement, sans qu'ils puissent être divertis à autre usage, pour quelque cause que ce soit, même sous prétexte du payement des gages du maire de ladite communauté ; qu'il est fait défenses, par le même jugement, d'imposer les gages dudit maire, jusques à ce que il ayt été vérifié par devant M. l'Intendant si le produit des revenus de la communauté de Langogne excède le montant des dépenses ordinaires, conformément à la déclaration du Roy, du 21 décembre 1755. à peine, contre les départeurs des impositions, d'être responsables, en leur propre, de la restitution desdits gages et des sommes surimposées ou obmises de moins imposés, ensemble de tous les dépens, dommages et intérêts envers la communauté, de 1,000 livres d'amende et autres peines de droit ; que ledit jugement sera notifié aux maire et consuls de Langogne, à la diligence du sindic du diocèse de Mende, lequel tiendra la main à l'exécution dudit jugement et en informera le sindic général de la province ; que ledit jugement a été signifié à M. de Blazère, maire de Langogne, et à

M. Tourrette, 1ᵉʳ consul dudit Mende, et a requis l'assemblée de donner pouvoir audit sieur sindic de se transporter à Langogne pour l'entière exécution dudit jugement, et de donner avis que les gages des maires ne peuvent être imposés que dans les communautés où les revenus excèdent le montant des dépenses ordinaires, et encore que l'imposition ne peut en être faite qu'après qu'il aura été vérifié, par devant M. l'Intendant. que les dépenses ordinaires de la communauté sont moindres que ces revenus. Sur quoy, a été unanimement donné pouvoir audit sieur sindic de se transporter à Langogne, pour l'entière exécution dudit jugement rendu, par nosseigneurs les commissaires du Roy, sur les impositions de ladite communauté de l'année dernière 1737, et a été délibéré qu'il sera donné avis aux communautés qu'elles ne peuvent point être assujetties à payer les gages des maires que lorsque les revenus excèdent le montant de leurs dépenses ordinaires, et encore que l'imposition desdits gages ne peut être faite qu'après une ordonnance de vérification rendue par M. l Intendant, sur les dépenses ordinaires des communautés.

Le sindic du diocèse a dit qu'aux derniers Etats généraux il a été procédé à la répartition deffinitive de la capitation de la province de Languedoc ; que Mgʳ le Président s'est donné des grands soins pour faire connoître la surcharge considérable qui avoit été imposée sur ce pays, par la répartition provisoire qui fut faite, en l'année 1735 ; mais que nonobstant toutes les représentations et les raisons qui ont été employées, on n'a peu obtenir qu'une diminution de 8 à 9,000 livres, dont le diocèse se trouvera soulagé à l'avenir ; et qu'il est question à présent de faire part de cette diminution aux communautés qui se trouvent les plus surchargées. Sur quoy, l'assemblée a remercié Mgr le Président, des soins qu'il a bien voulu prendre pour le soulagement du pays, et a été renvoyé à MM. les commissaires de l'assiette, quy s'assembleront demain pour faire la répartition de cette diminution en faveur des communautés du diocèse, eu égard à leurs besoins.

De relevée.

Ledit sieur sindic a dit aussy, qu'en conséquence des délibérations prises, l'année dernière, aux Etats du pays, il a fait emprisonner le sieur Pélissier, ayné, entrepreneur de l'arche du pont de Quézac, à cause de sa négligence à satisfaire à l'ordonnance de M. l'Intendant, du 22ᵉ janvier 1756, par laquelle il est condamné, solidairement avec son frère cadet, à mettre en état le pont de Quézac; que ledit sieur Pélissier, étant sorty des prisons, sous le cautionnement des personnes solvables, il s'est rendu dans le pays; que M. de Clapiez, ingénieur de la province, s'y est aussy transporté; qu'il a vériffié le pont de Quézac, et le devis qui avoit été fait par M. de Cruviers, pour la réparation de ce pont; que M. de Clapiez a trouvé que le devis de M. de Clapiez a été insuffisant par rapport au battardeau, qu'il est nécessaire de construire pour creuzer au tour de la pile et pour pouvoir bâtir sur la ferme; qu'au lieu du battardeau simple, il faut un battardeau double; et encore que ce battardeau doit être fort profond; que les pieux doivent être armés de pointes de fer, et qu'on doit laisser subsister le tout pour la conservation de la pile, après qu'elle aura été rétablie; que M. de Clapiez trouve encore que les autres arches du pont de Quézac ont besoin de réparation ; que l'arche qui est du côté de Moulines menace ruine, et que la première réparation se trouvera bientôt inutile sy on ne répare le tout à la fois. Surquoy, a été unanimement renvoyée à MM. les commissaires de l'assiette et ordinaire.

Ledit sieur scindic a dit encore que Mgr le Président a obtenu un don du Roy, de la somme de 10,000 livres pour les dommages extraordinaires que le Gévaudan a souffert pendant quelques années, indépendamment de l'indemnité qui sera accordée pour la perte des récoltes de l'année dernière mil sept cens trente-sept. Sur quoy, a été unanimement renvoyé à MM. les commissaires ordinaires pour procéder à la répartition de ces deux sommes, et l'assemblée a remercié Mgr le Président de ses bontés envers le diocèse.

Ledit sieur sindic a dit encore qu'on a interrompu depuis quelque temps, dans ce pays, les nouvelles constructions des ponts et chemins, et qu'on s'est réduit à entretenir les ouvrages déjà faits ; le pays n'étant pas en état d'entreprendre aucun ouvrage, à cause de l'augmentation des charges, mais qu'on ne sçauroit se dispenser, cette année, de faire des dépenses à ce sujet, pour empêcher le dépérissement des ponts et chemins ; que le sindic du pays fut chargé, l'année dernière, de se transporter à Saint-Alban et au Malzieu, pour examiner l'état des ponts et chemins de ce quartier là, et les réparations qu'il convenoit d'y faire, mais qu'il ne peut point y vacquer, à cause de l'embarras de l'achat des bleds, et de la distribution qu'il en fallût faire dans plusieurs quartiers du diocèse. Sur quoy, a été unanimement renvoyé à MM. les commissaires de l'assiette et ordinaires.

Ledit sieur sindic a dit encore, que les Etats du pays

délibérèrent, il y a quelques années, de construire un chemin de Langogne à Saugues, pour l'utilité et l'avantage du commerce ; que l'ouvrage fut commencé et qu'il est à craindre que la dépense qu'on a faite ne devienne inutile sy l'on ne continue point la construction de ce chemin, et sy on n'entretient point ce qui a été déjà fait. Sur quoy, a été unanimement renvoyé à MM. les commissaires de l'assiette et ordinaires.

Ledit sieur sindic a dit qu'il a été rendu un arrest au Conseil du Roy, le 15e octobre 1757, portant règlement pour le contrôle des délibérations et autres actes que reçoivent les greffiers et secrétaires des hôtels de ville et communautés du Languedoc, et que M. de Joubert, sindic général de la province, luy a envoyé plusieurs exemplaires de cet arrest et d'une lettre circulaire qu'il a écrit à ce sujet.

Sur quoy, a été unanimement délibéré que les exemplaires dudit arrest et de ladite lettre circulaire seront envoyés en diligence dans toutes les communautés du diocèse.

Ledit sieur sindic a dit aussy, qu'il a receu de M. Touzart, greffier de MM. les commissaires du Roy aux Etats généraux de la province, la liste des communautés de ce pays qui n'ont point remis l'état de leurs comptables et reliquataires depuis vingt-neuf années, avec des exemplaires imprimez, contenant le modèle de l'état et du certificat qui doit être fait à ce sujet.

Sur quoy, a été unanimement délibéré que les exemplaires dudit état et certificat seront envoyés en diligence aux communautés intéressées.

Après quoy, le *Te Deum* a été récité et la bénédiction a été donnée par Mgr le Président.

Fait, clos et arrêté à Maruejols, le troisième mars mil sept cens trente-huit.

Signé : † G. Flor., évêque de Mende.

1739

MM. les commissaires de l'assiette. — Lecture des commissions pour les sommes à imposer. — Prestation du serment. — Vote des sommes demandées. — Les procurations des députés doivent être accompagnées d'une lettre. — Confirmation des officiers du diocèse. — Réparation du pont de Quézac au prix de 7,000 livres. — Reconstruction d'une tourelle, du grand clocher de Mende, démolie par la foudre. — Fonds de 12,000 livres pour la réparation des ponts et chemins, augmentée de 5,000 livres. — Permission d'emprunter 50,000 livres pour être employées à construire des chemins. — Remboursements faits par le diocèse. — Blé délivré à crédit par le diocèse. — Capitation. — Indemnité pour des cas fortuits. — Carte du Gévaudan. — Etablissement d'une gratification en faveur de ceux qui tueront des loups. — Sollicitation à faire pour le changement du sel de Périac et redemander celui de Pécais. — Clôture des Etats.

L'an mil sept cens trente-neuf, et le lundy seizième jour du mois de mars. Les gens des Trois Etats du pays de Gévaudan, convoquéz par ordre du Roy, en la ville de Mende, sont venus à la salle du palais épiscopal, où Mgr l'illustrissime et révérendissime seigneur, Mgr Gabriel-Florent de Choiseul-Beaupré, évêque, Sgr et gouverneur de la ville de Mende, comte du Gévaudan, conseiller du Roy en tous ses Conseils, président-né desdits Etats et assiette, les attendoit, étant accompagné de Mre Vital Dangles, prêtre, chanoine et prévôt de l'église cathédrale de Mende, vicaire général et official de Mgr l'évêque de Mende, et de MM. les commissaires ordinaires ; et, tous ensemble, sont allés à l'église cathédrale dudit Mende, pour y entendre la messe du Saint-Esprit. Après laquelle, étant revenus audit palais épiscopal, ils ont pris chacun leur place et séance dans la salle destinée pour la tenue desdits Etats, sçavoir : Mgr le Président, sur un fauteuil, placé sur une estrade élevée, au-dessous d'un dais ; et, sur la gauche de cette estrade et à la tête du banc, noble Mathieu Gros, sindic du pays de Gévaudan, commissaire principal desdits Etats et assiette ; Mre Emmanuel de Bessuéjols, chevalier, Sgr de Roquelaure, Bessuéjols, Montchançon et Taulet, Sgr de Ceirac, Gabriac, La Souq, du Bacon-l'Eglise, en Gévaudan, comte et baron d'Apcher, Sgr et baron de la ville de Saint-Chély et autres places, cy-devant guidon des gens d'armes de la Reine, chevalier de l'ordre militaire de Saint-Louis, baillif dudit pays de Gévaudan, en tour, pour Mgr l'évêque de Mende, la présente année, commissaire ordinaire desdits Etats et assiette ; Mre Claude-Gabriel-Amédée de Rochefort d'Aly, comte de Saint-Point et de Montferrand, baron de Cénaret, Sgr de Laval, Pougnadoire et Saint-Chély-de-Tarn, commis des nobles dudit pays, commissaire ordinaire desdits Etats et assiette ; M. Me Hiérome Harlet, lieutenant général au baillage de Gévaudan ; sieurs Aymar Brouilhet et Guillaume Roubeyrolles, anciens 1er, 2e et 3e consuls de la ville de Mende, commissaires ordinaires desdits Etats et assiette, sur un banc placé au milieu du parterre ; Mre Géraud-Pierre de Michel du Roc, Sgr du Roc, Aldy, le Mas et autres places, maire de la ville de Maruejols, commissaire ordinaire desdits Etats et assiette ; MM. les ecclésiastiques, sur un banc à la droite de Mgr le Président, chacun suivant son rang ; et, sur le banc dudit sieur bailif, MM. les barons et gentilshommes de ce diocèze ou leurs députés, aussi suivant leur rang ; et, les sieurs consuls et députés des autres villes et communautés dudit pays, qui ont entrée et voix délibérative auxdits Etats, assis sur le bas banc.

M. Gros, sindic et commissaire principal, ayant en main les commissions de nosseigneurs les commissaires qui ont présidé pour le Roy à l'assemblée des Etats généraux de la province, tenus à Montpellier, le 3e février dernier, a dit que nosdits seigneurs luy ordonnoient, par leursdites commissions, et à M. le baillif du Gévaudan, étant en tour ou son lieutenant, aux Conseils de Mende et à un de Maruejols, commissaires ordinaires, comme luy, de procéder au département des deniers y contenus, et ainsy qu'il a été consenty et résolu auxdits Etats ; lesquels deniers Sa Majesté veut être imposés, la présente année, pour le soutien de l'Etat et pour fournir aux autres dépenses qui se feront dans le royaume, aussy bien que pour les appointements de son altesse sérénissime, Mgr le duc du Maine, gouverneur de la province, entretenement de ses gardes et de MM. les lieutenants généraux dans ladite province, dettes et affaires de la province et de ce diocèse, et département des deniers des gratifications ordinaires et extraordinaires, contenues au billet, sur ce envoyé, signé : Pujol, en attendant l'arrest de validation du Conseil d'Etat de Sa

Majesté, pour être payés aux premiers jours d'avril, juillet et octobre de la présente année, et a remis les susdites commissions au greffier du diocèse, pour en faire la lecture. Et à l'instant, lecture a été faite desdites commissions, ensemble des instructions et autres actes y attachés, contenant, entr'autres choses, permission d'imposer pour les vaccations et journées des consuls de Mende et de Maruejols et du sindic du diocèse, députés auxdits Etats de la province. La lecture ayant été finie, lesdits sieurs commissaires principal, bailif du pays de Gévaudan, en tour, et ledit sieur commis des nobles sont sortis de l'assemblée.

Mgr le Président a fait appeler les gens des Trois Etats du pays de Gévaudan, et ayant fait remettre au greffier les procurations des députés auxdits Etats, il en a fait la lecture. L'assemblée ayant été réglée, chacun ayant pris sa place, le serment en tel cas requis et accoutumé ayant été prêté, sçavoir : par MM. de l'église, la main mise sur la poitrine; et, par MM. de la noblesse et députés du Tiers-Etat, la main levée à Dieu ; et, tous ensemble, ont promis à Mgr le Président, moyennant leur serment, de ne rien faire en cette assemblée contre l'honneur de Dieu ny contre le service du Roy.

Ensuite a été unanimement résolu que les sommes contenues aux commissions de nosseigneurs les commissaires, président pour le Roy aux Etats généraux de la province, tenus à Montpellier, le 3ᵉ février dernier, seront imposés, la présente année, sur les contribuables aux tailles du pays de Gévaudan, et les Etats ont donné pouvoir à MM. les commissaires de l'assiette, qui s'assembleront demain, d'en faire le département.

Comme il est d'usage dans la province que MM. de l'église et MM. les barons, qui ne peuvent pas assister aux Etats généraux, envoyent, outre leurs procurations, une lettre adressée à Mgr le Président, pour toute l'assemblée, contenant les raisons pour lesquelles ils ne peuvent pas venir ; que cet usage a été toujours observé dans ce pays pour soutenir la dignité de Mgr le Président et de l'assemblée, et que néantmoings quelques-uns ont obmis d'écrire lesdites lettres ; a été délibéré que les procurations, tant de MM. de l'église que de MM. les barons et gentilshommes, seront refusées à l'avenir, conformément aux anciennes délibérations, sy elles ne sont pas accompagnées d'une lettre pour Mgr le Président, qui contienne les raisons pour lesquelles ils ne peuvent assister en personne ; et que le greffier du diocèse couchera la présente délibération dans les lettres d'avis pour la convocation des Etats prochains.

Mgr le Président a dit que, suivant l'usage et instructions de nosseigneurs les commissaires, présidant pour le Roy aux Etats généraux de la province, cette assemblée est en droit de faire procéder à la confirmation ou nouvelle élection des officiers du diocèse. Sur quoy, les sieurs Gros, sindic, et de Lhermet, greffier, étant sortis de l'assemblée, a été délibéré, d'une voix unanime, de confirmer ledit sieur Gros dans la charge de sindic, et ledit sieur de Lhermet, dans la charge de greffier.

Après quoy, les Etats ayant fait appeler lesdits sieurs Gros et de Lhermet, lecture leur a été faite de la présente délibération, et Mgr le Président leur a fait prêter le serment, la main levée à Dieu, de remplir le devoir de leurs charges ; ce qu'ils ont promis et juré de faire.

Ledit sieur sindic a dit encore, qu'en conséquence des

délibérations prises, l'année dernière, aux Etats et assiette du pays, MM. les commissaires étant assemblés pour la confection et signature des rôles de la capitation, traiteront avec le sieur Pélissier, pour la réparation de l'arche et de l'entier pont de Quézac, conformément aux deux devis de M. de Clapiés, ingénieur de la province, dont les articles principaux sont rapportés, fort au long, dans le procès-verbal de l'assiette de l'année dernière ; que le traité fut fait à la somme de 7,000 livres, payables : 2,000 livres par la commnnauté de Quézac, et 5,000 livres par le pays ; que M. Harlet, juge, lieutenant général au bailliage de Gévaudan, ancien premier consul de la ville de Mende, un des commissaires ordinaires du pays, étant assisté du sindic et du greffier du diocèse, procéda, le 7e octobre 1758, à la réception de ladite arche et entier pont de Quézac, sur la demande qui en fut faite par ledit sieur Pélissier ; que cette réception fut faite sur les deux devis et plans de M. de Clapiés ; que dans le procès-verbal on a fait des observations et des réserves touchant quelques articles que ledit sieur Pélissier n'avoit pas remply, conformément aux devis de M. de Clapiés ; que l'article principal regarde l'arche, attenant la nouvelle arche du côté de Moulines, où ledit sieur Pélissier a deu placer quatre barres de fer, d'environ trois pouces de diamètre en carré, pour traverser cette arche dans toute sa largeur ; que ces quatre barres de fer doivent être arrêtées par quatre grosses clés de fer, rosettes et clavettes bien goderonées et peintes à trois couches de rouge brun et huile grasse ; que sur l'observation qui fut faite à ce sujet, le sieur Pélissier représenta qu'il s'était donné tous les mouvements possibles, pour avoir lesdites quatre barres de fer ; que

M. Tioch, marchand de fer de Montpellier, luy avoit marqué que lesdites barres de fer, suivant la dimension, devant peser environ cinq quintaux chacune, il falloit nécessairement faire chaque barre en deux pièces, à cause de la difficulté du charroy, qui ne peut être fait qu'à dos de mulets, depuis les forges jusques au canal royal ; qu'il y avoit d'ailleurs une autre difficulté, en ce que lesdites barres doivent avoir 15 pieds de longueur ; ce qui ne peut être voituré à dos de mulets ; que dans les circonstances il falloit consulter M. de Clapiés ; qu'ainsi l'ouvrage devoit être renvoyé à l'année 1759, et qu'il laissoit dans la caisse du diocèse une somme de 1,000 livres pour la sûreté de l'exécution de cet article. Ledit sieur Pélissier s'étant transporté à Montpellier, se rendit avec le sindic du diocèse chez M. de Clapiés, ingénieur ; lequel, après avoir examiné toutes choses, a décidé que chaque barre de fer doit être divisée en trois pièces ; que la pièce du milieu doit avoir un anneau à chaque bout pour accrocher les deux pièces extrêmes, et que le tour des anneaux sera de la même grosseur que le corps de la barre. Sur quoy, le sieur sindic a requis l'assemblée d'approuver et authorizer le traité fait avec le sieur Pélissier, à la somme de 7,000 livres, pour la construction de l'arche et réparation de l'entier pont de Quézac ; la réception qui a été faite de l'ouvrage par M. Harlet, ancien premier consul de Mende, un des commissaires ordinaires, et de renvoyer à MM. les commissaires de l'assiette et ordinaires, pour faire parachever ce qui reste à finir. Sur quoy, les voix ayant été recueillies, a été unanimement délibéré d'approuver et authoriser le traité fait avec le sieur Pélissier, à la somme de 7,000 livres, pour la construction de l'arche et réparation de l'entier pont de Quézac, ensemble la réception qui en a été faite par M. Harlet, ancien premier consul de Mende, et a été renvoyé à MM. les commissaires de l'assiette et ordinaires pour faire parachever ce quy reste à finir.

Ledit sieur sindic a dit encore que M. de Clapiés, ingénieur de la province, propose au pays de Gévaudan, de faire rétablir la tourrelle du clocher de Mende, qui fut détruite, il y a quelques années, par le tonnerre ; que ledit sieur de Clapiés offre de se transporter en cette ville et d'y faire le séjour nécessaire pour voir finir cet ouvrage, dont il veut être l'ingénieur, l'architecte et le directeur ; ne demandant rien pour ses vacations ny pour sa dépense, tant du voyage que du séjour ; voulant que ce que Mgr l'évêque et MM. les commissaires jugeront à propos de luy accorder, cède au profit des dames religieuses de Langogne pour leur ayder à continuer leur bâtiment.

Sur quoy, a été unanimement renvoyé à MM. les commissaires de l'assiette et ordinaires.

Ledit sieur sindic a dit encore, qu'il y a dans le pays un très grand nombre de ponts, soit dans les valons, pour passer d'une montagne à l'autre, soit sur les penchants des montagnes pour traverser les ravins : que les orages et pluyes dégradent tous les ans plusieurs de ces ponts en les comblant des grosses pierres ou les entraînent quelquefois en tout ou en partie ; que les chemins sont aussy endommagés par ces grands orages et torrents, étant comblés de marin et des rochers ; que le pays se trouve exposé à des grandes dépenses pour l'entretien de ces ponts et chemins ; que ces dépenses épuisent tous les ans le fonds ordinaire, qui n'est que de 1,200 livres, et causent souvent du dérangement dans les affaires, parce qu'on est obligé de préférer la réparation de ces ponts et chemins, pour les empêcher de périr et de laisser en arrière beaucoup d'autres dépenses nécessaires ; que cette affaire ayant été discutée à l'assiette de l'année dernière, il fut délibéré d'augmenter le préciput des ponts et chemins d'une somme de 4,000 livres par année, et le sindic fut chargé de faire les diligences nécessaires pour obtenir la permission d'imposer cette somme ; que les Etats généraux de la province ont approuvé que l'imposition en soit faite tous les ans, et a requis l'assemblée de délibérer. Sur quoy, a été unanimement délibéré que ladite somme de 4,000 livres sera imposée, tous les ans, à l'avenir, et qu'elle sera ajoutée, par augmentation, au préciput des ponts et chemins.

Ledit sieur sindic a dit, qu'en conséquence des délibérations prises aux Etats et assiette de l'année dernière, il a fait procéder au devis de la construction de deux avenues de Châteauneuf, l'une du côté de Mende, et l'autre du côté de la montagne ; au devis du chemin de Langogne à Saugues, et encore au devis du chemin du Malzieu à Serverette, passant par Saint-Alban ; et enfin au devis de la côte du Malzieu, allant vers Saint-Chély ; qu'en conséquence des mêmes délibérations, ledit sieur sindic a poursuivi, aux Etats de Languedoc, la permission d'imposer, en quatre années, une somme de 50,000 livres, pour être employée à la construction de ces différents chemins ; ce qui a été accordé, et a requis l'assemblée de délibérer d'imposer une somme de 10,000 livres à ce sujet.

Sur quoy, a été unanimement délibéré d'imposer la

somme de 10,000 livres, pour être employée à la construction desdits chemins, suivant les arrangements qui seront faits par MM. les commissaires de l'assiette et ordinaires.

Ledit sieur sindic a dit encore, qu'il fut délibéré aux Etats du pays, tenus à Marvejols, l'année dernière, que le second tiers du capital de 16,000 livres des relicats des comptes de feu M. de Saint-Sauveur, qui devoit être payé alors, seroit employé à rembourser les derniers emprunts faits par M. de Saint-Sauveur, de la même manière qu'il en avoit été usé lors du payement du premier tiers qui avoit été employé à rembourser M. Bastide, du Rachas ; qu'en conséquence de cette délibération, le second tiers, payé par Mme de Saint-Sauveur, a été employé à rembourser, sçavoir : au sieur Magne, orfèvre, de la ville de Mende, 1,000 livres ; à M. Brun de Valier, 1,400 livres ; à M. le sindic du clergé de la ville de Mende, 2,000 livres ; au sieur Salleyx, maître-chirargien de la ville de Mende, 1,000 livres, et a requis l'assemblée d'approuver lesdits remboursements.

Sur quoy, a été unanimement délibéré d'imposer la somme de 10,000 livres, pour être employée a la construction desdits chemins, suivant les arrangements qui seront faits par MM. les commissaires de l'assiette et ordinaires.

Ledit sieur sindic a dit aussy, qu'en conséquence des ordres de MM. les commissaires ordinaires, il a fait délivrer à crédit, l'année 1737, plusieurs quantités de seigle au diocèse, dont il a néanmoins des assurances par écrit que les débiteurs sont solvables ; que quelques-uns ont payé en tout ou en partie, mais que certains autres sont fort en arrière, et demandent des délais pour payer le montant de leurs billets ; que cette affaire est très importante pour le pays, puisque cet argent doit servir pour rembourser ceux qui ont prêté l'argent pour l'achapt de ce même bled, auxquels on payera l'intérêt à cinq pour cent, jusqu'au jour du remboursement, et a requis l'assemblée de délibérer sur le délay qui doit être accordé à ces débiteurs.

Sur quoy, a été unanimement délibéré d'accorder un delay auxdits débiteurs, jusques à la fin du mois de septembre prochain ; que les poursuites seront commencées contr'eux, au 1ᵉʳ octobre et continuées jusques à l'entier payement des sommes dues. Et ledit sindic a été chargé de leur en donner avis par une lettre particulière.

Ledit sieur sindic, a dit encore que le Roy a a accordé une diminution de 80,000 livres sur la capitation de la province de Languedoc, que le contingent du diocèse revient à la somme de ..... qui doit être distraite des rôles des communautés de ce diocèse, et a requis l'assemblée de délibérer. Surquoy, a été unaniment renvoyé à MM. les commissaires de l'assiette, pour faire cette distraction avec leur équité ordinaire, en faveur de toutes les paroisses.

Ledit sieur sindic, a dit que MM. les commissaires du pays esperent de recevoir incessamment une ordonnance de M. l'Intendant, qui détermine le montant de l'indemnité accordée à ce diocèse pour les cas fortuits arrivés aux récoltes de l'année dernière 1738, et a requis l'assemblée de délibérer. Surquoy, a été unanimement délibéré que la répartition de cette indemnité sera faite par MM. les commissaires du diocèse dans l'assemblée qui sera tenue pour la signature et confection des rôles de la capitation.

Ledit sieur sindic a dit aussy que l'assemblée est instruite que, depuis quelques années, on travaille à l'histoire de la carte de la province de Languedoc, que pour parvenir à la confection de ces deux ouvrages on a choisi des personnes qui se transportent dans tous les diocèses pour y prendre les noms de tous les lieux, des montagnes, des causses, des plaines et de leur étendue, élévation et le reste ; examiner le cours des rivières et des ruisseaux, la distance d'un lieu à l'autre, et en un mot toutes les particularités remarquables qui sont dans chaque pays ; que l'année dernière, 1738, on commença de faire ces différentes opérations dans le Gévaudan ; que ceux qui en sont chargés demandèrent des éclaircissements en différents endroits, mais qu'on leur donna quelques indications fausses ; que ces mêmes personnes doivent revenir cette année, pour finir leur ouvrage et corriger les fausses indications de l'année dernière; qu'il seroit nécessaire d'en donner avis aux paroisses, afin qu'elles donnent des connaissances exactes pour la carte du Gévaudan, et a requis l'assemblée de délibérer. Surquoy, ledit sieur sindic a été chargé unanimement d'écrire une lettre circulaire aux communautés, pour les informer des différentes opérations qui doivent être faites pour la confection de la carte du Gévaudan, et de prier MM. les Curés, consuls et autres personnes entendues, de donner des connaissances et des éclaircissements conformes à la vérité afin que la carte du Gévaudan se trouve régulière et exacte.

Ledit sieur sindic a dit que MM. les commissaires ordinaires ayant été informés que les loups faisaient des ravages considérables dans le pays proposèrent à l'assiette, tenue à Mende, en l'année 1737, d'accorder une petite récompense à ceux qui en tueront; et en conséquence, il fut délibéré d'accorder une somme de 6 livres, pour chaque gros loup, dont on porteroit la tête à Mende; 3 livres, pour chaque petit loup, et 40 sols pour chaque loup de nichée; que le nombre de loups et louvetaux tués depuis l'assiette de l'année 1737 jusques à l'assiette de l'année 1738 est de 83, et que le nombre de louvetaux tués depuis l'assiette de l'année 1738 jusques à présent est de 113, et, a requis l'assemblée de délibérer, s'il convient de continuer de payer la même récompense à ceux qui tueront des loups. Surquoy, a été unanimement délibéré que le sindic du diocèse continuera de payer 6 livres pour chaque gros loup, 3 livres pour chaque petit loup, et 40 sols, pour chaque loup de nichée, sur les certificats de MM. les curés et consuls, que les loups et louveteaux ont été tués dans leurs paroisses.

Ledit sieur sindic a dit que, sur les plaintes réitérées qui ont été portées verbalement et par écrit à Mgr l'évêque de Mende et à MM. les commissaires ordinaires par plusieurs particuliers de toutes les communautés du diocèse sur le préjudice que le sel de Périac cause à ce pays, depuis le mois d'août 1737, qu'il y fut introduit; le remontrant fut chargé par Mgr l'évêque, le 6ᵉ décembre dernier, d'écrire une lettre circulaire, dont les exemplaires furent distribués en diligence dans toutes les paroisses du diocèse; que plusieurs communautés, ayant envoyé un extrait en forme de leur délibération, contenant les éclaircissements demandés par la lettre-circulaire; le remontrant fut aussy chargé par Mgr l'évêque de Mende et par MM. les commissaires du diocèse, de présenter une requête aux Etats généraux de la province, pour leur faire connaître la triste situation où le pays se trouvoit réduit par la privation du sel de Peccais, et par l'introduction du sel de Periac; que les Etats de Languedoc ont employé cette affaire dans le cayer qui doit être présenté au Roy, l'été prochain, et que MM. les députés à la Cour ont été chargées de supplier Sa Majesté d'ordonner qu'on fournira, au Gévaudan, du sel de Peccais, de la même manière qu'il en avoit été usé jusques au mois d'août 1737. Et comme le sel de Périac, avoit été introduit dans le Gévaudan, sur le fondement d'une analyse, faite par MM. de l'académie royale des sciences de Paris, et qu'on ne sçoit point encore de quelle manière cette analyse a été faite. Mgr le Président a écrit à M. le contrôleur général pour le prier de faire procéder, dans Montpellier, à une analyse juridique du sel de Periac et de Sijean, avec le sel de Peccais, les parties présentes ou duement appelées, afin qu'avant l'arrivé de MM. les députés du Languedoc, à Paris, on puisse fixer et déterminer la différence qu'il y a d'un d'un sel à l'autre, et que, par ce moyen, l'affaire se trouve en état d'être décidée au mois d'août prochain;

Surquoy, l'assemblée a remercié Mgr le Président de toutes ses bontés pour le bien et l'avantage du diocèse, et la supplié de vouloir bien les luy continuer.

Après quoy, le *Te Deum* a été récité et la bénédiction a été donnée par Mgr le Président.

Fait, clos et arrêté à Mende, le seizième mars mil sept cens trente neuf.

Signé : † G. Flor., év. de Mende.

1740

MM. les commissaires de l'assiette. — Lecture des commisions pour les sommes à imposer. — Prestation du serment. — Vote des sommes demandées. — Une lettre doit accompagner les procurations. — Confirmation des officiers du pays. — Le sel de Pecais préféré à celui de Sijean et de Périac de qualité inférieure. — Prix du sel. — Autorisation d'un emprunt de 50,000 livres pour secourir les particuliers dont la récolte a été emportée par l'orage. — Remboursement des sommes dues à divers créanciers. — Fixation du droit de quittance des receveurs. — Blé délivré à crédit par le diocèse. — Dette des héritiers de M. de Saint-Sauveur. — Gratification à ceux qui ont tué des loups. — Construction de l'avenue de Châteauneuf, et du chemin depuis la métairie de Vacherie, près Mende, jusques à la Croix de Chabanes. — L'achèvement des chemins du Malzieu à Serverette est retardé, ainsi que celui de Saugues à Langogne. — Clôture des Etats.

L'an mil sept cens quarante et le le lundy quatorzième jours du mois de mars. Les gens des Trois Etats du pays de Gévaudan, convoquez par ordre du Roy en la ville de Marvejols. sont venus a la salle de de l'hôtel de M. le comte de Peyre, où loge Mgr l'illustrissime et reverendissime Sgr Mgr Gabriel-Florent de Choiseul Beaupré, évêque, seigneur et gouverneur de la ville de Mende, comte de Gévaudan, conseiller du Roy en ses conseils, président-né des Etats et assiette dudit pays de Gévaudan, qui les attendoit; étant accompagné de Mre Etienne Jaufroy, prêtre et chanoine de l'Eglise collégiale de N.-D. de la Carce, de la ville de Marvejols, vicaire général de Mgr l'évêque, et de MM. les commissaires ordinaires; et, tous ensemble sont allés à l'église collégiale de N.-D. de la Carce de ladite ville, pour y entendre la messe du St-Esprit. Après laquelle s'estant rendus dans la salle de l'auditoire des Cours du Bailliage de Gévaudan et royale ordinaire dudit Marvejols, ils ont pris chacun leur place, sçavoir : mondit Sgr le Président sur un fauteuil placé sur une estrade élevée au desous d'un dais; et sur la gauche de cette estrade, à la tête du banc, Mre Pierre de Michel du Roc, chevalier, Sgr du Roc, Brion, Pejas et autres lieux, ancien capitaine du régiment du Piedmont, commissaire principal desdits Etats et assiette; Mr Me Guillaume Bruguière, conseiller du Roy, juge lieutenant-général au bailliage du Gévaudan, pour M. le baillif, en tour, pour le Roy, la présente année, commissaire ordinaire desdits Etats et assiette; Mre Claude-Gabriel Amédée de Rochefort d'Aly, comte du St-Point et de Montferrant, baron de Cénaret, Sgr de Laval, Pougnadoire et St-Chély-de-Tarn, commis des nobles dudit pays, commissaire ordinaire desdits Etats et assiette; Mre Jean Chevalier, Sgr de Courbières, ancien capitaine d'infanterie, chevalier de l'ordre militaire de St-Louis; sieurs Aymard Broulhet et Guillaume Rebeyrolles, anciens 1er 2e et 3e consuls de la ville de Mende, commissaires ordinaires desdits Etats et assiette, sur un banc placé au milieu du parterre; Mre Géraud-Pierre de Michel du Roc, Sgr du Roc, Aldy, le Mas et autres places, maire de la ville de Marvejols, commissaire ordinaire desdits Etats et assiette; MM. les ecclésiastiques, sur un banc à la droite de Mgr le Président, chacun suivant son rang; et, sur le banc dudit sieur baillif; MM. les barons et gentilhommes de ce diocèse ou leurs députés, aussy suivant leur rang, et les sieurs consuls et députés des autres villes et communautés dudit pays, qui ont entrée et voix délibérative auxdits Etats, assis sur le bas banc.

Ledit sieur de Brion du Roc, commissaire principal, ayant en main les commissions de nosseigneurs les commissaires, qui ont présidé pour le Roy à l'assemblée des Etats généraux de la province, tenus à Montpellier le 1er février dernier, a dit que, nosseigneurs luy ordonnent, par leurs dites commissions, et à M. le baillif du Gévaudan, étant en tour, ou son lieutenant, aux consuls de Mende et à un de Marvejols, commissaires ordinaires, comme lui, de procéder au département des deniers y contenus, et ainsi qu'il a été consenty et résolu résolu aux-dits Etats; lesquels deniers Sa Majesté veut être imposés, la présente année, pour le soutien de l'Etat et pour fournir aux autres dépenses qui se fairont dans le Royaume, aussi bien que pour les appointements de Son Altesse serenissime, Mgr le duc du Maine, gouverneur de la province, entretenement de ses gardes et de MM. les lieutenants généraux dans ladite province, dettes et affaires dans la province et de ce diocèse, et départements des deniers et gratifications extraordinaires contenues au billet, sur ce envoyé, signé Touzart, en attendant l'arrest de validation du conseil d'Etat de Sa Majesté, pour être payez aux premiers jours d'avril, juillet et octobre de la présente année, et a remis les susdites commissions au greffier du diocèze pour en faire la lecture.

Et à l'instant, lecture a été faite desdites commissions, ensemble des instructions et autres actes y attachéz, contenant, entr'autres choses, permission d'imposer pour les vaccations et journées des consuls de Mende et de Marvejols et du sindic du diocèse, députés auxdits Etats de la province. La lecture ayant été finie, lesdits sieurs commissaires principal, juge, lieutenant général au Bailliage, en tour pour le Roy, la présente année ; et ledit sieur commis des nobles sont sortis de l'assemblée.

Mgr le Président a fait appeler les gens des Trois Etats du pays de Gévaudan, et ayant fait remettre, au greffier, les procurations des députés auxdits Etats, il en a fait la lecture.

L'assemblée ayant été réglée, chacun ayant pris sa place, le serment en tel cas requis et accoutumé ayant été prêté, sçavoir : par MM. de l'église, la main mise sur la poitrine : et, par MM. de la noblesse et députés du Tiers Etat, la main levée à Dieu ; et, tous ensemble, ont promis à Mgr le Président, moyennant leur serment, de ne rien faire en cette assemblée contre l'honneur de Dieu ny contre le service du Roy.

Ensuite a été unanimement résolu que les sommes contenues aux commissions de nosseigneurs les commissaires, président pour le Roy aux Etats généraux de la province, tenus à Montpellier, le 1ᵉʳ février, seront imposées la présente année, sur les contribuables aux tailles du pays de Gévaudan ; et les Etats, ont donné pouvoir à MM. les commissaires de l'assiette, qui s'assembleront demain, d'en faire le département.

Comme il est d'usage dans la province que MM. de l'église et MM. les barons, qui ne peuvent pas assister aux Etats généraux, envoyent, outre leurs procurations, une lettre adressée à Mgr le Président, pour toute l'assemblée, contenant les raisons pour lesquelles ils ne peuvent pas venir ; que cet usage a été toujours observé dans ce pays, pour soutenir la dignité de Mgr le Président et de l'assemblée, et que néantmoins quelques-uns ont obmis d'écrire lesdites lettres ; a été délibéré que les procurations, tant de MM. les barons et gentilshommes, seront refusées à l'avenir, conformément aux anciennes délibérations, si elles ne sont pas accompagnées d'une lettre pour Mgr le Président, qui contienne les raisons pour lesquelles ils ne peuvent assister en personne, et que le greffier du diocèse couchera la présente délibération dans les lettres d'avis pour la convocation des Etats prochains.

Mgr le Président a dit que suivant l'usage et instructions de nos seigneurs les commissaires, président pour le Roy aux Etats généraux de la province, cette assemblée est en droit de faire procéder à la confirmation ou nouvelle élection des officiers du diocèse. Surquoy, les sieurs Gros, sindic, et de Lhermet, greffier étant sortis de l'assemblée, a été délibéré, d'une voix unanime, de confirmer le sieur Gros, dans la charge de sindic, et le sieur de Lhermet, dans la charge de greffier. Après quoy, les Etats ayant fait appeler lesdits sieurs Gros et de Lhermet ; lecture leur a été faite de la présente délibération et Mgr le Président leur a fait prêter le serment, la main levée à Dieu, de remplir le devoir de leurs charges; ce qu'ils ont promis et juré de faire.

Le syndic a dit que l'assemblée est instruite que, par arrest du Conseil du 6° may 1724, le prix du sel fut augmenté de 3 livres 10 sols dans le grenier de Mende, et de 3 livres 15 sols dans les greniers de Marvejols et de Langogne ; que le païs demanda la suppression de cette augmentation par des mémoires réitérés ; que Mgr le

Président se donna de grands mouvements, pendant plusieurs années, pour l'obtenir et qu'elle fut enfin accordée par un arrest du Conseil du premier janvier 1737; que MM. les fermiers des gabelles, pour priver les habitants du Gévaudan de la grâce que le Roy leur avoit fait, imaginèrent d'ôter au Gévaudan le sel de Peccais, dont il s'était toujours servis et de substituer à sa place un autre sel, appelé de Sijean et de Périac; qu'ils obtinrent une ordonnance de M. l'Intendant du Languedoc à ce sujet le 22ᵉ août 1737; qu'en conséquence, le sel de Periac, mêlé avec celui de Sijean, feut introduit dans le Gévaudan; que cette introduction fut confirmée par un arrest du Conseil, du 1ᵉʳ octobre de la même année; mais que, par les différents usages qu'on fait du sel dans ce pays, on a reconnu bientôt que le sel de Périac et de Sijean, est inférieur, au moins d'un quart, à celuy de Peccais; ce qui détermina cette assemblée à charger le sindic du pays, de présenter une requette aux Etats du Languedoc, tenus à Montpellier, au mois de décembre 1738, pour les supplier d'employer cette affaire dans le cahier qui devoit être présenté au Roy et de charger MM. les députés, à la Cour, de demander que l'usage du sel de Peccais feut rétably dans le Gévaudan. MM. les députés des Etats du Languedoc ayant fait leurs remontrances, l'année dernière 1739, le Roy, ordonna qu'il seroit fait, à Paris, une analyse du sel de Peccais et de celui de Sijean et de Périac; et, qu'à cet effet, on prendroit un minot de sel aux salins de Peccais, de la Saunaison de 1738; un demi minot de sel de Sijean et un demi minot de sel de Periac, de la saunaison de la même année; lesquels deux demy minots seroient mélez ensemble, pour former un minot.

M. l'Intendant de Languedoc ayant été chargé de cette commission, le sindic du pays lui présenta deux requêtes, au mois de janvier dernier ; sur lesquelles M. Novy de Caveyrac, subdélégué à Nimes, fut nommé commissaire pour la délivrance du minot qui devoit être pris aux Salins de Peccais, et M. Rome, subdélégué à Narbonne, fut nommé commissaire pour la délivrance du sel qui devoit être pris aux salins de Periac et de Sijean, le sindic du pays se transporta aux Salins de Peccais, il assista au mesurage du minot de sel qui fut mis dans un sac cacheté par le commissaire, par le procureur général des gabelles et par le sindic du diocèse ; lequel sac feut mis ensuite dans une caisse qui fut portée au greffe de l'intendance à Montpellier. On observa les mêmes formalités pour la délivrance des sels de Sijean et de Periac, qui furent melez, pour former un minot ordinaire de sel de Sijeau et de Périac, qui fut déposé au bureau des fermes, à Narbonne, pour être envoyé au greffe de l'intendance à Montpellier, lorsque les inondations auroient cessé et que les passages seroient libres. Le sindic du pays, étant de retour à Montpellier, rendit compte de ses voyages à M. l'Intendant et lui remit les procés-verbaux faits à Peccais et à Narbonne, pour être envoyez à M. le contrôleur général à Paris, avec les deux minots de sel. Sur quoy, l'assemblée a remercié Mgr le Président de ses bontés pour le diocèse, et la supplié de vouloir bien les lui continuer pour le succès de cette affaire.

Ledit sieur sindic a dit aussi que Mgr le Président a demandé un nouvel arrest du Conseil qui fixe à l'avenir le prix du sel dans le Gévaudan à 24 livres, et qu'on espère d'obtenir, tout au moins, une prorogation pour quelques annés. Sur quoy, ledit sieur sindic a été chargé de faire les diligences nécessaires pour obtenir cet arret.

Ledit sieur sindic a dit encore que Mgr l'évêque de Mende et MM. les commissaires du diocèse ayant été informez que l'orage de vent et de grêle, arrivé dans ce pays la nuit du 18 au 19 du mois de juin dernier, avait fait des ravages considérables et emporté toute la récolte dans l'étendue de 93 paroisses ; et, craignant avec un juste fondement que les terres ne demeurassent incultes, il s'assemblerent le 26 août dernier, et, après beaucoup de réflexions, ils délibérèrent d'emprunter une somme de 50,000 livres, pour être distribuée, par prêt, à ceux qui n'avoient aucun moyen ny aucunes ressources pour acheter des semences; l'emprunt feut fait en conséquence, et l'argent ayant été déposé, conformément aux règlements, entre les mains de M. le Receveur en exercice, il fut distribué sur les Etats de répartition ; qui furent dressés, dans les communautez grelées, en vertu de l'authorization de MM. les commissaires du diocèse.

Les Etats généraux de la province ayant eu connoissance de cet emprunt et de la distribution qui en avoit été faite, les ont approuvéz et authorizés. Ledit sieur sindic requiert pareillement l'assemblée d'y donner son approbation et authorization et de le renvoyer à MM. les commissaires de l'assiette pour ouïr et clôturer le compte qui doit en être rendu. Sur quoy, les voix ayant été recueillies, l'assemblée a unanimement approuvé et authorisé la délibération prise par MM. les commissaires ordinaires, le 26ᵉ août dernier ; l'emprunt des 50,000 livres fait en conséquence, et la distribution de cette même somme pour prêt, à ceux qui n'avoient aucuns moyens ny aucunes ressources pour ensemencer leurs terres; et a été renvoyé à MM. les commissaires de l'assiette, pour ouïr et clôturer le compte qui doit être rendu.

Ledit sieur sindic a dit aussy que Mgr le Président a si bien fait connoître le triste état où ce pays se trouve réduit et l'impossibilité de pouvoir faire le recouvrement de la somme de 50,000 livres, empruntée et distribuée par prêt pour les semences ; qu'on a tout lieu d'espérer qu'on obtiendra un arrest du Conseil pour le don et remise de cette somme, en capital et intérêts, dans cinq années, et qu'on fournira bientôt le fonds de cette année, qui doit être de 12,500 livres en capital et intérêts ; et a requis l'assemblée de délibérer sur l'employ de cette somme. Sur quoy, l'assemblée a remercié Mgr le Président des grands soins qu'il prend pour procurer des soulagements au pays, et a été unanimement renvoyé à MM. les commissaires ordinaires pour rembourser 10,000 livres de capital, et d'employer 2,500 livres restantes, au payement des intérêts de l'entière somme de 50,000 livres.

Ledit sieur sindic a dit que, par arrest du Conseil, du 17ᵉ octobre 1759, le Roy a eu la bonté d'accorder une somme de 50,000 livres aux paroisses du diocèse de Mende, qui ont été grêlées, la nuit du 18 au 19 du mois de juin dernier ; mais qu'on n'a point reçu encore les instructions nécessaires pour procéder à la répartition de cette somme. Sur quoy, a été unanimement renvoyé à MM. les commissaires ordinaires pour faire cette répartition.

Ledit sieur sindic a dit encore que la grêle a fait des

ravages dans le diocèse, postérieurement au mois de juin dernier, jusques dans le mois d'octobre ; qu'on espère d'obtenir une indemnité en faveur des paroisses qui ont souffert le dommage ; mais qu'on ne sçait point encore quel sera le contingent du diocèze à ce sujet. Sur quoy, a été unanimement renvoyé à MM. les commissaires ordinaires, lorsqu'ils auront receu l'avis et les instructions nécessaires pour faire la répartition.

Ledit sieur sindic a dit encore qu'au mois d'aoust dernier, il fut accordé un surcis aux communautéz grêlées la nuit du 18 au 19 du mois de juin, pour le montant de la taille des terres endommagées, relativement aux procès-verbaux des dommages ; mais que plusieurs personnes, abusant de ce surcis, en ont pris prétexte pour répandre dans le public que la taille et la capitation de l'année 1739, sont données en entier, même de la taille et capitation de l'année 1740 ; que Mgr le Président et MM. les commissaires du diocèse, ayant été informéz de ce faux bruit, ont fait écrire une lettre circulaire le 1ᵉʳ de ce mois, contenant : 1° que le Roy n'a fait aucun don, remise, ny modération sur la capitation ; qu'il n'a fait don que de 50,000 livres sur les tailles, de l'année 1739, aux paroisses grêlées la nuit du 18 au 19 du mois de juin ; que ce don sur la taille, ne peut pas suffire pour payer le montant du surcis, qui va à 81,000 livres, suivant les calculs qu'on a fait de la taille, employée dans les procès verbaux des dommages ; que par conséquent il faudra payer trois huitièmes de la taille surcise ou employée dans les procès-verbaux, et même quelque chose de plus ; que cependant on doit laisser subsister le surcis pour l'entière somme de 81,000 livres, jusques à ce qu'on soit plainement informé des dons qui seront faits au diocèse. Sur quoy, a été unanimement renvoyé à MM. les commissaires ordinaires.

Ledit sieur sindic a dit, qu'en conséquence du jugement rendu sur les impositions de l'année 1738, et de la délibération prise à l'assiette de l'année dernière, cette assemblée doit être informée de l'employ de la somme de 7,627 livres, imposée dans le département des frais d'assiette de ladite année 1738, pour le remboursement d'une partie des emprunts qui furent faits en l'année 1757, pour l'achat des blés, et encore de l'employ de la somme de 2,361 livres, procédant du reliquat du compte dudit blé, qui feut rendu par M. Lequepeys, en ladite année 1738; revenant les deux sommes à celle de 9,988 livres. Sur quoy, ledit sieur sindic a représenté à l'assemblée que cette somme a été employée à rembourser, savoir : 700 livres à M. de Malgoires, et 3,000 livres aux dames religieuses de Langogne ; que la quittance des 7,000 livres, remboursées à M. de Malgoires, sera employée dans le compte que M. Lequepeys, receveur en exercice, doit rendre demain à l'assiette ; et que la quittance des 3,000 livres, remboursées aux dames religieuses de Langogne, sera rapportée dans l'appurement des comptes de M. Lequepeys; et a requis l'assemblée d'approuver et authorizer lesdits remboursements. Sur quoy, les voix ayant été recueillies, l'assemblée a unanimement approuvé et authorisé le remboursement de 7,000 livres, fait à M. de Malgoires, et le remboursement de 3,000 livres fait aux dames religieuses de Langogne.

Ledit sieur sindic a dit encore qu'il a été rendu un jugement par MM. les commissaires, nomméz pour régler tout ce qui concerne l'administration des affaires des villes et communautés de la province de Languedoc, portant, entre autres choses, que les droits de quittance, attribués à MM. les receveurs et contrôleurs des tailles de ce diocèse, seront réduits à 11 livres 11 sols, l'année de l'exercice du receveur et contrôleur triennal ; et que le port de la mande cédera au profit de ceux qui sont chargés de l'envoyer, et qui font les frais de l'envoy ; que les années de l'exercice des receveurs anciens et alternatifs, l'imposition des droits de quittance sera de la somme de 13 livres 16 sols. Sur quoy, le sindic du diocèse a représenté à l'assemblée que les droits de quittance, imposés en faveur de MM. les receveurs de ce diocèse, montent, tous les ans, à la somme de 14 livres 4 sols ; ce qui forme un excédent de 8 sols par communauté, l'année de l'exercice du receveur et contrôleur triennal ; que M. de Joubert, sindic général de la province de Languedoc, marque, par sa lettre d'avis, du 1er de ce mois, que MM. les commissaires nomméz pour ce qui concerne l'administration des affaires de cette communauté, pourvoiront incessamment à la restitution de ce qui peut avoir été exigé induement par le passé, et qu'ils se disposent à en prendre connoissance. Ledit sindic a requis l'assemblée de lui donner pouvoir de régler, dans trois mois, avec MM. les receveurs et contrôleurs de ce diocèse, ce qui peut avoir été induement exigé par le passé, et de ce qui se trouve entre les mains de MM. les receveurs, concernant les droits du contrôleur triennal, qu'ils n'ont payé à personne, et qu'en refus, par MM. les receveurs, de vouloir venir à compte à ce sujet, le requérant se pourvoira par devant MM. les commissaires nommez pour l'administration des affaires des communautaz. Ledit sieur sindic a aussy requis l'assemblée de nommer une personne pour recevoir ce qui se trouvera deu par MM. les receveurs et pour en donner compte à l'assiette de l'année prochaine. Sur quoy, a été unanimement délibéré et donné pouvoir au syndic du diocèse, de venir à compte et de régler, dans trois mois, avec MM. les receveurs et contrôleurs des tailles de ce diocèse, depuis 29 années, l'excédant de 8 sols, qu'ils ont receu, par année de chaque communauté, qui sont entre les mains desdits sieurs receveurs, pour les années de l'exercice triennal; et, en refus, par MM. les receveurs et contrôleurs de venir à compte à ce sujet, ledit sieur sindic a été chargé de se pourvoir, après les trois mois, par devant MM. les commissaires nommez pour ce qui concerne l'administration des affaires des communautez; et M. de Lequepeys, qui doit entrer en exercice cette année, ou celluy qui faira la recette pour luy, ont été chargés de recevoir les sommes qui seront dues, suivant le compte qui sera arrêté entre MM. les receveurs et contrôleurs et le sindic du diocèse, et il sera rendu raison de tout aux Etats du pays de l'année prochaine, afin qu'on puisse fixer dans les mandes de la taille ce qui doit être imposé à l'avenir par chaque communauté, pour les droits des receveurs et contrôleurs des tailles.

De relevée.

Ledit sieur sindic a dit aussy, qu'en conséquence des ordres de MM. les commissaires ordinaires, il a fait délivrer, à crédit, l'année 1737, plusieurs quantité de seigle du diocèse, dont il a néantmoins des assurances par écrit, que les débiteurs sont solvables; que quelques-uns ont payé, en tout ou en partie; mais que certains autres sont fort en arrière et demandent des délais pour payer le montant de leurs billets; que cette affaire est très importante pour le pays, puisque cet argent doit servir pour rembourser ceux qui ont prêté l'argent pour l'achat de ce même blé, auxquels on payera l'intérêt à cinq pour cent, jusqu'au jour du remboursement; qu'il feut délibéré, l'année dernière, d'écrire une lettre circulaire à tous les débiteurs, pour les avertir de payer et de faire des diligences contre eux, jusques à l'entier recouvrement des sommes dues; mais que MM. les commissaires ordinaires crurent devoir suspendre les poursuites jusques à cette année, à cause de l'Etat pitoyable auquel furent réduites la plupart des communautés par la grêle; et a requis l'assemblé de délibérer sur le delay qui doit être accordé à ces débiteurs. Sur quoy, a été unanimument délibéré d'accorder un délay auxdits débiteurs jusques à la fin du mois de septembre prochain; que les poursuites seront commencées contre eux, au 1er octobre, et continuées jusques à l'entier payement des sommes dues : et, ledit sieur sindic a été chargé de leur en donner avis, par une lettre particulière.

Ledit sieur sindic a dit que les héritiers de M. de St-Sauveur doivent payer, aux premiers juin prochain, le dernier tiers du capital de 16,000 livres, ensemble les intérêts de ce dernier tiers, depuis le 1er juin 1738 jusques au 1er juin prochain ; et, a requis l'assemblée de nommer une personne pour recevoir cet argent et l'employer a rembourser les sommes empruntées par M. de St-Sauveur. Sur quoy, l'assemblée a chargé M. le receveur en exercice, cette année, de recevoir lesdites sommes en capital et intérêts, et d'en donner compte à l'assiette prochaine.

Ledit sieur sindic a dit, qu'en conséquence de la délibération des Etats de l'année dernière, il a continué de payer six livres pour chaque gros loup, dont on a porté la tête à Mende, 3 livres pour chaque petit loup, et 40 sols pour chaque loup de nichée; qu'on en a porté 55, depuis l'assiette de l'année dernière ; que l'année précédente, il y en eût 113, et l'année d'auparavant 83, et, a requis l'assemblée d'approuver les payements faits aux porteurs de têtes de loups, et a été donné pouvoir audit sieur sindic, de continuer de payer six livres pour chaque gros loup ; 3 livres pour chaque petit loup, et 40 sols pour chaque loup de nichée, sur les certificats de MM. les curés et consuls, contenant que les loups et louveteaux ont été tués dans leurs paroisses.

Ledit sieur sindic a dit qu'en conséquence des délibération des Etats et assiette de l'année dernière, MM. les commissaires du pays firent publier la construction de l'avenue de Châteauneuf, du côté de la montagne ; que les moins dites furent reçues et l'adjudication faite, le dimanche 30 août dernier, aux sieurs Dominique Ramvier, de Pradelles, et Antoine Bastide, derniers moins disans, à la somme de 3,000 livres ; qu'en conséquence, le contract de prix fait fut passé par le député de la communauté de Chateauneuf, conjointement avec le sindic du diocèse, et que le député de la communauté de Chateauneuf paya, lors du contract, le premier tiers dudit ouvrage qui devoit être fourny par ladite communauté, et a requis l'assemblée d'approuver et authorizer l'adjudication faite par MM. les commissaires auxdits sieurs Bastide et Ramvier, et le contrat du bail qui leur a été passé en conséquence.

Sur quoy, l'assemblée a unanimement approuvé l'adjudication qui a été faite, par MM. les commissaires du pays, aux sieurs Bastide et Ramvier, de la construction de l'avenue de Chateauneuf, du côté de la montagne, au prix de 3,000 livres, et le contract de bail qui a été passé en conséquence par le député de la communauté de Chateauneuf et par le sindic du diocèse.

Le sindic du diocèse a dit encore, qu'en conséquence des délibérations des Etats et assiette de l'année dernière, MM. les commissaires du diocèse firent publier pareillement la construction de l'avenue de Mende, depuis la croix de Chabannes jusques à la métairie de Vachery; que l'adjudication en fut faite, le dimanche 6° septembre dernier, au sieur Bremond, sous le cautionnement de feu sieur Michel Balmes et sieur Jean Lapize, au prix de 3,000 livres, et que ledit Michel Balmes étant décédé avant la passation du contract, on feut obligé de le passer audit sieur Bremond, le 28 septembre dernier, sous le cautionnement dudit sieur Jean Lapize, seulement, à condition néantmoins qu'on ne délivrera de l'argent audit sieur Brémond, qu'à fur et à mesure que l'ouvrage s'avanceroit; que ledit sieur Brémond commença l'ouvrage et le continua jusqu'au commencement du mois de décembre, que le sieur Brémond demanda qu'il lui fut permis de l'interrompre jusqu'au printemps de cette année. MM. les commissaires du diocèse, lui représentèrent qu'ayant fait empierrer une partie du chemin depuis la croix de Rozan, vers la ville de Mende, sans le faire engraver, on ne pouvoit plus aller sur ce chemin; que les voitures et les cavaliers étaient obligés de faire un grand détour et de passer dans les possessions des particuliers; qu'il devoit perfectionner cette partie, et que le public ne devoit pas souffrir de sa négligence.

Ledit sieur Brémond n'ayant point déféré aux représentations de MM. les commissaires, le réquerant feut chargé de lui faire un acte, le 9ᵉ dudit mois de décembre, pour lui protester que MM. les commissaires fairoient finir l'empierrement de ladite partie du chemin et la fairoient engraver, et généralement mettre en état dans l'étendue dudit chemin, tout ce qui pourroit empêcher les voitures et les voyageurs de passer; et que la dépense qui seroit faite à ce sujet seroit imputée sur le prix de l'ouvrage; et a requis l'assemblée d'approuver et authorizer l'adjudication faite au sieur Bremond par MM. les commissaires ordinaires; le contract de bail passé en conséquence, les diligences qui ont été commencées et de renvoyer à MM. les commissaires ordinaires pour les continuer et faire parachever ledit chemin. Sur quoy, l'assemblée a unaniment approuvé et authorizé l'adjudication faite audit sieur Brémond par MM. les commissaires ordinaires; le contract de bail qui a été passé en conséquence; les diligences qui ont été commencées contre ledit sieur Brémond, et a été renvoyé à MM. les commissaires ordinaires pour les continuer et faire parachever ledit chemin.

Ledit sieur sindic a dit encore, qu'il fut délibéré, à l'assiette de l'année dernière, de parachever le chemin du Malzieu à Serverette; et, en conséquence le requérant fut chargé de faire faire des copies du devis de ce qui reste à faire, de les envoyer dans les lieux principaux, de les y faire publier et afficher, suivant l'usage, et que l'adjudication feut indiquée au 27 juillet; mais que Mgr le Président et MM. les commissaires, résidant à Mende jugèrent à propos de renvoyer l'exécution de cette délibération à cause de la situation déplorable ou le païs se trouva réduit par la grêle, arrivée la nuit du 18 au 19 du mois du juin ; et a requis l'assemblée de délibérer. Surquoy, a été unaniment renvoyé à MM. les commissaires de l'assiette.

Ledit sieur sindic a dit encore, qu'en l'année 1738, on commença de construire un chemin de Saugues vers Langogne, et que l'ouvrage feut suspendu l'année dernière, non seulement par rapport aux malheurs du pays, mais encore parce qu'on feut informé que l'Auvergne devoit faire travailler à un chemin aboutissant auprès de Saugues, et on a cru qu'il serait plus avantageux au public de travailler depuis la ville de Saugues jusques à la jonction du chemin de l'Auvergne ; et a requis l'assemblée de délibérer sur le party qu'il convient de prendre. Sur quoy, a été unanimement renvoyé à MM. les commissaires de l'assiette et ordinaires.

Ledit sieur sindic a dit encore qu'il y a tous les ans des dégradations extraordinaires aux ponts et chemins et a requis l'assemblée d'y pourvoir. Sur quoy, a été unanimement renvoyé à MM. les commissaires ordinaires.

Après quoy, le *Te Deum* a été récité, et la bénédiction a été donnée par Mgr le Président.

Fait, clos et arrêté à Marvejols, le quatorzième mars mil sept cents quarante.

Signé : † G. Flor., évêque de Mende.

1741

MM. les commissaires de l'assiette. — Places assignées à MM. des Etats. — Lecture des commissions pour les sommes à imposer. — M. de Courbier, ex-consul de

Mende, veut prendre le rang et séance de 1ᵉʳ consul, et proteste au sujet du refus qui lui est fait. — Vote des sommes demandées. — Une lettre doit accompagner les procurations. — Confirmation des officiers du diocèse. — Prestation du serment. — Le reliquat du compte de M. de Saint-Sauveur employé au remboursement des créanciers. — Prétentions des fabricants de bas de la ville de Nimes, contre ceux qui en fabriquent dans le Gévaudan. — Résultat de l'analyse du sel de Pecais, de Sijean et de Peiriac, faite par MM. de l'académie des sciences. — Indemnité pour dommages causés aux récoltes. — Les doubles emplois et non-valeurs de la copitation à supporter par les communautés. — Règlement pour la reddition des comptes des administrateurs communaux. — Autorisation des dépenses faites pour réparer les chemins. — La construction de celui de Saugues à Langogne est jugée inutile. — Changement proposé d'une partie du chemin de l'Empéry à Marvejols, et offres de M. de Pineton. — Clôture des Etats. — Mémoire du Syndic de Gévaudan sur le chemin de Saugues à Langogne et de Saugues en Auvergne.

L'an mil sept cens quarante-un, et le mercredy cinquième jour du mois d'avril. Les gens des Trois Etats du pays de Gévaudan, convoquéz par ordre du Roy, en la ville de Mende, sont venus à la salle du palais épiscopal, où Mgr l'illustrissime et révérendissime Sgr Mgr Gabriel-Florent de Choiseul-Beaupré, évêque, seigneur et gouverneur de la ville de Mende, comte du Gévaudan, conseiller du Roy en tous ses Conseils, président-né des Etats et assiette les attendoit, étant accompagné de Mre Estienne Jaufroy, prêtre, chanoine, archidiacre de l'église cathédrale de Mende et vicaire général de Mgr l'évêque de Mende, et de MM. les commissaires ordinaires, et, tous ensemble, sont allés à l'église cathédrale dudit Mende, pour y entendre la messe du Saint Esprit. Après laquelle, étant revenus audit palais épiscopal, ils ont pris chacun leur place et séance dans la salle destinée pour la tenue desdits Etats, sçavoir : Mgr le Président, sur un fauteuil, placé sur une estrade élevée, au-dessous d'un dais ; et, sur la gauche de cette estrade, à la tête du banc, noble Mathieu Gros, sindic du pays de Gévaudan, commissaire principal desdits Etats et assiette ; Mre Emmanuel de Bessuéjols, chevalier, Sgr marquis de Roquelaure, Bessuéjols, Montchaanson et Taulet, Ceirac, Gabriac, Lassouq, de Bacon-l'Eglise, en Gévaudan, comte et baron d'Apcher, Sgr et baron de la ville de Saint-Chély et autres places, ci-devant guidon des gens d'armes de la Reyne, chevalier de l'ordre militaire de Saint-Louis, baillif dudit pays de Gévaudan, en tour pour Mgr l'évêque de Mende, la présente année, commissaire ordinaire desdits Etats et assiette ; Mre Claude-Gabriel-Amédée de Rochefort d'Aly, comte de St-Point et de Montferrand, baron de Cénaret, Sgr de Laval, Pougnadoire et Saint-Chély-de-Tarn, commis des nobles dudit pays, commissaire ordinaire desdits Etats et assiette ; sieurs Charles Mullot et Jacques Pigeire, second et tiers consuls de la ville de Mende, l'année dernière ; M. de Saint-Laurens, lieutenant, maire de ladite ville, étant absent, commissaires desdits Etats et assiette, sur un banc, placé au milieu du parterre ; Mre Géraud-Pierre de Michel du Roc, Sgr du Roc, Aldy, le Mas et autres places, maire de la ville de Maruejols, commissaire ordinaire desdits Etats et assiette ; MM. les ecclésiastiques, sur un banc, à la droite de Mgr le Président, chacun suivant son rang; et, sur le banc dudit sieur bailif, MM. les barons et gentilshommes de ce diocèse ou leurs députés, aussi suivant leur rang; et, les sieurs consuls et députés des autres villes et communautés dudit païs, qui ont entrée et voix délibérative auxdits Etats, assis sur le bas-banc.

M. Gros, sindic et commissaire principal, ayant en main les commissions de nosseigneurs les commissaires, qui ont présidé pour le Roy à l'assemblée des Etats généraux de la province, tenus à Montpellier, le 6ᵉ février dernier, a dit que nosdits seigneurs lui ordonnent, par par leursdites commissions, et à M. le bailif du Gévaudan, étant en tour ou son lieutenant, aux consuls de Mende et à un de Maruejols, commissaires ordinaires, comme luy, de procéder au département des deniers y contenus, et ainsi qu'il a été consenty et résolu auxdits Etats; lequels deniers Sa Majesté veut être imposés la présente année, pour le soutien de l'Etat, et pour fournir aux autres dépenses qui se fairont dans le royaume, aussi bien que pour les appointements de son altesse sérénissime, Mgr le duc du Maine, gouverneur de la province, entretenement de ses gardes et de MM. les lieutenants généraux dans ladite province, dettes et affaires de la province et de ce diocèse, et département des deniers des gratifications ordinaires et extraordinaires contenues au billet, sur ce envoyé, signé : Pujol, en attendant l'arrest de validation du Conseil d'Etat de Sa Majesté, pour être payés aux premiers jours d'avril, juillet et octobre de la présente année, et a remis les susdites commissions au greffier du diocèse, pour en faire la lecture.

Et à l'instant, lecture a été faite desdites commissions,

ensemble des instructions et autres actes y attachéz, contenant, entre autres choses, permission d'imposer pour les vaccations et journées des consuls de Mende et de Maruejols et du sindic du diocèse, députés auxdits Etats de la province. La lecture ayant été finie, lesdits sieurs commissaires principal, baillif du pays de Gévaudan, en tour, et ledit sieur commis des nobles sont sortis de l'assemblée.

Mgr le Président a fait appeler les gens des Trois Etats du pays de Gévaudan, et ayant fait remettre au greffier les procurations des députés auxdits Etats, il en a fait la lecture. Et ayant fait appeler les consuls de Mende, s'est présenté M. de Courbière, ancien capitaine, chevalier de l'ordre militaire de Saint-Louis, 1er consul, l'année dernière, qui a remis la procuration de la communauté de Mende, et a requis d'être admis dans l'assemblée, pour y prendre le rang et séance du premier consul de Mende.

Mgr le Président lui a dit que cette place doit être être remplie par M. de Laurens, pourvu de la charge de lieutenant de mairie de Mende, et qu'il le tient pour présent, étant informé des raisons légitimes qui l'ont empêché de se rendre à l'assemblée. Sur quoy, M. de Courbières, 1er consul, a représenté que l'entrée qu'il demande, luy appartient de droit, et par dévolu, le lieutenant se trouvant absent, et a fait ses protestations à ce et a prié Mgr le Président et l'assemblée d'agréer qu'il les notifie par acte, et qu'il se pourvoye où et pardevant qu'il appartiendra, et s'est retiré.

L'assemblée ayant été réglée, chacun ayant pris sa place, le serment en tel cas requis et accoutumé, ayant été prêté, sçavoir : par MM. de l'église, la main mise sur la poitrine ; et, par MM. de la noblesse et députés du Tiers-Etat, la main levée à Dieu, et, tous ensemble, ont promis à Mgr le Président, moyennant leur serment, de ne rien faire en cette assemblée contre l'honneur de Dieu ny contre le service du Roy.

Ensuite a été unanimement résolu que les sommes contenues aux commissions de nosseigneurs les commissaires, présidant pour le Roy aux Etats généraux de la province, tenus à Montpellier, le 5e février dernier, seront imposées, la présente année, sur les contribuables aux tailles du pays de Gévaudan ; et les Etats ont donné pouvoir à MM. les commissaires de l'assiette, qui s'assembleront demain, d'en faire le département.

Comme il est d'usage dans la province que MM. de l'église et MM. les barons, qui ne peuvent pas assister aux Etats généraux, envoyent, outre leurs procurations, une lettre adressée à Mgr le Président, pour toute l'assemblée, contenant les raisons pour lesquelles ils ne peuvent pas venir ; que cet usage a été toujours observé dans ce pays, pour soutenir la dignité de Mgr le Président et de l'assemblée, et que néantmoins quelques-uns ont omis d'écrire lesdites lettres ; a été délibéré que les procurations, tant de MM. de l'église que de MM. les barons et gentilshommes, seront refusées à l'avenir, conformément aux anciennes délibérations, si elles ne sont pes accompagnées d'une lettre pour Mgr le Président, qui contienne les raisons pour lesquelles ils ne peuvent assister en personne, et que le greffier du diocèse couchera la présente délibération dans les lettres d'avis pour la convocation des Etats prochains.

Mgr le Président a dit que, suivant l'usage et instructions de nos seigneurs les commissaires, présidant pour le Roy aux Etats généraux de la province, cette assemblée est en droit de faire procéder à la confirmation ou nouvelle élection des officiers du diocèse. Sur quoy, les sieurs Gros, sindic, et de Lhermet greffier, étant sortis de l'assemblée, a été délibéré, d'une voix unanime de confirmer ledit sieur Gros, dans sa charge de sindic, et le sieur de Lhermet, dans la charge de greffier.

Après quoy, les Etats ayant fait appeler lesdits sieurs Gros et de Lhermet, lecture leur a été faite de la présente délibération, et Mgr le Président leur a fait prêter le serment, la main levée à Dieu, de remplir les devoirs de leurs charges ; ce qu'ils ont promis et juré de faire.

Ledit sieur sindic a dit qu'en conséquence des délibérations prises aux Etats et assiette de ce pays, en l'année 1734, il passa un acte de tranzaction le 25° may de la même année, avec madame de St-Sauveur et avec Mre Jean-Aimé de Grégoire de St-Sanveur, écuyer du Roy, dans sa petite écurie, pour le payement des relicats des comptes de feu M. de St-Sauveur, sindic, qui feurent réglés à la somme de 16,000 livres payables dans six années, un tiers de deux en deux ans, à commencer au 1er juin 1736, avec les intérêts à 5 pour cent, lesquels dimueroient à proportion des payements qui seroient faits sur le capital ; que Mme de St-Sauveur et M^r de St-Sauveur, écuyer, son fils, ont payé tout le capital et tous les intérêts à raison de 5 pour cent, conformément à ladite tranzaction ; que cette somme a été employée à rembourser, savoir : 6,000 livres à M. Bastide, de Prévenchères ; 1,000 livres. au sieur Magne, orphèvre de la la ville de Mende ; 1,400 livres à M. Brun de Maliers, advocat de la ville de Mende ; 2,000 livres à M. le sindic du clergé de la ville de Mende ; 1,000 livres au sieur Salleyx, maître chirurgien de la ville de Mende ; 2,000 livres à M. Rodier de Langogne, et 4,443 livres à Mme de Prades, de Marvejols ; revenant en tout, lesdits remboursements à la somme de 17,843 livres ; et a requis l'assemblée d'approuver les remboursements cy-dessus mentionnés et les quittances faites en capital et intérêts a feue Mme de St-Sauveur et aux héritiers de feu St-Sauveur. Sur quoy, l'assemblée a unanimement approuvé et authorizé les quittances du capital de 16,000 livres et des intérêts, faites à Mme de St-Sauveur et aux héritiers de feu M. de St-Sauveur, et le remboursement des créanciers cy dessus mentionnez.

Le sindic du païs a représenté à l'assemblée que les marchands fabricants en bas de la ville de Nismes ont une jurande dans la ville de Nismes, qui s'étend dans les communautés des diocèses de Nismes et Alais, dont les privilèges consistent à empêcher que les bas ne soient fabriquez dans ces deux diocèses que par des maîtres receus dans le corps des marchands fabricants en bas de la ville de Nismes ; que cette jurande a été établie par des arrest du Conseil, par des ordonnances de M. l'Intendant du Languedoc et par des conventions passées le 11 février 1713 entre les fabricants de Saint-Hypolite, Anduze, Ganges et autres lieux des Cévennes du diocèse d'Alais, d'une part, et les marchands fabricants en bas de la ville de Nismes, d'autre part. Que les marchands fabricants en bas de la ville de Nismes abusant du terme générique des Cévennes qui se trouve dans leurs conventions, ont formé le dessein d'englober dans leur jurande les fabricants en bas des Cevennes du diocèse de Mende, et de les assujettir à leur maîtrise.

Pour y parvenir, ils ont entrepris de faire une visite à St-Etienne de Valfrancisque, une des communautés du Gévaudan, où ils ont saisi un métier àù bas à Etienne Dupuy, et ont rençonné 24 livres de Paul Turc], tous deux fabricants en bas, et les ont fait assigner, par devant M. l'Intendant à Montpellier, en condamnation d'amende et et confiscation de leurs métiers, avec inhibition et défenses de continuer de fabriquer des bas dans le Gévaudan.

Sur la requête d'intervention il feut rendu une ordonnance pour la communication des titres des marchands fabricants en bas da la ville de Nismes. Les titres communiqués ne faisant point mention du Gévaudan en aucune façon il a été présenté une seconde reqête pour demander la cassation de la saisie du métier, la restitution des 24 livres et les défenses de faire aucune visite dans le Gévaudan. Cette seconde requête a été suivie de quelques instructions respectives, en sorte que cette affaire est aujourd'hui sur le point d'être jugée, et a requis l'assemblée d'approuver l'intervention, aussi bien que les poursuites déjà faites, et de lui donner pouvoir de les continuer. Sur quoy, l'assemblée a unanimement approuvé l'intervention en question et toutes les poursuites faites jusques à présent, et a été donné pouvoir audit sieur sindic de les continuer.

Ledit sieur sindic a dit que l'assemblée est instruite 1° des mouvements que Mgr se donne, depuis l'année 1738, pour obtenir que l'usage du sel de Peccais soit rétably dans le Gévaudan, et qu'en conséquence les greniers a sel du Gévaudan soient fournis du sel de Peccais, de la même manière qu'ils l'ont été jusques en l'année 1757, qu'on substitua le sel de Periac et de Sigean, à la place de celluy de Peccais ; 2° que sur les mémoires et remontrances du païs, que le sel de Périac et de Sijean était inférieur, au moins d'un quart, à celui de Peccais; le Roy ordonna, en l'année 1739, qu'il seroit fait, à Paris, une analyse du sel de Peccais et de celui de Sijean et de Périac, de la même année, et qu'à cet effet, on prendroit un minot de sel au salins de Peccais, de la saunaison de 1738 ; un demi minot de sel de Sijean, et un demi minot de sel de Périac, de la saunaison de la même année ; lesquels deux demy minot seroint mêlez ensemble pour former un minot ; 3° que la procédure d'enlèvement des deux minots de sel fut faite d'authorité de M. l'Intendant du Languedoc, au mois de janvier 1740, et que lesdits deux minots de sel, duement cachetez, furent envoyés à M. le contrôleur général ; il en fut rendu compte aux derniers Etats du pays.

M. de Joubert, sindic général du Languedoc, assista à l'ouverture des sacs du sel ; il en vérifia les cachets qu'il trouva en bon état. Il sollicita ensuite M. le contrôleur général pour l'expédition de cette affaire, et MM. de l'académie royale des sciences, pour les engager à faire leur analyse et à dresser le rapport qui luy feut délivré le 23ᵉ novembre 1740.

Il résulte de ce rapport que le sel de Peccais est préférable à celui de Périac, et que dix mesures du sel de Peccais tiennent lieu de onze mesures et un cinquantième de mesure de sel de Périac et de Sijean ; et, en multipliant les mesures du sel de Peccais et le bénéfice qu'elles produisent sur le sel de Périac et de Sijean, on trouvera que cinquante mesures du sel de Peccais en produisent cinquante-six du sel de Périac et de Sijean, et que cent mesures du sel de Peccais en produisent cent douze du sel de Périac et de Sijean ; ce qui prouve que le sel de Peccais, de l'année 1758, est supérieur d'un huitième ou de demi quart à celuy de Périac et de Sijean, de la même année. On trouvera un autre huitième ou de demy quart de bénéfice et même audelà dans l'ancienneté du sel de Peccais sur celui de Sijean et de Périac conformément à ce qui a été avancé dans les mémoires fournis par le Gévaudan. Il est notoire, et tout le monde convient que les sels acquièrent des degrès de force ou de salure par l'ancienneté ; par exemple, qu'un sel de Périac, facturé en l'année 1756, s'altera beaucoup plus que le même sel de Périac, facturé en l'année 1758. Or, le sel de Peccais, qui est plus ancien de cinq ou six années que celui de Périac et de Sijean, doit par conséquent saler davantage, à cause de son ancienneté, independamment de la supériorité qu'il a de sa nature, suivant l'analyse de MM. de l'académie royale des sciences de Paris; et, a requis l'assemblée de délibérer que ladite analyse sera transcrite à la suite du présent procès-verbal.

Sur quoy, l'assemblée a remercié Mgr le Président, des soins qu'il a bien voulu se donner dans cette affaire, et l'a supplié de continuer ses bontés au païs, pour la faire réussir ; et, a été délibéré que l'analyse de MM. de l'académie royale des sciences de Paris, sera transcrite à la suite du présent procès-verbal.

Ledit sieur sindic, a dit encore que la grêle et autres accidents du ciel, firent des ravages considérables dans plusieurs paroisses et communautéz de ce païs, dont il fut dressé des procès-verbaux, qui furent envoyés à Montpellier ; qu'on espère d'obtenir une indemnité ; mais qu'on ne sçait point encore ny le montant de l'indemnité, ny en quel temps seront envoyées les instructions nécessaires pour en faire la répartition ; et, a requis l'assemblée de délibérer. Sur quoy, a été unanimement renvoyé à MM. les commissaires ordinaires pour procéder à la répartition de ladite indemnité, lorsqu'ils en auront receu l'avis et les instructions nécessaires.

Ledit sieur sindic a dit encore que MM. les commissaires ordinaires du diocèse s'étant aperçus, depuis quelques années, que les non-valeurs, et les doubles emplois augmentoient considérablement dans les rolles de la capitation de quelques communautés, et que le général du diocèse qui les supportoit, en étoit surchargé ; il feut déterminé que chaque communauté supporteroit, à l'avenir, les non-valeurs et les double emplois qui se trouveroient dans ses rolles, et que le collecteur du rolle en dresseroit un état qu'il fairoit approuver et authorizer par les consuls, et principaux habitants, pour les remettre en cette forme à MM. le commissaire de la capitation, à son arrivée dans la communauté, afin qu'il fît comprendre le montant de cet état par augmentation dans le nouveau rolle en faveur de l'ancien collecteur ; que depuis cet arrangement les non-valeurs et les doubles emplois ont beaucoup diminué, parce que MM. les consuls ont l'attention de n'employer dans les rolles que les articles valables, pour prévenir, dans l'année suivante, une augmentation de capitation, qui pourroit retomber sur eux comme sur les autres ; que d'ailleurs, chaque communauté, devant supporter, ses non-valeurs et doubles emplois, on les discute avec beaucoup d'exactitude, et on n'alloue au collecteur que celles qui ne peuvent point lui être refusées ; ce qui ne se pratiquoit point, lorsque les non-valeurs et les doubles emplois étoient supportés par le général du diocèse, que les consuls et autres personnes envoyoient au contraire des mémoires pour porter MM. les commissaires à accueillir les non-valeurs et les doubles emplois ;

Que quelques collecteurs se plaignent qu'on refuse, dans certaines communautés, d'examiner les états par eux remis à ce sujet et de les arrêter, et que, par ce refus ils se trouvent en souffrance du montant desdites non-valeurs et doubles emplois, et a requis l'assemblée de délibérer sur la plainte portée par lesdits collecteurs. Sur quoy, les voix ayant été recueillies, a été unanimement délibéré que les non-valeurs et doubles emplois, qui se trouveront dans les rolles de la capitation, seront supportés par les communautéz, chacune comme les concerne et que l'état desdits non valeurs et doubles emplois, sera dressé, par chaque collecteur, avant la fin de l'année de sa collecte, et présenté aux communautés pour être examiné et arrêté, et le montant être ensuite adjouté par augmentation au rôle de l'année suivante par MM. les commissaires de la capitation, et ledit sieur sindic a été chargé de donner avis de la présente délibération par un article de la mande.

Ledit sieur sindic a dit qu'il a receu, de M. le sindic général de la province de Languedoc, un projet de nouveau réglement sur la reddition des comptes des communautéz, à commencer par les comptes de l'année 1741, et un mémoire qui accompagne ledit projet, et a requis l'assemblée d'ordonner la lecture de l'un et de l'autre. Sur quoy, l'assemblée ayant fait lire le projet des articles du nouveau règlement sur la reddition des comptes, et le mémoire de M. le sindic général de la province, et les voix ayant été recueillies, l'assemblée a trouvé que ce projet est très clair et très simple ; que l'exécution en sera utile et avantageuse aux communautés et aux comptables ; et a été délibéré qu'il sera donné avis aux communautés que le nouveau réglement, devant avoir lieu pour l'année 1740, annulera les nominations des auditeurs qui pourront avoir été faites dans les communautés pour clôturer les comptes de ladite année, aussi bien que les clôtures desdits comptes qui pourroient avoir été faites dans les communautéz.

Quant au dépôt qui doit être fait d'un original des comptes et des pièces justificatives d'iceux, a été dit qu'il étoit plus sûr et avantageux, pour les communautés qui n'ont point d'archives, de les laisser au greffe du diocèse. Et à l'égard des communautés, telles que Mende, Marvejols et autres qui ont des archives pour déposer leurs papiers, a été dit aussi qu'il étoit convenable de leur laisser la liberté d'opter par délibération, de laisser le second original du compte, avec les pièces justificatives aux archives du diocèse, ou de charger quelqu'un, tous les ans, de les retirer, pour les remettre aux archives de la communauté, attendu qu'il y a quelquefois dans les comptes, non-seulement des quittances mais encore des ordonnances, des jugements, des obligations et autres actes dont les communautéz peuvent avoir besoin, surtout pendant un certain temps.

Quant à l'honoraire de l'auditeur, dont l'imposition doit être faite tous les dans le département des deniers ordinaires, nos seigneurs les commissaires du Roy et des Etats sont suppliez de le taxer modérément.

De relevée.

Ledit sieur sindic a dit encore, qu'en conséquence des délibérations prises par MM. les commissaires ordinaires, il a été fait des réparations extraordinaires en divers endroits du diocèse, sçavoir : à Saint Etienne de Valfrancisque, pour 840 livres ; au pas de Saunier, près le Collet, pour 400 livres ; au valat de Lescare-Vieilhe, pour 200 livres ; au valat de la Borie, près Fabrègues, pour 50 livres ; auprès de la rivière de Merlet, montée de Pereiret, pour 120 livres ; au pont de Ste-Croix, pour 30 livres ; à la Talia, près Mialet, pour 50 livres ; au pont du Revel, pour 80 livres ; à l'entrée de Gabriac, pour 33 livres ; au ponteau de St-Martin-de-Lansuscle, pour 30 livres ; au valat du Cremat, pour 60 livres ; au pont des Crozes, pour 40 livres ; au pont du Mazel, pour 55 livres ; à l'avenue du grand pont de St-Martin, 25 livres ; à l'avenue d'Ispagnac vers Florac, pour 900 livres ; au pastural de Cultures, pour 195 livres ; à St-Léger-de-Peire, pour 215 livres ; que lesdites réparations reviennent à la somme de 3,503 livres, qui ont été payées aux entrepreneurs, en conséquence de contrats de prix fait, après la réception desdits ouvrages, qu'il a requis l'assemblée d'approuver et authorizer aussi bien que les payements. Sur quoy, l'assemblée a unanimement approuvé et authorizé lesdits ouvrages extraordinaires et les payements qui en ont été faits, conformément aux contrats de prix fait.

Ledit sieur sindic a dit qu'il feut délibéré, en l'année 1738, de construire le chemin de Saugues à Langogne, et qu'on commença d'y travailler, la même année, pour deux raisons : la première, parce qu'on creut ce chemin nécessaire pour le commerce ; la seconde, que la dépense n'yroit pas à plus de 8 à 10,000 livres ; mais que depuis ce temps-là, on a reconnu qu'on ne fait aucun commerce à Saugues qui attire l'étranger ; que d'ailleurs l'entreprise coûteroit plus de 80,000 livres ; ce qui est au-dessus ges fonds du pays, et a requis l'assemblée de délibérer.

Sur quoy, le sieur Masson, 1ᵉʳ consul de Saugues, a représenté à l'assemblée : 1° que ce chemin ayant été commencé, on doit le continuer et le finir ; 2° qu'il sera utile aux voituriers du bas Languedoc qui voiturent en Auvergne, puisqu'il abrégera leur marche d'une journée, du bas Languedoc à Brioude ; 3° que la communauté de Saugues a éclaircy que la dépense de ce chemin n'yra pas à plus de 50,000 livres.

Le sindic du pays repliquant, a dit : 1° que les voituriers du bas Languedoc passeront toujours par la ville du Puy, pour aller en Auvergne, comme ils ont fait jusques à présent, attendu que cette ville, étant considérable par son commerce, les voituriers du bas Languedoc y portent des chargements et en prennent pour leur retour ; ce qu'ils ne peuvent point faire à Saugues, ny sur la route de Saugues ; 2° que le pays de Gévaudan, ne pouvant retirer aucun profit des voituriers qui vont du Languedoc en Auvergne, on ne peut point en prendre un prétexte pour faire construire le chemin de Saugues à Langogne ; 3° qu'en supposant même que la construction du chemin pourroit être faite pour 50,000 livres, comme l'a avancé M. le consul de Saugues, que cependant la totalité de la dépense yroit à plus de 80,000 livres, parce qu'il faut y joindre l'indemnité des particuliers dont on seroit obligé de prendre les terres pour l'allignement et la solidité du chemin, les augmentations d'ouvrage que les entrepreneurs demandent, sous prétexte que les devis ne sont pas assez détaillés, les journées de l'ingénieur, les leveures du receveur des tailles et des collecteurs, mentionnez dans un mémoire qui a été envoyé, au mois de mars 1741, à M. de Montulle, chef du conseil de S. A. S. Mgr le prince de Conty, et a demandé la lecture dudit mémoire, afin que l'assemblée puisse délibérer en connoissance de cause sur l'utilité ou l'inutilité du chemin de Saugues à Langogne, voir à qu'elle somme iroit la dépense, et si le pays est en état pe la supporter. Sur quoy, le greffier du pays ayant fait la lecture du mémoire cy dessus mentionné, et les voix ayant été recueillies en la forme ordinaire, a été délibéré qu'on ne faira pas ce chemin attendu qu'il est totalement inutile au païs.

Ledit sieur sindic a dit que l'avenue de Marvéjols du côté de Lempery est impraticable pour les gens à pied, presque pendant six mois de l'année ; cette avenue étant inondée par les eaux des prairies de M. de Pineton, et quelques fois par le débordement de la rivière de Coulagnets; qu'on pourroit changer ce chemin au dessus du château de Lempery, et que ce changement seroit avantageux aux gens à pied et à cheval, du moins pendant l'hyver ; et a requis l'assemblée de délibérer.

Sur quoy, a été unanimement renvoyé à MM. les commissaires de l'assiette et ordinaires.

Après quoy, le *Te Deum* a été récité et la bénédiction a été donnée par Mgr le Président.

Fait, clos et arrêté à Mende, le cinquième avril mil sept cens quarante-un.

Signé : † G. Flor., évêque de Mende.

Mémoire du sindic du païs de Gévaudan sur le chemin de Saugues à Langogne, et sur un autre chemin de Saugues en Auvergne.

Les habitant de Saugues ayant représenté depuis quelques années à Son Altesse Serenissime, Mgr le prince de Conti, qu'il étoit avantageux, pour le commerce, de construire un chemin de Saugues à Langogne; Son Altesse en écrivit à Mgr l'évêque de Mende qui communiqua la lettre à MM. les commissaires du païs, lesquels par respect pour son Altesse Serenissime, et pour luy donner des marques de leur déférence, commencèrent, en l'année 1758, de faire travailler au chemin de Saugues à Langogne ; on y dépensa même cette année là, près de 4,000 livres, y compris les journées de l'ingénieur et le dédommagement qu'on a payé aux particuliers, dont on a pris les champs pour l'allignement du chemin.

MM. les commissaires du pays de Gévaudan ayant examiné cette dépense et voyant qu'on n'avait pas fait une lieu de chemin dans un païs plain et uny. et qu'il restoit six lieues a faire dans des endroits tres difficiles et beaucoup plus dispendieux, independamment des ponts, crurent devoir ecclaircir à quoy pouvoit aller la totalité de la dépense.

Pour y parvenir on dressa un devis qui fut remis à des entrepreneurs des ouvrages public. Lesquels, s'étant transportés sur les lieux, rapportèrent que la dépense de ce chemin yroit à 50,000 livres, en y comprenant les ponts qu'on seroit obligé de construire dans les vallons, sur les rivières, pour aller d'une montagne à l'autre.

Les habitants de Saugues eurent aussy la curiosité de

faire estimer la dépense de ce chemin, par une personne entendue du païs d'Auvergne, qui en fit aussy l'évaluation à 50,000 livres. M. Delescure, 1ᵉʳ consul de Saugues, en l'année 1738, fut chargé de cette commission, sur laquelle on a gardé un grand secret.

Mais cette somme de 50,000 livres ne pourroit guère fournir qu'à la moitié de la dépense, il faudroit encore environ 40,000 livres pour remplir le plan des habitants de Saugues, scavoir : 12,000 livres pour le dédommagement des particuliers dont on seroit obligé de prendre les terres pour l'allignement du chemin ; 6,000 livres pour une autre partie de chemin à construire, depuis Saugues jusques aux frontières de l'Auvergne ; 2,000 livres, pour les journées de l'ingénieur et de l'inspecteur, qu'on seroit obligé de tenir pendant la durée du travail, pour avoir attention que les fondations des ponts et des murailles fussent faites et les matériaux employez conformément au devis.

On peut mettre encore en ligne la dépense une somme de 10,000 livres pour les ouvrages imprévus ou pour les augmentations que les entrepreneurs trouvent toujours occasion de demander sous prétexte que les devis ne sont pas assez détaillez.

Et enfin la dépense pour les leveures qui est de 7 deniers et demi, par livre pour M. le receveur des tailles du païs de Gevaudan et de 14 deniers par livre pour les collecteurs des paroisses ou communautés ; cet article va a plus de 7,000 livres. Ainsy on peut assurer, sans se tromper, que la dépense proposée par les habitants de Saugues va à près de 90,000 livres.

MM. les commissaires du pays de Gévaudan, ayant rendu le rapport de cette affaire, furent effrayez d'une sy grande dépense qui est au dessus des forces d'un païs pauvre et aussy peu étendu que le Gévaudan.

Le sindic représenta encore à MM. les commissaires que, quand même le païs seroit en état de faire cette dépense elle seroit pourtant inutile pour le commerce qui sert de prétexte aux habitants de Saugues, pour demander ce chemin. L'inutilité est fondée sur quatre raisons. La première, qu'on ne fait aucun commerce dans la contré de Saugues, qui attire l'étranger.

La seconde, que Sauges n'est pas un païs de passage ; le sindic n'ayant rencontré que deux voituriers dans trois voyages qu'il fit de Saugues à Langogne, ou de Langogne à Saugues, pendant l'été de 1757; et encore ces voituriers n'alloient qu'aux environs de Saugues.

La troisième raison, est que la route de Saugues à Langogne est impraticable pendant près de six mois de l'année, a cause des glaces et des neiges qui couvrent le païs; ce qui détruiroit le commerce et le passage, quand même il pourroit y en avoir.

La quatrième, qu'il n'y a point de chemin ny de route praticable au delà de Saugues vers l'Auvergne.

De toutes ces raisons, le sindic conclut que le chemin demandé ne pourroit servir que pour l'agrément et la satisfaction de quelques particuliers de Saugues, pour aller à Langegne.

Les habitants de Saugues ayant été informés de cette dernière raison, écrivirent que l'Auvergne devoit faire construire un chemin qui aboutirait à la frontière du Gévaudan du côté de Saugues; que le Gévaudan pourroit construire un chemin aboutissant de Saugues à celluy de l'Auvergne, et qu'alors les voituriers pourroient prendre cette route; il a remarqué cy devant que cette partie de chemin conteroit plus de 6,000 livres.

Le Gévaudan n'a que deux voyes pour fournir à la dépense des chemins, sçavoir : l'emprunt et l'imposition.

On ne peut recourir à l'emprunt, parce qu'en l'année 1727, MM. les commissaires ayant vérifié que le païs de Gévaudan étoit endetté de 600,000 livres, par des emprunts faits pour la construction des ponts et chemins ; il fut délibéré de ne plus faire de pareils emprunts et qu'on pourvoirait à l'avenir, par imposition, à la dépense de la construction et conservation des ponts et chemins. Cette délibération a été suivie et exécutée littéralement depuis ce temps là.

Il ne reste donc que la voye de l'imposition, qui consisterait à augmenter les contributions des habitans du païs de Gévaudan ; mais cette seconde voye est impraticable, parceque, d'un côté les impositions ordinaires se trouvent tres fortes ; et que de l'autre, les habitants du Gévaudan sont ruinés et épuisés par les mauvaises récoltes des cinq dernières années consécutives ; on a été même forcé, depuis près de dix années, d'abandonner toutes sortes de constructions nouvelles et de se réduire au simple entretien et conservation d'environ 150 ponts et de 80 lieues de grand chemin, qui se trouvent dans le Gévaudan.

Si le Gévaudan pouvait augmenter à présent ses impositions et les contributions des particuliers, on devroit le faire avec empressement pour rembourser les dettes à jour qui ont été contractées depuis l'année 1736, pour les semences et la nourriture de plusieurs paroisses et communautés ; on devrait aussy rembourser les restes d'un semblable emprunt qui fut fait pour le même sujet en l'année 1750. Mais la chose n'est pas possible ; les

les contribuables peuvent à peine payer les impositions ordinaires, il faut attendre nécessairement quelques bonnes années et leur donner le temps de se tirer de la misère et de l'épuisement ou ils sont depuis six années, que les récoltes manquent en Gévaudan, et que les denrées y sont hors de prix.

Les habitants de Saugues regardent comme une injustice, qu'on ait interrompu le chemin après l'avoir commencé ; ils allèguent qu'ils ont contribué à tous les chemins du païs, sans qu'on ait rien fait pour eux. Il y apparence que les habitants de Saugues comptent pour rien la dépense de trois ponts, qui furent contruits à Saugues, il y a environ seize années, et encore une sommes de 500 livres que le païs leur fournit, tous les ans, pour le logement et l'ustancille d'une compagnie de cavalerie, qui est ordinairement en quartier à Saugues, dont ils retirent tous les profits par la consommation de leurs foins et de leurs denrées ; ainsi, la communauté de Saugues ne peut pas dire qu'on ne fait rien pour elle.

Mais quand on ne feroit aucune dépense pour la communauté de Saugues, elle se trouverait dans le cas de cent autres paroisses du Gévaudan, qui contribuent à toutes les dépenses du païs, sans qu'on en fasse aucunes pour elles; cependant ces paroisses ne se plaignent pas. Le païs de Gévaudan est dans le même cas par rapport à la province de Languedoc, touchant la construction et entretien des ponts et chemins, qu'on appelle ponts et chemins de province, entretien du port de Cette et construction des grands ouvrages qu'on fait dans les étangs et dont le Gévaudan ne profite point.

On donne pour raison, que les différents païs dont le Languedoc est composé, doivent être regardez comme une seule famille, qui fait des dépenses suivant les circonstances et l'exigence des cas, dans les endroits où il est nécessaire; on peut donner cette réponse à la communauté de Saugues, par rapport au païs de Gévaudan.

Quant à l'interruption de la construction du chemin de Saugues, le sindic repond, que ce chemin avoit été proposé comme utile et nécessaire au commerce, et sur le pied de 10,000 livres de dépense. Cependant on reconnoit aujourd'hui que ce chemin ne peut servir que pour l'agrément de quelques particuliers de Saugues; et que la dépense passeroit 80,000 livres. Voilà les raisons de l'interruption et de la cessation du travail. Il faut avoir 80,000 livres pour faire ce chemin; mais où les prendre; on a déjà démontré qu'il n'est pas possible de les avoir par imposition.

MM. les commissaires du païs de Gévaudan, ne peuvent pas non plus faire des emprunts, sans un ordre ou permission du Roy, qui n'est accordée que par un arrest du Conseil. Les arrest du Conseil, en cette matière ne sont rendus que sur le consentement et approbation des des Etats de Languedoc.

Les Etats de Languedoc ne donnent leur consentement qu'après avoir reconnu l'utilité et la nécessité de la dépense, et que le païs qui doit la faire est en état de la supporter.

Le sindic du païs de Gévaudan, n'ayant aucune preuve de l'utilité et nécessité de ce chemin, ne sçauroit la fournir aux Etats de Languedoc, ny faire connoitre [que le Gévaudan peut supporter cette dépense, tandis qu'on n'ose pas hazarder l'imposition pour le remboursement des dettes a jour, constractées pour fournir aux semences et à la subsistance de plusieurs communautés.

D'ailleurs l'entreprise du chemin de Saugues, se portant à une somme aussi considérable, l'on seroit obligé d'y employer, pendant plusieurs années, tous les fonds qu'il seroit permis d'imposer pour les chemins, et de perdre de vue tous les autres ouvrages publics du diocèse, qui ont besoin d'un soin continuel, sans lequel il ne manqueroient pas d'être dans peu dégradés, au point qu'il faudroit ensuite faire des impositions extraordinaires et excessives pour les rétablir.

1742

MM. les commissaires de l'assiette. — Lecture des commissions pour les sommes à imposer. — Prestation du serment. — Vote des sommes demandées. — Confirmation des officiers du pays. — Rétablissement du dixième sur les revenus et produits des sujets et habitants du royaume. — Sel de Pecais, de Sijean et de Périac. — Indemnité pour perte de récoltes. — Gratifications à ceux qui tuent des loups. — Chemin de la ville d'Alais au Pont-de-Montvert et à Florac. — Changement du chemin de l'Emperi à Marvejols. — Construction de la route depuis le pont de la Gardelle près le Malzieu jusques à Serverette passant par St-Alban. — Vérification des sommes dues aux collecteurs et reliquats de leurs comptes. — Sommes à imposer chaque année, en faveur des receveurs des tailles. — Habillement des miliciens. — Clôture des comptes des collecteurs. — Réparation des avenues de Marvejols. — Clôture des Etats.

L'an mil sept cens quarante-deux, et le le lundy douzième jour du mois de mars. Les gens des Trois Etats du pays de Gévaudan, convoquez par ordre du Roy en la

ville de Marvejols, sont venus à la salle de de l'hôtel de
M. le comte de Peyre, où loge Mgr l'illustrissime et reverendissime Sgr Mgr Gabriel-Florent de Choiseul-Beaupré, évêque, seigneur et gouverneur de la ville de
Mende, comte de Gévaudan, conseiller du Roy en ses
conseils, président-né des Etats et assiette dudit pays
de Gévaudan, qui les attendoit; étant accompagné de
Mre Etienne Jaufroy, prêtre chanoine, archidiacre de
de l'église cathédrale de Mende et vicaire général de
Mgr l'évêque, et de MM. les commissaires ordinaires; et,
tous ensemble sont allés à l'église collégiale de N.-D. de
la Carce, de ladite ville de Marvejols pour y entendre
la messe du St-Esprit. Après laquelle, s'estant rendus
dans la salle de l'auditoire des Cours du Bailliage du
Gévaudan et royale ordinaire dudit Marvejols, ils ont
pris chacun leur place, sçavoir : mondit Sgr le Président sur un fauteuil placé sur une estrade élevée au
dessous d'un dais; et sur la gauche de cette estrade, à
la tête du banc, Mre Pierre de Michel du Roc, chevalier,
Sgr du Roc, Brion, Pejas et autres lieux, ancien capitaine du régiment du Piedmont, commissaire principal
desdits Etats et assiette; Mr Me Guillaume Bruguière, conseiller du Roy, juge, lieutenant-général au bailliage de
Gévaudan, pour M. le baillif, en tour, pour le Roy, la
présente année, commissaire ordinaire desdits Etats et
assiette; Mre Claude-Gabriel Amédée de Rochefort d'Aly,
comte de St-Point et de Montferrand, baron de Cénaret,
Sgr de Laval, Pougnadoire et St-Chély du Tarn, commis
des nobles dudit pays, commissaire ordinaire desdits
Etats et assiette; Mre Urbain de Retz de Bressolles, Sgr
de Servières et autres places; sieurs Antoine Brun et
Antoine Jori, 1° 2° et 5° consuls de la ville de Mende,

l'année dernière, commissaires ordinaires desdits Etats et assiette, sur un banc placé au milieu du parterre; M⁽ʳᵉ⁾ Géraud-Pierre de Michel du Roc, Sgr du Roc, Aldy, le Mas et autres places, maire de la ville de Marvejols, commissaire ordinaire desdits Etats et assiette; MM. les ecclésiastiques, sur un banc à la droite de Mgr le Président, chacun suivant son rang; et, sur le banc dudit sieur bailif, MM. les barons et gentilshommes de ce diocèse ou leurs députés, aussi suivant leur rang; et, les sieurs consuls et députés des autres villes et communautés dudit païs, qui ont entrée et voix délibérative auxdits Etats, assis sur le bas-banc.

Ledit sieur Brion du Roc, commissaire principal, ayant en main les commissions de nosseigneurs les commissaires, qui ont présidé pour le Roy à l'assemblée des Etats généraux de la province, tenus à Montpellier, le 8ᵉ février dérnier, a dit que nosdits seigneurs lui ordonnent, par leursdites commissions, et à M. le bailif du Gévaudan, étant en tour ou son lieutenant, aux consuls de Mende et à un de Maruejols, commissaires ordinaires, comme luy, de procéder au département des deniers y contenus, et ainsi qu'il a été consenty et résolu auxdits Etats; lequels deniers Sa Majesté veut être imposés, la présente année, pour le soutien de l'Etat, et pour fournir aux autres dépenses qui se fairont dans le royaume, aussi bien que pour les appointements de son altesse sérénissime, Mgr le duc du Maine, gouverneur de la province, entretenement de ses gardes et de MM. les lieutenants généraux dans ladite province, dettes et affaires de la province et de ce diocèse, et département des gratifications ordinaires et extraordinaires contenues au billet, sur ce envoyé,' signé : Touzard, en attendant l'arrest de validation du Conseil d'Etat de Majesté, pour être payés aux premiers jours d'avril, juillet et octobre de la présente année, et a remis les susdites commissions au greffier du diocèse, pour en faire la lecture. Et à l'instant, lecture a été faite desdites commissions, ensemble des instructions et autres actes y attachés, contenant, entr'autres choses, permission d'imposer pour les vaccations et journées des consuls de Mende et de Maruejols et du sindic du diocèse, députés auxdits Etats de la province. La lecture ayant été finie, lesdits sieurs commissaires principal, bailif du pays de Gévaudan, en tour, et ledit sieur commis des nobles sont sortis de l'assemblée.

Mgr le Président a fait appeler les gens des Trois Etats du pays de Gévaudan, et ayant fait remettre au greffier les procurations des députés auxdits Etats, il en a fait la lecture. L'assemblée ayant été réglée, chacun ayant pris sa place, le serment en tel cas requis et accoutumé ayant été prêté, sçavoir : par MM. de l'église, la main mise sur la poitrine ; et, par MM. de la noblesse et députés du Tiers-Etat, la main levée à Dieu ; et, tous ensemble, ont promis à Mgr le Président, moyennant leur serment, de ne rien faire en cette assemblée contre l'honneur de Dieu ny contre le service du Roy.

Ensuite a été unanimement résolu que les sommes contenues aux commissions de nosseigneurs les commissaires, président pour le Roy aux Etats généraux de la province, tenus à Montpellier, le 8ᵉ février dernier, seront imposés, la présente année, sur les contribuables aux tailles du pays de Gévaudan, et les Etats ont donné pouvoir à MM. les commissaires de l'assiette, qui s'assembleront demain, d'en faire le département.

Comme il est d'usage dans la province que MM. de l'église et MM. les barons, qui ne peuvent pas assister aux Etats généraux, envoyent, outre leurs procurations, une lettre adressée à Mgr le Président, pour toute l'assemblée, contenant les raisons pour lesquelles ils ne peuvent pas venir ; que cet usage a été toujours observé dans ce pays pour soutenir la dignité de Mgr le Président et de l'assemblée, et que néantmoings quelques-uns ont obmis d'écrire lesdites lettres ; a été délibéré que les procurations, tant de MM. de l'église que de MM. les barons et gentilshommes, seront refusées à l'avenir, conformément aux anciennes délibérations, sy elles ne sont pas accompagnées d'une lettre pour Mgr le Président, qui contienne les raisons pour lesquelles ils ne peuvent assister en personne ; et que le greffier du diocèse couchera la présente délibération dans les lettres d'avis pour la convocation des Etats prochains.

Mgr le Président a dit que, suivant l'usage et instructions de nosseigneurs les commissaires, présidant pour le Roy aux Etats généraux de la province, cette assemblée est en droit de faire procéder à la confirmation ou nouvelle élection des officiers du diocèse. Sur quoy, les sieurs Gros, sindic, et de Lhermet, greffier, étant sortis de l'assemblée, a été délibéré, d'une voix unanime, de confirmer ledit sieur Gros dans la charge de sindic, et ledit sieur de Lhermet, dans la charge de greffier.

Après quoy, les Etats ayant fait appeler lesdits sieurs Gros et de Lhermet, lecture leur a été faite de la présente délibération, et Mgr le Président leur a fait prêter le serment, la main levée à Dieu, de remplir le devoir de leurs charges ; ce qu'ils ont promis et juré de faire.

Le sindic du païs a dit, que le Roy ordonna par une

déclaration du 29 août 1741, qu'à commencer du 1ᵉʳ octobre de la même année, le dixième seroit annuellement levé à son profit, sur tous les revenus et produits des sujets et habitants du royaume, dans la même forme et de la même manière qu'il a été levé pendant les années 1734, 1735 et 1736. Que ce dixième ne sera point levé en espèces, attendu qu'il a été levé en espèces, attendu qu'il a été abonné ; mais que le prix de l'abonnement est plus considérable qu'il ne le fut les années 1734, 1735 et 1736. Le Roy ayant demandé une augmentation à toutes les provinces du Royaume et l'augmentation faite sur la province de Languedoc, nonobstant les sollicitations et les remontrances de MM. les députés a la Cour se trouve monter à un cinquième en sus du dernier dixième, pour ce qui concerne les biens nobles, les biens roturiers et l'industrie des marchands et artisans que la présente année 1742, il faudra payer le dixième sur ce pied là, non seulement pour l'entière année 1742, mais encore pour les trois derniers mois de l'année dernière 1741 ;

Que le dixième imposé sur les biens nobles se trouve fixé par des Etats arrêtés par la province qui seront envoyés à MM. les commissaires du diocèse pour être distribués dans toutes les communautés et délivrés aux collecteurs qui fairont le recouvrement dudit dixième, conformément auxdits Etats arrêtés ;

Que le dixième imposé sur le bien rural se trouvant compris et englobé avec la taille, les communautés en supporteront leur contingeant proportionné à leur allivrement;

Qu'il ne reste par conséquent à répartir que le dixième imposé sur l'industrie des marchands et artisans, et à requis l'assemblée de renvoyer à MM. les commissaires et ordinaires pour procéder à cette répartion sur les communautés et particuliers, marchands, artisans et généralement sur tous les fabricants ou commerçants, dans la même forme et de la même manière qu'il en fut usé les années 1734, 1735 et 1736.

Surquoy les voix ayant été recueillies, a été unanimement délibéré que le dixième sera levé sur les biens nobles, sur les biens roturiers et sur l'industrie des marchands, artisants et généralement sur tous les trafiquants ou commerçants du pays. Et attendu que le dixième du bien noble et du bien rural se trouvent fixés par des arrêtés et qu'il ne reste qu'à distribuer et repartir que le dixième imposé sur l'industrie des marchands artisans et commerçants ou trafiquants, a été unanimement renvoyé à MM. les commissaires de l'assiette et ordinaires pour procéder à cette répartition sur les communautés et particuliers, marchands, et généralement sur tous les trafiquants ou commerçants, dans la même forme et de la même manière qu'il en fut usé les années 1734, 1735 et 1736.

Ledit sieur sindic a dit encore que les rentes constituées, ou intérêts deus par les communatés, sont pareillement sujets au dixième, mais que ce dixième n'est point à charge aux communautés, attendu que la retenue en sera faite par les collecteurs, en payant lesdits intérêts ou rentes aux parties prenantes suivant les états arrêtés, qui seront remis auxdits collecteurs.

Ledit sieur sindic a dit aussi que les revenus patrimoniaux des communautés sont pareillement sujets au dixième, et que le payement en sera fait conformément aux états qui seront délivrés aux collecteurs des communautés, où il y aura des revenus patrimoniaux et qu'il n'y a rien, a délibérer sur cet article non plus que sur le précédent.

Ledit sieur sindic, a dit enfin que la même déclaration du Roy aux articles 5, 6 et 7, assujetit au dixième toutes les rentes à constitution sur les particuliers, rentes viagères, pensions créées et établies par contracts, jugements, obligations ou autres actes portant intérêt, comme aussi tous les droits, revenus et émoluments de quelque nature qu'ils soient; et ordonne en même temps que ce dixième sera retenu par les débiteurs, à leur profit, lorsqu'ils payeront les rentes ou pensions, de toute nature, à leurs créanciers et que les corps et communautés des villes et lieux pourront faire la même retenue, de la même manière que les particuliers; et, qu'il croit qu'il est nécessaire d'en donner avis aux paroisses de ce païs, afin que tous ceux qui pourront être dans le cas en soient informés.

Surquoy a été unanimement délibéré que cette disposition de la déclaration du Roy sera insérée dans les mandes de la taille et dans l'instruction quy sera envoyée aux communautés du païs touchant le dixième.

Ledit sieur sindic a dit que l'assemblée est instruite des mouvements que Mgr le Président se donne depuis l'année 1758, pour obtenir que l'usage du sel de Peccais soit rétabli dans le Gévaudan, et qu'en conséquence les greniers à sel du Gévaudan soient fournis du sel de Pecais, de la même manière qu'ils l'ont été été de tout le temps jusques en l'année 1757, qu'on substitua le sel de Périac et de Sijean à la place de celuy de Peccais. L'assemblée est encore instruite que, sur les mémoires et remontrances du pays que le sel de Périac et de Sijean, est inférieur au moins d'un quart à celuy de Peccais ; le Roy ordonna une analyse de ces sels qui fut faite en l'année 1740, et dont il fut donné connaissance à cette assemblée.

Le sindic du pais remet à MM. les députés du Languedoc, à la Cour, l'année dernière 1741, une copie de cette analyse et un mémoire qui prouve clairement que le sel de Périac et de Sijean est inférieur, au moins d'un quart, à celuy de Peccais. MM. les députés du Languedoc, à la Cour, ont fait usage de l'analyse et du mémoire, et ils ont sollicité la décision de cette affaire, qui est néantmoins indécise. Surquoy, l'assemblée a remercié Mgr le Président, des soins qu'il a bien voulu se donner dans cette affaire et la supplié de continuer ses bontés au pais pour la faire réussir.

Ledit sieur sindic a dit encore, que la grêle et autres accidents du ciel, firent des ravages considérables dans plusieurs paroisses et communautés de ce pays, dont il fut dressé des procès-verbaux, qui furent envoyés à Montpellier ; qu'on espère d'obtenir une indemnité ; mais qu'on ne sçait point encore ny le montant de l'indemnité ny en quel temps seront envoyées les instructions nécessaires pour en faire la répartition ; et a requis l'assemblée de délibérer.

Surquoy a été unanimement renvoyé à MM. les commissaires ordinaires, pour procéder à la répartition de ladite indemnité, lorsqu'ils en auront reçu l'avis et les instructions nécessaires,

Ledit sieur sindic a dit encore que le diocèse accorde depuis quelques années, une gratification de 6 livres pour chaque gros loup tué et une gratification de 40 sols pour chaque petit loup, ou loups de nichée ; que cette récompense a produit des bons effets, puisque depuis cinq ans on a tué, dans ce païs, environ 400 loups de différente grosseur; et, comme le nombre n'en est plus sy grand, et qu'il est plus difficile à présent d'en trouver, quelques personnes ont représenté qu'il seroit nécessaire d'augmenter du moins la gratification pour les loups de nichée, et de la fixer à trois livres; que cette dépense est de peu de conséquence, qu'elle n'ira peut être pas à 50 livres; et a requis l'assemblée de délibérer. Sur quoy, les voix ayant été recueillies, a été unanimement délibéré d'augmenter et de fixer à 3 livres la gratification pour chaque loup de nichée.

Ledit sieur sindic a dit aussi que le sindic du diocèse d'Alais demande que le païs de Gévaudan fasse construire un grand chemin, depuis la ville d'Alais jusques au Pont-de-Montvert et à Florac; qu'il a formé une instance à ce sujet à l'Intendance, et qu'il a été fourni des défenses et des répliques sur cette affaire. Il a été opposé, de la part du païs de Gévaudan : 1° que le chemin proposé, appelé de la Gibouine, est inutile au Gévaudan; 2° qu'il est inutile aux principaux lieux du diocèse d'Alais, tels que le Vigan, Meyrueis et autres lieux voisins, qui sont dans une distance du chemin proposé; que Saint-Hypolite, la Salle et autres lieux voisins ont un beau chemin qui conduit à Florac; que les villes d'Anduze, Saint-Jean-de-Gardonenque et autres lieux voisins sont sur la grande route qui conduit du bas Languedoc en Gévaudan; que la ville d'Alais peut se servir de la grande route d'Anduze et de tous les chemins différents que le Roy a fait construire dans les Cévennes, pour le passage et le mouvement de ses troupes; 3° que la ville d'Alais ne peut retirer aucune utilité du chemin proposé ; 4° que quand même le chemin proposé pourroit être utile à la ville d'Alais, il faudrait donner des raisons pour en faire supporter la dépense au diocèse de Mende, qui en est dispensé par le droit naturel ; 5° que la dépense du chemin proposé ira à 50,000 livres, suivant les calculs qui en ont été faits dans les défenses fournies sur cette affaire, que suivant les ordonnances de M. l'Intendant, les arrêts du Conseil, règlements et usages des Etats généraux de la province, MM. les commissaires sont préposés, dans chaque diocèse, pour examiner les dépenses qui doivent y être faites, les comparer avec les avantages qu'elles peuvent produire, et délibérer ensuite s'il convient de faire les dépenses ou de ne pas les faire ; que dans le cas dont il s'agit, le sindic du diocèse d'Alais a fait dresser le plan et le devis du chemin dans l'étendue du diocèse de Mende, sans que MM. les commissaires du païs ayent jamais été consultés, ny qu'ils ayent pris aucune délibération à ce sujet ; ce qui est contraire au bon ordre étably par les règlements et usages de la province ; que jusques à présent on n'a point repliqué à ces raisons ; et a requis l'assemblée de délibérer.

Sur quoy, les voix ayant été recueillies, l'assemblée a unanimement approuvé les défenses fournies sur cette affaire, et ledit sieur sindic a été chargé d'en fournir d'autres, suivant l'exigence des cas, partout où besoin sera, jusques à un jugement deffinitif.

Ledit sieur sindic a dit encore qu'il fut délibéré, aux Etats et assiette de l'année dernière, de réparer l'avenue de Marvejols, du côté de Lempéry, dont il avait été fait deux devis : l'un pour réparer ce chemin à l'endroit où il est encore aujourd'hui, et l'autre pour le changer au-dessus du château de Lempéry. On étoit indéterminé sur le choix, on sçavoit qu'on ne pouvoit pas faire un ouvrage durable en réparant le chemin à l'endroit où il est encore, parce qu'il auroit été toujours inondé par les eaux qui découlent des prairies de M. de Pineton ; au lieu qu'en faisant le changement au-dessus du château de Lempéry, on voyoit que le chemin se trouveroit supérieur aux prairies de M. de Pineton et aux sources qui les arrosent ; et, que par là, on seroit délivré des réparations continuelles qu'on a été obligé de faire jusques à présent ; mais on ne connoissoit point au juste la dépense de ce changement. MM. les commissaires du diocèse appréhendoient qu'elle n'allât trop loin ; mais M. de Pineton fit cesser leur crainte en offrant de construire le chemin au-dessus du château de Lempéry, conformément au devis, et encore de l'entretenir à ses frais et dépens, pendant six années, au prix de 2,500 livres, et de prendre le chemin actuel, en dédommagement ou compensation du local qui seroit nécessaire, pour l'entier emplacement du nouveau chemin ; comme aussy de donner au nouveau chemin une plus grande largeur, qu'il n'est porté par le devis, si on la jugeoit nécessaire, et enfin de payer à ses frais et dépens, à raison de 35 sous par jour, un homme qui luy seroit fourni par le diocèse, pour conduire les ouvriers et faire faire les ouvrages, conformément au devis.

MM. les commissaires du diocèse ayant trouvé que cette offre étoit très avantageuse au diocèse, l'acceptèrent par une délibération du 4ᵉ septembre dernier ; en sorte qu'on travaille actuellement à ce chemin, qui sera fini dans quelques mois, et a requis l'assemblée d'en approuver la construction et la dépense. Sur quoy, les voix ayant été recueillies, l'assemblée a unanimement approuvé le changement du chemin en question et le traité qui a été fait, à ce sujet, avec M. de Pineton.

Le sindic du païs de Gévaudan a dit qu'en conséquence des délibérations des Etats et assiette dudit païs de l'année dernière, il fit faire des publications et affiches pour le bail de la construction du chemin, depuis le pont de la Gardelle, près le Malzieu, jusques à Serverette passant par St-Alban, et que l'adjudication en fut faite le 16 août dernier par MM. les commissaires ordinaires aux sieurs Jean Rousset, *la Faveur*, et Pierre Rousset, son frère, derniers moins disans, au prix de 14,580 livres; que le contract de bail leur en fut passé; et que l'ouvrage en fut commencé l'année dernière, et a requis l'assemblée d'approuver et authorizer la dite adjudication et le contract de bail qui en a été passé. Surquoy, les voix ayant été recueillies, l'assemblée a unanimement approuvé et authorizé l'adjudication de la construction du chemin, depuis le pont de la Gardelle jusques à Serverette, passant par St-Alban, qui a été faite par MM. les commissaires ordinaires aux sieurs Rousset, frères, au prix de 14,570 livres, et le contract de bail qui leur a été passé en conséquence.

Ledit sieur sindic a dit encore que M. de Joubert sindic général de la province luy a envoyé plusieurs exemplaires d'un arrest du Conseil du 22ᵉ novembre 1741 qui accorde aux consuls collecteurs et autres administrateurs des deniers et affaires des villes et communautés de la province de Languedoc qui ont rendu leurs comptes depuis 1705 jusques à présent, un délay jusques au premier juillet 1742, pour faire vérifier les sommes qu'ils prétendront leur être dûes par la clôture desdits comptes, et a requis l'assemblée de délibérer.

Surquoy, les voix ayant été recueillies, a été unaniment délibéré que les exemplaires dudit arrest seront envoyés dans les communautés afin que les comptables qui seront dans le cas, puissent profiter du délay qui leur est accordé.

Ledit sieur sindic a dit encore qu'il a reçu un jugement de nosseigneurs les commissaires du Roy et des Etats, du 3 février 1742, concernant les débets des comptes des comptables des communautés de ce pays, de l'année 1740, montant en total à la somme de 244 livres 8 sols 3 deniers, dont l'imposition est ordonnée en faveur des dits comptables à chacun pour ce qui les concerne et a requis de délibérer qu'il en sera fait mention dans les mandes de la taille de cette année et qu'on y marquera, par un article particulier, la somme que chaque communauté doit imposer en faveur des comptables créanciers.

Sur quoy, les voix ayant été recueillies, l'assemblée a unanimement délibéré conformément à la réquisition dudit sieur syndic.

Ledit sieur sindic a dit aussi qu'il a receu un autre jugement de nosseigneurs les commissaires du Roy et des Etats, du 3 février dernier, concernant les relicats des comptes des communautés de ce païs, de l'année 1740, montant en total à la somme de 1811 livres 2 sols 9 deniers dont il est ordonné qu'il sera fait un moins imposé en faveur des communautés créancières, chacune comme il la concerne et a requis l'assemblée de délibérer.

Sur quoy, les voix ayant été recueillies, a été unanimement délibéré qu'il en sera fait mention dans les mandes de la taille de cette année et qu'on y marquera, par un article particulier, la somme dont il doit être fait un moins imposé en faveur de chaque communauté intéressée.

De relevée.

Ledit sieur sindic a dit qu'il a été rendu une ordonnance par nosseigneurs les commissaires du Roy et des Etats, le 7 février dernier, qui ordonne que le montant des 2 sols pour livre attribués aux receveurs des tailles des diocèses de la province par les édits des mois de décembre 1689 et août 1709 sur les sommes imposées par les villes et communautés d'ycelle pour leurs dépenses ordinaires, sera compris à l'avenir en un seul article dans le département des frais d'assiette de chacun desdits diocèses relativement à la somme payée par lesdits receveurs des tailles et à l'état arrêté par feu M. de Lamoignon de Baville le 5 octobre 1690, que le diocèse de Mende imposera tous les ans, à ce sujet, la somme de 788 livres 7 sols, à commencer la présente année 1742, avec inhibitions et défenses aux consuls, greffiers et départeurs de rien imposer à ce sujet à l'avenir, à peine de concussion ; il est pareillement fait inhibitions et défenses aux collecteurs, sur les mêmes peines, de retenir les deux sols pour livre sur quelque article que ce puisse être des sommes imposées pour les dépenses ordinaires. Il est enjoint aux consuls, greffiers et collecteurs de se conformer à la dite ordonnance à peine de 20 livres d'amande et a requis l'assemblée de délibérer.

Surquoy, a été unanimement délibéré, conformément à ladite ordonnance, de comprendre à l'avenir dans le département des frais d'assiette, à commencer la présente année 1742, la somme de 788 livres 7 sols pour le montant des deux sols pour livre, attribués aux receveurs des tailles sur les octrois et deniers municipaux par les édits de 1689 et 1709 ; qu'il en sera donné avis, par un article de la mande, aux communautés de ce pays, afin qu'elles ne fassent plus d'impositions à raison desdits 2 sols par livre et que les collecteurs ne fassent aucune retenue et que les exemplaires des ordonnances de nos seigneurs les commissaires du Roy seront joints aux mandes de cette année, afin qu'elle soit exécutée selon sa forme et teneur.

Ledit sieur sindic a dit aussi qu'il a receu deux états arrêtés par M. l'intendant, le 3 de ce mois, à raison des sommes qui sont dues par les communautés de ce pays pour le menu habillement des miliciens fourni à la décharge desdites communautés l'année dernière 1741 et la présente année 1742 ; que la fourniture à faire, la présente année, monte à la somme de 6,605 livres 11 sols et qu'il a été rendu une ordonnance par nosseigneurs les commissaires du Roy et des Etats le 3 janvier dernier portant que les fournitures faites pour le menu habillement des miliciens, l'année dernière 1741, et les fournitures à faire pour la présente année 1742, seront comprises dans les rolles des impositions de cette année et a requis l'assemblée de délibérer.

Surquoy les voix ayant été recueillies, a été unanimement délibéré de comprendre dans le département des frais d'assiette, de cette présente année, la somme de 2,608 livres 13 sols, pour les fournitures du menu habillement des miliciens de l'année dernière 1741 et la somme de 6,605 livres 11 sols pour les fournitures à faire la présente année 1742.

Ledit sieur sindic a dit qu'il a reçu une ordonnance

de nosseigneurs les commissaires du Roy et des Etats, du 5 février dernier, portant que les comptes des communautés de ce pays, de l'année dernière 1741, seront ouïs et clôturés de la même manière que ceux de l'année 1740 et a requis l'assemblée de délibérer.

Surquoy, a été unanimement renvoyé à MM. les commissaires de l'assiette.

Ledit sieur sindic a dit encore que l'avenue de Marvejols du côté du Pont-Pessil et celle du côté de la metterie de M. du Lignon ont besoin d'être réparées et a requis l'assemblée de délibérer.

Sur quoy a été unanimement renvoyé à MM. les commissaires de l'assiette.

Après quoy, le *Te Deum* a été récité et la bénédiction a été donnée par Mgr le Président.

Fait, clos et arrêté à Marvejols, le douzième mars mil sept cens quarante deux.

Signé : † G. Flor., év. de Mende.

1743

MM. les commissaires de l'assiette. — Lecture des commissions pour les sommes à imposer. — Prestation du serment. — Une lettre doit accompagner les procurations. — Confirmation des officiers du diocèse. — Menu habillement des miliciens. — Reliquats et débets des comptes des receveurs. — Règlement au sujet des nonvaleurs, doubles emplois et surcharges dans les rôles de la capitation. — Recouvrement du dixième. — Déclaration du Roy portant défense de saisir les bestiaux. — Blé livré à crédit en 1737. — Construction et répara-

tion des ponts et chemins. — Entretien des chemins royaux des Cévennes. — Constructions de Montjoies sur les montagnes du diocèse. — Pont de Gournier près de Recoules-d'Aubrac. — Réparations à faire au grand clocher de Mende. — Clôture des Etats.

L'an mil sept cents quarante-trois, et le lundy premier jour du mois d'avril, les gens des Trois Etats du pays de Gévaudan, convoquéz par ordre du Roy, en la ville de Mende, sont venus à la salle du palais épiscopal, où M° Estienne Jaufroy, prêtre licencié en théologie, chanoine et archidiacre de l'église cathédrale de Mende, vicaire général de Mgr l'évêque de Mende, président des Etats et assiette les attendoit, étant accompagné de MM. les commissaires ordinaires, et, tous ensemble, sont allés à l'église cathédrale de Mende, pour y entendre la messe du Saint Esprit, après laquelle, étant revenus audit palais épiscopal, dans la salle destinée pour la tenue desdits Etats, ils y ont pris chacun leur place, sçavoir : Mgr le Président sur un fauteuil placé sur une estrade élevée au-dessous d'un dais ; et, sur la gauche de cette estrade, à la tête du banc, M° Pierre de Michel Du Roc, seigneur de Brion, Péjas et autres lieux, commissaire principal desdits Etats et assiette ; MM. Jean Barrandon seigneur du Moy, Prévenchères et autres lieux, juge, lieutenant général au bailliage du Gévaudan pour M‍ʳ le baillif en tour pour Mgr l'évêque de Mende, la présente année, commissaire ordinaire des Etats et assiette, M° Géraud Pierre de Michel Du Roc, seigneur du Roc, Aldy, le Mas et autres places, maire de la ville de Marvejols, substitut de M. le marquis de St-Point, commis des nobles dudit pays, commissaire ordinaire desdits Etats et assiette, M°

Urbain de Rets de Bressoles, seigneur de Servières et autres places; sieurs Charles Farin et Louis Bondan, premier, second et tiers consuls de la ville de Mende, l'année dernière, commissaires ordinaires desdits Etats et assiette, sur un banc, placé au milieu du parterre, MM. les ecclésiastiques, sur un banc, à la droite de M. le Président, chacun suivant son rang, et sur le banc dudit sieur baillif, MM. les barons et gentilshommes de ce diocèze ou leurs députés, aussi suivant leur rang, et les sieurs consuls et députés des autres villes et communautés dudit pays, qui ont entrée et voix délibérative auxdits Etats, assis sur le bas banc.

Ledit sieur de Brion, commissaire ordinaire, ayant en main les commissions de nosseigneurs les commissaires, qui ont présidé pour le Roy à l'assemblée des Etats généraux de la province, tenus à Montpellier, le second février dernier, a dit que nosdits seigneurs lui ordonnent par leursdites commissions, et à M. le bailif du Gévaudan, étant en tour ou son lieutenant, aux consuls de Mende et un de Maruejols, commissaires ordinaires comme luy, de procéder au département des deniers y contenus, et ainsy qu'il a été consenty et résolu aux dits Etats; lesquels deniers Sa Majesté veut être imposés, la présente année, pour le soutien de l'Etat et pour fournir aux autres dépenses qui se fairont dans le Royaume, aussy bien que pour les appointements de son altesse sérénissime, Mgr le prince de Dombes, gouverneur de la province, et entretenement de ses gardes et de MM. les lieutenants généraux dans ladite province, dettes et affaires de la province et de ce diocèze, et département des gratifications ordinaires et extraordinaires contenues au billet, sur ce envoyé, signé : Pujol, en attendant l'arrest de validation du Conseil d'Etat de Sa Majesté, pour être payés aux premiers jours d'avril, juillet et octobre de la présente année, et a remis les commissions au greffier du diocèse pour en faire la lecture.

Et à l'instant, lecture a été faite desdites commissions, ensemble des instructions et autres actes y attachéz, contenant, entr'autres choses, permission d'imposer pour les vacations et journées des consuls de Mende et de Maruejols et du sindic du diocèse, députés aux Etats généraux de la province; la lecture ayant été finie, lesdits sieurs commissaires principal et baillif du pays de Gévaudan en tour, et ledit sieur commis des nobles sont sortis de l'assemblée.

M. le Président a fait appeler les gens des Trois Etats du pays de Gévaudan et, ayant fait remettre au greffier du diocèze les procurations des députés auxdits Etats, il en a fait la lecture.

L'assemblée ayant été réglée et chacun ayant pris sa place, le serment en tel cas requis et accoutumé ayant été prêté, sçavoir : par MM. de l'église, la main mise sur la poitrine ; et, par MM. de la noblesse et députés du Tiers-Etat, la main levée à Dieu, et, tous ensemble, ont promis à M. le Président, moyennant leur serment, de ne rien faire en cette assemblée contre l'honneur de Dieu ny contre le service du Roy. Ensuite a été unanimement résolu que les sommes contenues aux commissions de nosseigneurs les commissaires, présidant pour le Roy aux Etats généraux de la province, tenus à Montpellier le second février dernier, seront imposées, la présente année, sur les contribuables aux tailles du pays de Gévaudan ; et, les Etats, ont donné pouvoir à MM. les commissaires de l'assiette, qui s'assembleront demain, d'en faire le département.

Comme il est d'usage dans la province que MM. de l'église et MM. les barons, qui ne peuvent pas assister aux Etats généraux, envoyent, outre leurs procurations, une lettre adressée à M. le Président, pour toute l'assemblée, contenant les raisons pour lesquelles ils ne peuvent pas venir ; que cet usage a été toujours observé dans ce pays, pour soutenir la dignité de M. le Président et de l'assemblée, et que néantmoings quelques-uns ont obmis d'écrire lesdites lettres ;

a été délibéré que les procurations tant de MM. de l'église que de MM. les barons et gentilshommes de ce diocèze seront refusées à l'avenir, conformément aux anciennes délibérations, si elles ne sont accompagnées d'une lettre pour M. le Président, qui contienne les raisons pour lesquelles ils ne peuvent assister en personne, et que le greffier du diocèze couchera la présente délibération dans les lettres d'avis pour la convocation des Etats prochains.

M. le Président a dit que, suivant l'usage et instructions de nosseigneurs les commissaires, présidents pour le Roy aux Etats généraux de la province, cette assemblée est en droit de faire procéder à la confirmation ou nouvelle élection des officiers du diocèse.

Sur quoy, les sieurs Gros, sindic, et de Lhermet, greffier, étant sortis de l'assemblée, a été délibéré, d'une voix unanime, de confirmer le sieur Gros dans la charge de sindic, et le sieur de Lhermet dans la charge de greffier.

Après quoi, les Etats ayant fait appeler lesdits Gros et de Lhermet, lecture leur a été faite de la présente délibération, et M. le Président leur a fait prêter le serment, la main levée à Dieu, de remplir le devoir de leurs charges ; ce qu'ils ont promis et juré de faire.

Le sindic du pays a dit que MM. les commissaires du Roy ont rendu une ordonnance le vingt-sixième janvier dernier, qui ordonne l'imposition de la dépense pour le menu habillement des soldats de la dernière milice, et que par une ordonnance de M. l'Intendant, du vingt-cinquième février aussi dernier, le contingent de cette dépense concernant les communautés du diocèze de Mende est fixée à 4,375 livres, et a requis l'assemblée de délibérer sur l'imposition de cette somme.

Sur quoy, a été unanimement délibéré que ladite somme de 4,375 livres sera comprise dans le département des deniers ordinaires de cette année.

Ledit sieur sindic a dit encore qu'il a été rendu un jugement par MM. les commissaires du Roy, le 6° janvier dernier, portant qu'il sera fait un moins imposé, dans plusieurs communautés, des relicats des comptes de l'année 1741 ; lesquels relicats montent en total à la somme de 1,488 livres, et a requis l'assemblée de délibérer.

Sur quoy, a été unanimement délibéré qu'il en sera donné avis aux communautés intéressées, par un article de la mande.

Ledit sieur sindic a dit encore qu'il a été rendu un autre jugement par MM. les commissaires du Roy, le 26 janvier dernier, portant qu'on imposera, dans quelques communautés, les débets des comptes de ladite année 1741, montant à la somme de 62 livres 19 sols 7 deniers, et a requis l'assemblée de délibérer.

Sur quoy, a été unanimement délibéré qu'il en sera donné avis aux communautés intéressées, par un article de la mande.

Ledit sieur sindic a dit, qu'en conséquence des ordres de MM. les commissaires du pays il envoya, l'année dernière, dans toutes les communautés dudit pays, les exemplaires d'un arrêt du Conseil, du 31 décembre 1741, par lequel il est ordonné, à l'article premier, que les collecteurs seront tenus de remettre, chaque année, aux sindics des diocèses et dans le mois qui suit immédiatement l'échéance du second terme de la capitation, c'est-à-dire au mois de février, un état de toutes les non-valeurs qu'ils prétendront devoir leur être allouées, soit pour doubles emplois ou autres erreurs faites dans les rolles, soit pour la retraite, le décès ou l'insolvabilité de quelques capitables, et faute par les collecteurs de remettre ledit état dans le mois de février, ils supporteront toutes les non-valeurs en pure perte;

Que l'article quatrième dudit arrêt porte que les capitables, qui prétendront des modérations ou des décharges de leurs taxes, seront tenus de se pourvoir à l'effet de les obtenir devant M. l'Intendant de la province, et d'en former la demande avant l'échéance du second terme, c'est-à-dire dans le mois de décembre, faute de quoy lesdites taxes seront censées consenties de leur part, et ils ne seront plus reçus à en réclamer après ledit délay;

Que les capitables, qui seront compris pour la première fois dans les rolles de la capitation d'une communauté, seront aussi tenus de former leurs demandes en décharge ou en modération de leurs taxes, par devant M. l'Intendant, dans le même délay que les autres, c'est-à-dire dans le mois de décembre, faute de quoy leurs taxes seront censées consenties de leur part, et ils ne seront plus reçus à en réclamer après ledit délay.

Mais comme les nouveaux capitables, compris pour la

première fois dans les nobles d'une communauté, pourraient opposer que, n'ayant pas eu connaissance de leur article de capitation, ils n'ont pas peu s'en plaindre ; l'article second dudit arrêt du Conseil enjoint aux collecteurs de les avertir dans le mois de juillet ou d'août, et que faute par les collecteurs de donner cet avis, ils seront responsables et supporteront en pure perte les décharges ou modérations que lesdits nouveaux capitables pourront obtenir après le mois de décembre ; que cette ordonnance étant d'une grande conséquence pour les collecteurs et pour les capitables et même pour l'administration du diocèse, il importe de prendre des justes mesures pour en donner connaissance à tout le monde, et a requis l'assemblée de délibérer.

Sur quoy, a été unanimement délibéré qu'il en sera donné avis aux communautés pendant quelques années, par un article de la mande.

Ledit sieur sindic a dit, qu'en conséquence des ordres de MM. les commissaires du pays, il envoya dans toutes les communautés dudit pays des exemplaires d'une ordonnance rendue, par MM. les commissaires du Roi, le 28 aoust 1742, concernant le recouvrement du dixième ; que suivant l'article premier de cette ordonnance les requettes en décharge ou modération des sommes comprises dans les rolles du dixième ne pourront être reçues que jusques au premier décembre, passé lequel délay les cotités seront censées reconnues et acquittées et acquiessées ;

Que l'article second de ladite ordonnance porte que les requettes sur lesquelles il aura été rendu des ordonnances interlocutoires seront rapportées et remises au greffe de MM. les commissaires du Roy, pendant le mois de décembre ; passé lequel délay elles ne seront plus reçues et les cotités dont il sera question seront également censées reconnues et acquiessées ;

Que l'article troisième et dernier de ladite ordonnance porte qu'il sera procédé au jugement desdites requettes dans tout le mois de janvier suivant ; et les particuliers, dont les cotités auront été modérées, ou qui auront obtenu une entière décharge, seront tenus, dans tout le mois de février, de se régler avec les collecteurs et receveurs, à l'effet de la reprise des décharges ou modérations, demeureront comme non avenus ; et comme cette ordonnance intéresse tous les particuliers et qu'il importe que personne ne l'ignore, il a requis l'assemblée de délibérer.

Sur quoy, a été unanimement délibéré qu'il en sera donné avis aux communautés par un article de la mande.

Ledit sieur sindic a dit que, par une déclaration du Roy, du 17° septembre 1742, il est fait défenses aux créanciers des communautés et aux créanciers des particuliers qui contribuent aux impositions, même aux collecteurs, de saisir et faire saisir les bestiaux de toute qualité pendant six années, à peine de la perte des dettes contre les créanciers et d'interdiction de 1,000 livres d'amende contre les huissiers ou sergent, sans préjudice néantmoings du privilége des créanciers qui auront vendu les bestiaux, ou qui en auront payé le prix, ensemble du privilége des propriétaires des fermes et des terres pour leurs loyers et fermages, auxquels il sera loisible de faire procéder par voye de saisie sur les bestiaux qui seront sur leurs terres appartenant à leurs fermiers, et a requis l'assemblée d'en faire donner connoissance aux communautés, afin qu'on s'y conforme.

Sur quoy, a été unanimement délibéré qu'il en sera donné avis aux communautés, par un article de la mande.

Ledit sieur sindic a dit encore, qu'en conséquence des ordres de MM. les commissaires ordinaires, il fit délivrer à crédit, à plusieurs particuliers, en l'année 1737, des quantités de seigle, que le diocèse avoit fait acheter, pour la subsistance de ceux qui n'étoient pas alors en argent ; qu'il a des promesses par écrit de toutes les quantités délivrées ; que les débiteurs ou leurs cautions sont solvables ; qu'il reste au diocèse environ 3,000 livres, dont le recouvrement a été différé pendant quelques années, à cause des mauvaises récoltes ; et a requis l'assemblée de délibérer sur les diligences qui doivent être faites contre les débiteurs et leurs cautions.

Sur quoy, les voix ayant été recueillies, a été unanimement délibéré d'accorder un délay auxdits débiteurs, jusques au commencement d'octobre ; que les poursuites seront commencées contr'eux au premier octobre, et continuées jusques à l'entier payement des sommes deues ; et ledit sieur sindic a été chargé de leur en donner avis par une lettre circulaire.

Ledit sieur sindic a dit que l'assemblée est instruite des mouvements que Mgr l'évêque de Mende se donne depuis l'année 1737, pour obtenir que l'usage du sel de Peccais soit rétably dans le Gévaudan, et qu'en conséquence les greniers à sel du Gévaudan soient fournis de Peccais, de la même manière qu'ils l'ont été de tous les temps, jusques en l'année 1737, qu'on substitua le sel de Périac et de Sijean, à la place de celuy de Peccais. Mgr l'évêque de Mende renouvelle ses soins, cette année, pour parvenir à faire décider cette affaire, et met tout en œuvre pour obtenir une décision favorable.

Sur quoy, M. l'abbé Jaufroy, grand vicaire, Président, a été prié, d'une voix unanime, de remercier Mgr l'évêque de Mende, de la part de l'assemblée, des bontés qu'il a pour le pays, et de le prier de vouloir bien les luy continuer dans une affaire aussy importante.

De relevée.

Ledit sieur sindic a dit, qu'en conséquence des délibérations des Etats et assiette du pays, MM. les commissaires ordinaires ont adjugé la construction d'un pont à Serverette, la réparation du pont du Martinet et à Saint-Etienne-de-Valfrancisque, la construction de l'avenue de Maruejols, du côté de Lempéry, et l'avenue de Florac vers Mende; que les ouvrages ont été faits et receus; que les entrepreneurs sont payéz suivant leurs quittances, couchées à suite des procès-verbaux de réception, et a requis l'assemblée d'approuver lesdites adjudications, les réceptions et les payements faits aux entrepreneurs, par les ordres de MM. les commissaires ordinaires.

Sur quoy, l'assemblée a unanimement approuvé et authorisé lesdites adjudications, les réceptions des ouvrages et les payements faits aux entrepreneurs.

Ledit sieur sindic a dit que le bail de l'entretien des chemins royaux des Cévennes a été adjugé jusques à présent à Montpellier, par devant M. l'Intendant, pendant la tenue des Etats de Languedoc; mais comme l'hiver n'est pas une saison propre pour cette adjudication, attendu qu'on ne peut pas vérifier l'état des chemins; que d'ailleurs l'entreprise n'est pas assez considérable pour engager les gens du pays à faire la dépense du voyage de Montpellier; le sindic du pays feut chargé, par MM. les commissaires ordinaires, de présenter une requette, sur laquelle il a obtenu une ordonnance, le 17 octobre 1742, qui ordonne que l'adjudication de l'entretien desdits chemins royaux des Cévennes sera faite; pour dix années, dans Florac, au 1er juillet prochain, par devant M. Barrandon, subdélégué, et que les affiches et publications, en tel cas requises et accoutumées, seront faites à la diligence du sindic du pays; et a requis l'assemblée de délibérer.

Sur quoy, a été unanimement délibéré que le sindic du pays faira procéder auxdites publications et affiches et qu'il se rendra à Florac pour voir recevoir les offres et moins dites et assister à ladite adjudication, conformément à l'ordonnance de M. l'Intendant.

Ledit sieur sindic a dit que plusieurs marchands, des fabriquants et autres voyageurs ayant représenté, l'année dernière, qu'il étoit nécessaire, pour la conservation de leur vie et pour le bien du commerce, de construire des montjoyes sur quelques montagnes du pays, pour indiquer la route qu'on doit y tenir dans le temps des neiges; MM. les commissaires ordinaires feurent d'avis d'employer 500 livres par an à cette dépense, et de commencer de construire les montjoyes sur la montagne de la Montredorte, chemin de Marvejols à Saint-Urcise, en Auvergne, où les marchands se rendent aux marchéz pour y acheter des étoffes; et a requis l'assemblée de délibérer.

Sur quoy, les voix ayant été recueillies, a été unanimement délibéré, conformément à l'avis de MM. les commissaires.

Ledit sieur sindic a dit que le pont de Gournier, près Recoules-d'Aubrac, qui est très nécessaire pour la communication du Gévaudan avec l'Auvergne, menace ruine depuis quelques années ; que MM. les commissaires ordinaires ont envoyé pour le faire vérifier et dresser le devis des réparations nécessaires ; mais on a rapporté que ce pont est en si mauvais état, qu'il n'est point susceptible d'aucune réparation, et qu'il faut le détruire totalement et le refaire à neuf ; et a requis l'assemblée de délibérer.

Sur quoy, l'assemblée a unanimement renvoyé à MM. les commissaires ordinaires pour prendre une connoissance plus exacte de l'état de ce pont et de son utilité, et pour faire ce qu'ils jugeront plus convenable.

Ledit sieur sindic a dit qu'on représente depuis quelques années que le grand clocher de l'église cathédrale de Mende dépérit faute d'entretien ; l'assemblée est instruite que ce clocher doit être entretenu par le général du pays, conjointement avec MM. du clergé du diocèse, qui doivent supporter un tiers de la dépense ; les autres deux tiers devant être fournis par le général du pays. La principale dépense consistera à crépir les murailles, réparer les pavés des voûtes et à fermer les goutières ; ces réparations sont absolument nécessaires pour prévenir la ruine de ce clocher, qui occasionnerait au pays une dépense considérable ; et a requis l'assemblée de délibérer.

Sur quoy, a été unanimement renvoyé à MM. les commissaires ordinaires pour faire vérifier ce clocher, dresser le devis des réparations nécessaires, et les faire faire, de concert avec MM. du clergé du diocèse, supposé qu'ils trouvent que la réparation soit pressante.

Après quoy, le *Te Deum* a été récité et la bénédiction a été donnée par M. le Président.

Fait, clos et arrêté à Mende, le premier avril mil sept cens quarante-trois.

Signé : Jaufroy, vicaire général et Président.

1744

MM. les commissaires de l'assiette. — Places occupées par les membres de l'assemblée des Etats. — Lecture des commissions. — Refus d'admission du procureur du baron de Mercœur. — Contestation entre les députés de Chirac et du mandement de Nogaret. — Prestation du serment. — Confirmation des officiers du diocèse. — MM. les pourvus de commissions de maire doivent être reçus aux Etats, à l'exclusion des consuls. — Indemnité de 13,000 livres accordée au diocèse pour pertes de récoltes. — Mode de distribution. — Menu habillement des militaires. — Sel. — Adjudication des chemins royaux des Cévennes. — Pont de Gournier. — Réparations de la route du Bas-Languedoc en Auvergne. — Impositions à faire. — Dépenses pour le convoi de l'armée d'Italie. — Clôture des Etats.

L'an mil sept cents quarante-quatre, et le lundy seizième jour du mois de mars, les gens des Trois Etats du pays de Gévaudan. convoquéz par ordre du Roy, en la ville de Maruejols, sont venus à la salle de l'hôtel de M. le comte de Peyre, où loge Mgr l'illustrissime et révérendissime Sgr, Mgr Gabriel-Florent de Choiseul-Beaupré, évêque, seigneur et gouverneur de la ville de Mende, comte de Gévaudan, conseiller du Roy en ses Conseils, président-né des Etats et assiette du pays de Gévaudan, qui les attendoit ; étant accompagné de Mre Etienne Jaufroy, prêtre chanoine, archidiacre de de l'église cathédrale de Mende et vicaire général de Mgr l'évêque, et de MM. les commissaires ordinaires ; et, tous ensemble, sont allés à l'église collégiale de N.-D. de la Carce, de ladite ville de Maruejols, pour y entendre la messe du St-Esprit. Après laquelle, s'estant rendus dans la salle de l'auditoire des Cours du Bailliage de Gévaudan et royale ordinaire dudit Maruejols, ils y ont pris chacun leur place, sçavoir : mondit Sgr le Président, sur un fauteuil, placé sur une estrade élevée au dessous d'un dais ; et, sur la gauche de cette estrade, à la tête du banc, Mre Pierre de Michel Du Roc, Sgr de Brion, Péjas et autres lieux, ancien capitaine du régiment de Piedmont, commissaire principal desdits Etats et assiette ; M. Me Guillaume Bruguière, conseiller du Roy, juge, lieutenant-général au Bailliage du Gévaudan, pour M. le baillif, en tour, pour le Roy, la présente année, commissaire ordinaire desdits Etats et assiéte ; Mre Claude Gabriel-Amédée de Rochefort d'Aly, comte de St-Point et de Montferrand, baron de Cénaret, Sgr de Laval, Pougnadoire et St-Chély-du Tarn, commis des nobles dudit pays, commissaire ordinaire desdits Etats et assiette ; Mre Urbain de Retz de Bressolles, Sgr de Servières et autres places ; sieur Louis Bondan, 1er et 3e consuls de la ville de Mende, l'année dernière. commissaires ordinaires desdits Etats et assiette ; sieur Charles Farain, second consul, étant absent, sur un banc, placé au milieu du parterre ; Mre Géraud-Pierre de Michel du Roc, Sgr du Roc, Aldy, le Mas et autres places, maire de la ville de Maruejols, commissaire ordinaire desdits Etats et assiette ; MM. les ecclésiastiques, sur un banc, à la droite de M. le Président, chacun suivant son rang; et, sur le banc dudit sieur baillif, MM. les barons et gentilshommes de ce diocèze ou leurs députés, aussi suivant leur rang ; et, les sieurs consuls et députés des autres villes et communautés dudit pays, qui ont entrée et voix délibérative auxdits Etats, assis sur le bas banc.

Ledit sieur de Brion, commissaire ordinaire, ayant en main les commissions de nosseigneurs les commissaires, qui ont présidé pour le Roy à l'assemblée des Etats généraux de la province, tenus à Montpellier, le sixième février dernier, a dit que nosdits seigneurs lui ordonnent, par leursdites commissions, et à M. le bailif du Gévaudan, étant en tour, ou son lieutenant, aux consuls de Mende et un de Maruejols, commissaires ordinaires, comme luy, de procéder au département des deniers y contenus, et ainsy qu'il a été consenty et résolu aux dits Etats ; lesquels deniers Sa Majesté veut être imposés, la présente année, pour le soutien de l'Etat et pour fournir aux autres dépenses qui se fairont dans le Royaume, aussy bien que pour les appointements de son altesse sérénissime, Mgr le prince de Dombes, gouverneur de la province, entretenement de ses gardes, et de MM. les lieutenants généraux dans ladite province, dettes et affaires de la province et de ce diocèze, et département des gratifications ordinaires et extraordinaires contenues au billet, sur ce envoyé, signé : Touzart, en attendant l'arrest de validation du Conseil d'Etat de Sa Majesté, pour être payés aux premiers jours d'avril, juillet et octobre de la présente année, et a remis les commissions au greffier, pour en faire la lecture.

Et à l'instant, lecture a été faite desdites commissions, ensemble des instructions et autres actes y attachéz, contenant, entr'autres choses, permission d'imposer pour les vaccations et journées des consuls de Mende, de Marüejols et du sindic du diocèse, députés aux Etats généraux de la province; la lecture ayant été finie, lesdits sieurs commissaires principal, baillif du pays de Gévaudan, en tour, et ledit sieur commis des nobles sont sortis de l'assemblée.

M. le Président a fait appeler les gens des Trois Etats du pays de Gévaudan et, ayant fait remettre au greffier les procurations des députés auxdits Etats, il en a fait la lecture. Et ayant fait appeler M. le baron de Mercœur, s'est présenté Me Jean Bonhomme, de Saugues, lequel a demandé d'être admis dans l'assemblée, pour y prendre le rang et séance de M. le baron de Mercœur, en vertu de la procuration de Mre Jean-Baptiste de Montullé, chevalier, conseiller du Roy en sa Cour de Parlement et grande Chambre d'icelle, au nom et comme fondé de procuration de très haut, très puissant et très excellent prince, Mgr Louis-François de Bourbon, prince de Conty, prince du sang, baron de Mercœur. Mais attendu que, suivant les règlements de la province de Languedoc, nul ne peut fournir des procurations pour remplir la place de MM. les barons, et que MM. les barons doivent donner eux-mêmes les procurations, l'assemblée a délibéré, d'une voix unanime, de ne point recevoir la procuration de M. de Montullé; et, la place de M. le baron de Mercœur, se trouvant vacante, elle a été remplie par Mgr le Président, en conformité desdits règlements de la province de Languedoc. Et ayant fait appeler le consul de Chirac, se sont présentés le sieur Malet, pourveu de la mairie de Chirac, et un député, porteur de la procuration de la communauté; lesquels ont demandé chacun d'être admis dans l'assemblée, pour y remplir la place de consul de Chirac.

Sur quoy, Mgr le Président a prié les deux concurrents de sortir, jusques à ce que l'assemblée auroit examiné et décidé à qui des deux appartient le droit de remplir la place de consul de Chirac.

Et ayant fait appeler le consul du mandement de Nogaret, se sont présentés le sieur Favier, pourveu de la mairie du mandement de Nogaret, et un député porteur de la procuration de la communauté ; lesquels ont demandé chacun d'être admis dans l'assemblée, pour y remplir la place du consul du mandement de Nogaret. Sur quoy, Mgr le Président a prié les deux concurrents de sortir, jusques à ce que l'assemblée auroit examiné et décidé à quel des deux appartient le droit de remplir la place de consul du mandement de Nogaret.

L'assemblée ayant été réglée, chacun ayant pris sa place, le serment en tel cas requis et accoutumé ayant été prêté, sçavoir : par MM. de l'église, la main mise sur la poitrine ; et, par MM. de la noblesse et députés du Tiers-Etat, la main levée à Dieu ; et, tous ensemble, ont promis à Mgr le Président, moyennant leur serment, de ne rien faire en cette assemblée contre l'honneur de Dieu ny contre le service du Roy.

Comme il est d'usage dans la province que MM. de l'église et MM. les barons, qui ne peuvent pas assister aux Etats généraux, envoyent, outre leurs procurations, une lettre adressée à Mgr le Président, pour toute l'assemblée, contenant les raisons pour lesquelles ils ne peuvent pas venir ; que cet usage a été toujours observé dans ce pays, pour soutenir la dignité de Mgr le Président et de toute l'assemblée, et que néantmoings quelques-uns ont obmis d'écrire lesdites lettres ; a été délibéré que les procurations tant de MM. de l'église que de MM. les barons et gentilshommes de ce diocèze seront refusées à l'avenir, si elles ne sont accompagnées d'une lettre pour Mgr le Président, qui contienne les raisons pour lesquelles ils ne peuvent assister en personne, et que le greffier du diocèze couchera la présente délibération dans les lettres d'avis pour la convocation des Etats prochains.

Mgr le Président a dit que, suivant l'usage et instructions de nosseigneurs les commissaires, présidant pour le Roy aux Etats généraux de la province, cette assemblée est en droit de faire procéder à la confirmation ou nouvelle élection des officiers du diocèse.

Sur quoy, les sieurs Gros, sindic, et de Lhermet, greffier, étant sortis de l'assemblée, a été délibéré, d'une voix unanime, de confirmer le sieur Gros dans la charge de sindic, et le sieur de Lhermet dans la charge de greffier.

Après quoi, les Etats ayant fait appeler lesdits sieurs Gros et de Lhermet, lecture leur a été faite de la présente délibération, et Mgr le Président leur a fait prêter le serment, la main levée à Dieu, de remplir les devoirs de leurs charges ; ce qu'ils ont promis et juré de faire.

Le sindic du païs a dit que, suivant les édits et déclarations du Roy, les pourveus des charges de maire doivent remplir les places des communautés dans la présente assemblée, à l'exclusion des consuls et autres qui peuvent être députés; que le sieur Malet étant porteur des provisions de la mairie de Chirac, et le sieur Favier étant porteur des provisions de la mairie du mandement Nogaret, l'assemblée doit les recevoir, conformément à la volonté du Roy, et a requis de délibérer.

Sur quoy, les voix ayant été recueillies, a été unanimement délibéré que lesdits sieurs Malet et Favier seront admis dans l'assemblée pour y remplir les places de la communauté de Chirac et du mandement de Nogaret ; et, à l'instant, Mgr le Président les ayant fait appeler par le greffier, ils ont pris leur rang et séance ordinaire.

Ledit sieur sindic a dit qu'il a receu une ordonnance de M. l'Intendant, qui accorde une somme de 15,000 livres aux communautés de ce pays, dont les récoltes furent endommagées, l'année dernière 1743, par les grêles et autres accidents du Ciel ; qu'il est nécessaire de procéder à la répartition de cette somme, eu égard aux dommages soufferts par chaque communauté, et a requis l'assemblée de délibérer. Sur quoy, les voix ayant été recueillies, a été unanimement renvoyé à MM. les commissaires de l'assiette, pour procéder à ladite répartition et distribution.

Ledit sieur sindic a dit encore qu'on a changé dans la province de Languedoc la manière d'établir et de constater les dommages causés aux récoltes par la grêle et autres accidents du Ciel ; qu'il en donna avis aux communautés par une lettre circulaire du 1er may 1743, en conséquence des ordres de MM. les commissaires ordinaires ; qu'on exige seulement que les communautés dressent un certificat contenant : 1° la nature de l'accident du Ciel et la date du jour qu'il sera arrivé ; 2° l'espèce et la quantité des grains perdus ; 3° l'évaluation, en argent, des grains perdus ; 4° le montant de la taille endommagés ; 5° que le certificat soit signé par MM. les consuls et principaux habitans ; 6° que le certificat soit remis en diligence au sindic du pays pour être envoyé à M. l'Intendant.

Ledit sieur sindic a dit encore que les communautés sont instruites qu'il doit être fait un moins imposé des indemnités qui leur sont accordées ; mais qu'il pourroit y avoir des contestations touchant le moins imposé, attendu que dans quelques paroisses il n'y a qu'un ou deux quartiers qui ayent souffert du dommage ; qu'il importe de décider si l'indemnité appartient à un seul quartier faisant un livre particulier pour sa taille, doit rejaillir sur toute la paroisse, ou si le quartier endommagé doit en profiter privativement au reste de la paroisse ; qu'il luy paroit que le quartier qui a souffert le dommage doit profiter en seul de l'indemnité, qu'autrement il ne recevrait aucun soulagement sensible, y ayant des communautés composées de trois, quatre et jusques à huit quartiers, et a requis l'assemblée de délibérer.

Sur quoy, les voix ayant été recueillies, a été unanimement délibéré que le quartier d'une paroisse qui aura été endommagé par la grêle ou autres accidents du Ciel profitera, en un seul, du contingent de l'indemnité qui luy reviendra suivant la répartition qui en sera faite par MM. les commissaires de l'assiette ; et le sindic du pays a été chargé d'en informer les communautés qui se trouveront dans le cas.

Le sieur sindic a dit que sur les 13,000 livres de l'indemnité, il en doit être prélevé 1,500 livres, pour les intérêts de la somme de 30,000 livres qui restent deus sur celle de 50,000 livres, qui feut empruntée en l'année 1739, et distribuée aux quatre-vingt-dix paroisses grêlées, qui n'étoient pas en état d'ensemencer leurs terres, et 2,500 livres pour continuer le remboursement du capital, conformément à une lettre que M. l'Intendant a écrite à Mgr le Président, le 20ᵉ janvier dernier, et que

Mgr le Président agira pour obtenir une somme plus considérable l'année prochaine.

Sur quoy, l'assemblée a unanimement remercié Mgr le Président de son attention et des soins qu'il se donne pour le bien et l'avantage du diocèse.

Ledit sieur sindic a dit qu'il n'a point encore receu l'ordonnance du Roy, concernant la dépense pour le menu habillement des soldats de la dernière milice, non plus que l'ordonnance de M. l'Intendant, qui fixe le contingent de cette dépense pour le Gévaudan ; qu'il est pourtant nécessaire de procurer un fonds à M. le receveur pour payer à la caisse de la province, aux termes ordinaires ; qu'on peut le faire par estimation de la même somme que l'année dernière, qui est de 4,375 livres, et qu'au cas il y ait d'excédent, on pourra en faire un moins imposé, l'année prochaine ; et a requis l'assemblée de délibérer.

Surquoy, les voix ayant été recueillies, a été unanimement délibéré que ladite somme de 4,375 livres sera comprise dans le département des deniers ordinaires, sauf à faire un moins imposé, l'année prochaine, de l'excédent, s'il y en a.

Ledit sieur sindic a dit que l'assemblée est instruite des mouvements que Mgr le Président s'est donné, pendant son séjour à Paris, pour obtenir que l'usage du sel de Peccais soit rétably dans le Gévaudan et qu'en conséquence les greniers à sel du Gévaudan soient fournis du sel de Peccais, de la même manière qu'ils l'ont été de tous les temps, jusques en l'année 1737, qu'on substitua le sel de Périac et de Sijean, à la place de celuy de Peccais ; que les mémoires du pays du Gévaudan et de MM. les fermiers généraux sont entre les mains de

M. Fagon, qui les a examinées depuis longtemps ; mais que dans la situation présente du Royaume, il est difficile de trouver des moments favorables pour faire décider les affaires particuliers.

Surquoy, l'assemblée a unimement remercié Mgr le Président de ses bontés pour le diocèse, et la prié de vouloir renouveler ses sollicitations et ses instances, pour obtenir une décision deffinitive.

Ledit sieur sindic a dit encore, qu'en conséquence de la délibération prise aux Etats de l'année dernière et de l'ordonnance de M. l'Intendant, il fit faire des publications et affiches, concernant le bail de l'entretien des chemins royaux des Cévennes et qu'il se transporta à Florac où l'adjudication fut faite le 1er juillet dernier, au dernier moins disant pour dix années, suivant l'usage, à 1,075 livres par année, et, a requis l'assemblée de délibérer sur l'imposition de cette somme.

Surquoy, les voix ayant été recueillies, a été unanimement délibéré que ladite somme de 1,075 livres sera comprise pendant dix années dans le département des deniers ordinaires.

Ledit sieur sindic a dit, qu'en conséquence de la délibération prise aux Etats de l'année dernière, M. l'abbé Jaufroy, grand vicaire, et le sindic du pays, se transportèrent au pont du Gournier, pour prendre une connoissance exacte de l'état de ce pont, qui est très nécessaire pour la conservation du commerce du Gévaudan avec l'Auvergne, du côté de St-Urcize ; qu'ils trouvèrent une partie de ce pont éboulée ; que tout le reste menace une ruine prochaine ; y ayant plusieurs fentes aux deux arches de ce pont, qn'on ne peut point se dispenser de refaire à neuf, paroissant que la batisse de ce pont a été mal faite.

Ledit sieur sindic a dit encore que, sur les représentations qui feurent faites par des marchands, on vérifia, en même temps, qu'il étoit nécessaire de construire un autre pont, au delà de celuy de Gournier sur le ruisseau de Recoules ; que ce dernier est presque aussy nécessaire que le premier, les marchands étant quelquefois obligés de passer ce ruisseau sur une poutre et de faire traverser leur cheval à la nage.

Ledit sieur sindic a dit encore, qu'il y a plusieurs mauvais endroits au chemin qui conduit au pont de Gournier ; qu'il seroit nécessaire d'y faire construire des chaussées, pour la seureté des voyageurs ; que la situation actuelle des affaires ne permettent pas d'entreprendre à présent un pareil ouvrage ; qu'on pourra y penser dans les suites ; mais qu'on ne sçauroit se dispenser de faire construire un petit pont sur le ruisseau qui est près de Rieutort, paroisse de Marchastel, puisque ce ruisseau déborde souvent, et qu'il est aussy dangereux que celuy de Recoules ; et, a requis l'assemblée de délibérer.

Surquoy, les voix ayant été recueillies, a été unanimement renvoyé à MM. les commissaires de l'assiette ordinaire.

De relevée.

Ledit sieur sindic a dit que le chemin du Gévaudan, qui aboutit en Languedoc et en Auvergne du coté de St-Flour et de Clermont est dégradé en plusieurs endroits ; qu'il convient d'y faire des réparations ; que si on les néglige, la dépense deviendra très considérable ; la conservation de ce chemin étant nécessaire ; et a requis l'assemblée de délibérer. Surquoy, les voix ayant été recueillies, a été unaniment renvoyé à MM. les commissaires de l'assiette et ordinaires, pour faire mettre ce chemin en bon état.

Ledit sieur sindic a requis l'assemblés de procurer un fonds pour fournir à la dépense de la construction des ponts de Gournier, de Recoules et de Rieutort, et à la dépense de la réparation du chemin de Gévaudan, en Languedoc et en Auvergne. Surquoy, les voix ayant été recueillies, a été unanimement délibéré, sous le bon plaisir de nos seigneurs des Etats de la province, de comprendre une somme de 10,000 livres dans le département des deniers ordinaires, attendu que la chose presse, et principalement la construction des trois ponts; et, ledit sieur sindic a été chargé de poursuivre l'authorisation de la présente délibération aux prochains Etats du Languedoc.

Ledit sieur sindic a dit, qu'il y a un chemin qui va de Serverette vers ladite cotte de St-Léger-de-Peyre; mais que le diocèse n'a jamais fait travailler à la partie qui est entre deux, dans une distance de trois quart de lieue; que les marchands prient l'assemblée de faire faire cette partie de chemin.

Ledit sieur sindic a dit encore que, les deux grandes routes de Mende en Languedoc par Lacam de l'Hospitalet et par la camp de Barre, étant fermées presque tous les hyvers par une grande quantité de neiges, on est obligé de prendre une troisième route, qui passe par Molezon; qu'il seroit nécessaire d'y faire faire quelques réparations, du moins pour la rendre praticable dans le temps des neiges;

Que l'avenue de Saugues vers Langogne est pareillement impraticable, à cause des neiges, pendant la plus grande partie de l'hyver; qu'il seroit aussy nécessaire d'y faire faire quelques réparations ; qu'il a été délibéré plusieurs fois de faire réparer le clocher de Mende, qui dépérit faute de crépissage et de plusieurs autres réparations d'entretien nécessaires pour la conservation de ce grand édifice; que l'assemblée doit pourvoir aux fonds nécessaires pour fournir à la dépense de tous ces ouvrages, et a requis de délibérer.

Surquoy, les voix ayant été recueillies, a été unanimement renvoyé à MM. les commissaires de l'assiette.

Ledit sieur sindic a dit encore que l'assemblée est instruite que le Gévaudan a fourni par ordre du Roy, au mois de février dernier, un certain nombre de mulets pour le convoy de l'armée d'Italie ; que lesdits mulets ont été receus par M. Barrandon, subdélégué, en conséquence des ordres qui avoient été adressés et qu'il en fit la délivrance au sieur Masse, qui avoit été envoyé ici en qualité de brigadier pour conduire lesdits mulets à l'armée ; que quelques communautés se plaignent que ledit sieur Masse a exigé de leurs consuls, des uns : un louis d'or, de certains autres . deux louis d'or, même jusques à quatre louis d'or, à l'occasion de la vérification et recette desdits mulets ; que les consuls craignant que les mulets ne fussent rejettez et que les communautés ne fussent exposées à de plus grands fraix, crurent devoir se tirer d'affaire en donnant certaine somme audit sieur Masse ; qu'il est de conséquence de faire des démarches pour parvenir à la restitution des sommes exigées par ledit sieur Masse ; et a requis l'assemblée de délibérer.

Surquoy, les voix ayant été recueillies, ledit sieur sindic a été chargé de faire des diligences nécessaires pour avoir une connaissance exactes des sommes exigées par ledit Masse et d'en rendre compte à MM. les commissaires ordinaires et poursuivre ensuite la restitution par leurs ordres.

Après quoy, le *Te Deum* a été récité et la bénédiction a été donnée par Mgr le Président.

Fait, clos et arrêté à Marvejols, le seizième mars mil sept cens quarante quatre.

Signé : † G. Flor., év. de Mende.

1745

MM. les commissaires de l'assiette. — Places occupées par MM. des États. — Lecture des commissions. — Prestation du serment. — Vote des sommes demandées. — Les procurations doivent être accompagnées d'une lettre. — Confirmation des officiers. — Nomination de M. de Servières à la charge de substitut des nobles. — Menu habillement des soldats. — Indemnité de 20,000 livres pour pertes de récoltes. — Blé délivré à crédit en 1737, et délai accordé aux débiteurs. — Sommes dues aux collecteurs. — Les garnisons ne peuvent être envoyées que par les receveurs et non par les collecteurs. — Instruction sur la capitation et industrie. — Convoi de l'armée d'Italie; fourniture de mulets. — Ponts et chemins. — Requisitions contre la multiplicité des commissions pour la quête de la rédemption des captifs et pour la vente du sel et de la poudre. — Clôture des Etats.

L'an mil sept cents quarante-cinq et le lundy quinzième jour du mois de mars. Les gens des Trois Etats du pays de Gévaudan, convoquéz par ordre du Roy, en la ville de

Mende, sont venus à la salle du palais épiscopal, où Mgr Gabriel Florent de Choiseul-Beaupré, évêque, seigneur et gouverneur de la ville de Mende, comte de Gévaudan, conseiller du Roy, en ses conseils, Président-né des Etats et assiette dudit païs les attendoit, étant accompagné de Mre Etienne Jaufroy, prêtre, chanoine, archidiacre de l'église cathédrale de Mende, et vicaire général de Mgr l'évêque, et de MM. les commissaires ordinaires, et, tous ensemble, sont allez à l'église cathédrale dudit Mende, pour y entendre la messe du Saint-Esprit. Après laquelle, étant revenus audit palais épiscopal, dans la salle destinée pour la tenue desdits Etats, ils y ont pris chacun leur place, sçavoir : Mgr le Président sur un fauteuil placé sur une estrade élevée au-dessous d'un dais; et, sur la gauche de cette estrade, à la tête du banc, Mr Me Jean Barrandon, juge, lieutenant général au bailliage du Gévaudan pour M. le marquis de Roquelaure, baillif du pays de Gévaudan, en tour pour Mgr l'évêque de Mende, la présente année, commissaire ordinaire desdits Etats et assiette, M. Guillaume Guilleminet Gaillargues, commissaire principal étant absent; Mre Claude-Gabriel-Amédée de Rochefort d'Aly, comte de St-Point et de Montferrand, baron de Cénaret, Sgr de Laval, Pougnadoire et St-Chély-de-Tarn, commis des nobles dudit pays, commissaire ordinaire desdits Etats et assiette; Mre Urbain de Retz de Bressolles, Sgr de Servières et autres places; sieurs Charles Farain et Louis Bondan, 1er 2e et 3e consuls de la ville de Mende, l'année dernière, et Mre Pierre de Michel du Roc, Sgr de Brion, et autres places, maire de la ville de Marvejols, commissaire ordinaire desdits Etats et assiette, sur un banc placé au milieu du parterre, MM. les ecclésiastiques, sur un banc à la droite de Mgr le président, chacun suivant son rang; et, sur le banc dudit sieur baillif MM. les barons et gentilshommes de ce diocèse, ou leurs députés, aussy suivant leur rang; les sieurs consuls et députez des autres villes, et communautés dudit pays, qui ont entrée et voix délibérative auxdits Etats, assis sur le bas banc.

Ledit sieur Barrandon, lieutenant-général pour ledit sieur baillif, en tour, ayant en main les commissions de nos seigneurs les commissaires, qui ont présidé pour le Roy à l'assemblée des Etats généraux de la province, tenus à Montpellier, le 2ᵉ janvier dernier, a dit que nos seigneurs luy ordonnent, par leurs dites commissions, aux consuls de Mende et à un de Maruejols, commissaires ordinaires, comme luy, de procéder au département des deniers y contenus, ainsy qu'il a été consenty et résolu auxdits Etats, lesquels Sa Majesté veut être imposés, la présente année pour le soutien de l'Etat et pour fournir aux autres dépenses qui se fairont dans le Royaume, aussy bien que pour les appointements de Son Altesse serenissime Mgr le prince de Dombes, gouverneur de la province, entretenement de ses gardes et de MM. les lieutenants généraux dans ladite province, dettes et affaires de la province et de ce diocèse et département des gratifications ordinaires et extraordinaires contenues au billet, sur ce envoyé, signé Pujol, en attendant l'arret de validation du conseil d'Etat de Sa Majesté, pour être payés aux premiers jours d'avril, juillet et octobre, de la présente année, et a remis les commissions au greffier, pour en faire la lecture.

Et à l'instant, lecture a été faite desdites commissions ensemble des instructions et autres actes y attachez, contenant, entre autres choses, permission d'imposer pour les vaccations et journées des consuls de Mende et de Maruejols et du sindic du diocèse, députés aux Etats de la province. La lecture ayant été finie, lesdits sieurs lieutenant général au bailliage pour M. le baillif, en tour, et commis des nobles sont sortis de l'assemblée.

Mgr le Président a fait appeler les gens des Trois Etats du pays de Gévaudan, et ayant fait remettre au greffier les procurations des députés auxdits Etats, il en a fait la lecture.

L'assemblée ayant été réglée, chacun ayant pris sa place, le serment en tel cas requis et accoutumé, ayant été prêté, sçavoir : par MM. de l'église, la main mise sur la poitrine ; et, par MM. de la noblesse et députés du Tiers-Etat, la main levée à Dieu, et, tous ensemble, ont promis à Mgr le Président, moyennant leur serment, de ne rien faire en cette assemblée contre l'honneur de Dieu ny contre le service du Roy.

Ensuite a été unanimement résolu que les sommes contenues aux commissions de nosseigneurs les commissaires, présidant pour le Roy aux Etats généraux de la province, tenus à Montpellier, le 2ᵉ janvier dernier, seront imposées, la présente année, sur les contribuables aux tailles du pays de Gévaudan ; et les Etats ont donné pouvoir à MM. les commissaires de l'assiette, qui s'assembleront demain, d'en faire le département.

Comme il est d'usage dans la province que MM. de l'église et MM. les barons, qui ne peuvent pas assister aux Etats généraux de Languedoc envoyent, outre leurs procurations, une lettre adressée à Mgr le Président, pour toute l'assemblée, contenant les raisons pour lesquelles ils ne peuvent pas venir ; que cet usage a été toujours observé dans ce pays pour soutenir la dignité de Mgr le Président et de l'assemblée, et que néantmoings quelques-uns ont obmis d'écrire lesdites lettres ; a été délibéré que les procurations, tant de MM. de l'église que de MM. les barons et gentilshommes de ce diocèze seront refusées à l'avenir, sy elles ne sont pas accompagnées d'une lettre pour Mgr le Président, qui contienne les raisons pour lesquelles ils ne peuvent assister en personne ; et que le greffier du diocèse, couchera la présente délibération dans les lettres d'avis pour la convocation des Etats prochains.

Mgr le Président a dit que, suivant l'usage et instructions de nosseigneurs les commissaires, présidant pour le Roy aux Etats généraux de la province, cette assemblée est en droit de faire procéder à la confirmation ou nouvelle élection des officiers du diocèse. Sur quoy, les sieurs Gros, sindic, et de Lhermet, greffier, étant sortis de l'assemblée, a été délibéré, d'une voix unanime, de confirmer ledit sieur Gros dans la charge de sindic, et ledit sieur de Lhermet, dans la charge de greffier.

Après quoy, les Etats ayant fait appeler lesdits sieurs Gros et de Lhermet, lecture leur a été faite de la présente délibération, et Mgr le Président leur a fait prêter le serment, la main levée à Dieu, de remplir le devoir de leurs charges ; ce qu'ils ont promis et juré de faire.

Mgr le président a dit que la place de substitut de M. le commis des nobles de ce diocèse, est vacante par la mort de Mre Géraud-Pierre de Michel Du Roc, Sgr du Roc, Aldy, le Mas et autres lieux, qu'il est nécessaire de la remplir et d'y nommer une personne de la qualité requise ; que M. Urbain de Retz de Bressoles, Sgr de

Servières et autres lieux, étant d'une naissance distinguée et que son mérite et sa capacité étant connus à l'assemblée, il croit qu'on ne peut pas faire un meilleur choix pour remplir la place de subsritut de M. le commis des nobles.

Surquoy, les voix ayant été appelées, l'assemblée étant bien informée du mérite, de la capacité et de la naissance dudit Mre de Rets de Bressolles, Sgr de Servières, l'a unanimement nommé pour substitut de M. le commis des nobles du présent diocèse pour remplir la place vacante par la mort de M. Du Roc; et à l'instant ledit Mre Urbain de Retz de Bressolles, Sgr de Servières, ayant été introduit dans l'assemblée par le greffier du diocèse, a prêté le serment en tel cas requis, à genoux, entre les mains de Mgr le Président; et ledit Me Urbain de Retz de Bressoles, Sgr de Servières a pris la place ordinaire à la dite assemblée.

Ledit sieur sindic a dit qu'il n'a point encore receu l'ordonnance de MM. les commissaires du Roy; concernant la dépense pour le menu habillement des soldats de la dernière milice, non plus que l'ordonnance de MM. l'Intendant qui fixe le contingeant de cette dépense pour le Gévaudan; qu'il est pourtant nécessaire de procurer un fonds à M. le receveur, pour payer à la caisse de la province, aux termes ordinaires, que le contingeant du pais, de l'année dernière, monta à la somme de 6,150 livres, qu'on pourroit imposer la même somme cette année et a requis l'assemblée de délibérer.

Surquoy, les voies ayant été recueillies, a été unaniment délibéré d'imposer par estimation la somme de 6,150 livres, pour fournir à la dépense du mênu habillement des miliciens.

Ledit sieur sindic a dit qu'il a receu l'ordonnance de M. l'Intendant, qui accorde une somme de 20,000 livres à ce pays, tant pour les dommages causés aux recoltes de l'année dernière 1744, que pour la continuation du remboursement des 50,000 livres qui furent empruntées en l'année 1739, et distribuée en quatre vingt dix paroisses grelées, pour leur ayder à ensemencer leurs terres; que MM. les commissaires ordinaires s'étant assemblés le 5e de ce mois, ils ont prelevé sur cette somme 1,375 livres pour les intérêts de 27,500 livres, qui restent dus, et 7,500 livres, pour être employées au remboursement du capital; revenant ces deux articles à la somme de 8,875 livres. Laquelle somme étant distraite des 20,000 livres, reste 11,125 livres, dont la repartition a été faite en faveur des communautés, à proportion des dommages qu'elles ont souffert, et que chaque communauté doit faire un moins imposé du contingent que luy revient, suivant le nouveau règlement qui a été fait depuis deux ans; et a requis l'assemblée de délibérer. Surquoy, a été unanimement délibéré qu'il sera donné avis aux communautés intéressées, par une lettre circulaire, tant du contingent qui luy revient, que du moins imposé qui doit être fait.

Ledit sieur sindic a dit encore, qu'un conséquence des ordres de MM. les commissaires ordinaires, il fit délivrer à crédit à plusieurs particuliers, en l'année 1737, des quantités de seigle que le diocèse avoit fait acheter pour la substance de ceux qui n'étoient pas alors en argent; qu'il a des promesses par écrit de toutes les quantités délivrées; que leurs débiteurs ou leurs caucautions sont solvables; qu'il reste deu, au diocèse, environ 3,000 livres, dont le recouvrement a été différé pendant quelques années, à cause des mauvaises recoltes; que MM. les commissaires du Roy ont rendu des jugements les années 1742 et 1743, portant qu'on fairoit les diligences nécessaires pour fixer le recouvrement de cet argent, et qu'il en seroit rendu compte; qu'il a rendu un troisième jugement aux derniers Etats du Languedoc portant de plus fort qu'on agira pour le recouvrement de ce même argent, et qu'on en rendra compte; et a requis l'assemblée de délibérer.

Surquoy, les voix ayant été recueillies, a été unaniment délibéré d'accorder un délay auxdits débiteurs jusques à la Saint Michel prochain, que les poursuites seront commencées et continuées jusques à l'entier payement des sommes deues; et, ledit sieur sindic a été chargé de leur en donner avis par une lettre circulaire.

Ledit sieur sindic a dit que MM. les commissaires du Roy, en jugeant les auditions et clôtures des comptes des collecteurs des communautés du Gévaudan, des années 1741 et 1742, rayèrent les sommes deues aux collecteurs de ces deux années, sur le fondement qu'ils n'avoient pas remis, au greffe du Roy, leurs livres de taille et une délibération de la communauté pour consentir à la vérification de ces sommes; que les collecteurs représentèrent à Mgr l'évêque de Mende, qu'ils ne pouvoient pas finir leur recouvrement dans l'année de la collecte, ny même l'année suivante; qu'ainsy leurs livres leurs étoient nécessaires pour continuer leur recouvrement. Et à l'égard de la délibération pour consentir à la vérification des sommes dues auxdits collecteurs, il feut représenté que la chose étoit dispendieuse, la plupart des communautés étant obligées d'appeler des notaires du voisinage, ny ayant des greffiers consulaires que dans un très petit nombre d'endroits, et que les frais de la délibération seroient souvent plus considérables que la dette ; que les représentation déterminèrent Mgr l'évêque de Mende et MM. les commissaires du diocèse à prendre une délibération pour demander, à MM. les commissaisares du Roy, la vérification des sommes dues, non seulement aux collecteurs des années 1741 et 1432, mais encore aux collecteurs de l'année 1743, nonobstant le défaut de remise de leurs livres de taille et des délibérations des communautés, pour consentir à la vérification de ces sommes ; — qu'il feut délibéré encore de demander que les collecteurs des communautés du pays de Gévaudan soient dispensés d'envoyer, à l'avenir à Montpellier, leurs livres de taille et les délibérations des communautés pour consentir à la vérification des sommes qui se trouveront dues aux collecteurs, lorsque la dette n'excedera pas dix livres. En conséquence de cette délibération, le sindic du pays présenta une requête à MM. les commissaires du Roy, sur laquelle ont fit espérer qu'il seroit rendu un jugement qui ordonneroit que les sommes 1741, 1742 et 1743, seroient imposées, en leur faveur, par les communautés qui les doivent et qu'on seroit dispensé, à l'avenir, d'envoyer à Montpellier les livres de taille et la délibération des communautés, pour consentir à la vérification, lorsque les sommes dues aux collecteurs n'excederoient pas dix livres ; mais que M. de Joubert marque, par une lettre du commencement de ce mois, que ce jugement ne pourra être rendu qu'aux prochains Etats du Languedcc.

Surquoy, a été unanimement délibéré que le sindic du pays faira des démarches necessaires pour obtenir ledit jugemnt à la prochaine assemblée des Etats du Languedoc.

Ledit sieur sindic a dit encore, qu'il a été rendu un jugement par MM. les commissaires du Roy, le 15ᵉ décembre dernier, portant qu'il sera fait un moins imposé, dans plusieurs communautés, des reliquats des comptes de l'année 1743 ; lesquels reliquats montent en total à la somme 1,116 livres 3 sols, et a requis l'assemblée de délibérer.

Surquoy, a été unanimement délibéré qu'il en sera donné avis aux communautés intéressées par un article de la mande.

Ledit sieur sindic a dit aussy que, quelques communautés ont négligé, l'année dernière, de faire le moins imposé des reliquats des comptes, conformément aux mandes de la taille, relatives aux jugements de MM. les commissaires du Roy ; que M. de Joubert, sindic général de province marqua par une lettre que MM. les commissaires du Roy rendront des jugements contre les consuls et greffier, qui négligeront de faire lesdits moins imposés et les condamneront à des amendes, et a requis l'assemblée de délibérer.

Surquoy, les voies ayant été recueillies a été unanimement délibéré qu'il en sera donné avis aux communautés par un article de la mande.

Ledit sieur sindic a dit encore que, suivant les règlements, MM. le receveurs des tailles sont seuls en droit de décerner des garnizons que les collecteurs peuvent seulement se servir des garnizons à eux envoyées par M. le receveur et les placer chez les contribuables, dont les cottitez excèdent six livres ; n'étant pas permis de placer des garnizons chez ceux dont les cottes ne sont que de six livres et au dessous, en ce cas, il est permis seulement de faire supporter la garnizon par tous les contribuables à proportion de ce qu'ils doivent sur la somme demandée par M. le receveur; que cependant quelques collecteurs envoyent de temps en temps, de leur authorité privée, des garnizons, par animosité, à quelques contribuables, même à ceux dont les cotitez n'excedent pas six livres; ce qui est prohibé par les règlements; et a requis l'assemblée de délibérer.

Sur quoy, les voix ayant été recueillies, a été unanimement délibéré qu'il en sera donné avis aux communautés par un article de la mande, afin que les collecteurs et les contribuables soient instruits des règlements et qu'on s'y conforme.

Ledit sieur sindic a dit que MM. les commissaires du pays ont fait dresser et imprimer une instruction sur la capitation et l'industrie, concernant la decision sur plusieurs difficultés et sur tous les différens cas qui ont été portés devant eux depuis quelques années.

Sur quoy, a été unanimement délibéré qu'il en sera envoyé des exemplaires dans toutes les communautés du pays.

Ledit sieur sindic a dit encore qu'il a été rendu un jugement par MM. les commissaires du Roy, concernant les dépenses faites par les communautés de ce pays, l'année dernière 1749, à l'occasion de la fourniture des mulets pour le convoy de l'armée d'Italie, montant à la somme de 28,374 livres 8 sous 8 deniers, pour les communautés qui ont remis leurs comptes à ce sujet avant la tenue des Etats de Languedoc; que le sindic a demandé à la province le jugement de vérification, contenant le détail et le contingent que chaque commu-

nauté doit imposer la présente année 1745 ; mais que
M. de Joubert, sindic général, luy a repondu par une
lettre du 5e de ce mois, qu'il espère que ledit jugement
arrivera ici avant l'envoi des mandes. Sur quoy, ledit
sieur sindic a représenté à l'assemblée que l'envoy des
mandes pourroit être différé jusques au mercredy 24e
du present mois de mars ; ce qui a été délibéré, conformement à l'envoi dudit sieur sindic.

De relevée.

Ledit sieur sindic a dit encore qu'il a été délibéré
depuis quelques années, de faire construire des *montjoyes* sur les montages du pays, pour indiquer la route
qu'on doit y tenir dans le temps des neiges et des
brouillards ; de refaire le pont de Gournier ; de construire un pont sur le ruisseau de Recoules-d'Aubrac, et
au autre pont sur le ruisseau de Rieutort, près Marchastel ; de réparer et de mettre en bon état le chemin du
Gevaudan qui aboutit en Languedoc, par Saint-Jean-
de-Gardonnenque ; et en Auvergne par Saint-Chely et
la Garde ; de faire certaines réparations au chemin, depuis Barre jusques au pont de Ravatgers, pour le rendre praticable aux voyageurs et aux voitures, lorsque
les routes de Lacam de l'Hospitalet et celle de Barre se
trouvent interrompues par les glaces ; de construire la
partie du chemin depuis le haut de la cotte de Saint-
Léger-de-Peyre jusques à Serverette ; de construire
pareillement l'avenue de Saugues, et de faire les réparations nécessaires au clocher de Mende, pour en empêcher le dépérissement ; qu'il a été renvoyé à MM. les
commissaires des assiettes et ordinaires, pour faire tra-

vailler à ces ouvrages et pourvoir aux fonds nécessaires pour le payement des entrepreneurs ; qu'en conséquence on adjugea, le 17 août dernier, en trois parties le chemin depuis Saint-Etienne-du-Valdonnez, jusques à l'extrémité du diocèse, vers Saint-Jean-de-Gardonnenque ; qu'on adjugea aussy, le même jour, la partie du chemin depuis Barre jusques au pont de Ravatgers ; l'avenue de Saugues et la partie du chemin qui est entre Serverette et le haut de la cotte de Saint-Leger de Peyre ; que les adjudications déjà faites et celles qui restent à faire ont été appréciées à la somme de 55,000 livres, qu'il feut délibéré de demander, aux Etats du Languedoc, la permission d'imposer cette somme dans quatre années : un quart chaque année, à commencer la présente année 1745 ; que les Etats du Languedoc ont donné leur consentement à cette imposition à leur dernière assemblée et que MM. les commissaires du Roy l'ont approuvée et authorisée, et a requis l'assemblée de délibérer,

Sur quoy, les voies ayant été recueillies, l'assemblée a unanimement approuvé les adjudications déjà faites ; l'a renvoyé à MM. les commissaires de l'assiette et ordinaires pour continuer celles qui restent à faire ; et, il a été délibéré d'imposer ladite somme de 55,000 livres en quatre années, un quart chaque année.

Ledit sieur sindic a dit encore que le chemin de Peyrelevade est en fort mauvais état, ny ayant été fait aucune réparation depuis plusieurs années et a requis l'assemblée de délibérer. Sur quoy a été unanimement renvoyé MM. les commissaires ordinaires.

Ledit sieur sindic a dit encore qu'on a porté des plaintes d'un abus qui s'est introduit dans quelques communautés de ce pays, à l'occasion des commissions pour la quête de la redemption des captifs et du Saint-Sépulchre et des commissions pour la vente du sel et de la poudre à fuzil, parce que à la faveur de ces commissions on s'exempte du logement des gens de guerre, des collectes, tutelle, curatelle, sequestrages et autres charges publiques; par exemple que dans Langogne il y a jusques à vingt particuliers qui ont des commissions pour la quête de la redemption des captifs, indépendamment de ceux qui ont des commissions pour la vente du sel et de la poudre ; qu'il importe de s'informer quel nombre des commissionnaires peut être nécessaire pour la vente du sel et de la poudre dans les communautés aussi bien que pour la quête de la Redemption des captifs, et de faire réduire le nombre de ces différentes espèces de commissions, et a requis l'assemblée de délibérer.

Sur quoy les voix ayant été recueillies a été unanimement délibéré que ledit sieur sindic écrira une lettre circulaire aux communautés pour s'informer du nombre et des noms et surnoms de ceux qui sont pourvus de ces sortes de commissions, afin que, sur le compte qu'il en rendra à MM. les commissaires ordinaires, ils puissent faire des demarches qu'ils jugeront convenables pour le bien du public.

Après quoy, le *Te Deum* a été récité, et la bénédiction a été donnée par Mgr le Président.

Fait, clos et arrêté à Mende, le quinzième mars mil sept cents quarante cinq.

Signé : † G. Flor., évêque de Mende.

1746

MM. les commissaires de l'assiette. — Places assignées aux membres de l'assemblée des Etats. — Lecture des commissions pour les sommes à imposer. — Prestation du serment. — Une lettre doit accompagner les procurations. — Confirmation des officiers du pays. — Imposition pour la fourniture des mulets destinés au convoi de l'armée. — Débets des comptes. — Réglement pour leur clôture. — Indemnité pour pertes de récoltes. Inondation des mois d'octobre et de novembre 1745. — Dégradations des ponts et chemins. — Imposition de 30,000 livres pour fournir aux réparations. — Foires de Mende. — Blé délivré à crédit. — Règlement qui fixe et réduit les privilèges des quêteurs du St-Sépulcre, pour la rédemption des captifs et des débitants du sel et du tabac. — Défense d'imposer pour la dépense des croix de Missions, sauf a y être pourvu par des quêtes. — Défense de tenir des chèvres. — Dépenses à l'occasion de la prise des villes, gain des batailles, naissance des princes, etc. — Clôture des Etats.

L'an mil sept cents quarante-six et le lundy, vingt-huitième jour du mois de mars. Les gens des Trois Etats du pays de Gévaudan, convoquez par ordre du Roy en la ville de Maruejols, sont venus à la salle de l'hôtel de M. le comte de Peyre, ou loge Mre Etienne Jaufroy, prêtre, licencié en théologie, chanoine, archidiacre de l'église cathédrale de Mende et vicaire général de Mgr l'évêque de Mende, Président des Etats et assiette dudit pays, qui les attendoit, étant accompagné de MM. les commissaires ordinaires ; et, tous ensemble sont allés à l'église collégiale de N. D. de la Carce, de ladite ville de Maruejols, pour y entendre la messe du St-Esprit. Après laquelle s'étant rendus dans la salle de l'auditoire des Cours du bailliage du Gévaudan et royale ordinaire dudit Maruejols; ils ont pris chacun leur place, sçavoir : M. le Président, sur un fauteuil placé sur une estrade élevée, au-dessous d'un dais; et, sur la gauche de cette estrade à la tête du banc M. le commissaire principal étant absent; Mr Me Guillaume Bruguière, juge, lieutenant général au bailliage du Gévaudan, pour M. le baillif, en tour pour le Roy, la présente année, commissaire ordinaire desdits Etats et assiette; Mre Claude Gabriel-Amédée de Rochefort d'Aly, comte de St-Point et de Montferrand, baron de Cénaret, Sgr de Laval, Pougnadoire et St-Chély-de-Tarn, commis des nobles dudit pays, commissaire ordinaire desdits Etats et assiette, absent; Mre Urbain de Rets de Bressolles, Sgr de Servières et autres places; sieurs Charles Farain et Louis Bondan, 1er, 2e et 3e consuls de la ville de Mende, l'année dernière, et Mre Pierre de Michel Duroc, Sgr de Brion et autres places, maire de la ville de Maruejols, commissaires ordinaires desdits Etats et assiette, sur un banc placé au milieu du parterre; MM. les ecclésiastiques, sur un banc à la droite de M. le Président, chacun suivant son rang; et sur le banc dudit sieur baillif; MM. les barons et gentilshommes de ce diocèse ou leurs deputés, aussy suivant leur rang et les sieurs consuls et députés des autres villes et communautés dudit pays, qui ont entrée et voix délibérative auxdits Etats, assis sur le bas banc.

M. Bruguière, pour M. le baillif, ayant en main les commissions de nos seigneurs les commissaires, qui ont présidé pour le Roy en l'assemblée des Etats généraux de la province, tenus à Montpellier, le second du présent mois de mars, a dit que nos dits seigneurs luy ordonnent par leurs dites commissions, et à M. le baillif du Gévaudan, étant en tour, ou son lieutenant, aux consuls de Mende et à un de Maruejols, commissaires ordinaires comme luy, de procéder au département des deniers y contenus et ainsy qu'il a été consenty et résolu auxdits Etats ; lesquels Sa Majesté veut être imposés, la présente année, pour le soutien de l'Etat et pour fournir aux autres dépenses qui se fairont dans le Royaume, aussy bien que pour les appointements de Son Altesse sérénissime Mgr le prince de Dombes, gouverneur de la province, entretenement de ses gardes et de MM. les lieutenants généraux dans ladite province, dettes et affaires de la province et de ce diocèse et département des gratifications ordinaires et extraordinaires, contenues au billet, sur ce envoyé, signé : Touzart, en attendant l'arrêt de validation du Conseil d'Etat de Sa Majesté, pour être payés aux premiers jours d'avril, juillet et octobre prochains, et a remis les commissions au greffier pour en faire la lecture.

Et à l'instant lecture a été faite desdites commissions, ensemble des instructions et autres actes y attachés, contenant entr'autres choses permision d'imposer pour les vacations et journées des consuls de Mende, de Marvejols et du sindic du diocèse, députés aux Etats généraux de la province. La lecture ayant été finie, lesdits sieurs lieutenant général au bailliage du Gévaudan, pour M. le baillif, en tour, et commis des nobles sont sortis de l'assemblée. M. le président a fait appeler les gens des Trois Etats du pays de Gévaudan, et ayant fait remettre au greffier du diocèse les procurations des députés auxdits Etats, il en a fait la lecture.

L'assemblée ayant été réglée, chacun ayant pris sa place, le serment en tel cas requis et accoutumé ayant été prêté, sçavoir : par MM. de l'Eglise, la main mise sur la poitrine, et par MM. du Tiers Etat, la main levée à Dieu ; et, tous ensemble ont promis à M. le Président, moyennant leur serment, de ne rien faire, en cette assemblée, contre l'honneur de Dieu ny contre le service du Roy.

Ensuite a été unanimement résolu que les sommes contenues aux commissions de nosseigneurs les commissaires, présidant pour le Roy aux Etats généraux de la province, tenus à Montpellier, le 2ᵉ du présent mois de mars, seront imposés, la présente année, sur les contribuables aux tailles du pays de Gévaudan ; et les Etats ont donné pouvoir à MM. les commissaires de l'assiette, qui s'assembleront demain, d'en faire le département.

Comme il est d'usage dans la province que MM. de l'église et MM. les barons, qui ne peuvent pas assister aux Etats du Languedoc, envoyent, outre leurs procurations, une lettre adressée à M. le Président pour toute l'assemblée, contenant les raisons pour lesquelles ils ne peuvent pas venir ; que cet usage a été toujours observé dans ce pays pour soutenir la dignité de M. le Président et de toute l'assemblée, et que néantmoins quelques-uns ont obmis d'écrire lesdites lettres ; a esté délibéré que les procurations, tant de MM. de l'église que de MM. les barons et gentilshommes de ce diocèse, seront refuzées à l'avenir, si elles ne sont accompagnées d'une lettre pour M. le Président, qui contienne les raisons pour lesquelles ils ne peuvent pas assister en personne, et que le greffier du diocèse couchera la présente délibération dans les lettres d'avis pour la convocation des Etats prochains ;

M. le Président a dit que, suivant l'usage et instructions de nos seigneurs les commissaires, présidant pour le Roy aux Etats généraux de la province, cette assemblée est en droit de faire procéder à la confirmation ou nouvelle élection des officiers du diocèse.

Surquoy, les sieurs Gros, sindic, et de Lhermet, greffier, étant sortis de l'assemblée, a été délicéré, d'une voix unanime, de confirmer le sieur Gros dans la charge de sindic, et le sieur de Lhermet dans la charge de greffier.

Après quoy, les Etats ayant fait appeler les sieurs Gros et de Lhermet, lecture leur a été faite de la présente délibération; et M. le Président leur a fait prêter le serment, la main levée à Dieu, de remplir les devoirs de leurs charges; ce qu'ils ont promis et juré de faire.

Le sindic du païs a dit qu'il n'a point encore receu l'ordonnance de MM. les commissaires du Roy concernant la dépense pour le menu habillement des soldats de la milice, non plus que l'ordonnance de M. l'intendant, qui fixe le contingent de cette dépense pour le Gevaudan; qu'il est pourtant nécessaire de procurer un fonds à M. le receveur, pour payer à la caisse de la province, aux termes ordinaires; qu'on pourroit imposer, par estimation, la somme de 5,000 livres; et a requis l'assemblée de délibérer. Sur quoy, les voix ayant été recueillies, a été unanimement délibéré d'imposer, par estimation, la somme de 5,000 livres pour fournir à la dépense du menu habillement des miliciens.

Ledit sieur sindic a dit encore, qu'en 1744, le pays de Gevaudan feut chargé de la fourniture d'un certain nombre des mulets pour le convoy de l'armée d'Italie, dont la répartition fut faite sur toutes les communautés ; que 97 communautés remirent les comptes de leur dépense à la fin de la même année et que la cloture en ayant été faite par l'auditeur ordinaire, MM. les commissaires du Roy les vérifièrent et rendirent un jugement qui fixa la dépense des dites communautés à la somme de 28,374 livres 8 sous 8 deniers, dont elles firent l'imposition l'année 1745, chacun pour ce qui la concernoit, conformément audit jugement ; — que 74 communautés ayant aussy remis leurs comptes de ladite dépense, l'année dernière 1745, ils ont été pareillement cloturés ; et que MM. les commissaires du Roy l'ont vériffiée et rendu un jugement qui fixe la dépense desdites 74 communautés, à la somme de 16,297 livres 10 sols 4 deniers, dont elles doivent faire l'imposition, la présente année 1746 ; chacune comme les concerne, conformément audit jugement ; et a requis l'assemblée de délibérer.

Sur quoy, a été unanimement délibéré qu'il en sera donné avis auxdites 74 communautés, par un article de la mande, afin qu'elles fassent l'imposition, chacune comme les concerne, conformement audit jugement de MM. les commissaires du Roy, pour le montant de ladite somme de 16,297 livres 10 sols 4 deniers.

Ledit sieur sindic a dit aussy qu'il a été rendu un jugement par MM. les commissaires du Roy, le 23 février dernier, concernant les débets des comptes des comptables des communautés de ce pays, de l'année 1744, montant en total à la somme de 300 livres, dont l'imposition est ordonnée en faveur desdits comptables à chacun pour ce qui le concerne, et a requis de délibérer qu'il en sera fait mention dans les mandes de la taille de cette année, et qu'on y marquera, par un article particulier la somme que chaque communauté doit imposer en faveur des comptables créanciers. Sur quoy les voix ayant été recueillies, l'assemblée a unanimement délibéré conformément à la requisition dudit sieur sindic.

Ledit sieur sindic a dit encore que MM. les commissaires du Roy ont fait un réglement, par lequel ils ont déterminé que les collecteurs des communautés de l'année dernière 1745, et des années suivantes, auxquels il se trouvera être deu 5 livres et au dessus, doivent rapporter, au greffe de MM. les commissaires du Roy, leur livre de taille et une délibération contenant le consentement de la communauté, à ce que la somme deue aux collecteurs soit vérifiée et l'imposition ordonnée en leur faveur, en sorte que si la créance du collecteur se trouve au dessous de 5 livres, il sera dispensé de remettre le livre de taille et la délibération de la communauté pour consentir à l'imposition, et les communautés sont authorisées à en faire l'imposition sans attendre aucun jugement ny ordonnance de nos seigneurs les commissaires du Roy; et a requis l'assemblée de délibérer.

Sur quoy, a été unanimement délibéré qu'il en sera donné avis aux communautés par un article de la mande.

Ledit sieur sindic a dit aussy qu'il a été rendu une ordonnance par MM. les commissaires du Roy, le 23ᵉ février 1746, portant que les debets des comptes des collecteurs du Gévaudan, des années 1741, 1742, 1743 et 1744 seront additionnés à l'état des dettes des communautés dudit pays et que pendant la tenue des prochains Etats du Languedoc il sera procédé à la vérification des debets, se portant jusques à la somme de 10 livres, en remettant seulement les comptes qui établissent lesdits debets ; et à l'égard des debets qui exedent 10 livres, que les collecteurs doivent remettre leur livre de taille et une délibération de la communauté pour consentir à la vérification et imposition des dits debets ; et a requis l'assemblée de délibérer.

Sur quoy, a été unanimement délibéré qu'il en sera donné avis par un article de la mande.

Ledit sieur sindic a dit encore, qu'il a été rendu un jugement par MM. les commissaires du Roy, portant qu'il sera fait un moins imposé, dans plusieurs communautés, des reliquats des comptes de l'année 1744. Lesquels reliquats montent, en total, à la somme de 740 livres, et a requis l'assemblée de délibérer. Sur quoy a été unanimement délibéré qu'il en sera donné avis aux communautés par un article de la mande.

Ledit sieur sindic a dit aussy qu'il a receu l'ordonnance de M. l'Intendant, qui accorde à ce pays une somme de 20,000 livres, tant pour les dommages causés aux recoltes de l'année dernière 1745, que pour la continuation du remboursement des 50,000 livres qui feurent empruntées l'année 1739 et distribuées aux quatre vingt dix paroisses grelées, pour leur ayder a ensemenser leurs terres. MM. les commissaires ordinaires s'etant assemblez, le 15 mars 1746, ils ont prélevé sur cette somme 1,000 livres pour les intérêts d'une année du capital de 20,000 livres qui restent deus et 3,000 livres pour être employées au remboursement d'une pareille somme sur le capital ; revenant ces deux articles à la somme de 6,000 livres. Laquelle étant distraite des 20,000 livres de l'indemnité, il reste 14,000 livres, dont la répartition a été faite en faveur des communautés, à proportion des dommages qu'elles ont souffert, et que chaque communauté doit faire un moins imposé du contingent qui luy revient suivant les réglements, et a requis l'assemblée de délibérer.

Sur quoy a été unanimement délibéré qu'il sera donné avis aux communautés intéressées, par une lettre circulaire, tant du contingent qui luy revient, que du moins imposé qui doit être fait.

Ledit sieur sindic a dit encore que, suivant les réglements, les certificats des dommages causés aux récoltes doivent être remis au greffe du diocèse dans la huitaine du dommage causé, que cependant plusieurs consuls ne les ont envoyez, l'année dernière 1745, que deux ou trois mois après le cas arrivé; en sorte que le plus grand nombre n'ont été remis que dans le mois d'octobre et de novembre, et même quelques uns dans le mois de décembre; que ce retardement est préjudiciable au pays, parce que M. l'Intendant ayant procédé à la répartion avant que ces certificats soient arrivez à Montpellier, le contingent du pays se trouve moindre, et le contingent des communautés, se trouve aussy diminué par la portion qu'on a accordé jusques a présent aux communautés tardives; que d'ailleurs on soupçonna que des certificats envoyez si tard ne sont pas sincères, ayant été faits après-coup, et a requis l'assemblée de délibérer.

Sur quoy, a été unanimement délibéré qu'il en sera donné avis aux communautés par un article de la mande.

Ledit sieur sindic, a dit aussy que l'assemblée est

instruite des dommages considérables causés aux particuliers et aux communautés du Gevaudan, par les inondations des mois d'octobre et de novembre derniers ; Mgr l'évêque de Mende et MM. les commissaires ordinaires chargèrent le sindic d'écrire une lettre circulaire aux communautés pour constater le montant des dommages et encore pour établir la perte des bestiaux ; que suivant les certificats qui ont été remis de la part des communautés, les dommages causés par les inondations passent un million et que la perte des bestiaux de l'année dernière 1745 va à 250,000 livres; que le sindic du pays ayant dressé des mémoires à ce sujet, bien justifiez par les certificats des communautés; le tout a été envoyé à la Cour, avec les mémoires de quelques autres diocèses et qu'il y a lieu d'espérer que le Roy accordera un don aux diocèses affligés, dont M. l'Intendant faira la repartition à l'ordinaire.

Sur quoy, l'assemblée a délibéré de supplier Mgr l'évêque de Mende de vouloir bien agir auprès de M. l'Intendant, afin qu'il ait égard aux malheurs de ce pays, lorsqu'il procedera à la répartition du don du Roy.

Ledit sieur syndic a dit encore que l'assemblée est instruite des dégradations considérables arrivées aux ponts et aux chemins par les inondations des rivières et des torrents, du mois de novembre dernier; que MM. les commissaires ordinaires se donnèrent d'abord des grands mouvements pour faire placer des poutres aux arceaux des ponts qui feurent emportez et pour rendre praticables certains mauvais endroits; si bien que les voyageurs à pied et à cheval ont passé pendant l'hyver avec quelque difficulté, et qu'il s'agit à présent de prendre des mesures pour mettre en état les ponts et chemins dégradés, afin que les charrettes et autres voitures puissent y passer; qu'il seroit très difficile et trop dispendieux, pour le diocèse, de faire toutes ces réparations dans une année, mais qu'on pourroit commencer par les routes les plus fréquentées et par les endroits les plus dégradés; que dans cette vue, Mgr l'évêque de Mende et MM. les commissaires ordinaires s'étant assemblez, au mois de décembre dernier, prirent une délibération d'imposer 30,000 livres en trois années ; 10,000 livres chaque année; que les Etats de Languedoc ont donné leur consentement à cette proposition ; et, a requis l'assemblée de délibérer·

Sur quoy, les voix ayant été recueillies, a été unanimement délibéré d'imposer, cette année, la somme de 10,000 livres et une pareille somme les deux années suivantes.

Ledit sieur sindic a dit aussy que MM. les officiers ordinaires de la ville de Mende ont rendu une ordonnance de police le 7 janvier 1746, concernant la tenue des foires et marchés de ladite ville, pour détruire l'abus qui s'étoit introduit depuis quelque temps de les commencer les jours de dimanche et de fête, lorsque les foires se trouvent placées au lendemain des dimanches ou des fêtes; et comme les marchands, fabriquants et beaucoup d'autres personnes pourroient se rendre à Mende pour commencer, le dimanche de *Quasimodo*, la foire dont la tenue est fixée au lendemain lundy, ledit sieur sindic a requis l'assemblée d'ordonner l'impression de ladite ordonnance et qu'il en sera envoyé des exemplaires dans toutes les communautés. Sur quoy, a été unanimement délibéré que lesdits exemplaires seront envoyez avec beaucoup de diligence.

De relevée.

Ledit sieur sindic a dit que, par une délibération prise aux derniers Etats du pays, il feut chargé de faire des diligences pour le recouvrement d'une somme d'environ 5,000 livres, deue au diocèse, pour restes du prix du blé qui leur feut vendu à crédit, en l'année 1737, pour la subsistance de plusieurs personnes qui n'étoient pas en état d'en acheter argent comptant; que le recouvrement est fort avancé, n'étant deu que la somme de onze cents quelques livres; et qu'il offre d'en rendre compte.

Surquoy, a été renvoyé à MM. les commissaires de l'assiette pour procéder à l'audition et clôture dudit compte et pour faire finir ce recouvrement qui dure depuis longtemps.

Ledit sieur sindic a dit encore qu'en conséquence de la délibération prise aux Etats de l'année dernière, il écrivit une lettre circulaire aux communautés de ce pays le 22ᵉ may 1745, pour leur demander un état contenant : 1° les noms et surnoms des différents commissaires qui, sont dans chaque paroisse ou communauté pour la quête de la rédemption des captifs, de l'entretien du St-Sépulcre, pour la vente du sel, du tabac et de la poudre à fuzil; 2° l'espèce de commission dont chaque particulier est pourvu; 3° pour quel endroit est la commission,

Que quelques consuls ont envoyé ces états et qu'il suffira d'en examiner un seul, par exemple celuy de Langogne, pour faire connoitre les abus, et que les expédiens qu'on fournira pour les détruire dans cette communauté, serviront pour les détruire dans toutes les autres;

Qu'il résulte de l'état envoyé par MM. les consuls de Langogne, qu'il y a dans Langogne trois particuliers pourveus de la commission de quêteur pour l'église paroissiale de Langogne ; neuf particuliers pourveus de commissission de quêteur des paroisses du diocèse de Mende, telles que sont Luc, Chaudeyrac et autres ; sept particuliers pourveus de commissions de quêteur pour des personnes du diocèse de Viviers. Et dans les différents États qui ont été envoyés on trouve plusieurs commissions pour la même paroisse et beaucoup de commissions pour de simples chapelles ; ce qui est contraire à l'établiesement, car suivant les éclaircissements qui ont été pris à ce sujet : 1° il ne peut y avoir de quêteurs avec le privilege d'exemption de la collectte et des autres charges publiques que pour les églises paroissiales et nullement pour les églises des religieux ou religieuses, non plus que pour les chapelles des pénitents et ny des confrèries ou autres chapelles de dévotion ; 2° il ne peut y avoir qu'un seul quêteur dans chaque paroisse ; 3° ce quêteur doit présenter sa commission à la communauté et la faire enregistrer au greffe consulaire, sans quoy, elle est comme non avenue ; 4° le particulter pourveu de la commission doit faire la quête les fêtes et dimanches, à la porte de l'église de paroisse et prendre des certificats de service, sans quoy il ne peut pas jouir non plus de l'exemption de la collecte et des autres charges publiques ; 5° les quêteurs ne peuvent jouir de l'effet de l'exemption que dans l'étendue de la paroisse pour laquelle la commission leur a été donnée, en sorte que les particuliers habitans de Langogne, qui ont des commissions pour les paroisses du diocèse de Viviers, ne peuvent point prétendre de jouir d'aucune exemption dans

Langogne; 6° que l'arret du Conseil du 20° septembre 1689, portant réglement pour les collecteurs des tailles, le Roy révoque, par une disposition expresse tous les privilèges qui pourroient avoir été accordés pour raison de l'exemption de la collecte;

7° que la déclaration du Roy, du 31 décembre 1709, en restraignant les privilèges, veut que ceux qui seront nommés collecteurs forcés en fassent les fonctions jusqu'à ce qu'ils auront obtenu leur décharge; laquelle doit être poursuivie à leurs frais et dépens.

8° Que nonobstant tous privilèges, un particulier nommé collecteur, doit faire la levée des impositions, et qu'il suffit de luy faire un acte de sommation de lever, pour le rendre responsable envers le diocèse et envers la communauté; que les observations qu'on vient de faire contre les quêteurs pour la rédemption des captifs, servent pareillement contre les quêteurs, pour l'entretien du St-Sépulcre, dont les exemptions sont bornées et limitées à la tutelle, curatelle, sequestrages; mais ils sont sujets à la collecte, au logament des gens de guerre et généralement à toutes les charges qui intéressent le Roy et le public.

Ledit sieur sindic a dit encore, qu'il a été rendu une ordonnance par M. l'intendant, le 30 mars 1745, concernant l'exécution de l'arrêt du Conseil du 29° may 1725, portant défenses à toutes personnes de tenir des chèvres dans l'étendue de la province de Languedoc, sous les peines y contenues; que néantmoins M. l'intendant se réserve d'accorder des permissions particulières pour les endroits ou il peut être tenu des chèvres sans causer aucun dommage aux bois ny aux fonds des particuliers; mais que, pour parvenir a obtenir ces permissions, il faut observer certaines formalités prescrites par cette ordonnance du 22ᵉ may 1745; que MM. les commissaires ordinaires ont fait joindre aux exemplaires de cette ordonnance qui ont été distribuez dans toutes communautés;

Que M. l'intendant souhaite de sçavoir s'il y a dans ce pays quelques communautés qui soient dans le cas d'être exceptées de la défense générale de tenir des chèvres, portée par l'arrêt du conseil de 1725.

Surquoy, ledit sieur sindic a observé à l'assemblée qu'il n'a été fait aucune demande à cet égard, par les consuls, qu'ainsy il luy paroît que la défense générale doit avoir son effet dans le pays, et a requis l'assemblée de délibérer.

Surquoy, les voix ayant été recueillies, l'assemblée a unanimement délibéré d'envoyer, dans toutes les communautés, un second exemplaire de ladite ordonnance de M. l'intendant et de la lettre circulaire; et ledit sieur sindic a été chargé d'avertir les consuls, les particuliers et les communautés, qui peuvent être dans le cas d'être exceptées de la défense générale de tenir des chèvres, doivent remplir, dans tout le mois d'août prochain, les formalités prescrites à ce sujet, et que la défense générale de tenir des chèvres aura lieu à l'égard des communautés et des particuliers qui n'auront pas fait leurs diligences dans ledit delay;

Ledit sieur sindic a dit encore qu'il a été rendu une ordonnance par MM. les commissaires du Roy, le 12 août 1743, au sujet de la dépense qui doit être faite par les villes et communautés de la province de Languedoc à l'occasion de la prise des villes, gain des batailles, naissance de princes et autres semblables, et qu'il a été en même temps arrêté un état qui fixe la dépense que chaque communauté peut faire dans ces sortes d'occasions, et a requis l'assemblée de délibérer.

Surquoy, a été unaniment délibéré qu'il en sera donné avis aux communautés par une lettre circulaire.

Après quoy, le *Te Deum* a été récité.

Fait, clos et arrêté à Marvejols le vingt-huitième mars mil sept cents quarante-six.

Signé : JAUFROY, vicaire-général.

1747

Les commissaires de l'assiette. — Lecture des commissions pour les sommes à imposer. — Prestation du serment. — Une lettre doit accompagner les procurations. — Confirmation des officiers du diocèse. — M. de Morangiés sollicite le consentement de l'assemblée pour transférer, sur la terre du Bois du Mont, le titre de gentilhommière de la terre de Saint-Alban. — Debets et reliquats des comptes. — Menu habillement des miliciens. — Sommes dues par diverses communautés. — Indemnité pour pertes de récoltes. — Reglement pour les dépenses ordinaires des communautés. — Dixieme. — Blé délivré à credit par le diocèse en 1737. — Le diocèse n'accordera aucune somme pour fourniture faite aux troupes par les communautés, si ce n'est pendant le sejour effectif qu'elles y auront fait. — Expert à nommer pour vérifier si certaines localités sont dans le cas de pouvoir obtenir la permission de tenir des chevres. — Ponts et chemins à reparer. — Réparation de la flèche du clocher de Mende abattue par le tonnerre. — Cloture des Etats.

L'an mil sept cent quarante sept, et le lundy, sixième jour du mois de mars. Les gens des Trois Etats du pays du Gevaudan, convoquez par ordre du Roy, en la ville de Mende, sont venus à la salle du Palais épiscopal, où Mre Etienne Jaufroy, prêtre, licencié en théologie, chanoine, archidiacre de l'église cathedrale de Mende : vicaire général de Mgr l'évêque de Mende, Président des Etats et assiette dudit pays, qui les attendoit, étant accompagné de MM. les commissaires ordinaires ; et, tous ensemble sont allés à l'église cathedrale dudit Mende, pour y entendre la messe du Saint Esprit. Après laquelle étant revenus audit palais épiscopal, dans la salle destinée pour la tenue desdits Etats, ils y ont pris chacun leur place, scavoir : M. le Président, sur un fauteuil, placé sur une estrade élevée au dessous d'un dais, et, sur la gauche de cette estrade, à la tête du banc, Mre Fulcran de Belliol, maire de Lodève, commissaire principal desdits Etats et assiette ; Mr Me Jean Barrandon, juge, lieutenant général au bailliage du Gevaudan pour M. le marquis de Roquelaure, baillif du pays de Gevaudan, en tour, pour Mgr l'évêque de Mende, la présente année, commissaire ordinaire desdits Etats et assiette; Mre Claude-Gabriel-Amédée de Rochefort d'Aly, comte de St-Point et de Montferrand, baron de Cénaret, Sgr de Laval, Pougnadoire et St-Chély-de-Tarn, commis des nobles dudit pays, commissaire ordinaire desdits Etats et assiette, absent; Mre Urbin de Rets de Bressollés, Sgr de Servières et autres places ; sieurs Charles, Farain et Louis Bondan, 1er, 2e et 3e consuls de la ville de Mende, et Mre Pierre de Michel du Roc, Sgr de Brion et autres places, maire de la ville de Marvejols, commissaires ordinaires desdits Etats et assiette, sur un ban, placé au milieu du parterre ; MM. les eclésiastiques, sur un banc à la droite de M. le Président, chacun, suivant son rang ; et, sur le banc dudit sieur baillif MM. les barons et gentilshommes de ce diocèze ou leurs députés, aussy suivant leur rang, et les sieurs consuls et députés des autres villes et communautez dudit pays, qui ont entrée et voix délibérative auxdits Etats, assis sur le bas banc.

Le sieur de Belliot, commissaire principal ayant en mains les commissions de nosseigneurs les commissaires, qui ont présidé pour le Roy à l'assemblée des Etats généraux de la Province, tenus à Montpellier le 2ᵉ janvier dernier, a dit que nos dits seigneurs luy ordonnent, par leurs dites commissions, aux consuls de Mende et à un de Marvejols, commissaires ordinaires comme lui, de procéder au departement des deniers y contenus ainsy qu'il a été consenty et resolu auxdits Etats ; lesquels sa majesté veut être imposés, la présente année, pour le soutient de l'Etat et pour fournir aux autres dépenses qui se fairont dans le royaume, aussy bien que pour les appointements de son altesse serenissime Mgr le prince de Dombes, gouverneur de la province, entretenement de ses gardes et de MM. les lieutenants généraux de ladite province, dettes et affaires de la province et de ce diocèze et département des gratifications ordinaires et extraordinoires contenues au billet, sur ce envoyé, signé Pujol, en attendant l'arrêt de validation du Conseil d'Etat de sa majesté, pour être payés aux premiers jours d'avril, juillet et octobre de la présente année ; et a remis les commissions au greffier pour en faire la lecture.

Et à l'instant, lecture a été faite desdites commissions, ensemble des instructions et autres actes y attachez, contenant, entre autres chozes, permission d'imposer pour les vaccations et journées des consuls de Mende, de Marvejols et du sindic du diocèze, députés aux Etats généraux de la province. La lecture ayant été finie, lesdits sieurs commissaire principal et juge, lieutenant général au bailliage de Gevaudan, sont sortis de l'assemblée.

M. le Président a fait appeler les gens des Trois Etats du pays de Gévaudan, et ayant fait remettre, au greffier du diocèse, les procurations des députés auxdits Etats, en a fait la lecture.

L'assemblée ayant été reglée, chacun ayant pris sa place, le serment en tel cas requis et accoutumé ayant été prêté, savoir par MM. de l'église : la main mise sur la poitrine ; et par MM. de la noblesse et députés du Tiers Etat, la main levée à Dieu, et tous ensemble ont promis à M. le Président, moyennant leur serment, de ne rien faire en cette assemblée contre l'honneur de Dieu ny contre le service du Roy.

Ensuite a été unanimement résoleu que les sommes contenues aux commissions de nosseigneurs les commissaires, président pour le Roy aux Etats généraux de le province, tenus à Montpellier le 2ᵉ janvier dernier, seront impozées la présente année sur les contribuables aux tailles du pays de Gévaudan et les Etats ont donné pouvoir à MM. les commissaires de l'assiette, qui s'assembleront demain, d'en faire le département.

Comme il est d'usage dans la province que MM. de l'Eglise et MM. les barons, qui ne peuvent pas assister aux Etats du Languedoc, envoyent, outre leurs procurations, une lettre adressée à M. le Président pour toute l'assemblée, contenant les raisons pour lesquelles ils ne peuvent pas venir ; que cet usage a été toujours observé dans ce pays, pour soutenir la dignité de M. le Président et de toute l'assemblée, et que néantmoins quelques uns ont obmis d'écrire lesdites lettres; a été délibéré que les procurations, tant de MM. de l'église que de MM. les barons et gentils hommes de ce diocèze, seront refuzées à l'avenir, si elles ne sont accompagnées d'une lettre pour M. le Président, qui contienne les raisons pour lesquelles ils ne peuvent assister en personne et que le greffier du diocèse couchera la présente délibération dans les lettres d'avis, pour la convocation des Etats prochains.

M, le Président a dit que, suivant l'uzage et instructions de nos seigneurs les commissaires, présidant pour le Roy aux Etats généraux de la province, cette assemblée est en droit de faire procéder à la confirmation ou nouvelle élection des officiers du diocèse. Surquoy, les sieurs Gros, sindic, et de Lhermet, greffier, étant sortis de l'assemblée, a été délibéré, d'une voix unanime, de confirmer le sieur Gros dans la charge de sindic, et le sieur de Lhermet, dans la charge de greffier.

Après quoy, les Etats ayant fait appeler lesdits sieurs Gros et de Lhermet, lecture leur a été faite de la présente délibération, et M. le président leur a fait prêter le serment, la main levée à Dieu, de remplir les devoirs de leurs charges ; ce qu'ils ont promis et juré de faire.

Le sindic du pays a dit que M. le marquis de Morangiès souhaite de faire transporter, snr la seigneurie du Bois-du-Mont, le titre de gentihommerie de la terre de St-Alban, qui luy donne un droit d'entrée aux Etats de ce pays; qu'il veut se pourvoir devant le Roy, pour obtenir cette translation, et qu'il pric l'assemblé de vouloir bien y donner son consentement.

Surquoy, les voix ayant été recueillies, a été unanimement déclaré qu'elle consent que M. le marquis de Morangiès fasse transférer, sur la seigneurie du Bois-du-Mont, le titre de gentilhommerie de la terre de St-Alban, et qu'il se pourvoye devant le Roy pour obtenir cette permission.

Ledit sieur sindic a dit encore, qu'il a été rendu un jugement par MM. les commissaires du Roy, le 21 décembre 1746, portant que les sommes dues aux collecteurs des année 1741, 1742 et 1743, par la clôture de leurs comptes de ces trois années, non excédant 10 livres, seront impozées en leur faveur, la présente année 1747 ; et a requis l'assemblée de délibérer.

Surquoy, a été unanimement délibéré, qu'il en sera donné avis aux communautés, par une lettre circulaire, qui marquera ce que chaque communauté doit imposer à ce sujet.

Ledit sieur sindic a dit aussy, qu'il a été rendu un autre jugement par MM. les commissaires du Roy, ledit jour 21 décembre 1746, portant que les sommes deues aux collecteurs de l'année 1745, par la clôture de leurs comptes de la même année, non excédant la somme de cinq livres, seront impozées en leur faveur ; que ces débets montent à la somme de 303 livres 4 sols 1 denier; et a requis de délibérer qu'il en sera fait mention dans les mandes de la taille de cette année, et qu'on y marquera, par un article particulier, la somme que chaque communauté doit impozer en faveur des créanciers.

Surquoy, les voix ayant été recueillies, l'assemblée a unanimement délibéré, conformément à la réquisition dudit sieur sindic.

Ledit sieur siudic a dit encore qu'il a été rendu un troisième jugement par MM. les commissaires du Roy, le même jour, 21 décembre 1746, portant qu'il sera fait un moins impozé, dans plusieurs communautés. des reliquats des comptes de l'année 1745; lesquels reliquats montent en total à la somme de 2,742 livres 19 sols 8 deniers; et a requis l'assemblée de délibérer.

Surquoy, a été unanimement délibéré qu'il en sera donné avis aux communautés par un article de la mande.

Ledit sieur sindic a dit aussi que quelques collecteurs, de l'année 1745, ont employé, dans la dépense de leurs comptes de la même année, les sommes impozées en faveur des particuliers qui avoient fait l'avance pour la fourniture des mulets du convoy, de l'année 1744, et qui n'ont rapporté que de simples certificats pour justifier les payements faits à ceux qui ne savent pas écrire; ces certificats n'étant pas suffisans pour établir nn payement non plus que pour la décharge des collecteurs et des communautez, l'auditeur des comptes a été obligé de rayer ces sortes d'articles; ce qui a donné lieu a des reliquats qui causeront de l'embarras dans les communautez si on ne leur envoye une instruction qui leur marque les arrangements qu'elles doivent faire à ce sujet dans les impositions de l'année 1747, et que la même instruction servira à plusieurs collecteurs de l'année 1746, qui se trouvent dans le même cas que ceux de l'année 1745; et a requis l'assemblée de délibérer.

Surquoy, a été unanimement délibéré d'envoyer, aux communautés, une lettre circulaire concernant les quittances qui doivent être exigées de la part de ceux qui ne savent pas écrire ct de leur marquer les arrangements qu'on peut faire dans les impositions de l'année 1747, par rapport aux collecteurs de 1745, qui ont payé sur des simples certificats sans quittance.

Ledit sieur sindic a dit qu'il n'a point encore receu l'ordonnance de MM. les commissaires du Roy, concernant la dépense pour le menu habillement des soldats de la milice, non plus que de l'ordonnance de M. l'Intendant, qui fixe le contingent de cette dépense, pour le Gevaudan ; qu'il est pourtant nécessaire de procurer un fonds à M. le receveur, pour payer à la caisse de la province, aux termes ordinaires ; qu'on pourroit impozer par estimation la somme de 5,000 livres, et a requis l'assemblée de délibérer. Sur quoy, les voix ayant été recueillies, a été unanimement délibéré d'impozer, par estimation, la somme de 5,000 livres, pour fournir à la dépense du menu habillement des miliciens.

Ledit sieur sindic a dit encore que MM. les commissaires du Roy ont rendu, le 21 décembre dernier, un jugement contenant la vérification de quelques sommes deues par les communautez de St-Chely de-Tarn, Frutgeires, Ure et St-Jean du Bleymard ; que ce jugement enjoint aux consuls et autres administrateurs d'en faire l'imposition, à peine de demeurer personnellement responsables à l'avenir, envers les créanciers, du payement des interests des sommes qui ne seront point imposées dans les années portées par les jugements de vérification ; sans que ladite peine puisse être remise ny modérée ; que MM. les commissaires du Roy ont observé que les dettes se trouvant aujourdhuy surchargées seroient acquittées depuis longtemps, et que les communautez se trouveroient soulagées, si les administrateurs avoient eu l'attention, par le passé, d'imposer les dettes vérifiées, aux termes portés par les jugements de vérification ; ensorte que pour prevenir de pareils inconvenients ont a pris le party de condamner les greffiers, consuls et autres administrateurs, au payement des intérets des capitaux, dont l'imposition ne sera point faite, en conformité des jugements de vérification ; et a requis l'assemblée de délibérer.

Sur quoy, les voix ayant été recueillies a été unanimement délibéré qu'il en sera donné avis aux communautez par les mandes de la taille.

Ledit sieur sindic a dit aussy qu'il a receu l'ordonnance de M. l'Intendant qui accorde à ce pays une somme de 20,000 livres, tant pour les dommages cauzés aux récoltes de l'année dernière 1746, que pour la continuation du remboursement des 50,000 livres qui furent empruntées en l'année 1739, et distribuées aux 90 paroisses grelées, pour leur ayder a ensemencer leurs terres. MM. les commissaires ordinaires s'étant assemblés le 20 février 1747, ils ont prélevé, sur cette somme, 750 livres, pour les intéréts d'une année de capital de 15,000 livres, qu'il reste deu, et 5,000 livres pour être employees au remboursement d'une partie du capital ; revenant ces deux articles à la somme de 5,750 livres ; laquelle étant distraite des 20,000 livres de l'indemnité, il reste 14,250 livres, dont la répartition a été faite en faveur des communautez à proportion des dommages quelles ont souffert, et que chaque communauté doit faire un moins impozé du contingeant qui luy revient, suivant le règlement; et a requis l'assemblée de délibérer.

Surquoy, a été unanimement délibéré qu'il sera donné avis aux communautés intéressées, par une lettre circulaire, tant du contigent qui luy revient, que du moins imposé qui doit en être fait.

Ledit sieur sindic a dit encore qu'en conséquence de la délibération prise par MM. les commissaires du pays le 23 may 1746, il a envoyé aux communautez les nouveaux États arrêtés par MM. les commissaires du Roy, portant réglement pour tout ce qui a rapport aux dépenses ordinaires et revenus patrimoniaux desdites communautez, et qu'on doit se conformer audit réglement a commencer la présente année 1747. En sorte que les communautez qui auront des representations à faire, doivent exécuter, par provision, ce qui a été déterminé, jusques à ce qu'il en ait été autrement ordonné; et a requis l'assemblée de délibérer.

Sur quoy a été unanimement délibéré d'en donner avis aux communautés par un article de la mande, et de leur marquer quelles pourront s'addresser à MM. les commissaires ordinaires, qui leur donneront leur avis, suppozé qu'elles trouvent quelques difficultés dans l'exécution du nouveau réglement.

Ledit sieur sindic a dit aussy, que par un édit du mois de décembre 1746, le Roy a ordonné que le dixième sera augmenté de 2 sols par livre à commencer du 1er janvier 1747 ; que les rentes et interets en argent, les pensions en denrées, les revenus des biens nobles et des biens ruraux, le produit de l'industrie des marchands et artizans et généralement tous les revenus sujets au dixième, sont pareillement sujets à cette augmentation et doivent la supporter ; que cette augmentation se trouve naturellement faite sur tous les dixièmes fixes, tels sont le dixième des biens nobles, le dixième des rentes et intérêts et des pensions de toute nature; mais que le dixième de l'industrie des marchands et artisans et généralement de tous les particuliers qui ont une industrie, sera très difficile à régler, parce que le produit de cette industrie n'est pas fixe et constant; qu'on a été très embarrassé, les années précédentes, pour la repartition de cette espèce de dixième, ny ayant que très peu des communautez où il y ait des particuliers sujets à l'industrie; lesquels sont d'ailleurs pauvres pour la plus grande partie; qu'on pourroit charger MM. les commissaires de la capitation d'examiner, dans leur tournée, s'il ny auroit point dans les communautez d'autres objets que ceux qui ont été compris jusqu'à présent dans les rôles de l'industrie, et si parmy les communautez qui ont été exemptes de cette imposition, jusqu'à présent, on ne pourroit point en découvrir quelqu'une qui feut en état de supporter un petit contingent de ce dixième, et que sur le rapport qui sera fait par MM. les commissaires, après leur tournée de capitation, on dressera le département de ce dixième, de la manière qu'on trouvera la plus convenable pour le soulagement de ceux qui sont surchargés.

Sur quoy, les voix ayant été recueillies, a été unanimement délibéré que MM. les commissaires de la capitation vérifieront, dans leur tournée, si quelques unes des communautez qui ont été exemptées jusques à présent, de l'imposition du dixième de l'industrie, ne pourront point supporter un contingent de ce dixième; et encore, si dans les communautez qui ont supporté cette imposition, il ny auroit point un plus grand nombre de particuliers sujets à l'industrie, que ceux qui ont été compris jusques à présent dans les rôles.

Ledit sieur sindic a dit encore, qu'il a été chargé par plusieurs délibérations de faire des diligences pour le recouvrement d'une somme d'environ 3,000 livres, deue au diocèze pour restes du prix du blé vendu à crédit en l'année 1737, pour la subsistance de plusieurs personnes qui n'étoient pas en état d'en achepter argent comptant ; que suivant le compte qui fut rendu à l'assiette de l'année dernière, il ne restoit a recouvrer que la somme de 1,100 quelques livres ; que les diligences de l'année dernière 1746, ont produit environ 800 livres, dont ledit sieur sindic offre de rendre compte, et qu'il ne reste a recouvrer que trois cents quelques livres ; et a requis l'assemblée de délibérer. Surquoy, a été unanimement renvoyé à MM. les commissaires de l'assiette pour procéder à l'audition et clôture du compte du recouvrement fait en l'année 1746, et pour faire finir ce recouvrement qui dure depuis longtemps.

Ledit sieur sindic a dit aussy que les communautés de la province du Languedoc ont supporté, en leur propre, la dépense du cazernement des troupes jusques en l'année 1720, que les diocèzes ont commencé d'y contribuer uniquement pour le loyer des lits et pour le bois et chandelles du corps de garde ; et encore ils n'ont contribué à ces deux articles de dépense que pendant le séjour réel et effectif des troupes dans les communautez et non pendant leur absence. Le loyer des cazernes, le loyer du corps de garde, des écuries, du grenier a foin et la fourniture de l'ustencille, ayant été toujours supportée par les communautéz ; tel est le règlement et l'uzage qui s'observe encore dans les diocèses de la province de Languedoc, à l'exception du diocèse de Mende, où MM. les commissaires ordinaires jugerent à propos d'accorder aux communautéz un plus grand soulagement et de l'étendre jusques au loyer des cazernes, du corps de garde, des écuries et du grenier à foin, pendant le séjour réel et effectif des troupes.

La communauté de Florac ayant regardé le loyer des cazernes et du corps de garde, non comme une grâce, mais comme une contribution qu'elle étoit en droit d'exiger du général du diocèze se pourveut devant M. l'Intendant pour l'obtenir.

La requête ayant été signifiée au sindic du pays, il en donna connoissance à MM. les commissaires ordinaires qui s'assemblèrent le 19 septembre dernier et délibérèrent de se conformer aux règlements, et en conséquence de ne donner ancun secours, non pas même pour le loyer des cazernes, ny pour le corps de garde, pendant l'absence des troupes et chargèrent le sindic du pays de deffendre aux procès ; sur lequel il a été rendu une ordonnance définitive le 2ᵉ janvier 1747, qui décharge le pays de la demande à luy faite par les administrateurs de la communauté de Florac.

Cette requête fut signifiée à la communauté de Florac, le 23 janvier dernier par les ordres de MM. les commissaires ordinaires, qui chargèrent, en même temps, le sindic d'écrire une lettre circulaire aux communautéz qui sont dans le cas du cazernement des troupes, pour les informer qu'on leur accordera le secours accoutumé pendant le séjour réel et effectif des troupes, mais qu'on ne leur accordera rien pour le temps de l'absence, a compter du 1ᵉʳ janvier 1747 ; afin que les administrateurs prissent les mezures qu'ils jugeroient convenables pour l'intérêt des communautés, et a requis l'assemblée d'approuver ce qui a été fait par MM. les commissaires.

Surquoy, les voix ayant été recueillies, l'assemblée a unaniment approuvé ce qui a été déterminé par MM. les commissaires ordinaires, concernant le secours qui doit être accordé par le pays aux communautez particulieres pour la dépense du cazernement des troupes en conformité des règlements et de l'uzage observé dans le Gévaudan.

De relevée.

Ledit sieur sindic a dit que, suivant les règlements, les certificats des dommages cauzés aux récoltes doivent être remis au greffe du diocèze dans la huitaine du dommage causé ; que MM. les consuls des communautez ont été avertis plusieurs fois de se conformer à ce règlement, et encore nommèrent par une lettre circulaire du mois d'aoust dernier; que nonobstant tous ces avis plusieurs consuls n'ont envoyé des certificats pour l'année 1746, qu'au mois d'octobre et de novembre, même pendant le mois de décembre ; que ce retardement est préjudiciable au pays, parce que M. l'Intendant fait la répartition de l'indemnité avant la remise de ces certificats; le contingent du général du pays se trouve aussy diminué par la portion qu'on a accordé jusques à présent aux communautés tardives ; que d'ailleurs on soupçonne que des certificats, envoyés si tard, ne sont pas sincères, et qu'ils ont été faits après coup ; et a requis l'assemblée de délibérer que les certificats qui ne seront pas remis au greffe du diocèse dans la huitaine seront rejetés et que MM. les commissaires ni auront aucun égard dans la répartition de l'indemnité.

Surquoy, a été unanimement délibéré que les certificats des dommages cauzés aux récoltes qui ne seront point remis dans la huitaine ou au plustard dans la quinzaine les commissaires ordinaires ont été priés de ny avoir aucun égard dans la répartition des indemnités, et ledit sieur sindic a été chargé d'en donner avis aux communautez par un article de la mande.

Ledit sieur sindic a dit encore qu'il a été rendu une une ordonnance par M. l'Intendant le 30 mars 1743, concernant l'exécution de l'arrest du conseil du 29 may 1725, portant défenses à toutes personnes de tenir des chèvres dans l'étendue de la province du Languedoc, sous les peines y contenues; que néantmoins MM. l'intendant se réserve d'accorder des permissions particulières pour les endroits ou il peut être tenu des chèvres, sans causer aucun dommage aux bois ny aux fonds des particuliers; mais que, pour parvenir à obtenir ces permissions, il faut observer certaines formalités prescrites par cette ordonnance, dont les exemplaires feurent envoyez dans toutes les communautez du pays, avec une lettre circulaire à la fin du mois de may 1745; que les consuls n'ayant fait aucune demarche ny diligence sur ce premier envoy, il fut délibéré, aux Etats du pays de l'année 1746, d'envoyer d'autres exemplaires de la même ordonnance avec une nouvelle lettre; ce qui fut exécuté le 6 avril 1746;

Que depuis ce second envoy les habitants des paroisses de Planchamp et St-Jean-Chazornes, la Malène, St-Pierre-des Tripiers, Castelbouc, Cocurez, St-Martin-de-Lansuscle, St-André-de Lancize, St-Hilaire-de-Lavit, St-Germain-de-Calberte, St-Privat-de-Vallongue, St-Julien-des-Points, Cassagnas et St-Michel-de-Dèze, s'étant assemblés, ont reconnu que la plupart des particuliers ne sauroient subsister sy on ne leur permettoit point de tenir des chèvres; que le lait et le fromage de ces animaux est leur unique ressources, que d'ailleurs leur pays étant couvert de rochers escarpés et inaccessibles, il ny a que les chèvres qui puissent y grimper pour y brouter l'herbe et les buissons; qu'ils n'ont point de facultés suffisantes pour acheter des bœufs ny des vaches, et qu'ils n'ont point des prairies pour les nourrir;

Que les habitants des paroisses de Serverette, Sainte-Enimie et le Bousquet-la-Barthe demandent que pour les mêmes raisons, qu'il leur soit permis de tenir un certain nombre de chèvres ; qu'il paraît nécessaire de nommer un expert pour procéder à la vérification des paroisses cy dessus denommées et dresser un procès-verbal en conformité de l'ordonnance de M. l'Intendant.

Surquoy, l'assemblée a unanimement renvoyé à M. le Président de l'assemblée pour nommer l'expert qui doit se transporter dans les communautez de Planchamp et St-Jean-Chazorne, la Malène, St-Pierre-des-Trepiers, Castelbouc, Cocurez, St-Martin-de-Lansuscle, St-André-de-Lancize, St-Hilaire-de-Lavit, St-Germain-de-Calberte, St-Privat-de-Vallongue, St-Julien-des-Points, Cassagnas, St-Michel-de-Dèze, Serverette, Ste-Enimie et le Bousquet-la-Barthe, y procéder à la vérification des différents lieux et terroirs et remplir le fait de sa commission, portée par l'ordonnance de M. l'Intendant, dont il lui sera remis un exemplaire avec les délibérations prises par lesdites communautés, après qu'il aura prêté le serment entre les mains de M. Barrandon, subdélégué.

Ledit sieur sindic a dit aussy qu'en conséquence des délibérations prises aux Etats et assiette du pays l'année dernière 1746, MM. les commissaires ordinaires ont fait construire le pont de Travettes (Tarbettes), près Marvejols, et le pont du Pré-Vival près Mende, qui avoient été emportés par les inondations de l'automne de l'année 1745, quils ont fait reparer une partie des ponts qui avoient été fort dégradés par les mêmes inondations, scavoir : le pont de St-Laurent-de-Trèves, le pont de Chaudeyrac, le pont de la Pontière, le pont de Soulis, le pont de Luc ; qu'ils fait pareillement réparer le chemin de Florac vers le bas Languedoc, le chemin de Marvejols à St-Chély et à la Garde, le chemin de Rieutort jusques à Serverette, St-Alban et le Malzieu, le chemin de Montferrand en Rouergue, et plusieurs autres ponts et chemins dont le rétablissement a couté considérablement; que la dépense excède l'imposition de 10,000 livres qui fut faite à ce sujet l'année dernière et a requis l'assemblée d'approuver et autoriser ce qui a été fait.

Sur quoy, les voix ayant été recueillies, l'assemblée a unanimement approuvé les constructions et réparations des ponts et chemins qui ont été faites par MM. les commissaires ordinaires dans l'année 1746.

Ledit sieur sindic a dit encore que cette assemblée a été embarrassée pendant quelques années sur le rétablissement de la tourelle du clocher de Mende qui fut détruite par le tonnerre en l'année 1732, y ayant fort peu d'ouvriers, dans ce pays, entendus pour les échafaudages et les machines qui étoient nécessaires pour conduire le travail et rendre l'ouvrage parfait; que certaines personnes avoient demandé jusques à 12,000 francs pour cet ouvrage; que d'autres personnes avoient demandé jusques à 8 et 6,000 francs; mais qu'enfin cette tourelle a été réparée pour 2,600 livres, dont un tiers a été supporté par le clergé du diocèse.

Ledit s' sindic adit aussy qu'on étoit pareillement embarrassé pour prévenir la ruine du corps du clocher qui dépérit faute d'entretien; que les réparations consistent a en crepir les murailles, reparer le pavé des voutes et a fermer les goutieres pour empecher que les eaux pluviales ne se filtrent à travers des murailles; que d'ailleurs plusieurs pierres s'étant détachées de divers endroits, il est absolument nécessaire de les remplacer; que ces ouvrages étant d'une nature à ne pouvoir pas être adjugés par prix fait; l'assemblée des Etats du pays, de l'année 1743, renvoya à MM. les commissaires ordinaires pour y faire travailler de concert avec MM. du clergé, et qu'en conséquence le travail a été commencé par économie au mois de septembre dernier, du consentement de MM. les commissaires de la Chambre ecclésiastiques, qui ont délibéré de fournir le tiers de la dépense, suivant l'usage. Ledit sieur sindic ayant requis l'assemblée d'approuver le rétablissement de la tourrelle, les ouvrages commencés par économie et de renvoyer à MM. les commissaires résidant à Mende, pour faire continuer le travail.

Sur quoy, les voix ayant été recueillies. l'assemblée a unanimement approuvé le rétablissement de la tourelle du clocher de Mende, aussy bien que les réparations commencées par économie, pour prevenir le déperissement du clocher, ayant été renvoyé à MM. les commissaires residant à Mende, pour faire continuer les travaux de concert avec MM. du clergé.

Ledit sieur sindic a dit encore que la réparation du pont et de la chaussée des Estrets a été adjugée à 5,000 livres; la réparation du pont de la Prade à 10,000 livres; que la réparation du pont de Ste-Enimie, du pont neuf de Balsièges, qu'on ne peut point renvoyer à une autre année, couteroit plus de 6,000 livres; que ces deux articles vont à 12,000 livres, sans à ce comprendre les chaussées et les montjoyes qu'on fait construire sur la montagne de la Montredorte; que le fonds de 10,000 livres, qui a été imposé l'année dernière, se trouvant absorbé, et même 8,000 livres au delà, il n'est pas possible de fournir à la dépense des ouvrages de l'année 1747, si on ne pourvoit à de nouveaux fonds; que cette considération engagea MM. les commissaires ordinaires, dans leur assemblée, tenue au mois de may dernier, de demander aux Etats de Languedoc leur consentement pour impozer une somme de 10,000 livres, la présente année 1747; ce qui leur a été accordé de même par une ordonnance de MM. les commissaires du Roy; et a requis l'assemblée de délibérer sur cette nouvelle imposition.

Surquoy, les voix ayant été recueillies, a été unanimement délibéré d'imposer ladite somme de 10,000 livres conformément à l'ordonnance de MM. les commissaires du Roy, et à la délibération du 21 may dernier.

Après quoy le *Te Deum* a été récité.

Fait, clos et arrêté à Mende, le 6° mars mil sept cens quarante-sept.

Signé : JAUFROY, vicaire général et Président.

1748

MM. les commissaires de l'assiette. — Lecture des commissions. — Prestation de serment. — Vote des sommes demandées. — Confirmation des officiers du diocèse. — Menu habillement des miliciens. — Debets et reliquats des comptes. — Réglement pour leur clôture. — Indemnité accordée au diocèse pour dommages causés aux récoltes et pour solder un emprunt fait en 1739. — Réglement concernant les formalités qui doivent être observées par les communautés pour les réparations qui sont à leur charge. — Blé délivré à crédit par le diocèse en 1737. — Capitation. — Clôture des Etats.

L'an mil sept cens quarante-huit, et le lundy dix-huitième jour du mois de mars. Les gens des Trois Etats du pays de Gévaudan, convoqués par ordre du Roy, en la ville de Maruejols, sont venus à la salle de l'hôtel de M. le comte de Peyre, où loge Mre Etienné Jaufroy, prêtre licencié en théologie, chanoine, archidiacre de l'église cathédrale de Mende et vicaire général de Mgr l'évêque de Mende, Président des Etats et assiette dudit pays, qui les attendait, étant accompagné de MM. les commissaires ordinaires ; et, tous ensemble sont allés à l'église collégiale de N. D. de la Carce, de ladite ville de Maruejols, pour y entendre la messe du St-Esprit. Après laquelle s'étant rendus dans la salle de l'auditoire des Cours du bailliage du Gévaudan et royale ordinaire dudit Maruejols, ils ont pris chacun leur place, sçavoir : M. le Président, sur un fauteuil placé sur une estrade élevée, au-dessous d'un dais ; et, sur la gauche de cette estrade à la tête du banc, M. de Guilleminet, commissaire principal étant absent ; Mr Me Guillaume Bruguière, juge, lieutenant général au bailliage du Gévaudan, pour M. le baillif, en tour pour le Roy, la présente année, commissaire ordinaire desdits Etats et assiette ; Mre Claude-Gabriel-Amédée de Rochefort d'Aly, comte de St-Point et de Montferrand, baron de Cénaret, Sgr de Laval, Pougnadoire et St-Chély-de-Tarn, commis des nobles dudit pays, commissaire ordinaire desdits Etats et assiette, absent ; Mre Urbain de Rets de Bressolles, Sgr de Servières et autres places ; sieurs Charles Farain et Louis Bondan, 1er, 2e et 3e consuls de la ville de Mende, l'année dernière, et Mre Pierre de Michel Duroc, Sgr de Brion et autres places, maire de la ville de Maruejols, commissaires ordinaires desdits Etats et assiette, sur un banc placé au milieu du parterre ; MM. les ecclésiastiques, sur un banc à la droite de M. le Président, chacun suivant son rang ; et sur le banc dudit sieur baillif ; MM. les barons et gentilshommes de ce diocèse ou leurs deputés, aussy suivant leur rang, et les sieurs consuls et députés des autres villes et communautés dudit pays, qui ont entrée et voix délibérative auxdits Etats, assis sur le bas banc.

M. Bruguière, juge, lieutenant général au bailliage de Gévaudan pour M. le baillif, ayant en main les commissions de nos seigneurs les commissaires, qui ont présidé pour le Roy en l'assemblée des Etats généraux de la province, tenus à Montpellier, le 13e janvier dernier, a dit que nos dits seigneurs luy ordonnent, par leurs dites commissions, à M. le baillif du Gévaudan, étant en tour, ou son lieutenant, aux consuls de Mende et à un de Maruejols, commissaires ordinaires comme luy, de procéder au département des deniers y contenus, lesquels Sa Majesté veut être imposés, la présente année, pour le soutien de l'Etat et pour fournir aux autres dépenses qui se fairont dans le Royaume, aussy bien que pour les appointements de Son Altesse sérénissime Mgr le prince de Dombes, gouverneur de la province, entretenement de ses gardes et de MM. les lieutenants généraux dans ladite province, dettes et affaires de la province et de ce diocèse et département des gratifications ordinaires et extraordinaires, contenues au billet, sur ce envoyé, signé : de Beaulieu, en attendant l'arrêt de validation du Conseil d'Etat de Sa Majesté, pour être payés aux premiers jours d'avril, juillet et octobre prochains, et a remis les commissions au greffier pour en faire la lecture.

Et à l'instant lecture a été faite desdites commissions, ensemble des instructions et autres actes y attachés, contenant entr'autres choses permision d'imposer pour les vacations et journées des consuls de Mende, de Marvejols et du sindic du diocèse, députés aux Etats généraux de la province. La lecture ayant été finie, le dit sieur lieutenant général au bailliage du Gévaudan, pour M. le baillif, en tour, est sorti de l'assemblée.

M. le président a fait appeler les gens des Trois Etats du pays de Gévaudan, et ayant fait remettre au greffier du diocese les procurations des députés auxdits Etats, il en a fait la lecture.

L'assemblée ayant été réglée. chacun ayant pris sa place, le serment en tel cas requis et accoutumé ayant été prêté, sçavoir : par MM. de l'Eglise, la main mise sur la poitrine, et par MM. de la noblesse et députés du Tiers Etat, la main levée à Dieu ; et, tous ensemble ont promis à M. le Président, moyennant leur serment, de ne rien faire, en cette assemblée, contre l'honneur de Dieu ny contre le service du Roy.

Ensuite a été unanimement résolu que les sommes contenues aux commissions de nosseigneurs les commissaires, présidant pour le Roy aux Etats généraux de la province, tenus à Montpellier, le 13ᵉ janvier dernier, seront imposés, la présente année, sur les contribuables aux tailles du pays de Gévaudan; et les Etats ont donné pouvoir à MM. les commissaires de l'assiette, qui s'assembleront demain, d'en faire le département.

Comme il est d'usage dans la province que MM. de l'église et MM. les barons, qui ne peuvent pas assister aux Etats du Languedoc, envoyent, outre leurs procurations, une lettre adressée à M. le Président pour toute l'assemblée, contenant les raisons pour lesquelles ils ne peuvent pas venir ; que cet usage a été toujours observé dans ce pays pour soutenir la dignité de M. le Président et de toute l'assemblée, et que néantmoins quelques-uns ont obmis d'écrire lesdites lettres; a esté délibéré que les procurations, tant de MM. de l'église que de MM. les barons et gentilshommes de ce diocèse, seront refuzées à l'avenir, si elles ne sont accompagnées d'une lettre pour M. le Président, qui contienne les raisons pour lesquelles ils ne peuvent pas assister en personne, et que le greffier du diocèse couchera la présente délibération dans les lettres d'avis pour la convocation des Etats prochains;

M. le Président a dit que, suivant l'usage et instructions de nos seigneurs les commissaires, présidant pour le Roy aux Etats généraux de la province, cette assemblée est en droit de faire procéder à la confirmation ou nouvelle élection des officiers du diocèse. Surquoy, les sieurs Gros, sindic, étant absent et le sieur de Lhermet, greffier, étant sorty de l'assemblée, a été délicéré, d'une voix unanime, de confirmer le sieur Gros dans la charge de sindic, et le sieur de Lhermet dans la charge de greffier. Après quoy, les Etats ayant fait appeler ledit sieur de Lhermet, lecture luy a été faite de la présente délibération; et M. le Président luy a fait prêter le serment, la main levée àDieu, de remplir les devoirs de sa charges; ce qu'il a promis et juré de faire.

Le sindic du diocèse étant absent, ledit sieur de Lhermet, greffier, a dit qu'il a reçu une ordonnance de MM. les commissaires du Roy, concernant l'imposition de la dépense du menu habillement des miliciens, mais qu'il n'a point encore receu l'ordonnance qui doit fixer le contingent du Gévaudan sur cette dépense; qu'il est pourtant nécessaire de procurer un fonds à M. le receveur, pour payer à la caisse de la province, aux termes ordinaires ; qu'on pourroit imposer par estimation, la somme de 6,000 livres ; et a requis l'assemblée de délibérer. Sur quoy, les voix ayant été recueillies, a été unanimement délibéré d'imposer, par estimation, la somme de 6,000 livres, pour fournir à la dépense du menu habillement des miliciens.

Ledit sieur de Lhermet a dit encore qu'il a été rendu un jugement par MM. les commissaires du Roy, le 30 décembre 1747, portant que les sommes dues aux collecteurs de l'année 1746 par la clôture de leurs comptes de la même année, non excedant la somme de dix livres seront imposées en leur faveur ; que ces debets montent à la somme de 189 livres 12 sols 6 deniers ; et a requis de délibérer qu'il en sera fait mention, dans les mandes de la taille, de cette année et qu'on y marquera, par un article particulier, la somme que chaque communauté doit imposer à ce sujet.

Sur quoy, les voix ayant été recueillies, l'assemblée a unanimement délibéré, conformement à la requisition dudit sieur greffier.

Ledit sieur de Lhermet a dit aussy, qu'aux derniers Etats du Languedoc, MM. les commissaires du Roy ont rendu un jugement contenant la vérification des sommes dues par quelques communautés ; que ce jugement enjoint aux consuls et autres administrateurs, d'en faire l'imposition, à peine de demeurer personnellement responsables à l'avenir, envers les créanciers, du payement des intérêts des sommes qui ne seront point imposées dans les années portées par les jugements de vérification, sans que ladite peine puisse être remise ny modérée ; que MM. les commissaires du Roy ont observé que les dettes extraordinaires, dont plusieurs communautés se trouvent aujourd'hui surchargées seroient acquitées depuis longtemps, et que les communautés se trouveroient soulagées si les administrateurs avoient eu l'attention, par le passé, d'imposer les dettes vérifiées, aux termes portés par les jugements de vérification ; en sorte que pour prevenir de pareils inconvenients, on a pris le party de condamner les greffiers, consuls et autres administrateurs, au payement des intérêts des capitaux dont l'imposition ne sera point faite en conformité des jugements de vérification ; et a requis l'assemblée de délibérer.

Sur quoy, les voix ayant été recueillies, a été unanimement délibéré qu'il en sera donné avis aux communautés intéressées, par les mandes de la taille, et qu'on y marquera précisément les sommes que chaque communauté doit imposer en exécution dudit jugement de vérification.

Ledit sieur de Lhermet a dit encore, qu'il a été rendu un jugement par MM. les commissaires du Roy, le 30 décembre 1747, portant qu'il sera fait un moins imposé, dans plusieurs communautés, des relicats des comptes des collecteurs de l'année 1746. Lesquels relicats montent en total à la somme de 4,280 livres 17 sols 8 deniers ; et a requis l'assemblée de délibérer.

Sur quoy, a été unanimement délibéré, qu'il en sera donné avis aux communautés, par un article de la mande.

Ledit sieur de Lhermet a dit encore que, par les réglements faits pour l'audition et cloture des comptes des collecteurs des communautés, il est défendu à l'auditeur d'allouer, dans la dépense, les articles dont on ne rapporte point les quittances et autres pièces justificatives nécessaires ; qu'il est même ordonné à l'auditeur de rayer purement ces sortes d'articles ; ce qui cause des contestations entre les créanciers auxquels les sommes rayées sont légitimement dues, et les collecteurs qui ne veulent pas payer les sommes rayées, étant informés que MM. les commissaires du Roy ordonnent qu'il en sera fait un moins imposé, au moyen duquel les collecteurs payeront deux fois la même somme ; que par les mêmes règlements il est ordonné que l'auditeur des comptes envoyera, chaque année, au commencement du mois d'octobre, au greffe de MM. les commissaires du Roy, à Montpellier, un extrait sommaire de la recette, dépense et cloture de chaque compte ; au moyen duquel envoy sa commission est consommée et il ne luy est plus permis de toucher à aucun compte ; que quelques collecteurs n'étant pas instruits que par la cloture de leurs comptes ils sont libérés envers la communauté et envers ses créanciers, et encore que la commission de l'auditeur finit au commencement du mois d'octobre, payent les sommes rayées et portent les quittances à l'auditeur après le mois d'octobre, afin qu'il rétablisse les articles rayés faute de la remise des quittances, l'auditeur ne pouvant pas faire le rétablissement de ces articles, sa commission ayant pris fin. comme il a été dejà observé, le collecteur qui a payé se trouve dans l'embarras ; que si le collecteur refuse de payer le créancier légitime, il se pourvoit en justice ; que la communauté même ne scait quel party prendre voyant qu'il luy est ordonné de faire un moins imposé de la somme, dont le payement est demandé par le créancier légitime.

Sur quoy, le dit sieur de Lhermet a représenté à l'assemblée, qu'il y a une voye très simple pour faire raison au créancier légitime et pour tirer d'embarras le collecteur et les communautés ; que cette voye consiste 1° à faire le moins imposé, conformément au jugement de MM. les commissaires du Roy ; 2° qu'en même temps on doit imposer par doublement, et par un article particulier, la somme légitimement due, en énonçant qu'elle a été rayée dans le compte du collecteur d'une telle année, faute de rapporter la quittance et les autres pièces justificatives qui peuvent être nécessaires ; 3° l'imposition étant faite par doublement, le nouveau collecteur peut recevoir de l'ancien collecteur, lui faire quittance du moins imposé et payer le créancier légitime, en exigeant de luy une quittance, pour ne pas tomber dans le même embarras que l'ancien collecteur.

Ledit sieur de Lhermet a observé encore qu'on opposera peut être qu'il est bien dur, pour un créancier légitime d'une rente par exemple de l'année 1747, d'attendre son payement jusques à l'imposition de l'année 1749 ; à quoy on peut répondre que le créancier légitime est dans le tort de n'avoir pas fourny sa quittance au collecteur de 1747, pendant les six à sept premiers mois de l'année 1748, et que la reddition des comptes des collecteurs étant très avantageuse au public, ne doit pas être suspendue ny retardée pour favoriser un créancier négligent ; et a requis l'assemblée de délibérer.

Sur quoy, les voix ayant été recueillies, l'assemblée a unanimement délibéré qu'il sera dressé incessamment une lettre circulaire pour donner connaissance de ce dessus aux consuls, collecteurs et autres officiers des communautés.

Ledit sieur de Lhermet a dit aussy, qu'il a receu l'ordonnance de M. l'Intendant, qui accorde à ce pays une somme de 25,000 livres pour les dommages causés aux récoltes de l'année dernière 1747, et pour la mortalité des bestiaux de la même année et encore pour achever le remboursement des 50,000 livres qui furent empruntées en l'année 1729 et distribuées aux 90 paroisses grelées, pour leur ayder a ensemencer leurs terres. MM. les commissaires ordinaires s'étant assemblés le 1er de ce mois, ils ont prélevé, sur cette somme, 10,500 livres, pour achever de rembourser en capital et intérêts les 50,000 livres. Laquelle somme de 10,500 livres étant distraite de 25,000 livres, il reste 14,500 livres dont la repartition a été faite en faveur des communautés, à proportion des dommages qu'elles ont souffert dans leurs récoltes et par la mortalité des bestiaux, et que chaque communauté doit faire un moins imposé du contingent qui luy revient suivant les règlements ; et a requis l'assemblée de délibérer.

Surquoy a été unanimement délibéré qu'il sera donné avis aux communautés intéressées, par une lettre circulaire, tant du contingent qui leur revient, que du moins imposé qui doit être fait.

De relevée.

Ledit sieur de Lhermet a dit qu'en conséquence des ordres de MM. les commissaires ordinaires, le sindic du pays a dressé un mémoire ou instruction contenant en substance les délibérations et autres actes qui doivent être faits, à la diligence des consuls, pour parvenir à l'adjudication de la réparation des églises paroissiales, des maisons rurales, fonte des cloches, réparation des fontaines et généralement de tous les ouvrages publics qui sont à la charge des communautés.

Ce mémoire porte que lorsqu'il y aura des ouvrages ou des réparations a faire dans une communauté, par exemple à la nef de l'église ou à la maison curiale, les habitants doivent délibérer sur ces réparations et nommer un expert pour en dresser le devis, lequel doit être représenté à l'assemblée, et, ayant été examiné et trouvé bon, on doit le déclarer par une seconde délibération et donner pouvoir aux consuls de présenter une requête à M. l'intendant pour obtenir la permission de faire publier et afficher le devis pendant trois dimanches et de recevoir les offres et moins dites.

L'ordonnance étant envoyée à la communauté, les consuls fairont faire les publications et affiches et assembleront la communauté au jour et heure indiquée pour l'adjudication à celuy qui fera la condition la plus avantageuse pour la communauté.

Dans cette assemblée en fera mention des différentes offres, des noms des offrants et le reste sans pourtant faire l'adjudication, mais par la délibération, les consuls seront chargés de se pourvoir devant M. l'intendant pour obtenir la permission de passer le bail à .... dernier moins disant, à la somme de ...... et l'entrepreneur étant entièrement payé, les consuls pourront représenter tous les actes à la première assemblée de la communauté qui leur donnera le pouvoir de recourir à nos seigneurs les commissaires du Roy pour demander la vérification de la somme empruntée, et que l'imposition en soit ordonnée sur la communauté avec l'intérêt à cinq pour cent depuis le jour de l'emprunt jusques au premier janvier de l'année qui suivra l'imposition.

A l'égard des églises de paroisses : que les réparations du chœur et du sanctuaire doivent être faites aux dépens du prieur décimateur et non aux dépens de la communauté. A l'égard des maisons curiales : que les prieurs ou curés qui les occupent, doivent les entretenir à leurs frais et dépens, c'est-à-dire que les réparations à l'entretien le regardent, les communautés n'étant tenus qu'aux réparations majeures.

Enfin que les réparations majeures des maisons presbytérales qui sont occasionnées ou qui proviennent du défaut d'entretien, doivent être supportées par les curés et nullement par les communautés; et a requis l'assemblée de délibérer.

Surquoy, a été unanimement délibéré que ledit mémoire sera inséré dans les mandes de la taille de cette année, et qu'on en fera imprimer des exemplaires particuliers pour être envoyés aux consuls.

Ledit sieur de Lhermet a dit encore, que les administrateurs de la communauté de Saint-Privat-de-Vallongue se sont pourvus pardevant MM. les commissaires du Roy pour être déchargés de contribuer au dixième de l'industrie des marchands et artisans; que leur requête ayant été signifiée au sindic il en donna connaissance à MM. les commissaires ordinaires; et, par leur ordre ayant fourni des défenses, les habitants de St-Privat-de-Vallongue ont été déboutés de leur prétention, et a requis l'assemblée de délibérer.

Surquoy les voix ayant été recueillies a été unanimement délibéré que la communauté de Saint-Privat-de-Vallongue sera comprise dans le département de l'industrie en égard aux facultés de ses habitans, de la même manière que les autres communautés du Gévaudan.

Ledit sieur de Lhermet a dit aussi, que le sindic du pays a été chargé, par plusieurs délibérations, de faire des diligences pour le recouvrement d'une somme d'environ trois mille livres deue au diocèse pour restes du prix du blé vendu à crédit, en l'année 1737 pour la subsistance de plusieurs personnes qui n'étaient pas en état d'en acheter argent comptant; que suivant le compte qui fut rendu à l'assiette de l'année 1744, il ne restait à recouvrer que la somme de onze cents quelques livres, que les diligences de l'année 1746 ont produit environ huit cens livres; qu'il ne reste dû que trois cents quelques livres, dont le sindic du pays n'a pas pu faire le recouvrement l'année dernière, à cause de ses indispositions; mais qu'il offre d'agir cette année, pour finir ce recouvrement si l'assemblée le juge a propos.

Sur quoy, les voix ayant été recueillies, ledit sieur sindic a été unanimement chargé de continuer ses diligences pour finir ce recouvrement.

Ledit sieur Delhermet a dit encore que suivant les décisions de M. le controlleur général et les règlements faits en conséquence par la province du Languedoc, tous les seigneurs et autres messieurs de ladite province qui a raison de leurs charges sont capités à la Cour, à l'armée ou ailleurs, hors la province de Languedoc, doivent néanmoins payer dans le Languedoc, en argent comptant, les taxes de la capitation pour lesquelles ils sont employés dans les roles de la capitation du Languedoc, sanf à eux à porter à la Cour, à l'armée ou ailleurs les quittances des taxes par eux supportées en Languedoc.

Que MM. les commissaires du pays ont déterminé en conséquence de la décision et du règlement ci-dessus mentionnés de ne plus reprendre les quittances de la capitation payée à la Cour, à l'armée ou ailleurs hors la province de Languedoc à commencer l'année dernière 1747, qu'il a été donné avis de cet arrangement à MM. les receveurs des tailles du Gévaudan et à MM. les consuls de quelques communautés principales et a requis l'assemblée de délibérer.

Sur quoy, les voix ayant été recueillies, a été unanimement délibéré, conformément à la décision de M. le controlleur général et au règlement fait par la province de Languedoc, de ne plus reprendre, à l'avenir, dans le Gévaudan la quittance de la capitation payée à la cour, à l'armée ou ailleurs hors la province de Languedoc à commencer l'année dernière 1747.

Ledit sieur Delhermet a dit aussi qu'en conséquence des délibérations du pays, MM. les commissaires ordinaires ont fait construire des montjoyes sur la montagne de la Montredorte; un pont à la Prade sur le grand chemin de Villefort, et une chaussée au lieu des Estrets; qu'ils ont même fait augmenter d'une arche le pont du dit lieu des Estrets; que ces ouvrages ayant été vérifiés et trouvés en bon état, les entrepreneurs ont été entièrement payés, et a requis l'assemblée d'approuver et autoriser lesdits ouvrages et les payements faits aux entrepreneurs.

Sur quoy, les voix ayant été recueillies, l'assemblée a unanimement approuvé et autorisé la construction du pont de la Prade, la construction des Montjoyes sur la montagne de Montpredorte, la construction de la chaussée qui aboutit au pont des Estrets, la réparation dudit pont et les payements faits aux entrepreneurs desdits ouvrages.

Après quoy, le *Te Deum* a été récité.

Fait, clos et arrêté à Marvejols, le dix huitième mars mil sept cents quarante huit.

  Signé : Jaufroy, vicaire général, Président.

1749

MM. les commissaires de l'assiette.— Places occupées par les membres de l'assemblée des Etats. — Lecture des commissions. — Prestation du serment. — Une lettre doit accompagner les procurations. — Nomination de M. Lafont à la charge de syndic. — Gratification de 6,000 livres à M. Gros, ancien syndic. — Debets et reliquats des comptes des collecteurs. — Indemnité accordée au diocèse pour pertes de récoltes. — Collége des étudiants en médecine à Montpellier. — Gentilhomière de St-Alban érigée en baronnie et ledit titre de gentilhomière transféré sur la terre du Bois-du-Mont. — Pont du Collet-de-Dèze, réparé. — Entretien des chemins à adjuger. — Copie des lettres de translation du titre de baronnie sur la terre de St-Alban, en faveur du maquis de Morangiés.

L'an mil sept cents quarante neuf et le lundy dix septieme mois de mars. Les gens des Trois Etats du pays de Gévandan, convoquez par ordre du Roy, en la ville de Mende, sont venus à la salle du palais épiscopal, où Mgr l'illustrissime et reverendissime Sgr Mgr Gabriel-Florent de Choiseul-Beaupré, évêque, Sgr et gouverneur de la ville de Mende, comte du Gévaudan, conseiller du Roy en ses Conseils, Président-né des Etats et assiette dudit pays, les attendoit, étant accompagné de Mre Estienne Jauffroy, prêtre, chanoine archidiacre de l'église cathédrale de Mende et vicaire général de Mgr l'évêque et de MM. les commissaires ordinaires. Et tous ensemble sont allés à l'église cathédrale dudit Mende pour y entendre la messe du Saint-Esprit. Après laquelle étant revenu audit palais épiscopal dans la salle destinée pour la tenue desdits Etats; ils y ont pris chacun leur place, scavoir . Mgr le Président, sur un fauteuil placé sur une estrade élevée au dessous d'un dais; et, sur la gauche de cette estrade, à la tête du banc, Mre Emmanuel de Bessuéjols, chevalier, Sgr marquis de Roquelaure, Bessuejolz, Montchanson et Taulet, Sgr de Ceirac, Gabriac, La Souq, du Bacon-l'Eglize, en Gévaudan, comte et baron d'Apcher, Sgr et baron de la ville de Saint-Chély et autres places, cy devant guidon des gens d'armes de la Reyne, chevalier de l'ordre militaire de Saint-Louis, baillif dudit pays de Gévaudan, en tour pour Mgr l'évêque de Mende, la présente année, commissaire ordinaire desdits Etats et assiette ; M. de Saint-Rome, maire de Mende, commissaire principal desdits Etats et assiette, absent ; Mre Claude-Gabriel-Amédée de Rochefort d'Aly, comte de Saint-Point et de Montferrant, baron de Cénaret, Sgr de Laval, Pougnadoire et Saint-Chély-du-Tarn, commis des nobles dudit pays, commissaire ordinaire desdits Etats et assiette, absent; Mre Urbain de Rets de Bressolles, Sgr de Servières et autres places; sieurs Charles Farain et Louis Bondan, 1er, 2e et 3e consuls de la ville de Mende, l'année dernière, commissaires ordinaires desdits Etats et assiette, sur un banc placé au milieu du parterre ; Mre Pierre de

Michel du Roc, Sgr de Brion et autres places, maire de de la ville de Maruejols, commissaire ordinaire desdits Etats et assiette ; MM. les ecclésiastiques, sur un banc à la droite de Mgr le Président, chacun suivant leur rang; et, sur le banc dudit sieur baillif, MM. les barons et gentils hommes de ce diocèse ou leurs députés, aussy suivant leur rang, et les sieurs consuls et députés des autres villes et communautés dudit pays, qui ont entrée et voix délibérative auxdits Etats, assis sur le bas banc.

Ledit sieur baillif, en tour, ayant en main les commissions de nosseigneurs les commissaires, qui ont présidé pour le Roy à l'assemblée des Etats généraux de la province, tenus à Montpellier, le 4ᵉ janvier dernier, a dit que nos seigneurs luy ordonnent par leurs dites commissions, aux consuls de Mende et à un de Maruejols, commissaires ordinaires comme luy, de procéder au département des deniers y contenus, ainsi qu'il a été consenty et résoleu auxdits Etats ; lesquels sa Majesté veut être imposés, la présente année, pour le soutien de l'Etat et pour fournir aux autres dépenses qui se fairont dans le royaume, aussi bien que pour les appointements de son altesse sérénissime Mgr le prince de Dombes, gouverneur de la province et entretenement de ses gardes et de MM. les lieutenants généraux dans ladite province, dettes et affaires de la province et de ce diocèze et département des gratifications ordinaires et extraordinaires, contenues au billet sur ce envoyé, signé : Pujol, en attendant l'arrêt de validation du conseil d'Etat de Sa Majesté, pour être payés aux premiers jours d'avril, juillet et octobre de la présente année, et a remis les commissions au greffier du diocèse pour en faire la lecture.

Et à l'instant, lecture a été faite desdites commissions ensemble des instructions et autres actes y attachés, contenant entr'autres choses permission d'imposer pour les vaccations et journées des consuls de Mende, de Maruejols et du sindic du diocèze, députez aux Etats généraux de la province; la lecture ayant été finie, M. le baillif du pays de Gévaudan, en tour, est sorty de l'assemblée.

Mgr le Président a fait appeler les gens des Trois Etats du pays de Gévaudan, et ayant fait remettre au greffier du diocèse les procurations des députés auxdits Etats, il en a fait la lecture.

L'assemblée ayant été réglée, chacun ayant pris sa place, le serment en tel cas requis et accoutumé ayant été prêté, sçavoir : par MM. de l'église la main mise sur la poitrine, et par MM. de la noblesse et députés du Tiers Etat, la main levée à Dieu, et tous ensemble ont promis à Mgr le Président, moyennant leur serment, de ne rien faire, en cette assemblée, contre l'honneur de Dieu ny contre le service du Roy.

Ensuite a été unanimement résolu que les sommes contenues aux commissions de nosseigneurs les commissaires présidant, pour le Roy, aux Etats de la province tenus à Montpellier, le 4ᵉ janvier dernier, seront imposés, la présente année, sur les contribuables aux tailles du pays de Gévaudan, et les Etats ont donné pouvoir à MM. les commissaires de l'assiette, qui s'assemblerent demain, d'en faire le departement.

Comme il est d'usage dans la province, que MM. de l'église et MM. les barons, qui ne peuvent assister aux Etats de Languedoc, envoyent outre leurs procurations une lettre adressée à Mgr le Président, pour toute l'assemblée, contenant les raisons pour lesquelles ils ne peuvent pas venir; que cet usage a été toujours observé dans ce pays pour soutenir la dignité de Mgr le Président et de toute l'assemblée, et que neantmoins quelques uns ont obmis d'écrire lesdites lettres; a été délibéré que les procurations, tant de MM. de l'église que de MM. les barons et gentilshommes de ce diocèze, seront refusées à l'avenir, sy elles ne sont accompagnées d'une lettre pour Mgr le Président, qui contienne les raisons pour lesquelles ils ne peuvent assister en personne, et que le greffier du diocèse couchera la présente délibération dans les lettres d'avis pour la convocation des Etats prochains. Mgr le Président a dit que, suivant l'usage et instrument de nos seigneur les commissaires, présidant pour le Roy aux Etats généraux de la province, cette assemblée est en droit de faire procéder à la confirmation ou nouvelle élection des officiers du diocèze.

Mgr le Président a dit encore, qu'il a reçeu une lettre de M. Cros, sindic, dans laquelle il luy represente que ses infirmités, qui depuis quelques années deviennent tous les jours plus considérables, ne luy permettent pas de rendre plus longtemps ses services au pays; qu'il le suplie d'agréer qu'il se retire et de le faire agréer à l'assemblée. Mgr le Président a ensuite fait faire la lecture de cette lettre; et, après avoir témoigné à l'assemblée ses regrets sur les indispositions de M. Gros, sur la nécessité ou elles le mettent de quitter sa charge, et sur la perte que le pays fait; il a proposé à l'assemblée d'élire, pour sindic, le sieur Etienne Lafon, avocat au Parlement de Toulouse. Il a dit que ce sujet lui étoit parfaitement connu; qu'il espéroit qu'il marcheroit sur les traces de M. Gros, et que le pays en seroit content.

Sur quoy, Mgr le Président ayant fait appeler les voix, Mre Blanquet d'Altez, baille du Chapitre de l'église cathédrale, premier opinant, a remercié Mgr le Président de son atteution pour le bien du diocèse ; il a dit qu'on ne pouvoit trouver une personne plus capable de remplacer M. Gros, que le sieur Lafont, et luy a donné sa voix. MM. les autres députés luy ont pareillement donné la leur, chacun en particulier et séparément.

Le sieur de Lhermet étant ensuite sorti de l'assemblée, il a été délibéré, d'une voix unanime, de le confirmer dans la charge de greffier du diocèse.

Après quoy, les Etats ayant fait appeler les sieurs Lafont et de Lhermet, Mgr le Président a dit au sieur Lafont que les Etats venaient de le nommer sindic du pays ; qu'il comptoit qu'il ne négligeroit rien pour se rendre digne de leur choix et de la confiance dont ils l'honoraient. Lecture a été ensuite faite de la présente délibération et Mgr le Président leur a fait prêter le serment, la main levée à Dieu, de remplir les devoirs de leurs charges ; ce qu'ils ont promis et juré de faire.

Mgr le Président a dit aussy, que M. Gros a servi pendant vingt-quatre ans le diocèse, d'abord en qualité de greffier et ensuite comme sindic ; que même, pendant le temps qu'il était greffier, il faisoit les fonctions de sindic ; M. de Saint-Sauveur, qui l'étoit alors, ne pouvant s'en acquitter, à cause de ses infirmités ; que l'application, la droiture, le désintéressement avec lesquels M. Gros a remply successivement ces deux emplois, sont connus de tout le monde ; qu'il ne s'est détermné à quitter celuy de sindic, qu'après de grandes indispositions qui ne luy permettent pas d'y vaquer ; qu'il est toujours animé du même zèle pour ce diocèze, et qu'il se propose, si Dieu lui donne la santé, de luy continuer ses services par ses lumières et ses conseils ; qu'il paroitroit juste, en considération de ceux qu'ils a rendus, pendant vingt quatre ans et de ceux que le pays peut en recevoir encore, de luy donner une gratification qu'on pourroit fixer à 6,000 livres. Sur quoy, les voix ayant été recueillies, l'assemblée a unanimement délibéré, sous le bon plaisir de nos seigneurs des Etats généraux de la province, d'accorder à M. Gros 6,000 livres de gratification, pour recompenser les longs services qu'ils a rendus au pays, et l'engager à les continuer, sy sa santé le luy permet. Et le dit sieur sindic a été chargé de poursuivre l'authorisation de la présente délibération aux prochains Etats de la province.

Le sindic du pays a dit qu'il n'a point encore receu l'ordonnance de MM. les commissaires du Roy, concernant la dépense pour le menu habillement des soldats de la milice, non plus que l'ordonnance de M. l'Intendant qui fixe le contingent de cette dépense pour le Gévaudan ; qu'il est pourtant nécessaire de procurer un fonds à M. le receveur pour payer à la caisse de la province, aux termes ordinaires ; qu'on pourroit imposer par estimation la somme de 6,000 livres ; et a requis l'assemblée de délibérer.

Sur quoy, les voix ayant été recueillies, a été unanimement délibéré d'imposer, par estimation, la somme de 6,000 livres, pour fournir à la dépense du menu habillement des miliciens.

Ledit sieur sindic a dit encore qu'il a été rendu un jugement par MM. les commissaires du Roy, le vingt unième décembre 1748, portant que les sommes deues aux collecteurs de l'année 1747 par la cloture de leurs comptes, non excédant la somme de dix livres, seront imposées en leur faveur, que des debets montent à la somme de cent trente trois livres huit sols cinq deniers; et a requis de délibérer qu'il en sera fait mention dans les mandes de la taille de cette année et qu'on y marquera, par un article particulier, la somme que chaque communauté doit imposer à ce sujet.

Sur quoy, les voix ayant été recueillies, l'assemblée a unanimement délibéré conformément à la réquisition dudit sieur sindic.

Ledit sieur sindic a dit aussi, qu'aux derniers Etats du Languedoc, MM. les commissaires du Roy ont rendu un jugement contenant la vérification des sommes deues par quelques communautés, que ce jugement enjoint aux consuls et aux autres administrateurs d'en faire l'imposition à peine de demeurer personnellement responsables, à l'avenir, envers les créanciers, du payement des intérêts des sommes qui ne seront point imposées dans les années portées par les jugements de vérification, sans que ladite peine puisse être remise ni modérée. MM. les commissaires du Roy ont observé que les dettes extraordinaires dont plusieurs communautés se trouvent aujourd'hui chargées seroient acquittées depuis longtemps et que les communautés se trouveroient soulagées si les administrateurs avoient eu l'attention, par le passé, d'imposer les dettes vérifiées aux termes portés par les jugement de vérification; en suite que, pour prévenir de pareils inconvenients, on a pris le party de condamner les greffiers, consuls et autres administrateurs au payement des intérêts des capitaux dont l'imposition ne sera point faite, en conformité des jugements de vérification et a requis l'assemblée de délibérer.

Sur quoy, les voix ayant été recueillies, a été unanimement délibéré qu'il en sera donné avis aux communautées intéressés par les mandes de la taille, et qu'on y marquera précisément les sommes que chaque communauté doit imposer en exécution dudit jugement de vérification.

Ledit sieur sindic a dit encore qu'il a été rendu un jugement par MM. les commissaires du Roy, le 28 décembre 1748, portant qu'il sera fait un moins imposé, dans plusieurs communautés, des relicats des comptes des collecteurs de l'année 1747, lesquels relicats montent au total à la somme de 3,094 livres 4 sols 7 deniers, et a requis l'assemblée de délibérer.

Sur quoy, a été unanimement délibéré qu'il en sera donné avis aux communautés par un article de la mande.

Ledit sieur sindic a dit aussi qu'il a receu une ordonnance de M. l'Intendant, qui accorde à ce pays une somme de 20,000 livres pour dommages causés aux récoltes de l'année dernière 1748; que MM. les commissaires du pays s'étant assemblés, le 7 du présent mois de mars 1749, il est procédé à la répartition de cette somme en faveur des communautés à proportion des dommages qu'elles ont souffert, que chaque communauté doit faire un moins imposé du contingent qui luy revient suivant les règlements, et a requis l'assemblée de délibérer.

Sur quoy, les voix ayant été recueillies, a été unanimement délibéré qu'il en sera donné avis aux communautés intéressées par une lettre circulaire, tant du contingent qui lui revient, que du moins imposé qui doit en être fait.

Ledit sieur sindic a dit encore que les collégiats du Gévaudan, étudiants en droit à Montpellier, formèrent une instance devant le sénéchal de Montpellier contre MM. les chanoines du Chapitre cathédral de la même ville, pour demander une augmentation de revenu de leurs places et une maison pour leur logement; que le Chapitre de Montpellier évoqua cette affaire devant nosseigneurs de la Chambre des requêtes du Parlement de Toulouse; que le sindic du pays ayant été assigné pour intervenir dans cette instance, MM. les commissaires ordinaires ont pris deux délibérations sur cette affaire; que nosseigneurs des requêtes ont rendu un jugement qui décharge le Chapitre de Montpellier de l'augmentation de la pension demandée par lesdits collegiats, le condamne à leur faire batir une maison et aux épices, les dépens compensés; et ledit sindic a requis l'assemblée d'approuver les diligences qui ont été faites jusqu'à présent et de renvoyer à MM. les commissaires ordinaires pour les continuer, partout ou besoin sera, jusques à la consommation de cette affaire, par arrest définitif ou par un accomodement.

Sur quoy l'assemblée a unanimement approuvé et autorisé toutes les démarches faites par MM. les commissaires ordinaires et les a priés de les continuer, par tout où besoin sera, jusques à un arrêt définitif ou de toute autre manière qu'ils jugent la plus avantageuse au pays.

De relevée.

Ledit sieur sindic a dit que les Etats du pays, dans leur séance de l'année 1747, consentirent que M. le marquis de Morangiès fit transférer sur la seigneurie du

Bois-du-Mont, la gentilhommière de la terre de St-Alban, et qu'il eut recours au Roy pour en obtenir la permission ; que M. le marquis de Morangiès s'étant adressé à la Chambre des Comptes à Paris, on lui a fait observer qu'il fairoit une dépense inutile, les Etats du pays de Gévaudan ayant le droit et le pouvoir de faire ce transport, que M. le marquis de Morangiès prie l'assemblée de vouloir bien le faire.

Surquoy, les voix ayant été appelées, l'assemblée d'une voix unanime a transféré, sur la seigneurie du Bois-du-mont la gentilhommière de la terre de St-Alban, et il a été aussi unanimement délibéré que M. le marquis de Morangiès aura, dans les assemblée des Etats du pays, le même rang et séance de la seigneurie du Bois-du-mont qu'il a occupée jusques à présent à raison de la terre de St Alban.

Ledit sieur sindic a dit encore, qu'en conséquence des délibérations dudit pays MM. les commissaires ordinaires ont fait réparer le pont du Collet-de-Dèzes et que cet ouvrage ayant été vérifié et trouvé en bon état, les entrepreneurs ont été entièrement payés, et a requis l'assemblée d'approuver et authorizer ledit ouvrage et les dits payements faits aux entrepreneurs.

Surquoy, les voix ayant été recueillies l'assemblée a unanimement approuvé et authorizé la réparation du pont du Collet-de-Dèzes et le payement fait aux entrepreneurs dudit ouvrage.

Ledit sieur sindic a dit aussi que le 17 aoust 1744, MM. les commissaires ordinaires adjugèrent, au sieur Pierre Vincent, maçon de Mende, la réparation du chemin depuis le mas du Rey jusques au Pompidou, pour faire l'ouvrage dans tout le mois d'août ou le mois d'avril 1745. Le contract en fut passé sous le cautionnement de M. Gleize, avocat de Mende, qui obligèrent solidairement leurs personnes et biens.

Que ledit sieur Vincens et ledit M⁰ Gleize ayant négligé leur entreprise, il feut présenté une requête à l'intendance, à la fin du mois de septembre 1745, sur laquelle il feut rendu une ordonnance le 12ᵉ octobre de la même année, portant 1° que ledit sieur Vincens fairoit travailler en diligence et qu'il emploiroit un nombre suffisant d'ouvriers pour mettre son ouvrage en état de réception, dans le délay d'un mois, et qu'à faute de ce faire, lui et ses cautions y seroient contraints par les voies de droit même par corps; 2° que ledit sieur Vincens et ses cautions demeureraient responsables de tous les dépens, dommages et intérêts du pays; 3° que le sindic du pays pourrait poursuivre l'adjudication des ouvrages à la folle enchère dudit Vincens et dudit M⁰ Gleize; cette ordonnance feut signifiée audit sieur Vincens et audit M⁰ Gleize, par exploit du 20 novembre 1745.

Ledit sieur Vincens et ledit M⁰ Gleize étant resté dans l'inaction, MM. les commissaires du pays délibérèrent, au mois d'aoust 1745, de faire l'adjudication des ouvrages à la folle enchère et en conséquence il feut procédé à des publications et affiches.

M. Gleize, pour arrêter cette adjudication, fit deux actes d'opposition au mois de septembre suivant avec assignation par devant M. l'Intendant, mais il a été débouté de cette opposition par une ordonnance du 25 novembre 1748, portant qu'il sera passé outre à l'adjudication du bail à la folle enchère, et ledit Vincens et ledit Gleize sont encore condamnés à la somme de 1,200 livres avec contrainte par corps, pour tenir lieu des dommages et intérêts du pays de Gévaudan ; que cette ordonnance feut signifiée par exploit du 13 décembre dernier, que néanmoins ledit Mᵉ Gleize et ledit Vincens n'ont point fait des démarches envers MM. les commissaires, et a requis l'assemblée de délibérer.

Surquoy, les voix ayant été recueillies, l'assemblée a unanimement délibéré qu'il sera procédé à de nouvelles publications et affiches pour l'adjudication en question à la folle enchère, et a été renvoyé à MM. les commissaires ordinaires pour cette adjudication; et, le sindic du pays a été chargé de faire les diligences convenables pour contraindre lesdits Gleize et Vincens au payement de la somme de 1,200 livres.

Après quoy, le *Te Deum* a été récité et la bénédiction a été donné par Mgr le Président.

Fait, clos et arrêté à Mende, le dix-septième mars mil sept cents quarante-neuf.

Signé : † G. Flor., év. de Mende.

Translation du titre de baronnie sur la terre de St-Alban, en Gévaudan, pour le sieur marquis de Morangiers.

Louis, par la grâce de Dieu, roy de France et de Navarre.

A tous présens et avenir salut. Notre cher et bienamé le sieur Pierre de Molette, marquis de Morangiers, baron du Tournel, Sgr de St-Alban et du Bois-du-Mont, la Garde-Guérin, Puylaurens, Villefort et Sénéchas, chevalier de notre ordre de St-Louis, maréchal de nos camps et armées, premier capitaine, sous-lieutenant des gendarmes de notre garde, nous a fait remontrer que le sieur Maximilien de Bosredon, marquis du Puy-St-Galmier, propriétaire de la terre et baronnie de Canillac, se seroit volontairement démis en sa faveur, par acte de 27 août 1741, tant de titre de baronnie attaché à ladite terre de Canillac, laquelle fait partie et est une des baronnies du pays de Gévaudan, ressortissant de la sénéchaussée de Beaucaire et de Nimes, que du tour de baron ou du droit attaché à ladite baronnie de Canillac, d'entrer par tour aux Etats généraux de notre province de Languedoc, et tous les ans aux Etats particuliers du pays de Gévaudan. Et comme il désireroit faire transférer ledit titre de baronnie et droit d'entrée auxdits Etats sur la terre de St-Alban, appartenante à l'exposant, et qui est pareillement située en Gévaudan et est du même ressort que celle de Canillac, mouvante de l'églize de Mende ; que ladite terre de St-Alban et une des plus belles et des plus grande du pays ; qu'elle est composée de plusieurs lieux et paroisses, quy sont celles du Bois-du-Mont, de la Beaume, et Serverette, avec des cens, rentes et redevances et autres droits seigneuriaux, qui font un revenu considérable ; l'exposant nous a fait très humblement supplier de luy accorder nos lettres à ce nécessaires. A ces causes, et autres considérations, à ce nous mouvant, désirant favorablement traiter l'exposant et laisser à la postérité de marques honorables de la satisfaction des services qu'il nous rend depuis plus de 25 ans, tant dans nos armées qu'auprès de notre personne ; et voulant le gratifier de quelques nouveau titre d'honneur qui puisse passer à ses successeurs; après avoir fait voir en notre Conseil l'acte de démission du sieur marquis du Puy-St-Galmier, dudit jour 27 août 1741, et la délibération des Etats de notre province du Languedoc, du 3 février 1746; contenant leur consentement à ladite translation sur la terre de St-Alban, y attaché, sous le contre-scel de notre chancellerie. Nous avons de notre grâce spéciale, pleine puissance et authorité royale, osté, désunit, séparé, et par ces présentes, signées de notre main, ostons, désunissons et séparons, de la terre de Canillac, le titre, don et dignité de baronnie et le tour de baron et droit d'entrée aux Etats généraux de notre province de Languedoc, et yceux transférer, unir, affecter et annexer, transférons, unissons, affectons et annexons à la terre de St-Alban, laquelle en tant que de besoin est ou seroit, nous avons créé et décoré, créons, érigeons et décorons en titre et dignité de baronnie, sous la dénomination de la baronnie de St-Alban, pour en jouir par le sieur exposant, ses hoirs, successeurs et ayant cause audit titre, nom et dignité de baronnie et tour de baron, avec la faculté d'entrer, prendre séance et opiner dans l'assemblée desdits Etats, tant généraux de notre province de Languedoc que particuliers dudit pays de Gévaudan, et tous les autres droits, pouvoirs honneurs, prérogatives, prééminences, distinctions et avantages dont a jouy ou dû jouir ledit feu marquis de Canillac, comme baron de Canillac; voulons qu'il se puisse dire et qualifier baron de St-Alban, en tous actes, soit en jugement ou dehors, et en tout autre occasion ; et qu'en cette qualité il jouisse des honneurs, armes et blazon, prérogatives, rang et prééminences, en fait de guerre, assemblée de noblesse et autrement, ainsy que les autres barons de notre royaume et de notre dite province de de Languedoc et pays de Gévaudan, encore qu'ils ne soint cy particulièrement exprimés, et que les vassaux, arrière vassaux et autres tenant noblement ou en roture ladite terre de St-Alban, le reconnaissent pour tel, faisant leur foy et hommage et baillent leur aveu, dénombrement et déclarations, le cas y échéant, sous ledit nom de baron, sans toutefois que, pour ladite création de baronnie et mutation de titre, il ayt aucun changement de mouvance et que ledit baron soit tenu envers les seigneurs dont il relève, ny les vassaux et tenanciers envers luy a d'autre, ny plus grands droits que ceux qu'ils doivent à présent. Voulons pareillement que les officiers exercent la justice dans ladite terre de St-Alban, intitulent leurs sentences et jugements de ladite qualité de baron, sans aucune multiplicité de degrès, changement de ressort ny contrevention aux cas royaux dont la connaissance appartient à nos baillifs et sénéchaux, et sans qu'au deffaut d'enfants males, nés en légitime mariage, nous puissions, ny nos successeurs roys, prétendre la réunions de ladite baronnie à notre domaine, en conséquence de l'ordonnance du mois de juillet 1566 ; à qnoy nous avons dérogé et dérogeons par les mêmes présentes, pour ce regard seulement.

Si donnons en mandement à nos très chers amés, les gens des Trois Etats de notre province de Languedoc, que ces présentes ils ayent à faire enregistrer; et du contenu en icelles, jouir et user plainement, paisiblement et perpétuellement l'exposant, ses hoirs, successeurs et ayant cauze, cessant et faisant cesser tous troubles et empêchements contraires; car tel est notre plaisir. Et afin que ce soit choze ferme et stable à toujours, nous avons fait mettre notre scel à ces présentes. Donné à Versailles, au mois de mars, de l'an de grâce 1746, et de notre règne le trente unième. Signé : Louis; par le Roy : Phelypeaux. — Visa : Daguesseau. Pour translation du titre de baronnie de la terre de Canillac sur celle de St-Alban. Signées : Phelypeaux.

Enregistré au greffe des Etats généraux de la province de Languedoc, en vertu de la délibération du 25 novembre 1746, pour le sieur marquis de Morangiers jouir de l'effet contenu auxdites lettres. *Signé* : GUILLEMINET.

Les présentes ont esté par nous, greffier soussigné, registrées ez registres du Parlement de Toulouze, en conséquence de son arrêt; ce jourdhuy 27 février 1748. LAVEDON, *signé*.

Les présentes ont été registrées ez registres de la Cour des Comptes, aydes et finances de Montpellier, par nous, greffier soussigné, en conséquence de son arrêt de ce jourdhuy, 26 juillet 1748, POUGET, *signé*.

Extrait du registre des délibérations prises par les gens des Trois Etats de la province du Languedoc, assemblés par mandement du Roy, en la ville de Montpellier, au mois de février 1746.

Du jeudy, troisième dudit mois de février, Président Mgr l'archevêque et primat de Narbonne.

Le sieur Joubert, sindic général, a dit que M. le marquis de Morangiers demande le consentement des Etats pour faire transférer, sur la terre de St-Alban, le titre de baronnie de tour de Gévaudan, avec les droits dépendant de ce titre, quy étoit attaché à la terre de Canillac; auquel effet il rapporte l'acte d'acquisition du 27 août 1741. Et attendu que la terre de St-Alban est de la qualité requise pour être décorée du titre de baronnie, les Etats ne feront pas, sans doute, difficulté de consentir à ce changement; auquel effet, M. le marquis de Morangiers doit obtenir des lettres patentes de sa majesté.

Sur quoy les Etats ont déclaré et déclarent n'entendre empecher que le titre de baronnie, qui estoit attaché à la terre de Canillac, en Gévaudan, avec le droit d'entrer par tour aux Etats généraux de cette province, et tous les ans aux Etats particuliers de Gévaudan, soit transférée sur la terre de St-Alban, appartenant à M. le marquis de Morangiers; laquelle est de la qualité requise pour estre décorée du titre de baronnie. Auquel effet il se pourvoira devers sa Majesté, pour obtenir les lettres patentes sur ce nécessaires; sera le contrat d'acquisition rapporté par M. le Marquis de Morangiers.

Enregistré au greffe des Etats. Collationné, *signé* : Mariote.

Aujourdhuy est comparu par devant les conseillers du Roy, notaires au Chatelet de Paris, soussignés : Mʳ Maximilien de Bosredon, chevalier, seigneur marquis de Puy-St-Galmier, demeurant ordinairement à Sugères, en Auvergne, estant présentement à Paris, logé à l'hôtel de Toulouze, rue des Grands-Augustins, paroisse de St-André-des-Arts; lequel s'est demis et demet, par ses présentes, du nom, titre et qualité de Canillac, avec le droit honorifique de l'entrée aux Etats généraux de la province de Languedoc et celuy de l'entrée aux Etats particuliers du Gévaudan et assiette de Mende, à luy appartenant, pour et en faveur toutefois de Mʳᵉ Pierre de Morangiers, brigadier des armées du Roy, premier sous-lieutenant des gendarmes de la garde ordinaire de sa Majesté, et non d'autre, pour jouir par le dit sieur Morangiers desdits noms, titre et qualité de Canillac, aux honneurs, droits et prérogatives y attachés, consentant que toutes lettres et actes nécessaires luy en soient expédiées et délivrées, ainsi qu'il appartiendra ; promettant, obligeant, renonçant. Fait et passé à Paris, en étude, l'an 1741, le 27 août, avant midy, et signé la minutes des présentes demeurée à Bronod, l'un des notaires soussignés. PIONET et BRONOD, *signés*.

Surannation sur lettres patentes de translation du titre de baronnie de Canillac sur celle de St-Alban.

Louis, par la grâce de Dieu, roy de France et de Navarre, à nos amis et féaux conseillers, les gens tenant notre cour de Parlement à Toulouze, Cour des Comptes et aydes et finances, à Montpellier, et à notre sénéchal de Nimes ou son lieutenant général, salut. Nostre cher et bien aimé, le sieur Pierre de Molette, marquis de Morangiers, baron du Tournel, Sgr de St-Alban et autres lieux, nous a fait remontrer que nous luy avons accordé, au mois de mars 1746, nos lettres patentes de translation du titre de baronnie de la terre de Canillac sur celle de St-Alban ; lesquelles il n'a pû depuis ce temps là vous présenter, pour procéder à l'enregistrement ; et désirant le faire à présent, il vous a très humblement fait supplier de le relever de la suranation et de luy accorder nos lettres à ce nécessaires. A ces causes, voulant faire jouir l'exposant de la grâce que nous luy avons accordée ; nous vous mandons et enjoignons, par ces présentes, signées de notre main, que vous ayez à procéder, avec les formalités ordinaires, à l'enregistrement desdites lettres patentes de translation du titre de baronnie de la terre de Canillac sur celle de St-Alban, que nous luy avons accordées au mois de mars 1746, cy attachées, sous le contre-scel de notre chancellerie; nonobstant qu'elles soient suranées; ce que nous ne voulons luy nuire ny préjudicier et dont nous l'avons, de notre grâce spéciale, pleine puissance et authorité royale, relevé et relevons par ces présentes, et vous mandons de faire jouir l'exposant de l'effet et contenu en icelles, ainsy et de la même manière que si elles vous avoient esté presentées dans l'an de leur date; car tel est nostre plaisir.

Donné au camp de Hamal, le 5ᵉ jour du mois de septembre, l'an de grâce 1747, et de nostre regne le trente troisième, *signé* Louis. — Par le Roy, *signé* PHELIPEAUX.

Les présentes ont été registrées ez registres de la Cour de M. le sénéchal de Nismes, par nous, greffier soussigné, en conséquence de son appointement du 19 juillet 1748. AURELLIER, *signé*.

1753 [1]

MM. les commissaires de l'assiette. — Lecture des commissions pour les sommes à imposer. — Lecture des procurations des députés. — Prestation du serment. — Vote des sommes demandées. — Une lettre doit accompagner les procurations. — Confirmation des officiers du pays. — Debets des comptes des collecteurs. — Reliquats. — Menu habillement des miliciens. — Indemnité accordée au diocèse. — La dépense du loyer des écuries pour la maréchaussée doit être supportée par le diocèse. — Accord entre le Chapitre de Montpellier et le Gévaudan à raison de l'augmentation de la dotation, en

---

(1) Les années 1750, 1751 et 1752 manquent.

faveur des étudiants en droit. — *Chemins et ponts.* — *Refus de faire construire un chemin projeté entre Saugues et Langogne.* — *Pont d'Ancelpont et de Babonés.* — *Clôture des Etats.*

L'an mil sept cent cinquante trois et le mardy, vingt-septième jour du mois de mars, les gens des Trois Etats du pays du Gévaudan, convoqués par ordre du Roy, en la ville de Mende, sont venus à la salle du Palais épiscopal, où Mgr l'illustrissime et reverendissime Sgr Mgr Gabriel-Florent de Choiseul Beaupré, évêque, seigneur et gouverneur de la ville de Mende, comte de Gévaudan conseiller du Roy en ses conseils, Président-né des Etats et assiette dudit pays, les attendoit, étant accompagné de Mre Pierre Jaufroy, prêtre, chanoine, archidiacre de l'église cathedrale de Mende et vicaire général de Mgr l'évêque, et de MM. les commissaires ordinaires; et, tous ensemble sont allés à l'église cathédrale de Mende, pour y entendre la messe du Saint Esprit. Après laquelle étant revenus audit palais épiscopal, dans la salle destinée pour la tenue desdits Etats, ils y ont pris chacun leur place, scavoir : Mgr le Président sur un fauteuil, placé sur une estrade élevée au dessous d'un dais, et, sur la gauche de cette estrade, à la tête du banc, Me Pierre de Michel du Roc, seigneur de Brion et autres places, maire de la ville de Marvejols commissaire principal desdits Etats et assiette ; Me Emmanuel de Bessuéjols, chevalier, seigneur, marquis de Roquelaure, Bessuéjols, Montchanson et Taulet, Sgr d'Aleyrac, Gabriac, Lassouq, du Bacon-l'Eglise, en Gévaudan, comte et baron d'Apcher, seigneur et baron de la ville de St-Chély et autres places, ci-devant guidon des gens d'armes de la

Reine, chevalier de l'ordre militaire de St Louis, baillif dudit pays de Gévaudan, en tour, pour Mgr l'évêque de Mende, la présente année, commissaire ordinaire desdits Etats et assiette; Mre Claude-Gabriel-Amédée de Rochefort d'Aly, comte de St-Point et de Montferrand, baron de Cénaret, Sgr de Laval, Pougnadoire et St-Chély-de-Tarn, commis des nobles dudit pays, commissaire ordinaire desdits Etats et assiette, absents; Mre Urbain de Rets de Bressolles, Sgr de Servières et autres places; sieurs Charles Farain et Louis Bondan, premier, second et tiers consuls de la ville de Mende, l'année dernière, commissaires ordinaires desdits Etats et assiette, sur un ban, placé au milieu du parterre; MM. les eclésiastiques sur un banc à la droite de M. le Président, chacun, suivant leur rang; et, sur le banc du sieur baillif MM. les barons et gentilshommes de ce diocèze ou leurs députés, aussy suivant leur rang; et les sieurs consuls et députés des autres villes et communautez dudit pays, qui ont entrée et voix délibérative auxdits Etats, assis sur le bas banc.

Monsieur Duroc, commissaire principal ayant en main les commissions de nosseigneurs les commissaires, qui ont présidé pour le Roy à l'assemblée des Etats généraux de la Province, tenus à Montpellier le . . . . .a dit que nos dits seigneurs luy ordonnent, par leurs dites commissions, aux consuls de Mende et à un de Marvejols, commissaires ordinaires comme lui, de procéder au departement des deniers y contenus, ainsy qu'il a été consenty et resolu auxdits Etats, lesquels sa majesté veut être imposés, la présente année, pour le soutient de l'Etat et pour fournir aux autres dépenses qui se fairont dans le royaume, aussy bien que pour les appointements de son altesse serenissime Mgr le prince de Dombes, gouverneur de la province, entretenement de ses gardes et de MM. les lieutenants généraux de ladite province, dettes et affaires de la province et de ce diocèze et département des gratifications ordinaires et extraordinaires contenues au billet, sur ce envoyé, signé . . . . en attendant l'arrêt de validation du Conseil d'Etat de sa majesté, pour être payés aux premiers jours d'avril, juillet et octobre de la présente année ; et a remis les commissions au greffier du diocèze pour en faire la lecture.

Et à l'instant, lecture a été faite desdites commissions, ensemble des instructions et autres actes y attachez contenant, entre autres chozes, permission d'imposer pour les vaccations et journées des consuls de Mende, de Marvejols et du sindic du diocèze, députés aux Etats généraux de la province. La lecture ayant été finie, lesdits sieurs commissaire principal et baillif du pays de Gevaudan, en tour, sont sortis de l'assemblée.

Mgr le Président a fait appeler les gens des Trois Etats du pays de Gévaudan, et ayant fait remettre, au greffier du diocèse, les procurations des députés auxdits Etats, il en a fait la lecture.

L'assemblée ayant été reglée, chacun ayant pris sa place, le serment en tel cas requis et accoutumé ayant été prêté, savoir par MM. de l'église : la main mise sur la poitrine ; et par MM. de la noblesse et députés du Tiers Etat, la main levée à Dieu, et tous ensemble ont promis à Mgr le Président, moyennant leur serment, de ne rien faire en cette assemblée contre l'honneur de Dieu ny contre le service du Roy.

Ensuite a été unanimement résolu que les sommes contenues aux commissions de nosseigneurs les commissaires, présidant pour le Roy aux Etats généraux de le province, tenus à Montpellier le 5ᵉ décembre dernier, seront impozées, la présente année, sur les contribuables aux tailles du pays de Gévaudan et les Etats ont donné pouvoir à MM. les commissaires de l'assiette, qui s'assembleront demain, d'en faire le département.

Comme il a été d'usage dans la province que MM. de l'Eglise et MM. les barons, qui ne peuvent pas assister aux Etats du Languedoc, envoyent, outre leurs procurations, une lettre adressée à Mgr le Président pour toute l'assemblée, contenant les raisons pour lesquelles ils ne peuvent pas venir ; que cet usage a été toujours observé dans ce pays, pour soutenir la dignité de Mgr le Président et de toute l'assemblée, et que néantmoins quelques uns ont obmis d'écrire lesdites lettres ; a été délibéré que les procurations, tant de MM. de l'église que de MM. les barons et gentils hommes de ce diocèze, seront refuzées à l'avenir, si elles ne sont accompagnées d'une lettre pour Mgr le Président, qui contienne les raisons pour lesquelles ils ne peuvent assister en personne et que le greffier du diocèse couchera la présente délibération dans les lettres d'avis, pour la convocation des Etats prochains.

Mgr le Président a dit que, suivant l'uzage et instructions de nos seigneurs les commissaires, présidant pour le Roy aux Etats généraux de la province, cette assemblée est en droit de faire procéder à la confirmation ou nouvelle élection des officiers du diocèse. Surquoy, les sieurs Lafont, sindic, et de Lhermet, greffier, étant sortis de l'assemblée, a été délibéré, d'une voix unanime, de confirmer le sieur Lafont dans la charge de sindic, et le sieur de Lhermet, dans la charge de greffier.

Après quoy, les Etats ayant fait appeler lesdits sieurs Lafont et de Lhermet, lecture leur a été faite de la présente délibération, et Mgr le président leur a fait prêter le serment, la main levée à Dieu, de remplir les devoirs de leurs charges ; ce qu'ils ont promis et juré de faire.

Le sindic du pays a dit qu'il a été rendu un jugement par MM. les commissaires du Roy et des Etats, le 2ᵉ décembre 1752, portant que les sommes dues aux collecteurs de Barre, du Fau-de-Peyre et de Palhers, de l'année 1750, par la cloture de leurs comptes, dont ils avoient différé de poursuivre la vérification, seront imposées la présente année, en leur faveur ; que ces debets montent à la somme de 157 livres 14 sols 16 deniers, et a requis de délibérer qu'il en sera fait mention dans les mandes de la taille de cette année et qu'on y marquera, par un article particulier, la somme que chaque particulier doit imposer à ce sujet. Sur quoy, les voix ayant été recueillies, il a été unanimement délibéré conformément à la réquisition dudit sieur sindic.

Ledit sieur sindic a dit encore qu'il a été rendu un jugement par MM. les commissaires du Roy et des Etats, le 2 décembre 1752, quy ordonnent que les sommes dues aux collecteurs de l'année 1751, par la clôture de leurs comptes non excédant la somme de 10 livres, seront imposés en leur faveur ; que ce jugement ordonne encore l'imposition des sommes dues à certains collecteurs au-dessus de dix livres, dont la vérification a été poursuivie sur la remise que les collecteurs ont faite des pièces justificatives ; que tous ces débets montent à la somme de 113 livres 9 sols 10 deniers ; et a requis de délibérer qu'il en sera fait mention dans les mandes de la taille de cette année et qu'on y marquera, par un article particulier, la somme que chaque communauté doit imposer à ce sujet.

Sur quoy, les voix ayant été recueillies, l'assemblée a unanimement délibéré, conformément à la réquisition dudit sieur sindic.

Ledit sieur sindic a dit aussy qu'il a été rendu un autre jugement par MM. les commissaires du Roy et des Etats, le 2ᵉ décembre 1752, portant qu'il sera fait un moins imposé dans plusieurs communantés des reliquats des comptes des collecteurs de l'année 1751. Lesquels reliquats montent en total à la somme de 4,183 livres 9 sol ; et a requis l'assemblée de délibérer. Sur quoy, a été unanimement délibéré qu'il en sera donné avis aux communautés par un article de la mande.

Ledit sieur sindic a dit encore, qu'il a receu une ordonnance de MM. les commissaires du Roy et des Etats concernant l'imposition de la dépense du menu habillement des miliciens; mais qu'il n'a point receu l'ordonnance de M. l'Intendant, qui doit fixer le contingent du Gévaudan sur cette dépense; qu'il est pourtant nécessaire de procurer un fonds à M. le receveur pour payer, à la caisse de la province, aux termes ordinaires ; que l'assemblée pourroit en user, comme elle a fait en pareil cas, les années précédentes et imposer, par estimation, la somme de 6,000 livres ; et a requis l'assemblée. de délibérer. Sur quoy les voix ayant été recueillies, il a été unanimement délibéré d'imposer, par estimation la somme de 6,000 livres, pour fournir à la dépense du menu habillement.

Ledit sieur sindic a dit aussy, qu'il a receu une ordonnance de M. l'Intendant, du 9e du présent mois de mars, quy accorde à ce pays une somme de 20,514 livres 10 sols 4 deniers, pour les dommages causés aux récoltes de l'année dernière 1752 ; que cette somme doit être répartie sur les communautés, dont les récoltes ont été endommagées proportionnellement aux pertes qu'elles ont souffertes et aux charges imposées sur les biens endommagés, et que chaque communauté doit faire, suivant l'usage, un moins imposé de la somme quy luy sera attribué ; et a requis l'assemblée de délibérer. Sur quoy, l'assemblée a unanimement délibéré que ladite somme de 20,514 livres 10 sols 4 deniers sera répartie par MM. les commissaires de l'assiette, quy s'assembleront demain, sur les communautés dont les récoltes ont été endommagées.

Ledit sieur sindic a dit encore, que les Etats du Languedoc ont délibéré, à leur dernière assemblée, de faire supporter à chaque diocèze, en corps, la dépense du loyer des écuries et grenier à foin des brigades de maréchaussée ; que par cette délibération on rend commun à tous les diocèzes de la province l'usage ou étoient certains d'entreux d'imposer cette dépense, tandis que dans d'autres elle étoit faite par les communautés où ces brigades faisoient leur résidence ; que c'étoit ce qui se pratiquoit en particulier dans ce diocèze quy, jusqu'à présent, n'avoit été chargé que du logement des officiers et cavaliers de la maréchaussée et n'avoit point contribué au loyer des écuries et grenier à foin ; que ce loyer avoit été sur le compte de la communauté de Mende, quy imposait, tous les ans, une somme de 30 livres. Ledit sieur sindic à requis l'assemblée de délibérer que cette même somme sera imposée à l'avenir sur le général du diocèse ; qu'en conséquence elle sera employée par un article particulier dans le département des deniers ordinaires ; que la communauté de Mende sera déchargée de cette imposition et qu'il luy en sera donné avis par un article de la mande. Sur quoy, a été unanimement délibéré conformément à la requisition dudit sieur sindic.

Ledit sieur sindic a dit aussy, qu'il fut rendu compte à l'assemblée aux Etats particuliers de 1749, d'un procès entre les collégiats du Gévaudan, étudiant en droit à Montpellier, et le Chapitre de la même ville, intenté d'abord devant le Sénéchal et évoqué ensuite à la Chambre des requêtes où le sindic du pays feut assigné en assistance de cause ; que l'assemblée feut encore informée du jugement rendu sur ce procès qui rouloit sur deux chefs de demande, dont l'un consistoit à faire condamner le Chapitre à augmenter la pension qu'il paye annuellement aux collégiats, et l'autre à leur faire bâtir une maison, comme il s'y étoit engagé par une tranzaction, passée en 1553 ; que N. S. des requêtes déchargèrent le Chapitre de la première de ces demandes, le condamnèrent à remplir ses obligations pour ce qui concernoit la construction de la maison, aux épices du jugement et compensèrent les dépens ; que l'assemblée approuva les diligences qui avoient été faites et renvoya à MM. les commissaires ordinaires pour continuer les poursuites jusques à ce que cette affaire auroit été terminée par un arrest définitif ou de toute autre manière qu'ils jugeroient la plus avantageuse au pays ; que peu de temps après, le Chapitre de Montpellier, voulant éviter les frais de l'expédition de ce jugement, offrit à MM. les commissaires d'y acquiescer ; l'on crût, avant d'entrer avec eux dans des propositions d'accommodement, devoir prendre l'avis des plus fameux avocats de Toulouze quy, après avoir examiné les demandes formées par les collégiats contre le Chapitre, les trouvèrent susceptibles de difficulté et pensèrent qu'il falloit s'en tenir à ce que N. S. des requêtes avoient décidé ; MM. les commissaires étoient d'ailleurs informés que la question qui avoit été jugée en faveur des collégiats avoit été extrêment controversée et sur le point de donner lieu à un partage. Toutes ces considérations engagèrent MM. les commissaires à se prêter à des moyens de conciliation. Le Chapitre de Montpellier fit en conséquence dresser un avis estimatif de la maison qu'il avoit été condamné à faire bâtir. Ce devis ayant été communiqué à MM. les commissaires, ils le trouvèrent défectueux, soit par rapport à l'emplacement, que l'on fixoit dans un cimetière, soit à cause de la disposition intérieure de cette maison qui, aux termes de la transaction de 1555, devoit être beaucoup plus spacieuse et former un objet de dix à douze mille livres ; ce qui engagea MM. les commissaires de le rejetter. Sur ces entrefaites, Mgr le Président s'étant rendus aux Etats généraux de 1750, les sindics du Chapitre firent auprès de luy de nouvelles démarches pour un accommodement. Comme l'on ne pouvoit tomber d'accord avec eux sur le lieu et la forme de la maison, et que d'ailleurs il ny avoit aucun fonds pour fournir à son entretien ; qu'il étoit par conséquent à craindre que le défaut des réparations nécessaires chaque année, elle ne feut dans peu de temps dégradée, et que pour en prévenir la ruine, l'on ne se trouvoit obligé d'en user comme l'on avoit fait pour celle des collégiats qui feut vendue en 1735,

Mgr le Président crut, par ces motifs, devoir proposer, au lieu de la construction de cette maison, une augmentation sur la pension de chaque collegiat. Le Chapitre accepta cette proposition. Il ne fut plus question que de fixer la somme dont les pensions seroient augmentées. Après plusieurs conférences l'on convint quelles le seroient de 150 livres chacune, c'est à dire qu'au lieu de 50 livres que le Chapitre payoit chaque année à chaque collégiat, il luy en payeroit 200 livres, et que l'entière dotation du collège, qui n'étoit cy devant que de 250 livres, seroit à l'avenir de 1,000 livres. Relativement à cela, le sindic du pays, sous les ordres de Mgr le Président, passa, le 17 février 1750, des conventions préliminaires avec celui du Chapitre. Les circonstances où cette province s'est trouvée pendant quelques années, n'ont pas permis de mettre la dernière main à cet accommodement qui a néantmoins été exécuté tous les ans de la part du Chapitre. Il luy a été communiqué, en dernier lieu, un projet de tranzaction qu'il a approuvé, et il a été convenu qu'on tranzigeroit incessamment et que l'on poursuivroit, de concert, un arrest d'homologation et de la tranzaction ; et le sindic a requis l'assemblée d'approuver les conventions passées avec le Chapitre cathedral de Montpellier et de renvoyer à MM. les commissaires ordinaires pour tranziger relativement à ces conventions et faire homologuer l'accord qui sera passé. Sur quoy, l'assemblée a remercié Mgr le Président de ses bontés et de ses attentions pour le bien de ce diocèze et des soins qu'il a bien voulu se donner pour terminer aussy heureusement l'affaire des collégiats contre le Chapitre de Montpellier et a unanimement délibéré de renvoyer à MM. les commissaires ordinaires, pendant l'année, pour tranziger relativement aux conventions quy ont été passées et faire homologuer la transaction au Parlement.

De relevée.

Ledit sieur sindic a dit qu'il doit rendre compte à l'assemblée de l'état ou se trouvent les grands chemins du pays ; que tous les ouvrages adjugés par MM. les commissaires du diocèze, avant l'interruption des Etats, ont été perfectionnés et receus ; que M. l'intendant en a ordonné et fait adjuger plusieurs par son subdélégué pendant les années de son administration ; qu'ils sonsistent aux reconstructions des ponts du Mazel et de Donozau, aux réparations du chemin de Mende à Laubert ; de celuy de Maruejols au pont de la Planchette, route de Mende ; de Mende à St-Etienne-du-Valdonnez ; de Mende à Rieutert ; de Mende à Chanac ; de Maruejols au pont de Montferrand et de ce pont à St-Laurent-de-Rive d'Olt, route du Rouergue ; de la croix d'Ateyrac à Rochegrosse, route de Langogne par le Palais ; de Maruejols au pont de la descente de la Maison-Neuve, route de Saint-Chély et d'Auvergne ; de Mende à Balsièges et au haut de la montée du Chauzal ; de Mende à Banassac ; de Chanac au pont de Tarn, près Florac et de certaines réparations sur le chemin de Mende passant par Laubert, et de Mende à Rieutort, outre celles dont il vient d'être parlé ; que ces ouvrages ont été faits et receus à l'exception 1° du chemin de St-Laurent au pont de Montferrand, dont l'adjudication n'a peu être jusqu'à présent exécutée à cause de l'insuffisance des fonds imposés pour les chemins et qui doit être encore, par les mêmes motifs, suspendu cette année ; 2° les réparations de celuy de Maruejols au pont de la descente de la Maison Neuve, qui sont en état de réception ; 3° celles d'une partie du chemin de Maruejols au pont de Montferrand et des chemins de Mende à Rieutort et à l'Habitarelle, passant par Laubert qui n'ont été adjugé que le 19 octobre dernier et auxquels la rude saison n'a pas permis d'y travailler jusques à présent, les entrepreneurs se disposant à mettre la main à l'œuvre ; 4° les réparations du chemin de Chanac à Banassac, adjugés le 27 août 1750, à Jean-Antoine Manifacier, de Plavaisset, paroisse d'Aujac, diocèze d'Uzès, sous le cautionnement de Louis Bastide du même lieu ; celles de Mende à Balsièges et au haut de la côte du Chauzal et celle de Chanac au pont de Tarn, adjugées les unes et les autres, le 25 septembre 1751, sçavoir : les premiers : aux nommés Toquebeuf du Bruel, sous le cautionnement d'Antoine Dolsan, du même lieu, et les secondes à Jean Vincens, de la ville de Mende, sous le cautionnement de Jean Rodier, de Florac. Les entrepreneurs de ces trois ouvrages ne se sont point conformés aux devis dans les parties auxquelles ils ont travaillé et ont négligé les autres ; il est nécessaire de faire contr'eux des diligences pour les obliger à remplir leurs engagements.

Ledit sieur sindic a dit encore que M. l'intendant a fait adjuger par son subdélégué, le 19 du mois d'octobre dernier, l'entretien pour six années, des chemins de Mende à Laubert ; de Mende à St-Etienne-du-Valdonnez et de Marvejols au pont de la Planchette, près Barjac ; qu'à l'égard des autres entretiens, cy devant adjugés par MM. les commissaires du diocèze, ils ont été exécutés, chaque année, par les entrepreneurs, à l'exception de ceux du Mas, du Rey à Florac, et de Mende à la pierre Bescal, route de Villefort, quy sont presque perfectionnés; de celuy du Pompidou à la cotte de St-Pierre, dont Jean Pantel, Jean Balmes, les héritiers de François Beaufet et Louis Firmin, sont chargés; et celuy de la metherie du Lignon, au pont du Baille, route de Marvejols à Serverette, dont Jean Tichit, de St-Léger-de-Peyre, est entrepreneur; que ces deux derniers entretiens ont été négligés et qu'il ny a été fait qu'une partie du travail pendant deux ans; ce qui a obligé M. l'Intendant a en faire suspendre le payement pour ce temps-là; qu'il est nécessaire de faire des diligences contre ces entrepreneurs, pour qu'il se mettent incessamment en règle.

Ledit sieur sindic a ajouté que, sur les entretiens qui ont été cy devant adjugés par MM. les commissaires du diocèze, il y en a plusieurs dont les baux sont expirés et qui sont ceux de Laubert à l'Habitarelle; de Rochegrosse à Langogne, et à l'extrémité du diocèze; du mas du Rey à Florac; de Florac à St-Etienne-du-Valdonnez; de Rieutort à la Garde; du Malzieu à Serverette; de la metherie du Lignon à St-Chély; de même que ceux de la metherie du Lignon au pont de Baille, et du Pompidou à la cotte de St-Pierre, lorsque les entrepreneurs les auront mis en état, et qu'il seroit nécessaire de renvoyer à MM. les commissaires pour renouveler les baux de ces différents entretiens.

Enfin ledit sieur sindic a observé que le fond pour le payement de tous ces ouvrages qui restent à perfectionner et dont il vient de faire le détail, sont entre les mains des receveurs de 1750, 1751 et 1753; et a requis l'assemblée de délibérer.

Surquoy, l'assemblée a unanimement délibéré de suspendre encore cette année, à cause de l'insuffisance des fonds, l'exécution de l'adjudication du chemin du pont de Montferrand à celuy de St-Laurent-de-Rive d'olt; et a chargé ledit sieur sindic de faire perfectionner les ouvrages dont l'objet n'est point encore consommé; a renvoyé à MM. les commissaires ordinaires, pour faire les diligences nécessaires contre les entrepreneurs quy négligeront de remplir leurs engagements, comme aussy pour renouveler les baux des entretiens quy sont expirés.

Ledit sieur sindic a dit aussy, que le sieur Atger de Mende et le sieur Pomeirols, de Barre, sa caution, entrepreneur de l'entretien des chemins royaux des Cévennes, ayant négligé cet entretien ainsy qu'il résulte des procès-verbaux de visite de l'Inspecteur; MM. les commissaires du diocèze jugèrent à propos de faire suspendre, pendant deux années, le payement du prix de cet entretien; que les entrepreneurs ont laissé totalement dégrader ces chemins pendant le temps de l'interruption des Etats; que sur les plaintes quy en ont été portées à M. de St Priest, intendant de cette province, il chargea ledit sieur sindic et M. Bertrand, ingénieur de ce diocèze, d'en faire la visite et de dresser un procès-verbal et devis extimatif des réparations quy y seroient jugées nécessaires, en distingant celles qùy seroient à la charge des entrepreneurs d'avec celles quy devoient être supportées par le diocèze ou par les propriétaires des fonds cultivés, joignant ces chemins; qu'en conséquence ledit sieur sindic et ledit sieur Bertrand procédèrent à cette visite et en dressèrent leur procès-verbal, qui contient tous les ouvrages qu'il parut nécessaire de déterminer pour mettre ces chemins en état; que tous ces ouvrages ont été estimés 30,374 livres, dont il en a été mis sur le compte des entrepreneur 17,079 livres, y compris une partie de 1,855 livres pour les réparations du chemin qui conduit du pont de Bruzen à la clède Delpas, passant par le Pereyret; lesquelles réparations sont à la charge du sieur Lacombe d'Ispagnac, cy devant entrepreneur des chemins royaux des Cévennes quy, lors de l'expiration de son bail, n'avoit point mis en état cette partie et a depuis négligé d'y faire travailler. Les ouvrages qui doivent être faits par les propriétaires des fonds cultivés joignant les chemins, ont été estimés, dans le même procès-verbal, à 3,122 livres, et ceux qui doivent être supportés par le diocèze, à 10,182 livres, en y comprenant deux changements de chemin, l'un au Pont de Montvert et l'autre au gué du torrent du Merlet. Le premier de ces changements, qui étoit depuis longtemps sollicité, consiste à ouvrir la route par le vallon qui est à la sortie du Pont de Montvert jusques à l'endroit appelé la Barraque, près la tour des Vialas, route qui sera praticable dans tous les temps de l'année ; au lieu que l'ancienne, se trouvant établie sur une haute montagne, est plus souvent fermée par les neiges; le second consiste à abandonner le chemin qui est le long du torrent du Merlet, sujet à être emporté aux inondations de ce torrent quy sont très fréquentes et à pratiquer, pendant 200 toises un autre chemin sur le penchant de la montagne, pour ses mettre à l'abri de ces inondations.

Le procès verbal de visite ayant été remis à M. l'Intendant, il a rendu une ordonnance, le 19ᵉ août dernier, par laquelle il a autorisé tous les ouvrages quy y étoient contenus, même les deux changements dont on vient de parler, et a ordonné que les entrepreneurs exécuteroient ceux quy sont à leur charge, dans le delay de six mois ; au bout duquel temps il sera fait par le sieur Bertrand, ingénieur du diocèse, une nouvelle visite, à l'effet de constater l'état de ces chemins, afin d'être pourvu à la folle enchère des entrepreneurs à l'adjudication des parties quy resteroit à exécuter; que le sieur Lacombe sera tenu de faire travailler, dans le même delay de six mois, et sous les mêmes peines, aux ouvrages qui le concernent; et, pour accélérer la prompte et entière réparation des chemins royaux des Cévènes, M. l'Intendant a dispensé, pour cette fois seulement et sans tirer à conséquence, les propriétaires des fonds cultivés joignant ces chemins, de faireles ouvrages dont ils étoient tenus, et a ordonné que ces ouvrages, de même que ceux quy avoient été mis dans le procès-verbal sur le compte du diocèze, seroient publiés, adjugés par son subdélégé et payés sur les fonds imposés l'année dernière pour les chemins. En conséquence de cette ordonnance, M. Barrandon, subdélégué, s'est rendu à Florac, et a adjugé, le 5e octobre dernier, tous ces ouvrages. Le prix de ces adjudications qui sont au nombre de treize, et qui ont été faites par les paroisses, se porte à 15,570 livres. Ces adjudications ont été authorizées par M. l'Intendant; son ordonnance du 4e août a été signifiée le 5e et le 6e octobre aux sieurs Pommeirols, Atger et Lacombe. Le sieur Pommeirols est décédé peu de temps après. Ses héritiers, de même qu'Atger et le sieur Lacombe ont resté jusques à présent dans l'inaction et ne se sont pas mis en devoir d'exécuter l'ordonnance de M. l'Intendant. Les entrepreneurs des ouvrages adjugés le 5 octobre, ont déjà commencé à y travailler et les continuent; et ledit sieur sindic a requis l'assemblée de délibérer et de renvoyer à MM. les commissaires ordinaires, pendant l'année, pour qu'ils fassent les diligences contre Atger, les héritiers du sieur Pommeyrol et le sieur Lacombe, et qu'ils pourvoyent à la folle enchère de ces entrepreneurs et à l'adjudication des parties qu'ils auront négligé de perfectionner dans le delay prescript par l'ordonnance de M. l'Intendant ; comme aussy ledit sieur sindic a requis l'assemblée de l'authoriser à presser l'exécution des ouvrages adjugés le 5° octobre dernier pour le compte du diocèze.

Sur quoy, l'assemblée a unanimement délibéré de renvoyer à MM. les commissaires ordinaires, pendant l'année, pour qu'ils fassent les diligences nécessaires contre Atger, les héritiers du sieur Pommeirols et le sieur Lacombe, et qu'ils pourvoyent à la folle enchère de ces entrepreneurs, à l'adjudication des parties qu'ils auront négligé de perfectionner dans le delay prescrit par l'ordonnance de M. l'Intendant ; comme aussy à authorizé ledit sieur sindic à presser l'exécution des ouvrages adjugés le 5° octobre dernier, sur le compte du diocèze.

Mgr le Président a dit, qu'il luy a été remis un mémoire de la part de la communauté de Saugues pour la construction d'un chemin de Saugues à Langogne, et a remis le mémoire au greffier du pays pour en faire la lecture ; après laquelle Mgr le Président a observé que la construction de ce chemin a été plusieurs fois proposé à l'assemblée quy a, là dessus, délibéré et qu'il seroit nécessaire de faire lire les présentes délibérations.

Sur quoy, le greffier a fait lecture d'une délibération, prise aux Etats particuliers du pays le 5 avril 1741, ensemble d'un mémoire attaché, concernant ladite route ; laquelle délibération porte qu'on ne fera point ledit chemin, attendu son peu d'utilité et la dépense excessive dans laquelle on seroit obligé d'entrer, qui se porteroit à plus de 80,000 livres ; après laquelle lecture, les voix ayant été appelées une à une, l'assemblée a unanimement persisté dans sa délibération du 5 avril 1741, attendu les motifs qui l'engagèrent à la prendre, sont aujourdhuy les mêmes, et a de nouveau délibéré qu'on ne faira point le chemin de Saugues à Langogne.

Le sindic du pays a dit que le mémoire de la communauté de Saugues, dont il vient d'être fait lecture, ne roule pas seulement sur la route de Saugues à Langogne, mais qu'il contient encore, d'autres propositions ; que l'on y demande la construction de deux ponts, l'un à Ancelpont, près Saint-Symphorien, et l'autre à Babonés, auprès de Thoras ; que l'on en établit la nécessité par le danger que courent les voyageurs en gagnant ces rivières lorsqu'il survient des inondations quy y sont très fréquentes ; que l'on prétend encore dans ce mémoire, que les ponts de la Ponteire, de Soulis et des Plantats, que le diocèze a cy devant fait construire, deviennent inutiles sy l'on ne fait les deux dont il s'agit ; que par ces considérations il paraitroit nécessaire de prendre connoissance de ces ouvrages, de leur utilité, de la manière dont ils pourront être exécutés et de la dépense qu'ils occasionneroient ; et a requis l'assemblée de délibérer.

Sur quoy, les voix ayant été recueillies, il a été unanimement délibérer de charger ledit sieur sindic de prendre des ecclaircissements nécessaires au sujet de la construction des deux ponts ; l'un à Ancelpont et l'autre à Babonés, tant pour ce qui regarde la nécsssité de ces ouvrages que la manière de les exécuter et la dépense en laquelle ils donneront lieu, et de rendre compte de l'examen qu'il en aura fait à l'assemblée prochaine des Etats particuliers du pays.

Après quoy le *Te Deum* a été récité et la bénédiction a été donnée par Mgr le Président.

Fait, clos et arrêté à Mende, le vingt septième mars mil sept cents cinquante trois.

Signé : † G. Flor., évêque de Mende.

1754

MM. les commissaires de l'assiette. — Lecture des commissions pour les sommes à imposer. — Lecture des procurations des députés et prestation de serment. — Nomination de M. de Lhermet fils, à la charge de greffier du diocèse, vacante par la démission de son père. — Gratification de 1,500 livres, à M. de Lhermet, père. — Admission de M. le marquis de Moncalm, propriétaire de la terre et gentilhomière de Gabrias. — Debets et reliquats des comptes des collecteurs. — Menu habillement des miliciens. — Indemnité en faveur du diocèse. — Pertes sur les grains que le pays fit venir en 1750. — Projet d'un nouveau règlement des dépenses ordinaires du diocèse. — Arrêt de la Cour des aides sur la levée et perception des impositions. — Règlement au sujet du droit d'avis et de commandement exigé par les receveurs. — Termes les plus favorables pour la perception des impositions. — Délai accordé aux héritiers de M. Blanquet pour appurer ses comptes de 1718. — Réception de M. le comte de

Roquelaure en qualité de baron d'Apcher. — Ponts et chemins, entretien et réparations diverses. — Cloture des Etats.

L'an mil sept cens cinquante-quatre et le lundy vingt-tième jour du mois de may. Les gens des Trois Etats du pays de Gévaudan, convoqués par ordre du Roy, en la ville de Maruejols, sont venus à la salle de l'hôtel de M. le comte de Peyre, où loge Mre Etienne Jaufroy, prêtre, licencié en théologie, chanoine, archidiacre de l'église cathédrale de Mende et vicaire général de Mgr l'évêque de Mende, Président des Etats et assiette dudit pays, qui les attendait, étant accompagné de MM. les commissaires ordinaires; et, tous ensemble sont allés à l'église collégiale de N. D. de la Carce, de la ville de Maruejols, ils ont pris chacun leur place, sçavoir : M. le Président, sur un fauteuil placé sur une estrade élevée, au-dessous d'un dais ; et, sur la gauche de cette estrade à la tête du banc, M. de Jerphanion, sindic du diocèse du Puy, commissaire principal étant absent; Mr Me Guillaume Bruguière, juge, lieutenant général au bailliage de Gévaudan, pour M. le baillif, en tour pour le Roy, la présente année, commissaire ordinaire desdits Etats et assiette; Mre Claude-Gabriel-Amédée de Rochefort d'Aly, comte de St-Point et de Montferrand, baron de Cénaret, Sgr de Laval, Pougnadoire et St-Chély-de-Tarn, commis des nobles dudit pays, commissaire ordinaire desdits Etats et assiette, absent; Mre Urbain de Rets de Bressolles, Sgr de Servières et autres places; sieurs Charles Farain et Louis Bondan, 1er, 2e et 3e consuls de la ville de Mende, l'année dernière, et Mre Pierre de Michel Duroc, Sgr de Brion et autres places, maire de la ville de Maruejols, commissaires ordinaires desdits Etats et assiette, sur un banc placé au milieu du parterre ; MM. les ecclésiastiques, sur un banc à la droite de M. le Président, chacun suivant son rang ; et sur le banc dudit sieur baillif ; MM. les barons et gentilshommes de ce diocèse ou leurs deputés, aussy suivant leur rang, et les sieurs consuls et députés des autres villes et communautés dudit pays, qui ont entrée et voix délibérative auxdits Etats, assis sur le bas banc.

M. Bruguière, juge, lieutenant général au bailliage de Gévaudan pour M. le baillif, ayant en main les commissions de nos seigneurs les commissaires, qui ont présidé pour le Roy en l'assemblée des Etats généraux de la province, tenus à Montpellier, le 13° mars dernier, a dit que nos dits seigneurs luy ordonnent, par leurs dites commissions, à M. le baillif du Gévaudan, étant en tour, ou son lieutenant, aux consuls de Mende et à un de Maruejols, commissaires ordinaires comme luy, de procéder au département des deniers y contenus, et ainsy qu'il a été consenty et résolu auxdits Etats ; lesquels Sa Majesté veut être imposés, la présente année, pour le soutien de l'Etat et pour fournir aux autres dépenses qui se fairont dans le Royaume, aussy bien que pour les appointements de Son Altesse sérénissime Mgr le prince de Dombes, gouverneur de la province, entretenement de ses gardes et de MM. les lieutenants généraux dans ladite province, dettes et affaires de la province et de ce diocèse et département des gratifications ordinaires et extraordinaires, contenues au billet, sur ce envoyé, signé : de Beaulieu, en attendant l'arrêt de validation du Conseil d'Etat de Sa Majesté, pour être payés aux premiers jours d'avril, juillet et octobre prochains, et a remis les commissions au greffier pour en faire la lecture.

Et à l'instant lecture a été faite desdites commissions, ensemble des instructions et autres actes y attachés, contenant entr'autres choses permision d'imposer pour les vacations et journées des consuls de Mende, de Marvejols et du sindic du diocèse, députés aux Etats généraux de la province. La lecture ayant été finie, le dit sieur lieutenant général au bailliage du Gévaudan, pour M. le baillif, en tour, est sorti de l'assemblée.

M. le président a fait appeler les gens des Trois Etats du pays de Gévaudan, et ayant fait remettre au greffier du diocese les procurations des députés auxdits Etats, il en a fait la lecture.

L'assemblée ayant été réglée, chacun ayant pris sa place, le serment en tel cas requis et accoutumé ayant été prêté, sçavoir : par MM. de l'Eglise, la main mise sur la poitrine, et par MM. de la noblesse et députés du Tiers-Etat, la main levée à Dieu ; et, tous ensemble ont promis à M. le Président, moyennant leur serment, de ne rien faire, en cette assemblée, contre l'honneur de Dieu ny contre le service du Roy.

Ensuite a été unanimement résolu que les sommes contenues aux commissions de nosseigneurs les commissaires, présidant pour le Roy aux Etats généraux de la province, tenus à Montpellier, le 15ᵉ mars dernier, seront imposés, la présente année, sur les contribuables aux tailles du pays de Gévaudan; et les Etats ont donné pouvoir à MM. les commissaires de l'assiette, qui s'assembleront demain, d'en faire le département.

Comme il est d'usage dans la province que MM. de l'église et MM. les barons, qui ne peuvent pas assister aux Etats du Languedoc, envoyent, outre leurs procurations, une lettre adressée à M. le Président pour toute l'assemblée, contenant les raisons pour lesquelles ils ne peuvent pas venir ; que cet usage a été toujours observé dans ce païs pour soutenir la dignité de M. le Président et de toute l'assemblée, et que néantmoins quelques uns ont obmis d'écrire lesdites lettres; a été délibéré que les procurations, tant de MM. de l'église que de MM. les barons et gentilshommes de ce diocèse, seront refusées à l'avenir, si elles ne sont accompagnées d'une lettre pour M. le Président, qui contienne les raisons pour lesquelles ils ne peuvent assister en personne, et que le greffier du diocèse couchera la présente délibération dans les lettres d'avis pour la convocation des Etats prochains.

M. le Président a dit que suivant l'uzage et instructions de nos seigneurs les commissaires, présidant pour le Roy aux Etats généraux de la province, cette assemblée est en droit de faire procéder à la confirmation ou nouvelle élection des officiers du diocèze, que le sieur de Lhermet, qui depuis vingt-un ans est greffier du pays, voudroit supplier l'assemblée d'agréer sa démission et de nommer à sa place le sieur Jean-Baptiste de Lhermet, son fils, avocat, qu'il ose se promettre qu'il ne sera pas moins empressé que lui à se rendre digne des bontés des Etats et de leur protection.

M. le Président a dit encore que le sieur de Lhermet, fils, lui est parfaitement connu; qu'il a du zèle et de l'application, et qu'il espère que l'assemblée sera dans la suite satisfaite de son choix.

M. le Président a ajouté qu'il est d'uzage, dans la province et dans cette assemblée, d'accorder une gratification aux officiers qui se retirent, lorsqu'on a eu lieu d'être content de leur service, même dans le cas ou l'on leur donne pour successeur un de leurs proches parents; que le sieur de Lhermet, père, ayant servi le pays pendant vingt ans, à la satisfaction du public, paroit dans le cas d'obtenir cette gratification; que l'on pourroit la borner à une somme de 1,500 livres attendu qu'il fait proposer son fils pour le remplacer.

Surquoy, les sieurs Lafont et de Lhermet, étant absent de l'assemblée, M. le Président a fait appeler les voix une à une, et il a été délibéré de confirmer le sieur Lafont dans la charge de sindic du pays, de recevoir la démission du sieur de Lhermet, père, de nommer à la charge de greffier du diocèse le sieur Jean-Baptiste de Lhermet, son fils, avocat, et d'accorder, sous le bon plaisir de Sa Majesté et des Etats généraux de cette province, une gratification de 1,500 livres au sieur de Lhermet, père; et que ledit sieur sindic sera chargé de poursuivre l'autorisation de la présente délibération pour ce qui concerne ladite gratification, et les permissions nécessaires à ce sujet.

Après quoy, les Etats ayant fait appeler lesdits sieurs Lafont et de Lhermet, père et fils, M. le Président a dit audit sieur de Lhermet, fils, que les Etats venoient de le nommer greffier du diocèse, qu'ils comptaient qu'il ne négligeroit rien pour se rendre digne de leur choix et de la confiance dont ils l'honoroient. M. le Président a dit aussy au sieur de Lhermet, père, que l'assemblée lui avoit accordé une gratification de 1,500 livres, en récompense de ses services.

Lecture a été faite ensuite de la présente délibération et M. le Président a fait prêter auxdits Lafont et de Lhermet, fils, le serment, la main levée à Dieu, de remplir les devoirs de leurs charges ; ce qu'ils ont promis et juré de faire.

M. le Président a dit que Mre Joseph-Louis de Montcalm, propriétaire de la terre de Gabriac, demande d'être reçu en cette qualité à cette assemblée ; que Mre Louis-Daniel de Montcalm, son père, le fut en 1710, après avoir fait ses preuves d'une naissance illustre ; que par cette circonstance, M. son fils ne doit aujourdhui, suivant les règlements de la province et ceux du pays de Gévaudan, justifier d'autre chose que de sa filiation et de la propriété de la terre de Gabriac ; que pour remplir ces deux objets, M. de Montcalm rapporte son extrait baptistaire et le testament de M. son père, qui l'institue son héritier.

M. le Président a ajouté que, quoiqu'il soit d'usage de renvoyer à une commission particulière l'examen des pièces produites par les récipiendaires, cependant comme il ne s'agit dans le cas présent que de deux actes, il croit devoir proposer aux Etats, pour ne pas retarder leur empressement à recevoir une personne aussi distinguée par sa naissance et par ses qualitez personnelles, que l'est M. le marquis de Montcalm, de lui faire faire la lecture des deux titres qu'il produit et de délibérer immédiatement après sur sa réception.

Sur quoy, les Etats ont fait faire la lecture dudit extrait baptistaire, suivant lequel Mre Joseph-Louis de Montcalm, né le 6 mars 1712, est fils de Mre Louis-Daniel de Montcalm et de dame Thérèze de Castelane. Lecture a été faite ensuite dudit testament, en date du 27 mars 1735, qui porte que Mre Louis-Daniel de Montcalm, chevalier, marquis de St-Véran, baron de Gabriac, Sgr de Candiac et autres places, institue son héritier en tous et chacuns ses biens, Mre Joseph-Louis de Montcalm, son fils.

Après lesquelles lectures, les Etats ont unanimement délibéré que ledit sieur marquis de Montcalm sera reçu à l'assemblée en qualité de propriétaire de la terre de Gabriac ; et, à l'instant y ayant été introduit, il a prêté le serment, en tel cas requis, entre les mains de M. le Président, en la forme ordinaire, et ensuite il a pris place et séance suivant son rang, et mondit sieur le Président a ordonné qu'extrait des titres ci dessus énoncés seroit remis au greffe du diocèse, suivant la coutume.

Le sindic du pays a dit qu'il a été rendu deux ordonnances par nos seigneurs les commissaires du Roy et des Etatz, le 11 mars dernier ; la première porte que la somme de 110 livres 10 sols 9 deniers, due au collecteur de St-Laurent-de-Trèves, de l'année 1751, par la clôture de son compte, dont il avoit différé de poursuivre la vérification, sera imposé la présente année en sa faveur ; que par la seconde, il est ordonné que les sommes dues aux collecteurs de l'année 1752, pour la clôture de leurs comptes, qui n'excèdent pas la somme de 10 livres, seront imposées en leur faveur ; que ce jugement ordonne encore l'imposition des sommes dues à certains collecteurs, au dessus de 10 livres, dont la vérification a été poursuivie sur la remise que ces collecteurs ont faite des pièces justificatives ; que tous ces debets montent à la somme de 174 livres 3 sols 9 deniers ; et a requis l'assemblée de délibérer qu'il en sera fait mention dans les mandes de la taille de cette année et qu'on y marquera, par un article particulier, la somme que chaque communauté doit imposer à ce sujet.

Sur quoy, les voix ayant été recueillies, l'assemblée

a unanimement délibéré conformément à la réquisition dudit sieur sindic.

Ledit sieur sindic a dit encore qu'il a été rendu un autre jugement par MM. les commissaires du Roy et des Etatz, le 11 du mois de mars dernier, portant qu'il sera fait un moins imposé, dans plusieurs communautés, des reliquats des comptes des collecteurs de l'année 1752; lesquels reliquats montent en total à la somme de 1,995 livres 1 sol 11 deniers; et a requis l'assemblée de délibérer.

Sur quoy, a été unanimement délibéré qu'il en sera donné avis aux communautez, par un article de la mande.

Ledit sieur sindic a dit aussi qu'il a reçu une ordonnance, rendue par MM. les commissaires du Roy et des Etats, qui permet aux villes et communautez de la province d'imposer, la présente année, le montant de la dépense les concernant du menu habillement des soldats de milice, qu'il a reçu l'état de cette dépense, arrêté par M. l'Intendant, le 28 avril dernier, pour certaines communautéz du pays, dont le total se porte à 1,445 livres 18 sols 6 deniers; qu'il paroit nécessaire d'en faire mention dans les mandes de la taille de cette année et d'y marquer, par un article particulier, la somme que chaque communauté, comprise dans l'état, doit imposer.

Sur quoy, a été unanimement délibéré, conformément à la réquisition dudit sieur sindic.

Ledit sieur sindic a dit encore qu'il a reçu une ordonnance de M. l'Intendant du 7 du mois de février dernier, qui accorde, à ce pays, une somme de 12,506 livres, pour les dommages causés aux récoltes de l'année dernière 1753; que cette somme a été répartie le 17 du mois dernier par MM. les commissaires rézidant à Mende et que M. l'Intendant a fait faire la répartition particulière sur les contribuables de chaque communauté qui doivent participer à l'indemnité pour être la somme, qui a été attribué à chacun, employée en moins imposé sur ses cotes de taille.

Ledit sieur sindic a dit aussi que l'assemblée ne peut que se souvenir de la famine dont ce pays fut affligé en 1750, et que pour mettre le peuple à portée d'atteindre au prix des grains qui furent envoyés dans ce diocèse, il fut nécessaire de diminuer celui auquel ils revenoient après leur transport de Lunel, où se faisoit l'approvisionnement ; que cette diminution de prix donna lieu à une perte de 45,000 livres sur le montant des grains et les frais du transport; que la charité de Mgr l'évêque de Mende lui inspira plusieurs moyens pour remplacer cette perte, à laquelle il fut pourvu alors, à l'exception toutefois d'une somme de 12,000 livres, avancée par feu M. de Lamouroux, trézorier de la province, en conséquence d'une ordonnance de feu M. Le Nain, du 26 août 1750; que M. l'Intendant rendit une autre ordonnance, le 10 juin 1750, portant que cette somme seroit remboursée par imposition, sur le diocèse en deux payemens égaux, ensemble les intérêts de deux ans, sur le pied du denier vingt. En vertu de cette ordonnance, il fut imposé, dans le département des deniers ordinaires de 1752, en faveur dudit sieur Lamouroux, la de 6,00 livres, pour la première moitié de celle de 12,000 livres, et encore celle de 1,200 lires, à laquelle furent liquidés les intérêts qui avaient courus jusqu'alors; qu'il reste dû la somme de 6,000 livres ; que les héritiers de M. Lamouroux ont demandé, aux Etats généraux de la province, leur consentement, pour que cette somme fut imposée, cette année, sur ce diocèse, de même que les intérêts depuis 1752 ; que les Etats le leur ont accordé par leur délibération du 2 du mois de mars dernier ; qu'en conséquence de cette délibération nos seigneurs les commissaires du Roy et des Etats ont rendu une ordonnance, le 11 du même mois, portant que cette somme de 6,000 livres seroit imposée avec les intérêts, la présente année, en faveur des héritiers de M. de Lamouroux ; que ces intérêts se portent, pour 1753 et 1754, à la somme de 600 livres ; et ledit sieur sindic a requis l'assemblée de délibérer.

Sur quoy, l'assemblée a unanimement délibérer d'imposer, dans le département des deniers ordinaires, la somme de 6,000 livres pour la dernière moitié de celle de 12,000 livres avancée par feu M. de Lamouroux, pour les causes ci dessus énoncées, ensemble celle de 600 livres pour les intérêts de ladite somme de 6,000 livres, des années 1753 et 1754, à raison de 300 livres par an.

Ledit sieur sindic a dit encore, qu'il a reçu une lettre de M. l'Intendant de cette province, en date du 6 de ce mois, par laquelle il lui marque que l'intention du Roy, est de mettre autant d'ordre qu'il se pourra dans les impositions municipales des diocèses, c'est-à-dire, à ce qui compose le département des frais d'assiette ou deniers ordinaires ; que le laps du temps peut avoir rendu nécessaires certains changements sur les dépenses qui y sont employées, dont quelques unes peuvent être susceptibles de diminution et même de suppression ; d'autres, au contraire, méritent d'être augmentées. Il charge en conséquence ledit sieur sindic de proposer, de disposer un nouveau projet de département des dettes et affaires du pays, qui puisse être examiné aux prochains Etats généraux de la province, pour y être pourvu de la manière ordonnée par sa Majesté; et, ledit sieur sindic a requis l'assemblée de délibérer.

Sur quoy, l'assemblée a unanimement délibéré de renvoyer cette affaire à MM. les commissaires du diocèse, qui doivent s'assembler demain, pour la tenue de l'assiette; et au cas qu'elle ne peut être arrangée pendant le cours de leurs séances, l'assemblée l'a pareillement renvoyée à MM. les commissaires ordinaires du diocèze, résidant à Mende pendant l'année, pour être, par les uns ou par les autres, statué sur la proposition faite par M. l'Intendant, de la manière qui leur paraitra la plus convenable et la plus avantageuse au pays

Ledit sieur sindic a dit aussi, qu'il rendit compte à MM. les commissaires du diocèse, assemblés le 23 may de l'année dernière, pour la signature des rôles de la capitation des plaintes qu'il avoit recues sur certains abus qui se commettent dans plusieurs communautéz du diocèse, après la réception des mandes de la taille, et qui retardent le recouvrement des impositions; que ces abus consistent : 1° en ce que les consuls, greffiers consulaires ou même quelque fois, au deffaut ou absence des uns ou des autres, les principaux habitans se font remettre les mandes de la taille par ceux qui sont envoyés pour les porter dans les communautés et négligent ensuite de faire procéder aux rôles; que lorsque les mandes tombent entre les mains de certains particuliers dans les communautés où il ny a point de greffier consulaire en titre, bien loin de les remettre au greffier, que ces communautés trouvent à propos de de commettre pour la confection des rôles et qu'elles ont la liberté de se choisir, ils les retiennent et forment eux mêmes les rôles, qui sont souvent très mal faits et se font payer par les collecteurs, à qui ils délivrent le salaire imposé pour la façon des rôles ; 2° En ce que certains greffiers consulaires après avoir fait les livres de la taille ne veulent les délivrer aux collecteurs qu'ils ne leur ayent auparavant payé leurs gages ; ce que ces collecteurs sont bien souvent hors détat de faire, n'ayant point encore commencé leur recepte, qui se trouve par là retardée, quoi quelle ne doive l'être, sous quelque prétexte que ce soit, et que d'ailleurs, par l'arrêt du Conseil du 16 avril 1697, ils ont fait deffenses, aux consuls et collecteurs, de payer aucune sommes assignées sur l'état des impositions jusques à ce que le receveur soit entièrement payé ; que par conséquent lesdits greffiers ne peuvent exiger leurs gages qu'après l'année de la levée finie, tout comme il en est usé envers les créanciers desdites communautés dont les capitaux et intérêts sont imposés ; que MM. les commissaires chargèrent ledit sieur sindic, par la délibération qu'ils prirent, ledit jour, de poursuivre, par devant toutes Cours et juges, un règement qui, en renouvelant les dépositions des précédents, fit cesser ces abus, de même que tous ceux qui pourroient apporter quelque retardement et quelque obstacle au payement des impositions ; qu'en conséquence de cette délibération ledit sieur sindic se pourvut à la Cour des aydes de Montpellier, où il obtint, avec M. le procureur général, un arrêt, le 20 du mois de mars dernier, qui ordonne que, conformément aux arrêts et réglements, les maires et consulz des communautés qui composent le diocèse de Mende, seront tenus, dès avoir la mande, de convoquer le Conseil des habitans, pour délibérer sur les sommes à imposer, à peine, en cas de négligence de leur part, de 300 livres d'amende, de demeurer responsables du retardement des impositions et de tous dépens, dommages et intérêts; qu'incontinent après que les délibérations auront été prises, il sera procédé à la faction des rôles par le greffier consulaire et autres départements ; lesquels rôles seront remis par les mains et consuls aux collecteurs pour faire la levée des impositions, avec deffenses au greffier, ou autres, d'en retarder la remise, sous aucun prétexte et particulièrement de celui du payement de leurs gages, qu'ils ne pourront retirer qu'à la fin de l'année de la levée, à peine, contre lesdits greffiers et autres détenteurs desdits rôles, dy être contraints par corps, à l'instant du commendement, en vertu de l'arrêt, à la diligence du sindic et de 300 livres d'amende. L'arrêt fait aussi deffenses à toute personne, autre que les maires et consuls, de recevoir les mandes du diocèse et de les retenir sous aucun prétexte, sous pareille peine, comme aussi de s'immiscer directement ou indirectement à la faction des rôles, sous peine de faux et d'être poursuivi extraordinairement à la requête dudit sieur sindic, en vertu de l'arrêt qui doit être exécuté à sa diligence, nonobstant oppositions et autres empêchements quelconques.

Ledit sieur sindic a fait imprimer plusieurs exemplaires de cet arrêt, et les a fait distribuer dans les différentes communautés du diocèse ; et a requis l'assemblée d'approuver les diligences qu'il a faites à cet égard et de faire donner, par un article de la mande aux communautéz du diocèse, les avertissements nécessaires pour quelles ayent à se conformer aux dispositions de l'arrêt.

Sur quoy, les voix ayant été recueillies, l'assemblée a approuvé les diligences faites, par ledit sindic, pour l'obtention de l'arrêt de la Cour des aydes, et a unanimement délibéré de faire donner aux communautéz du du pays, par un article particulier de la mande, les avertissements nécessaires pour qu'elles ayent à se conformer aux dispositions de l'arrêt.

Ledit sieur sindic a dit encore que, suivant les règlements de la province, il est permis aux receveurs des tailles, quinze jours après l'échéance de chaque terme des impositions, d'envoyer un messager aux collecteurs, pour les avertir de payer dans huit jours le montant du terme échu ; que les frais de cet avertissement sont fixés à 6 sols pour toute la communauté, sans qu'il y ait un ou plusieurs collecteurs; qu'il est encore permis au receveur, si les collecteurs sont en demeure, après ce délay de huit jours, de leur faire un commandement par un huissier, qui doit leur en donner copie, et que les frais de ce commandement sont fixés à 20 sols pour toute la communauté, soit qu'il y ait pareillement un ou plusieurs collecteurs, qui suivant ces mêmes règlements, ces frais ne doivent être exigés, qu'autant qu'ils ont été exposés par M. le receveur; qu'il est assez d'usage, dans ce diocèse, que M. le receveur envoye des messagers pour donner un avertissement; mais qu'il arrive rarement qu'il fasse de commandements ; cependant plusieurs collecteurs croyant qu'ils seront obligés de payer à M. le receveur 26 sols par terme, pour cet avertissement et ce commnadement, les exigent des contribuables pendant le cours de leur collecte; que même dans certaines communautés, dont la collecte est partagée en plusieurs départements ou quartiers, chaque collecteur exige dans son quartier ces 26 sols en entier; que pour remédier à de pareils abus, il serait nécessaire de donner connaissance, aux communautés de la déposition des règlemens à cet égard et de les informer par un article particulier de la mande, et encore par une lettre circulaire que ledit sieur sindic leur écrira de la part de l'assemblée, si elle trouve à propos de l'ordonner de même :

1° Qu'il en est des frais des avertissements donnés par des messagers et des commandements faitz par huissier comme de ceux de garnison, qui ne peuvent être exigés par M. le receveur sur les collecteurs, ny par les collecteurs sur les contribuables, qu'autant qu'ils ont été exposés et qu'il ne doit être rien payé, s'il ny a eu ny avertissement ny commandement.

2° Que ces deux objets sont différents; ensorte que s'il ny a eu qu'un avertissement et qu'il ny ait point été fait ensuite de commandement, il ne doit être payé que 6 sols; s'il y a eu au contraire un commandement par huissier et copie, donnée sans avertissement précédent, il ne doit être payé que 20 sols, et que ce n'est que dans le cas ou l'un ou l'autre ont eu lieu, qu'on peut exiger 26 sols;

3° Que ces frais de 6 et de 20 sols doivent être pris sur toutes les communautés en général et non par département ou quartier; que chaque collecteur d'une même communauté ne peut ny les supporter ny ensuite les répéter en entier, mais que ces collecteurs doivent y contribuer par égale portion eu égard à leur nombre ; et, ledit sienr sindic, a requis l'assemblée de délibérer.

Sur quoy les voix ayant été recueillies, il a été unanimement délibéré qu'il sera donné avis aux communautés du diocèse, par un article particulier de la mande, et encore par une lettre circulaire, que ledit sieur sindic leur écrira de la part de l'assemblée, de la disposition des règlemens, concernant les avertissements donnés par des messagers, et les commandements faits par huissier relativement à l'exposé fait cy dessus par ledit sieur sindic.

Ledit sieur sindic a dit que l'assemblée connoit depuis longtemps combien il est avantageux au pays de commencer le recouvrement des impositions au premier terme ; que les contribuables et surtout ceux de la campagne n'ont dans aucun temps de l'année autant de facilité à acquitter leurs charges, que dans le mois de may et de juin, par l'argent que leur produit la vente de leurs bestiaux ; que le pays a reçu au contraire un préjudice considérable toutes les fois qu'il n'a pu s'empêcher de renvoyer le premier terme des impositions au second, que ce renvoy donne lieu à une augmentation, dans les charges, d'environ 2,000 livres, par les droits d'avance qu'on est obligé de payer, et qui sont réglés, par les Etats généraux, à deux et demi pour cent ; que cette augmentation, quoique digne d'attention par elle même, surtout dans les circonstances présentes, ne doit cependant être comptée pour rien auprès de celle qu'occasionnent les frais de garnisons que le receveur est obligé de faire, lorsque son recouvrement ne commence qu'à la fin du mois de juillet ou au commencement du mois d'août; que ces frais sont immenses et ce recouvrement difficile, par ce que, d'un côté les contribuables doivent acquitter deux termes des impositions tout à la fois et que de l'autre ils se trouvent épuisés par les dépenses qu'ils sont obligés de faire pour leur récolte; que l'on a été à la veille d'éprouver, cette année, ces inconvénients; que le temps où les Etats généraux ont été assemblés, celui où ils se sont séparés, et la nécessité où l'on est d'attendre, pour la convocation des assiettes, un arrêt du Conseil qui approuve les impositions de la province, auroit rendu inévitable le renvoi du premier terme au second, si la prévoyance de Mgr l'évêque de Mende et son zèle pour le bien de ce diocèze ne lui eussent inspiré de prendre d'avance des mesures pour le prévenir.

L'on sait que le receveur du diocèze doit payer, à la caisse de la province, au commencement du mois de may, Mgr l'évêque de Mende, écrivit à la fin de mars à M. Mazade de St-Bresson, trézorier de la Bourse, et lui offrit de lui faire toucher, dans le courant du mois d'avril, environ 30,000 livres, scavoir 18,000 livres en argent comptant, et 12,486 livres, à la faveur de l'indemnité accordée à ce diocèse, dont le fonds est entre ses mains, s'il vouloit bien attendre M. le receveur pour le surplus, jusques au mois de juin, moyennant un intérêt, tel qu'il trouveroit à propos de le régler. M. de Saint-Bresson entra dans ces arrangements et marqua à Mgr l'évêque de Mende que, par égard pour lui, il ne vouloit aucun intérêt pourvu que ce qui resteroit dû, sur le premier terme, fut payé au mois de juin prochain. Sur sa réponse, Mgr l'évêque de Mende, non seulement se hâta de remplir sa promesse, mais il enchérit encore sur ses engagemens, et au lieu de 18,000 livres qu'il avoit d'abord offert à M. de Saint-Bresson, il pourvût à un fonds de 24,000 livres, qu'il fit remettre à la caisse de la province, dans le temps convenu ; de sorte qu'au moyen de cette somme et de celle de 12,486 livres de l'indemnité, la moitié du premier terme des impositions se trouve actuellement payé à M. le trézorier de la Bourse, et le recouvrement commencera, conformément aux vœux du pays, vers les premiers jours du mois de juin.

Sur quoy, l'assemblée a prié M. le Président de faire ses remerciements à Mgr l'évêque de Mende et le supplier de continuer ses bontés et sa protection à ce diocèse.

Ledit sieur sindic a dit encore que M. Blanquet de Maruejols, faisant pour feu M. Lequepeyx, receveur, rendit à l'assiette, tenue à Mende, le 29 mars 1729, les comptes de son exercice de l'année 1728 ; que dans celui des deniers ordinaires, il employa en dépense une somme de 23,300 livres pour les indemnitez accordées aux particuliers à raison des fonds qui leur avoient été pris pour la construction ou réparations des chemins royaux ; que cette somme fut allouée, audit sieur Blanquet, sous debet de quittance ; que depuis ce temps là, cette partie a toujours été en souffrance ; que M. Blanquet n'en a point rapporté les quittances ny justifié des payemens qu'il avoit fait ou dû faire ; que toutes les fois qu'on lui a demandé d'appurer cet article de son compte, il n'a pu le faire et a sollicité et obtenu de nouveaux délais ; que MM. les commissaires ont cru qu'on ne scauroit différer plus longtemps de mettre cette affaire en règle ; qu'en conséquence ils en ont fait écrire par le dit sieur sindic aux héritiers de M. Blanquet, qui représentent aujourdhui, qu'ils ont fait bien des démarches, mais qu'ils n'ont pu encore avoir les renseignements nécessaires, et demandent qu'il leur soit donné un délai pour se les procurer; que l'assemblée pourroit le leur accorder et les charger d'appurer dans le temps qu'elle jugera à propos de leur fixer ladite partie de 25,500 livres, par devant MM. les commissaires ordinaires du diocèse, rézidant à Mende, pendant l'année; il paroitroit, aussi convenable, d'autoriser lesdits sieurs commissaires à faire toutes les diligences nécessaires pour parvenir à cet appùrement, au cas qu'il ny fut point procédé dans le délai que les Etats accorderont.

Sur quoy, l'assemblée a unanimement délibéré d'accorder aux héritiers de M. Blanquet ou à ceux dudit sieur Lequepeyx ou autres qu'il appartiendra, un delay de trois mois pour appurer durant le cours d'icelui, par devant MM. les commissaires du diocèse, résidant à Mende, pendant l'année, ladite partie des 25,500 livres employée sous debet et quittance dans la dépense du compte des deniers ordinaires, rendu le 29 mars 1729, pour l'exercice de l'année précédente; et, après l'expiration de ce délay, les Etats ont autorisé lesdits sieurs commissaires à faire toutes les diligences nécessaires pour parvenir audit appurement.

De relévée.

Ledit sieur sindic a dit aussi que Mre Mathieu-Ignace-Alexandre-Félix de Bessuejols, comte de Roquelaure, se présente pour être reçu aux Etats en sa qualité de propriétaire de la baronnie d'Apcher; qu'il rapporte pour titre de propriété son contrat de mariage avec demoiselle Marguerite-Victorine-Jeanne Mathias de Barthélemy de Gramon de Lanta, en date du 18 juin 1746, reçu par Pratviel, notaire à Toulouse ; par lequel contrat de mariage, M. le marquis de Roquelaure, son père, lui donne tous et chacuns ses biens présents et avenir, meubles et immeubles, sous la seule réserve de la moitié de l'usufruit, pendant sa vie; voulant néantmoins que M. le comte de Roquelaure, son fils, jouisse en pleine propriété et usufruit du droit d'entrée aux Etats généraux de cette province et du droit d'entrée annuel aux Etats particuliers du pays de Gévaudan, en qualité de baron d'Apcher ; qu'au moyen de ces dispositions, il parait que la propriété de la baronnie d'Apcher est acquise irrévocablement audit M**re** Ignace-Alexandre-Felix de Bessuejols, comte de Roquelaure, et qu'il doit être reçu aux Etats, comme baron de Gévaudan, pour la baronnie d'Apcher, d'autant mieux qu'il a été déjà reçu en cette qualité aux Etats généraux de cette province, tenus à Montpellier, au mois de décembre 1746.

Sur quoy, lecture faite dudit contrat de mariage, il a été unanimement délibéré de recevoir aux Etatz M. le comte de Roquelaure, en qualité de baron de Gévaudan, pour la baronnie d'Apcher ; et à l'instant, ayant été introduit à l'assemblée par le greffier du pays, il a prêté le serment, en tel cas requis, entre les mains de M. le Président, en la forme ordinaire, et ensuite il a pris place et séance suivant son rang ; et mondit sieur le Président a ordonné qu'extrait du titre, cy dessus énoncé, seroit remis au greffe du diocèse, suivant la coutume.

Ledit sieur sindic, a dit encore, qu'il doit rendre compte, à l'assemblée, de l'état ou se trouvent actuellement les grands chemins du diocèse; qu'en conséquence de la délibération prise par cette assemblée, MM. les commissaires ont pressé l'exécution des ouvrages cy devant adjugés par M. l'Intendant, pendant l'interruption des Etats et dont l'objet n'était point encore consommé; que ces ouvrages ont été perfectionnés et reçus à l'exception des réparations du chemin de Chanac au pont de Tarn, près Florac, adjugés à Jean Vincens, de Mende, sous le cautionnement de Jean Rodier, de Florac, qui ont été négligées par ces entrepreneurs; ce qui a obligé ledit sieur sindic à faire des diligences contr'eux, qui ont produit l'effet qu'il en attendoit, car, l'un de ces entrepreneurs, pour arrêter les poursuites, a repris, depuis environ un mois, le travail qu'il continue sans interruption; de sorte qu'il y a lieu d'espérer qu'il sera fini dans peu et en état de réception.

Ledit sieur sindic a ajouté que la construction du chemin du pont de Montferrand à celui de Saint-Laurent, adjugé en 1750, pendant l'interruption des Etats, par ordre de M. Le Nain, et qui ne pût alors être exécutée à cause de l'insuffisance des fonds, fut par les mêmes motifs suspendue l'année dernière, en conséquence d'une délibération de l'assemblée; que les sommes qui seront imposées cette année pour la dépense des chemins et celles qui restent de l'imposition de l'année dernière, pour ce même objet, pourront fournir un fonds suffizant pour l'exécution de cette entreprise et qu'il paroitroit convenable dy faire travailler.

Enfin ledit sieur sindic a observé, qu'en conséquence du pouvoir, donné l'année dernière, à MM. les commissaires ordinaires, ils ont passé des baux d'entretien des chemins nouvellement réparés et renouvelé ceux qui étoient expirés, à l'exception des chemins de Lauberc à l'Habitarelle, de Rochegrosse à Langogne et de Rieutort à la Garde, qu'on a laissé jusqu'à présent par reconduction tacite aux anciens entrepreneurs ; que ces entretiens, de même que ceux des autres grands chemins du diocèse, ont été exécutés pendant le cours de l'année dernière, et que tout est actuellement en bon état; et, ledit sieur sindic a requis l'assemblée de délibérer.

Sur quoy, l'assemblée a unanimement délibéré de faire travailler, cette année, à la construction du chemin de Montferrand au pont de Saint-Laurent, et a chargé ledit sieur sindic de presser l'exécution de l'ouvrage, de même que celle des réparations qui restent à faire au chemin de Chanac, au pont du Tarn, près Florac ; comme aussi a renvoyé à MM. les commissaires ordinaires, résidant à Mende pendant l'année, pour adjuger l'entretien de ces deux chemins lorsqu'ils auront été reçus, de même que ceux de Lauberc à l'Habitarelle, de Rochegrosse à Langogne et de Rieutort à la Garde.

Ledit sieur sindic a dit aussi, qu'en conséquence des propositions faites par la communauté de Saugues, pour la construction des deux ponts sur la route de Saugues à Langogne, l'un à Ancelpont, près Saint-Symphorien, et l'autre à Babonnés, auprès de Thoras, l'assemblée le chargea, l'année dernière, de prendre, au sujet de cette construction, tous les éclaircissements convenables, tant pour ce qui concerne la nécessité des ouvrages, que la manière de les exécuter et la dépense à laquelle ils donneront lieu et de lui rendre compte de l'examen qu'il en aura fait ; qu'en conséquence de ces ordres, ledit sieur sindic s'est transporté sur les lieux, de même que M. Bertrand, inspecteur des chemins du diocèze, qu'ils ont reconnu que les ponts qu'on demande sont très nécessaires, par le danger qu'il y a de passer à gai les rivières d'Ancelpont et de Babonnés, dans le temps des inondations, qui arrivent souvent dans ce pays de montagnes ; que d'ailleurs ce passage est fréquenté non seulement par les habitants de Saint-Symphorien et de Thoras ; que M. Bertrand a dressé le devis de ces deux ponts ; que celui d'Ancelpont donnera lieu à une dépense d'environ 1,800 livres ; qu'il peut d'ailleurs être construit avec toute la solidité convenable, l'emplacement étant très favorable ; qu'il n'en est pas de même de celui de Babonnés ; que la rivière, qui coule au dessous ce village, dans une petite plaine, est au niveau du terrain, et qu'il est a craindre qu'elle ne change de lit dans la suite et ne rende inutile le pont qu'on se propose de construire ; qu'avant d'ordonner cette construction, il paroitroit nécessaire de faire examiner de nouveau l'ouvrage et de voir quelles précautions l'on pourroit ajouter encore à celles que M. Bertrand a prises dans son devis, pour prévenir le changement de lit ; et, ledit sieur sindic a requis l'assemblée de délibérer.

Sur quoy, l'assemblée a unaniment délibéré qu'il sera construit un pont au lieu d'Ancelpont, près Saint-Symphorien, et cet ouvrage sera adjugé dans la forme ordinaire par MM. les commissaires du diocèse résidant à Mende pendant l'année ; qu'avant de statuer sur la construction du pont de Babonnés, l'entreprise sera de nouveau vérifiée par ledit sieur sindic et par M. Bertrand, qui examineront s'il y a de nouvelles précautions à prendre, pour prévenir le changement de lit, et si l'on peut espérer d'y réussir au moyen de ces précautions, pour en être rendu compte, par ledit sieur sindic, à la prochaine assemblée.

Ledit sieur sindic a dit encore qu'il rendit compte, à l'assemblée de l'année dernière, du mauvais état où se trouvoient les chemins royaux des Cévennes, et qu'elle renvoya à MM. les commissaires ordinaires du diocèse, résidant à Mende, pour faire toutes les diligences nécessaires contre les entrepreneurs chargés de leur entretien, et les obliger à les réparer ; qu'en conséquence, MM. les commissaires du diocèse se sont donnés, pendant le cours de l'année dernière, bien des soins, qui ont eu plus de succès encore qu'on ne pouvoit, ce semble, en attendre ; qu'ils firent d'abord visiter ces chemins par ledit sieur sindic et l'ingénieur du diocèse, qui furent chargés, de leur part, de mettre en mouvement les entrepreneurs et les sous-entrepreneurs ; que ceux cy mirent tout de suite la main à l'œuvre et qu'ils ont travaillé avec tant de diligence, que ces chemins, qui étoient dégradés depuis longtemps et qui étoient devenus totalement impraticables, sont déjà rétablis, et que les parties qui étoient les plus ruinées sont celles qui se trouvent actuellement les mieux en état ; de sorte que l'on pourra procéder à la réception de tout, les premiers jours du mois prochain.

Ledit sieur sindic a ajouté que le bail d'entretien de ces chemins est expiré ; que lorsque MM. les commissaires furent informés que leurs ouvrages tendoient à leur perfection, ils le chargèrent de poursuivre une ordonnance, par devant M. l'Intendant, pour le renouvellement de ce bail ; ils crurent devoir lui donner connoissance des principales causes auxquelles l'on doit attribuer les dégradations de ces chemins, par le passé, pour empêcher qu'ils ne tombent à l'avenir dans l'état de dépérissement ou ils ont été pendant de longues années, et ils pensèrent que les moyens les plus efficaces pour les prévenir étaient de faire plusieurs changements à ce qui s'étoit pratiqué jusqu'à présent. Ledit sieur sindic fut chargé de les lui proposer et de lui en faire sentir la nécessité dans un mémoire qu'il lui adressa de leur part ; M. l'Intendant marqua en réponse audit sieur sindic, qu'il entroit dans les vues de MM. les commissaires, et étoit entièrement de leur avis, relativement à tous ces objets ; ledit sieur sindic se pourvut devant lui et en obtint une ordonnance, le premier du mois de mars dernier, portant qu'il sera procédé par son subdélégué, dans la ville de Florac et dans la forme ordinaire, au renouvellement des baux d'entretien des chemins royaux des Cévennes, par parties séparées, à mesures quelles seront reçues et dans l'ordre qui lui avoit été proposé par ledit sieur sindic ; que les parties de ces chemins, qui joignent les fonds cultivés et qui avoient été jusqu'à présent à la charge des propriétaires de ces fonds seront, à l'avenir, comprises dans les baux et que la dépense de leur entretien sera supportée par le diocèse, en corps ; et ledit sieur sindic a requis l'assemblée de délibérer.

Sur quoy, l'assemblée après avoir fait lecture du mémoire envoyé à M. l'Intendant et de sa réponse, a approuvé les changements qui lui ont été proposés par MM. les commissaires, et a chargé ledit sieur sindic de faire procéder, en diligence, à la réception des chemins royaux des Cévennes et au renouvellement des baux de leur entretien et de se conformer, à ce sujet, à ce qui est porté par l'ordonnance de M. l'Intendant.

Après quoy, le *Te Deum* a été récité.

Fait, clos et arrêté à Marvejols, le vingt mai mil sept cent cinquante quatre.

Signé : Jaufroy, vicaire général, Président.

1755

MM. les commissaires de l'assiette. — Lecture des commissions pour les sommes à imposer. — Lecture des procurations des députés et prestation du serment. — Vote des sommes portées dans les commissions. — Confirmation des officiers du diocèse. — Débets et reliquats des comptes des receveurs. — Anciens reliquats. — Vérification des dommages causés aux récoltes et répartition des indemnités. — Le diocèse réclame le sel de Pecais. — Cadastres à remettre dans un dépôt public. — Taille et impositions. — Construction et réparation des chemins. — Ordonnance de M. l'Intendant contre les usurpations faites sur les chemins. — Indemnités aux propriétaires des terrains pris pour la construction des routes. — Clôture des Etats.

L'an mil sept cens cinquante cinq, et le vingt-quatrième jour du mois de mars, les gens des Trois Etats du pays du Gévaudan, convoquez par ordre du Roy, en la ville de Mende, sont venus à la salle du Palais épiscopal, où Mgr l'illustrissime et reverendissime Sgr Mgr Gabriel-Florent de Choiseul-Beaupré, évêque, seigneur et gouverneur de la ville de Mende, comte de Gévaudan, conseiller du Roy en ses Conseils, Président-né des Etats et assiette dudit pays, les attendoit, étant accompagné de Mre Pierre Jaufroy, prêtre, chanoine, archidiacre de l'église cathedrale de Mende et vicaire général de Mgr l'évêque, et de MM. les commissaires ordinaires; et, tous ensemble sont allés à l'église cathédrale de Mende, pour y entendre la messe du Saint Esprit. Après laquelle étant revenus audit palais épiscopal, dans la salle destinée pour la tenue desdits Etats, ils y ont pris chacun leur place, scavoir : Mgr le Président sur un fauteuil, placé sur une estrade élevée au dessous d'un dais, et, sur la gauche de cette estrade, à la tête du banc, Mre Claude-Sidoine de Michel, chevalier du Roc, commissaire principal desdits Etats et assiette ; Mr Me Barrandon, lieutenant général au baillage du Gévaudan, pour M. le baillif, en tour, pour Mgr l'évêque de Mende, la présente année, commissaire ordinaire desdits Etats et assiette; Mre Claude-Gabriel-Amédée de Rochefort d'Aly, comte de St-Point et de Montferrand, baron de Cénaret, Sgr de Laval, Pougnadoire et St-Chély-de-Tarn, commis des nobles dudit pays, commissaire ordinaire desdits Etats et assiette, absents, Mre Urbain de Rets de Bressolles, Sgr de Servières et autres places; sieurs Charles Farain et Louis Bondan, 1er, 2e et 3e consuls de la ville de Mende, l'année dernière, et Mre Pierre de Michel Du Roc, Sgr de Brion et autres places, maire de la ville de Marvéjols, commissaires ordinaires desdits Etatz et assiette, sur un banc, placé au milieu du parterre ; MM. les eclésiastiques, sur un banc à la droite de M. le Président, chacun, suivant leur rang ; et, sur le banc du sieur baillif, MM. les barons et gentilshommes de ce diocèse ou leurs députés, aussy suivant leur rang; et les sieurs consuls et députés des autres villes et communautés dudit pays, qui ont entrée et voix délibérative auxdits Etats, assis sur le bas banc.

M. Du Roc, commissaire principal, ayant en main les commissions de nosseigneurs les commissaires, qui ont présidé pour le Roy à l'assemblée des Etats généraux de la Province, tenus à Montpellier le 7ᵉ janvier dernier, a dit que nos dits seigneurs luy ordonnent, par leurs dites commissions, aux consuls de Mende et à un de Marvejols, commissaires ordinaires comme luy, de procéder au departement des deniers y contenus, ainsi qu'il a été consenti et résolu auxdits Etats, lesquels sa majesté veut être imposez, la présente année, pour le soutient de l'Etat et pour fournir aux autres dépenses qui se fairont dans le royaume, aussi bien que pour les appointements de son altesse sérénissime Mgr le prince de Dombes, gouverneur de la province, entretenement de ses gardes, MM. les lieutenants généraux dans ladite province et de ce diocèze et département des gratifications ordinaires et extraordinaires, contenues au billet sur ce envoyé, ensemble l'arrêt de validation du Conseil d'Etat de Sa Majesté, pour être payés aux premiers jours d'avril, juillet et octobre de la présente année, et a remis les commissions au greffier, pour en faire la lecture.

Et à l'instant, lecture a été faite desdites commissions ensemble des instructions et autres actes y attachés, contenant entr'autres choses permission d'imposer pour les vaccations et journées des consuls de Mende, de Maruejols et du sindic du diocèze, députez aux Etats généraux de la province; la lecture ayant été finie, lesdits sieurs commissaires, principal et juge, lieutenant général au bailliage de Gévaudan, sont sortis de l'assemblée.

Mgr le Président a fait appeler les gens des Trois Etats du pays de Gévaudan, et ayant fait remettre au greffier du diocèse les procurations des députés auxdits Etats, il en a fait la lecture.

L'assemblée ayant été réglée, chacun ayant pris sa place, le serment en tel cas requis et accoutumé ayant été prêté, sçavoir : par MM. de l'église la main mise sur la poitrine, et par MM. de la noblesse et députés du Tiers Etat, la main levée à Dieu, et tous ensemble ont promis à Mgr le Président, moyennant leur serment, de ne rien faire, en cette assemblée, contre l'honneur de Dieu ny contre le service du Roy.

Ensuite a été unanimement résolu que les sommes contenues aux commissions de nosseigneurs les commissaires présidant, pour le Roy, aux Etats de la province tenus à Montpellier, seront imposés, la présente année, sur les contribuables auxtailles du pays de Gévaudan, et les Etats ont donné pouvoir à MM. les commissaires de l'assiette, qui s'assemblerent demain, d'en faire le departement.

Comme il est d'usage dans la province, que MM. de l'église et MM. les barons, qui ne peuvent assister aux Etats de Languedoc, envoyent, outre leurs procurations une lettre, adressée à Mgr le Président, pour toute l'assemblée, contenant les raisons pour lesquelles ils ne peuvent pas venir ; que cet usage a toujours été observé dans ce pays pour soutenir la dignité de M. le Président et de toute l'assemblée, et que néantmoins quelques-uns ont obmis d'écrire lesdites lettres ; sur quoy a été délibéré que les procurations, tant de MM. de l'église que de MM. les barons et gentilshommes de ce diocèse, seront refusées à l'avenir, si elles ne sont accompagnées d'une lettre pour M. le Président, qui contienne les raisons pour lesquelles ils ne peuvent pas assister en personne, et que le greffier du diocèse couchera la présente délibération dans les lettres d'avis pour la convocation des Etats prochains.

M. le Président a dit que, suivant l'usage et instructions de nos seigneurs les commissaires, présidant pour le Roy aux Etats généraux de la province, cette assemblée est en droit de faire procéder à la confirmation ou nouvelle élection des officiers du diocèse. Surquoy, le sieur Lafont, sindic, et le sieur de Lhermet, greffier, étant sorty de l'assemblée, a été délibéré, d'une voix unanime, de confirmer le sieur Lafont dans la charge de sindic, et le sieur de Lhermet dans la charge de greffier.

Après quoy, les Etats ayant fait appeler lesdits sieurs Lafont et de Lhermet, lecture leur a été faite de la présente délibération; et M. le Président leur a fait prêter le serment, la main levée à Dieu, de remplir les devoirs de leurs charges; ce qu'ils ont promis et juré de faire.

Le sindic du païs a dit qu'il a été rendu deux jugements par nos seigneurs les commissairss du Roy et des Etats, le 30 décembre dernier. Le premier porte que la somme de 150 livres 13 sols 4 deniers, due au collecteur de Laval-de-Tarn, de l'année 1752, par la clôture de son compte, dont il avoit différé de poursuivre la vérification, sera imposée, la présente année, en sa faveur; que par le second, il est ordonné que les sommes dues aux collecteurs de l'année 1753, pour la clôture de leurs comptes, qui n'excèdent pas la somme de 10 livres, seront imposées en leur faveur ; que ce jugement ordonne encore l'imposition de certaines sommes dues à plusieurs collecteurs, au dessus de 10 livres, dont la vérification a été poursuivie sur la remise que ces collecteurs ont fait des pièces justificatives ; que tous ces débets montent à la somme de 277 livres 7 sols 4 deniers, et a requis de délibérer qu'il en sera fait mention dans les mandes de la taille de cette année, et qu'on y marquera, par un article particulier, la somme que chaque communauté doit imposer à ce sujet.

Sur quoy, les voix ayant été recueillies, l'assemblée a unanimement délibéré conformément à la réquisition dudit sieur sindic.

Ledit sieur sindic a dit encore, qu'il a été rendu un autre jugement, par nosseigneurs les commissaires du Roy et des Etats, le 31 du mois de décembre dernier, portant qu'il sera fait un moins imposé, dans plusieurs communautés, des reliquats des comptes des collecteurs de l'année 1755. Les reliquats montent en total à la somme de 3,686 livres 13 sols 9 deniers, et a requis l'assemblée de délibérer.

Sur quoy, a été unanimement délibéré, qu'il en sera donné avis, aux communautés, par un article de la mande.

Ledit sieur sindic a dit aussi que nosseigneurs les commissaires du Roy et des Etats, ont arrêté un état de ce qui revient de net au diocèse, sur les sommes, provenant du recouvrement qui a été fait des reliquats des anciens comptes, antérieurs à l'année 1740 ; qu'ils ont déterminé que, ce qui revenoit aux communautés qui n'ont point de dettes à acquitter, seroit employé en moins imposé ; auquel effet ils ont rendu des ordonnances sur les héritiers de feu M. de Lamouroux, trésorier de la Bourse, pour chacune des communautés de ce diocèze, qui se trouvent dans le cas, et qui sont au nombre de cent trente trois ; que ces ordonnances ont été adressées audit sieur sindic pour en être envoyé une copie collationnée dans les communautés, jointe à la mande de la taille.

Qu'à l'égard des sommes qui, suivant cette répartition, reviennent aux communautés qui ont des dettes à acquitter, nosseigneurs les commissaires ont déterminé qu'elles seroient employées à éteindre des capitaux dont les intérêts sont réduits à deux pour cent et dont il a été envoyé des notes audit sieur sindic, et que le remboursement de ces capitaux seroit fait à la perte d'un cinquième, à l'égard des contrats à jour, et de deux cinquièmes pour les contrats dont les dettes sont à constitution de rente ; et ledit sieur sindic a été chargé de le proposer de même aux créanciers et de leur marquer que, s'ils veulent recevoir leur remboursement sur ce pied là, ils luy adressent leur soumission avec les titres de propriété de leur créance ; qu'en conséquence, ledit sieur sindic écrira conformément aux différents créanciers indiquez dans les notes qui luy ont été adressées, qu'il aura soin de faire joindre, aux mandes de la taille, les ordonnances rendues pour la portion des anciens reliquats qui reviennent aux communautés, qui n'ayant point de dettes à acquitter, doivent l'employer en moins impozé ; mais qu'il conviendroit, pour plus grande précaution, de les avertir de ce moins imposé, par un article particulier de la mande, et que ledit sieur sindic leur fera donner cet avertissement, si l'assemblée le juge à propos ; ce qui a été délibéré conformément à la réquisition dudit sieur syndic.

Ledit sieur syndic a dit encore que M. l'archevêque de Narbonne a envoyé, à Mgr le Président, un mémoire qui contient les décisions de sa Majesté, sur ce qui doit être observé à l'avenir dans la province de Languedoc, touchant la vérification des dommages causés aux récoltes et la répartition des indemnités accordées par sa Majesté, ou prises sur le produit de la ferme de l'équivalent ; que M. l'intendant a aussi écrit à ce sujet à Mgr le Président ; qu'il paroit nécessaire de lire à l'assemblée ledit mémoire et les lettres de M. de Narbonne et de M. l'Intendant. Mgr le Président a ordonné d'en faire la lecture ; après laquelle ledit sieur sindic a observé que MM. les commissaires du diocèze, pendant l'assiette, pourront pourvoir, à leur prochaine assemblée ou à celle qu'ils tiendront pour la confection et signature des rôles de la capitation, aux différents objets contenus dans le mémoire.

Ledit sieur sindic a ajouté, que M. l'Intendant vient de procéder à la répartition de l'indemnité accordée, par sa Majesté, à cette province et que ce diocèze y a été compris pour la somme de 12,000 livres, que conformément à l'ordonnance qu'il a rendue, à ce sujet, le 11 de ce mois et à l'usage, il convient de renvoyer à MM. les commissaires du diocèze, pendant l'assiette, pour repartir cette somme à leur prochaine assemblée, en faveur des communautez qui doivent y participer, en se conformant à ce qui est prescrit par les nouvelles décisions de sa Majesté. Ce qui a été délibéré conformément aux réquisitions dudit sieur sindic.

Ledit sieur sindic a dit aussi, qu'il a été plusieurs

fois porté plainte à cette assemblée du préjudice qu'avoit receu le pays du changement de sel, qui fut fait en 1739, où l'on substitua le sel de Sijean et de Peyriac à celuy de Peccais, qui étoit le seul dont on s'étoit servi jusques alors; qu'il a été en même temps rendu compte des démarches qui ont été faites auprès de sa majesté, pour qu'elle voulut bien rétablir, dans le Gévaudan, l'usage du sel de Peccais; que Mgr l'évêque de Mende, toujours occupé du bien de son diocèze, a envoyé, l'année dernière, des nouveaux mémoires sur cette affaire, à M. Joubert, sindic général de la province, à Paris, qui les a remis à M. le contrôleur général; que ces mémoires ont été communiqués aux fermiers généraux, qui y ont fait une réponse, dans laquelle ils ont prétendu que les plaintes, qui ont été portées de la part du païs de Gévaudan, ne sont pas fondées, puisque l'analyse qui a été faite des sels de Sijean et de Peyriac et de celuy de Peccais, par MM. de l'Académie des sciences, il a été reconnu que ces différents sels sont également bons. Sur quoy, ledit sieur sindic a observé que c'est un fait avancé mal à propos de la part des fermiers; qu'il résulte au contraire de l'expérience faite par MM. de l'Académie des sciences, que le sel de Sijean et de Peyriac a tous les défauts dont le païs se plaint, c'est-à-dire, qu'il est plus foible que celui de Peccais, et qu'il est crasseux, chargé de sable et de terre. Les fermiers ajoutent qu'ils croyent indispensable d'envoyer, dans le Gévaudan, du sel de Sijean et de Peyriac, pour prévenir les fraudes de la part des muletiers qui, s'ils y portoient du sel de Peccais, ne manqueroient pas de le verser, comme ils le faisoient auparavant, sur la route, où l'on ne se sert que des sels de cette qualité ;

mais ce n'est là qu'un faux prétexte de la part des fermiers ; puisque l'on peut aisément trouver d'ailleurs des moyens d'empêcher des fraudes sans employer un remède aussi violent que celui de supprimer, à tout un païs, l'usage d'un sel qui luy est aussi nécessaire ; qu'enfin, ce qui achève de caractériser l'obstination des fermiers, et de démontrer qu'elle ne vient que d'un fonds de mauvaise volonté, ce qu'ils avouent dans leur réponse, qu'il leur tourneroit meilleur acompte d'employer, dans le Gévaudan, du sel de Peccais, que celui de Sijean et de Peyriac, parce que celui ci leur coute 9 sols 4 deniers de plus que l'autre.

Ledit sieur sindic a ajouté qu'il fut chargé, par M. le Président, de communiquer cette réponse à nos seigneurs des Etats généraux de cette province à leur dernière assemblée, et de les supplier de porter aux pieds du trône, les plaintes et les représentations du Gévaudan ; que nos seigneurs des Etats ont accueilli favorablement cette démarche, et ont délibéré, le 4 du mois de janvier dernier, de comprendre cette affaire dans le cahier des doléances et de charger leurs députés à la Cour, de faire les plus fortes instances pour obtenir le rétablissement du sel de Peccais, dans le Gévaudan.

Que dans ces circonstances, il paroit nécessaire d'envoyer à MM. les députés toutes les instructions qu'on pourra se procurer et qu'il convient, à cet effet, d'écrire à toutes les communautés du diocèze pour savoir qu'elles sont les nouvelles observations qu'elles peuvent avoir fait sur la mauvaise qualité du sel de Sijean et de Peyriac et sur le préjudice que le pays en reçoit, comme aussi, qu'elles sont les preuves qu'elles peuvent donner de ce préjudice ; et, ledit sieur sindic a requis l'assemblée de délibérer.

Sur quoy, l'assemblée, après avoir fait faire lecture de la décision de MM. de l'Académie des sciences, du mémoire envoyé à M. de Joubert et de la réponse des fermiers généraux, et avoir remercié Mgr le Président de ses bontés pour le pais et l'avoir prié de les luy continuer dans une affaire aussi importante que celle dont il s'agit, a chargé ledit sieur sindic de se procurer tous les renseignements nécessaires, tant sur la mauvaise qualité du sel de Sijean et de Peyriac et sur le préjudice que son usage porte au païs, que sur les preuves qui peuvent servir à le constater; d'envoyer ensuite de nouveaux mémoires, à ce sujet, à MM. les députés de la province, à la Cour, et partout ou besoin sera ; et Mgr le Président a été prié de vouloir bien appuyer de son crédit et de sa sollicitude les représentations que ledit sieur sindic fera.

Ledit sieur sindic a dit encore que l'assemblée fut informée aux Etats, tenus à Marvejols, le 20 mars de l'année dernière, que feu M. Blanquet, faisant pour M. Lequepeys, cy devant receveur du diocèze, avoit employé en dépense dans le compte des deniers ordinaires de l'exercice de 1728, rendu à l'assiette, tenue à Mende le 29 mars 1720, une somme de 23,300 livres, pour des indemnités accordées à différents particuliers, à raison des fonds qui leur avoient été pris pour la construction et réparation des chemins royaux ; que cette somme avoit été allouée audit sieur Blanquet, sous debet de quittance ; que depuis ce temps là, cette partie avoit toujours resté en souffrance, et que ledit sieur Blanquet, ni ses héritiers, n'avoient pas justifié du payement qu'il avoit fait ou dû faire ; que l'assemblée délibéra que les héritiers dudit sieur Blanquet ou ceux dudit sieur Lequepeys appureront, dans le delay de trois mois, par devant MM. les commissaires du diocèse, résidant à Mende pendant l'année, ladite partie de 23,500 livres ; qu'en conséquence les héritiers dudit sieur Blanquet, se sont mis en devoir de satisfaire à cette délibération; qu'ils ont représenté, à MM. les commissaires, huit états remis, de leur part en 1728, audit sieur Blanquet par M. Gros, alors greffier du diocèze, contenant les noms des particuliers dont les fonds avoient été endommagés et les sommes qui devoient leur être payées pour ces dommages, ensemble plusieurs verbaux d'estimation des experts, sur lesquels ces états avoient été dressés; qu'ils se portent en total à la somme de 21,073 livres 7 sols; qu'ils ont encore représenté deux autres procèz-verbaux d'estimation que M. Gros leur remit pareillement par supplément, en 1730, pour des parties qui avoient été omises dans les premières vérifications ; que ces deux procès-verbaux se portent à la somme de 804 livres 15 sols; que les héritiers du sieur Blanquet ont justifié du payement des différents articles qui sont contenus dans les huit états remis en 1728, et dans les deux procès-verbaux, qui se portent en total à 21,877 livres 11 sols; qu'ils ont encore justifié avoir été payé de plus, sur les ordres de MM. les commissaires, trois autres articles montant ensemble à 69 livres 10 sols; de sorte que tous les payements faits par ledit feu sieur Blanquet, sur la partie de 23,500 livres, qui fut alloué dans son compte des deniers ordinaires de 1728, rendu le 29 mars 1729, reviennent à la somme de 21,947 livres 1 sol; que ces héritiers sont par conséquent reliquataires, envers le diocèze, de la somme de 1,352 livres 19 sols.

Ledit sieur sindic a ajouté que MM. les commissaires du diocèse n'ont point encore clôturé le compte d'appurement de cette partie, ayant voulu que l'assemblée fut auparavant informée de l'examen qui a été fait de cette affaire ; qu'elle pourroit délibérer de renvoyer cette clôture à MM. les commissaires du diocèze qui doivent s'assembler demain pour l'assiette, et qu'il sera fait un moins imposé sur le département des deniers ordinaires de la présente année, de ce dont les héritiers du sieur Blanquet sont reliquataires. Ce qui a été délibéré conformément à la délibération dudit sieur sindic.

Ledit sieur sindic a dit aussi qu'il rendit compte aux Etats tenus à Marvejols, l'année dernière, d'un arrêt rendu à la souveraine Cour des comptes, aides et finances de Montpellier, le 20 mars de la même année, qui remédie à certains abus qui régnoient depuis longtemps, dans le diocèze de Mende, au sujet de la confection des rôles de taille et de leur remize entre les mains des collecteurs ; qu'il en est d'autres qui ne mettent de moindres obstacles à la répartition des impositions et à leur recouvrement ; qu'ils consistent en ce que certaines personnes sont nanties des cadastres, brevettes de tailles et autres papiers des communautés des diocèze, et refusent de les délivrer aux consuls et greffiers consulaires, chargés de la répartition des impositions, lorsqu'il s'agit d'y procéder, de sorte que les départeurs se trouvent embarrassez pour former des nouveaux rôles ; que ces détenteurs des papiers des communautés sont ou des héritiers des consuls ou greffiers consulaires ou autres administrateurs ou, d'anciens greffiers consulaires qui ont été révoqués ou quelquefois même, des particuliers qui ont prêté certaines sommes à des communautés ou à leurs consuls qui leur ont remis en gage, pour la seureté de la dette, le cadastre ou autres titres de ces communautés, quoique suivant les règlements, ils doivent être consignés dans le dépôt public, et que les administrateurs ne peuvent les engager ny en faire aucune autre disposition; que ces différents détenteurs sont, pour la plupart, des personnes acréditées, que les consuls n'osent bien souvent attaquer pour les obliger à rendre des papiers qu'ils retiennent; qu'ils se contentent d'en porter leur plainte audit sieur sindic qui ne peut les faire cesser faute dy être authorizé.

Ledit sieur sindic a ajouté qu'il luy a été porté des plaintes sur le compte de certains collecteurs qu'on a accusé davoir falsifié et augmenté les parcelles des contribuables ou d'en avoir exigé des cotes plus fortes que celles pour lesquelles ils étoient compris; qu'il est d'autant plus à craindre, que les collecteurs ne tombent dans ces prévarications, qu'ils ont plus de facilité pour les commettre; que ces facilités viennent de ce que, contre la disposition des règlements, plusieurs greffiers consulaires n'écrivent, à chaque parcelle du livre de la taille, que le nom du contribuable et portent ensuite sa cote en dehors, en chiffre, au lieu de l'écrire tout au long dans le corps de la parcelle, après y avoir énoncé l'allivrement du contribuable, les altérations seroient alors bien difficiles à pratiquer, parce qu'il faudroit falcifier plusieurs lignes d'écriture; ce qui ne seroit point aisé ou du moins ne pourroit-on le faire sans que la falcification ne peut être reconnue. Il n'en est pas de même lorsqu'il ne s'agit que de changer deux ou trois chiffres. D'ailleurs, dans la plupart des communautés du diocèze, l'on est dans l'usage de délivrer, en original, le livre de la taille au collecteur, et qu'on n'en retient pas le double devers le greffe, cette précaution seroit cependant indispensable par plusieurs raizons ; la première, parce que les collecteurs de mauvaise foy, auroient d'autant plus de peine à se porter à altérer les cotes qu'ils sentiroient que les contribuables pourroient soupçonner l'altération et la vérifier sur le livre qui seroit devers le greffe, que d'ailleurs ce livre serviroit de pièce de comparaison et fourniroit de preuves contre eux, au cas ils fussent poursuivis ; la seconde, parce qu'il est souvent arrivé que les collecteurs ont égaré leur livre ou qu'il a été brulé dans quelque incendie ; de sorte qu'ils se sont trouvés dans un grand embarras pour continuer leur recouvrement ; la troisième, parce que la plupart des communautés du diocèze n'ont point de cadastre, et que l'on forme, le plus souvent, les rôles de la taille sur ceux des années précédentes, que les collecteurs refusent quelquefois de remettre aux départeurs, à cause qu'ils en ont encore besoin, n'ayant pas été entièrement payés ; l'on ne seroit point exposé à ces difficultés s'il y avoit, devers le greffe, un original du livre de la taille de l'année précédente, sur lequel les départeurs auroient la liberté de procéder, sans délay, à la confection du nouveau rôle.

Enfin, la plupart des contribuables de la campagne sont illétrés, et l'on s'est plaint que plusieurs collecteurs ont abusé de leur ignorance, leur ont donné à entendre qu'ils avoient été compris dans les roles pour des cotes plus considérables qu'elles n'étoient réellement et ont exigé au delà de ce qui est porté par ces cotes ; cependant l'exaction a été faite avec tant de secret et d'adresse, lorsque ledit sieur sindic a voulu approfondir les faits, il n'a pu avoir là dessus d'autre preuve que la délation de quelques personnes intéressées ;

Que ces différents sujets de plaintes ayant été communiquées par ledit sieur sindic à MM. les commissaires du diocèze, ils crurent, pour les faire cesser, devoir l'authorizer, par une délibération qu'ils prirent, le 22 novembre 1754, à se pourvoir par devant la souveraine Cour des comptes, aides et finances de Montpellier et à y poursuivre un règlement, qui ordonnât :
1° que les anciens maires, consuls, greffiers consulaires, leurs héritiers et généralement tous autres détenteurs délivreront, au moment du commandement qui leur en sera fait, les cadastres, brevettes, rôles de taille et généralement tous les papiers, titres et documents des communautés, qu'ils auront entre leurs mains, aux maires et consuls actuellement en charge, pour être par eux remis, dans la forme ordinaire, au dépôt public, sans que lesdits détenteurs puissent les retenir, sous prétexte de ce qui pourroit leur être dû, ny sous quelque prétexte que ce soit, et que faute par lesdits détenteurs de faire ladite délivrance à l'instant du commandement, ils y seront contraints par corps, tant à la diligence desdits maires et consuls, que du sindic du diocèze ;

2° Que, conformément aux règlements, le greffier consulaire et autres départeurs énonceront, dans le cours de chaque parcelle du livre de taille, le nom et surnom du contribuable, le montant de son allivrement, écriront tout au long la somme à laquelle reviendra la cotité de taille, et porteront ensuite cette somme en dehors, en chiffre ; le tout à peine de privation de leurs gages ou de restitution d'iceux, au cas qu'ils eussent engagé les collecteurs à les leur payer ; à laquelle restitution ils seront contraints par corps, au moment du commandement, à la diligence du sindic du diocèze, pour être, les gages employés en moins imposé, au profit de la communauté ;

3° Que les maires, consuls, greffiers consulaires et autres départeurs dresseront, chaque année, les rôles des impositions en deux originaux, parfaitement conformes, dont l'un sera remis au collecteur et l'autre sera déposé par devers le greffe, et en refus par eux dy satisfaire, ils y seront contraints par corps, à la diligence dudit sieur sindic ;

4° Que dans toutes les communautés de la campagne, immédiatement après la confection des rôles des impositions, il en sera fait lecture par le greffier consulaire, à la porte de l'église, à l'issue de la messe de paroisse, pendant un ou plusieurs dimanches consécutifs, suivant l'étendue dudit rôle, à peine, contre ledit greffier, de privation de ses gages ou de restitution d'iceux, lorsqu'ils auront été payés ; à laquelle il sera contraint par corps au moment du commandement, qui luy en sera fait à la diligence dudit sindic, pour être, lesdits gages, ainsy restitués, employés en moins imposé au profit de la communauté.

Qu'en conséquence de cette délibération, ledit sieur sindic a obtenu, avec M. le procureur général, le 18 décembre dernier, un arrêt conforme à ladite Cour, dont il est à propos de faire lecture de l'assemblée.

Sur quoy, lecture faite dudit arrêt, l'assemblée a unanimement délibéré qu'il sera exécuté suivant sa forme et teneur, et a chargé ledit sieur sindic d'envoyer des exemplaires imprimés dans toutes les communautés du diocèse et de tenir la main à son exécution.

De relevée.

Ledit sieur sindic a dit qu'il luy fut envoyé, au mois de novembre dernier, par MM. les sindics généraux, un mémoire contenant un nouveau projet de règlement pour la construction et réparation des chemins de la province ; que ce mémoire ayant été communiqué à MM les commissaires du diocèze, il parut contraire, à certains égards, aux intérêts du païs : 1° en ce que, il y est proposé de faire contribuer tous les diocèzes, de la sénéchaussée de Beaucaire et de Nimes, à certaines dépenses qui ne sauroient procurer aucun avantage à celui de Mende, et qui le surchargeroit au contraire beaucoup; 2° en ce qu'il est parlé de la suppression des préciputs que les diocèzes imposent pour les réparations imprévues et urgentes ; que MM. les commissaires chargèrent ledit sieur sindic de dresser un mémoire sur ces deux objets ; que ledit sieur sindic l'ayant fait et le leur ayant communiqué, ils approuvèrent les observations qui y étoient contenues et le chargèrent de le présenter à l'assemblée des Etats généraux de la province; que Mgr l'évêque de Mende en écrivit à Mgr l'archevêque de Narbonne ; que ledit sieur sindic étant à Montpellier, il exécuta les ordres de MM. les commissaires ; que leurs représentations parurent faire impression auprès de nosseigneurs des Etats, qui n'ont encore rien délibéré sur cette affaire ; qu'ils l'ont seulement renvoyée à un plus grand examen; qu'il convient de donner connoissance, dans un plus grand détail, à l'assemblée, du mémoire de MM. les sindics généraux et des observations de MM. les commissaires du dioéèse, pour être par elle pris telle délibération qu'elle trouvera à propos.

Sur quoy, l'assemblée ayant fait faire la lecture du mémoire de MM. les sindics généraux et des observations de MM. les commissaires du diocèze, elle a approuvé lesdites observations et a unanimement délibéré de charger ledit sieur sindic, de faire les représentations nécessaires auprès de nosseigneurs des Etats généraux, afin d'en obtenir que le Gévaudan ne soit point compris dans l'association proposée entre les diocèzes de la sénéchaussée de Beaucaire et de Nimes, et qu'il continue à pourvoir, en son particulier, ainsy qu'il l'a fait par le passé, à la dépense de ses Etats, sans entrer dans celles des autres diocèses, excepté dans le cas ou lesdites dépenses seront ordonnées par nosdits seigneurs des Etats, pour être supportées par le général de la province ; comme aussy elle a chargé ledit sieur sindic, de réitérer ses instances auprès de nosdits seigneurs, afin qu'il ne soit point donné atteinte au préciput de 5,200 livres que le pays a la permission d'imposer pour les réparations urgentes et imprévues.

Ledit sieur sindic a dit encore, qu'en conséquence de l'ordonnance de M. l'Intendant, du 1ᵉʳ mars 1754, et la délibération de cette assemblée, du 20 may, de la même année, il a été procédé par M. Barrandon, en présence dudit sieur sindic, dans la ville de Florac, le 5 août dernier, au renouvellement des baux d'entretien des chemins royaux des Cévennes, dont il a été fait huit différentes adjudications, a plusieurs entrepreneurs, pour dix années, qui se portent en total à la somme de 1,615 livres ; que nosseigneurs les commissaires du

Roy, ont rendu uno ordonnance, le 19 décembre dernier, pour permettre d'imposer cette somme pendant le cours de ces dix années ; qu'il convient que l'assemblée délibère qu'elle sera comprise annuellement dans le département des deniers ordinaires. Ce qui a été délibéré conformément à la réquisition dudit sieur sindic.

Ledit sieur sindic a dit aussy que, sur les plaintes réitérées qu'on receu MM. les commissaires du diocèse, contre différents particuliers qui usurpent journellement sur les chemins publics et y causent toute sorte de dégradations, ils ont cru, pour remédier à un mal qui faisoit tous les jours de nouveaux progrès, devoir charger ledit sieur sindic de se pourvoir par devant M. l'Intendant, pour en obtenir une ordonnance qui, en renouvelant la disposition des règlements, tant généraux que particuliers, rendus sur le fait des chemins, mit en état de faire cesser promptement les entreprises qui ont été faites par ces particuliers et de prévenir celles qu'on pourroit à l'avenir commettre sur la voie publique. Le dit sieur sindic a en conséquence présenté requête à M. l'Intendant, qui ayant été communiquée à M. de Joubert, sindic général de la province, il a été, sur son avis, rendu une ordonnance le 8 janvier dernier, dont il est à propos de faire lecture à l'assemblée.

Sur quoy, lecture ayant été faite de ladite ordonnance de M. l'Intendant, l'assemblée a unanimement délibéré qu'elle sera exécutée suivant sa forme et teneur, et a chargé ledit sieur sindic d'en envoyer des exemplaires imprimés dans toutes les commnnautés du diocèze et de tenir la main à son exécution et de rendre compte aux Etats, qui seront tenus l'année prochaine, des diligences qu'il aura faites.

Ledit sieur sindic a dit encore que les chemins du pont de Montferrand vers St-Laurent-de-Rivedolt, aux extrémités du diocèse et dudit pont à Bonassac, ont été perfectionnés et reçus, et qu'il a été procédé à la vérification et estimation des dommages causés à différents particuliers, pour l'emplacement de ce chemin, de même que pour la réparation de celuy du pont de Montferrand à Maruejols ; qu'ils se portent en total à la somme de 6,405 livres 11 sols 6 deniers ; que nos seigneurs les commissaires du Roy et des Etats ont permis l'imposition de cette somme, par leur ordonnance du 19 décembre dernier, et qu'elle pourra être faite la présente année.

Sur quoy, ledit sieur sindic a représenté que rien n'est plus ordinaire, dans ce pays, que de voir les particuliers propriétaires des fonds, joignant le chemin dont il a été pris du terrain, le reprendre immédiatement après que le dommage leur a été payé, en plaçant les murs ou les haies qui doivent servir de clôture à leurs possessions sur le chemin dans le fossé, ou à une distance de la voie publique, moindre que celle qui est prescrite par les règlements ; que la chose a même été déjà faite par quelques particuliers sur le chemin du pont de Montferrand à Maruejols ; que pour prévenir d'autres usurpations de la part des propriétaires des fonds joignant les chemins, et n'être pas obligé d'en venir à des exécutions contre eux, il seroit à propos de prendre des précautions pour les engager à faire leur clôture dans une distance suffisante du chemin et telle qu'elle est prescrite par les règlements, qu'on est d'autant plus authorisé à exiger qu'ils se conforment à la disposition de ces règlements ; qu'il a été amplement pourvu au dédommagement du terrain qui leur a été pris.

Sur quoy, Mgr le Président a proposé à l'assemblée de délibérer d'imposer, cette année, dans le département des deniers ordinaires, la somme de 6,405 livres 11 sols 6 deniers, pour être payée, sur ses mandements, en faveur des particuliers compris dans le procès-verbal d'estimation, dressé par l'expert, qui fut envoyé par MM. les commissaires du diocèse ; que ces mandements ne seront expédiés, en faveur de ces particuliers, qu'autant que chacun d'eux rapportera un certificat signé par M. le curé et les consuls de la paroisse sur laquelle le chemin est situé, portant qu'il a placé les murs ou haies de clôture de son fonds à trois pieds au moins du chemin, tant dans les endroits ou il y a des fossés, que partout ailleurs, attendu qu'il pourroit, dans la suite, être jugé nécessaire d'en ouvrir la où il ny en a pas actuellement. Mgr le Président a encore chargé le sindic de faire exécuter l'ordonnance, nouvellement rendue par M. l'Intendant, contre les particuliers qui ont usurpé sur le chemin du pont de Montferrand et Maruejols et de rendre compte, aux prochains Etats, des diligences qu'il aura faites à cet égard.

Après quoy, le *Te Deum* a été récité et la bénédiction a été donné par Mgr le Président.

Fait, clos et arrêté à Mende, le vingt-quatrième mars mil sept cent cinquante-cinq.

Signé : † G. Flor., év. de Mende.

1756

MM. les commissaires de l'assiette. — Lecture des commissions pour les sommes à imposer. — Prestation de serment. — Vote des sommes demandées. — Une lettre doit accompagner les procurations. — Confirmation des officiers du diocèse. — Admission de M. de Rets, Sgr de Servières. — Nomination de M. de Michel Du Roc, à la charge de substitut de commis des nobles. — Debets des comptes. — Menu habillement des miliciens. — Indemnité accordée au diocèse. — Lieux à vérifier ou l'on pourrait tenir des chèvres. — Projet pour augmenter le produit des laines en créant ou en formant de nouvelles prairies. — Équivalent. — Droit de partage contesté et conservé. — Demande en rétablissement du sel de Peccais. — Chemins. — Clôture des États.

L'an mil sept cents cinquante six, et le lundy dix septieme jour du mois de may. Les gens des Trois Etats du pays de Gévandan, convoquez par ordre du Roy, en la ville de Maruejols, sont venus à la salle du couvent des reverends Pères Capucins, ou étoit Mre Henry-Charles de Rets-Fraissinet, prêtre docteur en théologie, chanoine de l'église cathédrale de Mende, vicaire général et official de Mgr l'évêque de Mende, Président des Etats et assiette dudit pays, qui les attendoit, étant accompagné de MM. les commissaires ordinaires, et tous ensemble sont allés à l'église collégiale de Notre-Dame de la Carce, de la ville de Maruejols, pour y entendre la messe du Saint-Esprit. Après laquelle, s'étant rendus dans la salle de l'auditoire des Cours du Baillage de Gévaudan et royale ordinaire dudit Maruejols, ils y ont pris chacun leur place, scavoir . Mgr le Président, sur un fauteuil placé sur une estrade élevée au dessous d'un dais; et, sur la gauche Mre Jean-André Alison, Sgr de Chauvieu, conseiller du Roy, lieutenant et maire de la ville de Nimes, commissaire ordinaire desdits Etats et assiette ; Mr Me Guillaume Brugière, juge, lieutenant général au Baillage de Gévaudan, pour M. le bailli, en tour, pour le Roy, la présente année, commissaire ordinaire desdits Etats et assiette; Mre Claude-Gabriel-Amédée de Rochefort d'Aly, comte de Saint-Point et de Montferrant, baron de Cénaret, Sgr de Laval, Pougnadoire et Saint-Chély-du-Tarn, commis des nobles dudit pays, commissaire ordinaire desdits Etats et assiette; Mr Me Jean Boutin, juge et 1er consul de la ville de Mende; sieurs Charles Farain et Louis Bondan, 2e et 3e consuls de laditte ville, l'année dernière, commissaires ordinaires des Etats et assiette, et Mre Pierre de Michel du Roc, Sgr de Brion et autres places, maire de de la ville de Maruejols, commissaire ordinaire desdits Etats et assiette, sur un banc placé au milieu du parterre ; MM. les ecclésiastiques, sur un banc à la droite de Mgr le Président, chacun suivant leur rang; et, sur le banc dudit sieur baillif, MM. les barons et gentilshommes de ce diocèse ou leurs députés, aussy suivant leur rang, et les sieurs consuls et députés des autres villes et communautés dudit pays, qui ont entrée et voix délibérative auxdits Etats, assis sur le bas banc.

M. Alison, commissaire principal, ayant en main les commissions de nosseigneurs les commissaires, qui ont présidé pour le Roy à l'assemblée des Etats généraux de la province, tenus à Montpellier, le 3e mars dernier, a dit que nos seigneurs luy ordonnent par leurs dites commissions, à M. le baillif du Gévaudan, étant en tour, ou son lieutenant, aux consuls de Mende et à un de Maruejols, commissaires ordinaires comme luy, de procéder au département des deniers y contenus, ainsi qu'il a été consenty et résoleu auxdits Etats ; lesquels sa Majesté veut être imposés, la présente année, pour le soutien de l'Etat et pour fournir aux autres dépenses qui se fairont dans le royaume, aussi bien que pour les appointements de son altesse serenissime Mgr le prince de Dombes, gouverneur de la province, entretenement de ses gardes et de MM. les lieutenants généraux de ladite province, dettes et affaires de la province et de ce diocèze et département des gratifications ordinaires et extraordinaires contenues au billet, sur ce envoyé, ensemble l'arrêt de validation du Conseil d'Etat de sa majesté, pour être payés aux premiers jours d'avril, juillet et octobre prochains, et a remis les commissions au greffier du diocèze pour en faire la lecture.

Et à l'instant, lecture a été faite desdites commissions, ensemble des instructions et autres actes y attachez contenant, entre autres chozes, permission d'imposer pour les vaccations et journées des consuls de Mende, de Marvejols et du sindic du diocèze, députés aux Etats généraux de la province. La lecture ayant été finie, lesdits sieurs commissaire principal, juge, lieutenant général au baillage de Gévaudan pour le bailli, en tour, et commis des nobles, sont sortis de l'assemblée.

Mgr le Président a fait appeler les gens des Trois Etats du pays de Gévaudan, et ayant fait remettre, au greffier du diocèse, les procurations des députés auxdits Etats, il en a fait la lecture.

L'assemblée ayant été reglée, chacun ayant pris sa place, le serment en tel cas requis et accoutumé ayant été prêté, savoir par MM. de l'église : la main mise sur la poitrine ; et par MM. de la noblesse et députés du Tiers-Etat, la main levée à Dieu, et tous ensemble ont promis à Mgr le Président, moyennant leur serment, de ne rien faire en cette assemblée contre l'honneur de Dieu ny contre le service du Roy.

Ensuite a été unanimement résolu que les sommes contenues aux commissions de nosseigneurs les commissaires, présidant pour le Roy aux Etats généraux de la province, tenus à Montpellier le 3e mars dernier, seront impozées, la présente année, sur les contribuables aux tailles du pays de Gévaudan et les Etats ont donné pouvoir à MM. les commissaires de l'assiette, qui s'assembleront demain, d'en faire le département.

Comme il a été d'usage dans la province que MM. de l'Eglise et MM. les barons, qui ne peuvent pas assister aux Etats du Languedoc, envoyent, outre leurs procurations, une lettre adressée à Mgr le Président pour toute l'assemblée, contenant les raisons pour lesquelles ils ne peuvent pas venir ; que cet usage a été toujours observé dans ce pays, pour soutenir la dignité de Mgr le Président et de toute l'assemblée, et que néantmoins quelques uns ont obmis d'écrire lesdites lettres ; a été délibéré que les procurations, tant de MM. de l'église que de MM. les barons et gentils hommes de ce diocèze, seront refuzées à l'avenir, si elles ne sont accompagnées d'une lettre pour Mgr le Président, qui contienne les raisons pour lesquelles ils ne peuvent assister en personne et que le greffier du diocèse couchera la présente délibération dans les lettres d'avis, pour la convocation des Etats prochains.

Mgr le Président a dit que, suivant l'uzage et instructions de nos seigneurs les commissaires, présidant pour le Roy aux Etats généraux de la province, cette assemblée est en droit de faire procéder à la confirmation ou nouvelle élection des officiers du diocèse. Surquoy, les sieurs Lafont, sindic, et de Lhermet, greffier, étant sortis de l'assemblée, a été délibéré, d'une voix unanime, de confirmer le sieur Lafont dans la charge de sindic, et le sieur de Lhermet, dans la charge de greffier.

Après quoy, les Etats ayant fait appeler lesdits sieurs Lafont et de Lhermet, lecture leur a été faite de la présente délibération, et Mgr le président leur a fait prêter le serment, la main levée à Dieu, de remplir les devoirs de leurs charges ; ce qu'ils ont promis et juré de faire.

M. le Président a dit encore que Mre Urbain de Rets, Sgr de Servières, demande d'être reçu en cette qualité à cette assemblée et à la place que feu Mre Urbain de Rets de Bressoles, Sgr de Servières, son père, y occucupoit comme propriétaire de la seigneurie de Servières ; que suivant les règlements de la province et ceux des Etats du pays de Gévaudan, il ne doit justifier d'autre chose, pour être reçu à cette assemblée, que de sa filiation et du titre de propriéré de la seigneurie de Servières ; que pour remplir ces deux objets, il rapporte son extrait baptistaire et son contrat de mariage ; qu'il résulte de l'extrait baptistaire que Mre Urbain de Rets, né le 15 juin 1732, est fils de Mre Urbain de Rets de Bressoles, Sgr de Servières, et de dame Rose Altier, son épouse ; et que par ledit contrat de mariage, en date du 30 mars 1754, ledit Mre Urbain de Rets, père, donne audit Messire Urbain de Rets, son fils, tous et chacuns ses biens présents et avenir, et par conséquent la seigneurie de Servières dont il était propriétaire ; qu'ainsi il n'y a aucune difficulté à recevoir, dans cette cette assemblée, ledit Mre Urbain de Rets en qualité de Seigneur de Servières.

Surquoy, lecture faite dudit extrait baptistaire et du dit contrat de mariage, et les voix ayant été appelées, il a été unaniment délibéré que ledit sieur Urbain de Rets sera reçu à l'assemblée en qualité de propriétaire de la seigneurie de Servières ; et à l'instant y ayant été introduit, il a prêté le serment, en tel cas requis, entre les mains de M. le Président, en la forme ordinaire ; et ensuite il a pris place et séance, suivant son rang ; et mondit sieur le Président a ordonné qu'extrait des titres cy dessus énoncés seroient remis au greffe du diocèse, suivant la coutume.

M. le Président a dit aussi que la place de substitut de M. le commis des nobles de ce diocèse est vacante par la mort de Mre Urbain de Rets de Bressoles, Sgr de Servières ; qu'il est nécessaire de la remplir et d'y nommer une personne de qualité requise ; que Mre Pierre de Michel du Roc, étant d'une naissance distinguée ; que son mérite et sa capacité étant connus à l'assemblée, il croit qu'on ne peut pas faire un meilleur choix pour la place de substitut de M. le commis des nobles, et qu'il espère qu'il sera d'autant plus agréable, que feu Mre Géraud-Pierre de Michel Du Roc, son père, a été cy-devant nommé à cette place, et qu'il l'a remplie, jusques à sa mort, à la satisfaction publique.

Surquoy, les voies ayant été appelées, l'assemblée étant bien informée de la naissance, du mérite et de la capacité de Mre Pierre de Michel Du Roc, l'a unanimement nommé pour substitut de M. le commis des nobles du présent diocèse, pour remplir la place vacante par la mort de Mre Urbain de Rets de Bressoles, Sgr de Servières. Et à l'instant, ledit Mre Pierre de Michel Du Roc, ayant été introduit dans l'assemblée par le greffier du diocèse, a prêté le serment en tel cas requis, à genoux, entre les mains de M. le Président, et il a pris sa place à ladite assemblée.

Le sindic du païs a dit qu'il a été rendu trois jugements par nos seigneurs les commissaires du Roy et des Etats, en date du 28 février 1756 ; l'un ordonne l'imposition de la somme de 281 livres 8 sols 4 deniers, en faveur du sieur Guérin Cessenat, collecteur de la communauté de Saint-Etienne de Valfrancesque, en l'année 1753, dont il fut déclaré créancier par la clôture de son compte ; l'autre ordonne pareillement, en faveur des collecteurs de plusieurs communautés du diocèse, de l'année 1754, l'imposition des sommes dont ils ont été déclarés créanciers par la clôture de leurs comptes, et qui reviennent en total à celle de 305 livres 5 sols 9 deniers. Le troisième jugement veut qu'il soit fait un moins imposé, dans plusieurs communautés, des reliquats des comptes de leurs collecteurs, en l'anné 1754, qui se portent en total à la somme de 5,915 livres 9 sols 2 deniers ; et, conformément audit jugement, ledit sieur sindic a requis l'assemblée de délibérer, qu'il sera fait mention de ces débets ou de ces reliquats dans les mandes de la taille de cette année, et qu'il y sera marqué, par un article prrticulier, la somme que chaque communauté doit imposer un moins imposer à ce sujet, chacune comme la concerne. Ce qui a été unanimement délibéré conformément à la réquisition dudit sieur sindic.

Ledit sieur sindic a dit encore qu'il a reçu une ordonnance de MM. les commissaires du Roy et des Etats concernant l'imposition de la dépense du menu habillement des miliciens ; mais qu'il n'a point encore reçu l'état du montant de cette dépense ; qu'il est pourtant nécessaire de procurer un fonds à M. le receveur, pour payer à la caisse de la province, aux termes ordinaires ; que l'assemblée pourroit en user comme elle l'a fait cy devant en pareil cas et imposer par estimation relative à la dépense des années précédentes, la somme de 1,200 livres, et a requis l'assemblée de délibérer.

Surquoy, l'assemblée a unanimement délibéré qu'il sera imposé, par estimation, la somme de 1,200 livres pour fournir à la dépense du menu habillement des miliciens.

Ledit sieur sindic a dit aussi qu'il reçut, au commencement du mois d'avril dernier, une ordonnance de M. l'Intendant du 28 mars, qui attribue une somme de 10,150 livres sur l'indemnité accordée par sa Majesté pour les dommages causés aux récoltes de l'année 1755 ; que MM. les commissaires ordinaires se sont assemblés le 15 dudit mois d'avril dernier et ont reparti cette somme sur les communautés qui doivent y participer ; que M. l'Intendant a autorisé l'état de la répartition qu'ils ont faite, par son ordonnance du 3 de ce mois, qui indique les sommes de cette répartition qui doivent être reportées sur le livre de la taille, en diminution de leurs impositions ; qu'il convient de renvoyer, suivant l'usage, à MM. les commissaires pour procéder à cette cette répartition, conformément aux décisions de sa Majesté du 20 février 1755.

Surquoy, l'assemblée a unanimement délibéré de renvoyer à MM. les commissaires ordinaires du diocèse, pour procéder à la répartition, qui doit être faite sur les particuliers endommagés des sommes portées par ladite ordonnance de M. l'Intendant, du 3 du présent mois.

Ledit sieur sindic a dit encore que sur le compte qui a été rendu, à la dernière assemblée des Etats généraux, de la nécessité indispensable qu'il y avoit, à l'égard de certains diocèses, de déterminer d'une manière définitive les lieux ou il pourroit être nourri des chèvres, sans causer aucun dommage, il a été délibéré que dans les diocèses ou il n'avoit point été précédemment fait des vérifications à ce sujet, en exécution d'une ordonnance de M. Lenain du 30 mars 1745, il seroit pris des délibérations à l'assiette pour y faire procéder par des experts, qui en dresseroient leurs procès-verbaux; lesquels seroient rapportés et communiqués à MM. les sindics généraux de la province pour, sur leur avis, être arrêté, s'il y a lieu, par M. l'Intendant, un nouvel état communautès ou il peut être tenu des chèvres et faire exécuter les dépenses portées par l'arrêt du Conseil du may 1725, à l'égard de celles où il n'aura pas été permis d'en tenir; que le diocèse de Mende est un de ceux où ces vérifications n'ont pas été faites; qu'elles y sont cependant très nécessaires, y ayant plusieurs lieux ou il peut être tenu des chèvres sans causer aucun dommege et il seroit fâcheux de priver les habitants des secours qu'ils tirent de ces animaux pour leur substance; qu'il est par conséquent important de prendre incessamment des mesures pour y faire exécuter la délibération prise par nos seigneurs des Etats généraux ; que cependant, comme ces vérifications sont d'un grand détail par rapport à l'étendue de ce diocèse, et à l'état de ses communautés, qui obligera d'entrer dans bien des considérations particulières, il ne paroit pas que l'assemblée, ny celle qui se tiendra demain pour l'assiette, puisse prendre là-dessus des arrangements définitifs, et qu'il seroit à propos de renvoyer cette affaire à MM. les commissaires ordinaires pendant l'année, qui feront procéder par des experts qu'ils nommeront, à la vérification des lieux du diocèse, eù il peut être tenu des chèvres, après leur avoir fait connaître les différents objets sur lesquels ces vérifications doivent rouler relativement à l'ordonnance de M. Lenain, du 30 mars 1745. Lesquels experts seront chargés d'en dresser des procès-verbaux, pour être rapportés à MM. les commissaires et envoyés de leur ordre, à MM. les sindics généraux de la province. Ce qui a été délibéré conformément à l'avis dudit sieur sindic.

Ledit sieur sindic a dit aussi que M. de Joubert, sindic général de la province, luy a envoyé la copie d'une lettre que luy a écrite le sieur Vallois, inspecteur des manufactures du Gévaudan, dans laquelle il luy propose un projet pour rendre les laines plus abondantes, à la faveur d'une augmentation de fourrage, qui mettrait à la portée de nourrir un plus grand nombre de bêtes à laine ; ce projet consisterait à mettre en culture certaines parties des communaux ou paturages appartenant aux communautés et à leur faire produire du foin, soit au moyen de l'eau dont on peu les arroser, soit par les autres soins qu'on peut en prendre. Il prétend que la chose a très bien réussi, en dernier lieu, au fermier de M. le comte de la Peyre, qui a converti en prairies certains paturages incultes, et que ces prairies rapportent aujourd'hui jusques à 1,500 quintaux de foin ; que ce projet paroit digne d'attention, et qu'il convient de connoître dans quelles communautés il pourroit être mis à exécution, les avantages qu'il pourroit procurer, les facilités ou les obstacles dont il seroit susceptible ; que pour avoir là dessus les lumières nécessaires, il serait à propos d'écrire une lettre circulaire aux communautés du pays et de leur demander si elles ont des communaux qu'on puisse mettre en culture, en tout ou en partie et leur faire produire du foin ; quels moyens il y aurait à prendre pour en former des prairies ; quel seroit l'objet de la dépense ; quelle quantité de foin pourrait on espérer d'y recueillir dans la suite, et si cette augmentation de fourrage pourra en procurer une dans le nombre des bêtes qu'on nourrit dans la communauté ; que si l'assemblée le trouve à propos, le sieur sindic écrira une lettre circulaire anx différentes communautés, et qu'il rendra compte, des éclaircissements qui luy auront été donnés, à MM. les commissaires ordinaires, pendant l'année, pour être pris telle délibération qu'il appartiendra.

Surquoy, l'assemblée, après avoir fait faire la lecture de la lettre de M. de Joubert, et de la copie de celle du sieur Valois, a unanimement délibéré de prendre, sur le projet qu'il propose, toutes les connoissances nécessaires, et à cet effet elle a chargé ledit sieur sindic d'écrire une lettre circulaire aux différentes communautés du pays et de leur demander : 1° si elles ont des communaux ; si ces communaux pourroient être mis en culture, en tout ou en partie, et produire du foin ; 3° quels moyens il y auroit à prendre, pour en former des prairies ; 4° quel seroit l'objet de la dépense ;

5° quelle quantité de foin pourroit-on espérer d'y recueillir dans la suite; 6° si cette augmentation de fourrage pourra en procurer une dans le nombre de bêtes à laine qu'on nourrit dans la communauté; pour, les éclaircissements qui seront donnés et communiqués à MM. les commissaires ordinaires du diocèse, pendant l'année, être par eux délibéré sur ce qui peut être le plus avantageux au païs.

De relevée.

Ledit sieur sindic, a dit que, quoique par les différents règlements faits sur le droit d'équivalent, il ne soit permis aux particuliers de la province de faire entr'eux département de viande que quatre fois l'année, après lesquelles ils sont sujet au droit; cependant l'assemblée scait que, par un privilége particulier au Gévaudan, les habitans de ce pays ont la faculté de faire égorger du bétail toute l'année et aussi souvent qu'ils jugent à propos pour se le partager entr'eux et en consommer la chair dans leur ménage, sans en payer le droit d'équivalent et sans être tenu à autre chose, à cet égard, qu'à déclarer la bête au commis du fermier, avant de la faire égorger; que le Gévaudan a toujours joui, sans interruption, de ce privilége depuis l'établissement du droit; et, lorsque les fermiers ont voulu y donner atteinte, ils ont été forcés d'abandonner leurs tentatives; que nonobstant l'obligation imposée aux nouveaux fermiers de l'équivalent, par l'article 51 du règlement fait par nos seigneurs des Etats, au mois de janvier 1754, de laisser jouir les villes, communautés et lieux de la province, des privilèges, franchises et immunités dont ils sont en possession actuelle, ils se sont cependant opposés, dez le commencement de l'exploitation de leur ferme, au privilège dont le Gévaudan a toujours joui et jouit actuellement ; qu'ils ont voulu assujetir les habitants de ce païs à payer le droit d'équivalent des bêtes qu'ils font égorger et se partagent entr'eux au delà de quatre fois l'année pour leur usage domestique, et que pour faire réussir une pareille innovation, ils ont employé les moyens les plus violents et les plus inusités ; qu'ils ont décerné des contraintes par corps contre différents particuliers ; ce qui ne peut paroitre que bien extraordinaire, étant inoui que l'équivalent ait jamais assujeti, par luy même et de sa nature, à la contrainte par corps.

Que MM. les commissaires crurent devoir prendre les mesures les plus promptes et les plus efficaces pour arrêter les progrès de ces entreprises, qui avaient déjà mis le trouble dans plusieurs communautés du diocèse ; qu'ils s'assemblèrent le 1er juillet 1755, et prirent une délibération, par laquelle ils chargèrent ledit sieur sindic de se transporter à Montpellier et de se pourvoir à la Cour des aides, pour y demander l'exécution de l'article 51 du règlement et le maintien des privilèges et immunités du païs ; qu'en conséquence de cette délibération, ledis sieur sindic s'étant rendu à Montpellier, il y obtint, le 8 du même mois, une ordonnance de la Cour des aides, qui luy permet d'y faire assigner les fermiers et leur défendit, par provision et jusques à ce qu'il en auroit été autrement ordonné, de rien exiger ny exécuter à raison du partage et département de viande ; que cette ordonnance fut signifiée au fermier, avec assignation à la Cour des aides ; que ledit sieur sindic en donna connoissance aux principales communautés, ou elle ramena la tranquilité, et qu'elles ont continué de jouir paisiblement de leur privilège; que la vivacité avec laquelle les fermiers avoient d'abord poussé cette affaire, faisoit croire qu'ils poursuivroient, sans délay, un jugement sur l'assignation qui leur avoit été donnée; qu'ils ont cependant resté dans l'inaction jusques au mois de février dernier, qu'ils ont présenté un long mémoire à l'assemblée des Etats généraux, contenant différentes prétentions, tant sur le général que sur le particulier de la province, dans lequel ils ont réclamé contre le privilège du Gévaudan, au sujet du partage et département de viande; que l'affaire a été examinée avec la plus grande attention et longtemps discutée à la commission des affaires extraordinaires, à laquelle Mgr l'évêque de Mende a fait remettre des instructions; qu'il a aussi écrit des lettres les plus pressantes là dessus à M. l'archevêque de Narbonne, à M. l'archevêque de Toulouse, Président de la commission et à MM. les sindics généraux de la province; qu'enfin, le 1er mars, les Etats ont délibéré que les villes et lieux de la province, qui étoient en possession actuelle des exceptions, privilèges, franchises et immunités, concernant les droits d'équivalent, ayant été exceptées du bail, par l'article 51 du règlement, cet article devoit être exécuté à leur égard, par la seule raison de cette possession, sauf aux fermiers à exercer leurs droits contre les communautés qui ne seroient point en état de justifier de la possession actuelle lors du bail. Par cette délibération, les habitants du pays du Gévaudan sont maintenus dans le privilège de faire entr'eux département de viande toute l'année, et aussi souvent qu'ils le jugent à propos, sans en payer l'équivalent, par la raison qu'ils étoient en possession actuelle de ce privilège lors du dernier bail; qu'elle remonte au temps de l'établissement du droit, et que cette possession immémoriale et actuelle ne peut luy être contestée.

Sur lequel rapport, il a été délibéré de prier M. le Président de porter les remerciements de l'assemblée à Mgr l'évêque de Mende et de le supplier de continuer à appuyer, de son crédit, les privilèges et immunités du pays; elle a chargé ledit sieur sindic de donner connoissance, aux communautés du Gévaudan, de la délibération de nos seigneurs des Etats généraux de la province.

Ledit sieur sindic a dit encore qu'il rendit compte aux Etats, tenus à Mende, l'année dernière, des nouvelles démarches qui ont été faites au Conseil, pour faire rendre le sel de Peccais au Gévaudan; qu'il y fit la lecture d'un mémoire que Mgr l'évêque de Mende avoit fait remettre à M. le contrôleur général et de la réponse que les fermiers généraux y avoient faite; qu'il informa l'assemblée de la délibération prise, le 4 janvier 1755, par les Etats généraux de la province; par laquelle ils chargèrent leurs députés, à la Cour, de joindre leurs représentations à celle du Gévaudan, et de faire les instances nécessaires pour que le sel de Peccais luy soit rendu;

Que l'assemblée chargea ledit sieur sindic de se procurer tous les renseignements nécessaires, tant sur la mauvaise qualité de sel de Sijean et de Peyriac et sur le préjudice que son usage porte au pays, que sur les preuves qui peuvent servir à le constater, et d'envoyer ensuite de nouveaux mémoires à MM. les députés de la province à la Cour.

Qu'en conséquence, le dit sieur sindic a cherché à prendre des connoissances plus étendues sur cette affaire ; qu'il a dressé un mémoire en réponse à celuy des fermiers généraux ; que ce mémoire a été envoyé par Mgr l'évêque de Mende à M. le contrôleur général, à M. de Trudaine, conseiller d'Etat et intendant des finances ; à M. l'archevêque de Narbonne et à MM. les députés à la Cour, qui l'ont fortement appuyé au près du ministre ; que le Conseil n'a point encore prononcé ; que les fermiers généraux sont toujours extrêmement contraires aux demandes du Gévaudan ; qu'ils ont de nouveau laissé apercevoir les motifs de leurs oppositions ; que leurs vues sont d'obliger ce païs à consentir, par le besoin qu'il a du sel de Peccais, que ce sel soit remis sur le pied qu'il étoit avant l'arrêt du 1ᵉʳ janvier 1737, qui en diminua le prix de 5 livres 10 sols au grenier de Mende, et de 3 livres 15 sols, à ceux de Maruejols et de Langogne ; qu'ils ont insinué que si l'on donnoit à ce consentement, ils accorderoit le leur pour le rétablissement du sel de Peccais ; que cette proposition n'a pas paru devoir être acceptée ; qu'une pareille augmentation seroit bien onéreuse, surtout aux gens de la campagne, qui sont pauvres en général et qui se trouvent cependant ceux qui font le plus usage de sel, par rapport aux troupeaux qu'ils nourrissent ; que Mgr l'évêque de Mende la représenté de même au ministre, et qu'on attend dans le cours de cette année une décision sur cette affaire.

Sur lequel rapport, l'assemblée a délibéré de charger ledit sieur sindic, de continuer ses diligences, afin d'obtenir une décision du Conseil sur cette importante affaire, et M. le Président a été prié de remercier, au nom de l'assemblée, Mgr l'évêque de Mende, des bontés et des soins qu'il veut bien accorder au païs, pour en assurer le succès et de le supplier de les continuer.

Ledit sieur sindic a dit enfin, qu'il a été nouvellement proposé à MM. les commissaires du diocèse, de faire prolonger jusques à la Garde le grand chemin qui conduit de Serverette au Malzieu ; que l'on ouvrira par là une nouvelle communication avec l'Auvergne, et que l'on donnera encore une issue au grand chemin de Serverette au Malzieu, qui n'en a point de ce côté là, car il finit à cette dernière ville, sans aboutir à aucune autre route ; qu'enfin il a été cy devant délibéré de faire construire à neuf la côte du Malzieu, qui fait partie du chemin proposé, et qu'il ne s'agiroit que de le continuer pendant environ cinq quart de lieue, dans uu païs ou il est prétendu que la construction seroit aisée et peu dispendieuse ; que ces considérations ont engagé MM. les commissaires à faire examiner le projet par le sieur Boissonade, ingénieur du diocèse, qui leur a rapporté que ce projet ne rencontroit aucun obstacle dans son exécution, mais il n'a pu, dans une première vérification, déterminer définitivement l'objet de la dépense ; qu'il est cependant absolument nécessaire, avant de prendre d'autre détermination, de connoitre cet objet, pour pouvoir se conformer aux nouveaux règlements du Conseil, notamment à l'arrêt du 30 octobre 1754 ; que dans ces circonstances, il paroit convenable de renvoyer MM. les commissaires ordinaires, pendant l'année, pour faire estimer l'ouvrage, le délibérer, s'il y a lieu, et poursuivre à la prochaine assemblée des Etats généraux de la province, les consentements et permissions qu'exigent les nouveaux règlements.

Ce qui a été délibéré conformément à la réquisition dudit sieur sindic.

Après quoy le *Te Deum* a été récité.

Fait, clos et arrêté à Maruejols, le dix sept may mil sept cent cinquante six.

Signé ; De Rets-Fraissinet, vic. gén., Président.

1757

MM. les commissaires de l'assiette. — Lecture des commissions pour les sommes à imposer. — Prestation de serment. — Vote des sommes demandées au pays. — Une lettre doit accompagner les procurations. — Confirmation des officiers du diocèse. — Debets et reliquats des comptes des collecteurs. — Indemnité pour perte de récolte. — Abonnement des vingtièmes et deux sous pour livre sur les revenus. — Réquisitions à ce sujet et pour la restitution du quartier d'octobre de l'année 1756. — Equivalent. — Vexation commises par les directeur et commis dans la perception des droits. — Demandes des fermiers. — Réquisition pour le rétablissement du sel de Peccais et propositions des fermiers généraux à ce sujet. — Clôture des Etats.

L'an mil sept cens cinquante sept, et le vingtunième jour du mois de mars. Les gens des Trois Etats du pays de Gévaudan, convoquez par ordre du Roy, en la ville de Mende, sont venus à la salle du palais épiscopal, où Mgr l'illustrissime et reverendissime Sgr Mgr Gabriel-Florent de Choiseul-Beaupré, évêque, seigneur et gouverneur de la ville de Mende, comte du Gévaudan, conseiller du Roy, en tous ses conseils, Président-né des Etats et assiette dudit pays, les attendoit, étant accompagné de M⁺ᵉ Etienne Jaufroy, prêtre chanoine, archidiacre de l'église cathédrale de Mende, et vicaire général de Mgr l'évêque et de MM. les commissaires ordinaires, et tous ensemble sont allés à l'église cathédrale dudit Mende, pour y entendre la messe du Saint-Esprit. Après laquelle étant revenus audit palais épiscopal, dans la salle destinée pour la tenue desdits Etats, ils ont pris chacun leur place, scavoir : Mgr le Président, sur un fauteuil placé sur une estrade élevée, au-dessous d'un dais ; et, sur la gauche de cette estrade à la tête du banc, M⁺ᵉ Pierre de Michel Du Roc, marquis de Brion et autres places, maire de la ville de Maruejols, commissaire principal desdits Etats et assiette ; M⁺ M⁺ Jean Barrandon, lieutenant général au bailliage de Gévaudan, pour M. le baillif, en tour pour Mgr l'évêque de Mende, la présente année, commissaire ordinaire desdits Etats et assiette ; M⁺ᵉ Claude-Gabriel-Amédée de Rochefort d'Aly, comte de St-Point et de Montferrand, baron de Cénaret, Sgr de Laval, Pougnadoire et St-Chély-de-Tarn, commis des nobles dudit pays, commissaire ordinaire desdits Etats et assiette, absent; M⁺ M⁺ Boutin, juge et 1⁺ʳ consul de la ville de Mende ; sieurs Charles Farain et Louis Bondan, 2⁺ et 3⁺ consuls de ladite ville, l'année dernière, commissaires ordinaires desdits Etats et assiette, sur un banc placé au milieu du parterre ; MM. les ecclésiastiques, sur un banc à la droite de Mgr le Président, chacun suivant son rang ; et sur le banc dudit sieur baillif; MM. les barons et gentilshommes de ce diocèse ou leurs députés, aussy suivant leur rang, et les sieurs consuls et députés des autres villes et communautés dudit pays, qui ont entrée et voix délibérative auxdits Etats, assis sur le bas banc.

M. Du Roc, commissaire principal, ayant en main les commissions de nos seigneurs les commissaires, qui ont présidé pour le Roy en l'assemblée des Etats généraux de la province, tenus à Montpellier, le 11 décembre dernier, luy ordonnent, par leurs dites commissions, à M. le baillif du Gévaudan, étant en tour, ou son lieutenant, aux consuls de Mende et à un de Maruejols, commissaires ordinaires comme luy, de procéder au département des deniers y contenus, et ainsy qu'il a été consenty et résolu auxdits Etats; lesquels Sa Majesté veut être imposés, la présente année, pour le soutien de l'Etat et pour fournir aux autres dépenses qui se fairont dans le Royaume, aussy bien que pour les appointements de Son Altesse sérénissime Mgr le prince de Dombes, gouverneur de la province, entretenement de ses gardes et de MM. les lieutenants généraux dans ladite province, dettes et affaires de la province et de ce diocèse et département des gratifications ordinaires et extraordinaires, contenues au billet, sur ce envoyé, ensemble l'arrêt de validation du Conseil d'Etat de Sa Majesté, pour être payés aux premiers jours d'avril, juillet et octobre prochains, et a remis les commissions au greffier pour en faire la lecture.

Et à l'instant lecture a été faite desdites commissions, ensemble des instructions et autres actes y attachés, contenant entr'autres choses permision d'imposer pour les vacations et journées des consuls de Mende, de Marvejols et du sindic du diocèse, députés aux Etats généraux de la province. La lecture ayant été finie, lesdits sieurs commissaire principal et lieutenant général au bailliage du Gévaudan, sont sortis de l'assemblée.

M. le président a fait appeler les gens des Trois Etats du pays de Gévaudan, et ayant fait remettre au greffier du diocèse les procurations des députés auxdits Etats, il en a fait la lecture.

L'assemblée ayant été réglée, chacun ayant pris sa place, le serment en tel cas requis et accoutumé ayant été prêté, sçavoir : par MM. de l'Eglise, la main mise sur la poitrine, et par MM. de la noblesse et députés du Tiers-Etat, la main levée à Dieu ; et, tous ensemble ont promis à M. le Président, moyennant leur serment, de ne rien faire, en cette assemblée, contre l'honneur de Dieu ny contre le service du Roy.

Ensuite a été unanimement résolu que les sommes contenues aux commissions de nosseigneurs les commissaires, présidant pour le Roy aux Etats généraux de la province, tenus à Montpellier, le 11 décembre dernier, seront imposés, la présente année, sur les contribuables aux tailles du pays de Gévaudan; et les Etats ont donné pouvoir à MM. les commissaires de l'assiette, qui s'assembleront demain, d'en faire le département.

Comme il est d'usage dans la province que MM. de l'église et MM. les barons, qui ne peuvent pas assister aux Etats du Languedoc, envoyent, outre leurs procurations, une lettre adressée à M. le Président pour toute l'assemblée, contenant les raisons pour lesquelles ils ne peuvent pas venir ; que cet usage a été toujours observé dans ce païs pour soutenir la dignité de M. le Président et de toute l'assemblée, et que néantmoins quelques uns ont obmis d'écrire lesdites lettres; a été délibéré que les procurations, tant de MM. de l'église que de MM. les barons et gentilshommes de ce diocèse, seront refusées à l'avenir, si elles ne sont accompagnées d'une lettre pour M. le Président, qui contienne les raisons pour lesquelles ils ne peuvent assister en personne, et que le greffier du diocèse couchera la présente délibération dans les lettres d'avis pour la convocation des Etats prochains.

M. le Président a dit que, suivant l'uzage et instructions de nos seigneurs les commissaires, président pour le Roy aux Etats généraux de la province, cette assemblée est en droit de faire procéder à la confirmation ou nouvelle élection des officiers du diocèse. Surquoy, le sieur Lafont, sindic, et le sieur de Lhermet, greffier, étant sorty de l'assemblée, a été délibéré, d'une voix unanime, de confirmer le sieur Lafont dans la charge de sindic, et le sieur de Lhermet dans la charge de greffier.

Après quoy, les Etats ayant fait appeler lesdits sieurs Lafont et de Lhermet, lecture leur a été faite de la présente délibération; et M. le Président leur a fait prêter le serment, la main levée à Dieu, de remplir les devoirs de leurs charges; ce qu'ils ont promis et juré de faire.

Le sindic du païs a dit qu'il a été rendu trois jugements par nos seigneurs les commissaires du Roy et des Etats, en date du 27e et 30e novembre 1756. L'un ordonne l'imposition de la somme de 82 livres 10 sols 9 deniers, en faveur du sieur Antoine Malafosse, collecteur de la communauté de Vebron, les années 1750 et 1752, dont il fut déclaré créancier par la clôture de ses comptes; l'autre ordonne pareillement, en faveur des collecteurs de plusieurs communautés du diocèze, de l'année 1755, l'imposition des sommes dont ils ont été déclarés créanciers par la clôture de leurs comptes, et qui reviennent en total à la somme de 111 livres deux sols deux deniers. Le troisième jugement veut qu'il soit fait un moins imposé dans plusieurs communautés des reliquats des comptes de leurs collecteurs, en l'année 1755, qui se portent en total à la somme de 3,609 livres 6 deniers ; et, conformément auxdits jugements, ledit sieur sindic a requis l'assemblée de délibérer qu'il sera fait un mention de ces débets ou de ces reliquats dans les mandes de la taille de cette année, et qu'il y sera marqué, par un article particulier, la somme que chaque communauté doit imposer ou moins imposer à ce sujet, chacune comme la concerne. Ce qui a été unanimement délibéré, conformément audit sieur sindic.

Ledit sieur sindic a dit aussy qu'il n'a pas encore reçu l'ordonnance de M. l'Intendant pour l'indemnité qui sera accordée à ce diocèze, à cause des dommages soufferts aux récoltes de l'année dernière, qu'il fut chargé, par Mgr l'évêque de Mende, de présenter, pendant son séjour aux Etats, à M. l'Intendant, que ces dommages avoient été immenses sur les différentes espèces de production, sur tout sur le seigle, dont la récolte quy est la plus considérable du pays, et quy intéresse le plus la substance du peuple, avoit été presque entièrement détruite par les cas fortuits ; que ledit sieur sindic exécuta les ordres de Mgr l'évêque de Mende ; il rendit compte, à M. l'Intendant, de la situation fâcheuse ou se trouvoit ce diocèze par la perte de ces récoltes et de l'épuisement ou cette perte jetoit les contribuables, et sollicita pour eux des secours, qui les missent en état de payer leurs impositions, la présente année ; que M. l'Intendant promit, d'avoir égard aux représensentations réitérées, qu'il eut l'honneur de lui faire à ce sujet ; que Mgr l'évêque de Mende voulut bien avoir la bonté de les appuyer et de lui en écrire ; que M. l'Intendant luy a répondu qu'il fairoit participer ce diocèze sur ce fonds de l'indemnité à une somme aussy forte qu'il le pourroit ; qu'il paroit convenable que l'assemblée délibère, suivant l'usage, de revoyer à MM. les commissaires du diocèze, pour procéder aux répartitions de celle qui sera accordée sur les communautés, ou sur les particuliers endommagés, conformément aux décisions de sa Majesté du 20° février 1755. Ce qui a été délibéré conformément à la réquisition dudit sieur sindic.

Ledit sieur sindic a dit encore que l'assemblée est instruite que nos seigneurs des Etatz généraux de la province, assemblés à Montpellier, au mois de novembre dernier, ont abonné avec sa Majesté, le premier vingtième établi par édit du mois de may 1749, et le second vingtième dont sa Majesté a ordonné la levée par sa déclaration du 7 juillet 1756, à commencer du 1er octobre de la même année, de même que les deux sols pour livre de deux vingtièmes, dont la levée a été pareillement ordonnée pour dix années, à compter du 1er janvier 1757, par une autre déclaration du même jour 7 juillet 1756 ; que cet abonnement a été fait aux prix de 1.250,000 livres pour chaque vingtième, faisant 2,500,000 livres pour les deux, et de 250,000 livres pour les deux sols pour livres, en tout 2,750,000 livres ; que la délibération qui a été prise à ce sujet par nos seigneurs des Etats généraux, en date du 5° novembre, a été authorisée par un arrest du Conseil du 20° du même mois, qui contient toutes les conditions sous lesquelles cet abonnement doit être exécuté et dont ledit sieur sindic a envoyé des exemplaires dans toutes les communautés du diocèze ; que nos seigneurs des Etats généraux ont délibéré, le 18 du même mois de novembre, sur la manière de pourvoir au recouvrement du prix de l'abonnement des deux vingtièmes et des deux sols pour livre, et qu'ils ont pris des arrangements provisoires pour la présente année 1757, en attendant de statuer définitivement là dessus à la prochaine assemblée des Etats ; qu'ils ont délibéré :

1° Qu'à l'exception des rentes au clergé, maisons religieuses, hôpitaux, séminaires et autres, faisant corps avec le clergé, et de celles qui sont établies sur le clergé, le premier vingtième établit par l'édit du mois de may 1749, et le second par la déclaration du 7ᵉ juillet dernier, seront retenus, sans distinction, sur toutes les rentes constituées ou à jour, perpétuelles et viagères dues par la province en corps, par les diocèses, villes et communautés et autres, suivant les rôles qui en seront arrêtés par la commission établie à cet effet ;

2° Que les deux vingtièmes cy dessus seront pareillement retenus sur les gages, pensions et autres sommes de même nature, comprises dans les différents départements arrêtés par les Etats et payables aux assignés sur les impositions, conformément au rôle qui sera arrêté par les mêmes commissaires ; dans lequel ils ne seront point comprises les sommes payées à titre d'ajournée, salaire ou récompense de travail et gratifications extraordinaire quy seront exempts de la retenue des deux vingtièmes ; laquelle n'aura lieu que pour les gages et autres dépenses fixes ;

3° Qu'il en sera usé de même à l'égard des sommes

payées par les diocèzes en corps et par les villes et communautes et que les deux vingtièmes seront également retenus sur les gages ou autres dépenses fixes, lorsquelles excèderont la somme de 200 livres ; toutes celles quy ne passent pas 100 livres, ou qui sont au dessous, devant en être exemptes, à cause de leur modicité ; revenant le montant des deux vingtièmes desdites rentes, gages et pensions, suivant le dépouillement quy en a été fait, à la somme de 201,000 livres;

4° Que tous les propriétaires ou possesseurs des droits de leude, péages, pontonnages, bacs, canaux, droits de coupe, pêcheries, salins et autres non compris dans les états des biens et droits nobles, et pour lesquels il a été arrêté un rôle séparé lors des précédents abonnements, payeront les deux vingtièmes de leur produit, suivant le rôle qui en sera arrêté, dont le montant a été évalué à 50,000 livres ;

5° Que les propriétaires ou possesseurs des autres biens et droits nobles, compris dans les procédures d'allivrement, faites en l'année 1711, payeront également le double vingtième de leur revenu, suivant les déclarations qu'ils seront tenus d'en faire au greffe des Etats. Lesquelles déclarations, après avoir été comparées avec les procédures d'allivrement, faites en 1711, seront communiquées à MM. les commissaires des diocèzes, à l'effet d'être examinées par eux, en la forme qu'ils jugeront la plus convenable, pour faire connaître le véritable produit desdits biens et droits, et d'être ensuite renvoyées au greffe des Etats, avec leur avis et les pièces quy serviront à l'appuyer, pour y déterminer la cotité que les possesseurs desdits biens et droits doivent supporter. Et cependant, qu'attendu la nécessité de pourvoir au payement du prix de l'abonnement pour l'année 1757, il sera arrêté des rôles desdits biens et droits sur les registres qui ont servy à les dresser lors des précédents abonnements, en obseruant toutefois d'augmenter leurs quotités dans la même proportion, jusques à concurrence de la somme de 300,000 livres, à laquelle on a cru pouroir en fixer le produit provisoirement, sauf à y ajouter le produit desdits biens et droits qui pourroit avoir été omis ; sur lequel produit seront prises les non valeurs des autres cotités, à concurrence, toutefois dudit produit, et sauf en cas d'insuffisance à y être autrement pourvu ;

6° Que tous négociants, marchands en gros et en détail, fabricants et artisans de toute espèce, hôtes, cabaretiers, traiteurs, rotisseurs, agents de change, banquiers, gens d'affaires, procureurs, notaires, huissiers, chirurgiens, libraires, imprimeurs et tous autres ayant rapport à l'industrie, payeront le dixième de leurs profits, suivant les rôles qui seront arrêtés par chaque diocèze, lesquels monteront en total à la somme de 400,000 livres; et que la somme à laquelle aura été fixé le contingent de chaque diocèze, sera répartie par MM. les commissaires des diocèzes sur les particuliers de chaque ville, au lieu qui se trouveront dans le cas d'y contribuer, sy mieux n'aiment les particuliers qui forment un corps de négociants, d'artisans ou autres semblables, payer par forme d'abonnement, la totalité de la somme à laquelle leurs cotités auront été fixées.

7° Que les propriétaires ou possesseurs des maisons nobles ou roturieres payeront le double vingtième du produit desdites maisons, conformément à ce qui est porté par l'édit du mois de may 1749. Auquel effet, en mettant à l'écart tous les hameaux, villages et bourgs, on comprendra dans des rôles séparés, les villes dont les maisons ont été taxées pour le premier vingtième, sauf à accorder modération lorsqu'elle sera trouvée juste et raisonnable. A l'égard des taxes non réglées par ordonnance contradictoire ou non acquiescées par un payement volontaire, et qu'attendu la nécessité de faire raison aux propriétaires ou possesseurs desdites maisons, de l'augmentation de la taille, résultant du rejet du restant du prix de l'abonnement sur les fonds roturiers, au lieu de doubler les taxes du premier vingtième, elles ne seront augmentées que d'une moitié en sus; à l'égard des moulins, forges, fours et autres biens de même nature, qui sont roturiers, lesquels seront compris à la suite des maisons dans les mêmes rôles, dont le montant est évalué pouvoir revenir à 350,000 livres ;

8° Qu'il sera arrêté un rôle pour les offices municipaux, dans lequel seront compris les deux vingtièmes des gages imposés à leur profit par les communautés ou prélevés sur le produit de leur subvention, a qu'elle somme puissent monter, à l'exception seulement de ceux quy ont du jouir de l'exemption du dixième, conformément à l'arrest du 22° décembre 1744. Le produit duquel rôle montait, lors des derniers abonnements, à environ 500,000 livres.

9° Que les villes et communautés, dont le produit des biens patrimoniaux est au-dessous du montant des impositions municipales, c'est-à-dire des dépenses ordinaires et des intérêts, n'étant point au cas de payer les deux vingtièmes du produit desdits biens, il ne leur sera compris dans les rôles, qui seront arrêtés à cet effet, que celles à l'égard desquelles le produit desdits biens excède lesdites dépenses, ce qui paroit d'une trop petite conséquence pour être évalué.

10. Que les receveurs des diocèzes de la province et les trésoriers de la bourse payeront le dixième de leurs taxations et émoluments comme dans les précédents abonnements, sauf qu'il sera déduit la moitié au lieu des deux tiers, pour les frais de recouvrement.

11° Que les autres officiers comptables de la province, tels que les receveurs généraux des finances, du taillon, des gabelles, des mortes-payes, les propriétaires, des greffes des Cours et autres juridictions royales et autres, seront taxés pour les deux vingtièmes du revenu de leurs offices qui ne se trouveront pas compris dans les états du Roy, suivant les rôles arrêtés, dont le montant a été évalué a 3,000 livres.

12° Que comme les sommes auxquelles ont a évalué les différents rôles, dont on vient de parler, peuvent être évaluées à 1,300,000 livres, il sera imposé sur les fonds roturiers, pour faire le prix de l'abonnement, la somme de 1,200,000 livres et 100,000 pour servir de fonds aux non valeurs et aux frais de régie, et que l'excès de cette imposition, dans les circonstances où se trouvent les peuples de cette province, fait connoitre la justice des représentations que les Etats ont déjà faites et la nécessité de les renouveler.

13° Qu'à l'égard des deux sols pour livres des deux vingtièmes, ils seront ajoutés à chaque rôle relativement à la somme à laquelle ils se trouveront revenir.

14. Qu'il sera payé par les redevables pour tous frais de recouvrement et au delà des sommes comprises aux rolles, 14 deniers pour livres, sçavoir : 6 deniers aux

collecteurs ; 6 deniers aux receveurs des tailles et 2 deniers au trésorier de la Bourse, comme pour les autres impositions et à condition de faire livre net dudit recouvrement et d'en remettre le montant aux termes ordinaires des impositions, sans néantmoins qu'ils puissent prétendre des taxations à raison des sommes dont ils font la retenue, conformément à ce quy a été pratiqué lors des précédents abonnements ; ce qui aura lieu aussy à l'égard des collecteurs pour leurs droits de leveures sur les mêmes sommes.

15° Que les redevables ne seront reçus à réclamer les cotités pour lesquelles ils seront compris aux rôles qu'en justifiant du payement provisoire de la moitié desdites cotités, et qu'il sera marqué un délay comme dans les précédents abonnements, pendant lequel ils seront obligés de se pourvoir en décharge ou modération devant la commission établie à cet effet.

16° Que les délibérations prises par les Etats, au sujet des abonnements, les instructions et ordonnances données pour régler la forme d'en recouvrer le prix, seront observées et exécutées par rapport au présent abonnement, dans tout ce qui ne se trouvera pas contraire à la délibération qui sera prise ; pour l'exécution de laquelle il sera rendu, par la commission établie à cet effet, toutes les ordonnances nécessaires.

17° Enfin, que les arrangements ne pourront être regardés que comme provisoires, et qu'il sera pourvu définitivement, pendant l'assemblée prochaine des Etats, aux inconvénients qu'on aura peu y reconnaître.

Que ledit sieur sindic ayant rendu compte de ces arrangements à MM. les commissaires du diocèse ; deux objets de la délibération de nos seigneurs des Etats fixèrent principalement leur attention. Il leur parut, en premier lieu, que le diocèse de Mende, ayant payé du temps des précédents abonnements, presque le dixième rigoureux de son industrie, si son contingent augmentait aujourd'hui des deux tiers en sus de ce qu'il était alors par proportion à l'augmentation faite, par les Etats, sur le général de la province pour cette nature de revenus, ce diocèse payerait au delà du dixième de son industrie. En conséquence, MM. les commissaires résolurent de faire là dessus des représentations à MM. les commissaires du Roy et des Etats, établis par lettres patentes de Sa Majesté, pour régler ce qui a rapport à l'abonnement des deux vingtièmes, de leur faire connaître la modicité de l'industrie des habitants du Gévaudon et de les mettre par là à portée de juger combien ce pays allait être surchargé, si on augmentait son contingent de deux tiers en sus de l'abonnement de l'ancien dixième; il fut fait en conséquence un mémoire, que le sieur sindic envoya de la part de MM. les commissaires du diocèse, à M. de Montferrier, sindic général de la province.

Le second objet auquel MM. les commissaires s'attachèrent fut la taxe réitérée sur les maisons scituées dans les villes; comme ce diocèze n'est composé, à proprement parler, que de communautés de campagne, et que Mende et Maruejols sont les seuls lieux quy aient quelque apparence de ville, ils crurent devoir encore présenter un mémoire à ce sujet, que ledit sieur sindic envoya aussi à M. de Montferrier.

Surquoy, Mgr le président a fait faire la lecture de ces deux mémoires par le greffier du diocèze; après laquelle ledit sieur sindic a ajouté que M. de Montferrier luy en accusa la réception par une lettre datée du 29 décembre 1756 ; dans laquelle il luy marque que l'on ne pouvoit se dispenser d'augmenter le contingent de la taxe d'industrie de ce diocèse, de deux tiers en sus de ce qu'il étoit en 1742 ; que les Etats l'avoient ainsy délibéré et que c'étoit par conséquent une règle qu'il falloit nécessairement suivre ; que d'ailleurs MM. les commissaires de l'abonnement du vingtième ne pouvoient s'en écarter, pour le diocèze de Mende, qu'en rejetant, sur quelqu'autre portion de la province, tout ce qu'ils retrancheroient de l'augmentation projetée et qu'on ne pouvoit le soulager qu'en aggravant le fardeau de ses voisins. Ledit sieur sindic répondit le 12⁰ janvier dernier à M. de Montferrier, que cette augmentation, devant porter l'imposition dans le Gévaudan au delà du dixième de l'industrie, ce ne seroit pas s'éloigner de l'intention des Etats que dy faire une réduction ; qu'on sy conformeroit au contraire, puisque les Etats, ainsi qu'ils le déclarent dans leur délibération, ne se proposent de faire exiger que le dixième de l'industrie et des revenus de différentes natures des biens, autres que ceux des fonds roturiers ; qu'au surplus, il y auroit des ressources pour accorder une modération à ce diocèze sans surcharger quelqu'autre portion de la province, ressources dont il paraissoit d'autant plus naturel de le faire jouir, qu'elles étoient prises en partie sur luy même ; qu'il avoit rejeté une somme de 100,000 livres sur les biens roturiers de la province au delà du prix de l'abonnement, pour servir de fonds aux non valeurs, résultant des surcharges ; qu'on pourroit prendre sur ce fonds ce qu'on retrancheroit du contingent de l'industrie de ce diocèse. M. de Montferrier répondit audit sieur sindic le 26 janvier dernier, que la somme de

100,000 livres, imposée pour les non-valeurs, avoit été destinée par les Etats pour remplir les vides qui résulteront du montant des ordonnances de décharge ou de modération, qu'obtiendront les particuliers, qui sont réellement surchargés ou celui qui se trouvera inévitablement dans les rôles des maisons; que s'il en restoit quelque chose, il n'y avoit que les Etats qui pussent en disposer, et que ce ne seroit que devant eux et à leur prochaine assemblée, qu'il pourroit faire usage des mémoires qu'il luy avoit envoyés et non vis-à-vis d'une commission qui n'avoit droit que d'exécuter les règles prescrites par les Etats. D'ailleurs, M. de Montferrier n'a rien répondu de particulier au mémoire que ledit sieur sindic luy a adressé au sujet de la taxe sur les maisons; qu'il luy a seulement demandé, par sa lettre du 10 février dernier, de se faire remettre, par les collecteurs de la ville capitale du diocèse et des autres grosses communautés, des extraits des rôles concernant simplement les taxes des maisons, de le luy envoyer et d'y joindre un état des moulins, forges, fours, pecheries, salins, bacs, péages et autres droits qu'il pourroit y avoir dans ce diocèze; il luy a en même temps annoncé pour la fin de ce mois le rôle provisoire des biens nobles, et a prié ledit sieur sindic de prendre les mesures nécessaires pour donner de bons renseignements qui puissent servir à former les rôles définitifs du vingtième, sur cette nature de biens. Ledit sieur sindic à répondu à M. de Montferrier, de la part de MM. les commissaires, qu'il ne connoissoit d'autre communauté un peu considérable, après la ville épiscopale, que celle de Maruejols; qu'ils se sont fait représenter les rôles du vingtième de Mende et de Maruejols, qui ne donnent aucun éclaircissement sur le vingtième des maisons de ces deux villes ; que la côte de chaque contribuable est conçue en ces termes : un tel payera, pour le vingtième de ses biens, telle somme ; ce qui comprend en bloc tous les biens du contribuable, qui ont non seulement des maisons, mais encore des jardins, des prés, des champs ou d'autres effets de pareille nature, et que l'on n'a point marqué dans les rôles ce que chaque objet supportoit de vingtième ; que ce n'est pas cependant qu'on ne puisse parvenir à scavoir celuy qui étoit rejeté sur les maisons ; car, pour ce qui est de Maruejols, cette communauté a été vérifiée par les contrôleurs du vingtième dont le travail et les opérations sont à Montpellier ; que l'on pourra les consulter et vraisemblablement on y trouvera la cotité du vingtième, à laquelle chaque maison a été taxée. Qu'à l'égard de Mende, il n'y a point eu de vérication de faite, mais que presque tous les habitants ont donné leur déclaration et ont obtenu des ordonnances de modération, qui fixent leur vingtième jusques à une nouvelle vérification ; qu'ils ont, dans leur déclaration, spécifié le revenu que pourroit produire leurs maisons ; que MM. les commissaires se fairont représenter ces ordonnances et les copies des déclarations sur lesquelles elles ont été rendues, et que ledit sieur sindic luy enverroit les renseignements qu'ils se seroient procurés ; que MM. les commissaires ne connoissent dans le diocèse ny salins, ny forges, ny bacs, ny pecheries, et que tous les péages y avaient été supprimés, à l'exception seulement de celuy de son altesse royale Mgr le prince de Conty et des religieux de la Chaise-Dieu, prieurs de Langogne, qui sont exempts du vingtième. Qu'à l'égard des moulins et des fours, MM. les commissaires du diocèze ne pouvoient parvenir à la connoissance de cet objet, qu'en écrivant des lettres circulaires aux consuls des communautés, pour avoir là dessus des éclaircissements ; que tout ce qu'ils pourroient dire quant à présent sur cet article étoit qu'à l'exception de quelques moulins et fours bannaux, qui appartiennent presque tous à des seigneurs ecclésiastiques, les autres ne sont, pour la plupart, que d'un très petit revenu ; que certains même ne servent que pour l'usage des propriétaires et les besoins de leurs maisons ; qu'enfin MM. les commissaires se procureroient les meilleurs renseignements qu'il se pourroit sur les biens nobles pour en faire usage, lorsqu'il en seroit temps.

Par la même lettre, M. de Montferrier a envoyé audit sieur sindic le rôle des sommes qui doivent être imposées, cette année, dans ce diocèze, sur l'industrie ; ce rôle contient le contingent de chaque communauté, dans laquelle on a d'abord marqué la somme qu'elle doit payer, en 1757, pour les deux vingtièmes, ensuite les deux sols pour livre de cette somme, et enfin le quart de cette même somme pour le quartier d'octobre 1756, des deux vingtièmes. Le total de ce qui est imposé pour 1757 roule sur environ 16,000 livres, au lieu d'environ 9,500 livres que le diocèse de Mende payait, en 1749, à la caisse de la province, pour l'abonnement de l'ancien dixième et des deux sols pour livre. Le quart imposé en sus des deux vingtièmes, pour le quartier d'octobre, se porte à 3,444 livres, et le rôle en entier, y compris les taxations de M. le trézorier de la bourse et l'excédent d'imposition, à raison d'un et demi pour cent, 88 livres 6 sols ; à quoy il doit être ajouté les frais de confection des états de répartition, les taxations de M. le receveur, à raison de 6 deniers pour livre, et celles des collecteurs sur le même pied ; de sorte que la totalité de l'imposition, qui doit être faite sur ce diocèze, excèdera 21,000 livres, au lieu qu'elle n'étoit, en 1749, que de 12,000 livres. Quoiqu'une pareille somme soit beaucoup au-dessus du dixième de l'industrie de ce diocèse, cependant, comme l'on ne peut, quant à présent, suivant les lettres de M. de Montferrier, espérer de modération et qu'il ny a que les Etats qui puissent l'accorder à leur prochaine assemblée, MM. les commissaires, en se proposant de réitérer alors les représentations qu'ils ont faites, ont commencé à s'occuper des moyens de placer le contingent, déterminé par MM. les commissaires de l'abonnement, sur les différentes communautés de ce diocèze, où il y a quelque industrie ; ils ont d'abord examiné le rôle arrêté par la commission ; ils y ont vu qu'après y avoir fixé, dans l'article de chaque communauté, ce qu'elle doit payer pour les deux vingtièmes et les deux sols pour livre, pour l'année 1757, l'on ajoute encore à son contingent le quart de ces deux vingtièmes, pour le terme d'octobre 1756, en exécution de l'arrest du Conseil du 20 novembre dernier, suivant lequel l'abonnement des deux vingtièmes a deu commencer au premier octobre. Ils se sont fait représenter en même temps, par le receveur du diocèze, le rôle du vingtième de l'industrie, arrêté pour tous les termes de l'année 1756 ; et, sur ce qui leur a été assuré par ledit sieur receveur, qu'il avoit procuré l'entier recouvrement de ce rôle, se portant en total à la somme de 13,800 livres, il leur a paru qu'il devoit être fait raison, au diocèze, du quart de cette somme, se portant à 3,450 livres, suivant l'article 4 du même arrest du Conseil, dans lequel sa Majesté, donnant un effet rétroactif à l'abonnement, cède aux Etats ce qui reste à recouvrer des rôles de l'ancien vingtième, pour les années 1750, 1751, 1752, 1753, 1754, 1755, et les neufs premiers mois seulement de 1756 ; et que cette énonciation des neuf premiers mois de l'année 1756, suppose que ce qui reste deu pour les trois derniers mois de cette même année, ou ne doit point être exigé, ou s'il l'a été, comme cela est arrivé dans ce diocèze, il doit luy être restitué.

MM. les commissaires se sont crus d'autant plus authorizés à le penser de même, qu'il leur a paru que, s'il en était autrement, il y auroit un double employ et que ce diocèse payeroit, pour le quartier d'octobre, trois vingtièmes au lieu de deux, que Sa Majesté en a établis; car il a d'abord acquitté la totalité du rôle du premier vingtième imposé pour tous les termes de l'année 1756, et il seroit encore obligé de payer, pour le quartier d'octobre, ce même vingtième en 1757; le rôle qui vient d'être arrêté à Montpellier, par MM. les commissaires de l'abonnement, comprenant pour le quartier d'octobre, le quart de l'un et de l'autre vingtième, tant ancien que nouveau.

MM. les commissaires ont chargé ledit sieur sindic de faire part de ces réflexions à M. de Montferrier, et de lui proposer de moins imposer sur le contingent de l'industrie de ce diocèse, de la présente année, ce qu'il a payé pour le quartier d'octobre de l'année dernière.

M. de Montferrier a répondu audit sieur sindic, que les Etats avoient bien prévu le double employ et qu'il avoit luy même proposé de borner le recouvrement de 1756, aux trois quarts des cotités y contenues ; mais qu'on y trouva des inconvénients et qu'on craignit que ne pouvant sçavoir précisément quel seroit le produit effectif des rôles du premier vingtième en 1756, ny les personnes qui ont été comprises dans chaque diocèse, ny le juste fondement de leur taxe, on ne risquât d'avoir un grand vide sur le quartier d'octobre du premier vingtième. En second lieu, qu'il pourroit arriver que tels particuliers quy auroient été compris dans les rôles de 1756, ne le fussent pas dans ceux de 1757, et que d'un autre côté, l'on employât, dans ceux-cy, des personnes qui ne l'auroient point été dans ceux de 1756; qu'en faisant un moins imposé de ce qui a été recouvré pour les trois derniers mois de 1756, ainsi que l'ont proposé MM. les commissaires, il ne seroit rien restitué aux premiers, à qui cependant il doit être rendu ce qu'ils ont payé de trop pour ces trois derniers mois, et qu'au contraire les autres participeroient à une restitution qui n'étoit point faite pour eux; que dans ces circonstances, il était plus à propos que les particuliers, qui auront payé le quartier d'octobre, se pourvussent à la commission sur leur taxe, et qu'il leur en seroit fait raison; que cette opération rempliroit le même objet mieux que le moins imposé, qui ne pourroit être fait régulièrement qu'autant qu'il tomberoit sur les mêmes personnes, comprises dans les rôles de 1756.

Surquoy, ledit sieur sindic a observé que s'il ny avoit d'autre raison de rejeter le moins imposé, proposé par MM. les commissaires du diocèze, que l'incertitude du produit effectif des rôles du premier vingtième pour 1756, et la crainte du vide qu'il pourra y avoir dans le recouvrement de ces rôles, cette raison ne subsisteroit point pour le diocèze de Mende, où en particulier le rôle arrêté pour l'industrie a été acquitté ainsy que plusieurs autres concernant le vingtième de 1756 ; que s'il est quelqu'un de ces rôles dont il reste encore quelque chose à recouvrer, l'on croit pouvoir assurer, avec confiance, que ce recouvrement sera fini dans deux ou trois mois, et qu'il en sera du vingtième de 1756, comme de celuy qui a été imposé les précédentes années, depuis son établissement, dont tout a été acquitté, ainsi qu'il est justifié par les borderaux qu'ont dû envoyer, en dernier lieu, les receveurs à M. l'Intendant ; qu'ainsi il n'y aura point de vide dans cette imposition, pour ce qui concerne le diocèse de Mende ; qu'au contraire il y aura surpayé pour le quartier d'octobre. Ledit sieur sindic a requis l'assemblée de délibérer sur les différents objets contenus dans le présent rapport, qui peuvent se réduire : 1° à charger ledit sieur sindic de faire les plus fortes instances auprès de nos seigneurs des Etats généraux de la province, à leur prochaine assemblée, pour faire réduire la cotité de l'industrie, du diocèze de Mende, à sa véritable valeur, et de réitérer à cet effet les représentations qui ont été faites par MM. les commissaires ; 2° de renvoyer à MM. les commissaires ordinaires, pendant l'année, toutes les opérations qui devront être faites au sujet des taxes de vingtième que doivent supporter les biens nobles, les maisons situées dans les villes, les fours et les moulins. Et pour les mettre en état de procurer de bons renseignements à la commission établie pour régler tout ce qui a rapport à l'abonnement des deux vingtièmes à Montpellier, prier MM. les députés, qui assistent à la présente assemblée, d'envoyer à MM. les commissaires ordinaires, toutes les instructions qu'ils pourront lui donner sur ces différentes natures de biens, situés dans leurs communautés ou dans celles de leur voisinage, dont ils auront connaissance.

Après quoy, il a été fait lecture des différentes lettres de M. de Montferrier, des réponses que ledit sieur sindic luy a faites et du rôle des sommes qui doivent être imposées sur l'industrie du diocèze de Mende, la présente année ; et, Mgr le Président ayant fait appeler les voix, il a été représenté par plusieurs membres de l'assemblée, que les moyens proposés par M. de Montferrier, pour faire restituer aux contribuables ce qu'ils ont payé pour le vingtième de leur industrie, du quartier d'octobre, ne remplira pas l'objet qu'on se propose ; que le plus grand nombre de ceux qui sont dans le cas de demander cette restitution ne prendront pas la route qu'on leur indique, et, qu'ils ne se pourvoiront pas devant la commission ; que les contribuables quy ont été compris dans les rôles de l'année dernière 1756, sont la plupart des artisans de campagne, illétrés et extrêmement grossiers, dont les uns ne sçauront comment s'y prendre pour se pourvoir ; les autres ne voudront point tenter cette voye, à cause des fraix qui seront plus considérables que ce qu'ils auraient à réclamer pour le quartier d'octobre de leur cotes d'industrie ; que les taxes communes de ces artisans ont été sur le pied de 30 à 40 sols, dont le quart, qui devroit leur revenir pour le quartier d'octobre, seroit de 8 à 10 sols ; or il leur en couteroit beaucoup plus pour les lettres et les placets qu'ils fairont dresser par des gens d'affaires du pays, et qu'il envertoient à MM. les sindics généraux ou pour le port de ces lettres et paquets; qu'enfin une expérience constante a appris que lorsqu'il n'y a eu d'autre expédient pour avoir raison surcharges que de se pourvoir à Montpellier, il y a eu très peu de contribuables qui ayent pris cette route et qui n'ayent mieux aymé faire le sacrifice de ce qu'on leur demandoit ou de la restitution qu'ils auroient peu prétendre. Quoique ce sacrifice parut rouler dans la circonstance présente, sur une somme modique, ne laisseroit pas que d'être considérable pour de misérables artisans, qu'une somme de 8 ou 10 sols fait subsister plusieurs jours; que pour la leur faire rendre, il y auroit un moyen quy remédieroit à tous les inconvénients que M. de Montferrier relève dans sa lettre; que ce moyen consisteroit à former sur les rôles de l'industrie, de l'année dernière 1756, des états dans lesquels on liquideroit ce qui doit revenir, pour le quartier d'octobre, à chacun de ceux qui ont été employés dans ces rôles; que ces états seroient faits à l'instar de ceux qui sont dressés chaque année, en conséquence des décisions de Sa Majesté, du 20 février 1755, pour les contribuables à qui il est accordé des sommes particulières sur l'indemnité; que MM. les commissaires en procédant à la confection des rôles d'industrie, de la présente année, pourroient en même temps former ces états, les envoyer ensuite à MM. les commissaires de l'abonnement et les suplier de les autoriser et d'ordonner que les collecteurs feroient compte, à chaque particulier qui y sera compris, de la somme qui doit luy revenir, et qu'à son tour le receveur de 1756, precompteroit aux collecteurs le montant de ces états, et que Mgr le Président pourroit être suplié d'appuyer cette demande de son crédit et de sa sollicitation. Lesquelles représentations ayant été approuvées par l'assemblée, elle a unanimement délibéré et chargé MM. les commissaires du diocèse, en formant les rôles des communautés pour le vingtième de l'industrie de la présente année, de se faire représenter ceux qui ont été arrêtés pour l'année dernière 1756, et de dresser des états qui contiendront la somme qui doit être restituée à chaque particulier ; pour le quartier d'octobre, payé par double employ ; que ces états seront certifiés par MM. les commissaires de l'abonnement qui seront suppliés de les autorizer et d'ordonner que les collecteurs fairont compte, à chaque particulier quy y sera compris, de la somme qui doit lui revenir, et qu'à son tour, le receveur précomptera aux collecteurs le montant de ces états ; et l'assemblée a supplié Mgr le Président d'appuyer cet arrangement auprès de la commission ; ce que mondit Sgr a promis de faire, en ajoutant qu'il en écrirait encore à Mgr l'archevêque de Narbonne. Comme aussy, l'assemblée a délibérer de charger ledit sieur sindic de faire les plus fortes instances auprès de nos seigneurs des Etats généraux de la province, à leur prochaine assemblée, pour réduire la cotité de l'industrie du diocèze de Mende à sa véritable valeur, et de réitérer à cet effet les représentations qui ont été faites par MM. les commissaires ordinaires du diocèze, de renvoyer auxdits sieurs commissaires toutes les opérations qui devront être faites au sujet des taxes de vingtième que doivent supporter les biens nobles, les maisons scituées dans les villes, les moulins et fours, et, pour les mettre en état de procurer des renseignements à la commission établie à Montpellier, pour régler tout ce qui a rapport à l'abonnement des deux vingtièmes, Mgr le Président a prié MM. les députés, qui assistent à la présente assemblée, d'envoyer au sindic du diocèze, toutes les instructions qu'ils pourront lui donner sur ces différentes natures de biens scitués dans leurs communautés ou dans celles de leur voisinage, dont ils auront connoissance.

De relevée.

Ledit sieur sindic a dit que le fermier de l'équivalent a présenté un mémoire à nos seigneurs des Etats, à leur dernière assemblée, dans lequel il a renouvelé presque toutes les demandes qu'il avoit formées au mois de février 1756 et rejetées par délibération du premier mars suivant et en ajouté plusieurs autres; qu'il a fait de nouveaux efforts pour donner atteinte aux privilèges du Gévaudan, suivant lequel les habitants de ce pays peuvent toute l'année et aussy souvent qu'ils le trouvent à propos faire entr'eux, au nombre de quatre au plus, partage ou département de viande pour leur usage et consommation domestique, sans être sujets au droit d'équivalent, ny tenus à autre chose qu'à faire déclarer au fermier ou à ses préposés la bête qu'ils veulent se partager avant de la faire égorger; qu'ils ont demandé que dans un mois, pour tout délai, le sindic du Gévaudan seroit tenu de représenter et de mettre ez mains du sindic général de la province, les titres établissant le privilège dudit pays, pour luy être communiqués; y faire ses observations et être statué sur icelles aux prochains Etats et cependant, qu'il seroit permis au fermier de percevoir, par provision, les droits d'équivalent, sauf restitution de ce qu'il auroit perçu, si les titres étoient jugés suffisants; qu'il a été répondu à cette demande, que le fermier n'étoit point personne légitime pour prendre communication des titres, exemptions et privilèges du pays, et que la perception provisoire des droits étoit contraire à l'exception portée par l'article 51 du règlement en faveur des lieux qui, comme le Gévaudan, sont en possession actuelle des exceptions, privilèges, et immunités, et que cet article devoit être exécuté à son égard par la seule raison de cette possession actuelle;

Que les autres demandes, portées par le même mémoire, étoient : 1° que ceux qui voudront égorger des bestiaux pour leur provision et consommation domestiques, même pour fiançailles ou autres cas exprimés par l'article 16 du règlement du 9 février 1754, seront tenus d'en faire déclaration dans son bureau, avant de pouvoir les abattre, à peine d'amende et de confiscation; 2° que ceux qui se fourniroit de viande ailleurs qu'au lieu de leur domicile, seront tenus de payer le droit d'équivalent au premier bureau de la route ; qu'il sera étably, par les maires et consuls, dans le mois, pour tout délay, des écorchoirs publics dans les lieux ou il y aura le nombre de quatre bouchers et au dessus ; 4° que faute par les entrepreneurs des boucheries closes d'être approvisionnés de viande pour la consommation des habitants, les bouchers de la campagne pourront, en payant le droit d'équivalent, y abattre et débiter des viandes ; 5° que les habitans des villes et lieux de la province, en vendant ou faisant vendre en détail le vin de leur cru, ne pourront faire ny souffrir assiette de buveur et ne pourront administrer ny souffrir administrer nappe, serviette, viande, sel, couteaux, ny pain, crouttes ou gâteaux, de quelque espèce que ce soit, et seront tenus d'avoir leurs portes ouvertes, et en outre, à la charge, avant de commencer la vente, d'en faire par le propriétaire déclaration au bureau du fermier, ainsy que de la quantité qu'il se proposera d'en débiter par un tavernier. Comme aussi à l'égard des taverniers, qui vendront pour autrui, de souffrir les visites et exercices des commis et la marque des tonneaux dans leurs caves et cellier ;

Que nosseigneurs des Etats, par leurs délibérations dudit jour 30 novembre 1756, ont persisté dans celle qu'ils avaient prises le premier mars de la même année et ont rejetté toutes les contenues au nouveau mémoire ; que le fermier de l'équivalent a encore demandé qu'en considération de la non jouissance, résultant des prétendus abus dont il se plaint, a demandé une indemnité du prix de bail de quatre cent mille livres, ou à deffaut d'être receu à la résiliation de son bail et que ces deux demandes ont été encore rejettées. Que le fermier de l'équivalent s'est pourvu au Conseil de sa Majesté ou MM. les sindics généraux ont été chargés de défendre aux demandes qu'il pourroit former.

Que nonobstant la disposition des règlements et les délibérations réitérées des Etats, le directeur et commis de l'Equivalent n'ont pas laissé que de vouloir exiger des déclarations des habitants du pays, des cochons et autres bêtes qu'ils égorgent pour leur salage et provision domestique, que dans certains lieux du diocèse, ils ont poussé les choses si loin, qu'ils ont voulu assujetir les habitans à faire ces déclarations auxquelles ils ne sont point tenus, qu'à certaines heures et lorsque les

commodité pour les recevoir; qu'un particulier de Marvejols, appelé Louis Vidal, laboureur de sa profession, ayant voulu, au mois de décembre dernier, égorger un cochon pour son salage et sa provision domestique, n'étant point instruit de la disposition des règlements, et se croyant obligé à les déclarer, à l'exemple de plusieurs habitants qui s'étaient soumis à de pareilles déclarations, fut au barreau de l'équivalent, pour faire celle du cochon qu'il voulait égorger, mais attendu qu'il était cinq heures du soir, et presque nuit, les commis refusèrent de la recevoir et lui défendirent de l'abattre jusques au lendemain sur les huit heures, Louis Vidal ayant méprisé avec juste raison cette défense, tua son cochon dans la nuit, les commis en ayant été informés furent chez luy à neuf heures du soir, tombèrent sur lui à grands coups de baton et après lui avoir fait souffrir les plus mauvais traitements, ils osèrent encore verbaliser contre lui, mais Louis Vidal ayant été porter sa plainte à M. le juge conservateur, et ayant fait faire des informations de son autorité, il a été taxé décret contre trois de ces commis; que ledit sieur sindic ayant été informé de cette affaire, à son retour des Etats généraux de la province, il en rendit compte à MM. les commissaires du diocèze, qu'il leur parut que s'ils devoient leur accorder leur protection au fermier de l'équivalent et à ses commis, appuyer leur régie et procurer la perception paisible des droits lorsqu'ils sont fondés sur les règlements, ils devaient aussi s'opposer à tout ce qu'ils feroient contre la disposition des règlements et faire réprimer les violences auxquelles ils pouvoient se porter; que l'ordre public, la tranquilité des habitants du pays et le maintien des règlements auxquels ils sont chargés de veiller, réclamaient dans ces occasions leur ministère, en conséquence ils chargèrent ledit sieur sindic d'intervenir dans le procès pendant devant M. le sénéchal du Puy contre Louis Vidal et le fermier et commis de l'Equivalent, d'y demander l'exécution des règlements, qu'il fut fait défense au fermier de l'Equivalent ou à ses préposés d'exiger des habitants du pays des déclarations des bettes, qu'ils égorgeraient pour leur salage et pour leur provision domestique et que pour avoir contrevenu en ce point à l'article 16 du règlement du 9 février 1754 et aux délibérations des Etats vis à vis de Louis Vidal, ils seront condamnés conformément à l'article 67 du même règlement à l'amende de 50 livres, sans préjudice des dommages et intérêts que ledit sieur Vidal est en droit de prétendre pour raison des mauvais traitements qu'il a reçus; que ledit sieur sindic a présenté sa requête en intervention et a fait assigner, le 31 janvier dernier, le fermier de l'Equivalent pour y venir dire droit.

Ledit sieur sindic a ajouté que le mercredy des cendres, 25º du mois de février dernier, un particulier d'Ispanhac, appelé Claude Itier, ayant porté, à Mende, environ cinq livres de poissons pour les vendre, les commis de l'équivalent s'en saisirent, sous prétexte qu'il ne l'avoit point déclaré; quoique par l'article 25 du règlement du 9 février 1754, l'on ne soit obligé de payer le droit d'équivalent du poisson ny de le raisonner que lorsqu'on en porte au dessus de dix livres; que ces commis furent remettre, celuy de Claude Itier, chez leur directeur, qui refusa de le luy rendre et le chassa de chez luy, en le menaçant de le faire conduire en prison; que cet homme se retira pardevant MM. les officiers de police, à qui il porta plainte de ce quy venoit de lui arriver ; qu'en conséquence, M. Mazaudier, 2° consul, accompagné de deux valets de ville, de Claude Itier et de son frère, fut chez le directeur de l'équivalent et luy demanda de représenter le poisson que les commis venoient d'enlever à Claude Itier, de le faire peser pour être rendu à cet homme, au cas qu'il ny en eut que dix livres et au dessous, ou pour être verbalisé et procédé contre luy à cas qu'il y en eut plus de dix livres, et qu'il feut tombé en contravention ; que le directeur répondit audit sieur Mazaudier, qu'il avoit fait pezer le poisson et qu'il ny en avoit qu'environ quatre livres ; mais qu'il y avoit lieu de présumer que cet homme en avoit porté davantage, sans avoir cependant d'autre certitude, et qu'il avoit donné ce poisson à ses commis pour le manger ; il menaça de nouveau Claude Itier de la prison. Surquoy M. Mazaudier luy répondit qu'il n'avoit aucune autorité sur cet homme ny sur aucun autre ; que la direction de l'équivalent n'étoit point une charge publique, qui luy donnoit le droit d'envoyer personne en prison ; que Claude Itier a présenté sa requête en plainte à M. le juge conservateur du Puy, de qui il a obtenu une ordonnance d'enquis, sur laquelle il a été fait des informations qui viennent de donner lieu à un décret de soit ouï ; que M. le juge conservateur a décerné contre le directeur de l'équivalent et le nommé Granier, son commis ; que ledit sieur sindic croit devoir proposer à l'assemblée de l'autorizer à intervenir dans cette nouvelle affaire pour demander l'exécution de l'article 25 du règlement des Etats du 9 février 1754 ; qu'en conséquence il soit fait défenses au fermier et à ses commis d'exiger le droit d'équivalent ny aucune déclaration du poisson qui sera porté dans les villes et lieux du diocèze, pour y être vendu, lorsque le poids ne sera pas au dessus de 10 livres ; et que, pour avoir contrevenu à l'article 25 du règlement, le fermier soit condamné à l'amende de 50 livres, conformément à l'article 67; et a requis l'assemblée de délibérer.

Sur quoy l'assemblée a unanimement délibéré et approuvé l'intervention dudit sieur sindic et les conclusions par luy prises dans l'affaire de Louis Vidal de Maruejols, l'a chargé d'intervenir pareillement dans celle de Claude Itier d'Ispanhac, dy prendre les conclusions qu'il vient de proposer et poursuivre l'une et l'autre affaire jusques à sentence ou arrêt définitif.

Ledit sieur sindic a dit encore que MM. les commissaires du diocèze n'ont point perdu de vue l'affaire du changement de sel ; que bien loin de se rebuter et de céder aux difficultés qu'on leur a opposées, ils ont fait depuis les Etats derniers de nouvelles démarches, qui seront peut-être plus efficaces que les précédentes ; qu'après la résistance qn'ils ont éprouvé jusqu'à présent de la part des fermiers généraux, ils ont pensé que le seul moyen de réussir étoit de les démouvoir de tout intérest et de faire cesser le prétexte des versements, en consentant que le sel de Peccais se rendit dans le Gévaudan, à quelque chose de plus de ce qu'il vaut dans les diocèzes voisins, scitués sur la route du bas Languedoc ; qu'ils se sont en conséquence déterminés à une augmentation, pourvu qu'elle feut peu considérable; que le dit sieur sindic en a écrit de leur part à M. Vassal, à Paris, receveur de ce diocèze qui, par relations avec

MM. les fermiers généraux a paru plus à portée que tout autre de traiter cette affaire; qu'il a aussy écrit à M. de Montferrier, sindic général qui était, pendant ce temps là, à Paris ; que cette négociation s'est trouvée par l'évènement liée avec une autre ; que les fermiers généraux ont fait changer de route à la traite des sels pour l'Auvergne ; qu'ils ont déterminé que le transport s'en fairoit par le Gévaudan et ont fait demander, par M. Vassal, à MM. les commissaires de rendre cette route praticable aux grandes voitures et d'y faire les réparations nécessaires ; que ledit sieur sindic a d'abord marqué à M Vassal, de leur part, qu'ils y seroient très disposés pourvu que les fermiers généraux se prêtassent au changement du sel; que ledit sieur sindic luy a observé en même temps qu'il y avoit d'autres parties sur cette route, qui ne dépendoient point du diocèze de Mende et qui avoit besoin de réparations, notamment la cote de Saint-Jean-de-Gardonenque, située dans le diocèze d'Alais qui, dans son état actuel, étoit impraticable aux grandes voitures, et qu'il seroit à propos que MM. les fermiers généraux sollicitassent MM. les commissaires de ce diocèse, de faire mettre cette partie en état; que ledit sieur sindic écrivit aussi à M. de Montferrier, et luy fit part de ce qu'il mandoit à M. Vassal ; que l'un et l'autre présentèrent un mémoire aux fermiers généraux, pour leur proposer une petite augmentation sur le prix du sel dans le Gévaudan et le rétablissement du sel de Peccais dans ce pays; que d'un autre côté, ils agirent auprès de Mgr l'évêque d'Alais, qui étoit alors à Paris, pour l'engager à faire réparer la cote de Saint-Jean de Gardonenque ; mais que n'ayant peu obtenir que son diocèze se prêtât à cette dépense, M. Vassal se

retourna d'un autre côté et présenta un mémoire à
M. de Trudenne, intendant des finances, pour demander
qu'attendu le bien qui devoit en résulter pour les fermes
de Sa Majesté de la réparation de la cote de St-Jean-de-
Gardonenque, les ouvrages qui y étoient nécessaires
feussent faits sur le produit de cinq sols par minot, établis depuis nombre d'années sur les sels qui se consom-
ment dans l'étendue des gabelles de Languedoc, Auvergne et Rouergue, à raison de la construction et entretien
des chemins par lesquels les sels doivent être voiturés
dans ces trois provinces. Quelque temps après M. Vassal marqua audit sieur sindic, que les fermiers généraux
avoient repondu aux mémoires que M. de Montferrier et
luy avoient présentés, qu'ils consentiroient, moyennant
une augmentation modique, au rétablissement du sel de
Peccais, dans le Gévaudan, pourvu toutesfois que dans
la crainte encore qu'il ne se fît des versements sur la
route, nonobstant l'augmentation, l'entrepreneur du
fournissement des petites gabelles s'engagea de faire
remettre dans les chambres de Mende, Marvejols et
Langogne, les sels nécessaires à leur approvisionnement, pour être assuré qu'on ne fera point de versements dans la route, et que cet entrepreneur ne pourroit prendre de pareils engagements qu'autant que les
chemins auroient été rendus praticables aux voitures
roulantes ; que M. Vassal ajoutoit dans sa lettre que,
sur la proposition faite de pourvoir à la réparation de la
côte Saint-André-de-Gardonenque, sur le produit de
5 sols par minot, établit sur le sel, M. l'Intendant avoit
envoyé ordre à M. Polard, inspecteur général des ponts
et chaussées du royaume, qui devoit se trouver à Montpellier, aux prochains Etats, d'aller visiter cette cote,

d'examiner les réparations qu'il convient d'y faire et de lui donner son avis sur l'objet de la dépense et sur son utilité. Ledit sieur sindic receut la lettre de M. Vassal, à Montpellier, pendant la tenue des Etats, le 19 novembre dernier ; qu'il se recria sur la proposition faite par les fermiers généraux de redonner le sel de Peccais au Gévaudan à une petite augmentation, à condition que les chemins seroient réparés, de manière que les voitures à roue puissent y aller ; il luy représenta qu'il étoit étonnant qu'on fit dépendre aujourdhuy cette affaire de cette condition qui étoit toute nouvelle et étrangère au fond de la chose : qu'il n'étoit pas au pouvoir de MM. les commissaires de la remplir pour les parties du chemin qui étoient hors de ce diocèze, et que d'ailleurs, elle étoit absolument indifférente aux fermiers généraux pour ce qui concernoit la qualité des deux sels, la nécessité de fournir de l'un ou de l'autre au Gévaudan, et le transport dans ce pays ; que si les grandes voitures ne pouvoient y venir, il faudroit bien toujours y faire porter du sel à dos de mulet ; que dans ce cas il n'importoit pas que ces mulets fussent chargés du sel de Sijean et de Peyriac ou en sel de Peccais ; qu'ils porteroient la même quantité de l'un que de l'autre ; que si on ne voyait pas qu'il y eut à cet égard aucune différence pour MM. les fermiers généraux, il ny auroit plus de versements à craindre ny de précaution à prendre pour les empêcher ; que dès lors que le sel sera plus cher dans le Gévaudan, que dans les diocèzes qui se trouvent sur la route, les voituriers ne fairont plus de versements, parce qu'ils seroient en perte de ce que le sel coutera de plus. Ledit sieur sindic marqua encore audit sieur Vassal, qu'il avoit vu plusieurs fois M. Polard, qu'il ne pourroit aller visiter encore la cote de St-Jean-de Gardonenque, étant retenu pour différentes affaires à Montpellier; qu'il paroissoit bien intentioné, mais que quelques favorables que fussent ses dispositions, elle ne pourroient avoir assez promptement leur effet, pour espérer que la cote de St-Jean fut bientôt en état, et qu'on rendit dans peu le scel de Peccais au Gévaudan; que cependant c'étoit dans l'espérance pourtant de recouvrer ce sel, que MM. les commissaires s'étaient déterminés à réparer les cotes de Moulines et de Saint-Laurent, et qu'ils se proposoient de rendre plus praticables celles de St-Roman, du Pompidou et de Chanac; que sy le pays ne voyait réaliser les espérances qu'on luy a données, il auroit tout lieu de croire qu'on entreprendroit pas d'autres ouvrages, avec d'autant plus de raison qu'on étoit encore incertain, sy la cote de Saint-Jean-de-Gardonenque seroit rendue praticable aux grandes voitures et que tout ce que l'on pourroit entreprendre dans le diocèse de Mende, au delà des ouvrages dont on vient de parler, seroit inutile, si cette cote restoit dans son état actuel. Et ledit sieur sindic a requis l'assemblée de délibérer sur la négociation entamée avec M. Vassal, au sujet du rétablissement du sel de Peccais, dans le Gévaudan, moyennant une augmentation modique, et sur les ouvrages qui ont été faits pour le succès de cette négociation.

Sur quoy, l'assemblée a unanimement délibéré que, quoique toute augmentation sur le sel ne puisse qu'être extrêmement onéreuse aux habitants d'un pays aussy misérable que le Gévaudan, cependant, pour avoir celuy de Peccais, elle consent qu'il soit vendu, dans le Gévaudan, à quelque chose au dessus de ce qu'il coute dans les diocèses voisins du bas Languedoc, pourvu que cette augmentation soit modique; comme aussy, elle a encore délibéré d'approuver les ouvrages adjugés par MM. les commissaires du diocèse et ceux qu'ils ont déterminés de leur renvoyer le soin d'y pourvoir et d'en ordonner d'autres, s'ils le trouvent nécessaire, autant toutefois qu'il y aura lieu d'espérer que d'un coté, l'usage du sel de Peccais sera dans peu rétably dans le Gévaudan ; que de l'eutre, la cote de Saint-Jean-de-Gardonenque sera rendue praticable aux voitures, et qu'il leur sera donné, sur ces deux objets, des assurances suffisantes.

Après quoy le *Te Deum* a été récité et la bénédiction a été donnée par Mgr le Président.

Fait, clos et arrêté à Mende, le vingt-unième mars mil sept cents cinquante sept.

Signé : † G. Flor., évêque de Mende.

1758

MM. les commissaires de l'assiette. — Lecture des commissions pour les sommes à imposer. — Prestation du serment. — Vote des sommes demandées. — Une lettre doit accompagner les procurations. — Confirmation des officiers du diocèse. — Debets et reliquats des comptes des collecteurs. — Indemnité accordée au diocèse pour perte de récoltes. — Privilège de faire partage de bestiaux égorgés, conservé par le bail de l'équivalent. — Usage des toiles peintes à prohiber dans le pays. —

Vingtième de l'industrie, des maisons et des biens nobles. — Rétablissement du sel de Peccais. — Clôture des Etats.

L'an mil sept cens cinquante huit et le lundy dix-septième jour du mois. Les gens des Trois Etats du pays du Gévaudan, convoquez par ordre du Roy, en la ville de Marvejols sont venus à la salle de l'hôtel de M. le comte de Peyre, ou loge M⁰ Pierre Jaufroy, prêtre, licencié en théologie, chanoine, archidiacre de l'église cathedrale de Mende et vicaire général de Mgr l'évêque de Mende, Président des Etats et assiette du pays, qui les attendoit, étant accompagné de MM. les commissaires ordinaires; et, tous ensemble sont allés à l'église collégiale de N.-D. de la Carce de la ville de Marvejols, pour y entendre la la messe du Saint Esprit. Après laquelle s'étant rendus dans la salle de l'auditoire des Cours du bailliage du Gévaudan et royale ordinaire dudit Marvejols, ils ont pris chacun leur place, scavoir : M le Président sur un fauteuil, placé sur une stalle élevée au dessous d'un dais, et, sur la gauche de cette stalle, à la tête du banc, M. de Vachon, consul de la ville du Puy, commissaire principal, étant absent; Mʳ Mᵉ Joseph Dallo, juge, lieutenant général au baillage du Gévaudan, pour M. le baillif, en tour, pour le Roy, la présente année, commissaire ordinaire desdits Etats et assiette; Mʳᵉ Claude-Gabriel-Amédée de Rochefort d'Aly, comte de St-Point et de Montferrand, baron de Cénaret, Sgr de Laval, Pougnadoire et St-Chély-de-Tarn, commis des nobles dudit pays, commissaire ordinaire desdits Etats et assiette, absent, Mʳ Mᵉ Jean Boutin, juge et 1ᵉʳ consuls de la ville de Mende; sieurs Félix Mazaudier et Etienne Ambert 2ᵉ et 3ᵉ consuls de ladite ville, l'année dernière, et Mre Pierre de Michel Du Roc, marquis de Brion et autres places, commissaire ordinaire desdits Etatz et assiette, sur un banc placé au milieu du parterre ; MM. les eclésiastiques, sur un banc à la droite de M. le Président, chacun suivant son rang ; et, sur le banc dudit sieur baillif, MM. les barons et gentilshommes de ce diocèse ou leurs députés, aussy suivant leur rang; et les sieurs consuls et députés des autres villes et communautés dudit pays, qui ont entrée et voix délibérative auxdits Etats, assis sur le bas banc.

M. Dallo, juge, lieutenant général au bailliage de Gévaudan, pour M, le baillif, ayant en main les commissions de nosseigneurs les commissaires, qui ont présidé pour le Roy à l'assemblée des Etats généraux de la Province, tenus à Montpellier le 3° février dernier, a dit que nosdits seigneurs luy ordonnent, par leurs dites commissions, aux consuls de Mende et à un de Maruejols, commissaires ordinaires comme luy, de procéder au departement des deniers y contenus, ainsi qu'il a été consenti et résolu auxdits Etats, lesquels Sa Majesté veut être imposez, la présente année, pour le soutient de l'Etat et pour fournir aux autres dépenses qui se fairont dans le royaume, aussi bien que pour les appointements de son altesse sérénissime Mgr le comte d'Eu, gouverneur de la province, entretenement de ses gardes, et de MM. les lieutenants généraux dans ladite province et de ce diocèze et département des gratifications ordinaires et extraordinaires, contenues au billet, sur ce signé. . . . . ensemble l'arrêt de validation du Conseil d'Etat de Sa Majesté, pour être payés aux premiers jours d'avril, juillet et octobre de la présente année, et a remis les commissions au greffier pour en faire la lecture.

Et à l'instant, lecture a été faite desdites commissions ensemble des instructions et autres actes y attachés, contenant entr'autres choses permission d'imposer pour les vaccations et journées des consuls de Mende, de Maruejols et du sindic du diocèze, députez aux Etats généraux de la province. La lecture ayant été finie, lesdits sieur lieutenant général au bailliage de Gévaudan, pour M. le baillif, en tour, est sorti de l'assemblée.

M. le Président a fait appeler les gens des Trois Etats du pays de Gévaudan, et ayant fait remettre, au greffier du diocèse, les procurations des députés auxdits Etats, il en a fait la lecture.

L'assemblée ayant été réglée, chacun ayant pris sa place, le serment en tel cas requis et accoutumé ayant été prêté, sçavoir : par MM. de l'église la main mise sur la poitrine, et par MM. de la noblesse et députés du Tiers Etat, la main levée à Dieu, et tous ensemble ont promis à M. le Président, moyennant leur serment, de ne rien faire, en cette assemblée, contre l'honneur de Dieu ny contre le service du Roy.

Ensuite a été unanimement résolu que les sommes contenues aux commissions de nosseigneurs les commissaires présidant, pour le Roy, aux Etats généraux de la province tenus à Montpellier, le 3 février dernier, seront imposées, la présente année, sur les contribuables aux tailles du pays de Gévaudan, et les Etats ont donné pouvoir à MM. les commissaires de l'assiette, qui s'assemblerent demain, d'en faire le departement.

Comme il est d'usage dans la province, que MM. de l'église et MM. les barons, qui ne peuvent assister aux Etats de Languedoc, envoyent, outre leurs procurations, une lettre, adressée à Mgr le Président, pour toute l'assemblée, contenant les raisons pour lesquelles ils ne peuvent pas venir ; que cet usage a toujours été observé dans ce pays pour soutenir la dignité de M. le Président et de toute l'assemblée, et que néantmoins quelques-uns ont obmis d'écrire lesdites lettres ; sur quoy a été délibéré que les procurations, tant de MM. de l'église que de MM. les barons et gentilshommes de ce diocèse, seront refusées à l'avenir, si elles ne sont accompagnées d'une lettre pour M. le Président, qui contienne les raisons pour lesquelles ils ne peuvent pas assister en personne, et que le greffier du diocèse couchera la présente délibération dans les lettres d'avis pour la convocation des Etats prochains.

M. le Président a dit que, suivant l'usage et instructions de nos seigneurs les commissaires, présidant pour le Roy aux Etats généraux de la province, cette assemblée est en droit de faire procéder à la confirmation ou nouvelle élection des officiers du diocèse. Sur quoy, le sieur Lafont, sindic et de Lhermet, greffier du diocèse, étant sortis de l'assemblée, a été délibéré, d'une voix unanime, de confirmer le sieur Lafont dans sa charge de greffier.

Après quoy, les Etats ayant fait appeler lesdits sieurs Lafont et de Lhermet, lecture leur a été faite de la présente délibération, et M. le Président leur a fait prêter le serment, la main levée à Dieu, de remplir les devoirs de leur charge ; ce qu'ils ont promis et juré de faire.

Le sindic du pays a dit, qu'il a été rendu deux jugements par nos seigneurs les commissaires du Roy et des Etats en date du 21 janvier 1750, dont l'un ordonne, en faveur des collecteurs de plusieurs communautés du diocèse de l'année 1756, l'imposition des sommes dont ils ont été déclarés créanciers par la clôture de leurs comptes; lesquelles reviennent en total à celle de 367 livres 17 sols 5 deniers; et l'autre veut qu'il soit fait un moins imposé, dans plusieurs communautés, des reliquats des comptes de leurs collecteurs, de la même année 1755, qui se portent en total à la somme de 1,702 livres 19 sols 1 denier; et, conformément auxdits jugements, ledit sieur sindic a requis l'assemblée de délibérer qu'il en sera fait mention de ces debets ou de ces reliquats dans les mandes de la taille de cette année, et qu'il y sera marqué, par un article particulier, la somme que chaque communauté doit imposer ou moins imposer à ce sujet, chacune comme la concerne. Ce qui a été unanimement délibéré, conformément à la réquisition dudit sieur sindic.

Ledit sieur sindic a dit encore, que les récoltes de ce diocèse ont été considérablement endommagées pendant le cours de l'année dernière, par la rigueur de l'hyver, par la sécheresse, les grêles, les fréquents orages qu'on a essuyé pendant l'été et par les autres accidents du ciel : que ces dommages ont été vérifiés par ledit sieur sindic ou ses subrogés, conjointement avec MM. les subdélégués de M. l'Intendant ou leurs subrogés ; qu'ils ont dressé, suivant l'usage, leurs procès-verbaux, qui ont été remis en double original aux bureaux de l'intendance et au greffe du diocèse ; que plusieurs particuliers ont aussi souffert des dommages extraordinaires, soit par des incendies qui ont consumé leurs maisons et leurs effets, soit par des grêles ou des inondations qui ont totalement emporté leurs récoltes ; que ces dommages particuliers ont été pareillement compris dans lesdits procès-verbaux ; que Mgr l'évêque de Mende a écrit à M. l'Intendant sur toutes ces pertes générales et particulières, et qu'il luy a fait connoître qu'elles métoient, un grand nombre d'habitants du pays, hors d'état d'acquitter les impositions de la présente année, s'il n'avoit égard à leur situation et s'il ne procuroit à ce diocèse tous les secours qui dépendroient de luy, dans la répartition de l'indemnité accordée par Sa Majesté à cette province ; que M. l'Intendant a marqué à Mgr l'évêque de Mende, par sa lettre du 26 février dernier, qu'il feroit participer, autant qu'il pourroit, le diocèse de Mende au fonds de l'indemnité que Sa Majesté a accordée ; qu'il vient d'en faire la répartition ; que quoique ce fonds soit moindre de 66,000 livres que celuy de l'année dernière ; cependant le diocèse a été compris, dans cette répartition, pour la somme de 19,870 livres, dont 8,450 livres doivent être départies, par MM. les commissaires du diocèse, sur les villes, lieux et communautés qui en dépendent, et les 1,420 livres ont été appliquées aux particuliers dont les maisons et effets ont été incendiés ou dont les récoltes ont été totalement emportées, suivant la répartition particulière que M. l'Intendant en a faite et dont il a envoyé la note à Mgr l'évêque de Mende ; qu'il a rendu à ce sujet une ordonnance, le 3 du présent mois d'avril, en exécution de laquelle ledit sieur sindic requiert que l'assemblée renvoye à MM. les commissaires, qui s'assembleront demain pour la tenue de l'assiette, la répartition de ladite somme de 18,450 livres sur les villes, lieux et communautés du diocèse, pour y être par eux procédé conformément aux décisions de Sa Majesté, du 20 février 1755. Ce qui a été délibéré conformément à la réquisition dudit sieur sindic.

Ledit sieur sindic a dit aussi que le dernier bail de la ferme de l'équivalent, qui devoit encore subsister pendant 5 années, ayant été résilié, les Etats l'ont renouvelé à leur dernière assemblée à une compagnie de la province, après avoir arrêté un nouveau règlement des articles sur lesquels l'exploitation de ce droit doit être faite ; que M. de Joubert a adressé audit sieur sindic un nombre suffizant d'exemplaires pour les distribuer dans les différentes communautez du diocèze, qu'il a été fait dans ce nouveau réglement des changements à l'ancien relativement aux décisions rendues le 6 mars et 30 novembre 1756, par nosseigneurs des Etats, sur les demandes formées par les fermiers dont le bail vient d'être résilié ; qu'ils y ont expliqué, à l'article 51, d'une manière très claire, leurs intentions au sujet des privilèges des villes, lieux et communautés de la province qui les ont conservés et qui en sont actuellement eu possession ; que les Etats veulent qu'ils continuent à en jouir, en vertu de cette possession actuelle, et que par le seul motif de cette possession actuelle ils soient à l'abri de toute inquiétude ; que sur le fondement de cet article les habitants du Gévaudan, qui se sont constamment maintenus dans le privilège de pouvoir faire entr'eux, toute l'année et aussi souvent qu'ils le trouvent à propos, au nombre de quatre au plus, partage ou département de viande pour leur usage et consommation domestique, sans être sujets au droit d'équivalent ny tenus a autre chose qu'à faire déclarer au fermier, ou à ses préposés, la bête qu'ils veulent se partager avant de faire ledit département, doivent continuer à jouir dudit privilège, et qu'il paroitroit convenable d'avertir les consuls des différentes communautés du pays, par une lettre circulaire, que ledit sieur sindic pourroit leur écrire de la part de l'assemble, en leur envoyant un exemplaire du nouveau réglement; qu'au cas le nouveau fermier voulut donner atteinte audit privilège, ainsi que les anciens ont plusieurs fois tenté de le faire, pendant le cours de la durée de la durée de leur bail, en donnant avis sur le champ audit sieur sindic, pour en rendre compte à MM. les commissaires du diocèse, qui prendront, ainsi qu'ils l'ont fait contre les précédents fermiers, des mesures efficaces pour faire cesser le trouble et assurer, aux habitants du pays, la paisible jouissance de leurs privilèges, franchises et immunités; et ledit sieur sindic a requis l'assemblée de délibérer.

Surquoy, lecture faite de l'article 31 du réglement de l'équivalent, arrêté par nosseigneurs des Etats, le 29 décembre 1757, elle a unanimement délibéré de charger ledit sieur sindic, d'écrire une lettre circulaire aux maires et consuls des communautés du pays, pour leur recommander la plus grande attention à ce qu'il ne soit porté aucune atteinte, par le nouveau fermier, à la disposition de cet article ni au privilège dont les habitants du Gévaudan ont constamment joui, jusques à aujourdhuy, de pouvoir faire entreux, toute l'année et aussi souvent qu'ils le trouveront à propos, au nombre de quatre au plus, partage ou département de viande pour leur usage et consommation domestique, sans être sujets au droit d'équivalent, ny tenus a autre chose qu'à faire déclarer, au fermier ou à ses préposés, la bête qu'ils veulent se partager avant de faire ledit département; et qu'au cas le nouveau fermier troublat quelqu'un desdits habitants dans la jouissance dudit privilège, ils en donnent, sur le champ, avis audit sieur sindic, lequel en rendra compte à MM. les commissaires du diocèse; que l'assemblée a priés de faire cesser le trouble et de se pourvoir à cet effet par tout ou besoin sera ; approuvant d'avance toutes les démarches et les poursuites qu'ils feront à ce sujet.

Ledit sieur sindic a dit encore, qu'il a été porté des plaintes à nos seigneurs des Etats généraux de la province, par la fabrique de Nimes, du préjudice qu'elle recevoit des toilés peintes; que nos seigneurs des Etats généraux ont délibéré de faire des représentations au Conseil pour demander l'exécution des édits, déclarations et arrets qui prohibent le port et l'usage de ces toiles; que le Gévaudan a autant d'intérêt qu'aucun autre pays du Royaume à demander l'exécution des mêmes défenses; que les toiles peintes ont dans tous les temps fait un tort considérable à sa fabrique, dont les étoffes servent aux mêmes usages que ceux auxquels on employe ces sortes de toiles; qu'on s'apperçoit depuis quelque temps que la demande et la consommation des petites étoffes, qui se fabriquent daas le Gévaudan, ont diminué; que ledit sieur sindic en a reçu différentes plaintes des marchands du pays, notamment de ceux de la présente ville de Marvejols où se fait la plus grande partie du commerce, qu'il n'est pas douteux qu'une des principales causes de la diminution de la fabrique du Gévaudan ce soit l'usage des toiles peintes, qui est devenu extremement commun par la quantité qu'en ont d'abord répandu dans certaines parties du Languedoc, des provinces voisines et autres du Royaume, les contrebandiers qui y venoient, ces dernières années, à force ouverte ; et par celles que débitent journellement certains de ces contrebandiers qui s'y introduisent, à la vérité, en secret, depuis que les chefs de leurs troupes ont été punis; mais qui ne laissent pas cependant d'en faire une consommation considérable; que cet objet paroit d'autant plus digne de l'attention de l'assemblée qu'elle sçoit que la plus grande partie du peuple du Gévaudan manqueroit de subsistance sans les ressources qu'il tire des petites étoffes qui sy fabriquent, et que ces ressources sont encore si médiocres, qu'elles fournissent à peine à ses besoins les plus pressants; que par conséquent toute diminution à la fabrique du Gévaudan, ne peut que réduire à la mendicité la plupart des artisans de ce pays, ainsi qu'on l'a éprouvé et qu'on l'éprouve journellement; que dans ces circonstances, il paroitroit convenable de joindre ses représentations à celles de la fabrique de Nimes, pour demander l'exécution des défenses portées contre l'usage des toiles peintes; et, ledit sieur sindic a requis l'assemblée de délibérer.

Surquoy, l'assemblée pleinement instruite de tout ce qui vient d'être exposé par ledit sieur sindic, et sentant toute la nécessité de rémédier promptement au préjudice que la fabrique de Gévaudan reçoit de l'usage des toiles peintes, a unanimement délibéré, pour la conservation de cette fabrique si nécessaire à la subsistance d'un peuple très misérable, de solliciter, partout ou besoin sera, l'exécution des défenses cy devant faites au sujet des toiles peintes; auquel effet elle a chargé ledit sieur sindic, de faire à cet égard toutes les démarches et les instances nécessaires et d'écrire dès à présent à MM. les députés des Etats généraux à la Cour pour leur envoyer une expédition de la présente délibération et les supplier de joindre, auprès de Sa Majesté et de son Conseil, les plaintes du pays à celles des autres parties de la province, dont les fabriques souffrent de l'usage des toiles peintes.

Le sindic du pays a dit, qu'en conséquence de la délibération prise par l'assemblée, le 21 mars 1757, MM. les commissaires du diocèse ont fait les plus fortes instances auprès de nosseigneurs des Etats généraux pour faire diminuer la portion de l'abonnement des deux vingtièmes rejetée sur l'industrie, qu'ils ont tâché de leur faire connoitre à quoy cet objet debvoit être réduit; que Mgr l'évêque de Mende a adressé des mémoires làdessus à Mgr l'archevêque de Narbonne, à MM. les sindics généraux et à plusieurs membres des Etats; que la multiplicité des plaintes qui ont été portées des différents diocèses de la province, qui ont tous prétendu être surchargés dans cette nature d'imposition, n'ont permis d'avoir d'autre égard aux représentations du Gévaudan, que celuy qu'on a eu à celles des autres diocèses. En conséquence desquelles les Etats ont délibéré, le 24 janvier 1758, que le contingent de l'industrie sur le général de la province réglé provisoirement, l'année dernière à 400,000 livres, seroit diminué, tant pour le passé que pour l'avenir, de 60,000 livres et fixé définitivement à la somme de 340,000 livres. De laquelle diminution, à l'égard de l'année 1757, il seroit fait une répartition, au sol la livre, sur les diocèses de la province, pour être la portion de chacun appliquée, par MM. les commissaires du diocèse, aux articles qu'ils jugeroient avoir été trop chargés; que cette répartition a été faite et que le diocèse de Mende y a été compris pour une somme de 2,126 livres 17 sols; que le contingent de l'industrie pour ce diocèse, la présente année 1758, a été pareillement fixé, et que par la diminution de 60,000 livres, faite sur le général de la province, ce contingent se trouve réduit à 13,257 livres ; qu'il doit être ajouté à cette somme : 1° les taxations de M. le trézorier de la Bourse, à raison de 2 deniers pour livre ; 2° un demy pour cent pour remplacer les non-valeurs ; 3° l'honoraire de MM. les commissaires, sur le pied qui est réglé à leur égard pour la capitation ; 4° les frais des confections des rôles ; 5° les taxations des collecteurs et du receveur ; que ces différents objets porteroient l'imposition à une somme d'environ 17,000 livres, et que cette imposition excèderoit ce que le diocèse a réellement payé l'année dernière pour son industrie, attendu la restitution qui luy fut accordée du quartier d'octobre, du premier vingtième et le vuide qu'on fut obligé de laisser sur la totalité de l'imposition par l'impossibilité où l'on se trouva de la placer en entier, quoyque tous les contribuables eussent été surchargés et que ces surcharges ayent donné lieu à une infinité de plaintes ; que pour ne pas continuer, cette année, à accabler les redevables, et afin de diminuer le poids excessif de cette imposition, MM. les commissaires du diocèse, qui pour la plupart sont icy présents, s'étant assemblés pour travailler à la répartition, ont cru qu'il étoit à propos d'employer, en moins imposé général, la somme de 2,126 livres 17 sols accordée sur les fonds de l'industrie de l'année dernière, il leur a paru qu'on ne s'éloignoit pas, en cela, de l'intention de nosseigneurs des Etats attendu que toutes les communautés du diocèse, qui ont été comprises, l'année dernière, à cette imposition, ont été également surchargées; que ce moins imposé réduiroit la somme totale qu'ils auroient à répartir à environ 15,000 livres. MM. les commissaires ont en même temps fait attention que la somme de 2,126 livres 7 sols qui revient de l'imposition de l'année dernière, ne doit être payée qu'une seule fois ; que ce moins imposé n'aura pas par conséquent lieu l'année prochaine, et que si le contingent de l'industrie sur ce diocèse demeure fixé sur le même pied, l'on aura à répartir annuellement une somme d'environ 17,000 livres ; de sorte que l'on se trouvera dans les mêmes embarras où l'on fut l'année dernière ; que MM. les commissaires ont chargé ledit sindic de faire part de ces réflexions à l'assemblée, afin que si elle le trouve à propos, elle les autorise à faire des nouvelles instances auprès de nosseigneurs des Etats généraux, pour en obtenir une diminution plus considérable sur le contingent de l'industrie de ce diocèze, et les supplier de réduire cet objet à sa véritable valeur.

Ledit sieur sindic a ajouté que, par la délibération que nosseigneurs des Etats généraux prirent le 5 novembre 1756, ils déterminèrent de faire supporter, sur le prix de l'abonnement des deux vingtièmes, une somme de 350,000 livres, aux maisons situées dans les villes ; qu'en conséquence, il fut dressé et arrêté des rolles pour différentes villes de la province ; qu'il y eut trois lieux de ce diocèse, sçavoir : Mende, Maruejols et Florac, qui furent compris dans cette imposition ; que bien loin qu'elle ait rendu la somme fixée par les Etats, il s'y est trouvé un vuide considérable, et que pour remplacer ce vuide, il a été délibéré d'ajouter d'autres lieux à ceux qui furent employés dans cette taxe, l'année dernière, et d'y faire entrer non-seulement les villes mais encore les bourgs de la province ; qu'il a été dressé et arrêté un état de ces différents lieux pour chaque diocèse ; que l'on proposa d'abord, pour ce qui concerne le diocèse de Mende, d'y comprendre ceux d'Ispagnac, Sainte-Enimie, Saint-Alban, La Canourgue, Saint-Germain-de-Calberte, Saint-Etienne-de-Valfrancisque, Langogne, Saint-Chély, Saugues et Le Malzieu ; que sur l'avis qui en fut donné à M. le grand vicaire de Mende et audit sieur sindic ils dressèrent un mémoire pour représenter que ces lieux ne doivent point être assujettis à l'imposition dont il s'agit, que la plupart d'entr'eux n'étoient que des villages dont les maisons couvertes de chaume ou de paille n'avoient ny valeur ny produit, et qu'il n'y avoit pas plus de raison de les comprendre dans cette taxe, que les autres lieux de la campagne ; que ces représentations, qui étaient fondées sur des faits connus de plusieurs membres des Etats, firent retrancher de la note qui avoit été dressée des lieux d'Ispanhac, Ste-Enimie, St-Alban, St-Germain et St-Etienne ; que n'ayant pas été possible de faire supprimer aucun des autres, il n'a du moins été rien négligé pour faire bien connoitre le petit nombre et la qualité de leurs habitants, afin que l'on proportionnât la taxe qui sera rejetée sur ces lieux, au peu de valeur des maisons qui les composent ; qu'il vient d'être fait, à Montpellier, des projets de rôle pour ces différents lieux ; que M. de Joubert, sindic général de la province, les a adressés audit sieur scindic, et qu'il luy marque de les communiquer aux consuls et administrateurs desdits lieux, de se faire donner un état des particuliers qui y possèdent des maisons, avec l'évaluation du véritable produit de chacune en particulier ; d'ajouter à ces projets de rôle les articles qui pourroient y avoir été omis ; d'augmenter même les cotités de ceux qui, par les renseignements qui auront été pris, se trouveront n'avoir pas été portés à leur véritable valeur ; de diminuer au contraire celles qui se trouveront trop fortes, et d'ajouter enfin au nom des particuliers, dont les côtes sont restées en blanc, faute d'avoir pu connoitre le produit de leurs maisons, le revenu qu'ils en retirent, ou celuy qu'elles donneroient si elles étoient louées ; de communiquer ensuite le tout à MM. les commissaires du diocèse, et de le luy renvoyer avec leur avis.

Sur quoy, ledit sieur sindic a observé que, pour remplir les différents objets contenus dans la lettre de M. de Joubert, il pourroit proposer à MM. les maires, consuls et administrateurs des lieux de Langogne, Saint-Chély, Saugues, Le Malzieu et La Canourgue, en leur envoyant les projets des rôles formés à Montpellier, d'en user comme l'on a fait à Mende, au cas qu'ils trouvent, dans ces projets de rôle, des doubles employs, des omissions et des surcharges, c'est-à-dire que MM. les consuls et administrateurs de ces communautés pourroient d'abord dresser un état des particuliers qui y possèdent des maisons, distribuer ces maisons par classes, déterminer ce que chacune d'elles pourroit produire sur le prix du loyer de celles d'une même classe qui se trouveront louées, déduire ensuite de ce produit les charges, et enfin liquider le revenu net qu'on pourroit en retirer ; que cette liquidation faite, l'on dresseroit un projet de rôle, dans lequel on taxeroit chaque propriétaire de maison sur le pied du vingtième et demi de ce revenu net, auquel on ajouteroit, par un seul article, les deux sols pour livre ; que MM. les consuls pourroient ensuite adresser, audit sieur sindic, ce projet de rôle avec les notes contenant les différentes opérations préliminaires dont on vient de parler ; que ledit sieur sindic mettroit le tout sous les yeux de MM. les commissaires du diocèse qui, après l'avoir examiné et avoir pris les renseignements qui leur paroitroient nécessaires, donneroient leur avis, lequel seroit envoyé, avec le projet de rôle, à M. le sindic général de la province, pour y faire statuer par nosseigneurs les commissaires du Roy et des Etats; que si l'assemblée le trouve à propos, ledit sieur sindic écrira à MM. les maires, consuls et administrateurs de Langogne, Saint-Chély, Saugues, Le Malzieu et La Canourgue, pour leur proposer cet arrangement et les prier de les suivre.

Ledit sieur sindic a dit encore, qu'il a été porté des plaintes à nosseigneurs des Etats généraux sur le peu d'exactitude des possesseurs des biens nobles, à faire les déclarations, et les remettre au greffe de la province; qu'en conséquence, il a été délibéré de leur faire supporter, en augmentation des cotes qu'ils ont payé l'année dernière, le montant des ordonnances de décharge ou modération déjà rendus en faveur de ceux qui ont fourni leurs déclarations et de celles qui le seront à l'avenir, en continuant à répartir, sur les biens non déclarés, la somme qui manquera pour parfaire celle de 300,000 livres, à laquelle a été réglé le contingent provisoire de ces biens. La même délibération charge de plus fort MM. les commissaires du diocèse de s'occuper essentiellement de la recherche, vérification et estimation des revenus des biens de cette qualité, et d'envoyer, aux sindics généraux, tous les renseignements qu'ils pourront prendre économiquement, par telles voyes qu'ils jugeront à propos, pour s'en assurer, tant à l'égard des biens déclarés et compris dans la procédure de 1711, que des autres qui auroient été omis et non déclarés.

Sur quoy, ledit sieur sindic a observé que MM. les commissaires du diocèse de Mende, n'ont cessé de s'occuper, depuis l'année dernière, des moyens de découvrir tous les biens nobles qui sont scitués dans le Gévaudan, et de s'assurer de leurs revenus ; que lorsqu'ils se sont transportés, l'année dernière, dans toutes les communautés pour y faire la répartition de la capitation, ils ont séjourné, pendant plusieurs jours, dans chaque communauté, pris tous les éclaircissements qu'ils ont pu se procurer, tant sur le revenu des biens compris dans la procédure de 1711, que de ceux qui pouvoient avoir été omis dans cette procédure ; qu'ils ont encore fait et fait faire une infinité d'autres recherches particulières ; que relativement aux connaissances qu'ils ont prises, ils ont donné leur avis sur les biens nobles qui ont été déclarés pendant le cours de l'année dernière, plusieurs possesseurs de ces biens s'étant mis en règle et ayant fourny leur déclaration ; qu'en résumant les différents objets, dont ledit sieur sindic vient de rendre compte à l'assemblée, il croit devoir lui proposer de délibérer : 1° que, conformément à l'avis de MM. les commissaires du diocèse, la somme de 2,126 livres 17 sols, accordée sur les fonds de l'industrie de l'année dernière, sera employée, celle-cy, en moins imposé, sur la totalité de l'imposition ; 2° que quoique le contingent de ce diocèse, pour les deux vingtièmes de l'industrie, ait été modéré à la somme de 13,257 livres ; cette somme est encore au-dessus de celle que ce pays doit supporter, et qu'il est à propos de charger MM. les commissaires ordinaires, de faire auprès de nosseigneurs des Etats généraux de la province, à leur prochaine assemblée, les plus fortes instances pour faire réduire cette imposition à sa véritable valeur ; 3° de charger ledit sieur sindic d'envoyer en diligence à MM. les maires, consuls et administrateurs des lieux de Langogne, Saint-Chély, Saugues, Le Malzieu et La Canourgue, les projets des rôles du vingtième et demy sur le revenu des maisons qui luy ont été adressés par M. de Joubert ; et au cas qu'ils trouvent que lesdits projets renferment des surcharges, des doubles employs ou qu'il y ait des omissions, de dresser eux-mêmes un projet de rôle et de suivre, pour y parvenir, la même méthode dont on a fait un usage à Mende et dont ledit sieur sindic leur donnera connoissance; de se faire remettre ce projet de rôle avec les notes qui auront servi à le dresser; le communiquer à MM. les commissaires du diocèze et l'envoyer avec leur avis à MM. les sindics généraux pour y être statué définitivement par nosseigneurs les commissaires du Roy et des Etats ; 4° de charger encore ledit sieur sindic de donner connoissance dans toutes les communautés, par une lettre circulaire, de la délibération prise par nosseigneurs des Etats au sujet des possesseurs des biens et droits nobles, qui n'ont point fourni leur déclaration, et de recommander aux consuls d'exhorter ceux de leur communauté, qui se trouvent dans le cas, de remettre incessamment lesdites déclarations, avec les pièces servant à justifier le revenu des biens déclarés, au greffe de la province ou à celuy du diocèse ; comme aussi de prier MM. les commissaires ordinaires, pendant l'année, de continuer à prendre, sur cette nature de biens, tous les renseignements qu'ils pourront se procurer, et de faire part à MM. les sindics généraux de la province, de toutes les connoissances qu'ils auront acquises, tant sur le revenu des biens compris à la procédure de 1711, que sur celuy de ceux qui pourroient avoir été omis dans cette procédure. Ce qui a été délibéré conformément à la réquisition dudit sieur sindic.

De relevée.

Ledit sieur sindic a dit que l'assemblée est instruite de la suppression du sel de Sijean et de Peyriac et qu'on distribue, depuis environ deux mois, de celuy de Peccais, dans tous les greniers du Gévaudan ; qu'il fut rendu compte aux Etats tenus à Mende, l'année dernière, de tout ce qui avoit été fait pour le rétablissement de ce sel et des dispositions ou paroissoient être les fermiers généraux de consentir que l'usage en fut rendu au pays, moyennant une augmentation du prix auquel il est vendu dans les diocèses voisins et que l'on pourvut aux réparations nécessaires du chemin, depuis le haut de la cote de St-Jean-de-Gardonenque à Mende et à Marvejols, afin que les sels pussent être transportés, par des voitures roulantes, aux chambres établies dans ces deux villes. L'assemblée fut en même temps informée que MM. les commissaires du diocèse avoient fait assurer les fermiers généraux que le pays seroit très porté à entrer dans ces réparations, et qu'il avoit déjà été déterminé différents ouvrages sur cette route, pour n'être cependant exécutés qu'après que le sel de Peccais auroit été rendu au Gévaudan et que l'on auroit lieu d'espérer que la cote de St-Jean-de Gardonenque, située dans le diocèse d'Alais, seroit réparée et praticable aux voitures roulantes, attendu que le travail qu'on feroit dans le diocèse de Mende seroit inutile si cette cote demeuroit dans son état actuel ; que l'assemblée délibéra, le 21 mars 1757, de consentir à une augmentation sur le prix du sel, pourvu qu'elle fut modique; d'approuver les ouvrages déterminés ou ceux qui pourroient l'être dans la suite par MM. les commissaires, sur la route de Mende et Marvejols, au bas Languedoc, passant par St-Jean-de-Gardonenque, et de leur renvoyer le soin d'y pourvoir, autant toutefois, qu'il y auroit lieu d'espérer que d'un côté, l'usage du sel de Peccais seroit dans peu rétabli dans le Gévaudan; que de l'autre, la côte de St-Jean-de-Gardonenque seroit rendue praticable aux voitures, et qu'il leur seroit donné, sur ces deux objets, des assurances suffisantes, que Mgr l'évêque de Mende fit donner connaisance de cette délibération aux fermiers généraux; que, pour les engager à se relacher sur l'augmentation qu'ils demandoient sur le prix du sel de Peccais, on leur fit envisager tous les avantages qu'ils pourroient retirer pour la voiture des sels dans le Gévaudan, ou pour leur traite en Auvergne; des facilités que le pays était disposé à leur donner; que Mgr l'évêque renouvela ses instances auprès des ministres, et engagea M. de Joubert, qui avoit déjà plusieurs fois travaillé, soit à Paris soit en province, pour le succès de cette importante affaire, à employer tous ses soins pour la conduire à sa conclusion; que M. de Joubert l'a suivie avec sa sagesse et son zèle ordinaires pour tout ce qui peut intéresser le bien public et celuy de ce diocèse en particulier; qu'après bien des mouvements, il est parvenu à faire rendre, de concert avec MM. les fermiers généraux, un arrêt au Conseil, qui permet de fournir les chambres de Mende, Marvejols, Langogne et Nasbinals, en sel de Peccais au lieu de celui de Sijean et Peyriac, moyennant une augmentation de 30 sols seulement sur la voiture, au lieu de celle portée par les arrêts du Conseil des 29 août 1713, 10 juillet 1714, 2 avril 1715, 15 may 1722 et 9 may 1724, auxquels Sa Majesté a dérogé par le nouvel arrêt qui a été revêtu de lettres patentes et enregistré à la Cour des Aydes de Montpellier ; que lorsque Mgr l'évêque de Mende et MM. les commissaires furent informés qu'il avoit été rendu, ils se déterminèrent à adjuger deux ouvrages importants sur la route dont il s'agit, sçavoir : la construction de la côte du Pompidour à la camp de l'Hospitalet, au prix de 8,100 livres et de celle de Chanac, au causse de Sauveterre, au prix de 9,700 livres, auxquels ouvrages les entrepreneurs travaillent depuis l'année dernière, et il y a lieu d'espérer qu'ils seront perfectionnés dans le courant de celle cy ; que MM. les commissaires se portèrent d'autant plus volontiers à faire ces adjudications, qu'il leur fut donné des assurances positives, qu'il seroit pourvu aux réparations de la côte de St-Jean-de-Gardonenque ; que ces assurances ont été depuis ce temps-là fréquemment réitérées et qu'il y a tout lieu de croire qu'il sera incessamment travaillé à cet ouvrage ; qu'il en reste encore plusieurs à exécuter sur cette route, dans la partie qui concerne le diocèse de Mende, pour remplir les objets proposés de la part des fermiers généraux et approuvés par l'assemblée, dans sa délibération du 21 mars 1757 ; et ledit sieur sindic la requise de délibérer, tant au sujet de l'augmentation de 30 sols par minot, ordonnée par l'arrêt du Conseil, portant rétablissement du sel de Peccais dans le Gévaudan, que sur les ouvrages qui ont été adjugés sur la route de St-Jean-de-Gardonenque à Mende et à Marvejols, et sur ceux qui pourront y être jugés encore nécessaires pour la rendre praticable aux voituree roulantes.

Surquoy, l'assemblée, après avoir fait faire la lecture dudit arret et lettres patentes, a prié M. le Président de porter des remerciements à Mgr l'évêque de Mende, des bontés qu'il accorde à son diocèse et des longs et pénibles soins qu'il a bien voulu se donner pour luy faire rendre le sel de Peccais, et de le supplier de continuer, à ce pays, sa protection et son crédit. Elle a ensuite délibéré que, quoique l'augmentation de 30 sols par minot de sel soit onéreuse à un peuple aussi misérable que celui du Gévaudan, elle consent néantmoins à ladite augmentation, par les avantages que ce païs a lieu de se promettre de l'usage du sel de Peccais, comme aussi elle a délibéré d'approuver les adjudications faites par MM. les commissaires du diocèse pour les constructions des côtes du Pompidou à Lespitalet, et de Chanac au causse de Sauveterre; d'autoriser lesdits sieurs commissaires à déterminer les autres ouvrages qui leur paroitront nécessaires sur cette route, pourvu toutefois qu'il y ait lieu d'espérer que la cote de Saint Jean-de-Gardonnenque sera rendue dans peu praticable aux voitures roulantes.

Après quoy le *Te Deum* a été récité.

Fait, clos et arrêté à Maruejols, le dix septième avril mil sept cent cinquante huit.

Signé : JAUFROY, vicaire général, Président.

1759

MM. les commissaires de l'assiette. — Lecture des commissions contenant le montant des sommes à imposer. — Remise des procurations des députés. — Prestation du serment. — Vote des impositions. — Une lettre doit accompagner les procurations. — Confirmation des officiers du diocèse. — Debets et reliquats des comptes des collecteurs. — Vingtième des biens nobles. — Mesures prises pour dissiper plusieurs bandes de voleurs. — Plaintes contre les huissiers, sergents et gens d'affaires. — Ponts et chaussées, travaux proposés ou exécutés. — Clôture des Etats.

L'an mil sept cens cinquante neuf, et le lundy vingt-unième jour du mois de may. Les gens des Trois Etats du pays de Gévaudan, convoquez par ordre du Roy en la ville de Mende, sont venus à la salle du palais épiscopal, où Mgr l'illustrissime et reverendissime Sgr Mgr Gabriel-Florent de Choiseul-Beaupré, évêque, seigneur et gouverneur de la ville de Mende, comte du Gévaudan, conseiller du Roy en tous ses conseils, Président-né des Etats et assiette dudit pays, les attendoit, étant accompagné de Mre Etienne Jaufroy, prêtre, chanoine, archidiacre de l'église cathédrale de Mende, et vicaire général de Mgr l'évêque et de MM. les commissaires ordinaires, et tous ensemble sont allés à l'église cathédrale dudit Mende, pour y entendre la messe du Saint-Esprit. Après laquelle étant revenus audit palais épiscopal, dans la salle destinée pour la tenue desdits Etats, ils ont pris chacun leur place, scavoir : Mgr le Président, sur un fauteuil placé sur une stalle élevée, au-dessous d'un dais ; et, sur la gauche de cette stalle, à la tête du banc, M. Jerphanion, sindic du pays du Velay, commissaire principal desdits Etats et assiette; Mr Me Jean Barrandon, lieutenant général au bailliage de Gévaudan, pour M. le baillif, en tour pour Mgr l'évêque de Mende, la présente année, commissaire ordinaire desdits Etats et assiette ; Mre Claude-Gabriel-Amédée de Rochefort d'Aly, comte de St-Point et de Montferrand, baron de Cénaret, Sgr de Laval, Pougnadoire et St-Chély-de-Tarn, commis des nobles dudit pays, commissaire ordinaire desdits Etats et assiette, absent ; Mre Jean Chevalier, sieur de Courbière, ancien capitaine d'infanterie, chevalier de l'ordre militaire de saint Louis ; sieurs Louis Montet et Jean-Antoine Martin, 1er 2e et 3e consuls de la ville de Mende, l'année dernière, commissaires ordinaires desdits Etats et assiette, et Mre Pierre de Michel Du Roc, marquis de Brion et autres places, maire de la ville de Maruejols, commissaire ordinaire desdits Etats et assiette, sur un banc placé au milieu du parterre ; MM. les ecclésiastiques, sur un banc à la droite de Mgr le Président, chacun suivant son rang ; et sur le banc dudit sieur baillif ; MM. les barons et gentilshommes de ce diocèse ; et les sieurs consuls et députés des autres villes et communautés dudit pays, qui ont entrée et voix délibérative auxdits Etats, assis sur le bas banc.

M. Barrandon, juge, lieutenant général au bailliage du Gévaudan, pour M. le baillif, ayant en main les commissions de nos seigneurs les commissaires, qui ont présidé pour le Roy en l'assemblée des Etats généraux de la province, tenus à Montpellier, le 5 mars dernier, luy ordonnent, par leurs dites commissions, à M. le baillif du Gévaudan, étant en tour, ou son lieutenant, aux consuls de Mende et à un de Maruejols, commissaires ordinaires comme luy, de procéder au département des deniers y contenus, et ainsy qu'il a été consenty et résolu auxdits Etats ; lesquels Sa Majesté veut être imposés, la présente année, pour le soutien de l'Etat et pour fournir aux autres dépenses qui se fairont dans le Royaume, aussy bien que pour les appointements de Son Altesse sérénissime Mgr le prince d'Eu, gouverneur de la province, entretenement de ses gardes et de MM. les lieutenants généraux dans ladite province, dettes et affaires de la province et de ce diocèse et département des gratifications ordinaires et extraordinaires, contenues au billet, sur ce envoyé, ensemble l'arrêt de validation du Conseil d'Etat de Sa Majesté, pour être payés aux premiers jours d'avril, juillet et octobre prochains, et a remis les commissions au greffier pour en faire la lecture.

Et à l'instant, lecture a été faite desdites commissions, ensemble des instructions et autres actes y attachés, contenant entr'autres choses permision d'imposer pour les vaccations et journées des consuls de Mende, de Marvejols et du sindic du diocèse, députés aux Etats généraux de la province. La lecture ayant été finie, lesdits sieurs commissaire principal et lieutenant général au bailliage du Gévaudan, pour M. le baillif sont sortis de l'assemblée.

M. le président a fait appeler les gens des Trois Etats du pays de Gévaudan, et ayant fait remettre au greffier du diocèse les procurations des députés auxdits Etats, il en a fait la lecture.

L'assemblée ayant été réglée, chacun ayant pris sa place, le serment en tel cas requis et accoutumé ayant été prêté, sçavoir : par MM. de l'Eglise, la main mise sur la poitrine, et par MM. de la noblesse et députés du Tiers-Etat, la main levée à Dieu ; et, tous ensemble ont promis à M. le Président, moyennant leur serment, de ne rien faire, en cette assemblée, contre l'honneur de Dieu ny contre le service du Roy.

Ensuite a été unanimement résolu que les sommes contenues aux commissions de nosseigneurs les commissaires, présidant pour le Roy aux Etats généraux de la province, tenus à Montpellier, le 5 mars dernier, seront imposés, la présente année, sur les contribuables aux tailles du pays de Gévaudan; et les Etats ont donné pouvoir à MM. les commissaires de l'assiette, qui s'assembleront demain, d'en faire le département.

Comme il est d'usage dans la province que MM. de l'église et MM. les barons, qui ne peuvent pas assister aux Etats du Languedoc, envoyent, outre leurs procurations, une lettre adressée à Mgr le Président pour toute l'assemblée, contenant les raisons pour lesquelles ils ne peuvent pas venir; que cet usage a été toujours observé dans ce païs poursoutenir la dignité de Mgr le Président et de toute l'assemblée, et que néantmoins quelques uns ont obmis d'écrire lesdites lettres; a été délibéré que les procurations, tant de MM. de l'église que de MM. les barons et gentilshommes de ce diocèse, seront refusées à l'advenir, si elles ne sont accompagnées d'une lettre pour Mgr le Président, qui contienne les raisons pour lesquelles ils ne peuvent assister en personne, et que le greffier du diocèse couchera la présente délibération dans les lettres d'avis pour la convocation des Etats prochains.

Mgr le Président a dit que, suivant l'usage et instructions de nos seigneurs les commissaires, présidant pour le Roy aux Etats généraux de la province, cette assemblée est en droit de faire procéder à la confirmation ou nouvelle élection des officiers du diocèse. Surquoy, le sieur Lafont, sindic et le sieur de Lhermet, greffier du diocèse, étant sortis de l'assemblée, a été délibéré, d'une voix unanime, de confirmer le sieur Lafont dans la charge de sindic et le sieur de Lhermet dans la charge de greffier.

Après quoy, les Etats ayant fait appeler les sieurs Lafont et de Lhermet, lecture leur a été faite de la présente délibération et Mgr le Président leur a fait prêter le serment, la main levée à Dieu, de remplir les devoirs de leur charge ; ce qu'ils ont promis et juré de faire.

Le sindic du pays a dit qu'il a été rendu trois jugements par nosseigneurs les commissaires du Roy et des Etats, en date du 3 mars 1759, dont le premier ordonne l'imposition de la somme de 17 livres 19 sols 1 denier, en faveur d'Etienne Badaroux, collecteur de la communauté de Saint-Germain-du-Teil, l'année 1751, et de celle de 47 livres 10 sols 6 deniers en faveur de Pierre Larguier, collecteur de la communauté de Saint-Germain-de-Calberte, l'année 1756, dont ils furent déclarés créanciers par la clôture de leurs comptes. L'autre ordonne pareillement, en faveur des collecteurs de plusieurs communautés du diocèse de l'année 1757, l'imposition des sommes dont ils ont été déclarés créanciers par la clôture de leurs comptes ; lesquelles reviennent en total à celle de 164 livres 18 sols 6 deniers ; et le troisième, veut qu'il soit fait un moins imposé, dans plusieurs communautés, des reliquats des comptes de leurs collecteurs de la même année 1757, qui se portent en total à la somme de 2,935 livres 7 sols 9 deniers, et, conformément auxdits jugements, ledit sieur sindic a requis l'assemblée de délibérer qu'il sera fait mention de ces débets ou de ces reliquats dans les mandes de la taille de cette année ; et qu'il y sera marqué, par un article particulier, la somme que chaque communauté doit imposer ou moins imqoser à ce sujet, chacun comme la concerne.

Ce qui a été unanimement délibéré, conformément à la réquisition dudit sieur sindic.

Ledit sieur sindic a dit encore qu'il a été fait des plaintes aux derniers Etats généraux de la province sur le petit nombre de déclarations remises par les propriétaires des biens et droits nobles de différents diocèses, et qu'il a été délibéré de prier MM. les commissaires de faire toutes les diligences nécessaires pour que ceux qui n'ont point encore fourni leurs déclarations se mettent en règle; que pour les y obliger, les Etats ont délibéré d'augmenter d'un dixième les taxes pour lesquelles ils étoient compris dans les rôles de l'année dernière; qu'il a été remis nombre de déclarations par les propriétaires des biens nobles du diocèse de Mende, qui ont été examinées par MM. les commissaires et les taxes réglées conformément à leur avis; qu'il y a encore cependant plusieurs particuliers qui n'ont pas fourni les leurs et qu'il convient qu'ils le fassent incessamment. Ledit sieur sindic a ajouté qu'il a reçu une lettre de M. de Joubert, sindic général de la province, dans laquelle il l'informe que, suivant les décisions qui ont été rendues, les rentes à locaterie perpétuelle sont sujettes à contribuer aux deux vingtièmes dans les rôles arrêtés par MM. les commissaires de l'abonnement; que les particuliers qui payent ces rentes ne peuvent faire la retenue des deux vingtièmes sur ceux qui en sont les propriétaires; mais que ceux qui doivent les déclarer dans la même forme que sont conçues les déclarations de ceux qui possèdent des biens et droits nobles; que mondit sieur de Joubert marque audit sieur sindic de prendre les renseignements convenables pour découvrir les possesseurs de ces sortes de rentes dans le diocèse de Mende et de luy en envoyer un état qui contienne leur nom et la somme à laquelle leurs rentes reviennent ; que pour remplir ces différents objets, ledit sieur sindic écrira, si l'assemblée le trouve à propos, une lettre circulaire aux consuls des différentes communautés du diocèse, dans laquelle il leur marquera : 1° d'avertir les propriétaires des biens et droits nobles, qui n'ont point encore fourny leurs déclarations desdits biens, de ne plus différer à la remettre ; 2° de faire des recherches sur les rentes à locaterie perpétuelle qu'il peut y avoir dans leur communauté ; de tâcher d'en découvrir les différents possesseurs et d'en envoyer, audit sieur sindic, un état qui contienne leur nom et le montant de rentes que chacun possède, pour être par luy adressé à M. le sindic général de la province, et a requis l'assemblée de délibérer.

Sur quoy, l'assemblée a unanimement délibéré de charger ledit sieur sindic d'écrire une lettre circulaire aux consuls des communautés du diocèse, dans laquelle il leur marquera : 1° d'avertir les propriétaires des biens et droits nobles, qui n'ont point encore fourni leurs déclarations desdits biens, de ne plus différer à les remettre ; 2° de faire des recherches sur les rentes à locaterie perpétuelle, qu'il peut y avoir dans leur communauté ; de tâcher d'en découvrir les différents possesseurs et d'en envoyer, audit sieur sindic, un état qui contienne leur nom et le montant des rentes que chacun possède, pour être par luy adressé à M. le sindic général de la province.

Ledit sieur sindic a dit aussi qu'il règne depuis quelque temps des désordres de toute espèce dans le Gévaudan, qui troublent la sûreté publique et y mettent journellement en danger la vie et la fortune des habitants; qu'il s'y est formé, ces dernières années, des bandes de voleurs redoutables; que, sur les plaintes qui en furent portées à MM. les commissaires, ils en firent informer MM. les officiers de la maréchaussée du Gévaudan, ayant leur résidence au Puy, qui firent arrêter plusieurs de ces brigands et obtinrent différents arrêts d'attribution au Conseil; qu'en vertu de ces arrêts il a été fait diverses procédures; que les voleurs ont été arrêtés et ont été punis; que plusieurs de leurs complices ont été condamnés par contumace a différentes peines et se sont éloignés du pays; que l'on est parvenu à dissiper deux bandes de ces brigands, dont l'une s'étoit établie du côté des Laubies et l'autre à La Villedieu, d'où elle s'étendoit sur les paroisses voisines; qu'il en reste encore plusieurs autres, notamment une qui s'est rendue la plus redoutable par le nombre et la qualité des personnes qui la composent, et par l'étendue du pays où elle s'est répandue; qu'elle tient depuis Saint-Flour, Saint-Chély, Chaudesaigues et la montagne d'Aubrac, jusques dans l'Albigeois, s'étendant dans le Rouergue et dans les Cévennes du côté du Vigan; que l'un des chefs de ces brigands fut arrêté au mois de juillet de l'année dernière; qu'il fut conduit au Puy; qu'il fut rendu un arrêt au Conseil, qui attribua la connoissance de ses crimes et de ceux de ses complices à M. de Vertaure, assesseur de la maréchaussée pour les juger en dernier ressort avec le sénéchal du Puy; que pendant que M. de Vertaure instruisoit son procès, il trouva le moyen d'échapper des prisons; qu'après son évasion il rassembla, avec un de ses frères, ses anciens camarades, et forma une troupe nombreuse de voleurs qui, pendant tout l'hyver, ont commis bien des crimes, arrêté et volé sur le grand chemin plusieurs personnes et répandu l'alarme dans tout le pays ; qu'ils s'en éloignèrent au mois d'avril dernier, furent au Vigan et dans le Rouergue ; que du Rouergue, ils furent le 23 du même mois au Cambon du Temple, près d'Alby, chez M. Blanc, curé de cette paroisse, pour le voler et l'assassiner ; qu'ils attachèrent d'abord son valet, poignardèrent et étranglèrent sa servante, et luy tirèrent à luy-même, dans le temps qu'il fuyoit, un coup de pistolet, dont il fut blessé à la tête ; qu'ils revinrent ensuite par le Rouergue ; et, après avoir passé du côté de Rodez, ils rentrèrent, les premiers jours de may, dans le Gévaudan, par la montagne d'Aubrac ; qu'ils furent sur différentes paroisses chez des cabaretiers, des regrettiers du sel et des débitants de tabac de la campagne, se qualifiant tantôt de fermiers de l'équivalent, tantôt de commissaires des fermes du Roy ; rançonnant ces pauvres gens, sous prétexte qu'ils faisoient faux poids et fausse mesure ; et, l'un d'eux ayant refuzé de leur payer l'amende à laquelle ils l'avoient condamné, ils le traînèrent à deux lieues de sa maison, luy enlevèrent l'argent qu'il avoit sur luy et l'attachèrent à un arbre dans un bois, d'où il fut retiré par quelques personnes qui passoient dans le voisinage et qui accoururent aux cris qu'il poussoit pour sa délivrance ; que le sieur Charpentier, receveur de la chambre à sel de Nasbinals, ayant été informé des exactions et des violences de ces brigands, mit sur leurs voyes quelques employés des fermes qui, après les avoir suivis pendant deux jours, joignirent à Chanac le chef de cette troupe, son frère, et un soldat du régiment d'Haynault, les arrêtèrent et les conduisirent aux prisons de Maruejols ; que la maréchaussée fut les chercher et les traduisit dans celle de Mende, où ils sont gardés à vue ; que sur l'avis qui a été donné de leur arrestation à M. de Vertaure, assesseur de la maréchaussée au Puy, il a repris la procédure qu'il avoit déjà commencée contre eux, l'année dernière ; que les cavaliers de la maréchaussée ont donné, par ses ordres, des assignations à différents témoins qui se sont rendus au Puy, pour aller déposer devant luy et qu'il fait espérer qu'il en fera bonne et prompte justice ; que ces brigandages ne sont pas les seuls crimes qui se commettent dans le Gévaudan ; qu'il en est d'autres qui y troublent journellement le repos public ; qu'il y a plusieurs gens d'affaires, huissiers ou sergents qui prévariquent dans leurs fonctions et commettent des faussetés, qui ruinent ou mettent en danger la fortune des particuliers ; que l'on ne seroit point exposé à tous ces crimes, si l'on sévissoit contre les auteurs, et qu'il ne s'y multiplient que parce que ceux qui les commettent sont assurés de l'impunité ; qu'il paroit bien important de chercher des remèdes à un mal qui n'a déjà fait que trop de progrets ; de faire connoitre aux chefs de la justice les différents désordres qui règnent dans le Gévaudan, les principales causes auxquelles on peut les attribuer, et les moyens qui paroitroient les plus efficaces pour les faire cesser et rétablir et maintenir la sûreté publique ; que MM. les commissaires du diocèse ont chargé ledit sieur sindic, de dresser un mémoire relatif a ces différents objets, pour le présenter à l'assemblée ; que si après en avoir entendu la lecture, elle approuve les moyens qui y sont proposés, il paroit convenable d'autoriser MM. les commissaires du diocèse à porter leurs plaintes, aux chefs de la justice, des troubles que causent, dans le Gévaudan, les brigands et les faussaires et à solliciter le succès des arrangements qu'on indique pour y remédier ; et, après avoir fait la lecture dudit mémoire, a requis l'assemblée de délibérer.

Sur quoy, l'assemblée ayant entendu la lecture dudit mémoire, en a approuvé tout le contenu, a autorisé MM. les commissaires du diocèse à porter leurs plaintes, aux chefs de la justice, contre les brigands et les faussaires qui infectent le Gévaudan, à les solliciter de faire cesser le trouble que les uns et les autres y causent, et à adopter les moyens indiqués dans ledit mémoire, attendu qu'ils paroissent les plus efficaces pour remédier à des désordres qui jettent les habitants du pays dans des allarmes continuelles ; et, Mgr le Président, a été supplié de vouloir bien appuyer de son crédit les démarches qui pourront être faites par MM. les commissaires du diocèse, pour remplir un objet aussi important.

De relevée.

Ledit sieur sindic a dit qu'en conséquence des délibérations prises par l'assemblée, MM. les commissaires du diocèse ne cessent de s'occuper du projet de rendre praticable, aux voitures roulantes, la route du bas Languedoc en Auvergne par Mende et Marvejols ; qu'il a été construit, pendant le cours de l'année dernière, trois cotes : l'une au Pompidou, l'autre à Chanac et la troisième au Choizal ; que MM. les commissaires, en conséquence du pouvoir à eux donné par l'assemblée, ont déterminé de nouveau ouvrages pour être exécutés pendant le cours de cette année, qui consistent à la construction de la côte de Chaldecoste à la sortie de Mende et à celle de Palhers, près Maruejols; que la côte du Malzieu, sur la route de cette ville à St Chély, est entièrement dégradée ; que le terrain sur lequel elle était placée a été emportée en bien des endroits; et qu'étant, nécessaire de rétablir cette côte, MM. les commissaires ont aussi délibéré de la faire construire à neuf ; que le sindic du pays, en conséquence du pouvoir à lui donné de poursuivre, pendant la tenue des derniers Etats généraux de la province, leur consentement et la permission de MM. les commissaires du Roy pour l'exécution de ces différents ouvrages, et que dez qu'on aura reçu l'arrêt d'autorisation, l'on procédera à leur adjudication. Ledit sieur sindic a ajouté qu'il a été fait plusieurs démarches pendant le cours de l'année dernière et de celle cy pour obtenir de Sa Majesté les fonds nécessaires pour la construction de la côte de St-Jean-de-Gardonenque au diocèse d'Alais ; que Mgr l'évêque de Mende en a écrit plusieurs fois a Mgr l'archevêque de Narbonne pendant son séjour à Paris ; qu'il s'est donné de grands mouvements auprès du ministre; qu'il n'a point encore été pris des résolutions définitives; mais que le ministre a cependant rendu des réponses favorables, et qu'il y a lieu d'espérer que Sa Majesté entrera dans cette dépense, et que cette affaire pourra être décidée dans le courant de cette année; qu'il y auroit encore d'autres ouvrages a déterminer sur la route dont il s'agit, surtout si, comme il y a lieu de s'en flatter, la côte de St-Jean-de-Gardonenque est construite à neuf; ledit sieur sindic a requis l'assemblée d'approuver les trois ouvrages délibérés par MM. les commissaires du diocèse, et tout ce qui a été fait en conséquence ; comme aussi de leur donner pouvoir de déterminer ceux qui seront encore jugés nécessaires sur la route du bas Languedoc en Auvergne, pourvu toutefois qu'il y ait lieu de se promettre que la côte de St-Jean-de-Gardonenque sera rendue, dans peu, praticable aux voitures roulantes.

Ce qui a été unaniment délibéré conformément à la réquisition dudit sieur sindic.

Après quoy le *Te Deum* a été récité et la bénédiction a été donnée par Mgr le Président.

Fait, clos et arrêté à Mende, le vingt-unième may mil sept cents cinquante neuf.

Signé : † G. Flor., évêque de Mende.

1760

MM. les commissaires de l'assiette. — Lecture des commissions pour les sommes à imposer. — Lecture des procurations. — Vote des sommes demandées. — Une lettre doit accompagner les procurations. — Confirmation des officiers du diocèse. — Imposition des sommes dues aux collecteurs des communautés. — Indemnité pour pertes de récoltes. — Mesures à prendre au sujet des collecteurs.

L'an mil sept cens soixante et le mercredi neuvième jour du mois d'avril. Les gens des Trois Etats du pays de Gévaudan, convoqués par ordre du Roy en la ville de Marvejols sont venus à la salle de l'hôtel de M. le comte de Peyre, ou loge Mre Pierre Jaufroy, prêtre, licencié en théologie, chanoine, archidiacre de l'église cathédrale de Mende et vicaire général de Mgr l'évêque de Mende,

Président des Etats et assiette du pays, qui les attendoit, étant accompagné de MM. les commissaires ordinaires; et, tous ensemble sont allés à l'église collégiale de N.-D. de la Carce de la ville de Marvejols, pour y entendre la la messe du Saint Esprit. Après laquelle s'étant rendus dans la salle de l'auditoire des Cours du bailliage du Gévaudan et royale ordinaire dudit Marvejols, ils ont pris chacun leur place, scavoir : M le Président sur un fauteuil, placé sur une stalle élevée au dessous d'un dais, et, sur la gauche de cette stalle, à la tête du banc, M. Froment de Boisset, maire d'Uzès, commissaire principal desdits Etats et assiette, absent; Mr Me Joseph Dallo, juge, lieutenant général au baillage de Gévaudan, pour M. le baillif, en tour, pour le Roy, la présente année, commissaire ordinaire desdits Etats et assiette; Mre Claude-Gabriel-Amédée de Rochefort d'Aly, comte de Saint-Point et de Montferrand, baron de Cénaret, Sgr de Laval, Pougnadoire et St-Chély-de-Tarn, commis des nobles dudit pays, commissaire ordinaire desdits Etats et assiette, absent, Mr Me Louis Valentin, lieutenant de juge et premier consuls de la ville de Mende; sieurs Pierre Favier et Antoinne Mazaudier, 2e et 3e consuls de ladite ville, l'année dernière, et Mre Pierre de Michel Du Roc, marquis de Brion et autres places, maire de la ville de Marvejols, commissaire ordinaire desdits Etatz et assiette, sur un banc placé au milieu du parterre; MM. les eclésiastiques, sur un banc à la droite de M. le Président, chacun suivant son rang; et, sur le banc dudit sieur baillif, MM. les barons et gentilshommes de ce diocèse, ou leurs députés, aussy suivant leur rang; et les sieurs consuls et députés des autres villes et communautés dudit pays, qui on entrée et voix délibérative auxdits Etats, assis sur le bas banc.

M. Dallo, juge, lieutenant général au bailliage de Gévaudan, pour M. le baillif, ayant en main les commissions de nosseigneurs les commissaires, qui ont présidé pour le Roy à l'assemblée des Etats généraux de la Province, tenus à Montpellier le 7 janvier 1760, a dit que nosdits seigneurs ordonnent, par leurs dites commissions, à M. le baillif du Gévaudan, étant en tour, ou son lieutenant, aux consuls de Mende et à un de Marvejols, commissaires ordinaires comme luy, de procéder au departement des deniers y contenus, ainsi qu'il a été consenti et résolu auxdits Etats, lesquels Sa Majesté veut être imposez, la présente année, pour le soutient de l'Etat et pour fournir aux autres dépenses qui se fairont dans le royaume, aussi bien que pour les appointements de son altesse sérénissime Mgr le comte d'Eu, gouverneur de la province, entretenement de ses gardes, et de MM. les lieutenants généraux dans ladite province et de ce diocèze et département des gratifications ordinaires et extraordinaires, contenues au billet, sur ce signé; ensemble l'arrêt de validation du Conseil d'Etat de Sa Majesté, pour être payés aux premiers jours d'avril, juillet et octobre prochain; et a remis les commissions au greffier pour en faire la lecture.

Et à l'instant, lecture a été faite desdites commissions ensemble des instructions et autres actes y attachés, contenant entr'autres choses permission d'imposer pour les vaccations et journées des consuls de Mende, de Maruejols et du sindic du diocèze, députez aux Etats généraux de la province. La lecture ayant été finie, lesdits sieur lieutenant général au bailliage de Gévaudan, pour M. le baillif, en tour, est sorti de l'assemblée.

M. le Président a fait appeler les gens des Trois

Etats du pays de Gévaudan, et ayant fait remettre, au greffier du diocèse, les procurations des députés auxdits Etats, il en a fait la lecture.

L'assemblée ayant été réglée, chacun ayant pris sa place, le serment en tel cas requis et accoutumé ayant été prêté, sçavoir : par MM. de l'église la main mise sur la poitrine, et par MM. de la noblesse et députés du Tiers Etat, la main levée à Dieu, et tous ensemble ont promis à M. le Président, moyennant leur serment, de ne rien faire, en cette assemblée, contre l'honneur de Dieu ny contre le service du Roy.

Ensuite a été unanimement résolu que les sommes contenues aux commissions de nosseigneurs les commissaires présidant, pour le Roy, aux Etats généraux de la province tenus à Montpellier, le 7 janvier dernier, seront imposées, la présente année, sur les contribuables aux tailles du pays de Gévaudan, et les Etats ont donné pouvoir à MM. les commissaires de l'assiette, qui s'assembleront demain, d'en faire le departement.

Comme il est d'usage dans la province, que MM. de l'église et MM. les barons, qui ne peuvent asssiter aux Etats de Languedoc, envoyent, outre leurs procurations, une lettre, adressée à Mgr le Président, pour toute l'assemblée, contenant les raisons pour lesquelles ils ne peuvent pas venir ; que cet usage a toujours été observé dans ce pays pour soutenir la dignité de M. le Président et de toute l'assemblée, et que néantmoins quelques-uns ont obmis d'écrire lesdites lettres ; a été délibéré que les procurations, tant de MM. de l'église que de MM. les barons et gentilshommes de ce diocèse, seront refusées à l'avenir, si elles ne sont accompagnées d'une lettre pour M. le Président, qui contienne les raisons pour lesquelles ils ne peuvent pas assister en personne, et que le greffier du diocèse couchera la présente délibération dans les lettres d'avis pour la convocation des Etats prochains.

M. le Président a dit que, suivant l'usage et instructions de nos seigneurs les commissaires, présidant pour le Roy aux Etats généraux de la province, cette assemblée est en droit de faire procéder à la confirmation ou nouvelle élection des officiers du diocèse. Sur quoy, le sieur Lafont, sindic et de Lhermet, greffier du diocèse, étant sortis de l'assemblée, a été délibéré, d'une voix unanime, de confirmer le sieur Lafont dans sa charge de sindic et le sieur de Lhermet dans la charge de greffier.

Après quoy, les Etats ayant fait appeler lesdits sieurs Lafont et de Lhermet, lecture leur a été faite de la présente délibération, et M. le Président leur a fait prêter le serment, la main levée à Dieu, de remplir les devoirs de leur charge ; ce qu'ils ont promis et juré de faire.

Le sindic du pays a dit, qu'il a été rendu deux jugements par nos seigneurs les commissaires du Roy et des Etats, en date des 4 et 24 janvier 1760, dont l'un ordonne, en faveur des collecteurs de plusieurs communautés du diocèse de l'année 1758, l'imposition des sommes dont ils ont été déclarés créanciers par la clôture de leurs comptes; lesquelles reviennent en total à celle de 370 livres 8 sols 6 deniers, et l'autre veut qu'il soit fait un moins imposé, dans plusieurs communautés, des reliquats des comptes de leur collecteur, de la même année 1758, qui se portent en total à la somme de 2,052 livres 12 sols 3 deniers, et, conformément auxdits jugements, ledit sieur sindic a requis l'assemblée de délibérer qu'il sera fait mention de ces debets et de ces reliquats, dans les mandes de la taille de cette année, et qu'il y sera marqué, par un article particulier, la somme que chaque communauté doit imposer ou moins imposer à ce sujet, chacune comme la concerne. Ce qui a été unanimement délibéré conformément à la requisition dudit sieur sindic.

Ledit sieur sindic a dit encore qu'il n'y eut aucun fonds l'année dernière pour servir d'indemnité aux dommages causés aux récoltes ; que Sa Majesté en a accordé un cette année ; que M. l'Intendant en a fait la distribution sur les différents diocèses de la province, mais que la modicité de la somme en total, a réduit la portion d'un chacun à un petit objet, et que celuy de Mende y a été compris pour celle de 5,084 livres ; sur laquelle M. l'Intendant a prélevé celle de 1,650 livres, pour différents particuliers qui ont été incendiés, et il a ordonné que le surplus seroit réparti, par MM. les commissaires du diocèse sur les communautés qui ont souffert des dommages ; que MM. les commissaires ont fait cette répartition, dans laquelle ils ont distingué à l'ordinaire les sommes attribuées au général de la communauté d'avec celles qui l'ont été aux particuliers endommagés ; que l'assemblée doit délibérer, suivant l'usage, qu'il sera donné connoissance, par un article de la mande, aux communautés, des sommes attribuées à chacune d'elles dans cette répartition pour être employée en moins imposés généraux ou particuliers, ainsi qu'il sera indiqué. Ce qui a été unanimement délibéré, conformément à la réquisition dudit sieur sindic.

Ledit sieur sindic a dit aussi, qu'il fut rendu un arrêt au Conseil, le 17 octobre 1759, qui ordonne aux collecteurs des villes et communautés de la province, de représenter aux sindics des diocèses les rôles des impositions à l'effet de comparer et vérifier les payements faits aux collecteurs, qui doivent être écrits dans ces rôles avec ceux que les collecteurs ont faits au receveur, pour être ensuite pourvu, en cas de divertissement des deniers, à la punition des coupables, conformément à la déclaration du 24 septembre 1709. Nosseigneurs des Etats ont été informés que, dans certains diocèses, on avoit négligé de se conformer aux dispositions de cet arrêt, pour en assurer l'exécution, ils ont délibéré, à leurs deux dernières assemblées, de charger les sindics des diocèses de se faire représenter les livres des collecteurs et ceux des receveurs, toutes les fois qu'ils le jugeront nécessaire, et du moins après l'échéance de chaque terme des impositions, pour faire la comparaison de ces livres et de leurs délibérations dans toutes les communautés ; qu'en conséquence, les délibérations des Etats ont été envoyées ainsi que l'arrêt du Conseil, du 17ᵉ octobre 1759, dans les diocèses, par MM. les sindics généraux, pour en être donné connoissance aux communautés, par un article particulier de la mande ; et qu'en conséquence il paroit nécessaire de charger les consuls des communautés d'avertir les collecteurs de se rendre à Mende dans un mois au plus tard après l'echéance de chaque terme des impositions, d'y porter tous les rôles dont ils doivent faire le recouvrement et de les représenter audit sieur sindic.

Après quoy, ledit sieur sindic a observé que quelques sages que soient les mesures prises par les Etats, elles pourroient ne pas produire tout l'effet qu'ils en espèrent, si l'on n'y ajoutoit quelques autres précautions, qu'il seroit peut être à craindre que des collecteurs mal intentionnés ne fussent point exacts à écrire sur leurs rôles les payements qui leur sont faits par les redevables, pour dérober la connoissance de l'état de leur recouvrement et empêcher qu'on ne s'apperçut du divertissement des deniers de leur recette ; que cette malversation ne pourroit qu'être funeste aux contribuables qui n'ont pas la précaution de retirer des quittances des payements qu'ils font aux collecteurs ou qu'ils n'exigent ces quittances qu'après qu'ils ont achevé d'acquitter leurs impositions ; que pour prévenir un pareil abus, ledit sieur sindic pourroit, si l'assemblée le trouvoit à propos, écrire une lettre circulaire aux consuls et administrateurs des communautés, dans laquelle, après leur avoir réitéré l'avertissement porté par la mande, au sujet de l'exécution de l'arrêt du 17 octobre 1759 et des délibérations des Etats . . . . . . *(La délibération s'arrête à ces derniers mots.)*

1761

MM. les commissaires de l'assiette. — Communication des commissions contenant les sommes à imposer. — Lecture des procurations des députés. — Prestation du serment. — Vote des sommes demandées. — Une lettre doit accompagner les procurations. — Confirmation des officiers du diocèse. — Debets et reliquats des comptes des collecteurs. — Indemnité pour perte de récoltes. — Vingtième des biens nobles. — Abonnement du doublement de la capitation. — Recherche des moyens pour augmenter et favoriser l'agriculture. — Arrêts du

Conseil d'Etat qui confirment les usages et privilèges de la province. — Extrait des délibérations des Etats généraux de Languedoc. — Clôture de l'assemblée.

L'an mil sept cents soixante-un, et le lundy sixième avril. Les gens des Trois Etats du pays de Gévandan, convoquez par ordre du Roy, en la ville de Mende, sont venus à la salle du palais épiscopal, où Mgr l'illustrissime et reverendissime seigneur Mgr Gabriel-Florent de Choiseul-Beaupré, évêque seigneur et gouverneur de la ville de Mende, comte du Gévaudan, conseiller du Roy en tous ses conseils, Président-né des Etats et assiette dudit pays, les attendoit, étant accompagné de Mre Jean Valentin, prêtre, docteur ez droits, vicaire-général de Mgr l'évêque et de MM. les commissaires ordinaires, et, tous ensemble sont allés à l'église cathédrale dudit Mende pour y entendre la messe du St-Esprit. Après laquelle, étant revenus audit palais épiscopal, dans la salle destinée pour la tenue desdits Etats, ils y ont pris chacun leur place, scavoir. Mgr le Président, sur un fauteuil, placé sur une stalle élevée au dessous d'un dais ; et, sur la gauche de cette stalle, à la tête du banc, M. le marquis de Villemont, commissaire principal desdits Etats et assiette, étant absent ; Mre Mathieu-Alexandre Félix-Ignace de Bessuejols, comte de Roquelaure, baron de tour du Gévaudan et baron annuel des Etats généraux de Languedoc, baillif dudit pays de Gévaudan, en tour pour Mgr l'évêque de Mende, la présente année, commissaire ordinaire desdits Etats et assiette ; Mre Claude-Gabriel-Amédée de Rochefort d'Aly, comte de Saint-Point et de Montferrant, baron de Cénaret, Sgr de Laval, Pougnadoire et Saint-Chély-du-Tarn, commis des nobles dudit pays, commissaire ordinaire desdits Etats et assiette, absent ; M* M* Louis Valentin, lieutenant de juge et premier consul de la ville de Mende; sieurs Pierre Favier et Antoine Mazaudier, 2° et 3° consuls de laditte ville, l'année dernière, commissaires ordinaires des Etats et assiette, et M*º Pierre de Michel du Roc, marquis de Brion et autres places, maire de de la ville de Maruejols, commissaire ordinaire desdits Etats et assiette, sur un banc placé au milieu du parterre ; MM. les ecclésiastiques, sur un banc à la droite de Mgr le Président, chacun suivant son rang, sur le banc dudit sieur baillif, MM. les barons et gentilshommes de ce diocèse ou leurs députés, aussy suivant leur rang, et les sieurs consuls et députés des autres villes et communautés dudit pays, qui ont entrée et voix délibérative auxdits Etats, assis sur le bas banc.

M. de Roquelaure, baillif, ayant en main les commissions de nosseigneurs les commissaires, qui ont présidé pour le Roy à l'assemblée des Etats généraux de la province, tenus à Montpellier, le 7 janvier dernier, a dit que nos seigneurs ordonnent par leurs dites commissions, à M. le baillif du Gévaudan, étant en tour ou son lieutenant, aux consuls de Mende et à un de Maruéjols, commissaires ordinaires comme luy, de procéder au département des deniers y contenus, ainsi qu'il a été consenty et résoleu auxdits Etats; lesquels sa Majesté veut être imposés, la présente année, pour le soutien de l'Etat et pour fournir aux autres dépenses qui se fairont dans le royaume, aussi bien que pour les appointements de son altesse serenissime Mgr le comte d'Eu, gouverneur de la province, entretenement de ses gardes et de MM.

les lieutenants généraux de ladite province, dettes et affaires de la province et de ce diocèze et département des gratifications ordinaires et extraordinaires contenues au billet, sur ce signé, ensemble l'arrêt de validation du Conseil d'Etat de Sa Majesté, pour être payés aux premiers jours d'avril, juillet et octobre prochains, et a remis les commissions au greffier du diocèze pour en faire la lecture.

Et à l'instant, lecture a été faite desdites commissions, ensemble des instructions et autres actes y attachez contenant, entre autres chozes, permission d'imposer pour les vaccations et journées des consuls de Mende, de Marvejols et du sindic du diocèze, députés aux Etats généraux de la province. La lecture ayant été finie, lesdit sieur baillif du pays de Gévaudan, en tour, est sorti de l'assemblée.

Mgr le Président a fait appeler les gens des Trois Etats du pays de Gévaudan, et ayant fait remettre, au greffier du diocèse, les procurations des députés auxdits Etats, il en a fait la lecture.

L'assemblée ayant été reglée, chacun ayant pris sa place, le serment en tel cas requis et accoutumé ayant été prêté, savoir par MM. de l'église : la main mise sur la poitrine; et par MM. de la noblesse et députés du Tiers-Etat, la main levée à Dieu, et tous ensemble ont promis à Mgr le Président, moyennant leur serment, de ne rien faire en cette assemblée contre l'honneur de Dieu ny contre le service du Roy.

Ensuite a été unanimement résolu que les sommes contenues aux commissions de nosseigneurs les commissaires, présidant pour le Roy aux Etats généraux de la province, tenus à Montpellier, seront impozées, la présente année, sur les contribuables aux tailles du pays de Gévaudan ; et les Etats ont donné pouvoir à MM. les commissaires de l'assiette, qui s'assembleront demain, d'en faire le département.

Comme il est d'usage dans la province que MM. de l'Eglise et MM. les barons, qui ne peuvent pas assister aux Etats du Languedoc, envoyent, outre leurs procurations, une lettre adressée à Mgr le Président pour toute l'assemblée, contenant les raisons pour lesquelles ils ne peuvent pas venir ; que cet usage a été toujours observé dans ce pays, pour soutenir la dignité de Mgr le Président et de toute l'assemblée, et que néantmoins quelques uns ont obmis d'écrire lesdites lettres ; a été délibéré que les procurations, tant de MM. de l'église que de MM. les barons et gentils hommes de ce diocèze, seront refuzées à l'avenir, si elles ne sont accompagnées d'une lettre pour Mgr le Président, qui contienne les raisons pour lesquelles ils ne peuvent assister en personne et que le greffier du diocèse couchera la présente délibération dans les lettres d'avis, pour la convocation des Etats prochains.

Mgr le Président a dit que, suivant l'uzage et instructions de nos seigneurs les commissaires, président pour le Roy aux Etats généraux de la province, cette assemblée est en droit de faire procéder à la confirmation ou nouvelle élection des officiers du diocèse. Surquoy, les sieurs Lafont, sindic, et de Lhermet, greffier, étant sortis de l'assemblée, a été délibéré, d'une voix unanime, de confirmer le sieur Lafont dans la charge de sindic, et le sieur de Lhermet, dans la charge de greffier.

Après quoy, les Etats ayant fait appeler lesdits sieurs Lafont et de Lhermet, lecture leur a été faite de la présente délibération, et Mgr le président leur a fait prêter le serment, la main levée à Dieu, de remplir les devoirs de leurs charges ; ce qu'ils ont promis et juré de faire.

Le sindic du pays a dit qu'il a été rendu deux jugements par nosseigneurs les commissaires du Roy et des Etats, en date du 3 janvier 1761, dont l'un ordonne, en faveur des collecteurs du diocèse, de l'année 1759, l'imposition des sommes dont ils ont été déclarés créanciers par la clôture de leurs comptes, lesquelles reviennent en total à celle de 189 livres 16 sols 9 deniers ; et l'autre veut qu'il soit fait un moins imposé, dans plusieurs communautés, des reliquats des comptes de leurs collecteurs de la même année, 1759, qui se portent en total à la somme de 3,087 livres 12 sols 11 deniers ; et, conformément auxdits jugements, ledit sieur sindic a requis l'assemblée de délibérer qu'il sera fait mention de ces débets et de ces reliquats dans les mandes de la taille de cette année, et qu'il y sera marqué, par un article particulier, la somme que chaque communauté doit imposer ou moins imposer à ce sujet, chacun comme le concerne. Ce qui a été unanimement délibéré, conformément à la réquisition dudit sieur sindic.

Ledit sieur sindic a dit encore, qu'il a été, suivant l'usage, dressé l'année dernière des procès-verbaux des dommages causés aux récoltes par les grêles et autres accidents du Ciel ; qu'il a été accordé, par Sa Majesté, une indemnité à la province qui, comme celle des années dernières, n'est pas considérable ; que M. l'Intendant en a du faire la répartiton, mais qu'il n'a pas encore receu l'ordonnance qui fixe le contingent de ce diocèse, et a requis de délibérer de renvoyer à MM. les commissaires pour procéder à la répartition de la somme que M. l'intendant aura accordé sur les communautés ou sur les particuliers endommagés, conformément aux décisions de Sa Majesté, du 20 février 1755. Ce qui a été délibéré conformément à la réquisition dudit sieur sindic.

Ledit sieur sindic a dit aussi que nosseigneurs des Etats qui ont extrêmement à cœur de s'assurer du véritable produit des biens et droits nobles et de mettre en règle les taxes des vingtièmes qu'ils doivent supporter, ont délibéré d'aggraver encore les peines portées contre les propriétaires de cette nature de biens, qui n'en ont point remis leurs déclarations, et de leur faire supporter, outre les trois vingtièmes et deux sols pour livre, la moitié en sus des cotités des deux premiers vingtièmes au lieu du tiers qui leur avait été imposé l'année dernière et de prier de plus fort MM. les commissaires des diocèses de prendre toutes les mesures pour s'assurer de la qualité et quantité des biens et droits nobles non déclarés et de leur revenu, et de les faire connoitre à la commission.

Sur quoy, ledit sieur sindic a observé que la plupart des possesseurs des biens et droits nobles du pays ont remis leurs déclarations et que leurs taxes ont été réglées ; mais qu'il y en a encore quelques-uns qui ont négligé de le faire ; que pour parvenir à mettre cette partie en règle, l'on pourroit faire usage des mêmes moyens qui ont été employés avec succès ces dernières années, et en conséquence, l'assemblée pourroit délibérer de charger ledit sieur syndic d'écrire une lettre circulaire aux administrateurs des communautés du diocèse, dans laquelle il leur marquera d'avertir les propriétaires des biens et droits nobles, qui n'ont pas fourni leurs déclarations, de les remettre incessamment au greffe du diocèse ; faute de quoy, ils supporteront, la présente année, outre les trois vingtièmes et deux sols pour livre, la moitié en sus des cotités des deux premiers vingtièmes, au lieu du tiers, qui leur fut imposé l'année dernière ; et par la même lettre ledit sieur sindic pourroit prier les administrateurs, de continuer à luy donner tous les renseignements qu'ils pourront se procurer sur la qualité, la quantité et le revenu des biens et droits nobles non déclarés, situés dans leurs communautés, comme aussi de prier MM. les commissaires du diocèse, de faire là-dessus toutes les recherches qui pourront dépendre d'eux, et décharger ledit sieur sindic de faire part, à MM. les sindics généraux de la province, de tout ce qui sera venu à leur connaissance.

Sur quoy, l'assemblée a unanimement délibéré de charger ledit sieur sindic d'écrire une lettre circulaire aux consuls des communautés du diocèse, dans laquelle il leur manquera : 1° d'avertir les propriétaires des biens et droits nobles qui n'ont pas fourny leurs déclarations, de les remettre incessamment au greffe du diocèse ; faute de quoy, ils supporteront, la présente année, outre les trois vingtièmes et deux sols pour livre, la moitié en sus des cotités des deux premiers vingtièmes, au lieu du tiers qui leur fut imposé l'année dernière ; 2° de continuer à donner, audit sieur sindic, tous les renseignements qu'ils pourront se procurer sur la qualité, la quantité et le revenu des biens et droits nobles non déclarés, situés dans leurs communautés ; et Mgr le Président a été supplié d'engager MM. les commissaires ordinaires, pendant l'année, de faire là-dessus toutes les recherches qui pourront dépendre d'eux, et de charger ledit sieur sindic de faire part à MM. les sindics généraux de la province, de tout ce qu'il sera venu à leur connoissance.

Ledit sieur sindic a dit encore, que Sa Majesté a fait demander par nosseigneurs les commissaires à nosseigneurs des Etats, à leur dernière assemblée, un doublement de capitation pour l'année dernière, 1760, et la présente année 1761, sur ceux des habitants de la province, qui sont le plus en état de la supporter, et dont les côtes se portent à 24 livres et au-dessus, et encore un second doublement pour les mêmes années 1760 et 1761, des côtes de tous les officiers de la grande et petite chancellerie qui résident et sont imposés à la capitation dans la province sur les banquiers et tous les particuliers fermiers ou régisseurs des droits de Sa Majesté, pourvus des charges, emplois et commissions de finances ou d'autres places, portant recette et maniment des deniers royaux et autres deniers publics, même ceux qui après avoir exercé pendant dix ans de semblables charges, emplois ou commerces, se seroient retirés, et que nosseigneurs les commissaires de Sa Majesté ont en même temps fait connoître, à nosseigneurs des Etats, que Sa Majesté étoit disposée à leur accorder, non-seulement l'abonnement desdits doublements de capitation, mais encore la permission de pourvoir au payement de la somme à laquelle il sera fixé par les voies qu'ils croiront les moins onéreuses; que les Etats, convaincus de l'impossibilité où sont les contribuables de la province, de payer ce doublement de capitation, attendu que cette imposition est déjà très forte, se sont déterminés à accepter les propositions qui leur étoient faites de la part de Sa Majesté, pour un abonnement, et ont délibéré d'offrir 400,000 livres, par année, faisant 800,000 livres pour les deux, de pourvoir au prix de cet abonnement par un emprunt, et de supplier Sa Majesté d'assigner le remboursement de cet emprunt sur la remise que Sa Majesté veut bien faire annuellement sur sa capitation de la somme de 800,000 livres, lorsque ce fonds, qui est affecté pour plusieurs années à d'autres objets reviendroit libre; qu'en attendant, les intérêts de l'emprunt de 800,000 livres seroient ajoutés aux cotités des compagnies et au contingent de chaque diocèse, eu égard au nombre des taxes de 24 livres, et au dessus dont il fut fait l'année dernière un dépouillement sur les rôles des différentes communautés de la province, lorsqu'on fut informé du dessein, où étoit Sa Majesté, de demander aux Etats ce nouveau secours, dont elle avoit déjà ordonné la levée dans le reste du royaume ; que l'abonnement a été conclu relativement à la délibération de nosseigneurs des Etats, qui ont ensuite déterminé la somme que chaque diocèse devoit supporter pour les intérêts de l'emprunt desdites 800,000 livres, eu égard audit dépouillement des taxes de 24,000 livres et au-dessus ; que le contingent du diocèse de Mende a été fixé à la somme de 1,630 livres 10 sols 8 deniers; qu'ils ont laissé à MM. les commissaires du diocèse le soin de répartir eux-mêmes, ainsi qu'ils le jugeront à propos, le montant de ce contingent sur les particuliers qu'ils trouveront dans le cas d'y contribuer, en observant cependant de n'en rien rejeter sur les côtes au-dessous de 24 livres ; au soulagement desquelles il convient de faire tourner, autant qu'il sera possible, le produit des augmentations de celles qui sont dans le cas du premier et second doublement. Lesquelles toutefois doivent être ménagées, attendu que l'augmentation qu'elles supportent, au moyen du contingent du diocèse, sur les intérêts du prix de l'abonnement, durera jusqu'au remboursement de l'emprunt auquel il a donné lieu; et, sur cet exposé, ledit sieur sindic a proposé à l'assemblée de délibérer de renvoyer à MM. les commissaires de l'assiette, chargés annuellement de la répartition de la capitation, le soin de procéder à celle de ladite somme de 1,650 livres 10 sols 8 deniers, de la manière la plus conforme à la délibération et aux intentions des Etats. Ce qui a été unanimement délibéré, conformément à la réquisition dudit sieur sindic.

Mgr le Président a dit que nosseigneurs des Etats généraux ont délibéré, à leur dernière assemblée, de donner une attention encore plus particulière à l'agriculture et en augmenter les progrès ; qu'avant de prendre une détermination là-dessus, ils ont chargé MM. les sindics généraux d'écrire à MM. les administrateurs et commissaires des diocèses de la province, pour les prier de vouloir bien s'occuper à un objet si intéressant, en engageant les personnes qu'ils connoitront les plus en état de faire des observations à ce sujet, à s'y appliquer avec zèle et à leur en faire part, et d'envoyer tous les mémoires qu'ils auront pu rassembler à MM. les sindics généraux, pour que les Etats puissent prendre une dernière résolution.

Sur quoy, Mgr le Président, après avoir prié les différents membres de l'assemblée, de vouloir bien rechercher les moyens qui leur paroitront les plus propres à favoriser l'agriculture et augmenter les productions de la terre, consulter dans leurs communautés les personnes qui leur paroitront les plus entendues, recueillir leurs observations et les envoyer au sindic du diocèse, a proposé de délibérer de charger ledit sieur sindic d'écrire une lettre circulaire aux administrateurs des communautés pour les exhorter à se procurer les mêmes lumières, dresser des mémoires sur les connoissances qui leur seront données et les envoyer pareillement audit sieur sindic, pour être par luy communiquées à MM. les commissaires ordinaires, pendant l'année, et être adressées de leur part à MM. les sindics généraux de la province. Ce qui a été délibéré conformément à la proposition faite par Mgr le Président.

Ledit sieur sindic a dit que M. de Joubert luy a adressé trois arrêts du Conseil, des 21 mars, 25 octobre et 13 décembre 1760, confirmatif des usages, libertés et priviléges des Etats de la province de Languedoc, et luy a marqué d'en faire l'usage porté par les enregistrements mis au bas de cet arrêt.

Sur quoy, Mgr le Président a ordonné qu'il en fut fait lecture, ensemble desdits enregistrements. Lecture et publication faite desdits arrêts, l'un du 21 mars 1760, qui maintient et garde les gens des trois Etats de la province de Languedoc dans leurs usages, droits, libertés et priviléges, et ordonne en conséquence que la délibération des gens desdits Etats, du 11 décembre 1759, pour accorder le troisième vingtième et l'arrêt du Conseil du 2 janvier 1760, sur l'abonnement d'iceluy, seront exécutés suivant leur forme et teneur ; le second du 25 octobre suivant, qui casse deux arrêts du Parlement de Toulouse, des 24 mars et 7 may 1760, en ce qu'ils contiennent de contraire aux priviléges et usages de la province et audit arrêt du Conseil du 21 mars, confirmatif d'iceux, et le troisième, du 13 décembre de la même année, qui casse et annulle un autre arrêt du Parlement de Toulouse, du 17 novembre, et fait défense d'en rendre à l'avenir de semblables ; lecture pareillement faite des délibérations de nosseigneurs des Etats généraux, des 6 et 18 décembre derniers, portant enregistrement desdits arrêts et de l'ordonnance de nosseigneurs les commissaires du Roy et des Etats dudit jour, 6 décembre, portant aussi enregistrement desdits arrêts des 21 mars et 25 octobre, l'assemblée a unanimement délibéré, en exécution desdites délibérations et ordonnances, que lesdits trois arrêts des 21 mars, 25 octobre et 13 décembre 1760, ensemble lesdites délibérations et ordonnances seront enregistrées à son greffe, et au procès-verbal de la présente séance.

ARREST DU CONSEIL D'ETAT DU ROI,

Qui maintient et garde les Gens des Trois-Etats de la Province de Languedoc, dans leurs Usages, Droits, Libertés et Privilèges ; et ordonne en conséquence que la Délibération des Gens desdits Etats, du 11 Décembre 1759, pour accorder le troisième Vingtième et l'Arrêt du Conseil du 2 Janvier 1760, sur l'Abonnement d'icelui seront exécutés selon leur forme et teneur.

Du 21 Mars 1760.

EXTRAIT DES REGISTRES DU CONSEIL D'ÉTAT.

Sur la requête présentée au Roi, étant en son Conseil, par les Députés et le Syndic général de Gens des Trois Etats de la province de Languedoc, contenant ; que le même esprit et les mêmes motifs qui ont déterminé les États à charger leurs Députés à la Cour, par leur délibération du 31 décembre dernier, de faire toutes les démarches qu'ils jugeroient convenables pour la conservation des anciens usages, droits, libertés, et privilèges de la province, les obligent de recourir a la protection et à la justice de Sa Majesté, contre les entreprises qui auroient été ou qui pourroient être faites au préjudice desd. usages, droits, libertés et privilèges : Que la crainte que les États ont eûe d'y voir donner atteinte, quoiqu'ils soient aussi anciens que formellement et solennellement reconnus et confirmés par les Rois prédécesseurs de Sa Majesté, et par Sa Majesté Elle-même, a dû augmenter depuis à la vûe du projet qui semble être annoncé de les méconnoitre pour ce qui regarde les impositions, tandis qu'ils forment le droit public de la province, auquel il n'a jamais été dérogé : Qu'en remontant jusqu'aux tems qui ont précédé la réunion du Languedoc à la Couronne, on voit que du temps des Comtes de Toulouse, et même auparavant, les sommes qui leur étoient accordées par les peuples de cette province, l'étoient, non par obligation et par devoir, mais de leur propre volonté, comme Raymond VII comte de Toulouse, et Alphonse frère de St. Louis, qui lui succéda en vertu de son mariage avec la princesse Jeanne, sa fille et son héritière, l'ont reconnu par des actes publics : Que la réunion du Languedoc à la Couronne, qui fut consommée en 1271, sous Philippe le Hardi, bien loin de rien changer à cet ancien usage, n'a fait que le confirmer, les peuples de la province de Languedoc ayant été maintenus nommément dans leurs libertés et privilèges lors de cette réunion, et ce même Prince s'étant conformé à l'usage qu'il avoit trouvé établi depuis un tems immémorial, de ne rien lever sur eux que de leur consentement : Que la possession de cet ancien usage n'a jamais èté interrompue ; qu'elle a été au contraire confirmée à chaque règne, avec les autres droits, libertés et privilèges de la province ; qu'elle l'a été aussi nommément par plusieurs titres exprès : Qu'en effet, les députés du Languedoc ayant exposé à Charles VIII, dans l'assemblée des Etats généraux tenus à Tours en 1483, qu'*entr'autres privilèges, franchises et libertés, ils ont tenu par ancienne coûtume, pacte et convention, comme aussi par concession et octroi royal, qu'aucuns deniers, charges ni subsides, ne doivent être mis sus audit pays, sans le volontaire consentement et octroi des Gens des Trois-Etats d'icelui pays, et ainsi l'ont accoûtumé de faire, et aussi toûjours ainsi a été entretenu et observé ;* ce Prince ordonna par ses lettres patentes du mois de mars 1483 avant Pâques, *que doresnavant et pour le temps à venir, aucuns deniers pour ses tailles, subsides et impôts, ne seront mis audit pays, sans l'assemblée et octroi des Gens des Etats d'icelui, tout ainsi et par la forme et manière qui a été observée ci-devant, et sans y faire aucune mutation ès droits, prérogatives et privilèges dont ils ont dûement joui et usé :* Que l'Edit du feu Roi du mois d'octobre 1649, s'explique d'une manière aussi précise, en ces termes : *Voulons et nous plaît qu'aucune somme ne puisse être imposée sur icelle province, qu'elle n'ait été délibérée et consentie en l'assemblée desd. Etats, suivant les anciennes formes, privilèges et libertés de lad. Province......soit à l'égard des impositions en général, soit par les assiettes des vingt-deux diocèses :* Que ce même Roi donna encore un nouveau titre aux Etats pour la conservation de leurs privilèges, par son édit du mois de décembre 1659, dont on va rapporter les termes : *Et voulant maintenir notredite province, en tant que de besoin seroit, en tous ses droits, libertés, formes, usages et privilèges, et en cela leur faire ressentir les effets de notre bonté et de notre justice, nous avons déclaré et déclarons par notre présent édit perpétuel et irrévocable, qu'il ne sera fait à l'avenir aucune imposition de notre part, soit sur les biens des habitants de notre province, soit sur le prix du sel, et autres nos droits des fermes qui y sont établis par augmentation de péages sur le Rhône, ou par doublement de ceux qui s'y lèvent à présent, et généralement toutes les autres impositions et augmentations de droits préalablement elles n'aient été consenties par nos chers et bien amés les Gens des Trois-Etats de notre province de Languedoc :* Que l'arrêt du Conseil du 10 octobre mil sept cens cinqante-deux, en contenant la confirmation des mêmes droits et privilèges, rappelle nommément les édits de 1649 et 1659 : *Sa Majesté confirmant en tant que de besoin lesdits Etats dans tous leurs droits, privilèges et libertés, conformément aux édits et déclarations des Rois ses prédécesseurs, et notamment à l'édit du mois d'octobre 1649, et à celui du mois de décembre 1659 :* Qu'enfin les Etats rappellent chaque année ces privilèges, lorsqu'ils accordent à Sa Majesté le Don gratuit qu'Elle leur fait demander par ses Commissaires, et qu'ils en font le troisième article des conditions de leur délibération, qui porte : *que nulle imposition et levée des deniers ne pourront être faites sur le général de la province, ni sur les villes et communautés en particulier, ni sur les habitants, en vertu d'aucuns édits bursaux, déclarations, jussions et autres provisions contraires à ses droits et libertés, quand même elles seroient faites sur le général du*

Royaume; laquelle condition est acceptée ainsi que les autres, par les sieurs Commissaires de Sa Majesté, qui mettent à la marge de chacune, *accordé,* et qui de plus rendent une ordonnance pour accepter ces conditions, en ces termes : *Vû la délibération ci-dessus et les articles y contenus, nous, au nom du Roi, avons accepté le Don gratuit de trois millions de livres, dont nous avons fait la demande au nom de Sa Majesté, pour être payé aux termes des impositions; promettant de faire exécuter au nom du Roi le contenu de ladite délibération,* conformément aux apostilles par nous mises à la marge desdits articles : Que dès-lors il n'y a autre chose à considérer en Languedoc, en matière d'imposition, que la demande faite aux États au nom du Roi, des secours que les besoins de l'Etat rendent nécessaires, et la délibération que les Etats prennent sur cette demande : Que cette forme est la seule qui ait été observée dans la province ; qu'elle est la suite et la preuve de l'usage dans lequel ont toûjours été les peuples du Languedoc de s'assembler pour s'imposer librement et volontairement les secours qu'ils accordoient à leurs Souverains et non en vertu d'aucun édits bursaux ; et que c'est ce qui constitue essentiellement le droit public de la province, auquel il n'a été dérogé par aucune loi qui y soit contraire : Que c'est en se conformant à ces droits et privilèges, dont l'origine se perd dans les temps les plus reculés, qui sont confirmés par les titres les plus respectables et par une possession constante, que Sa Majesté charge tous les ans les sieurs Commissaires qui président pour Elle aux Etats, de requérir et de demander qu'ils veuillent libéralement accorder et octroyer les sommes qui sont énoncées dans la commission dont il est fait lecture chaque année le jour de l'ouverture de cette assemblée, et qui forment ce qu'on appelle l'ancienne Taille ou deniers ordinaires : Que c'est aussi, en se conformant à ces anciens usages et privilèges, que la délibération que les Etats prennent pour accorder ces mêmes sommes, porte le nom *d'octroi*, et qu'il y est dit par exprès, que les Etats *ont libéralement octroyé et accordé, octroient et accordent au Roi leur souverain Prince et Seigneur, et sans conséquences, lesdites sommes* : Qu'il est aisé de reconnoitre les mêmes usages et les mêmes privilèges dans la demande qui est faite toutes les années du Don gratuit par les sieurs Commissaires de Sa Majesté, et dans les termes de la délibération qui est prise chaque année pour l'accorder, puisqu'elle porte, *que les Etats délibérant sur la demande qui leur a été faite de la part du Roi, d'un don gratuit de trois millions de livres, ont accordé libéralement et gratuitement à Sa Majesté, et sans conséquence, ladite somme de trois millions, aux conditions* dont la principale a été rapportée ci-dessus : Qu'il ne s'agit à l'égard d'aucune de ces impositions, et de beaucoup d'autres que les Etats sont dans l'usage d'accorder sur les demandes de Sa Majesté, ni de déclarations, ni d'édits, mais uniquement de la demande faite par le Roi, et de la délibération prise par les Etats pour lui accorder les sommes demandées : Qu'il en est de même des autres impositions, telles que la Capitation, le Dixième, Vingtième, et autres secours extraordinaires, puisque la demande en est également faite au nom de Sa Majesté par les Commissaires, et que les Etats délibèrent sur ces demandes en ne consultant que les mouvemens de leur zèle pour son service : Que si dans le reste du ressort du Parlement de Toulouse et dans les autres provinces du Royaume, les impositions et levées de deniers sont faites en vertu des édits et déclarations qui en ordonnent l'établissement, et qui sont enregistrés dans les Cours, elles ne pourroient l'être en Languedoc de cette manière, sans anéantir le privilège des Etats sur le fait des impositions, ou plustôt l'usage ancien et les lois fondamentales de la province qui forment le plus précieux patrimoine de ses habitants, et qui consistent à accorder librement à leur Souverain, sans aucune autorité intermédiaire, les secours qu'il leur demande : Que la forme dans laquelle cette demande est faite, ou par Sa Majesté Elle-même, lorsqu'Elle a bien voulu honorer les Etats de sa présence, ou par ses commissaires dûement autorisés, renferme le concours le plus immédiat de la volonté du Souverain et du libre consentement des peuples ; et que cette forme ne peut aussi être plus authentique, puisque les sieurs Commissaires de Sa Majesté sont accrédités auprès des Etats par une commission scellée du grand sceau, dont il est fait lecture à l'ouverture de leurs séances, et qui porte par exprès, *que les Etats doivent ajoûter foi à toutes les demandes qui leur feront de sa part :* Que les mêmes Commissaires communiquent de plus à l'assemblée des Etats, en la personne de leur Président, et avec les cérémonies accoûtumées, les instructions qu'ils ont reçues de Sa Majesté, contenant les demandes qu'ils font en son nom ; et que ce n'est qu'après que les Etats ont connu les demandes de Sa Majesté et les motifs sur lesquels elles sont fondées, qu'ils délibèrent sur ces demandes; ce qui forme l'engagement libre et volontaire qu'ils prennent immédiatement avec le Roi, et qui est exécuté en la manière accoutumée, sous l'autorité immédiate de Sa Majesté : Que dès-lors il n'y a en Languedoc aucune autorité entre Sa Majesté et les Etats généraux de ladite Province, qui puisse rien ajoûter à la demande qui est faite aux Etats au nom du Roi, ni qui soit en droit de prévenir les suffrages de cette Assemblée : Que l'usage nécessaire de cette autorité, telle qu'elle pût être, sembleroit n'avoir d'autre objet que de faire cesser le rapport immédiat qui a toûjours été entre Sa Majesté et les Etats, à l'égard de toute espèce d'imposition : Que c'est par une suite de ce rapport, que les Etats généraux de cette Province disoient au feu Roi en 1651, *qu'à l'assemblée des Etats seule appartient, par l'ancien droit et ordre de son établissement, auquel elle a été de tout tems maintenue, de délibérer des impositions que lesd. sieurs Commissaires, qui y président de la part de Sa Majesté, lui demandent en son nom, et de celles qu'il faut faire par sa permission pour les dettes et affaires de son peuple;* ce qui les autorisoit à demander qu'il plût à Sa Majesté *maintenir l'assemblée des Etats en tous ses anciens droits, et la conserver en la faculté, pouvoir et autorité qu'elle a toujours eue de délibérer sur le fait des impositions sous les ordres de Sa Majesté, de laquelle elle dépend sans aucun milieu;* à laquelle demande Sa Majesté ayant eu égard, *maintint et conserva les Etats dud. pays de Languedoc, en tous et chacuns leurs droits, immunités et anciens privilèges pour en jouir et user comme ils avoient fait par le passé, nonobstant tous les Arrêts du Parlement de Toulouse et des autres Compagnies de la province, à ce contraires* : Que c'est aussi par une suite de ce rapport immédiat des peuples de la province avec leur Souverain, que les Etats ont été, avant la réunion de la province à la Couronne, comme ils n'ont pas cessé de l'être depuis, les seuls représentants et l'organe des habitants de la Province, suivant l'expression de Sa Majesté dans l'arrêt de son Conseil du 22 mai 1759 : Que ce glorieux caractère, que les Etats ne peuvent partager avec aucun'autre Corps de la province, annonce également l'essence et l'étendue d'une administration qui embrasse les principaux objets du bonheur des peuples, qui tire elle même un nouveau lustre de la dignité des différens ordres qui composent les Etats, et qui est accompagnée, sous l'autorité immédiate de Sa Majesté, de toute celle qui lui est nécessaire, soit pour l'ordre et la décence de ses Assemblées et de celles des assiettes des diocèses, soit pour d'autres objets : Que c'est par une suite de ce caractère, que les Etats exposoient au feu Roi, que *c'étoit sur leurs représentations que les Compagnies de justice et de finance de la Province avoient été réglées pour leur Juridiction*, et que ce Prince décida en 1660, que les Etats auroient l'honneur de lui rendre leurs hommages à Toulouse avant tous les autres Corps de la Province, sans en excepter le Parlement : Que c'est enfin par une suite de ce caractère, qu'en matière d'imposition, la demande qui en est faite au nom du Roi, et la délibération qui est prise par eux, sont la seule forme d'imposer aux peuples de la Province de nouvelles charges, dont la levée et le recouvrement sont faits ensuite, en la manière accoutumée, sous l'autorité de Sa Majesté ; de sorte que toutes les impositions étant libres et volontaires en Languedoc, comme on l'a fait voir, et n'y étant point faites en vertu des édits bursaux, suivant la condition du Don gratuit, dont on a rapporté les termes, on ne sauroit révoquer en doute que la demande qui a été faite aux Etats au nom du Roi, indépendamment de toute autorité intermédiaire, du troisième Vingtième et des autres secours qui forment la Subvention générale, et la délibération que les Etats ont prise le 11 décembre dernier, pour les accorder, ne soient absolument conformes à l'ordre ancien et primitif, qui doit toûjours être inviolablement observé dans la Province : Qu'on ne doit donc pas être surpris, après tout ce qu'on vient de dire, que les Etats ayant été persuadés, lors de leur délibération du 31 décembre dernier, que l'effet d'une prérogative, aussi précieuse qu'elle est ancienne et autorisée, *ne pouvoit manquer de produire, dans l'esprit des habitants de cette province, une juste confiance propre à en éloigner toute espèce d'alarme, à ranimer leur bonne volonté, si elle pouvoit être affaiblie, et à affermir l'observation des règlemens relatifs à l'administration des Etats, qui forment les loix, dont ils sont dépositaires, dans cette partie de l'autorité qui leur a été confiée, dont l'exécution, toûjours légitime, éloigne tout soupçon d'abus, et qu'ils s'efforceront de conserver dans toute leur intégrité* : Que c'est ce qui a obligé les Etats, en délibérant, d'avoir recours à la protection du Roi et à sa justice, *d'enjoindre aux Officiers de la province d'agir suivant le devoir de leur charge, ainsi que les circonstances pourront l'exiger, à l'effet de conserver lesdits usages, droits, libertés et privilèges ; de veiller à l'exécution des délibérations des Etats et à l'exacte observation des règlemens autorisés par Sa Majesté ; comme aussi d'enjoindre aux assemblées des assiettes, aux sieurs Commissaires des diocèses, à leurs Officiers, et aux Maires et Consuls des villes et communautés de la province, d'y tenir la main chacun en droit soi.* Requeroient, à ces causes, les Supplians, qu'il plût à Sa Majesté de maintenir et garder, en tant que de besoin, les Gens des Trois-Etats de ladite province dans leurs usages, droits, libertés et privilèges, avec défenses de leur donner, directement ni indirectement, aucun trouble dans l'exercice d'iceux, dont les Etats en corps, tous ceux qui les composent ou qui agissent en execution de leurs délibérations et de leurs ordres, sont comptables immédiatement à sa Majesté, à peine de nullité et et cassation de ce qui pourroit être fait au contraire ; ce faisant, ordonner qu'aucune imposition et levée de deniers ne pourront être faites sur le général de la province, ni sur les villes et communautés en particulier, ni sur les habitants, en vertu d'aucuns édits bursaux, déclarations, jussions et autres provisions contraires à ses droits et libertés, quand même elles seroient faites sur le général du Royaume, mais seulement sur la demande qui en sera faite aux Etats au nom de Sa Majesté, de laquelle ils dépendent sans aucun milieu, et apres la délibération qui sera prise sur cette demande, pour la levée et le recouvrement en être faits en la manière accoutumée, sous l'autorité immédiate de Sa Majesté : Ordonner enfin, en conséquence, que la délibération prise par les Gens des Trois-Etats de ladite province, le 11 décembre dernier, pour accorder à Sa Majesté le troisième Vingtième et les autres sommes qu'Elle leur a fait demander par ses Commissaires, et l'arrêt de son Conseil du 2 Janvier 1760, sur l'abonnement du troisième Vingtième, seront exécutés selon leur forme et teneur ; auquel effet, l'arrêt qui interviendra sera imprimé, lû, publié et affiché partout où besoin sera, et enregistré au greffe des Etats et en celui des sieurs Commissaires de Sa Majesté, pour être exécuté dans tout ce qu'il contient, nonobstant oppositions et empêchements quelconques, dont si aucuns interviennent, Sa Majesté est supplié de se reserver la connoissance. Vû ladite requête : l'instruction de Sa Majesté à ses Commissaires aux Etats pour la demande du troisième Vingtième, et des autres sommes qui forment l'objet de la Subvention générale ; la délibération desdits Etats, du 11 décembre dernier, contenant leur consentement à la levée du troisième Vingtième ; et des susdites sommes, en la forme énoncée en ladite délibération ; l'arrêt du Conseil donné en conséquence le 2 janvier 1760, sur l'abonnement du troisième Vingtième ; la délibération des Etats du 6 décembre 1759, qui accorde le Don gratuit, avec les conditions sous lesquelles il est accordé ; et l'ordonnance des sieurs Commissaires de Sa Majesté pour accepter lesdites conditions ; la déliberation prise le 7 janvier 1760, sur l'octroi des sommes qui forment l'ancienne Taille ; l'arrêt du Conseil du 4 septembre 1631, et la délibération du 31 décembre 1759, qui charge les Députés desdits Etats à la Cour, de se retirer vers Sa Majesté pour le soutien et conservation de leurs anciens usages, droits, libertés et privilèges : Ouï le rapport, et tout considéré ; LE ROI ÉTANT EN SON CONSEIL, ayant égard à ladite requête, et voulant donner à ses fidèles sujets de sa province de Languedoc, de nouvelles marques de la satisfaction qu'Elle a de leur zèle pour son service, et leur faire ressentir les effets de sa bonté et de sa justice, a maintenu et gardé, maintient et garde en tant que de besoin, les Gens des Trois-Etats de lad. province, dans leurs usages, droits, libertés et privilèges. Fait Sa Majesté défenses de leur donner directement ni indirectement, aucun trouble dans l'exercice d'iceux, dont les Etats en corps, tous ceux qui les composent ou qui agissent en exécution de leur délibérations et de leurs ordres, sont comptables immédiatement à Sa Majesté, le tout à peine de nullité et cassation de tout ce qui pourroit être fait au contraire. Ordonne Sa Majesté qu'aucune imposition et levée de deniers ne pourront être faites sur le général de la province, ni sur les villes et communautés en particulier, ni sur les habitants, en vertu d'édits bursaux, déclarations, jussions et autres provisions contraires à ses droits et libertés, quand même elles seroient faites par le général du Royaume, mais seulement sur la demande qui en sera faite aux Etats au nom de Sa Majesté, de laquelle ils dépendent sans aucun milieu, et après la délibération qui sera prise sur cette demande, pour la levée et le recouvrement en être faits en la manière accoutumée, sous l'autorité immédiate de Sa Majesté : Ordonne en conséquence Sa Majesté, que la délibération prise par les Gens des Trois-Etats de ladite province, le 11 décembre dernier, pour lui accorder le Troisième Vingtième, et les autres sommes qu'Elle leur a fait demander par ses Commissaires, et l'arrêt de son Conseil du 2 Janvier 1760, sur l'abonnement du troisième Vingtième, seront exécutés selon leur forme et teneur. Et sera le présent arrêt imprimé, lu, publié et affiché par-tout ou besoin sera, et enregistré au Greffe des Etats, et en celui des sieurs Commissaires qui y président pour Sa Majesté, à l'effet d'être exécuté en tout le contenu en icelui, nonobstant oppositions et empêchements quelconques, desquels, si aucuns interviennent, Sa Majesté s'est réservé la connoissance : Et seront sur le présent arrêt toutes Lettres expédiées, Fait au Conseil d'Etat du Roi, Sa Majesté y étant, tenu à Versailles le vingt-un mars mil sept cens soixante.

Signé PHELYPEAUX.

LOUIS, par la grâce de Dieu, Roi de France et de Navarre : Au premier notre Huissier ou Sergent sur ce requis, Nous te mandons et commandons par ces présentes, signées de notre main, de signifier à tous qu'il appartiendra, l'arrêt ci-attaché sous le contre-scel de notre Chancellerie, cejourd'hui rendu en notre Conseil d'Etat, Nons y étant, sur la requête des Députés et Syndic général des Etats de notre province de Languedoc, à ce qu'aucun n'en ignore ; et de faire en outre pour son entière exécution, tous commandemens, sommations et autres actes et exploits nécessaires, sans autre permission : Car tel est notre plaisir. Donné à Versailles le vingt-unième jour de mars, l'an de grâce mil sept cens soixante, et de notre règne le quarante-cinquième. *Signé*, LOUIS : *Et plus bas;* Par le Roi, Phelypeaux. Et scellé.

EXTRAIT du Registre des Délibérations des Etats généraux de la Province de Languedoc, assemblés à Montpellier.

Du 6 décembre 1760.

Lecture faite de l'arrêt du Conseil du 21 mars 1760, les Etats ont délibéré que ledit arrêt sera enregistré en leur Greffe, et dans le procès verbal de leur séances, et envoyé par les Syndic généraux aux Syndics des Diocèses, à l'effet d'être lû et publié dans l'assemblée prochaine des assiettes, et enregistré en leur Greffe ; dequoi lesdits syndics des Diocèses seront tenus d'envoyer leurs certificats aux Syndics généraux dans un mois après la tenue desdites assiettes ; et qu'il sera pareillement envoyé par lesd. Syndics généraux, des exemplaires imprimés dud. arrêt et du présent enregistrement, ensemble de celui qui sera fait au Greffe de MM. les les Commissaires du Roi, aux Maires et Consuls des Villes principales, et autres qui ont droit d'entrer aux Etats, à l'effet d'être ledit arrêt publié en la forme ordinaire, et affiché aux lieux accoûtumés, et d'être pareillement inséré dans les registres des délibérations desdites Villes et Communautés; dequoi lesdits Maires et Consuls seront tenus d'envoyer le certificat aux Syndics généraux, dans un mois après la date de l'envoi dudit arrêt. *Signé* † DE LA ROCHEAYMON, Archevêque P. de Narbonne, Président : *Et plus bas;* Du Mandement de Nosseigneurs des Etats, Rome *signé.*

Les Commissaires députés par le Roi, et par l'Assemblée des Gens des Trois-Etats du pays de Languedoc.

Veu l'arrêt du Conseil ci-dessus, et l'enregistrement dudit arrêt fait par les Etats ce jourd'hui : lecture faite dudit arrêt; oüi et ce requerant le Syndic général de la Province ;

NOUS COMMISSAIRES, avons ordonné que ledit arrêt du Conseil du 21 mars 1760, sera enregistré en notre Greffe, et envoyé, à la diligence des Syndics généraux aux Syndics des Diocèses, à l'effet d'être lû et publié dans l'Assemblée prochaine des Assiettes, et enregistré en leurs Greffes : Enjoignons aux Commissaires principaux d'y tenir la main, et aux Syndics des Diocèses d'en certifier les Syndics généraux dans le mois après la tenue desdites Assiettes : Ordonnons pareillement qu'il sera envoyé, à la diligence desdits Syndics généraux, des exemplaires dudit arrêt et du présent enregistrement, ensemble de celui qui a été fait au greffe des Etats, aux Maires et Consuls des Villes principales, et autres qui ont droit d'entrer aux Etats, à l'effet d'être ledit arrêt publié en la forme ordinaire, et les exemplaires d'iceux affichés aux lieux et endroits accoutumés, et d'être pareillement enregistrés dans le registre des délibérations desdites Villes et Communautés ; dequoi lesdits Maires et Consuls seront tenus de certifier les Syndics généraux dans le mois après la date de l'envoi dudit arrêt. Fait à Montpellier le 6 décembre 1760. THOMOND. DE SAINT CASTEL. MAUPEL. † J. L. Evêque d'Alais. LEVIS MIREPOIX. GUERIN, Syndic du Diocèse d'Alby. NIEL, Maire de Sommières, *signés à l'original : Et plus bas;* Par Nosseigneurs, Pujol, *signé.*

L'AN mil sept cent soixante, et le neuvième jour du mois de décembre, nous Jean-Antoine Domergue, Huissier ordinaire en la Cour des Comptes, Aydes et Finances de Monpellier, y resident, sonssigné ; certifions nous être expressément rendus de ladite Ville en celle de Toulouse, où étant ce jourd'hui, à la requête de M. le Syndic général des Etats de Languedoc, j'ai intimé et signifié à Nosseigneurs tenant la Cour de Parlement de Toulouse, et à Monseigneur le Procureur général de la même Cour, l'arrêt rendu au Conseil d'Etat du Roi sur la requête des Députés et Syndic général desdits Etats, le 21 mars de cette année, lequel maintient et garde lesd. Etats dans leurs usages, droits, libertés et privilèges, ainsi qu'il est plus amplement porté par ledit arrêt, auxquels sont attachées des lettres expédiées au grand sceau le même jour, portant mandement au premier Huissier ou Sergent requis, pour la signification d'icelui; comme aussi, leur ai signifié autre arrêt du Conseil d'Etat rendu sur les représentations des mêmes Députés et Syndic général, le 25 octobre dernier, par lequel Sa Majesté casse et annulle les les arrêts du même Parlement des 24 mars et 7 mai de cette année, en ce qu'ils contiennent de contraire aux privilèges et usages de ladite province de Languedoc, et à l'arrêt dudit jour 21 mars dernier, confirmatif d'iceux, auquel arrêt sont aussi attachées des lettres du grand-sceau expédiées le même jour 25 octobre, à l'effet qu'il soit signifié par le premier Huissier ou Sergent requis; laquelle signification est faite, afin que lesdits arrêts ne puissent être ignorés, et qu'il ne soit rien ordonné ni entrepris de contraire à ce qui est porté par iceux; et ce, parlant à la personne du sieur Begué, Greffier, trouvé au Greffe de ladite Cour, et baillé copie desdits arrêts et lettres-patentes; et ce, parlant aussi à la personne du Suisse de Monseigneur le Procureur général de ladite Cour, trouvé dans l'Hôtel dudit Seigneur Procureur général, et baillé semblable copie. DOMERGUE *signé.* Contrôlé à Narbonne le 10 décembre 1760. reçu une livre. FERRIER *signé.*

ARREST DU CONSEIL D'ÉTAT DU ROY,

Qui casse deux arrest du Parlement de Toulouse des 24 Mars et 7 Mai 1760, et ce qu'ils contiennent de contraire aux Privilèges et Usages de la Province, et à l'Arrêt du Conseil du 21 Mars dernier, confirmatif d'iceux.

Du 25 Octobre 1760.

EXTRAIT DES REGISTRES DU CONSEIL D'ETAT.

Le Roi s'étant fait rendre compte, en son Conseil, des représentations faites à Sa Majesté par les Députés et le Syndic général des Etats de Languedoc, contre deux Arrets du Parlement de Toulouse des 24 Mars et 7 Mai derniers; par le premier desquels, en ordonnant l'enregistrement de l'Edit du mois de Février aussi dernier, portant établissement d'un troisième Vingtième et d'un doublement de Capitation, ladite Cour auroit dit qu'aucune nouvelle imposition ne pourra être établie, repartie ni levée dans le Languedoc, et dans toute l'étendue du ressort de ladite Cour, sans Edits, Déclarations ou Lettres-Patentes vérifiées ou registrés en icelle, et publiés en la forme ordinaire, en vertu d'Arrêts de lad. Cour, sans que rien puisse suppléer au défaut dud. enregistrement et de lad. publication; et par le second desd. Arrêts il est ordonné que l'Edit du mois d'Août 1758, les Lettres de jussion du 20 Mars dernier, la Déclaration du 27 du même mois, concernant les Dons gratuits extraordinaires à payer par les Villes et Bourgs du ressort du Parlement de Toulouse, et une autre Déclaration du même jour, confirmative de l'Abonnement desdits Dons gratuits, à l'égard du Languedoc, seront enregistrés, sans que ledit

Abonnement, en ce qu'il a été fait avant l'enregistrement dudit Edit, et sans que ledit enregistrement puisse tirer à conséquence pour l'avenir : Et Sa Majesté voulant expliquer ses intentions sur lesdites représentations ; LE ROI ÉTANT EN SON CONSEIL, a cassé et annulé, casse et annulle lesdits Arrêts du Parlement de Toulouse des 24 Mars et 7 Mai derniers, en ce qu'ils contiennent de contraire aux privilèges et usages de ladite Province de Languedoc, et à l'Arrêt du Conseil de Sa Majesté du 21 Mars dernier, confirmatif d'iceux . Et sera le présent Arrêt lû, publié et affiché par tout ou besoin sera, et exécuté, nonobstant oppositions ou empêchemens quelconques, dont si aucuns interviennent, Sa Majesté s'est réservée la connoissance. Fait au Conseil-d'Etat du Roi, Sa Majesté y étant, tenu à Versailles le vingt-cinquième Octobre mil sept cent soixante.

Signé PHELYPEAUX.

LOUIS, par la grâce de Dieu, Roi de France et de Navarre; Au premier notre Huissier ou Sergent sur ce requis; Nous te commandons par ces Présentes, signées de notre main, de signifier à tous ceux qu'il appartiendra, à ce qu'ils n'en ignorent, l'Arrêt ci-attaché sous le contre-scel de notre Chancellerie, ce jourd'hui donné en notre Conseil-d'Etat, Nous y étant, pour les causes y mentionnées; de ce faire te donnons pouvoir, commis-mission et mandement spécial ; et de faire en outre pour l'entière exécution dudit Arrêt, tous exploits, significations et autres actes de Justice que besoin sera, sans pour ce demander autre permission ; Car tel est notre plaisir. Donné à Versailles le vingt-cinquième jour d'Octobre, l'an de grâce mil sept cent soixante, et de notre Règne le quarante-sixième. *Signé* LOUIS : *Et plus bas* ; Par le Roi, PHELYPEAUX *signé.*

EXTRAIT du Registre des Délibérations des Etats généraux de la Province de Languedoc, assemblés à Montpellier.

Du 6 Décembre 1760.

LECTURE faite de l'Arrêt du Conseil du vingt-cinq Octobre mil sept cent soixante, les Etats ont délibéré que ledit Arrêt sera enregistré en leur Greffe, et dans le Procès-verbal de leurs Séances, et envoyé par les Syndics généraux aux Syndics des Diocèses, à l'effet d'être lû et publié dans l'Assemblée prochaine des Assiettes, et enregistré en leur Greffe ; dequoi lesdits Syndics des Diocèses seront tenus d'envoyer leurs Certificats aux Syndics généraux, dans un mois après la tenue desdites Assiettes ; et qu'il sera pareillement envoyé par lesdits Syndics généraux, des exemplaires imprimés dudit Arrêt et du présent Enregistrement, aux Maires et Consuls des Villes principales, et autres qui ont droit d'entrer aux Etats, à l'Effet d'être ledit Arrêt publié en la forme ordinaire, et affiché aux Lieux accoutumés, et d'être pareillement inserés dans les Registres des Délibérations desdites Villes et Communautés ; dequoi lesdits Maires et Consuls seront tenus d'envoyer leur Certificat aux Syndics généraux, dans un mois après la date de l'envoi dudit Arrêt. *Signé* † DE LA ROCHEAYMON,

Archevêque P. de Narbonne, Président des Etats : *Et plus bas; Du Mandement de Nosseigneurs des Etats,* Rome *signé.*

———

L'AN *mil sept cent soixante, et le neuvième jour du mois de décembre, nous Jean-Antoine Domergue, Huissier ordinaire en la Cour des Comptes, Aydes et Fnances de Montpellier, y résident, soussigné; certifions nous être expressément rendus de ladite Ville en celle de Toulouse, où étant ce jourd'hui, à la requête de M. le Syndic général des Etats de Languedoc, j'ai intimé et signifié à Nosseigneurs tenant la Cour de Parlement de Toulouse, et à Monseigneur le Procureur général de la même Cour, l'arrêt rendu au Conseil d'Etat du Roi sur la requête des Députés et Syndic général desdits Etats, le 21 mars de cette année, lequel maintient et garde lesd. Etats dans leurs usages, droits, libertés et privilèges, ainsi qu'il est plus amplement porté par ledit arrêt, auxquels sont attachée des lettres expédiées au grand sceau le même jour, portant mandement au premier Huissier ou Sergent requis, pour la signification d'icelui; comme aussi, leur ai signifié autre arrêt du Conseil d'Etat rendu sur les représentations des mêmes Députés et Syndic général, le 25 octobre dernier, par lequel Sa Majesté casse et annulle les arrêts du même Parlement des 24 mars et 7 mai de cette année, en ce qu'ils contiennent de contraire aux privilèges et usages de ladite province de Languedoc, et à l'arrêt dudit jour 21 mars dernier, confirmatif d'iceux, auquel arrêt sont aussi attachées des lettres du grand-sceau expédiées le même jour 25 octobre, à l'effet qu'il soit signifié par le premier Huissier ou Sergent requis; laquelle signification* est faite, afin que lesdits arrêts ne puissent être ignorés, et qu'il ne soit rien ordonné ni entrepris de contraire à ce qui est porté par iceux ; et ce, parlant à la personne du sieur Begué, Greffier, trouvé au Greffe de ladite Cour, et baillé copie desdits arrêts et lettres-patentes ; et ce, parlant aussi à la personne du Suisse de Monseigneur le Procureur général de ladite Cour, trouvé dans l'Hôtel dudit Seigneur Procureur général, et baillé semblable copie. DOMERGUE *signé*. Contrôlé à Narbonne le 10 décembre 1760. reçu une livre. FERRIER *signé*.

ARREST DU CONSEIL D'ÉTAT DU ROI,

Qui casse et annulle un Arrêt du Parlement de Toulouse du 17 Novembre de la présente année ; et fait défenses audit Parlement d'en rendre à l'avenir de semblables.

Du 15 Décembre 1760.

EXTRAIT DES REGISTRES DU CONSEIL D'ÉTAT.

LE ROI, s'étant fait rendre compte en son Conseil, d'un Arrêt rendu par le Parlement de Toulouse le 17 Novembre dernier, par lequel ladite Cour auroit ordonné que que ses Arrêts des 24 Mars et 7 Mai aussi derniers seroient exécutés ; ce faisant, qu'aucune nouvelle imposition ne pourra être établie, répartie ni levée dans le ressort de ladite Cour, qu'en vertu d'Édits, Déclarations ou Lettres-Patentes préalablement vérifiées en icelle ; avec défenses, tant aux Gens des Trois-États de Languedoc, qu'à tous autres, d'y contrevenir : Et les motifs qui ont déterminé Sa Majesté à casser lesdits Arrêts des

24 Mars et 7 Mai derniers, ne lui permettant pas de laisser subsister ledit Arrêt du 17 Novembre aussi dernier ; LE ROI ÉTANT EN SON CONSEIL, a cassé et annullé, casse et annulle ledit Arrêt du Parlement de Toulouse du 17 Novembre aussi dernier ; fait Sa Majesté défenses audit Parlement d'en rendre à l'avenir de semblables. Fait au Conseil d'État du Roi, Sa Majesté y étant, tenu à Versailles le treize Décembre mil sept cent soixante.

Signé, PHELYPEAUX.

EXTRAIT du Registre des délibérations des États généraux de la Province de Languedoc, assemblés à Montpellier.

Du 18 Décembre 1760.

Lecture faite de l'Arrêt du Conseil du 13 du présent mois de Décembre, les États ont délibéré que ledit Arrêt sera enregistré en leur Greffe, et dans le Procès verbal de leurs Séances, et envoyé par les Syndics généraux aux Syndics des Diocèses, à l'effet d'être lu et publié dans l'Assemblée prochaine des Assiettes, et enregistré en leur Greffe ; dequoi lesdits Syndics des Diocèses seront tenus d'envoyer leurs certificats aux Syndics généraux, dans un mois après la tenue desdites Assiettes ; et qu'il sera pareillement envoyé par lesdits Syndics généraux, des exemplaires imprimés dudit Arrêt et du présent enregistrement, aux Maires et Consuls des Villes principales, et autres qui ont droit d'entrer aux États, à l'effet d'être inséré dans les Registres des Délibérations desdites Villes et Communautés ; dequoi lesdits Maires et Consuls seront tenus d'envoyer le Certificat aux Syndics généraux, dans un mois après la date de l'envoi dudit Arrêt. *Signé* † DE LA ROCHEAYMON, Archevêque P. de Narbonne, Président des États : *Et plus bas;* Du Mandement de Nosseigneurs des États, Rome *signé.*

Après quoy le *Te Deum* a été récité et la bénédiction a été donnée par Mgr le Président.

Fait, clos et arrêté à Mende, le six avril mil sept cents soixante-un.

Signé : † G. Flor., évêque de Mende.

1762

MM. les commissaires de l'assiette. — Places occupées dans l'assemblée. — Lecture des commissions contenant les sommes à imposer. — Prestation du serment. — Vote des sommes demandées. — Différent entre le Maire et le 1er consul de Florac au sujet de l'entrée à l'assemblée des États. — Désignation de plusieurs membres pour examiner cette contestation. — Une lettre doit accompagner les procurations des députés. — Confirmation des officiers du diocèse. — Débets et reliquats des comptes des collecteurs. — Indemnité pour dommages causés aux récoltes. — Abonnement du doublement de la capitation. — Réquisition contre les collecteurs qui négligent de croiser les cotes des contribuables dans les rôles des impositions et moyens proposés pour prévenir et remédier à cet abus. — Rapport de MM. les commissaires nommés par les États au sujet de la contesta-

tion entre le Maire et le consul de Florac. — Arrêts du Conseil concernant les privilèges de la province. — Clôture des États.

L'an mil sept cens soixante-deux et le lundy cinquième jour du mois d'avril. Les gens des Trois Etats du pays de Gévaudan, convoqués par ordre du Roy en la ville de Marvejols sont venus à la salle de l'hôtel de M. le comte de Peyre, ou loge Mre Jean Valentin, prêtre, licencié ez droits, vicaire général de Mgr l'évêque de Mende, Président des Etats et assiette du pays, qui les attendoit, étant accompagné de MM. les commissaires ordinaires ; et, tous ensemble sont allés à l'église collégiale de N.-D. de la Carce de la ville de Marvejols, pour y entendre la messe du Saint Esprit. Après laquelle s'étant rendus dans la salle de l'auditoire des Cours du bailliage du Gévaudan et royale ordinaire dudit Marvejols, ils ont pris chacun leur place, scavoir : M le Président sur un fauteuil, placé sur une stalle élevée au dessous d'un dais, et, sur la gauche de cette stalle, à la tête du banc, M. de Rachas, lieutenant du maire du Puy, commissaire principal desdits Etats et assiette, absent ; Mr Me Joseph Dallo, juge, lieutenant général au baillage de Gévaudan, pour M. le baillif, en tour, pour le Roy, la présente année, commissaire ordinaire desdits Etats et assiette ; Mre Claude-Gabriel-Amédée de Rochefort d'Aly, comte de Saint-Point et de Montferrand, baron de Cénaret, commis des des nobles dudit pays, commissaire ordinaire desdits Etats et assiette, absent, Mr Me Jean-Baptiste Thouzellier ; ancien officier de marine et 1er consul de la ville de Mende ; Me Noé Cairoche et sieur Durand Nivolier, 2e et 3e consuls de ladite ville, l'année dernière, et Mre Pierre de Michel Du Roc, marquis de Brion et autres places, maire de la ville de Marvejols, commissaires ordinaires desdits Etatz et assiette, sur un banc placé au milieu du parterre ; MM. les eclésiastiques, sur un banc à la droite de M. le Président, chacun suivant son rang ; et, sur le banc dudit sieur baillif, MM. les barons et gentilshommes de ce diocèse, ou leurs députés, aussy suivant leur rang ; et les sieurs consuls et députés des autres villes et communautés dudit pays, qui on entrée et voix délibérative auxdits Etats, assis sur le bas banc.

M. Dallo, juge, lieutenant général au bailliage de Gévaudan, pour M. le baillif, ayant en main les commissions de nosseigneurs les commissaires, qui ont présidé pour le Roy à l'assemblée des Etats généraux de la Province, tenus à Montpellier le 1er décembre 1761, a dit que nosdits seigneurs ordonnent, par leurs dites commissions, à M. le baillif du Gévaudan, étant en tour, ou son lieutenant, aux consuls de Mende et à un de Marvejols, commissaires ordinaires comme luy, de procéder au departement des deniers y contenus, ainsi qu'il a été consenti et résolu auxdits Etats, lesquels Sa Majesté veut être imposez, la présente année, pour le soutient de l'Etat et pour fournir aux autres dépenses qui se fairont dans le royaume, aussi bien que pour les appointements de son altesse sérénissime Mgr le comte d'Eu, gouverneur de la province, entretenement de ses gardes, et de MM. les lieutenants généraux dans ladite province, dettes et affaires de la province et de ce diocèse, et département des gratifications ordinaires et extraordinaires, contenues au billet, sur ce signé ; ensemble l'arrêt de validation du Conseil d'Etat de Sa Majesté, pour être payés aux premiers jours d'avril, juillet et octobre prochain ; et a remis les commissions au greffier pour en faire la lecture.

Et à l'instant, lecture a été faite desdites commissions ensemble des instructions et autres actes y attachés, contenant entr'autres choses permission d'imposer pour les vaccations et journées des consuls de Mende, de Maruejols et du sindic du diocèze, députez aux Etats généraux de la province. La lecture ayant été finie, ledit sieur lieutenant général au bailliage de Gévaudan, pour M. le baillif, en tour, est sorti de l'assemblée.

M. le Président a fait appeler les gens des Trois Etats du pays de Gévaudan, et ayant fait remettre, au greffier du diocèse, les procurations des députés auxdits Etats, il en a fait la lecture.

L'assemblée ayant été réglée, chacun ayant pris sa place, le serment en tel cas requis et accoutumé ayant été prêté, sçavoir : par MM. de l'église la main mise sur la poitrine, et par MM. de la noblesse et députés du Tiers Etat, la main levée à Dieu, et tous ensemble ont promis à M. le Président, moyennant leur serment, de ne rien faire, en cette assemblée, contre l'honneur de Dieu ny contre le service du Roy.

Ensuite a été unanimement résolu que les sommes contenues aux commissions de nosseigneurs les commissaires présidant, pour le Roy, aux Etats généraux de la province tenus à Montpellier, le 1er décembre 1761, seront imposées, la présente année, sur les contribuables aux tailles du pays de Gévaudan, et les Etats ont donné pouvoir à MM. les commissaires de l'assiette, qui s'assembleront demain, d'en faire le departement.

Le sindic du pays a dit qu'il s'est élevé une contestation entre le sieur Meynier de Cavaladette, maire de Florac et le sieur Turc, 1er consul de la même ville, porteur de la procuration de la communauté, au sujet de l'entrée à la présente assemblée; que suivant l'usage il doit être nommé des commissaires pour examiner cette contestation pour que, sur le rapport qui en sera fait à l'assemblée, elle prenne telle délibération qu'il appartiendra. Sur quoy, M. le Président a nommé M. le député du Chapitre de Mende, M. de Servières et les consu's de Mende et de Marvejols, pour examiner la dite contestation.

Comme il est d'usage dans la province, que MM. de l'église et MM. les barons, qui ne peuvent asssiter aux Etats de Languedoc, envoyent, outre leurs procurations, une lettre, adressée à M. le Président, pour toute l'assemblée, contenant les raisons pour lesquelles ils ne peuvent pas venir ; que cet usage a toujours été observé dans ce pays pour soutenir la dignité de M. le Président et de toute l'assemblée, et que néantmoins quelques-uns ont obmis d'écrire lesdites lettres; a été délibéré que les procurations, tant de MM. de l'église que de MM. les barons et gentilshommes de ce diocèse, seront refusées à l'avenir, si elles ne sont accompagnées d'une lettre pour M. le Président, qui contienne les raisons pour lesquelles ils ne peuvent pas assister en personne, et que le greffier du diocèse couchera la présente délibération dans les lettres d'avis pour la convocation des Etats prochains.

M. le Président a dit que, suivant l'usage et instructions de nos seigneurs les commissaires, présidant pour le Roy aux Etats généraux de la province, cette assemblée est en droit de faire procéder à la confirmation ou nouvelle élection des officiers du diocèse. Sur quoy, le sieur Lafont, sindic et de Lhermet, greffier du diocèse, étant sortis de l'assemblée, a été délibéré, d'une voix unanime, de confirmer le sieur Lafont dans sa charge de sindic et le sieur de Lhermet dans la charge de greffier.

Après quoy, les Etats ayant fait appeler lesdits sieurs Lafont et de Lhermet, lecture leur a été faite de la présente délibération, et M. le Président leur a fait prêter le serment, la main levée à Dieu, de remplir les devoirs de leur charge ; ce qu'ils ont promis et juré de faire.

Le sindic du pays a dit qu'il a été rendu deux jugements par nosseigneurs les commissaires du Roy et des Etats en date des 14 et 28 novembre 1761, dont l'un ordonna, en faveur des collecteurs de plusieurs communautez du diocèse, de l'année 1760, l'imposition des sommes dont ils ont été déclarés créanciers par la clôture de leurs comptes, lesquelles reviennent en total à celle de 140 livres 14 sols 11 deniers; et l'autre veut qu'il soit fait un moins imposé dans plusieurs communautés des reliquats des comptes de leurs collecteurs, de la même année 1760, qui se portent en total à la somme de 1,809 livres 5 sols 1 denier et conformément aux dits jugements, ledit sieur sindic a requis l'assemblée de délibérer qu'il sera fait mention de ces debets et de ces reliquats dans les mandes de la taille de cette année, et qu'il y sera marqué, par un article particulier, la somme que chaque communauté doit imposer ou moins imposer à ce sujet, chacune comme la concerne. Ce qui a été unanimement délibéré conformément à la réquisition dudit sieur sindic.

Ledit sieur sindic a dit encore que M. l'Intendant a compris ce diocèse pour une somme de 3,738 livres 14 sols dans la répartition qu'il a faite de l'indemnité accordée par Sa Majesté pour les dommages causés aux récoltes de l'année dernière 1761 ; que MM. les commissaires du diocèse ont procédé à la répartition de cette somme sur les communautéz endommagées ; que l'état qu'ils en ont arrêté a été adressé à M. l'Intendant, pour être authorizé ; et, ledit sieur sindic, a requis l'assemblée de délibérer qu'il sera fait mention, par un article particulier de la mande de la taille de chacune des communautés, de la somme pour laquelle elle a été comprise dans la répartition, à l'effet d'être employée en moins imposé. Ce quy a été unanimement délibéré, conformément à la réquisition dudit sieur sindic.

Ledit sieur sindic a dit aussy que Sa Majesté a demandé à nosseigneurs des Etats, à leur dernière assemblée, la prorogation pour deux années du doublement de la capitation sur les cotes de 24 livres et au-dessus, et en a conclu avec eux l'abonnement sur le même pied qu'il le fut pour les années 1760 et 1761, c'est-à-dire à raison de 4,000 livres par an ; qu'en conséquence les Etats ont emprunté cette somme pour la présente année, et que les intérêts doivent en être imposés, cette année, par addition à ceux qui l'ont été dèz l'année dernière, pour le prix de l'abonnement fait pour 1760 et pour 1761 ; que les Etats ont réparty, sur chaque diocèse de la province, le montant de ces intérêts, et que, suivant cette répartition, le contingent de ce diocèse se porte à la somme de 815 livres 5 sols 4 deniers.

Sur quoy, ledit sieur sindic a proposé à l'assemblée de délibérer de renvoyer à MM. les commissaires de l'assiette chargés annuellement de la répartition de la capitation, le soin de procéder à celle du contingent de ce diocèse pour le nouvel abonnement de la prorogation du doublement de la capitation sur les cotes de 24 livres et au-dessus de la manière la plus conforme aux délibérations et aux intentions de nosseigneurs des Etats ; ce qui a été unanimement débéré, conformément à la réquisition dudit sieur sindic.

Ledit sieur sindic a dit encore que MM. les commissaires du diocèse ont reçcu plusieurs plaintes au sujet du défaut d'exactitude de certains collecteurs qui négligent d'écrire sur les rôles des impositions les payements qui leur sont faits par les contribuables, et de croiser leurs cotes lorsquelles ont été entièrement acquittées, quoyque les règlements leur en fassent une étroite obligation, et qu'en y contrevenant ils encourent la peine de faux ; que cette négligence de leur part donne lieu à des exécutions de la part des héritiers de ces collecteurs, lesquels trouvant sur les rôles des impositions des cotes non croisées, croyent qu'elles n'ont point été acquittées et en demandent le payement, quoiqu'il ait été déjà fait ; que certains contribuables contre qui l'on a formé de pareilles demandes, parce que leurs cotes n'étoient point croisées et qu'il n'y avoit aucun payement de couché, ont cependant rapporté des quittances des collecteurs, par lesquelles ils ont justifié s'être entièrement libéré avec eux ; que d'autres qui n'avoient pas eu la précaution d'exiger des quittances, ou qui peut être les avoient égarées, ont été obligés de payer une seconde fois, ayant été hors d'état de prouver qu'ils l'eussent fait une première, parce que le temps qui s'étoit écoulé depuis le payement, leur en avoit ôté les moyens ; que dans certaines communautéz il y a eu des demandes formées contre nombre de particuliers vingt neuf ans après la collecte ; ce qui y a causé bien du trouble; qu'il est d'autant plus important d'arrêter les progrès de pareils abus qu'ils peuvent aisément se multiplier par la négligence des collecteurs et l'état des contribuables qui dans ce pays sont pour la pluspart des gens de la campagne, grossiers et illettrés, et qui n'ont pas la précaution de faire croiser leurs cotes n'y d'exiger des quittances des collecteurs, lorsqu'ils leur payent leurs impositions ; que d'un autre côté il peut y avoir aussy de redevables qui sont depuis longues années en retard avec les collecteurs et qui, abusant de la tolérance que ceux-cy ont eue pour eux, prétendent les avoir payées et se plaignent mal à propos que leurs cotes n'ont pas été croisées ; que pour remédier à ce double inconvénient, l'on pourroit se pourvoir à la Cour des Aides pour tâcher d'y obtenir un arrest de règlement qui, en conservant aux collecteurs tous leurs droits par rapport aux articles des rôles qui n'auront point été acquittés, pourvût en même temps à la sûreté des contribuables et prévint toutes les demandes injustes qu'on pourroit leur faire, pour des cotes qui auront été payées et que les collecteurs n'auront point croisées ou dont ils n'auront point délivré des quittances ; qu'il semble qu'on remplira ce double objet en faisant ordonner que les collecteurs à l'avenir seront tenus de remettre, deux ans après que leur collecte aura pris fin, aux maires et consuls de leur communauté, un état en trois originaux des sommes qui leur restent dues par les contribuables ; lequel état sera lu, vérifié et arrêté dans un Conseil général de la communauté, qui sera convoqué à ce sujet, et indiqué huit jours à l'avance. Après quoy, l'un des trois originaux sera déposé au greffe consulaire ; le second sera remis au greffe du diocèse, et le troisième restera au pouvoir des collecteurs, qui pourront se faire payer par les voyes de droit, et pendant tout le temps qui leur est accordé par les règlements, des sommes qui leur resteront dues et qui auront été ainsi liquidées ; et que, faute par eux de satisfaire à ladite remise dans ledit délay, toutes les cotes des impositions seront censées acquittées et eux entièrement payés du montant des rôles, sans pouvoir être reçeus à faire aucune demande à ce sujet ; et qu'à l'égard des collecteurs, antérieurs à l'année 1760, à qui il peut être encore deu sur le rôle des impositions dont ils ont fait le recouvrement, ils seront tenus, sous les mêmes peines, de remettre et faire arrêter un semblable état et en la même forme, dans l'année à compter du jour de la publication et affiche de l'arrest qui interviendra ; qu'il semble que par cet arrangement l'on pourvoira tout à la fois à l'intérest des collecteurs et à celuy des contribuables ; que sy l'assemblée l'approuve elle doit donner pouvoir audit sieur sindic de se pourvoir à la Cour des Aides pour y obtenir un arrest de règlement, conforme au projet qu'il vient de présenter.

Sur quoy, l'assemblée a unanimement délibéré de charger ledit sieur sindic de poursuivre, en la souveraine Cour des Comptes, Aides et Finances, un arrest de règlement quy ordonne que les collecteurs à l'avenir seront tenus de remettre, deux ans après que leur collecte aura pris fin, aux maire et consuls de leur communauté, un état, en trois originaux, des sommes qui leur restent dues par les contribuables. Lequel état sera lu, vérifié et arrêté dans un Conseil général qui sera convoqué à ce sujet et indiqué huit jours à l'avance. Après quoy, l'un desdits originaux sera déposé au greffe consulaire ; le second sera remis au greffe du diocèse, et le troisième restera au pouvoir des collecteurs qui pourront se faire payer, par les voyes de droit, et pendant tout le temps qui leur est accordé par les règlements, des sommes qui leur resteront dues et quy auront été ainsy liquidées ; et que, faute par eux de satisfaire à ladite remise dans ledit délay, toutes les cotes des impositions seront censées acquittées et eux entièrement payés du montant des rôles, sans pouvoir être reçeus à faire aucune demande à ce sujet ; et, qu'à l'égard des collecteurs antérieurs à 1760, à quy il peut être encore deu sur les rôles des impositions dont ils ont fait le recouvrement, ils seront tenus, sous les mêmes peines, de remettre et faire arrêter un semblable état, et en la même forme, dans l'année, à compter du jour de la publication et affiche de l'arrest quy interviendra.

De relevée.

Ledit sieur sindic a dit que MM. les commissaires qui ont été nommés pour examiner la contestation survenue au sujet de l'entrée de la ville de Florac, entre le sieur Meynier de Cavaladette, maire de cette ville, et le sieur Turc, porteur de la procuration de la communauté, se sont assemblés, qu'ils ont fait appeler le sieur Meynier de Cavaladette et le sieur Turc, et les ont entendus sur les moyens qu'ils opposent pour se donner l'exclusion l'un à l'autre ; que le sieur Turc a représenté que le sieur Meynier de Cavaladette n'est pourvu que de la mairie ancienne mi-trienale de la ville de Florac ; que la mairie alternative mi-trienale a été réunie à la communauté en conséquence de l'arrest du Conseil du 28 octobre 1755 ; que depuis cette réunion ledit sieur Meynier de Cavaladette n'a pas laissé que d'exercer les fonctions des deux mairies ; que la communauté ni le premier consul, qui est le premier officier électif, ne s'y sont point opposés, ignorant leur droit, jusques à la fin de l'année dernière ; qu'en ayant été instruit, le consul de ville a pris une délibération par laquelle on a continué le sieur Turc, en sa qualité de premier consul, et on l'a nommé pour exercer les fonctions et jouir des droits, honneurs et prérogatives attachés à l'office de maire, réuni à la communauté de Florac ; que la communauté a, en vertu de cette réunion, le droit de députer la présente année, à l'assemblée des Etats du pays, le sieur Meynier de Cavaladette, étant entré à ceux de l'année dernière ; qu'en conséquence, faisant usage de son droit, elle l'a députéet luy a remis sa procuration ; que cette procuration doit être admise et qu'il doit être reçeu à l'assemblée, à l'exclusion du sieur Meynier de Cavaladette. Le sieur Meynier de Cavaladette a répondu qu'il s'est opposé à l'exécution de la délibération du 27 décembre dernier et qu'il réitère, en tant que de besoin son opposition ; que l'élection consulaire portée par cette délibération n'a pas été faite dans le temps où l'on a coutume d'y procéder, quy est le 23 novembre, jour de Saint-Clément ; qu'ayant voulu luy-même ce jour là assembler la communauté pour l'élection, et en ayant fait avertir le sieur Turc, 1er consul, celuy-ci affecta de s'absenter, et il n'y eut que deux ou trois conseillers politiques qui se rendirent chez luy et qui, à cause de leur petit nombre et de l'absence du 1er consul, proposèrent de renvoyer l'élection à un autre jour ; que d'ailleurs, quand même l'élection auroit été faite dans les règles, le 1er consul ne peut l'empêcher de faire cette année les fonctions de maire, parce que ce n'est point la mairie alternative réunie à la communauté qui est en tour d'exercice, mais bien la mairie ancienne dont il ést pourvu ; que ces provisions furent expédiées le 3 mars 1760, et qu'il fut reçeu et installé le 29 du même mois par les officiers du Bailliage du Gévaudan, à qui ces provisions étoient adressées ; qu'elles furent encore enregistrées deux jours après au greffe consulaire de la communauté de Florac, qu'il entra alors en exercice et qu'il y feut et deut y être pendant un an, expiré au mois de mars de l'année dernière 1761 ; qu'à la vérité il a continué à faire les fonctions de maire pendant le cours de l'année dernière jusques-là, qu'il entra pour la communauté de Florac aux Etats du pays, tenus à Mende le 6 avril 1761 ; mais qu'il ne fit que parce qu'il y étoit authorisé par le consentement du 1er consul et de la communauté qui, jusques au mois de décembre dernier, ne s'y étoient point opposés ; que celuy qui est pourvu d'un des deux offices de maire doit en faire les fonctions de deux en deux ans ; qu'étant entré en fonction à la fin du mois de mars 1760, son tour a fini à la fin du mois de mars 1761 et est revenu à la fin du mois de mars 1762 ; qu'il se trouve depuis cette époque en exercice et qu'il doit entrer pour la communauté de Florac, à l'exclusion du sieur Turc. Le sieur Turc a repliqué au sieur Meynier de Cavaladette qu'ayant prorogé son exercice à une année de plus qu'il ne devoit le faire, il a perdu son tour pour celle-cy et que la dernière doit lui en tenir lieu, attendu que s'il en étoit autrement, il seroit en exercice pendant deux ans ; ce qui ne se peut pas, dès lors qu'il n'a pas les deux mairies. Cette raison a paru décisive à MM. les commissaires ; ils ont cru que le sieur Meynier de Cavaladette ayant exercé les fonctions de maire l'année dernière et ayant été alors reçeu à cette assemblée, il ne devoit pas l'être la présente année, n'étant pas possible qu'un titulaire, pourvu d'un seul office de maire, soit en exercice pendant deux années consécutives ; en conséquence, ils ont été d'avis de vous proposer de recevoir le sieur Turc en qualité de député de la communauté de Florac ; d'ailleurs MM. les commissaires n'ont pas cru devoir entrer dans l'examen des raisons alléguées par le sieur Meynier de Cavaladette contre la délibération du 27 décembre dernier ; il leur a paru qu'il suffisoit que le sieur Turc fut député par une procuration de la communauté, pour qu'il dut être reçeu en cette qualité à cette assemblée.

Sur quoy, les voix ayant été appelées, il a été unanimement délibéré que le sieur Turc sera reçeu à l'assemblée, et M. le Président l'ayant fait appeler, lecture a été faite de sa procuration, il a ensuite prêté le serment et pris rang et séance.

Ledit sieur sindic a dit encore que M. de Joubert, sindic général de la province, luy a envoyé deux arrêts du Conseil, des 50 may et 2ᵉ octobre derniers, rendus de mouvement, et qu'il luy marque par sa lettre qu'il lui a écrite à ce sujet, en date du 4 du mois passé, qu'il doit en donner connoissance à la présente assemblée ; que ces arrêts doivent être publiés et enregistrés conformément aux intentions des Etats, et que ledit sieur sindic doit lui en envoyer son certificat.

Sur quoy, M. le Président a ordonné qu'il feut fait lecture desdits arrêts du 50 may et 2ᵉ octobre. Laquelle lecture ayant été faite ainsy que des délibérations de nosseigneurs des Etats généraux portant leur enregistrement, en date du 21ᵉ novembre dernier, et de l'ordonnance de nosseigneurs les commissaires du Roy et des Etats, du même jour, l'assemblée a unanimement délibéré, en exécution desdites délibérations et ordonnances, que lesdits deux arrêts des 30 may et 2ᵉ octobre 1761, ensemble lesdites délibérations et ordonnances, seront enregistrées à son greffe et au procès-verbal de la présente séance.

ARREST DU CONSEIL D'ÉTAT DU ROI,

Qui casse l'arrêt du parlement de Toulouse du 17 janvier 1761, en ce qu'il contient de contraire aux privilèges de la province de Languedoc, à l'arrêt du Conseil du 21 mars, confirmatif d'iceux, et aux arrêts du Conseil des 25 octobre et 13 décembre 1760 ; et fait itératives défenses audit Parlement d'en rendre à l'avenir de semblables, et aux baillifs, sénéchaux et autres juges ressortissant nûement audit Parlement, d'y avoir aucun égard, à peine d'interdiction.

Du 30 mai 1761.

EXTRAIT DES REGISTRES DU CONSEIL D'ÉTAT.

Veu par le Roi, étant en son Conseil, l'arrêt rendu en icelui le 21 mars 1760, par lequel Sa Majesté a maintenu et gardé les gens des trois Etats de la province de Languedoc, dans leurs usages, droits, libertés et privilèges, notamment sur le fait des levées de deniers, lesquelles ne peuvent être faites sur le général de la province, ni sur les villes et communautés en particulier, ni sur les habitants, en vertu d'aucuns édits bursaux, déclarations, jussions, et autres provisions contraires auxdits droits et libertés, quand même elles seroient faites sur le général du royaume, mais seulement sur la demande qui en est faite aux Etats au nom de Sa Majesté, de laquelle ils dépendent sans aucun milieu, et après la délibération qui doit être prise sur cette demande, pour la levée et le recouvrement en être faits en la manière accoutumée, sous l'autorité immédiate de Sa Majesté. Autre arrêt du 25 octobre suivant, portant cassation de ceux rendus par le Parlement de Toulouse les 24 mars et 7 mai de la même année, au sujet de l'enregistrement de l'édit du mois de février, concernant l'établissement d'un troisième vingtième et d'un doublement de capitation, et de l'édit du mois d'Août 1758, concernant les dons-gratuits extraordinaires à payer par les villes et bourgs du royaume, en ce que lesd. arrêts d'enregistrement contenoient de contraire aux privilèges et usages de ladite province, de Languedoc, et audit arrêt du Conseil du 24 mars 1760, confirmatif d'iceux. Autre arrêt rendu du propre mouvement de Sa Majesté le 15 décembre de la même année, par lequel Elle auroit cassé et annullé un arrêt du Parlement de Toulouse le 17 novembre précédent, qui ordonne l'exécution de ceux des 24 mars et 7 mai, cassés par le susdit arrêt du Conseil du 25 octobre, avec défenses audit Parlement d'en rendre à l'avenir de semblables. Autre arrêt rendu par ledit Parlement le 17 janvier 1761, qui, nonobstant les précédents arrêts du Conseil, et sous le bon plaisir de Sa Majesté, contient les mêmes dispositions que ceux dont la cassation a été prononcée, et en ordonne l'exécution : et Sa Majesté voulant réprimer une entreprise aussi contraire à ses intentions, et faire pleinement jouir les Etats de Languedoc, des droits, libertés, usages et privilèges dans lesquels elle les a maintenus et gardés par lesdits arrêts des 21 mars, 25 octobre, et 13 décembre 1760, et en assurer la pleine et entière satisfaction ; LE ROI ÉTANT EN SON CONSEIL, a cassé et annullé, casse et annulle ledit arrêt du parlement de Toulouse du 17 janvier 1761, en ce qu'il contient de contraire aux privilèges de ladite province de Languedoc, à l'arrêt du Conseil de Sa Majesté du 21 mars, confirmatif d'iceux, et aux arrêts du Conseil des 25 octobre et 13 décembre 1760. Fait Sa Majesté itératives défenses audit Parlement, d'en rendre à l'avenir de semblables, et aux baillifs, sénéchaux, et autres juges ressortissant nuement audit Parlement, d'y avoir égard, à peine d'interdiction. Ordonne en outre Sa Majesté, que ledit arrêt sera registré au greffe des Etats, à celui des sieurs commissaires de Sa Majesté, et inséré dans les registres des délibérations de toutes les communautés de ladite province, à la diligence des syndics généraux d'icelle, lû, publié et affiché par tout où besoin sera, afin que personne n'en ignore. Fait au Conseil-d'Etat du Roi, Sa Majesté y étant, tenu à Marly le trentième mai mil sept cens soixante-un.

Signé, PHELYPEAUX.

L'AN mil sept cens soixante-un, le dix-neuvième juin, le présent arrêt du Conseil-d'État du Roi, rendu du propre mouvement de Sa Majesté, a été signifié, et d'icelui laissé copie aux fins des défenses y portées, à Messieurs de la Cour du parlement de Toulouse, en la personne de Monsieur Morel, greffier en chef de ladite Cour, demeurant à Toulouse, rue du Temple, absent de ladite ville, et en parlant, à cause de ladite absence, à Me Begué, greffier de ladite Cour, de même à Toulouse, rue de la Tonne ;

lequel sieur Begué nous avons envoyé chercher pour le charger de la présente signification que nous lui avons remise, et à M. de Riquet de Bonrepos, procureur général dudit Parlement de Toulouse, en son hôtel, rue Velanne, en parlant à sa personne, à ce qu'il n'en soit ignoré, par nous huissier ordinaire du Roi en tous ses Conseils, soussigné, qui nous sommes à cet effet exprès transporté de Paris en ladite ville de Toulouse. Signé, COIBET.

EXTRAIT du registre des délibérations des Etats généraux de la province de Languedoc, assemblés à Montpellier.

Du 21 novembre 1761.

LECTURE faite de l'arrêt du Conseil ci-dessus : Les Etats ont délibéré qu'il sera enregistré dans leur greffe, et dans le procès-verbal de leurs séances, comme étant un nouveau titre qui les maintient dans leurs anciens usages, droits, libertés et privilèges, suivant lesquels aucune imposition et levée de deniers ne pourront être faites sur le général de la province, ni sur les villes et communautés en particulier, ni sur les habitans, en vertu d'aucuns édits bursaux, déclarations, jussions, et autres provisions contraires à ses droits et libertés, quand même elles seroient faites sur le général du royaume, mais seulement sur la demande qui en sera faite aux Etats au nom de Sa Majesté, de laquelle ils dépendent sans aucun milieu, et après la délibération qui sera prise sur cette demande, pour la levée et le recouvrement en être faits en la manière accoûtumée, sous l'autorité immédiate de Sa Majesté ; le tout conformément à l'arrêt de son Conseil du 24 mars 1760, et autres arrêts subséquens des 25 octobre et 15 décembre 1760, et à celui ci-dessus, qui ont cassé les arrêts du Parlement de Toulouse des 24 mars, 7 mai, 17 novembre 1760, et 17 janvier 1761, en ce qu'ils contenoient de contraire à l'arrêt du Conseil du 21 mars 1760, et autres arrêts qui en ordonnent l'exécution. Enjoignent lesdits Etats aux syndics généraux, d'envoyer ledit arrêt avec le présent enregistrement, aux syndics des diocèses, à l'effet d'être lû et publié dans l'assemblée prochaine des assiettes, et enregistré dans leurs greffes ; dequoi lesdits syndics des diocèses seront tenus d'envoyer leurs certificats aux syndics généraux, dans un mois après la tenue desdites assiettes. Leur enjoignant pareillement d'envoyer des exemplaires imprimés dudit arrêt et du présent enregistrement, aux maires et consuls des villes principales, et autres qui ont droit d'entrer aux Etats, à l'effet d'être ledit arrêt publié en la forme ordinaire, et affiché aux lieux accoûtumés, et d'être pareillement inséré dans les registres des délibérations desdites villes et communautés ; dequoi lesdits maires et consuls seront tenus d'envoyer leurs certificats aux syndics généraux, dans un mois après la date dudit envoi. *Signé* DE LA ROCHE-AYMON, archevêque primat de Narbonne, président des Etats : *Et plus bas ;* du mandement de nosseigneurs des Etats, CARRIÈRE *signé.*

Les commissaires députés par le Roi et par l'assemblée des gens des Trois-Etats du païs de Languedoc.

VEU l'arrêt du Conseil d'Etat ci-dessus, et l'enregistrement dudit arrêt, fait par les Etats cejourd'hui ; lecture faite dudit arrêt, oui et réquetant le syndic général de la province :

NOUS COMMISSAIRES, avons ordonné que led. arrêt du Conseil du 30 mai 1761, sera registré en notre greffe, et envoyé, à la diligence des syndics généraux, aux syndics des diocèses, à l'effet d'être lû et publié dans l'assemblée prochaine des assiettes, et enregistré en leurs greffes. Enjoignons aux commissaires principaux d'y tenir la main, et aux syndics des diocèses en certifier les syndics généraux dans le mois après la tenue desdites assiettes. Ordonnons pareillement qu'il sera envoyé, à la diligence desdits syndics généraux, des exemplaires dudit arrêt et du présent enregistrement, ensemble, de celui qui a été fait au greffe des Etats, aux maires et consuls des villes principales, et autres qui ont droit d'entrer aux Etats, à l'effet d'être ledit arrêt publié en la forme ordinaire, et les exemplaires d'iceux affichés aux lieux et endroits accoûtumés, et d'être pareillement enregistré dans les registres des délibérations desdites villes et communautés ; dequoi lesdits maires et consuls seront tenus de certifier lesdits syndics généraux, dans le mois après la date de l'envoi dudit arrêt. Fait à Montpellier au bureau de la Commission, pendant la tenue des Etats, le vingt-unième novembre mil sept cens soixante-un. *Signés,*

LE DUC DE FITZ-JAMES.

DE SAINT PRIEST. † L'ÉVÊQUE DE COMMENGE.
GUY DE VILLENEUVE. ROQUELAURE, BARON DE LANTA.
MAGNOL. ESCAICH, diocésain de Limoux.
PRADES DE LA VALETTE.

Par nosseigneurs,
BRANCHU.

ARREST DU CONSEIL D'ÉTAT DU ROI,

Qui casse l'arrêt du Parlement de Toulouse du 25 juin 1761, en ce qu'il renouvelle les dispositions des arrêts dudit Parlement, précédemment annullés par Sa Majesté ; et ordonne que les arrêts de son Conseil des 21 mars, 25 octobre, et 15 décembre 1760, seront exécutés selon leur forme et teneur.

Du 2 octobre 1761.

EXTRAIT DES REGISTRES DU CONSEIL D'ÉTAT.

VEU par le Roi, étant en son Conseil, l'arrêt rendu en icelui le 21 mars 1760, par lequel Sa Majesté maintient les Etats de Languedoc dans leurs usages, droits et privilèges, et ordonne l'exécution, tant de la délibération par eux prise le 11 décembre 1759, concernant le troisième vingtième et doublement de capitation, que de l'arrêt du Conseil rendu sur l'abonnement desdits droits. Autre arrêt du Conseil du 25 octobre 1760, qui en casse deux rendus par le Parlement de Toulouse les 24 mars et 7 mai précédens, en ce qu'ils ont de contraire aux privilèges de ladite province. Autres arrêts du Conseil des 15 décembre 1760, et 30 mai dernier, qui en cassent deux autres rendus par ledit Parlement le 17 novembre 1760, et 17 janvier dernier. Vû aussi l'arrêt dudit Parlement du 25 juin dernier, portant qu'aux remontrances délibérées le 17 janvier précédent, il sera ajouté un nouvel article sur le contenu audit arrêt du Conseil du 30 mai dernier, et qu'elles seront incessamment envoyées à Sa Majesté ; et cependant, que sous son bon plaisir, et conformément à l'édit du mois d'octobre 1649, et à la déclaration du 31 juillet 1648, les précédens arrêts de lad. Cour, et notamment celui du 17 janvier dernier, seront exécutés selon leur forme et teneur ; ce faisant, qu'en exécution des susdits édits, déclarations et arrêts, il ne pourra être établi, réparti, ni levé aucun nouvel impôt dans le Languedoc, et dans toute l'étendue du ressort de ladite Cour, qu'en vertu d'édits, déclarations, ou lettres-patentes dûement vériffiées et registrées en la Cour, et publiées en la forme ordinaire, en vertu des arrêts de ladite Cour, sans qu'il puisse être aucunement suppléé au défaut dudit enregistrement et de ladite publication ; avec défenses à tous baillifs et sénéchaux du ressort, de procéder à l'enregistrement et publications d'aucuns édits, déclarations, ou lettres-patentes concernant l'établissement, répartition et levée d'aucun nouvel impôt dans ladite province, et dans toute l'étendue du ressort de ladite Cour, qui n'auroient été préalablement vériffiées en icelle, et à eux adressées par le procureur-général du Roi ; sans néanmoins que lad. Cour ait entendu, par ledit présent arrêt, porter aucune atteinte aux droits et privilèges de ladite province ; LE ROI ÉTANT EN SON CONSEIL, a cassé et annullé, casse et annulle ledit arrêt du Parlement de Toulouse du 25 juin dernier, en ce qu'il renouvelle les dispositions des arrêts dudit Parlement précédemment annullés par Sa Majesté. Ordonne que les arrêts de son Conseil des 21 mars, 22 octobre et 13 décembre 1760, et 30 mai dernier, seront exécutés selon leur forme et teneur ; sans entendre au surplus Sa Majesté déroger aux édits et déclarations concernant les enregistremens, dans ses Cours. Ordonne en outre Sa Majesté, que le présent arrêt sera enregistré au Greffe des Etats, lû, publié et affiché par-tout où besoin sera. Fait au Conseil-d'État du Roi, Sa Majesté y étant, tenu à Versailles le deux octobre mil sept cens soixante un.

Signé, PHELYPEAUX.

EXTRAIT du registre des délibérations des Etats généraux de la province de Languedoc, assemblés à Montpellier.

Du 21 novembre 1761.

Lecture faite de l'arrêt du Conseil ci-dessus, les Etats ont délibéré qu'il sera enregistré dans leur greffe, et dans le procès-verbal de leurs séances, comme étant un nouveau titre qui les maintient dans leurs anciens usages, droits, libertés et privilèges, suivant lesquels aucune imposition et levée des deniers, ne pourront être faites sur le général de la province, ni sur les villes et communautés en particulier, ni sur les habitans, en vertu d'aucuns édits bursaux, déclarations, jussions, et autres provisions contraires à ses droits et libertés, quand même elles seroient faites sur le général du royaume, mais seulement sur la demande qui en sera faite aux Etats au nom de Sa Majesté, de laquelle ils dépendent sans aucun milieu, et après la délibération qui sera prise sur cette demande, pour la levée et le recouvrement en être faits en la manière accoûtumée, sous l'autorité immédiate de Sa Majesté, le tout conformément à l'arrêt de son Conseil du 21 mars 1760, et autres arrêts subséquens des 25 octobre et 13 décembre 1760, et 30 mai 1761, et à celui ci-dessus, qui ont cassé les arrêts du Parlement de Toulouse des 24 mars, 7 mai, 17 novembre 1760, 17 janvier et 25 juin 1761, en ce qu'ils contenoient de contraire à l'arrêt du Conseil du 21 mars 1760, et autres arrêts qui en ordonnent l'exécution, l'un desquels arrêts du 30 mai dernier, fait défenses aud. Parlement d'en rendre à l'avenir de semblables, et aux baillifs, sénéchaux, et autres juges ressortissans nuement dudit Parlement, d'y avoir aucun égard, à peine d'interdiction. Enjoignent lesdits Etats aux syndics généraux, d'envoyer ledit arrêt avec le présent enregistrement, aux syndics des diocèses, à l'effet d'être lû et publié dans l'assemblée prochaine des assiettes, et enregistré dans leurs greffes, dequoi lesdits syndics des diocèses seront tenus d'envoyer leurs certificats aux syndics généraux, dans un mois après la tenue desdites assiettes ; leur enjoignant pareillement d'envoyer des exemplaires imprimés dudit arrêt, et du présent enregistrement, aux maires et consuls des villes principales, et autres qui ont droit d'entrer aux Etats, à l'effet d'être ledit arrêt publié en la forme ordinaire, et affiché aux lieux accoûtumés, et d'être pareillement inséré dans les registres des délibérations desdites villes et communautés ; dequoi lesdits maires et consuls seront tenus d'envoyer leurs certificats aux syndics généraux, dans un mois après la date dudit envoi. *Signé* † DE LA ROCHE-AYMON, archevêque P. de Narbonne, président : *Et plus bas ;* du mandement de nosseigneurs des Etats, CARRIÉRE *signé*.

Après quoy le *Te Deum* a été récité et la bénédiction a été donnée par Mgr le Président.

Fait, clos et arrêté à Mende, le six avril mil sept cent soixante-deux.

† G. FLOR., évêque de Mende.

1763

Lecture des commissions pour les sommes à imposer. — Remise des procurations de MM. les députés. — Prestation du serment. — Vote des sommes demandées. — Une lettre doit accompagner les procurations. — Confirmation des officiers du diocèse. — Débets et reliquats des comptes des collecteurs. — Indemnité en faveur du Gévaudan pour dommages causés aux récoltes. — Abonnement pour le doublement de la capitation. — Les sommes induement imposées doivent être restituées. — Recherche des moyens pour la conservation et multiplication des bêtes à laine.

M. de Lhermet, lieutenant principal au bailliage de Gévaudan, pour M. le baillif, ayant en main les commissions de nosseigneurs les commissaires qui ont présidé pour le Roy en l'assemblée des Etats généraux de la province, tenus à Montpellier, le 10 décembre 1762, a dit que nosdits seigneurs ordonnent par leurs dites commissions, à M. le baillif du Gévaudan, étant en tour, ou son lieutenant, aux consuls de Mende et à un de Maruéjols, commissaires ordinaires comme luy, de procéder au département des deniers y contenus, et ainsi qu'il a été consenti et résolu auxdits Etats. Lesquels Sa Majesté veut être imposés, la présente année, pour le soutien et pour fournir aux autres dépenses qui se feront dans le royaume, aussi bien que pour les appointements de son altesse sérénissime Mgr le comte d'Eu, gouverneur de la province, entretenement de ses gardes et de MM. les lieutenants généraux dans ladite province, dettes et affaires de la province et de MM. les lieutenants généraux dans ladite province et de ce diocèse, et département des gratifications ordinaires et extraordinaires contenus au billet, sur ce signé, ensemble l'arrêt de validation du Conseil d'Etat de Sa Majesté, pour être payés aux premiers jours d'avril, juillet et octobre prochains, et a remis les commissions au greffier pour en faire la lecture.

Et à l'instant, lecture ayant été faite desdites commissions, ensemble des instructions et autres actes y attachés, contenant, entr'autres choses, permision d'imposer pour les vaccations et journées des consuls de Mende, de Maruejols et du sindic du diocèse, députés aux Etats généraux de la province. La lecture ayant été finie, ledit sieur lieutenant principal au bailliage du Gévaudan, pour M. le baillif en tour, est sorti de l'assemblée.

Mgr le Président a fait appeler les gens des Trois Etats du pays de Gévaudan, et ayant fait remettre au greffier du diocese les procurations des députés auxdits Etats, il en a fait la lecture.

L'assemblée ayant été réglée, chacun ayant pris sa place, le serment en tel cas requis et accoutumé ayant été prêté, sçavoir : par MM. de l'Eglise, la main mise sur la poitrine, et par MM. de la noblesse et députés du Tiers-Etat, la main levée à Dieu ; et, tous ensemble ont promis à Mgr le Président, moyennant leur serment, de ne rien faire, en cette assemblée, contre l'honneur de Dieu ny contre le service du Roy.

Ensuite a été unanimement résolu que les sommes contenues aux commissions de nosseigneurs les commissaires, présidant pour le Roy aux Etats généraux de la province, tenus à Montpellier, le 10 décembre 1762, seront impozées, la présente année, sur les contribuables aux tailles du pays de Gévaudan ; et les Etats ont donné pouvoir à MM. les commissaires de l'assiette, qui s'assembleront demain, d'en faire le département.

Comme il est d'usage dans la province que MM. de l'Eglise et MM. les barons, qui ne peuvent pas assister aux Etats du Languedoc, envoyent, outre leurs procurations, une lettre adressée à Mgr le Président, pour toute l'assemblée, contenant les raisons pour lesquelles ils ne peuvent pas venir ; que cet usage a été toujours observé dans ce pays, pour soutenir la dignité de Mgr le Président et de toute l'assemblée, et que néantmoins quelques uns ont obmis d'écrire lesdites lettres ; a été délibéré que les procurations, tant de MM. de l'église que de MM. les barons et gentils hommes de ce diocèze, seront refuzées à l'avenir, si elles ne sont accompagnées d'une lettre pour Mgr le Président, qui contienne les raisons pour lesquelles ils ne peuvent assister en personne, et que le greffier du diocèse couchera la présente délibération dans les lettres d'avis, pour la convocation des Etats prochains.

Mgr le Président a dit que, suivant l'uzage et instructions de nos seigneurs les commissaires, présidant pour le Roy aux Etats généraux de la province, cette assemblée est en droit de faire procéder à la confirmation ou nouvelle élection des officiers du diocèse. Sur quoy, le sieur Lafont, sindic, et le sieur de Lhermet, greffier du diocèse, étant sortis de l'assemblée, a été délibéré, d'une voix unanime, de confirmer le sieur Lafont dans la charge de sindic, et le sieur de Lhermet, dans la charge de greffier.

Après quoy, les Etats ayant fait appeler lesdits sieurs Lafont et de Lhermet, lecture leur a été faite de la présente délibération, et Mgr le Président leur a fait prêter le serment, la main levée à Dieu, de remplir les devoirs de leurs charges; ce qu'ils ont promis et juré de faire.

Le sindic du pays a dit qu'il a été rendu deux jugements par nosseigneurs les commissaires du Roy et des Etats, en date des 27 novembre et 4 décembre 1762, dont l'un ordonne en faveur des collecteurs de plusieurs communautés du diocèse, de l'année 1761, l'imposition des sommes dont ils ont été déclarés créanciers par la clôture de leurs comptes, lesquelles reviennent en total à celle de 148 livres 2 deniers, et l'autre veut qu'il soit fait un moins imposé, dans plusieurs communautés, des reliquats des comptes de leurs collecteurs de la même année 1761, qui se portent en total à la somme de 3,341 livres 15 sols 1 denier, et, conformément auxdits jugements, ledit sieur sindic a requis l'assemblée de délibérer qu'il sera fait mention de ces débets et de ces reliquats dans les mandes de la taille de cette année, et qu'il y sera marqué, par un article particulier, la somme que chaque communauté doit imposer ou moins imposer à ce sujet, chacune comme la concerne.

Ce qui a été unanimement délibéré, conformément à la réquisition dudit sieur sindic.

Ledit sieur sindic a dit encore qu'il a été, suivant l'usage, dressé l'année dernière des procès-verbaux des dommages causés aux récoltes par les grêles et autres accidents du Ciel; qu'il a été accordé par Sa Majesté une indemnité à la province qui, comme celles des années dernières, n'est pas considérable; que M. l'Intendant en a fait la répartition; que ce diocèse y a été compris pour la somme de 4,500 livres, et a requis de délibérer de renvoyer à MM. les commissaires pour procéder à la répartition de la somme que M. l'Intendant a accordée sur les communautés ou sur les particuliers endommogés, conformément aux décisions de Sa Majesté, du 20 février 1755. Ce qui a été délibéré, conformément à la réquisition dudit sieur sindic.

Ledit sieur sindic a dit aussi, qu'en conséquence de la demande faite par Sa Majesté à nosseigneurs des Etats, la prorogation pour les années 1762 et 1763 du doublement de la capitation sur les côtes de 24 livres et au-dessus et de l'abonnement, conclud alors avec Sa Majesté à raison de 400,000 livres pour chacune desdites années, comme il l'avoit été pour les années 1760 et 1761, les Etats ont fait un nouvel emprunt de cette somme pour la présente année 1763, et que les intérêts doivent en être imposés par addition à ceux qui l'ont été pour le prix des abonnements précédents; que les Etats ont réparti, sur chaque diocèse de la province, le montant de ces intérêts, et que, suivant cette répartition, le contingent de ce diocèse se porte à la somme de 815 livres 5 sols 4 deniers. Sur quoy, ledit sieur sindic a proposé à l'assemblée de délibérer de renvoyer à MM. les commissaires de l'assiette, chargés annuellement de la répartition de la capitation, le soin de procéder à celle du contingent de ce diocèse pour la prorogation de l'abonnement du doublement de cette imposition sur les côtes de 24 livres, de la manière la plus conforme aux délibérations de nosseigneurs des Etats. Ce qui a été unanimement délibéré, conformément à la réquisition dudit sieur sindic.

Ledit sieur sindic a dit encore qu'il luy a été envoyé par M. le sindic général de la province plusieurs ordonnances rendues par nosseigneurs les commissaires du

Roy et des Etats contre les maires, consuls et greffiers de certaines communautés pour la restitution des sommes qui ont été induement imposées ou dont il a été omis de faire un moins imposé, pour être remises à M. le receveur en exercice, la présente année, afin qu'il les mette à exécution ; que M. la sindic général luy a encore adressé des préambules imprimés pour toutes les communautés du diocèse, et qu'il luy marque de recommander aux consuls et greffiers de remplir exactement ces préambules imprimés et de les remettre à M. le receveur en exercice en nombre suffisant, duement collationné sur l'original, qui doit être couché à l'ordinaire dans le registre de la communauté, et que cet original doit être conçu précisément dans la même forme et dans les mêmes termes que le préambule imprimé, à peine de faux contre ceux qui l'auront signé ; que M. le sindic général marque encore audit sieur sindic de donner aux consuls et greffiers divers autres avertissements relativement à ces objets ; que ces avertissements consistent à leur faire savoir :

1° Que la commission établie par lettres patentes de 1734, ayant reçu de Sa Majesté le pouvoir de connoitre de l'exécution des ordonnances de restitution et des amendes encourues, faute d'avoir remis les préambules, comme aussi de les examiner lorsqu'ils seront remis, c'est à cette commission que les consuls et les greffiers doivent s'adresser pour obtenir la décharge des restitution ou amendes.

2° Qu'il ne leur en sera accordé aucune s'ils ne rapportent en même temps les ordonnances qui auroient permis les dépenses qui auront été rayées ou les jugements de vérification des dettes dont les intérêts auront été également rayés.

3° Qu'il ne leur sera accordé aucune remise des amendes encourues, faute d'avoir dressé le préambule dans la forme cy-dessus prescrite, de l'avoir remis dans le temps ou d'avoir rapporté l'extrait du bail à ferme des biens patrimoniaux quand même l'un et l'autre seroient rapportés après coup, et que le greffier sera en ce cas condamné à payer en son propre la moitié de l'amende, il faut seulement remarquer que si le bail à ferme a été déjà remis, il faut simplement l'énoncer et justifier de la remise.

4° Qu'il doit être fait mention de la date des baux des biens patrimoniaux dans l'article du préambule où le prix est moins imposé ; au moyen de quoy, après avoir rapporté le bail une première fois, il ne sera pas nécessaire de le rapporter les autres années de la durée du bail ; mais il sera toujours indispensable d'en exprimer la date dans le préambule de chaque année, afin qu'on puisse vérifier au greffe de MM. les commissaires du Roy, si cet extrait a été remis dans le temps.

5° Enfin, qu'il ne sera reçu aucune excuse pour le défaut de remise des préambules et des autres pièces qui doivent y être jointes, pas même celle que les pièces ont été égarées chez le receveur, attendu que celuy qui les remet n'a qu'à en retirer un reçu.

Après quoy, ledit sieur sindic a proposé à l'assemblée de délibérer que les préambules imprimés, qui luy ont été adressés par M. le sindic général de la province, seront envoyés avec la mande de la taille dans toutes les communautés du diocèse, et de l'autoriser à accompagner cet envoy d'une lettre circulaire pour donner aux consuls et greffier les divers éclaircissements dont il vient de faire le détail.

Ce qui a été unanimement délibéré, conformément à la proposition dudit sieur sindic.

Ledit sieur sindic a dit aussi que les Etats du pays et MM. les commissaires du diocèse ont donné, dans tous les temps, une attention particulière à la conservation et à la multiplication des bestiaux et surtout à celle des bêtes à laine, qui intéressent plus particulièrement le pays par rapport à ses fabriques ; qu'on a plusieurs fois recherché les moyens d'augmenter les troupeaux ; mais que différentes circonstances et surtout celle d'une guerre longue et ruineuse n'ont pas permis de suivre un pareil travail ; que le retour de la paix, les dispositions du Ministère et celles des Etats généraux de cette province à favoriser l'augmentation des bêtes à laine, doivent engager à s'occuper de nouveau de cet objet et à prendre les mesures les plus efficaces pour le remplir. Ces mesures pourroient consister, quant à présent, à commencer par s'assurer de l'état actuel des troupeaux, de celuy des fourrages ; comparer l'un avec l'autre pour juger s'il y a plus de fourrage qu'il n'en faut pour nourrir le nombre actuel des bêtes à laine ; si l'on pourroit rendre les fourrages plus abondants, soit en formant des prairies dans certains fonds qui seroient susceptibles de cette culture, soit en employant d'autres moyens ; si les pâturages sont assez abondants pour nourrir, pendant l'été, un plus grand nombre de bêtes à laine qu'il n'y en a actuellement. Il paroitroit encore à propos de s'informer de l'état des bêtes à laine dans chaque canton ; si l'espèce en est bonne ; si elles sont ordinairement saines ou sujettes à des fréquentes maladies, et quelles sont les maladies les plus ordinaires ; la quantité de laine quelles rendent communément. Après avoir pris les connaissances nécessaires sur ces différents objets, l'on pourra s'occuper des différents moyens qui seront proposés par les administrateurs des communautés pour augmenter les troupeaux, les fourrages et les mesures qui peuvent en faciliter l'exécution. L'on pourra leur indiquer l'usage des prairies artificielles, en sainfoin, qui ont le plus grand succès dans différentes parties du royaume, notamment dans certains cantons de cette province ; on est occupé actuellement à en faire des essais dans le pays, sur des terres de différente nature. Si ces essais réussissent, l'on pourra faire connoitre, aux différentes communautés du diocèse, la manière de former ces prairies artificielles en sainfoin et les avantages qui en résultent pour la nourriture du bétail de toute espèce. L'on pourroit encore dans la suite introduire dans le pays des espèces de bêtes à laine meilleurs que celles qui y sont actuellement, telles que celles de Flandres ou d'Angleterre, qui sont beaucoup plus belles, rendent beaucoup plus de laine et sont sujettes à moins de maladies. Enfin, l'on tâcheroit de procurer aux gens de la campagne les facilités convenables pour les mettre à portée de retirer de leurs troupeaux les mêmes avantages qu'on en retire dans différentes parties de l'Europe, où ils sont dans le meilleur état ; telles que la Flandre, la Hollande, l'Angleterre et la Suède. Pour commencer par acquérir les connaissances préalables dont on a fait le détail, ledit sieur sindic écrira, si l'assemblée le juge à propos, une lettre circulaire aux consuls des communautés pour leur demander :

1° Un dénombrement exact des bêtes à laine qu'il y a actuellement dans chaque lieu, village, hameau ou métairie de leur communauté ;

2° Un dénombrement de la quantité de foin, de celle du regain, de celle de la paille ou autres fourrages qu'on recueille, années communes, dans chaque lieu, village, hameau ou métairie ;

3° Quelle quantité de foin, regain ou de paille peuvent consumer les bêtes à corne dans chaque lieu ; si c'est la moitié, les deux tiers, les trois quarts ; qu'en reste-t-il pour les bêtes à laine, et ce résidu est-il suffisant pour les nourrir ?

4° Si l'on pourroit, dans certains lieux, augmenter les fourrages, soit en changeant la culture de certains fonds qu'on pourroit convertir en prairies, soit par d'autres moyens, et quels seroient ces moyens ;

5° Si dans les différents lieux, villages, hameaux ou métairies, les pâturages sont assez abondants pour nourrir un plus grand nombre de bêtes à laine qu'il n'y en a actuellement et en quoy consisteroit ce nombre, s'il pourroit se porter, par exemple, à un tiers, un quart, ou un sixième de plus ;

6° Qu'elle est l'espèce des bêtes à laine de chaque communauté ; combien pèse à peu près le mouton ; combien pèse la brebis ; qu'elle est ordinairement la quantité de laine que chacun rend ;

7° Si les bêtes sont saines dans les différents lieux, villages ou hameaux de la communauté, ou si elles sont sujettes à des fréquentes maladies ; qu'elles sont les maladies les plus ordinaires et les remèdes qu'on y apporte.

MM. les consuls seront exhortés à prendre les renseignements les plus exacts sur ces différents articles et à en dresser des notes qu'ils remettront à MM. les commissaires qui se transporteront dans les communautés pour la confection des rôles de la capitation, et qui remettront ces notes audit sieur sindic; qu'il en rendra compte à MM. les commissaires ordinaires pendant l'année; qui pourront aviser aux moyens les plus propres de remplir des vues aussi utiles que celles qui viennent d'être proposées.

1764

MM. les commissaires de l'assiette. — Lecture des commissions pour les sommes à imposer. — Prestation du serment. — Vote des sommes demandées. — Contestation entre le maire de Florac et le premier consul de la même ville, pour l'entrée aux Etats. — Nomination d'une commission pour terminer ce débat. — Une lettre doit accompagner les procurations. — Confirmation des officiers du diocèse. — Débets et reliquats des comptes des collecteurs. — Indemnité accordée au diocèse. — Éclaircissements demandés par S. M. sur les moyens les plus propres pour procurer le soulagement de ses peuples, l'amélioration de ses finances, etc. — Equivalent. — Priviléges du pays contestés par les fermiers de ce droit. — Rapport des commissaires chargés de vérifier les prétentions du maire et du premier consul de Florac. — Construction de la côte de Saint-Pierre, près de St-Jean-de-Gardonenque, au prix de 44,900 livres. — Mémoire du comte de Morangiés sur les routes à ouvrir dans le diocèse. — Chemin à construire pour faciliter l'arrivée oux bains de Bagnols. — Clôture des États.

L'an mil sept cens soixante-quatre, et le lundi quatorzième jour du mois de may. Les gens des Trois Etats du pays de Gévaudan, convoqués par ordre du Roy, en la ville de Maruejols, sont venus à la salle de l'hôtel de M. le comte de Peyre, où loge Mre Jean Valentin, prêtre, licencié ez droits, chanoine de l'église cathédrale de Mende, vicaire général de Mgr l'évêque de Mende, Président des Etats et assiette dudit pays, qui les attendoit, étant accompagné de MM. les commissaires ordinaires ; et, tous ensemble, sont allés à l'église collégiale de Notre-Dame-de-La-Carce de la ville de Maruejols pour y entendre la messe du Saint-Esprit. Après laquelle, s'étant rendus dans la salle de l'auditoire des Cours du bailliage de Gévaudan et royale ordinaire dudit Maruejols, ils ont pris chacun leur place, sçavoir : M. le Président, sur un fauteuil placé sur une stalle élevée au-dessous d'un dais ; et, sur la gauche de cette stalle, à la tête du banc, Mre Grimoard de Beauvoir du Roure, commissaire principal desdits Etats et assiette ; Mr Me Joseph Dallo, juge, lieutenant général au bailliage de Gévaudan, pour M. le baillif, en tour pour le Roy, la présente année, commissaire ordinaire desdits Etats et assiette ; Mre Claude-Gabriel-Amédée de Rochefort d'Aly, comte de St-Point et de Montferrand, baron de Cénaret, Sgr de Laval, Pougnadoire et St-Chély-de-Tarn, commis des nobles dudit pays, commissaire ordinaire desdits Etats et assiette, absent ; M. Me Vital Dangles, avocat au Parlement ; Me Vital Maurin, notaire royal, et sieur Etienne Lapise, 1er, 2e et 3e consuls de la ville de Mende, l'année dernière, et Mre Pierre de Michel Du Roc, marquis de Brion et autres places, maire de la ville de Maruejols, absent, commissaires ordinaires desdits Etats et assiette, sur un banc placé au milieu du parterre ; MM. les ecclésiastiques, sur un banc à la droite de M. le Président, chacun suivant son rang ; et sur le banc dudit sieur baillif ; MM. les barons et gentilshommes de ce diocèse ou leurs députés, aussi suivant leur rang ; et, les sieurs consuls et députés des autres villes et communautés dudit pays, qui ont entrée et voix délibérative auxdits Etats, assis sur le bas banc.

M. de Beauvoir du Roure, commissaire principal, ayant en main les commissions de nos seigneurs les commissaires qui ont présidé, pour le Roy, en l'assemblée des Etats généraux de la province, tenus à Montpellier, le 7e mars dernier, a dit que nosdits seigneurs luy ordonnent, par leursdites commissions, à M. le baillif du Gévaudan, étant en tour, ou son lieutenant, aux consuls de Mende et à un de Maruejols, commissaires ordinaires comme luy, de procéder au département des deniers y contenus, et ainsy qu'il a été consenty et résolu auxdits Etats ; lesquels Sa Majesté veut être imposés, la présente année, pour le soutien de l'Etat et pour fournir aux autres dépenses qui se fairont dans le royaume, aussi bien que pour les appointements de son altesse sérénissime Mgr le comte d'Eu, gouverneur de la province, entretenement de ses gardes et de MM. les lieutenants généraux dans ladite province, dettes et affaires de la province et de ce diocèse et département des gratifications ordinaires et extraordinaires contenues au billet, sur ce signé, ensemble l'arrêt de validation du Conseil d'Etat de Sa Majesté, pour être payés aux premiers jours d'avril, juillet et octobre prochains, et a remis les commissions au greffier pour en faire la lecture.

Et à l'instant, lecture ayant été faite desdites commissions, ensemble des instructions et autres actes y attachéz contenant, entre autres chozes, permission d'imposer pour les vaccations et journées des consuls de Mende, de Maruejols et du sindic du diocèze, députés aux Etats généraux de la province. La lecture ayant été finie, lesdits sieurs commissaires principal et lieutenant général au bailliage de Gévaudan pour M. le baillif, en tour, sont sorti de l'assemblée.

M. le Président a fait appeler les gens des Trois Etats du pays de Gévaudan, et, ayant fait remettre au greffier du diocèse les procurations des députés auxdits Etats, il en a fait la lecture.

L'assemblée ayant été reglée, chacun ayant pris sa place, le serment en tel cas requis et accoutumé ayant été prêté, savoir : par MM. de l'église, la main mise sur la poitrine ; et, par MM. de la noblesse et députés du Tiers-Etat, la main levée à Dieu, et, tous ensemble, ont promis à M. le Président, moyennant leur serment, de ne rien faire, en cette assemblée, contre l'honneur de Dieu ny contre le service du Roy.

Ensuite a été unanimement résolu que les sommes contenues aux commissions de nosseigneurs les commissaires, présidant pour le Roy aux Etats généraux de la province, tenus à Montpellier, le 7ᵉ mars dernier, seront imposées, la présente année, sur les contribuables aux tailles du pays de Gévaudan ; et les Etats ont donné pouvoir à MM. les commissaires de l'assiette, qui s'assembleront demain, d'en faire le département.

Le sindic du pays a dit qu'il y a encore, cette année, une contestation entre les sieurs Meynier de Cavaladette, maire de Florac, et le sieur Fielval, 1ᵉʳ consul de la même ville, porteur de la procuration de la communauté, au sujet de l'entrée à la présente assemblée ; que suivant l'usage il doit être nommé des commissaires pour examiner cette contestation pour, sur le rapport qui en sera fait à l'assemblée, elle prenne telle délibération qu'il appartiendra.

Sur quoy, M. le Président a nommé M. le député du Chapitre de Mende, M. ce Servières et les consuls de Mende et de Maruejols, pour examiner ladite contestation.

Comme il est d'usage dans la province que MM. de l'église et MM. les barons, qui ne peuvent pas assister aux Etats du Languedoc, envoyent, outre leurs procurations, une lettre adressée à M. le Président, pour toute l'assemblée, contenant les raisons pour lesquelles ils ne peuvent pas venir ; que cet usage a été toujours observé dans ce païs, pour soutenir la dignité de M. le Président et de toute l'assemblée, et que néantmoins quelques uns ont obmis d'écrire lesdites lettres ; a été délibéré que les procurations, tant de MM. de l'église que de MM. les barons et gentilshommes de ce diocèse, seront refusées à l'avenir, si elles ne sont accompagnées d'une lettre pour M. le Président, qui contienne les raisons pour lesquelles ils ne peuvent assister en personne, et que le greffier du diocèse couchera la présente délibération dans les lettres d'avis, pour la convocation des Etats prochains.

M. le Président a dit que, suivant l'usage et instructions de nos seigneurs les commissaires, présidant pour le Roy aux Etats généraux de la province, cette assemblée est en droit de faire procéder à la confirmation ou nouvelle élection des officiers du diocèse. Surquoy, le sieur Lafont, sindic, et le sieur de Lhermet, greffier, étant sortis de l'assemblée, a été délibéré, d'une voix unanime, de confirmer le sieur Lafont dans la charge de sindic, et le sieur de Lhermet dans la charge de greffier.

Après quoy, les Etats ayant fait appeler lesdits sieurs Lafont et de Lhermet, lecture leur a été faite de la présente délibération et M. le Président leur a fait prêter le serment, la main levée à Dieu, de remplir les devoirs de leur charge; ce qu'ils ont promis et juré de faire.

Le sindic du pays a dit qu'il a été rendu deux jugements par nosseigneurs les commissaires du Roy et des Etats, en date des 1er et 3 mars derniers, dont l'un ordonne, en faveur des collecteurs de plusieurs communautés du diocèse de l'année 1762, l'imposition des sommes dont ils ont été déclarés créanciers par la clôture de leurs comptes; lesquelles reviennent en total à celle de 185 livres 12 sols 4 deniers; et l'autre veut qu'il soit fait un moins imposé, dans plusieurs communautés, des reliquats des comptes de leurs collecteurs de la même année 1762, qui se portent en total à la somme de 2,261 livres 12 sols, et conformément auxdits jugements, ledit sieur sindic a requis l'assemblée de délibérer qu'il sera fait mention de ces débets et de ces reliquats dans les mandes de la taille de cette année, et qu'il y sera marqué, par un article particulier, la somme que chaque communauté doit imposer ou moins imposer à ce sujet, chacune comme les concerne.

Ce qui a été unanimement délibéré, conformément à la réquisition dudit sieur sindic.

Ledit sieur sindic a dit encore qu'il a été, suivant l'usage, dressé, l'année dernière, des procès-verbaux des dommages causés aux récoltes par les grêles et autres accidents du Ciel; qu'il a été accordé par Sa Majesté une indemnité à la province ; que M. l'Intendant en a fait la répartition et fixé le contingent de ce diocèse à la somme de 22,620 livres. En conséquence, ledit sieur sindic a requis de délibérer de renvoyer à MM. les commissaires, pour procéder à la répartition de cette somme sur les communautés ou sur les particuliers endommagés, conformément aux décisions de Sa Majesté, du 20 février 1755. Ce qui a été délibéré, conformément à la réquisition dudit sieur sindic.

Ledit sieur sindic a dit aussi que Sa Majesté a fait déclarer par MM. les commissaires aux Etats généraux de la province que le désir qu'elle a d'annoncer à ses peuples, le plustôt qu'il sera possible, ses volontés sur le choix des moyens les plus propres à procurer autant leur soulagement que l'amélioration de ses finances, l'ayant déterminé avant tout à interroger le zèle et les lumières de ceux de ses sujets qui peuvent être plus particulièrement instruits des avantages et des inconvénients locaux ; elle trouvera bon que les états luy adressent leurs mémoires et représentations et qu'elle attend de leur zèle constant, pour le bien de son service, ainsi que de l'expérience que leur donne l'administration qui leur est confiée, qu'ils luy communiqueront des vues sages et utiles sur des objets aussi intéressants que ceux dont il s'agit, et nommément sur ce qui peut avoir rapport à la forme et à la confection et perfection des cadastres.

Qu'en conséquence, les Etats, pour répondre à la confiance que le Roy a bien voulu leur témoigner, ont délibéré et arrêté, le 5 mars dernier, de former une commission extraordinaire pour travailler assidûment pendant l'année à assembler tous les ecclaircissements nécessaires sur les différents objets que Sa Majesté a eu la bonté d'indiquer pour procurer le soulagement de ses peuples, faire sur le tout les observations qu'elle jugera à propos, et dresser les projets des mémoires dont il sera rendu compte aux Etats dans leur prochaine assemblée, à l'effet d'y être délibéré, sur l'approbation de ceux qu'ils croiront devoir être présentés à Sa Majesté, en se conformant à ses intentions. Les Etats ont en même temps prié Mgr l'archevêque de Narbonne de vouloir bien concourir, par la supériorité de ses vues et de ses lumières, à un travail aussi important, et MM. les sindics généraux ont été chargés de demander à MM. les commissaires des diocèses et aux officiers municipaux, en leur adressant des exemplaires de la délibération, tous les titres, mémoires et autres pièces qu'ils jugeront propres à concourir au travail de la commission, à laquelle ils en feront le rapport.

Que la commission a été formée, en exécution de cette délibération; elle a commencé ses opérations, et pour rassembler les différents ecclaircissements qu'elle doit se procurer par rapport aux objets qu'il a plu à Sa Majesté d'indiquer, elle a rédigé ceux qui lui ont paru avoir le plus de part et le plus d'influence à l'administration, et a jugé à propos de consulter MM. les commissaires des diocèses sur ces objets qui roulent sur les impositions, les droits des fermes, l'agriculture et le commerce, et de proposer différentes questions, relativement à chacun d'eux; que M. de Joubert a adressé, audit sieur sindic, un mémoire contenant ces questions, dont l'assemblée voudra bien faire faire lecture; que pour se conformer aux vues de nosseigneurs les commissaires, ledit sieur sindic' croit devoir proposer de le charger d'écrire une lettre circulaire à MM. les maires, consuls et administrateurs des communautés du diocèse pour leur faire part de ces articles et les prier de lui donner, par des mémoires qu'ils voudront bien lui adresser, toutes les connoissances particulières et locales qu'ils peuvent avoir sur ces objets et qui doivent être principalement fondées sur leur expérience ; que ledit sieur sindic communiquera ensuite ces mémoires à MM. les commissaires du diocèse, qui dresseront celui qui leur est demandé sur les différents ecclaircissements qui auront été donnés ; et, ledit sieur sindic, a requis l'assemblée de délibérer.

Sur quoy, l'assemblée, après avoir fait faire la lecture des différents articles contenus dans le mémoire adressé par M. de Joubert, sindic général de la province, a chargé le sindic du diocèse d'écrire une lettre circulaire aux maires, consuls et administrateurs des différentes communautés du pays, pour leur faire part de ces articles et leur demander les éclaircissements qui y sont proposés ; de rendre ensuite compte, de ceux qui lui seront donnés, à MM. les commissaires du diocèse, qui voudront bien les examiner avec toute l'application dont ils sont capables, et faire dresser un mémoire dans lequel ils exposeront tous les inconvénients et les avantages qu'ils auront remarqué, relativement aux objets qui leur sont indiqués, et les feront connoitre à la commission, ainsi que tout ce qui leur paroitra pouvoir contribuer au bien général et à celui de ce diocèse en particulier.

Ledit sieur sindic a dit encore que nosseigneurs des Etats généraux s'étant rézervés, par l'article 51, des conditions du nouveau bail de l'équivalent, de se faire représenter les titres sur lesquels sont fondés les priviviléges, exemptions, franchises et immunités dont jouissent certains lieux de la province, le nouveau fermier de l'équivalent présenta un mémoire à Mgr l'archevêque de Narbonne pour qu'il lui plut d'accélérer la remise et l'examen de ces titres ; que Mgr l'archevêque de Narbonne autorisa MM. les sindics généraux à les demander aux communautés ; qu'en conséquence, M. de Montferrier, sindic général, adressa, audit sieur sindic, des lettres pour les communautés de Bédouès, Grizac et Montbel, qui sont exemptes de taille et de l'équivalent, et lui marqua de lui faire passer les réponses et les papiers qu'elles lui remettroient concernant ces exemptions. D'ailleurs il ne fut question dans la lettre de M. de Montferrier que de celles dont jouissoient les trois communautés pour lesquelles il adressa des lettres audit sieur sindic, et qu'il ne lui parla point du privilége dont toutes les communautés du pays de Gévaudan sont et ont toujours été en possession au sujet du département de viande que les habitants de ce pays ont la faculté de faire entre eux, toute l'année et aussi souvent qu'ils le jugent à propos pour leur consommation domestique, sans en payer le droit d'équivalent, et sans être tenu à autre chose à cet égard qu'à déclarer la bête au commis du fermier avant de la faire égorger ; qu'après ce silence de la part de M. le sindic général, il y avait lieu de croire que le fermier n'apporteroit point ses vues sur cette exemption et que son dessein n'étoit point d'inquiéter le pays là-dessus ; qu'il en a cependant uzé pour ce privilége comme pour tous les autres, et qu'il a présenté aux Etats un mémoire tendant à le faire anéantir ; que dèz que le sindic en a été instruit, il a représenté que la démarche du fermier était d'autant plus surprenante qu'il avoit cy-devant reconnu la légitimité du droit du Gévaudan à cet égard ; qu'ayant eu la ferme de l'équivalent pendant deux baux différents et consécutifs de six années, il en avoit laissé jouir les habitants, paisiblement, sans leur donner le moindre trouble, quoiqu'il se trouvât alors dans des circonstances plus favorables qu'aujourd'hui ; que dans ce temps-là il auroit été en droit de demander à connoitre les titres sur lesquels étoit fondé ce privilége et à obliger le pays d'en justifier, attendu que les conditions de ses baux n'étoient pas les mêmes que celles du bail actuel ; que les Etats n'en avoient pas expressément réservé et excepté, comme ils l'ont fait dans la suite, les priviléges, franchises et immunités des villes, communautés de la province, qui en sont en possession actuelle ; que l'article 51 du règlement fait par les Etats sur lequel la ferme a été adjugée contient cette exception de la manière la plus claire ; qu'il y est dit que les villes et communautés de la province, qui sont en possession actuelle des priviléges, franchises et immunités, concernant le droit d'équivalent, continueront de jouir desdites exemptions, priviléges, franchises et immunités en vertu de cette possession, sauf au fermier à exercer ses droits contre les villes et lieux qui ne seront pas en état de justifier de ladite possession, et à se pourvoir à cet effet, ainsi qu'il avisera, devant les juges qui doivent connoitre de l'exétion des articles arrêtés par les Etats ; que le Gévoudan étant non-seulement en possession actuelle mais immémoriale de son privilége ; et cette possession n'ayant jamais été ni pu être contestée, il devoit continuer à en jouir par la seule raison de la possession actuelle, et qu'il étoit a cet égard excepté de l'exécution du bail ;

qu'en vertu de cette exception, le fermier se trouvoit sans intérêt, et que par conséquent il n'étoit pas personne légitime pour demander que le Gévaudan fut tenu de rapporter ses titres et justifier de son droit ; que la chose avoit été formellement décidée par les Etats, dans deux occasions, contre d'autres fermiers qui avoient formé la même prétention et dont le bail contenoit la même exception et réserve que le bail actuel ; que ces fermiers ayant demandé aux Etats, assemblés au mois de janvier 1756, qu'ils statuassent promptement sur les priviléges prétendus par plusieurs villes et lieux de la province, notamment par le Gévaudan, il leur fut répondu, par la délibération prise le 1er mars 1756, que les Etats ayant excepté, par l'article 51 du règlement, les villes et lieux qui étoient en possession actuelle des exemptions, priviléges, franchises et immunités, concernant les droits d'équivalent, cet article doit être exécuté à leur égard, par la seule raison de cette possession, sauf au fermier à exercer ses droits contre les villes et lieux qui ne seront pas en état de justifier de ladite possession actuelle, lors du bail courant, et à se pourvoir à cet effet, ainsi qu'il avisera, devant les juges qui doivent connoitre de l'exécution des articles arrêtéz par les Etats ; qu'au mois de décembre de la même année, ces mêmes fermiers revinrent encore sur la même prétention, quoiqu'elle eut été si solennellement proscrite, et qu'ils demandèrent que dans un mois, pour tout délay, le sindic du Gévaudan et tous autres des villes et lieux qui se prétendent exempts du droit d'équivalent, seront tenus de représenter et remettre ez mains du sindic général de la province, à Montpellier, les titres de leurs priviléges, dont le fermier pourra prendre communication, pour y faire ses observations, sur lesquelles, rapportées aux prochains Etats par le sieur sindic général, il sera statué ainsi qu'il appartiendra ; et cependant, qu'il sera permis au fermier de percevoir, par provision, les droits d'équivalent dans tous les lieux qui contesteront, sauf la restitution de ce qui aura été perçu dans ceux dont les titres seront jugés légitimes ; qu'il fut de nouveau déclaré par les Etats que le fermier n'étoit point personne légitime pour prendre communication des titres, exemptions et priviléges, et que la perception provisoire des droits dans lesdites villes et lieux, jusqu'à ce qu'il eut été statué sur la représentation de leurs titres, étoit contraire à l'exception portée par l'article 51 du règlement à l'égard des villes et lieux qui étoient en possession actuelle des exemptions, priviléges, franchises et immunités concernant le droit d'équivalent ; lequel article devoit être exécuté à leur égard, par la seule raison de cette possession ; que deux décisions aussi formelles ne permettoient pas de douter que les Etats, invariables dans leurs principes, ne déclarassent le fermier actuel irrecevable dans sa demande et ne lui imposassent silence ; que d'ailleurs si les Etats, par rapport à eux-mêmes et en préscindant des intérêts du fermier qui, comme dans cette affaire vouloit prendre connoissance de la légitimité du privilége du Gévaudan, nous espérions de leur justice et de leur bonté que, n'ayant point été instruits de leurs intentions, ils voudroient bien traiter tout un païs aussi favorablement que l'avoient été les moindres communautés de la province, qui avoient été prévenues sur la remise de leurs titres près d'un an à l'avance ; qu'en conséquence, nous les supplions de nous accorder un délai pour rapporter les titres, mémoires et renseignements nécessaires, pour justifier de notre droit ; que Mgr l'évêque de Mende écrivit les lettres les plus pressantes à messeigneurs les archevêques de Narbonne et de Toulouse et à M. de Joubert, sindic général.

Ledit sieur sindic a ajouté que le fermier ne borna pas ses demandes à la remise des titres concernant les priviléges des villes et lieux de la province, qu'il forma plusieurs autres prétentions ; qu'il demanda en particulier que, suivant la réserve que les Etats avoient faite pour l'article 24, des conditions de son bail, ils consentissent qu'il exigeât l'établissement d'écorchoirs publics dans certains lieux de la province, désignés dans son mémoire ; que les différentes demandes du fermier furent rapportées aux Etats et que, par leur délibération du 28 février dernier, ils reconnurent que le fermier n'étoit point en droit d'exiger ny de presser la remise des titres sur lesquels peuvent être fondés les immunités ; que cependant, comme leur examen peut intéresser le bien public, il leur parut convenable d'en suivre la remise entière ; qu'il n'étoit pas naturel de condamner, par deffaut, les communautés qui sont encore en demeure, sans les sommer de nouveau et d'une manière légale, de produire les titres qui leur sont demandés, et étant encore plus raisonnable d'entendre le sindic du pays de Gévaudan ; qu'en conséquence, ils délibérèrent de renvoyer, à leur prochaine assemblée, pour statuer sur les titres déjà remis et ceux qui pourront l'être, concernant l'exemption des droits d'équivalent, et cependant d'ordonner que les communautés, qui n'ont remis ny titres ny mémoires à ce sujet, seront tenues de les rapporter avant le 1er août prochain, et que pour qu'elles ne puissent alléguer aucune excuse à ce sujet, elles en seront sommées par acte, à la diligence du sindic général, sauf le sindic du pays de Gévaudan qui, étant présent à la délibération, sera censé en avoir connoissance suffisante, et sera également tenu de rapporter et remettre au sindic général, dans le même temps, les titres et mémoires touchant le droit et privilége prétendu par ledit pays, concernant le département de la viande qu'on y tue pour la provision des habitants.

En second lieu, les Etats estimèrent, au sujet des établissements des écorchoirs, qu'ayant exigé par l'article 24 du règlement que la nécessité de leur établissement fut constatée par des états de la consommation, des lieux où le fermier les demande, cette preuve n'étant pas rapportée et les communautés qu'on voudroit assujettir à cet établissement, n'ayant point été entendues, il ne seroit pas possible en l'état de rien statuer. En conséquence, ils délibérèrent que le fermier justifieroit, conformément aux dispositions de l'article 24e, de la nécessité de l'établissement des écorchoirs dans les lieux où il en demandoit, et que les consuls desdits lieux seroient avertis, par acte, de faire délibérer les communautés de consentir ou s'opposer à la demande du fermier, et de remettre au sindic général un extrait en forme de leurs délibérations, aussi avant le 1er août, pour, sur le tout, être délibéré, par les Etats, ce qu'il appartiendroit. A l'égard de toutes les autres demandes du fermier, elles furent rejetées purement et simplement, et ledit sieur sindic a requis l'assemblée de délibérer sur l'exposé qu'il vient de faire.

Sur quoy, l'assemblée, après avoir prié M. le Président de faire ses remercîments à Mgr l'évêque de Mende, a unanimement délibéré de renvoyer à MM. les commissaires ordinaires, pendant l'année, et de les prier de donner tous les éclaircissements qui pourroient dépendre d'eux, pour faire bien connoitre la nécessité et la légitimité du privilége dont le Gévaudan est, et a toujours été en possession, sans aucune interruption, et de suivre cette affaire auprès de nosseigneurs des Etats de la province, avec tout le zèle et leur attention ordinaire ; comme aussi de supplier Mgr l'évêque de Mende de continuer à accorder son crédit et sa protection au païs, dans une circonstance aussi intéressante pour lui. Elle a encore délibéré, qu'au cas qu'il soit demandé, à quelque communauté du païs, d'établir des écorchoirs publics, MM. les commissaires ordinaires du diocèse prendront connoissance de ces demandes, s'informeront avec ces communautés de ce qui peut convenir le mieux à leurs intérêts, et feront ensuite, relativement aux renseignements qu'ils auront pris, telles représentations qu'il appartiendra à nosseigneurs des Etats.

De relevée.

Le sindic du païs a dit que MM. les commissaires que l'assemblée a nommés ce matin pour examiner la contestation entre le sieur Meynier de Cavaladette, maire de Florac, et le sieur Fielval, 1er consul de la même ville, porteur de la procuration de la communauté, au sujet de l'entrée à la présente assemblée, se sont assemblés chez M. le Président ; qu'ils se sont d'abord occupés de l'objet de la contestation ; qu'il leur a été observé que la ville de Florac avoit le droit de députer, tous les ans, aux Etats du païs, et que de quatre en quatre ans son député aux Etats étoit commissaire du diocèse à l'assiette ; qu'il vacquoit avec les autres commissaires au travail dont cette assemblée étoit chargée et jouissoit des mêmes émoluments qu'eux ; que le député de la ville de Florac se trouvoit en tour cette année pour être commissaire à l'assiette ; que M. Meynier de Cavaladette, qui est pourvu de la mairie ancienne mi-trienale, prétend être en tour d'exercice, et que par conséquent la députation aux Etats, et, par une suite nécessaire, l'assistance à l'assiette lui appartient de droit ; que la communauté lui conteste cet exercice, et soutient au contraire qu'il l'étoit ou qu'il devoit l'être l'année dernière ; que l'exercice appartient celle-cy à la mairie alternative réunie à la communauté, en conséquence de l'arrest du Conseil du 28 octobre 1755, et que le premier consul qui est le premier officier électif, doit en faire les fonctions et jouir des prérogatives qui y sont attachées ; qu'en conséquence, elle a donné sa procuration à M. Fielval, 1er consul, pour assister aux prochains Etats et assiette du Gévaudan ; que MM. les commissaires ont fait appeler M. Meynier de Cavaladette, maire, et ledit sieur Fielval, 1er consul, qui ont remis respectivement des mémoires, dont il a été fait lecture et sur lesquels ils ont été ensuite entendus ; qu'il résulte de leurs dires et mémoires que la mairie ancienne mi-trienale fut acquise, en 1735, du préposé à la vente des offices municipaux ; qu'elle a été successivement possédée par différents titulaires ; que M. Meynier de Cavaladette en fut pourvu au commencement de l'année 1760 ; et, comme cette année la ville de Florac étoit en tour pour envoyer, aux Etats et assiette du pays, un député qui y eut le rang de commissaire, M. de Cavaladette y entra en qualité de maire, députéné de sa communauté, et fut commissaire du diocèze ; que la mairie alternative ayant restée invendue, se trouva du nombre des offices qui furent acquis par la province et fut réunie à la communauté par l'arrêt du Conseil du 28 octobre 1755 ; que nonobstant cette réunion, les prédécesseurs de M. Cavaladette, maires anciens mi-trienaux, ne laissèrent pas que d'exercer les fonctions de deux mairies pendant plusieurs années ; que la communauté, ny le premier consul, qui est le premier officier électif, ne s'y opposèrent point ; qu'en conséquence, M. de Cavaladette, qui avoit été en exercice en 1760, continua cet exercice à l'exemple des précédents titulaires en 1761, et entra aux Etats du païs pour sa communauté, en qualité de maire ; qu'il n'y fut cette année que comme les députés simples, celui de cette communauté n'étant point alors en tour pour être commissaire du diocèse, et ce jour ne devant revenir que la présente année 1764 ; qu'en 1762, M. de Cavaladette voulût encore entrer aux Etats du pays, en la même qualité de simple député ; mais la communauté s'y opposa et donna sa procuration au premier consul ; et, attendu que le maire avoit exercé et étoit entré aux Etats en 1761, ils délibérèrent qu'il ne devoit point y être admis en 1762, n'étant pas possible qu'un titulaire d'une seule mairie pût être deux années consécutives en exercice. En conséquence, le député de la communauté fut reçu dans l'assemblée et le maire exclu. M. Cavaladette qui, suivant cette décision, avoit perdu, en 1762, son tour, pour n'avoir pas fini son exercice en 1760 et l'avoir prorogé en 1761, crût que le moyen de rétablir l'ordre primitif étoit de s'abstenir de toutes fonctions en 1763, pour se trouver en exercice en 1764, et par là être, dans l'année du tour de ladite ville de Florac, commissaire du diocèse. La communauté qui fut instruite de ses vues et à qui il importoit de conserver les choses dans l'état où elles étoient, fit signifier au sieur Cavaladette, le 11 janvier 1763, à la requête des nouveaux consuls, qu'on venoit d'élire, un acte par lequel il lui fut déclaré qu'il n'ignoroit pas que l'année 1763 étoit son année de tour d'exercice, que les nouveaux consuls et la communauté de Florac n'entendoient nullement empêcher qu'il exerçât ses fonctions, droits, honneurs et prérogatives portés par l'arrêt du Conseil du 28 octobre 1755, pendant le cours de ladite année 1763 ; qu'en tant que de besoin et surabondamment, il étoit sommé et requis de faire tout ce qui convenoit pour l'avantage de ladite communauté et pour le maintien du bon ordre ; et, en un mot, d'exercer les fonctions de son office de maire ancien mi-triennal à son tour pendant ladite année 1763, ainsi qu'il aviseroit sous les protestations telles que de droit.

Nonobstant cette sommation, le sieur Cavaladette persista dans la résolution qu'il avoit prise de rester dans l'inaction pendant tout le cours de l'année dernière, et de s'abstenir de toutes fonctions ; il ne se présenta point pour entrer aux Etats du pays. La communauté de son côté n'eut garde d'y députer ; de sorte que la place restera vacante. M. de Cavaladette prétend aujourd'hui que, n'ayant point exercé l'année dernière, il doit le faire celle-ci et conséquemment entrer, à l'exclusion du député de la communauté aux Etats et assiette ; qu'étant en tour en 1760 et l'ayant perdu en 1762, pour avoir prorogé, en 1761, son exercice, il avoit remis les choses dans leur premier état, en cessant toute fonction en 1763, et qu'il avoit rendu par là à la communauté et à son maire alternatif l'année dont il l'avoit privé dans la bonne foy et à l'exemple de ce qui s'étoit pratiqué du temps de ses prédécesseurs. On lui expose que le tour d'exercice ayant été une fois interverti, il ne dépendoit plus de lui de le rétablir ; que dèz l'année 1762 ce tour a été acquis à la communauté et qu'il doit revenir tous les deux ans, c'est-à-dire l'année du nombre pair ; qu'il ne dépendoit point de M. de Cavaladette de frustrer la communauté d'un droit qui lui appartenoit dèz l'année 1762, en cessant tout service en 1763, surtout après avoir été sommé au commencement de cette même année, sommation qui l'a constitué en demeure et a veillé à la conservation des droits de la communauté ; c'est la première objection qu'elle lui fait.

En second lieu, elle lui oppose que quoiqu'il eut été admis, en 1760, aux Etats et assiette du païs en qualité de commissaire du diocèse, ce ne fut que par ce qu'elle le voulut bien, et qu'il n'étoit point en exercice cette année, quoiqu'il eut été tout récemment pourvu et installé ; que le tour de sa mairie ne doit point se régler par la date de ses provisions et mise de possession, mais bien par celles du premier acquéreur de cet office après qu'il eut été rétabli par l'édit du mois de novembre 1735 ; que M. Fabre fut ce premier acquéreur et qu'il se fit pourvoir le 17 mars 1735, recevoir et installer à Nimes le 19 may de la même année ; qu'en se réglant par ses dates, il paroit que l'office de maire ancien est en exercice l'année du nombre impair et que l'alternatif, réuni à la communauté, l'est celle du nombre pair ; que par conséquent le premier officier électif devoit en faire les fonctions en 1760, et qu'il doit les remplir en 1764.

M. le maire répond que quand même le tour devroit se régler par celui qu'avoit le premier acquéreur, la communauté ne seroit pas mieux fondée ; que, suivant l'édit du mois de novembre 1733, il a dû commencer à entrer en jouissance de son office le jour de sa réception, et que, suivant ce même édit, la jouissance ou son exercice a dit durer une année ; que sur ces principes, M. Fabre ayant été reçu au sénéchal de Nimes, le 19 may 1735, son premier exercice n'a dû finir qu'au même jour de l'année 1736, c'est-à-dire que son tour commençoit au 19 may de l'année du nombre pair. M. le maire conclud qu'en suivant ce calcul, il seroit encore en tour d'exercice jusques au 19 de ce mois.

Enfin la communauté prétend qu'en supposant que M. de Cavaladette eut été en exercice en 1760, et qu'il le fut encore en 1764, le premier consul devroit à son exclusion entrer, cette année, aux Etats et assiette du pays pour y être commissaire du diocèse ; que M. de Cavaladette le fut en 1760 ; qu'il est juste que l'officier de la communauté le soit celle-cy ; que s'il en étoit autrement, M. de Cavaladette se trouvant toujours en exercice l'année où la ville de Florac est en tour pour envoyer un député aux Etats et assiette du païs qui y ait le rang et séance de commissaire du diocèse, il jouiroit toujours de cette prérogative, au préjudice de la communauté et de la mairie alternative qui y est réunie, et qu'elle seroit privée à perpétuité de ce droit ; ce qui seroit contre toute justice ; qu'il conviendroit qu'il y eut un arrangement, par lequel le maire ancien et le député de la communauté seroient alternativement commissaires du diocèze l'année où la ville de Florac seroit en tour ; que M. de Cavaladette l'ayant été en 1760, le député de la communauté doit l'être en 1764. M. de Cavaladette répond que l'entrée aux Etats et assiette est attachée à l'exercice et que c'est l'officier qui est en exercice qui a le droit d'en jouir ; que se trouvant en fonction l'année où la ville de Florac est en tour, il doit, toutes les fois que ce tour revient, être reçu aux Etats et assiette, à l'exclusion de celui qui seroit député par la communauté.

Ledit sieur sindic a ajouté que MM. les commissaires, après être entrés dans le détail de toutes ces contestations, ont cru qu'on ne manqueroit pas de les renouveler tous les deux ans, s'il ne plaisoit à nosseigneurs des Etats généraux de la province de les terminer par un jugement qui réglât le tour d'exercice entre M. de Cavaladette et le premier officier électif de la communauté ; en conséquence, ils ont cru devoir proposer à l'assemblée de délibérer que M. de Cavaladette, maire, et M. Fielval, 1er consul, député par la communauté, se retireront devers nosseigneurs des Etats généraux de la province pour leur être fait droit ; et cependant que l'un ny l'autre ne seront point reçus à l'assemblée, et que la rétribution, tant à raison de l'assistance aux Etats qu'à celle de l'assiete, demeurera consignée entre les mains du receveur en exercice, la présente année, pour être rendue à qui il sera ordonné par nosdits seigneurs.

Sur quoy, l'assemblée a délibéré que M. de Cavaladette, maire, et M. Fielval, premier consul, député par la communauté, se retireront devers nosseigneurs des Etats généraux de la province pour leur être fait droit ; et cependant, que ny l'un ny l'autre ne seront point reçus à l'assemblée et que la rétribution, tant à raison de l'assistance aux Etats qu'à celle de l'assiette, demeurera consignée entre les mains du receveur en exercice, la présente année, pour être rendue à qui il sera ordonné par nosdits seigneurs.

Ledit sieur sindic a dit encore que le pais en général et cette assemblée en particulier ont longtemps désiré la construction d'une nouvelle cote près Saint-Jean de-Gardonenque, pour établir une libre communication avec le bas Languedoc ; que comme cette communication ouvre une route la plus directe du bas Languedoc en Auvergne, et de là pour Paris et pour les hautes provinces de France. MM. les commissaires du diocèse de Mende n'ont cessé de faire, pendant longues années, des représentations, soit auprès des ministres, soit auprès des Etats généraux et du diocèze d'Alais, dans lequel cette cote est située ; que le ministère à qui l'on avoit fait connoitre les avantages que retireroient de cette route le général du royaume et les fermes du Roy, en particulier, par rapport à la traite des sels pour l'Auvergne, n'avoit pas paru d'abord éloigné d'accorder quelque secours sur les fonds de Sa Majesté ; mais les Etats qui, suivant leurs nouveaux règlements, ne contribuent qu'aux routes de la ligne de la poste n'avoient pas cru devoir entrer dans cette dépense, et le diocèze d'Alais, qui auroit du principalement la supporter, s'en étoit toujours défendu, sous prétexte qu'elle étoit au-dessus de ses forces ; que dans ces circonstances, MM. les commissaires du diocèse de Mende crurent devoir rendre cette route praticable aux voitures roulantes dans ce diocèse, étant persuadé que lorsqu'on ne trouveroit d'autres obstacles qu'à la côte de Saint-Jean, l'on se détermineroit à la lever. En conséquence, ils ont fait exécuter pendant plusieurs années des ouvrages considérables, à la faveur desquels les voitures roulent depuis quelque temps dans le païs ; que le témoignage que les rouliers, qui ont fréquenté ces chemins, ont rendu sur les facilités qu'ils continuoient à rencontrer dans ce diocèse et celles qu'ils y trouveroient dans la suite, lorsque la route seroit perfectionnée, et l'avantage de cette route plus courte d'environ 50 lieues que celle qu'on tient actuellement du bas Languedoc à Paris, et qui n'est interceptée qu'à la seule côte de Saint-Jean, a d'abord déterminé le diocèze d'Alais à faire exécuter cet ouvrage et à fournir à une partie de la dépense, pourvu qu'on lui donnât d'ailleurs des secours. En conséquence, il en a fait dresser un devis estimatif se portant à 45,000 livres ; que le Ministre a été de nouveau sollicité et qu'il a fait accorder par Sa Majesté une somme de 15,000 livres ; que M. l'évêque d'Alais et les députés des diocèses de Mende et d'Alais, qui se trouvoient aux derniers Etats généraux, ont fait des nouvelles représentations à Mgr l'archevêque de Narbonne et ensuite aux Etats, et que leur ayant fait connoitre toute l'utilité de cette route pour la province, ils se sont portés à accorder une somme de 15,000 livres ; que le diocèse d'Alais s'est fixé à une contribution de 9 à 10,000 livres ; que MM. les commissaires du diocèse de Mende ont offert d'y contribuer aussi pour 3,000 livres, et l'entrepreneur de voitures, pour une pareille somme ; que par cet arrangement on s'est procuré tous les fonds nécessaires pour la construction d'une nouvelle côte près de Saint-Jean de-Gardonenque, et elle a été adjugée le 24 du mois passé par MM. les commissaires du diocèse d'Alais, au prix de 44,900 livres, pour être rendu parfait dans le courant de l'année prochaine ; que la route projetée se trouvant par là entièrement ouverte, il est à propos de la perfectionner dans la partie qui concerne le diocèze de Mende ; que son emplacement est déterminé jusques à Maruejols et à Mende ; mais qu'il n'en est pas de même de là jusques en Auvergne ; qu'il y a divers projets pour l'emplacement du chemin ; qu'une personne non moins distinguée par ses connoissances et ses talents que par sa haute naissance, a remis en mémoire audit sieur sindic, dans lequel il propose plusieurs projets pour cet emplacement ; que M. le comte de Morangiés, après s'être livré à des longues et pénibles recherches, a bien voulu former un plan général de toutes les routes qu'il croit nécessaire d'ouvrir dans le diocèse de Mende ; que ledit sieur sindic s'empresse de faire connoitre à l'assemblée un ouvrage aussi intéressant pour la liberté du commerce et de lui faire part des vues utiles formées par le zèle dont M. le comte de Morangiés est animé pour le bien de son païs. En conséquence, ledit sieur sindic va remettre ce mémoire sous les yeux de l'assemblée. En conséquence, a été fait lecture dudit mémoire ; après quoy ledit sieur sindic a observé qu'il paroitroit convenable d'en envoyer des extraits aux administrateurs des communautés qui se trouvent sur la ligne des routes qui y sont proposées ou dans celles du voisinage, afin qu'ils donnent, à MM. les commissaires du diocèse, toutes les connoissances locales qu'ils pourront avoir au sujet de l'emplacement du chemin dans chaque partie, surtout relativement aux neiges, aux bourbiers et autres embarras qui pourroient s'y former, et sur les moyens de prévenir ces inconvénients, autant qu'il sera possible ; qu'après que MM. les commissaires se seroient procurés tous les renseignements préliminaires, ils pourroient faire examiner, par le directeur des travaux publics, même par un de MM. les ingénieurs de la province, les différentes routes proposées, faire dresser un devis estimatif de chacune pour tous ces différents devis rapportés être pris ensuite telle détermination qu'il appartiendroit.

Ledit sieur sindic a ajouté qu'il est parlé dans le mémoire de M. le comte de Morangiés d'une partie de chemin qui paroit instante, qui est celle de l'avenue de Bagnols-les-Bains, du côté de Langogne ; que tout le monde est instruit de la réputation de ces eaux et de l'affluence d'étrangers qu'elles y attirent tous les ans ; il n'y a qu'une avenue par ou l'on puisse y aboutir, et les personnes qui viennent en voitures du côté du Velay, de Forès et même de Lyon, sont obligées de faire un détour de près d'une journée pour s'y rendre par cette avenue ; ce qui est non-seulement dispendieux, mais encore bien pénible pour les infirmes ; qu'il ne s'agiroit, pour éviter ce circuit, que d'ouvrir, pendant environ une lieue et demi, un chemin partant de Bagnols, qu'il croit s'embrancher à la route de Mende à Langogne, entre Laubert et l'Habitarelle ; que cet embranchement ne seroit pas, selon les apparences, bien coûteux ; et ledit sieur sindic a requis l'assemblée de délibérer sur les différents objets qu'il vient de lui présenter.

Sur quoy, l'assemblée a unanimement délibéré d'approuver, pour ce qui concerne le diocèze, l'arrangement fait pour la construction de la côte près Saint-Jean-de-Gardonenque, et à renvoyer à MM. les commissaires ordinaires, pour pourvoir, lorsqu'il y aura lieu, au contingent de 3,000 livres, et poursuivre, à cet effet, les permissions nécessaires ; comme aussi l'assemblée, après avoir témoigné toute sa sensibilité au marque de zèle, d'attachement que M. le comte de Morangiés veut bien donner au païs, a unanimement délibéré que le sindic enverra des extraits du mémoire de M. le comte de Morangiés aux administrateurs des communautés qui se trouvent sur la ligne des routes qui y sont proposées, ou dans celles du voisinage, afin qu'ils donnent, à MM. les commissaires du diocèse, toutes les connoissances locales qu'ils pourront avoir au sujet de l'emplacement du chemin dans chaque partie, surtout relativement aux neiges, aux bourbiers et autres embarras qui pourroient s'y former et sur les moyens de prévenir ces inconvéniens autant qu'il sera possible ; et l'assemblée a prié MM. les commissaires, après qu'ils se seront procurés tous les renseignements préliminaires, de faire examiner par le directeur des travaux publics, ou même par un de MM. les ingénieurs de la province, les différentes routes proposées, faire dresser un devis estimatif de chacune, pour, tous ces différents devis rapportés, être pris ensuite telle détermination qu'il appartiendroit. Enfin, l'assemblée, attendu la nécessité reconnue d'un chemin pour faciliter l'accès des bains de Bagnols aux personnes qui s'y rendent, non seulement du haut Gévaudan, mais encore du Velay, du Forès et de Lyon même, a délibéré qu'il sera dressé un devis de ce chemin, par le directeur des travaux publics du diocèze, lequel sera communiqué à MM. les commissaires ordinaires, pour être par eux pourvu à l'exécution de cet ouvrage.

Après quoy, le *Te Deum* a été récité.

Fait, clos et arrêté à Marucjols, le quatorzième may mil sept cents soixante-quatre.

Signé : Valentin, vicaire général, Président.

1765

MM. les commissaires de l'assiette. — Lecture des commissions pour les sommes à imposer. — Prestation du serment par les membres des Etats. — Vote des sommes demandées. — Réception de M. le comte de Morangiés en qualité de baron de Saint-Alban et de propriétaire des terres du bois du Mont, Allenc et La Garde-Guérin. — Une lettre doit accompagner les procurations des députés. — Confirmation des officiers du diocèse. — Débets et reliquats des comptes des collecteurs. — Indemnité pour pertes de récoltes. — Plaintes des marchands de Marvejols, au sujet du préjudice que cause la filature du coton au commerce des étoffes du pays. — Observations de M. Holker sur les moyens de perfectionner les manufactures, d'améliorer les terres et augmenter les troupeaux en Gévaudan. — Mémoire du Vte de Polignac pour l'établissement des meilleures espèces de chevaux, mulets, bêtes à corne et à laine. — Equivalent. — Privilége à conserver. — Projet de différents chemins. — Ravages causés par une bête féroce et mesures à prendre pour les arrêter. — Clôture des Etats.

L'an mil sept cens soixante-cinq, et le mardy vingt-sixième jour du mois de mars. Les gens des trois Etats du pays de Gévaudan, convoquéz par ordre du Roy, en la ville de Mende, sont venus à la salle du palais épiscopal, où Mgr l'illustrissime et révérendissime Sgr, Mgr Gabriel-Florent de Choiseul-Beaupré, évêque, Sgr et gouverneur de la ville de Mende, comte du Gévaudan, conseiller du Roy en tous ses conseils, Président-né des Etats et assiette dudit pays, les attendoit, étant accompagné de Mre Jean Valentin, prêtre, licencié ez droits, chanoine de l'église cathédrale de Mende, vicaire général de Mgr l'évêque, et de MM. les commissaires ordinaires, et, tous ensemble, sont allés à l'église cathédrale dudit Mende, pour y entendre la messe du Saint-Esprit. Après laquelle, étant revenus audit palais épiscopal, dans la salle destinée pour la tenue desdits Etats, ils ont pris chacun leur place, sçavoir : Mgr le Président, sur un fauteuil placé sur une stalle élevée au-dessous d'un dais, et, sur la gauche de cette stalle, à la tête du banc, M. de Jerphanion, sindic du diocèse du Puy, commissaire principal, étant absent; M. Me Louis Valentin, lieutenant général au bailliage de Gévaudan, pour M. le bailli, en tour pour Mgr l'évêque de Mende, la présente année, commissaire ordinaire desdits Etats et assiette; Mre Claude-Gabriel-Amédée de Rochefort d'Aly, comte de Saint-Point et de Montferrand, baron de Cénaret, Sgr de Laval, Pougnadoire et Saint-Chély-de-Tarn, commis des nobles dudit pays, commissaire ordinaire desdits Etats et assiette, absent; M. Me Vital Dangles, avocat au Parlement; Me Vidal Maurin, notaire royal, et sieur Etienne Lapize, 1er, 2e et 3e consuls de la ville de Mende, l'année dernière, et Mre Pierre de Michel du Roc, marquis de Brion et autres places, maire de de la ville de Maruejols, commissaire ordinaire desdits Etats et assiette, sur un banc placé au milieu du parterre; MM. les ecclésiastiques, sur un banc, à la droite de Mgr le Président, chacun suivant son rang; et, sur le banc dudit sieur bailli, MM. les barons et gentilshommes de ce diocèse ou leurs députés, aussy suivant leur rang, et les sieurs consuls et députés des autres villes et communautés dudit pays, qui ont entrée et voix délibérative auxdits Etats, assis sur le bas banc.

M. Valentin, juge, lieutenant général au bailliage du Gévaudan, pour M. le baillif, ayant en main les commissions de nosseigneurs les commissaires, qui ont présidé pour le Roy à l'assemblée des Etats généraux de la province, tenus à Montpellier, le 7 janvier dernier, a dit que nosdit seigneurs ordonnent, par leurs dites commissions, à M. le bailli du Gévaudan, étant en tour ou son lieutenant, aux consuls de Mende et à un de Maruejols, commissaires ordinaires comme luy, de procéder au département des deniers y contenus, ainsi qu'il a été consenty et résoleu auxdits Etats ; lesquels Sa Majesté veut être imposés, la présente année, pour le soutien de l'Etat et pour fournir aux autres dépenses qui se fairont dans le royaume, aussi bien que pour les appointements de son altesse sérénissime, Mgr le comte d'Eu, gouverneur de la province, entretenement de ses gardes, et de MM. les lieutenants généraux dans ladite province, dettes et affaires de la province et de ce diocèse, et département des gratifications ordinaires et extraordinaires, contenues au billet, sur ce signé ; ensemble l'arrêt de validation du Conseil d'Etat de Sa Majesté, pour être payés aux premiers jours d'avril, juillet et octobre prochain ; et a remis les commissions au greffier pour en faire la lecture.

Et à l'instant, lecture ayant été faite desdites commissions, ensemble des instructions et autres actes y attachés, contenant, entr'autres choses, permission d'imposer pour les vaccations et journées des consuls de Mende, de Maruejols et du sindic du diocèze, députéz aux Etats généraux de la province. La lecture ayant été finie, ledit sieur lieutenant général au Bailliage, pour M. le baillif, en tour, est sorti de l'assemblée.

Mgr le Président a fait appeler les gens des Trois Etats du pays de Gévaudan, et ayant fait remettre, au greffier du diocèse, les procurations des députés auxdits Etats, il en a fait la lecture.

L'assemblée ayant été réglée, chacun ayant pris sa place, le serment en tel cas requis et accoutumé ayant été prêté, sçavoir : par MM. de l'église, la main mise sur la poitrine, et par MM. de la noblesse et députés du Tiers-Etat, la main levée à Dieu ; et, tous ensemble, ont promis à Mgr le Président, moyennant leur serment, de ne rien faire, en cette assemblée, contre l'honneur de Dieu ny contre le service du Roy.

Ensuite a été unanimement résolu que les sommes contenues aux commissions de nosseigneurs les commissaires, présidant pour le Roy, aux Etats généraux de la province, tenus à Montpellier, le 7 janvier dernier, seront imposées, la présente année, sur les contribuables aux tailles du pays de Gévaudan ; et les Etats ont donné pouvoir à MM. les commissaires de l'assiette, qui s'assembleront demain, d'en faire le département.

Le sindic du pays a dit que Mre Jean-François-Charles, comte de Morangiés, se présente pour être receu aux Etats en qualité de propriétaire de la baronnie de Saint-Alban et des terres du Bois-du-Mont, Allenc et La Garde-Guérin ; qu'il a remis ses titres de propriété, qui ont été examinés par une commission nommée par Mgr le Président ; que ces titres consistent : 1° en son contrat de mariage avec dame Marie-Paule-Thérèse de Beauvillers de Saint-Aignan, le 22 août 1752, par lequel il est donataire des biens de M. le marquis de Morangiés, son père, baron de Saint-Alban, sous la réserve et la jouissance de ses biens ; 2° en un acte du 2e août 1757 qui, en rappelle un du 5e septembre 1755, par lequel M. le marquis de Morangiés se départit de la jouissance de ses terres sous les conditions contenues en six articles, dont le sixième portoit, entre autres réserves, celle de l'entrée aux Etats généraux de la province et aux Etats particuliers du Gévaudan ; qu'il résulte dudit acte du 2 août 1757, qu'il a été dérogé à ce sixième article, et que M. le marquis de Morangiés cède, à M. le comte de Morangiés, son fils, tous les droits qu'il s'étoit réservés par cet article, notamment l'entrée aux Etats généraux de la province et aux Etats particuliers du Gévaudan ; que M. le comte de Morangiés rapporte, avec ses titres de propriété, son extrait baptistaire, duquel il résulte qu'il est né le 22 février 1728 ; que sur ces pièces, il a paru à la commission que M. le comte de Morangiés devoit être reçu à l'assemblée en qualité de baron de Gévaudan, pour la baronnie de Saint-Alban, et de propriétaire des terres du Bois-du-Mont, Allenc, et de consul noble de La Garde-Guérin, d'autant mieux qu'il a été déjà reçu en qualité de baron du Gévaudan, pour ladite baronnie, aux Etats généraux de cette province, tenus à Montpellier, au mois de décembre dernier ; ledit sieur sindic a requis l'assemblée de délibérer.

Sur quoy, il a été unanimement délibéré de recevoir aux Etats M. le comte de Morangiés, en qualité de baron du Gévaudan, pour la baronnie de Saint-Alban, de propriétaire des terres du Bois-du-Mont, d'Allenc et du consul noble de La Garde-Guérin ; et à l'instant, ayant été introduit à l'assemblée par le greffier du pays, il y a prêté le serment, en tel cas requis, entre les mains de Mgr le Président, en la forme ordinaire, et ensuite il a pris place et séance suivant son rang. Et mondit Sgr le Président a ordonné qu'extrait des titres ci-dessus énoncés, seroient remis au greffe du diocèse, suivant la coutume.

Comme il est d'usage dans la province, que MM. de l'église et MM. les barons, qui ne peuvent asssiter aux Etats de Languedoc, envoyent, outre leurs procurations, une lettre, adressée à Mgr le Président, pour toute l'assemblée, contenant les raisons pour lesquelles ils ne peuvent pas venir; que cet usage a été toujours observé dans ce pays pour soutenir la dignité de Mgr le Président et de toute l'assemblée, et que néantmoins quelques-uns ont obmis d'écrire lesdites lettres; a été délibéré que les procurations, tant de MM. de l'église que de MM. les barons et gentilshommes de ce diocèse, seront refusées à l'avenir, si elles ne sont accompagnées d'une lettre pour Mgr le Président, qui contienne les raisons pour lesquelles ils ne peuvent assister en personne, et que le greffier du diocèse couchera la présente délibération dans les lettres d'avis pour la convocation des Etats prochains.

Mgr le Président a dit que, suivant l'usage et instructions de nosseigneurs les commissaires, présidant pour le Roy aux Etats généraux de la province, cette assemblée est en droit de faire procéder à la confirmation ou nouvelle élection des officiers du diocèse.

Sur quoy, le sieur Lafont, sindic, et de L'hermet, greffier, étant sortis de l'assemblée, a été délibéré, d'une voix unanime, de confirmer le sieur Lafont dans la charge de sindic, et le sieur de L'hermet dans la charge de greffier.

Après quoy, ayant fait appeler lesdits sieurs Lafont et de L'hermet, lecture leur a été faite de la présente délibération, et Mgr le Président leur a fait prêter le serment, la main levée à Dieu, de remplir les devoirs de leur charge ; ce qu'ils ont promis et juré de faire.

Le sindic du pays a dit qu'il a été rendu deux jugements par nosseigneurs les commissaires du Roy et des Etats, en date des 29 décembre 1764 et 5 janvier 1765, dont l'un ordonna, en faveur des collecteurs de plusieurs communautez du diocèse, de l'année 1763, l'imposition des sommes dont ils ont été déclarés créanciers par la clôture de leurs comptes, lesquelles reviennent en total à celle de 175 livres 19 sols 4 deniers; et l'autre veut qu'il soit fait un moins imposé, dans plusieurs communautés, des reliquats des comptes de leurs collecteurs, de la même année 1763, qui se portent en total à la somme de 3,060 livres 12 sols 8 deniers, et conformément aux dits jugements, ledit sieur sindic a requis l'assemblée de délibérer qu'il sera fait mention de ces debets et de ces reliquats dans les mandes de la taille de cette année, et qu'il y sera marqué, par un article particulier, la somme que chaque communauté doit imposer ou moins imposer à ce sujet, chacune comme la concerne. Ce qui a été unanimement délibéré, conformément à la réquisition dudit sieur sindic.

Ledit sieur sindic a dit encore qu'il a été, suivant l'usage, dressé l'année dernière des procès-verbaux des dommages causés aux récoltes par les grêles et autres accidents du Ciel ; qu'il a été accordé par Sa Majesté une indemnité à la province ; que M. l'Intendant en a deu faire la répartition ; mais qu'il n'a pas encore reçeu l'ordonnance qui fixe le contingent de ce diocèse, et a requis de délibérer de renvoyer à MM. les commissaires pour procéder à la répartition de la somme que M. l'Intendant aura accordée sur les communautés ou sur les particuliers endommagés, conformément aux décisions de Sa Majesté, du 20 février 1755. Ce qui a été délibéré, conformément à la réquisition dudit sieur sindic.

Ledit sieur sindic a dit aussi que les marchands de Maruejols ont présenté deux mémoires à nosseigneurs des Etats généraux de la province ; que dans le premier, ils se plaignent du préjudice qui résulte, pour le pays du Gévaudan, de l'introduction de la filature du coton, en ce qu'elle fait tomber celle de la laine, comme on s'en aperçoit déjà ; que dans le second mémoire, ils représentent que les étoffes du Gévaudan, expédiées par les marchands de Saint-Flour, à Lyon, sont sujettes à des droits moindres que ceux qu'on exige de ces étoffes, lorsqu'elles sont expédiées du Gévaudan, et que cette différence ne peut être que très préjudiciable au commerce des négociants du pays, sur lesquels ceux de Saint-Flour obtiennent la préférence ; que ces deux mémoires ont été communiquéz audit sieur sindic pour y faire ses observations ; que dans sa réponse au premier, il a fait connoitre que la filature du coton pourroit opérer dans la suite la destruction des fabriques de laine, et qu'elles en recevoient actuellement bien du préjudice ; mais il n'a pu dissimuler, qu'en supposant qu'on peut faire prohiber ou restreindre cette filature, la chose ne fut funeste, dans le moment présent, à plusieurs cantons du pays, dont les habitants ne subsistent que par elle ; et, ou si elle cessoit, la pluspart d'entr'eux se trouveroient sans travail, à cause du défaut des laines, qui sont beaucoup moins abondantes qu'autrefois ; que sur ces réflexions, nosseigneurs des Etats ont renvoyé, à MM. les commissaires du pays, de prendre les résolutions qui leur paraitront les plus propres à assurer, à la filature et à la fabrique des étoffes de laine, la préférence qu'elles méritent ; sur le second mémoire, ledit sieur sindic a réclamé la protection de nosseigneurs des Etats pour les marchands de Maruejols, et les a supplié de vouloir demander au Ministre que les marchandises du Gévaudan, qui sont expédiées du pays, ne soient pas sujettes à des plus grands droits que celles que le sont de l'Auvergne ; que les Etats ont délibéré de charger MM. les députés à la Cour, d'y faire cette demande.

Sur quoy, ledit sieur sindic n'a autre chose à proposer à l'assemblée, si ce n'est de délibérer de prier MM. les commissaires ordinaires de veiller à la conservation des filature et fabrique des étoffes de laine, et de leur procurer, par tous les moyens qui leur paraitront les plus efficaces, la préférence qu'elles doivent avoir sur celle du coton. Ce qui a été délibéré, conformément à la proposition dudit sieur sindic.

Ledit sieur sindic a dit encore que Mgr l'archevêque de Narbonne, en conséquence de la délibération prise par les Etats généraux à leur précédente assemblée, a engagé M. Holker, inspecteur général des manufactures étrangères, qui a les connoissances les plus étendues sur les fabriques de laine, notamment sur celles du Gévaudan, à venir dans la province pour y donner les instructions nécessaires et les porter à une plus grande perfection ; qu'il a fait un séjour d'environ trois semaines dans le Gévaudan, dont il a parcouru les différentes fabriques avec le sindic ; qu'il a remis ses observations à M. de Joubert, sindic général, et qu'il paroit par ces observations que M. Holker a trouvé les différentes étoffes, qui se fabriquent en Gévaudan, très imparfaites, non par la qualité de la laine, qui est au contraire fort bonne, mais par le défaut de lavage et de la filature ; qu'il est entré dans un plus grand détail sur ce dernier article, et qu'il fait sentir la nécessité d'introduire une nouvelle manière de filer la laine ; auquel effet il estime qu'il est indispensable d'envoyer sur les lieux un habile maîtresse fileuse pour dresser celles qui voudront apprendre, et de fournir, dans le pays, des rouets et des dévidoirs qui n'y sont pas connus ; qu'au moyen de ces outils, la filature sera plus prompte et plus parfaite, et que les fileuses gagneront d'avantage ; ce qui sera d'une grande utilité pour le pays, en attachant les fileuses au travail de la laine ; que suivant une autre observation de M. Holker, les chaalons ou escots, fabriqués à Mende, ne sont ny de la même largeur ny de la même longueur que les chaalons anglais ; qu'ils sont aussy beaucoup plus pesants, pour servir à l'usage pour lequel on se sert en Espagne et en Turquie, et que les opérations qu'il a proposées pour dégraisser la laine et pour la filer, procureront la légèreté qu'on demande ; mais qu'il faut aussy leur donner plus de largeur ; auquel effet il est nécessaire de changer les rots et les lames des métiers ; qu'il a fait encore une autre remarque sur ce que les étoffes qu'on fabrique en Gévaudan n'y reçoivent point les derniers apprêts, mais qu'elles sont achetées par des marchands de Montpellier, de Nimes et de Lyon, qui en font le commerce ; de sorte que les négociants du Gévaudan ne sont, à proprement parler, que des commissionnaires ; lesquels pour se procurer un plus grand nombre de commissions les mettent, pour ainsi dire au rabais, et cherchent ensuite à se dédommager sur ceux qui fabriquent les étoffes ; que pour remédier à ces inconvénients, il propose d'établir à Mende un teinturier et un apprêteur avec une teinture et des presses, pour que les étoffes y reçoivent tous les apprêts ; les négociants qui sont sur les lieux y fassent directement le commerce, par les avantages qui doivent résulter de ce commerce immédiat avec l'étranger, dont l'un des principaux sera nécessairement celui de pouvoir livrer les étoffes à un moindre prix, et par conséquent d'établir plus facilement une concurrence avec l'étranger.

Qu'ayant été rendu compte, à nosseigneurs des Etats généraux, de ces différentes observations, ils ont cru qu'on devoit commencer par s'occuper des moyens d'introduire, dans le Gévaudan, la méthode proposée par M. Holker, pour la filature, et de donner aux étoffes qu'on y fabrique la même largeur que les chaalons anglais ; qu'en conséquence, ils ont délibéré d'accorder au pays de Gévaudan, pour remplir ce double objet, une somme de 5,000 livres ; et, à l'égard de l'établissement des teintures et des presses publiques dans le Gévaudan, les Etats ont renvoyé à délibérer sur cet objet à cause des différents rapports sous lequel il peut être considéré.

Ledit sieur sindic a ajouté qu'il a été encore rendu compte aux Etats des éloges que M. Holker donne, dans ses observations, à la fabrique du sieur Colson qui, n'ayant peu parvenir à une parfaite imitation des Malbrougs et autres étoffes anglaises qu'au moyen des presses chaudes, telles que celles dont on se sert en Angleterre, s'étoit procuré, à grands frais, deux de ces presses avec les ameublements nécessaires, et que sur les représentations faites par ledit sieur Colson, les Etats instruits déjà des efforts qu'il avoit faits, ont reconnu la nécessité de l'aider à perfectionner les apprêts qu'il donne aux étoffes de sa fabrique, et ont délibéré de lui accorder une somme de 10,000 livres.

Enfin ledit sieur sindic a dit que M. Holker a fait différentes observations sur la culture des terres et sur les bestiaux, notamment sur les bêtes à laine, qu'il a trouvé réduites à un petit nombre ; ce qu'il attribue à plusieurs causes, dont les principales sont la pauvreté des gens de la campagne, et la manière dont ils tiennent leurs troupeaux, qu'il a trouvé très sales et trop chaudes, n'étant point assez aérées ; que M. Holker donne différentes méthodes pour l'amélioration des terres, l'augmentation des fourrages et celles des bêtes à laine, et qu'il en assure le succès, si on les fait avec intelligence ; que les Etats ont délibéré de rendre ces méthodes publiques et de faire imprimer cette partie des observations de M. Holker, pour être répandue dans tous les diocèses.

Sur cet exposé, ledit sieur sindic a proposé à l'assemblée de délibérer : 1° de prier Mgr l'évêque de Mende et MM. les commissaires du diocèse, pendant l'année, de vouloir bien procurer, de la manière qui pourra être la plus avantageuse au pays, l'exécution de la délibération de nosseigneurs des Etats, soit pour la construction et la distribution des rouets, des dévidoirs, des lames et des rots, à concurrence de la somme de 5,000 livres, que les Etats ont accordée, soit en engageant la fileuse, qui doit être envoyée dans le pays, à en parcourir les lieux principaux et à faire, dans chacun, le séjour nécessaire, pour y introduire les nouvelles fileuses et y former un certain nombre de personnes ; 2° de prier encore MM. les commissaires du diocèse de ne point perdre de vue l'établissement proposé des teintures et des presses publiques dans le pays, et de faire toutes les instances et représentations nécessaires auprès de nosseigneurs des Etats pour le succès de cet établissement, dont il ne peut que résulter de grands avantages pour le commerce en général, notamment par les facilités qu'on aura de pouvoir livrer à un moindre prix les étoffes, dès lors que ce se faira immédiatement avec l'étranger ; 5° de charger ledit sieur sindic, lorsqu'il aura reçeu les exemplaires imprimés des observations de M. Holker, sur l'amélioration des terres, l'augmentation des fourrages et celle des bêtes à laine, de les envoyer dans toutes les communautés du pays. Ce qui a été délibéré, conformément aux diverses propositions faites par ledit sieur sindic.

Ledit sieur sindic a dit aussy qu'il feut donné connoissance, aux précédents Etats, d'un mémoire de M. le Vte de Polignac, pour établir, dans la province, de meilleures espèces de chevaux, de mulets, de bêtes à corne et des bêtes à laine ; et qu'en conséquence de la délibération prise par nosseigneurs des Etats, ce mémoire a été envoyé aux sindics de tous les diocèses pour répondre aux questions qui y étoint proposées, relativement surtout aux facilités ou aux difficultés dont le projet seroit susceptible, dans chaque diocèse ; qu'il a été fourny diverses réponses sur ce mémoire ; que dans celle que ledit sieur sindic a faite, il a tâché de faire connoitre qu'on pouvoit élever, dans ce pays, autant que dans tout autre, de beaux chevaux et de beaux mulets ; que même les mulets y réussissoient très bien ; qu'il s'est principalement attaché, dans cette réponse, à l'espèce des bêtes à laine ; qu'il a représenté que MM. les commissaires du diocèse avoint fait, les dernières années, plusieurs démarches pour introduire des béliers des meilleures espèces étrangères, notamment de celles de Flandres ; mais que les difficultés et encore plus les frais de cette entreprise, les avoint obligés de l'abandonner ; que M. le comte de Morangiés a remis aux Etats un mémoire, dans lequel il a proposé les moyens les plus efficaces d'assurer le succès du projet de M. le Vte de Polignac ; que ce mémoire ne laisse rien à désirer, si ce n'est d'être rendu public ; qu'après un long examen, les Etats n'ont pas cru pouvoir encore se fixer sur les encouragements qu'il seroit à propos de donner pour introduire une meilleure espèce de chevaux et de mulets, et ils ont cru devoir consulter auparavant les diocèses, et savoir ce qu'on demanderoit, en proposant des soumissions dont MM. les sindics généraux doivent envoyer les modèles ; à l'égard des bêtes à corne et des bêtes à laine, nosseigneurs des Etats ont pris une résolution définitive et ils ont délibéré qu'il seroit fourni, aux frais de la province, des taureaux et des béliers des plus belles espèces, à ceux qui feroient leurs soumissions aux sindics des diocèses, à la charge, par les particuliers, de les payer sur le pied que les meilleurs taureaux et les meilleurs béliers se vendent dans la province, et de les représenter, pendant quatre ans, aux consuls des communautés ; que MM. les sindics généraux doivent encore envoyer, aux sindics des diocèses, des modèles des soumissions que les particuliers doivent faire à ce sujet ; que pour que l'assemblée soit bien instruite de tout ce qui a été observé et déterminé à cet égard, par nosseigneurs des Etats, il croit devoir faire lecture à l'assemblée de leurs délibérations.

Après laquelle lecture, ledit sieur sindic a ajouté que, lorsqu'il aura reçeu, de M. le sindic général de la province, l'instruction et les modèles de soumission annoncée par la délibération de nosseigneurs des Etats, il en rendra compte à MM. les commissaires ordinaires pendant l'année, et exécutera ce qui luy sera prescrit ; et, ledit sieur sindic, a requis l'assemblée de délibérer de renvoyer à mesdits sieurs les commissaires, pour procurer l'exécution de la délibération de nosdits seigneurs des Etats, et suivre les instructions qui seront envoyées en conséquence. Ce qui a été ainsi délibéré par l'assemblée.

Ledit sieur sindic a dit encore, qu'il fut rendu compte à l'assemblée des Etats, tenue à Maruejols, l'année dernière, des démarches faites, par le fermier général de l'équivalent, auprès de nosseigneurs des Etats généraux de la province, pour faire perdre au pays le privilége dont il a jouy de tous les temps, au sujet du département de la viande que ses habitants ont la faculté de faire entre eux pour leur consommation domestique, au nombre de quatre au plus, sans être sujets au droit ; que nosseigneurs des Etats généraux délibérèrent, le 28 février 1764, que le sindic du Gévaudan rapporteroit les titres et mémoires pour justifier de ce privilége et y être statué par les Etats, et que ledit sieur sindic a adressé un mémoire pour faire connoitre la légitimité de ce privilége ; les motifs auxquels il doit son origine et la possession aussi ancienne que constante sur laquelle il est fondé ; que ledit sieur sindic va faire la lecture de ce mémoire ; qu'avant de le distribuer, il commença par le remettre à M. le comte de Morangiés, qui assistoit aux Etats, en qualité de baron de tour du Gévaudan, qui, après en avoir pris connoissance, a bien voulu protéger et diriger les démarches dudit sieur sindic, avec son zèle ordinaire, pour tout ce qui intéresse le bien du pays; que ce seigneur a employé, pour le succès de cette affaire, tout le crédit et la considération particulière avec M. l'archevêque de Narbonne, à laquelle ledit sieur sindic eut l'honneur d'assister ; qu'il se donna les plus grands mouvements auprès des principaux membres des Etats, pour faire bien connoitre les droits du pays, et qu'il les défendit avec force dans la commission où l'affaire fut rapportée ; que la commission reconnut que le fermier n'étoit point personne légitime pour contester le privilége du pays, et qu'il étoit hors d'intérest; les Etats le délibérèrent de même, sauf à examiner ce privilége à la pénultième année du bail actuel, temps auquel l'on procédera au règlement pour le renouvellement de la ferme.

Le fermier avoit encore demandé l'établissement d'écorchoir dans tous les principaux lieux du pays, et il a été pareillement surcis à cette demande.

Sur quoy, le sindic a proposé à l'assemblée de délibérer de prier MM. les commissaires du diocèse de veiller dans tous les temps à la conservation du privilége dont le pays du Gévaudan jouit du département de la viande, notamment lorsqu'il s'agira de procéder au règlement pour le renouvellement de la ferme, de faire alors toutes les démarches et les représentations nécessaires auprès de nosseigneurs des Etats, pour qu'il n'y soit doit aucune atteinte; comme aussi de leur faire connoitre l'inutilité de l'établissement des écorchoirs dans les lieux du pays, pour lesquels ils ont été proposés, attendu le peu d'importance de ces lieux, dont les plus considérables ne renferment pas 2,500 habitants, et la modicité des consommations, et de supplier nosdits seigneurs de vouloir bien dispenser ces lieux d'une dépense qui, par le poids accablant des charges et la misère publique, ne pourroit que leur être bien onéreuse. Ce qui a été délibéré, conformément à la proposition dudit sieur sindic.

De relevée.

Ledit sieur sindic a dit qu'il fut rendu compte à l'assemblée des Etats, tenue à Maruejols, l'année dernière 1764, d'un mémoire de M. le comte de Morangiés, contenant le projet des différentes routes à ouvrir dans le Gévaudan ; qu'il fut délibéré que le sindic du pays enverroit des extraits de ce mémoire aux administrateurs des communautés qui se trouvent sur la ligne de ces routes ou dans celles du voisinage, pour avoir leur avis, au sujet de l'emplacement du chemin dans chaque partie, surtout relativement aux neiges et autres embarras qui peuvent s'y former et sur les moyens de prévenir les inconvénients autant qu'il seroit possible ; que MM. les commissaires du diocèse furent priés, après avoir acquis toutes les connoissances préliminaires, de faire examiner par le directeur des travaux publics ou même, s'il étoit possible, par un de MM. les ingénieurs de la province, les différentes routes proposées, faire dresser un devis estimatif de chacune pour, tous ces différents devis rapportés, être ensuite pris telle détermination qu'il appartiendroit ; qu'en exécution de cette délibération, ledit sieur sindic étant aux derniers Etats généraux de la province auroit, ainsi qu'il en avoit été chargé par MM. les commissaires, parlé à M. de Joubert, sindic général, pour qu'il eut la bonté d'engager l'un de MM. les ingénieurs de la province à se rendre en Gévaudan, pour y examiner les différents projets de route, proposés par M. le comte de Morangiés ; que M. de Joubert auroit bien voulu déterminer M. Grangent, l'un d'eux, à faire ce voyage, et qu'il a promis de se transporter dans ce pays l'été prochain, pour vérifier les différents projets et dresser les devis estimatifs des chemins dont la construction lui paroitra nécessaire.

Ledit sieur sindic a ajouté qu'il a été remis deux mémoires à Mgr l'évêque de Mende, qu'on propose, dans l'un de ces mémoires, de changer une partie de la route de Mende à Maruejols pour éviter la montagne de la Boulène, souvent impraticable en hiver ; que, par ce nouveau plan, elle se trouveroit établie dans les vallons de Barjac et de Grèzes, à couvert du mauvais temps ; que par le second mémoire, qui a été remis par M. le marquis de Brion, maire de Maruejols, l'on propose d'ouvrir une route de cette ville à l'Habitarelle, où l'on joindroit le chemin de Mende au Puy et à Lyon ; que suivant ce qu'on a exposé, ce nouveau chemin seroit avantageux au commerce ; qu'il croit devoir faire la lecture de ces deux mémoires. Après laquelle ledit sieur sindic a observé qu'on pourroit profiter du séjour que M. Grangent fera dans le diocèse, pour lui faire examiner ces deux nouvelles routes et luy en faire dresser des devis estimatifs, pour en être rendu compte à la prochaine assemblée des Etats du pays ; et, sur cet exposé, ledit sieur sindic a proposé à l'assemblée de délibérer d'envoyer dans les communautés qui se trouvent dans le voisinage des lignes proposées, des extraits des mémoires, qui ont été présentés pour l'ouverture de toutes ces différentes routes, de prier les administrateurs des communautés de donner leurs réponses et observations avant l'arrivée de M. Grangent, afin qu'elles puissent luy être communiquées et qu'il en fasse usage lorsqu'il vaquera à la vérification des projets qui ont été présentés, pour être ensuite rendu compte, à la prochaine assemblée des Etats du pays, de cette vérification, ainsi que de tout le travail qu'aura fait M. Grangent.

Ce qui a été délibéré, conformément aux propositions dudit sieur sindic.

Ledit sieur sindic a dit encore qu'il n'est aucun membre de l'assemblée qui ne soit vivement touché des malheurs causés par la bête féroce, qui ravage, depuis environ huit mois, le Gévaudan ; que cette cruelle bête, sur l'espèce de laquelle l'on est encore incertain, les uns l'ayant prise d'abord pour une hyène, d'autres pour un loup, auquel il semble en effet, suivant tout ce qu'on en a remarqué, avoir plus de rapport qu'à tout autre animal ; d'autres enfin, pour un monstre, a déjà fait périr, dans le pays, vingt-six personnes et en a blessé un plus grand nombre, indépendamment des désastres arrivés en Auvergne et en Rouergue ; qu'on s'est donné bien des soins pour le détruire, et qu'on a fait exécuter des chasses presque continuelles, à plusieurs desquelles ledit sieur sindic a assisté et dont certaines ont été très nombreuses ; les habitants de plus de cent paroisses du Gévaudan, de l'Auvergne et du Rouergue ayant été mis en mouvement tout à la fois ; que les premières chasses ont été faites par des tireurs du pays, qui ont été envoyés par Mgr l'évêque de Mende, et MM. les commissaires du diocèse, sous la direction dudit sieur sindic ; qu'à l'une de ses chasses, l'on a fait changer d'établissement à la bête ; qu'elle a quitté les cantons de Langogne et du Vivarais, par où elle avoit commencé ses ravages, et qu'elle s'est portée du côté de Saint-Chély, où elle est actuellement, parcourant une trentaine de paroisses du voisinage ; qu'ensuite M. Duhamel, capitaine dans le régiment des volontaires de Clermont, s'est rendu à Saint-Chély, par ordre de M. le comte de Moncan, commandant de la province, avec un détachement de 56 dragons de ce régiment ; qu'il n'a cessé de faire de jour et de nuit des courses continuelles avec ses dragons ; qu'il a rencontré plusieurs fois la bête ; que luy ou ses dragons l'ont tirée dans quelques occasions ; qu'elle l'a été aussi dans d'autres par des habitants du pays, mais qu'on ne s'est point aperçu qu'elle ait reçu aucune blessure, si ce n'est à une des chasses générales, exécutées le 7 février, où elle fut tirée par un paysan et laissa quelques gouttes de sang sur la neige ; qu'en dernier lieu, M. Denneval, gentilhomme de Normandie, renommé pour la chasse du loup, a été envoyé, avec M. son fils, dans ce pays, par la Cour, pour la destruction de la bête, et que l'entière direction des chasses et de toutes les autres opérations, relatives à cet important objet, vient de luy être confié ; qu'il a commencé, depuis environ quinze jours, ses travaux avec six chiens, qu'il a amenés avec luy ; qu'il paroit que ce ne peut être que par des moyens extrêmement multipliés qu'on pourra parvenir à détruire ce cruel animal, dont l'instinct est singulièrement rusé et l'agilité inconcevable ; que dans ces circonstances il est à propos que MM. les curés, consuls et notables des communautés où il s'est fait voir, recherchent tous les expédients qui leur paroitront propres à procurer la délivrance du pays, et qu'ils en fassent part à M. Denneval, en luy donnant toutes les connoissances locales et les facilités qui pourront dépendre d'eux ; que si l'assemblée le trouve convenable, elle poura délibérer de charger ledit sieur sindic de leur en écrire pour les en prier.

Sur quoy, l'assemblée, pénétrée de douleur, a chargé ledit sieur sindic d'écrire dans les communautés que la bête parcourt et dans celles où elle pourra encore se jeter, pour prier MM. les curés, consuls et notables de s'occuper des moyens qui leur paroîtront les plus efficaces pour la destruction de cette bête, de faire part de tous ceux qu'ils pourront imaginer à M. Denneval, et de luy donner toutes les connoissances locales et les facilités dont il pourra avoir besoin pour remplir l'objet de sa mission ; comme aussi elle a chargé ledit sieur sindic de faire les plus fortes instances auprès dudit sieur Denneval, pour l'engager à faire usage de toutes les connoissances que son expérience, en fait des chasses, luy a acquises, et à donner la plus grande activité à ses opérations, afin de procurer la prompte délivrance du pays ; et Mgr l'évêque de Mende a été supplié de vouloir bien luy continuer sa protection dans une circonstance aussi malheureuse.

Après quoy, le *Te Deum* a été récité et la bénédiction a été donnée par Mgr le Président.

Fait, clos et arrêté à Mende, le vingt-six mars mil sept cent soixante-cinq.

Signé : † G. Flor., évêque de Mende.

1766

Les commissaires de l'assiette. — Lecture des commissions pour les sommes à imposer. — Prestation du serment. — Vote des sommes demandées. — Confirmation des officiers du diocèse. — Débets et reliquats des comptes des collecteurs. — Indemnité pour pertes de récoltes. — Emploi du papier timbré pour le contrôle. — Moyens proposés pour l'amélioration des bêtes à laine et à corne, et pour l'établissement des haras. — Compascuité et partage des communaux. — Continuation des ravages de la bête féroce. — Chasses organisées et moyens proposes pour la détruire. — Chemin à ouvrir. — Clôture des États.

L'an mil sept cens soixante-six, et le lundy vingt-quatrième jour du mois de mars. Les gens des trois Etats du pays de Gévaudan, convoquéz par ordre du Roy, en la ville de Maruejols, sont venus à la salle de l'hôtel de M. le comte de Peyre, où loge Mre Jean Valentin, prêtre, licencié ez droits, chanoine de l'église cathédrale de Mende, vicaire général de Mgr l'évêque de Mende, président des Etats et assiette dudit pays, qui les attendoit, étant accompagné de MM. les commissaires ordinaires ; et, tous ensemble, sont allés à l'église collégiale de La Carce, de la ville de Maruejols, pour y entendre la messe du Saint-Esprit. Après laquelle, s'étant rendus dans la salle de l'auditoire des Cours du bailliage de Gévaudan et royale ordinaire dudit Maruejols, ils ont pris chacun leur place, sçavoir. Mgr le Président, sur un fauteuil, placé sur une stalle élevée au-dessous d'un dais ; et, sur la gauche de cette stalle, à la tête du banc, M. de Banne, commissaire principal desdits Etats et assiette ; M. Mᵉ Joseph Dallo, juge, lieutenant général au bailliage de Gévaudan, pour M. le baillif en tour, pour le Roy, la présente année, commissaire ordinaire desdits Etats et assiette ; Mʳᵉ Claude-Gabriel-Amédée de Rochefort d'Aly, comte de Saint-Point et de Montferrant, baron de Cénaret, Pougnadoire et Saint-Chély-de-Tarn, commis des nobles dudit pays, commissaire ordinaire desdits Etats et assiette, absent; M. Claude-Privat Bonnel de La Brageresse, docteur en médecine ; M. Antoine Blanc, maître en chirurgie, lieutenant du premier chirurgien du Roy, et sieur Christophle Randier, 1ᵉʳ, 2ᵉ et 3ᵉ consuls de la ville de Mende, l'année dernière, et MM. Pierre de Michel du Roc, marquis de Brion et autres places, maire de la ville de Maruejols, commissaires ordinaires desdits Etats et assiette, sur un banc, placé au milieu du parterre ; MM. les ecclésiastiques, sur un banc à la droite de M. le Président, chacun suivant son rang, et sur le banc dudit sieur baillif ; MM. les barons et gentilshommes de ce diocèse ou leurs députés, aussi suivant leur rang, et les sieurs consuls et députés des autres villes et communautés dudit pays, qui ont entrée et voix délibérative auxdits Etats, assis sur le bas banc.

M. de Banne, commissaire principal, ayant en main les commissions de nosseigneurs les commissaires, qui ont présidé pour le Roy en l'assemblée des Etats généraux de la province, tenus à Montpellier, a dit que nosdits seigneurs ordonnent, par leursdites commissions, à M. le baillif du Gévaudan, étant en tour, ou son lieutenant, aux consuls de Mende et à un de Maruéjols, commissaires ordinaires comme luy, de procéder au département des deniers y contenus, et ainsi qu'il a été consenti et résolu auxdits États. Lesquels Sa Majesté veut être imposés, la présente année, pour le soutien de l'Etat et pour fournir aux autres dépenses qui se feront dans le royaume, aussi bien que pour les appointements de son altesse sérénissime Mgr le comte d'Eu, gouverneur de la province, entretenement de ses gardes et de MM. les lieutenants généraux dans ladite province, dettes et affaires de la province et de ce diocèse, et département des gratifications ordinaires et extraordinaires contenus au billet, sur ce signé, ensemble l'arrêt de validation du Conseil d'Etat de Sa Majesté, pour être payés aux premiers jours d'avril, juillet et octobre prochains, et a remis les commissions au greffier pour en faire la lecture.

Et à l'instant, lecture ayant été faite desdites commissions, ensemble des instructions et autres actes y attachés, contenant, entr'autres choses, permision d'imposer pour les vaccations et journées des consuls de Mende, de Maruejols et du sindic du diocèse, députés aux Etats généraux de la province. La lecture ayant été finie, lesdits sieurs commissaire principal et lieutenant général au bailliage de Gévaudan, pour M. le baillif en tour, sont sortis de l'assemblée.

M. le Président a fait appeler les gens des Trois Etats du pays de Gévaudan, et ayant fait remettre au greffier du diocese les procurations des députés auxdits Etats, il en a fait la lecture.

L'assemblée ayant été réglée, chacun ayant pris sa place, le serment en tel cas requis et accoutumé ayant été prêté, sçavoir : par MM. de l'Eglise, la main mise sur la poitrine, et par MM. de la noblesse et députés du

Tiers-Etat, la main levée à Dieu ; et, tous ensemble, ont promis à M. le Président, moyennant leur serment, de ne rien faire, en cette assemblée, contre l'honneur de Dieu ny contre le service du Roy.

Ensuite a été unanimement résolu que les sommes contenues aux commissions de nosseigneurs les commissaires, présidant pour le Roy aux Etats généraux de la province, tenus à Montpellier, seront impozées, la présente année, sur les contribuables aux tailles du pays de Gévaudan ; et les Etats ont donné pouvoir à MM. les commissaires, qui s'assembleront demain, d'en faire le département.

Comme il est d'usage dans la province que MM. de l'Eglise et MM. les barons, qui ne peuvent pas assister aux Etats du Languedoc, envoyent, outre leurs procurations, une lettre adressée à M. le Président, pour toute l'assemblée, contenant les raisons pour lesquelles ils ne peuvent pas venir ; que cet usage a été toujours observé dans ce pays, pour soutenir la dignité de M. le Président et de toute l'assemblée, et que néantmoins quelques-uns ont obmis d'écrire lesdites lettres ; il a été délibéré que les procurations, tant de MM. les barons et gentilshommes de ce diocèze, seront refuzées à l'avenir, si elles ne sont accompagnées d'une lettre pour M. le Président, qui contienne les raisons pour lesquelles ils ne peuvent assister en personne, et que le greffier du diocèse couchera la présente délibération dans les lettres d'avis, pour la convocation des Etats prochains.

M. le Président a dit que, suivant l'uzage et instructions de nos seigneurs les commissaires, présidant pour le Roy aux Etats généraux de la province, cette assemblée est en droit de faire procéder à la confirmation ou nouvelle élection des officiers du diocèse.

Sur quoy, le sieur Lafont, sindic, et le sieur de Lhermet, greffier du diocèse, étant sortis de l'assemblée, a été délibéré, d'une voix unanime, de confirmer le sieur Lafont dans la charge de sindic, et le sieur de Lhermet, dans la charge de greffier.

Après quoy, les Etats ayant fait appeler lesdits sieurs Lafont et de Lhermet, lecture leur a été faite de la présente délibération, et M. le Président leur a fait prêter le serment, la main levée à Dieu, de remplir les devoirs de leurs charges ; ce qu'ils ont promis et juré de faire.

Le sindic du pays a dit qu'il a été rendu deux jugements par nosseigneurs les commissaires du Roy et des Etats, en date du 25 janvier 1766, dont l'un ordonne, en faveur des collecteurs de plusieurs communautés du diocèse, de l'année 1764, l'imposition des sommes dont ils ont été déclarés créanciers par la clôture de leurs comptes, lesquelles reviennent en total à celle de 153 livres 15 sols 1 denier, et l'autre veut qu'il soit fait un moins imposé, dans plusieurs communautés, des reliquats des comptes de leurs collecteurs de la même année 1764, qui se portent en total à la somme de 2,619 livres 14 sols 8 deniers ; et, conformément auxdits jugements, ledit sieur sindic a requis l'assemblée de délibérer qu'il sera fait mention de ces débets et de ces reliquats dans les mandes de la taille de cette année, et qu'il y sera marqué, par un article particulier, la somme que chaque communauté doit imposer ou moins imposer à ce sujet, chacune comme la concerne.

Ce qui a été délibéré, conformément à la réquisition dudit sieur sindic.

Ledit sieur sindic a dit encore que, sur l'indemnité accordée par Sa Majesté pour les dommages causés aux récoltes, l'année dernière, il fut d'abord prélevé une somme de 500,000 livres, pour être employée en moins imposé sur la totalité de la taille ; M. l'Intendant fit la répartition de cette somme, et le diocèse de Mende y fut compris pour celle de 22,000 livres, que MM. les commissaires ont répartie sur le plus grand nombre des communautés du païs ; ils ont eu égard à deux choses dans cette répartition : en premier lieu, à la perte des récoltes qui ont extrêmement souffert dans presque toutes les communautés des archiprêtrés de Saugues, de Javols et des Cévennes ; en second lieu, ils ont cru devoir entrer en considération du préjudice que les chasses fréquentes, données pendant le cours de l'année dernière aux bêtes féroces, ont causé à un grand nombre de communautés dont les habitants ont été continuellement dans le mouvement et dans l'agitation pour vacquer à ces chasses ; ils ont fait leur répartition relavement à ces deux objets, et le sieur sindic a proposé à l'assemblée de délibérer d'approuver cette répartition et que le contingent, attribué à chaque communauté, sera employé en moins imposé sur le général des taillables.

Sur quoy, l'assemblée, approuvant la répartition, faite par MM. les commissaires, de ladite somme de 22,000 livres, a été délibéré que le contingent attribué dans cette répartition à chaque communauté sera employé en moins imposé sur le général des taillables.

Ledit sieur sindic a dit aussi que, par une déclaration du Roy, arrêt du Conseil et lettres patentes duement enregistrés en la Cour des Aydes de Montpellier, les rôles des tailles et autres impositions accessoires, ensemble les contraintes, saisies et exécutions faites, tant de la part des receveurs que des collecteurs desdites impositions sont exempts des droits de contrôle, papier timbré et petit scel ; qu'en conséquence, les rôles de taille doivent être à l'avenir sur du papier ordinaire, et tous les exploits qui seront faits à la requête du collecteur de la taille contre les redevables dénommés dans les rôles, pour le payement de leurs taux, qui ne contiendront point d'assignation, ainsi que les saisies et exécutions que lesdits collecteurs sont autorisés à faire faire par les règlements, seront à l'avenir exempts des droits de contrôle, papier marqué et autres droits ; que cependant ces différents actes doivent être contrôlés comme par le passé et dans les mêmes délais, mais qu'ils le seront gratis ; et ledit sieur sindic a proposé à l'assemblée de délibérer qu'il sera donné connoissance de la déclaration, arrêt du Conseil et lettres patentes aux communautés du païs, par un article particulier de la mande.

Ce qui a été délibéré, conformément à la réquisition dudit sieur sindic.

Ledit sieur sindic a dit encore, qu'il fut donné connoissance, l'année dernière, d'une délibération prise par nosseigneurs des Etats généraux de la province de Languedoc, sur les moyens d'élever et perfectionner l'espèce des chevaux, mulets, béliers et taureaux dans la province ; que cette délibération portoit qu'il seroit fourni des taureaux et des béliers à ceux qui feroient leurs soumissions, de les représenter, pendant quatre ans, aux Conseils de la communauté, sauf en cas de mort dans ce délai ; ce qu'il seroit tenu de justifier ; que le sindic du diocèse recevroit ces soumissions relativement à une instruction que MM. les sindics généraux furent chargés de leur envoyer là-dessus ; qu'à l'égard des chevaux et baudets, les Etats généraux ne prirent aucune détermination définitive ; qu'ils se bornèrent à charger les sindics des diocèses de recevoir les soumissions que chaque particulier voudroit faire, sans en prescrire ny les conditions ny la forme pour être acceptées, s'il y avait lieu, par les Etats ; qu'en exécution de cette délibération et de celle prise par l'assemblée, ledit sieur sindic ayant reçu, de M. le sindic général de la province, l'instruction qu'il étoit chargé de luy envoyer, il en donna connoissance par une lettre circulaire aux communautés du pays ; qu'en conséquence, il a été fait des soumissions pour vingt-sept béliers et pour trois taureaux ; que M. le comte de Morangiés a accompagné les siennes d'un mémoire, dans lequel il a proposé aux Etats généraux, pour mieux assurer le succès de leurs vues, de faire fournir non seulement des taureaux et des béliers, mais encore des vaches et des brebis et d'en former divers entrepôts dans le diocèse ; que le mémoire de M. le comte de Morangiés fut envoyé avec sa soumission et celles des autres personnes à M. le sindic général, avec les observations de MM. les commissaires, dont ledit sieur sindic va faire la lecture à l'assemblée.

Après laquelle lecture ledit sieur sindic a ajouté que les autres diocèses de la province ont de leur côté proposé différents projets pour améliorer les espèces des bêtes à laine et des bêtes à corne ; que le tout ayant été rapporté aux Etats généraux, à leur dernière assemblée, ils ont délibéré qu'il seroit fourni incessamment des taureaux et des béliers à ceux qui auroient fait leurs soumissions ; et, qu'à l'égard des projets proposés par les diocèses, l'examen en a été renvoyé à leur prochaine séance ; qu'il a été également fourni divers projets dans ce diocèse, ainsi que dans les autres pour l'établissement des haras ; que M. le comte de Morangiés en a présenté un, digne de l'étendue de ses vues et de ses connoissances, qui consiste à former quatre haras dans la province, dont chacun seroit composé de cinq chevaux étalons, de trois baudets étalons et de 60 juments pour porter des chevaux, et quarante juments pour porter des mulets ; qu'il a proposé d'en établir un dans le Gévaudan ; et, par suite de ce zèle vraiment patriotique dont il ne cesse d'être animé, il a offert de se charger de l'entreprise ; que les Etats n'ont pris aucun parti définitif sur ces différents projets, et qu'ils en ont pareillement renvoyé l'examen à leur séance prochaine.

Sur quoy, ledit sieur sindic a proposé à l'assemblée de délibérer que, lorsque les taureaux et béliers, pour lesquels il a été fait des soumissions, auront été envoyés à MM. les commissaires, ils seront délivrés à ceux qui ont fait ces soumissions, chacun comme les concernera, et de prier MM. les commissaires de faire toutes les instances possibles auprès de nosseigneurs des Etats pour l'exécution des projets proposés par M. le comte de Morangiés, pour l'amélioration des bêtes à laine et des bêtes à corne ; et au cas qu'il ne soit pas possible d'obtenir d'eux des brebis et des vaches, de les solliciter à délivrer au pays les béliers qui leur ont été demandés.

Ce qui a été délibéré, conformément à la réquisition dudit sieur sindic.

Ledit sieur sindic a dit aussi qu'il fut pris une délibétion par nosseigneurs des Etats généraux de cette province, au sujet de la compascuité dont il va être fait lecture ; que M. le sindic général ayant adressé, ainsi qu'il en avoit été chargé, des exemplaires de cette délibération au syndic du païs, pour être distribués dans les communautés, il les envoya et accompagna cet envoy d'une de ses lettres ; par laquelle il leur marqua de faire délibérer sur chacune des questions proposées dans la délibération des Etats, et d'envoyer des expéditions de cette délibération pour qu'il en rendit compte à MM. les commissaires du diocèse, et qu'ils pussent sur ces délibérations former, avec pleine connoissance de cause, le mémoire d'observations qui leur était demandé ; que les communautés y ayant satisfait, MM. les commissaires auroient formé et remis leur mémoire dont il va être fait lecture ; que ce mémoire a été rapporté aux Etats avec les autres qui ont été fournis, par les diocèses de la province ; que presque tous se sont réunis à demander que la compascuité, telle qu'elle est établie par l'arrêt de 1725, fut détruite ; qu'il n'en a pas été de même à l'égard de l'aliénation ou partage des communaux ; que les uns l'ont regardé comme avantageux à l'agriculture et à l'augmentation des troupeaux ; d'autres ont cru qu'elle y seroit nuisible ; que les Etats ont délibéré que la compascuité, telle qu'elle est établie par l'arrêt de 1725, cessera d'avoir lieu, et ont chargé MM. les sindics généraux de se pourvoir au Parlement, pour demander la révocation de cet arrêt, sauf à laisser subsister la compascuité, fondée comme elle l'est dans plusieurs communautés du Gévaudan, sur des associations volontaires, en réservant à chaque particulier la liberté d'y renoncer, lorsqu'il le trouveroit à propos. A l'égard des communautés, les Etats, avant de prendre un parti définitif, ont délibéré de demander aux différentes communautés de la province, qui ont des communaux, des plus grands éclaircissements, qui consisteront principalement à faire connoitre les différents communaux que chaque communauté peut avoir ; leur étendue, leur nature ; s'ils sont susceptibles en tout ou en partie de culture ; à qu'elle culture ils seroient les plus propres ; à faire connoitre les facilités qu'il peut y avoir à les aliéner ou les partager et les avantages où les inconvéniens qui peuvent résulter de l'aliénation ou partage, et à représenter les titres de propriété de ces communaux ; que MM. les sindics généraux ont été chargés d'envoyer, dans les diocèses, des mémoires pour demander aux communautés les différents renseignements que les États désirent avoir ; et, ledit sieur sindic, a proposé à l'assemblée de délibérer de le charger d'envoyer ces mémoires, lorsqu'il les aura reçus, dans les communautés, et d'accompagner cet envoy d'une lettre circulaire, pour exhorter et donner l'attention la plus sérieuse à l'examen d'un objet dont la détermination peut avoir des suites ou très avantageuses ou très préjudiciables à l'agriculture et aux troupeaux. Ce qui a été unanimement délibéré, conformément à la proposition dudit sieur sindic.

Ledit sieur sindic a dit encore qu'il rendit compte à l'assemblée des États, tenue l'année dernière à Mende, des ravages qu'une ou peut être plusieurs bêtes féroces avaient fait périr ou qui en avoient été blessées, ainsi que des différentes mesures qui avaient été prises pour faire cesser ce fléau, dont le pays continue d'être affligé, y ayant eu depuis en Gévaudan 22 personnes d'égorgées, en femmes, enfants ou jeunes garçons ou filles, et un nombre à peu près pareil de blessées ; qu'il est arrivé de semblables désastres en Auvergne ; que les moyens pour en arrêter le cours n'ayant pas eu le succès désiré, la bonté de Sa Majesté l'avoit portée à donner ses ordres pour que M. Antoine, lieutenant de ses chasses et son porte arquebuse, se rendit en Gévaudan avec plusieurs de ses gardes-chasses ou de leurs altesses sérénissimes, les princes de son sang ; que M. Antoine, ainsi que les gens de sa suite, auroient reconnu notamment par les traces trouvées auprès des cadavres des personnes nouvellement égorgées, que ces désordres étoient causés par des loups ; qu'il auroit exécuté avec le plus grand zèle avec lesdits gardes et des piqueurs conduisant un détachement des chiens de la louveterie du Roy, et à travers des fatigues incroyables, différentes chasses, où plusieurs loups auroient été tués ; que cependant les accidents ne cessoient pas et que journellement quelques personnes étoient dévorées ou blessées, jusques au 20 septembre, que dans une chasse exécutée ce jour-là à un bois de l'abbaye des Chazes, en Auvergne, un gros loup y fut tué par M. Antoine, et successivement dans d'autres chasses qu'il y fit exécuter, une louve et des louveteaux ; que depuis ces chasses, où ledit sieur sindic s'est souvent trouvé, et auxquelles un de ses frères a toujours accompagné M. Antoine, les malheurs ont été suspendus pendant quelque temps, au point que M. Antoine a cru pouvoir s'en retourner avec les gens de sa suite ; qu'au mois de décembre ils ont été renouvelés ; qu'il y a eu d'abord un jeune homme blessé sur la paroisse de Paulhac et un autre dévoré en Auvergne ; que le Ministre, informé de ces accidents a adressé, à M. l'Intendant, un mémoire contenant différentes méthodes pour la destruction des loups ; que M. l'Intendant a remis des exemplaires de ce mémoire audit sieur sindic ; que la première de ces méthodes, qui paroit être celle dont on doit espérer le plus de succès, consiste à empoisonner des chiens avec de la noix vomique, du verre pilé, d'oignon de colchique et de l'éponge frite à la poële avec de la graisse ; de faire ensuite plusieurs ouvertures dans le corps du chien et de les remplir de ce poison ; de fermer ces ouvertures avec de la fiente de vache ; d'exposer le chien, ainsi préparé, dans les lieux fréquentés par les loups, pour leur servir de pâture ; que des nouveaux malheurs ont engagé MM. les commissaires du pays à faire usage de cette méthode, qui a déjà eu du succès ; que deux enfants ayant été dévorés, l'un le 4 du présent mois à Montchauvet, près de Servières, annexe de Saugues ; l'autre, dix jours après, au lieu de Liconés, paroisse de Saint-Privat-du-Fau. Ledit sieur sindic a envoyé, de la part de MM. les commissaires, des personnes pour y exposer des chiens ainsi empoisonnés et préparés ; que peu de jours après que cela a été exécuté, l'on a trouvé, auprès de Montchauvet, un loup mort, qui a été porté à Mende, où il a été ouvert en présence d'un médecin et d'un chirurgien, qui ont reconnu qu'il avoit péri par le poison ; que si cette méthode est continuée, il y a lieu d'espérer que l'on parviendra à détruire bien de ces animaux, et à rendre par là un service bien important au païs.

Sur quoy, l'assemblée a délibéré de continuer à faire pratiquer, aux frais du païs, la méthode pour la destruction des loups, dont ledit sieur sindic vient de rendre compte, et elle a prié MM. les commissaires de donner, à ce sujet, les ordres nécessaires, et chargé ledit sieur sindic de les faire exécuter.

De relevée.

Ledit sieur sindic a dit qu'il fut délibéré par nosseigneurs des Etats, le 29 décembre 1764 : 1° qu'il seroit envoyé, par les diocèses, un état contenant par colonnes les sommes qu'ils ont empruntées depuis l'année 1753, pour fournir aux dépenses des chemins ; les sommes qui ont été vérifiées sur lesdits emprunts ; la date des jugements de vérification ; les termes portés par lesdits jugements pour l'imposition des sommes vérifiées, et finalement les sommes imposées en conséquence ; lesquels états seroient envoyés aux sindics généraux, dans tout le mois d'août, au plus tard, à l'effet d'en être rendu compte par eux aux Etats dans leur prochaine assemblée ; 2° qu'il seroit pareillement envoyé par les diocèses, dans le même délay, l'état des différents chemins par eux construits ou réparés, lequel contiendrait le nom desdits chemins, leur étendue et les lieux par où ils passent, et un autre état contenant les chemins qui restent à faire ; dans lequel on indiqueroit pareillement leur utilité, nommément par rapport aux communications qu'ils doivent ouvrir avec les diocèses ou les provinces et l'étendue desdits chemins.

M. de Joubert ayant donné connoissance de ladite délibération audit sieur sindic, il en rendit compte à MM. les commissaires du païs qui, pour y satisfaire, ont fait dresser un état des emprunts faits pour les ouvrages publics, des jugements qui les ont vérifiés et du remboursement de ces emprunts ; duquel état il a résulté que les emprunts y énoncés ont été vérifiés et qu'ils ont été rembourcés, à l'exception de la somme de 7,183 livres 6 sols 8 deniers, qui, quoique vérifiée, ne fut pas imposée l'année dernière, pour ne pas donner lieu à une augmentation trop sensible dans les impositions, et de celle de 5,000 livres empruntée en septembre de l'année dernière, pour le contingent du diocèse du bail de la construction de la côte de Saint-Pierre, près de Saint-Jean-de-Gardonenque, dont l'emprunt a été aussi vérifié aux derniers Etats ; que lesdites deux sommes doivent être imposées, la présente année ; au moyen de laquelle imposition tous les emprunts compris audit état se trouveront éteints.

Ledit sieur sindic a ajouté que MM. les commissaires ont encore fait dresser, conformément au second article de ladite délibération, un état des différents chemins construits ou réparés par le diocèse de Mende, et actuellement entretenus à ses frais, et un mémoire sur les nouveaux ouvrages à faire dans ce pays, soit pour perfectionner les routes actuelles, soit pour ouvrir diverses communications nécessaires ; qu'ils ont chargé ledit sieur sindic de présenter ces deux états, et ce mémoire à nosseigneurs des Etats, et de leur donner connoissance du projet qu'ils ont formé depuis quelque temps, de faire dresser un plan général de tous les ouvrages qu'il convient d'exécuter dans ce pays, soit pour réparer les anciens chemins et les mettre dans l'état de perfection nécessaire, soit pour en construire d'autres à neuf, relativement à différentes communications qui restent encore à ouvrir ; qu'à cet effet ils avoient fait prier M. Grangent, l'un de MM. les directeurs des travaux publics de la province, de vouloir bien se rendre en Gévaudan pour former ce plan général ; que MM. les commissaires avoient projeté de le prier de parcourir toutes les routes qui sont actuellement ouvertes et les différents cantons où l'on propose d'en ouvrir de nouvelles ; de déterminer tous les ouvrages qu'il est à propos de faire pour l'entière perfection des chemins actuels et l'établissement de toutes les communications nécessaires, et d'en dresser des devis estimatifs ; et, qu'après qu'il auroit fait ces différentes opérations et qu'il aurait remis son travail, MM. les commissaires le présenteroient à nosseigneurs des Etats pour être par eux approuvé ; que par cet arrangement l'on seroit fixé sur tous les objets, et qu'il seroit aisé de les remplir, relativement aux intentions des Etats ; que MM. les commissaires les supplieroient, chaque année, de donner leur consentement à l'exécution de quelqu'un de ces ouvrages sur le devis de M. Grangent, en commençant par les parties qui intéressent le plus le bien du service, et que dans un certain nombre d'années tout se trouveroit consommé ; qu'en conséquence des ordres de MM. les commissaires, ledit sieur sindic auroit présenté à nosseigneurs des Etats lesdits états et mémoire et leur auroit fait part de leur projet pour la perfection des routes actuelles, les communications qu'il reste encore à ouvrir dans ce pays ; que nosseigneurs des Etats auroient non-seulement approuvé le tout, mais qu'ils en auroient encore témoigné publiquement leur satisfaction ; que ledit sieur sindic auroit fait de nouvelles instances auprès dudit sieur Grangent, pardevant Mgr l'archevêque de Narbonne, pour qu'il se rendit en Gévaudan, pour l'exécution du plan proposé de la part de MM. les commissaires du diocèse, et que ledit sieur Grangent auroit promis de se rendre dans le pays dans le courant du mois d'août prochain.

Ledit sieur sindic a fait la lecture desdits états et mémoire, ainsi que de celuy contenant le projet de perfection des routes actuelles et l'ouverture de nouvelles communications, et a requis l'assemblée de délibérer.

Sur quoy, l'assemblée a unanimement délibéré et remercié MM. les commissaires de la manière dont ils ont rempli les vues des Etats et fait connoitre la bonne administration qui règne dans ce pays ; comme aussi elle les a priés de faire toutes les instances nécessaires pour que M. Grangent se rende en Gévaudan pour l'exécution du projet proposé par MM. les commissaires, en conséquence de la délibération prise par l'assemblée à sa séance tenue l'année dernière à Mende.

Après quoy, le *Te Deum* a été récité.

Fait, clos et arrêté à Maruejols, le vingt-quatre mars mil sept cents soixante-six.

Signé : Valentin, vicaire général.

Les procès-verbaux des États du Gévaudan des années 1767 et 1768 manquent.

1769

MM. les commissaires de l'assiette. — Lecture des commissions pour les sommes à imposer. — Prestation du serment. — Vote des sommes demandées. — Une lettre doit accompagner les procurations. — Confirmation des officiers du pays. — Débets et reliquats des comptes des collecteurs. — Indemnité accordée du diocèse pour pertes de récoltes. — Gratification à ceux qui arrêtent des malfaiteurs. — Réquisitions et mémoire de M. le baron de baron de Saint-Alban, pour l'administration économique du diocèse. — Nomination de commissaires pour vérifier et rendre compte du mémoire de M. de Saint-Alban. — Réparation des dommages causés aux chemins par les inondations de 1766. — Clôture des Etats.

L'an mil sept cens soixante-neuf, et le mardi vingt-cinquième jour du mois d'avril. Les gens des Trois Etats du pays de Gévaudan, convoqués par ordre du Roy, en la ville de Mende, sont venus à la salle du palais épiscopal, où Mgr l'illustrissime et révérendissime Sgr et gouverneur de la ville de Mende, comte du Gévaudan, conseiller du Roy, en tous ses conseils, Président-né des Etats et assiette dudit pays, les attendoit, étant accomprgné de Mre Joseph Louis, prêtre, licencié ez droits, chanoine de l'église cathédrale de Mende, vicaire général de Mgr l'évêque et de MM. les commissaires ordinaires ; et, tous ensemble, sont allés à l'église cathédrale dudit Mende pour y entendre la messe du Saint-Esprit. Après laquelle, étant revenus audit palais épiscopal, dans la salle destinée pour la tenue desdits Etats, ils ont pris chacun leur place, sçavoir : Mgr le Président, sur un fauteuil, placé sur une stalle élevée au-dessous d'un dais ; et, sur la gauche de cette stalle, à la tête du banc, M. Paul-Joseph Sabatier, sieur de La Chadenède, sindic du pays de Vivarais, commissaire principal ; M. Louis Valentin, lieutenant général au baillage du Gévaudan, pour M. le baillif, en tour, pour le Roy, pour Mgr l'évêque, la présente année, commissaire ordinaire desdits Etats et assiette ; Mre Claude-Gabriel-Amédée de Rochefort d'Aly, comte de Saint-Point et de Montferrand, baron de Cénaret, Sgr de

Laval, Pougnadoire et Saint-Chély-de-Tarn, commissaire ordinaire desdits Etats et assiette, absent; M¹ᵉ Pierre-Antoine de Treilles, Sgr de La Roquéte ; sieurs Charles Bourrillon, marchand, et Jean Toquebeuf, 1ᵉʳ, 2ᵉ et 3ᵉ consuls de la ville de Mende, l'année dernière, et M. Daudé, docteur en médecine, 1ᵉʳ consul de la ville de Maruejols, commissaires ordinaires desdits Etats et assiette, sur un banc placé au milieu du parterre ; MM. les ecclésiastiques, sur un banc, à la droite de Mgr le Président, chacun suivant son rang ; et, sur le banc dudit sieur baillif, MM. les barons et gentilshommes de ce diocèse ou leurs députés, aussi suivant leur rang ; et, les sieurs consuls et députés des autres villes et communautés dudit pays, qui ont entrée et voix délibérative auxdits Etats, assis sur le bas banc.

M. de La Chadenède, commissaire principal, ayant en main les commissions de nos seigneurs les commissaires qui ont présidé, pour le Roy, en l'assemblée des Etats généraux de la province, tenus à Montpellier, le 3 janvier dernier, a dit que nosdits seigneurs ordonnent, par leursdites commissions, à M. le baillif du Gévaudan, étant en tour, ou son lieutenant, aux consuls de Mende et à un de Maruejols, commissaires ordinaires comme luy, de procéder au département des deniers y contenus, et ainsy qu'il a été consenty et résolu auxdits Etats ; lesquels Sa Majesté veut être imposés, la présente année, pour le soutien de l'Etat et pour fournir aux autres dépenses qui se feront dans le royaume, aussi bien que pour les appointements de son altesse sérénissime Mgr le comte d'Eu, gouverneur de la province, entretenement de ses gardes et de MM. les lieutenants généraux dans ladite province, dettes et affaires de la province et de ce diocèse et département des gratifications ordinaires et extraordinaires contenues au billet, sur ce signé, Pujol, ensemble l'arrêt de validation du Conseil d'Etat de Sa Majesté, pour être payés aux premiers jours d'avril, juillet et octobre prochains, et a remis les commissions au greffier pour en faire la lecture.

Et à l'instant, lecture ayant été faite desdites commissions, ensemble des instructions et autres actes, contenant, entre autres chozes, permission d'imposer pour les vacations et journées des consuls de Mende, de Maruejols et du sindic du diocèze, députés aux Etats généraux de la province. La lecture ayant été finie, ledit sieur de La Chadenède est sorti de l'assemblée.

Mgr le Président a fait appeler les gens des trois Etats du pays de Gévaudan, et, ayant fait remettre au greffier du diocèse les procurations des députés auxdits Etats, il en a fait la lecture.

L'assemblée ayant été reglée, chacun ayant pris sa place, le serment en tel cas requis et accoutumé ayant été prêté, savoir : par MM. de l'église, la main mise sur la poitrine ; et, par MM. de la noblesse et députés du Tiers-Etat, la main levée à Dieu, et, tous ensemble, ont promis à Mgr le Président, moyennant leur serment, de ne rien faire, en cette assemblée, contre l'honneur de Dieu ny contre le service du Roy.

Ensuite a été unanimement résolu que les sommes contenues aux commissions de nosseigneurs les commissaires, présidents pour le Roy aux Etats généraux de la province, tenus à Montpellier, le 5 janvier dernier, seront imposées, la présente année, sur les contribuables aux tailles du pays de Gévaudan ; et les Etats ont donné pouvoir à MM. les commissaires de l'assiette, qui s'assembleront demain, d'en faire le département.

Comme il est d'usage dans la province que MM. de l'église et MM. les barons, qui ne peuvent pas assister aux Etats du Languedoc, envoyent, outre leurs procurations, une lettre adressée à Mgr le Président, pour toute l'assemblée, contenant les raisons pour lesquelles ils ne peuvent pas venir ; que cet usage a été toujours observé dans ce païs, pour soutenir la dignité de Mgr le Président et de toute l'assemblée, et que néantmoins quelques-uns ont obmis d'écrire lesdites lettres ; a été délibéré que les procurations, tant de MM. de l'église que de MM. les barons et gentilshommes de ce diocèse, seront refusées à l'avenir, si elles ne sont accompagnées d'une lettre pour Mgr le Président, qui contienne les raisons pour lesquelles ils ne peuvent assister en personne, et que le greffier du diocèse couchera la présente délibération dans les lettres d'avis, pour la convocation des Etats prochains.

Mgr le Président a dit que, suivant l'usage et instructions de nosseigneurs les commissaires, présidents pour le Roy aux Etats généraux de la province, cette assemblée est en droit de faire procéder à la confirmation ou nouvelle élection des officiers du diocèse.

Surquoy, le sieur Lafont, sindic, et le sieur de Lhermet, greffier, étant sortis de l'assemblée, a été délibéré, d'une voix unanime, de confirmer le sieur Lafont dans la charge de sindic, et le sieur de Lhermet dans la charge de greffier.

Après quoy, les Etats ayant fait appeler lesdits sieurs Lafont et de Lhermet, lecture leur a été faite de la présente délibération et Mgr le Président leur a fait prêter le serment, la main levée à Dieu, de remplir les devoirs de leur charge ; ce qu'ils ont promis et juré de faire.

Le sindic du pays a dit qu'il a été rendu deux jugements par nosseigneurs les commissaires du Roy et des Etats, en date du 31 décembre 1768, dont l'un ordonne, en faveur des collecteurs de plusieurs communautés du diocèse de l'année 1767, l'imposition des sommes dont ils ont été déclarés créanciers par la clôture de leurs comptes ; lesquelles reviennent en total à celle de 195 livres 8 sols 9 deniers ; et l'autre qu'il soit fait un moins imposé, dans plusieurs communautés, des reliquats des comptes de leurs collecteurs de la même année 1767, qui se portent en total à la somme de 2,556 livres 3 sols 2 deniers, et conformément auxdits jugements, ledit sieur sindic a requis l'assemblée de délibérer qu'il sera fait mention de ces débets et de ces reliquats dans les mandes de la taille de cette année, et qu'il y sera marqué, par un article particulier, la somme que chaque communauté doit imposer ou moins imposer à ce sujet, chacune comme les concerne.

Ce qui a été unanimement délibéré, conformément à la réquisition dudit sieur sindic.

Ledit sieur sindic a dit encore qu'il a été, suivant l'usage, dressé, l'année dernière, des procès-verbaux des dommages causés aux récoltes que, quelqu'étendue qui ait été donnée à ces procès-verbaux, dans quel détail qu'on y soit entré pour faire bien connoitre toutes les pertes que ce pays a souffertes par les grêles, les fréquents orages et les pluies presque continuelles de l'été et de l'automne, la modicité de la somme que M. l'Intendant avait à répartir sur l'indemnité accordée par Sa Majesté n'aurait pu faire espérer qu'un très faible secours, s'il n'avait plu à Mgr l'évêque de Mende d'appuyer de sa protection et de tout son crédit les représentations faites à M. l'Intendant sur les malheurs dont son diocèse a été affligé, il en a obtenu pour lui une somme de 13,666 livres, sur laquelle il a été prélevé celle de 1,646 livres en faveur de plusieurs habitants qui ont essuyé des incendies ou d'autres cas extraordinaires, de sorte qu'il reste 12,020 livres pour être moins imposées sur les tailles, soit sur le général des communautés, soit pour certaines d'entr'elles sur les cotes des particuliers endommagés, MM. les commissaires ont fait faire la répartition de cette somme relativement aux procès-verbaux des dommages et conformément aux décisions de Sa Majesté, du 20 février 1755, et ledit sieur sindic a requis l'assemblée de délibérer qu'il sera fait mention dans les mandes de la taille de chaque communauté de la somme qui lui a été attribuée dans cette répartition, pour être employée en moins imposé en général, comme aussi de celle qui a été accordée à certaines d'entr'elles, pour être employée en moins imposés particuliers sur les cotes des tailles des particuliers compris dans les rôles arrêtés, suivant lesdites décisions, par MM. les commissaires et par MM. les subdélégués de M. l'Intendant.

Ce qui a été délibéré, conformément à la réquisition dudit sieur sindic.

Ledit sieur sindic a dit encore que nosseigneurs des Etats généraux se sont occupés, pendant plusieurs séances, des moyens de retirer des pâturages communs toute l'utilité dont ils sont susceptibles, soit en les aliénant, soit en les conservant; qu'en conséquence de la délibération qu'ils prirent à ce sujet, le 31 décembre 1767, M. de Joubert, sindic général, écrivit aux sindics des diocèses pour leur demander différents éclaircissements. Sûr le compte que ledit sieur sindic en rendit à Mgr l'évêque de Mende et à MM. les commissaires du païs, ils le chargèrent d'en faire part aux différentes communautés; en exécution de leurs ordres, il écrivit une lettre circulaire aux administrateurs de toutes les communautés, dans laquelle il ramena les différentes questions proposées par M. de Joubert, et les pria de répondre à chacune d'elles, il reçut les réponses de la plupart d'entr'eux, il les rapporta aux Etats avec un mémoire qui en contenait le précis sur le compte qu'il y fut rendu de ces réponses et de celles des autres diocèses de la province, nosseigneurs des Etats prirent une délibération dont il va faire la lecture à l'assemblée ; ladite lecture faite, ledit sieur sindic a proposé de délibérer de le charger d'en donner connoissance aux différentes communautés du païs, et de les exhorter à faire usage des principes et des observations qu'elle contient pour se mettre à portée de retirer des pâturages communs tous les avantages possibles.

Le sindic du païs a dit que l'assemblée connaît tout le bien qu'a procuré, audit païs, l'établissement d'une gratification en faveur de ceux qui, sur les indications des officiers de justice ou des officiers municipaux des lieux, arrêtent des malfaiteurs, la tranquilité n'étant pas encore entièrement rétablie et s'étant formé même, depuis peu, une bande de voleurs à l'extrémité du Gévaudan, sur les frontières du Velay, il croit devoir proposer à l'assemblée de délibérer de continuer d'accorder cette gratification.

Ce qui a été délibéré, conformément à la réquisition dudit sieur sindic.

M. le baron de Saint-Alban a fait ensuite la lecture d'un mémoire contenant divers arrangements pour l'administration économique du païs et en particulier au sujet de la tenue de l'assiette et des affaires qui y sont traitées; et relativement à ce qu'il a exposé, il a proposé à l'assemblée différents objets, sur lesquels il l'a requise de délibérer.

Après quoy, Mgr le Président a dit que ces objets sont en trop grand nombre et d'une trop grande étendue pour que l'assemblée puisse prendre dans le moment une délibération là-dessus et qu'il lui paroit à propos qu'ils soient examinés par une commission particulière, et il a nommé en conséquence MM. les commissaires qui doivent la composer pour s'assembler à son appartement, à l'issue de la présente séance, y faire ledit examen et être rendu compte à la séance de ce soir de ce que lesdits sieurs commissaires auront pensé sur ces différents objets.

De relevée.

Ledit sieur sindic a dit que MM. les commissaires, nommés à la séance de ce matin par Mgr le Président, se sont assemblés dans son appartement; que M. le baron de Saint-Alban, qui a fait la lecture des objets sur lesquels il a demandé une délibération à l'assemblée, et qu'après un long examen MM. les commissaires ont été unanimement d'avis de proposer à l'assemblée de délibérer qu'on continuera de se conformer dans cette assemblée à celle de l'assiette, et à celle de MM. les commissaires du diocèse pendant l'année aux règlements de la province; qu'il sera rendu compte, à l'assemblée des Etats particuliers, des ouvrages qui auront été exécutés pendant l'année, ainsi que des états de recepte et de dépense des comptes du receveur, le tout par bref état, et autant que le temps de sa durée pourra le permettre;

qu'on continuera à rendre compte à ladite assemblée des Etats particuliers, des ouvrages qui auront été exécutés pendant l'année, et des sommes qui auront été employées à chacun d'eux ; que les travaux publics autres que ceux qui pourront être occasionnés par des cas fortuits, et qui exigeront d'être promptement rétablis, seront proposés à l'assemblée avec l'objet de la dépense ; qu'on lira à l'assemblée le procès-verbal des Etats de l'année précédente.

Ce qui a été délibéré, conformément à l'avis de MM. les commissaires.

Le sindic du païs a dit encore qu'il a été travaillé, l'année dernière et la précédente, au rétablissement des chemins, ponts et chaussées ruinés par les inondations des mois d'octobre et de novembre de l'année 1766, et que les ouvrages ont été faits avec autant de célérité que d'économie ; qu'il ne reste à reconstruire que les ponts et les chaussées dont ces accidents avoient causé l'entière destruction et où il a été fait des ouvrages provisoires pour entretenir les communications ; qu'il y a encore plusieurs parties de chemin à réparer pour leur rendre leur entière perfection, principalement celles où le terrain avoit perdu sa consistance sur le revers des montagnes et où il continue encore de couler, depuis la fonte des neiges abondantes dont tout ce pays vient d'être couvert pendant plusieurs mois, qu'il paraît nécessaire de continuer à s'occuper cette année du rétablissement de ces parties et de faire reconstruire les ponts et les chaussées qui se trouvent détruits ; que ces différents ouvrages donneront lieu à une dépense de trente à trente-cinq mille livres.

Ledit sieur sindic a ajouté que la route que ce pays a

toujours regardé comme la plus intéressante, est celle depuis le haut de la côte de Saint-Pierre, près Saint-Jean-de-Gardonenque jusques en Auvergne ; que le public s'aperçoit déjà, depuis plusieurs années, de l'utilité des ouvrages qui y ont été faits par les voitures roulantes qui y passent journellement, auxquelles cette route était auparavant impraticable ; qu'elle sera encore bien plus fréquentée lorsque la nouvelle côte de Saint-Pierre, près Saint-Jean-de-Gardonenque, aura été conduite à sa perfection et qu'on aura exécuté, en Gévaudan, les autres travaux nécessaires ; que ces travaux ont été suspendus ces dernières années, parce qu'il avait trouvé à propos, avant de les pousser plus loin, de consulter M. Grangent, l'un des directeurs des travaux publics de la province, qui avait promis de se rendre en Gévaudan pour déterminer tout ce qu'il convient encore de faire ; qu'il vient de réitérer sa promesse, aux Etats derniers, à Mgr le Président, de manière à donner tout lieu d'espérer qu'il effectuera l'été prochain ; que, lorsqu'il sera arrivé, on lui donnera connoissance des différents projets qui ont été présentés pour l'emplacement de ces route, qu'il sera prié de les vérifier, de se fixer sur ceux qui lui paroîtront préférables, d'en dresser des devis estimatifs de tous les ouvrages qu'il estimera convenables dans toute cette partie pour la rendre praticable à toutes sortes de voiture, et que ces devis pourront ensuite être rapportés à l'assemblée de nosseigneurs des Etats généraux de cette province, afin d'y obtenir les consentements et permissions nécessaires pour leur exécution.

Ledit sieur sindic a ajouté que lorsque ledit sieur Grangent sera en Gévaudan, il lui sera donné connoissance des autres projets de route, qu'on a proposé d'ouvrir dans le païs, et qu'on l'engagera à y prolonger son séjour autant qu'il se pourra pour en faire la vérification.

Ledit sieur sindic a encore informé l'assemblée que par les instances que Mgr le Président n'a cessé de faire auprès de Mgr l'évêque d'Alais et de MM. les commissaires de ce diocèse, ils ont pris des mesures pour faire perfectionner la nouvelle côte de St-Pierre, près Saint-Jean-de-Gardonenque; qu'ils se proposent d'adjuger incessamment les ouvrages qu'il reste à y faire, qu'ils ont pourvu aux fonds nécessaires pour le prix de cette adjudication, et qu'ils font espérer par les différentes lettres que M. de Ribes, sindic du diocèse d'Alais, a écrites, que cette cote sera conduite à une entière perfection dans le courant de cette année.

Sur tout ce dessus, ledit sieur sindic a requis l'assemblée de délibérer :

1° Qu'on continuera de faire travailler, cette année, à rétablir les différents chemins du païs, ruinés par les inondations, ainsi qu'à reconstruire les ponts et chaussées qui ont été détruits; et elle a renvoyé à MM. les commissaires ordinaires pour pourvoir à l'exécution de ces ouvrages ;

2° Que lorsque M. Grangent se rendra en Gévaudan, ledit sieur sindic et le directeur des travaux publics l'accompagneront dans la visite qu'il doit faire de la route du haut de la côte de Saint-Pierre en Auvergne; qu'ils lui donneront tous les renseignements nécessaires sur les avantages ou inconvénients locaux, la nature des terrains et le prix des matériaux et de la main-d'œuvre ; enfin tous les éclaircissements dont il aura besoin pour déterminer, avec pleine connaissance, les ouvrages qu'il jugera convenables, prendre dans les devis qu'il en dressera les précautions nécessaires à leur solidité, la liberté de la route et la commodité des voyageurs, et faire une juste appréciation de ces ouvrages ; que ces devis seront ensuite représentés à MM. les commissaires ordinaires pour, s'il y a lieu, être par eux approuvés et rapportés à la prochaine assemblée de nosseigneurs des Etats généraux de la province, à l'effet d'obtenir les consentements et permissions nécessaires pour leur exécution ;

5° De supplier Mgr le Président de vouloir bien continuer à s'intéresser auprès de MM. les commissaires du diocèse d'Alais, afin qu'ils fassent mettre, pendant le cours de cette année, ainsi qu'ils le font espérer, la nouvelle côte de Saint-Pierre, près Saint-Jean-de-Gardonenque, dans une entière perfection.

Après quoy, M. le baron de Saint-Alban a lu un mémoire contenant diverses observations concernant l'exécution des ouvrages publics et divers projets de route relatifs à ceux présentés dans un autre mémoire par lui cy-devant remis et communiqué à l'assemblée ; il a proposé en particulier la construction d'un pont en bois sur la rivière de Trueire, au-dessous de Grazières, pour faciliter la communication d'une partie du Gévaudan avec l'autre ; et a requis l'assemblée de délibérer sur cette construction.

Sur quoy, l'assemblée, convaincue de l'utilité dont sera le pont en bois, proposé par M. le baron de Saint-Alban, a délibéré qu'il sera incessamment construit ; et a renvoyé à MM. les commissaires ordinaires du pays, l'exécution de cet ouvrage.

Après quoy, le *Te Deum* a été récité et la bénédiction a été donnée par Mgr le Président.

Fait, clos et arrêté à Mende, le vingt-cinquième avril mil sept cents soixante-neuf.

Signé : † L'Évêque de Mende.

1770

MM. les commissaires de l'assiette. — Lecture des commissions contenant les sommes à imposer. — Remise des procurations des députés. — Prestation du serment. — Vote des sommes demandées. — Une lettre doit accompagner les procurations. — Confirmation des officiers du diocèse. — Imposition des sommes dues aux collecteurs des communautés. — Secours à distribuer pour pertes de récoltes. — Ponts reconstruits. — Chemins à réparer ou à perfectionner. — Clôture des Etats.

L'an mil sept cents soixante-dix, et le lundi neuvième jour du mois d'avril. Les gens des Trois Etats du pays de Gévaudan, convoqués par ordre du Roy, en la ville de Maruejols, et vicaire général de Mgr l'évêque de Mende, Président des Etats et assiette dudit païs, qui les attendoit, étant accompagné de MM. les commissaires ordinaires, et, tous ensemble, sont allés à l'église collégiale de la ville de Maruejols pour y entendre la messe du Saint-Esprit. Après laquelle, s'étant rendus dans la salle de l'auditoire des Cours du bailliage de Gévaudan et royale ordinaire dudit Maruejols, ils ont pris chacun leur place, sçavoir : Mgr le Président, sur un fauteuil, placé sur une stalle élevée au-dessous d'un dais, et, sur la gauche de cette stalle, à la tête du banc, noble Jean-André d'Alison, écuyer, premier consul de la ville de Nimes, commissaire principal desdits Etats et assiette ; M. Louis-Dominique Cahuzac, lieutenant général au bailliage de Gévaudan, pour M. le baillif, en tour pour le Roy, la présente année, commissaire ordinaire desdits Etats et assiette ; M⁰ Pierre de Michel du Roc, marquis de Brion, substitut des commis des nobles, pour M. le marquis de Saint-Point, commis des nobles, commissaire ordinaire desdits Etats et assiette, absent ; M. M⁰ Charles Daudé, avocat au Parlement ; sieur Pierre Delmas, et sieur Antoine Vielheden, premier, second et tiers consuls de la ville de Mende, l'année dernière ; M. M⁰ Trescazals de Marance, avocat au Parlement, 1ᵉʳ consul de la ville de Maruejols, commissaire ordinaire desdits Etats et assiette, sur un banc, placé au milieu du parterre ; MM. les ecclésiastiques, sur un banc, à la droite de Mgr le Président, chacun suivant son rang ; et, sur le banc dudit sieur baillif, MM. les barons et gentilshommes de ce diocèse ou leurs députés, aussy suivant leur rang, et les sieurs consuls et députés des autres villes et communautés dudit pays, qui ont entrée et voix délibérative auxdits Etats, assis sur le bas banc.

M. d'Alison, commissaire principal, ayant en main les commissions de nosseigneurs les commissaires, qui ont présidé pour le Roy à l'assemblée des Etats généraux de la province, tenus à Montpellier, le 8 janvier dernier, a dit que nosdits seigneurs ordonnent, par leursdites commissions, à M. le baillif du Gévaudan, étant en tour ou son lieutenant, aux consuls de Mende et à un de Maruejols, commissaires ordinaires comme luy, de procéder au département des deniers y contenus, ainsi qu'il a été consenty et résoleu auxdits Etats ; lesquels Sa Majesté veut être imposés, la présente année, pour le soutien de l'Etat et pour fournir aux autres dépenses qui se fairont dans le royaume, aussi bien que pour les appointements de son altesse sérénissime, Mgr le comte d'Eu, gouverneur de la province, entretenement de ses gardes et de MM. les lieutenants généraux dans ladite province, dettes et affaires de la province et de ce diocèse, et département des gratifications ordinaires et extraordinaires, contenues au billet, sur ce signé : Cortes, ensemble l'arrêt de validation du Conseil d'Etat de Sa Majesté, pour être payés aux premiers jours d'avril, juillet et octobre prochains ; et a remis les commissions au greffier, pour en faire la lecture.

Et à l'instant, lecture ayant été faite desdites commissions, ensemble des instructions et autres actes y attachés, contenant, entr'autres choses, permission d'imposer pour les vaccations et journées des consuls de Mende, de Maruejols et du sindic du diocèze, députéz aux Etats généraux de la province. La lecture ayant été finie, ledit sieur d'Alison est sorti de l'assemblée.

M. le Président a fait appeler les gens des Trois Etats du pays de Gévaudan, et, ayant fait remettre, au greffier du diocèse, les procurations des députés auxdits Etats, il en a fait la lecture.

L'assemblée ayant été réglée, chacun ayant pris sa place, le serment en tel cas requis et accoutumé ayant été prêté, sçavoir : par MM. de l'église, la main mise sur la poitrine, et par MM. de la noblesse et députés du Tiers-Etat, la main levée à Dieu ; et, tous ensemble, ont promis à M. le Président, moyennant leur serment, de ne rien faire, en cette assemblée, contre l'honneur de Dieu ny contre le service du Roy.

Ensuite a été unanimement résolu que les sommes contenues aux commissions de nosseigneurs les commissaires, président pour le Roy, aux Etats généraux de la province, tenus à Montpellier, le 8 janvier 1770, seront imposées, la présente année, sur les contribuables aux tailles du pays de Gévaudan ; et les Etats ont donné pouvoir à MM. les commissaires de l'assiette, qui s'assembleront demain, d'en faire le département.

Comme il est d'usage dans la province, que MM. de l'église et MM. les barons, qui ne peuvent pas asssiter aux Etats du Languedoc, envoyent, outre leurs procurations, une lettre, adressée à M. le Président, pour toute l'assemblée, contenant les raisons pour lesquelles ils ne peuvent pas venir ; que cet usage a été toujours observé dans ce pays pour soutenir la dignité de M. le Président et de toute l'assemblée, et que néantmoins quelques-uns ont obmis d'écrire lesdites lettres ;

A été délibéré que les procurations, tant de MM. de l'église que de MM. les barons et gentilshommes de ce diocèse, seront refusées à l'avenir, si elles ne sont accompagnées d'une lettre pour M. le Président, qui contienne les raisons pour lesquelles ils ne peuvent assister en personne, et que le greffier du diocèse couchera la présente délibération dans les lettres d'avis pour la convocation des Etats prochains.

M. le Président a dit que, suivant l'usage et instructions de nosseigneurs les commissaires, président pour le Roy aux Etats généraux de la province, cette assemblée est en droit de faire procéder à la confirmation ou nouvelle élection des officiers du diocèse.

Sur quoy, le sieur Lafont, sindic, et le sieur de Lhermet, greffier, étant sortis de l'assemblée, a été délibéré, d'une voix unanime, de confirmer le sieur Lafont dans la charge de sindic, et le sieur de Lhermet dans la charge de gréffier.

Après quoy, les Etats ayant fait appeler lesdits sieurs Lafont et de Lhermet, lecture leur a été faite de la présente délibération, et M. le Président leur a fait prêter le serment, la main levée à Dieu, de remplir les devoirs de leur charge ; ce qu'ils ont promis et juré de faire.

Le sindic du pays a dit qu'il a été rendu deux jugements par nosseigneurs des Etats, en date du 5 janvier dernier, dont l'un ordonna, en faveur des collecteurs de plusieurs communautez du diocèse, de l'année 1768, l'imposition des sommes dont ils ont été déclarés créanciers par la clôture de leurs comptes, lesquelles reviennent en total à celle de 273 livres 2 sols 4 deniers ; et l'autre veut qu'il soit fait un moins imposé, dans plusieurs communautés, des reliquats des comptes de leurs collecteurs, de la même année 1768, qui se portent en total à la somme de 2,709 livres 12 sols 6 deniers, et conformément auxdits jugements, ledit sieur sindic à requis l'assemblée de délibérer qu'il sera fait mention de ces debets et de ces reliquats dans les mandes de la taille de cette année, et qu'il y sera marqué, par un article particulier, la somme que chaque communauté doit imposer ou moins imposer à ce sujet, chacune comme la concerne.

Ce qui a été unanimement délibéré, conformément à la réquisition dudit sieur sindic.

Ledit sieur sindic a dit encore qu'il a été dressé, l'année dernière, des procès-verbaux des dommages causés aux récoltes, qu'on a donné la plus grande étendue à ces procès-verbaux pour mettre M. l'Intendant à portée de connoître toutes celles des pertes que ce païs a faites, que Mgr l'évêque de Mende a employé, pendant le cours des Etats, tout son crédit et ses sollicitations auprès de lui pour en obtenir un secours aussi considérable qu'il se pourra sur l'indemnité accordée cette année par Sa Majesté, et que M. l'Intendant lui a promis de traiter ce diocèse aussi favorablement que la modicité de la somme pourra le permettre, et ledit sieur sindic a requis l'assemblée de délibérer de renvoyer, suivant l'usage, à MM. les commissaires, la répartition de la somme qui sera attribuée au pays sur l'indemnité accordée par Sa Majesté.

Ce qui a été délibéré, conformément à la réquisition dudit sieur sindic.

De relevée.

Le sindic du païs a dit que MM. les commissaires ont fait reconstruire, pendant le cours de l'année dernière, plusieurs ponts qui avaient été emportés et réparé plusieurs parties des chemins qui avaient été ruinés par les inondations; que ces ouvrages ont consisté à la reconstruction d'une partie du pont de Chanac et de ses avenues, à celle depuis ledit pont jusques à Chanac, à celle des ponts de Pelgeires, de La Combe, près Saint-Etienne-du-Valdonnez; de La Combe de Marazel et des ponceaux des Chades, du ravin des Laubies et aux réparations du chemin depuis la lavange du Tuffe jusques au Pont-Neuf, et du chemin au-dessous de Palhers jusques au ravin du pas de Lane; que ces ouvrages, dont les adjudications seront portées en total environ à la somme de 21,000 livres, ont été faits et reçus pendant l'année dernière, à l'exception de quelques petites parties auprès de Chanac et du Tuffe, auxquelles on travaille et qui seront incessamment perfectionnées ; qu'il sera nécessaire de continuer pendant le cours de cette année à faire travailler à ce qui reste à reconstruire ou réparer les ponts, chaussées et parties de chemins ruinés par les les inondations de 1766.

Ledit sieur sindic a ajouté que cette assemblée, ainsi que MM. les commissaires du païs, s'occupent depuis plusieurs années des moyens de rendre praticable aux voitures roulantes la route depuis le haut de la côte Saint-Pierre, près Saint-Jean-de-Gardonenque, jusques en Auvergne, qui a toujours été regardée comme la plus importante pour ce païs, que pour la conduire à une plus grande perfection, il avait été résolu de consulter M. Grangent, directeur des travaux publics de la province ; qu'en conséquence, ledit sieur sindic l'a prié et fait prier, dès l'année 1764, de se transporter en Gévaudan pour parcourir cette route et déterminer les ouvrages qu'il convient d'y faire, qu'il a fait espérer chaque année de venir vaquer à cette vérification, notamment ceux aux avant derniers Etats généraux, mais que jusques à présent il en a été empêché par ses différentes occupations, et que même il ne le pourra cette année ; que dans l'espoir où l'on a été d'une année à l'autre qu'il se rendrait en Gévaudan, les ouvrages ont été suspendus sur cette route pendant environ quatre ans, que cependant comme sur ceux qui ont été cy-devant faits elle commence à être praticable aux plus grandes voitures roulantes, elle devient tous les jours plus fréquentée par les rouliers, mais que ce n'est pas sans danger qu'on passe par certaines parties qui sont très étroites et placées aux bords des précipices, qu'il y a eu des accidents et qu'il arrive journellement que lorsque deux voitures s'y rencontrent venant dans des sens opposés, l'une est obligée de rétrogader quelquefois même longtemps et jusques à une demi lieue, que la sûreté des voyageurs et le bien du commerce ont paru à MM. les commissaires du diocèse exiger qu'on ne différât pas plus longtemps de faire travailler aux parties les plus instantes, en attendant que M. Grangent puisse vérifier les autres ; que l'une de ces parties est celle depuis le pont de La Bessède, près Florac, jusques au bas de la nouvelle côte de Molines, le chemin qui est d'ancienne construction n'a, dans sa plus grande largeur, qu'environ deux toises, et dans bien des endroits il n'y a qu'une toise et demi, il est presque partout établi au bord d'un précipice, au bas duquel coule la rivière du Tarn. La seconde partie est celle des deux côtes de Saint-Roman, qui sont d'ancienne construction et qui doivent être faites à neuf, étant non-seulement trop étroites, mais encore trop rudes, et la troisième consiste à une petite partie de chemin depuis l'entrée du diocèse au haut de la côte de Saint-Pierre jusques au-dessus de la jonction du chemin qui conduit à Saint-Etienne-de-Valfrancesque, cette partie établie presque partout sur le rocher et au bord d'un précipice étant encore plus étroite qu'aucune des autres ; que la quatrième partie consiste à élargir et adoucir la montée à la sortie du pont du Mazel, du côté de Florac, jusques au premier tournant ou contour ; que MM. les commissaires ont fait dresser des devis estimatifs de ces différents ouvrages, qui donneront lieu à une dépense d'environ 77,000 livres ; que les Etats généraux à la dernière assemblée ont donné leur consentement à leur exécution ; que MM. les commissaires du Roy et des

Etats ont accordé les permissions nécessaires et que le tout a été autorisé par arrêt du Conseil. Ledit sieur sindic a proposé à l'assemblée de délibérer : 1° qu'on continuera de travailler, la présente année, au rétablissement des ponts et chaussées et parties du chemin ruinées ou dégradées par les inondations de 1766 ; 2° qu'on continuera aussi de travailler à la construction des piles en pierre d'un pont en bois sur la rivière de Trucire, au-dessous de Grazières-Menoux ; 3° qu'attendu la nécessité qu'il y a pour les voyageurs et la liberté du commerce, de faire travailler aux parties cy-dessus énoncées sur la route du haut de la côte de Saint-Pierre jusques au commencement de la côte de Molines, l'on fera travailler pendant le cours de trois années les plus prochaines, en commençant par la présente, aux nouvelles constructions et réparations déterminées dans les devis qui en ont été dressés, et de renvoyer à MM. les commissaires ordinaires du diocèse, pour pourvoir à l'exécution de tous les susdits ouvrages, ainsi qu'aux fonds pour fournir à la dépense à laquelle ils donnent lieu.

Ce qui a été délibéré, conformément à la réquisition dudit sieur sindic.

Après quoy, le *Te Deum* a été récité et la bénédiction a été donnée par M. le Président.

Fait, clos et arrêté à Maruejols, le neuvième avril mil sept cents soixante-dix.

L'abbé DE SAVINE, vicaire général.

1771

MM. les commissaires de l'assiette. — Places occupées par les membres des Etats. — Lecture des commissions pour les sommes à imposer. — Prestation du serment. — Vote des sommes demandées. — Une lettre doit accompagner les procurations des députés. — Confirmation des officies du pays. — Imposition en faveur des collecteurs des communautés du diocèse, pour les reliquats des comptes. — Indemnité pour pertes de récoltes. — Défrichements. — Mesures à prendre contre les malfaiteurs et assassins. — Travaux publics à exécuter pour faciliter les communications. — Clôture des Etats.

L'an mil sept cens soixante-onze, et le jeudi quatrième jour du mois d'avril. Les gens des trois Etats du pays de Gévaudan, convoquéz par ordre du Roy, en la ville de Mende, sont venus à la salle du palais épiscopal, où M⁰ Charles Lafont de Savine, prêtre, chanoine théologal de l'église cathédrale de Mende, les attendait, étant accompagné de MM. commissaires ordinaires, et, tous ensemble, sont allés à l'église cathédrale dudit Mende pour y entendre la messe du Saint-Esprit. Après laquelle, sont revenus audit palais épiscopal, dans la salle destinée pour la tenue desdits Etats, ils ont pris chacun leur place, sçavoir : M. le Président, sur un fauteuil, placé sur une stalle élevée au-dessous d'un dais ; et, sur la gauche de cette stalle, à la tête du banc, M⁰ Louis-Joseph de Lagarde, commissaire principal ; M. M⁰ Louis Valentin, lieutenant général au bailliage du Gévaudan, pour M. le baillif en tour pour Mgr l'évêque de Mende, la présente année, commissaire ordinaire desdits Etats et assiette ; Me Pierre de Michel du Roc, marquis de Brion, substitut du commis des nobles pour M. le marquis de Saint-Point, commis des nobles, commissaire ordinaire desdits Etats et assiette, absent ; Me Urbain de Retz, Sgr de Servières ; sieur Claude Paulet, notaire, et Antoine Coulomb, premier, second et tiers consuls de la ville de Mende, l'année dernière, et M. Marcel Limouze de Labarthe, premier consul de la ville de Maruejols, commissaires ordinaires desdits Etats et assiette, sur un banc, placé au millieu du parterre ; MM. les ecclésiastiques, sur un banc à la droite de M. le Président, chacun suivant son rang ; et, sur le banc dudit sieur baillif, MM. les barons ou gentilshommes de ce diocèze ou leurs députés, aussi suivant leur rang, et les sieurs consuls et députés des autres villes et communautés dudit païs, qui ont entrée et voix délibérative auxdits Etats, assis sur le bas banc.

M. de Lagarde, commissaire principal, ayant en main les commissions de nosseigneurs les commissaires, qui ont présidé pour le Roy en l'assemblée des Etats généraux de la province, tenus à Montpellier, le 7 janvier dernier, a dit que nosdits seigneurs ordonnent, par leursdites commissions, à M. le baillif du Gévaudan, étant en tour, ou son lieutenant, aux consuls de Mende et à un de Maruéjols, commissaires ordinaires comme luy, de procéder au département des deniers y contenus, et ainsi qu'il a été consenti et résolu auxdits Etats. Lesquels Sa Majesté veut être imposés, la présente année, pour le soutien de l'Etat et pour fournir aux autres dépenses qui se feront dans le royaume, aussi bien que pour les appointements de son altesse sérénissime Mgr le comte d'Eu, gouverneur de la province, entretenement de ses gardes et de MM. les lieutenants généraux dans ladite province, dettes et affaires de la province et de ce diocèse, et département des gratifications ordinaires et extraordinaires contenus au billet, sur ce signé, Pujol, ensemble l'arrêt de validation du Conseil d'Etat de Sa Majesté, pour être payée aux premiers jours d'avril, juillet et octobre prochains, et a remis les commissions au greffier pour en faire la lecture.

Et à l'instant, lecture ayant été faite desdites commissions, ensemble des instructions et autres actes y attachés, contenant, entr'autres choses, permision d'imposer pour les vaccations et journées des consuls de Mende, de Maruejols et du sindic du diocèse, députés aux Etats généraux de la province. La lecture ayant été finie, ledit sieur de Lagarde est sorti de l'assemblée.

M. le Président a fait appeler les gens des Trois Etats du pays de Gévaudan, et ayant fait remettre au greffier du diocèse les procurations des députés auxdits Etats, il en a fait la lecture.

L'assemblée ayant été réglée, chacun ayant pris sa place, le serment en tel cas requis et accoutumé ayant été prêté, sçavoir : par MM. de l'Eglise, la main mise sur la poitrine, et par MM. de la noblesse et députés du Tiers-Etat, la main levée à Dieu; et, tous ensemble, ont promis à M. le Président, moyennant leur serment, de ne rien faire, en cette assemblée, contre l'honneur de Dieu ny contre le service du Roy.

Ensuite a été unanimement résolu que les sommes contenues aux commissions de nosseigneurs les commissaires, présidant pour le Roy aux Etats généraux de la province, tenüs à Montpellier, le 7º janvier dernier, seront impozées, la présente année, sur les contribuables aux tailles du pays de Gévaudan ; et les Etats ont donné pouvoir à MM. les commissaires, qui s'assembleront demain, d'en faire le département.

Comme il est d'usage dans la province que MM. de l'Eglise et MM. les barons, qui ne peuvent pas assister aux Etats du Languedoc, envoyent, outre leurs procurations, une lettre adressée à M. le Président, pour toute l'assemblée, contenant les raisons pour lesquelles ils ne peuvent pas venir ; que cet usage a été toujours observé dans ce pays, pour soutenir la dignité de M. le Président et de toute l'assemblée, et que néantmoins quelques-uns ont obmis d'écrire lesdites lettres ;

A été délibéré que les procurations, tant de MM. de l'église que de MM. les barons et gentilshommes de ce diocèze, seront refuzées à l'avenir, si elles ne sont accompagnées d'une lettre pour M. le Président, qui contienne les raisons pour lesquelles ils ne peuvent assister en personne, et que le greffier du diocèse couchera la présente délibération dans les lettres d'avis, pour la convocation des Etats prochains.

M. le Président a dit que, suivant l'uzage et instructions de nos seigneurs les commissaires, présidens pour le Roy aux Etats généraux de la province, cette assemblée est en droit de faire procéder à la confirmation ou nouvelle élection des officiers du diocèse.

Sur quoy, ledit sieur Lafont, sindic, et le sieur de Lhermet, greffier, étant sortis de l'assemblée, a été délibéré, d'une voix unanime, de confirmer ledit sieur Lafont dans la charge de sindic, et ledit sieur de Lhermet, dans la charge de greffier.

Après quoy, les Etats ayant fait appeler lesdits sieurs

Lafont et de Lhermet, lecture leur a été faite de la présente délibération, et M. le Président leur a fait prêter le serment, la main levée à Dieu, de remplir les devoirs de leurs charges ; ce qu'ils ont promis et juré de faire.

Le sindic du pays a dit qu'il a été rendu deux jugements par nosseigneurs des Etats, en date du . . . . . dont l'un ordonne, en faveur des collecteurs de plusieurs communautés du diocèse, de l'année 1769, l'imposition des sommes dont ils ont été déclarés créanciers par la clôture de leurs comptes, lesquelles reviennent en total à . . . ., et l'autre veut qu'il soit fait un moins imposé, dans plusieurs communautés, des reliquats des comptes de leurs collecteurs de la même année 1769, qui se portent en total à la somme de . . . . . . et, conformément auxdits jugements, ledit sieur sindic a requis l'assemblée de délibérer qu'il sera fait mention de ces débets et de ces reliquats dans les mandes de la taille de cette année, et qu'il y sera marqué, par un article particulier, la somme que chaque communauté doit imposer ou moins imposer à ce sujet, chacune comme la concerne.

Ce qui a été unanimement délibéré, conformément à la réquisition dudit sieur sindic.

Ledit sieur sindic a dit encore qu'il a été dressé, l'année dernière, des procès-verbaux des dommages causés aux récoltes ; qu'on a donné la plus grande étendue à ces procès-verbaux pour mettre M. l'Intendant à portée de connoitre toute celle des pertes que ce pays a faites ; que M. le Président a employé, pendant le cours des Etats, tout son crédit et ses sollicitations auprès de lui pour en obtenir un secours aussi considérable qu'il se pourra sur l'indemnité accordée cette année par Sa Majesté, et que

M. l'Intendant lui a promis de traiter ce diocèse aussi favorablement que la modicité de la somme qu'il a à répartir pourra le permettre, et ledit sieur sindic a requis l'assemblée de délibérer de renvoyer, suivant l'usage, à MM. les commissaires, la répartition de la somme qui sera attribuée au pays sur l'indemité accordée par Sa Majesté.

Ce qui a été délibéré, conformément à la réquisition dudit sieur sindic.

Ledit sieur sindic a dit aussi qu'il a été rendu, le 5 juillet dernier, une déclaration par Sa Majesté concernant les défrichements dans la province de Languedoc, et les exemptions de la disme et de la taille pendant quinze années, en faveur de ceux qui les entreprendront; qu'il a été arrêté par nosseigneurs des Etats une instruction pour l'exécution de cette déclaration; qu'il a envoyé dans toutes les communautés des exemplaires qui contiennent l'une et l'autre, et qu'il a accompagné cet envoy de la lettre circulaire dans laquelle il a donné un supplément d'instruction; que depuis cet envoy il lui a été porté des plaintes sur les exactions que commettent certains greffiers consulaires qui exigent, pour les déclarations que sont obligés de leur faire ceux qui veulent défricher, jusques à vingt-quatre sols dans le temps qu'ils ne doivent prendre que dix sols, tant pour l'enregistrement que pour l'expédition de la déclaration, qu'il croit devoir prier les MM. de cette assemblée de vouloir bien faire connoitre, chacun dans la communauté, que les greffiers consulaires ne doivent se faire payer que cette somme, et qu'au cas qu'ils en exigent d'avantage, ils veuillent bien l'en faire informer pour, sur le compte qu'il en rendra à MM. les commissaires, être par eux pris les mesures convenables, à l'effet non-seulement d'obliger les exacteurs à la restitution, mais encore les faire punir suivant l'exigence des cas.

Ledit sieur sindic a dit encore que, nonobstant les exemples aussi sévères que multipliés qui se font depuis plusieurs années, il a été commis celle-cy, et la précédente, bien des crimes : tels que des assassinats, meurtres et vols, sur le grand chemin, vols avec effraction et autres vols de toute espèce ; qu'on est parvenu à arrêter plusieurs des auteurs de ces désordres, dont M. Dulac, lieutenant de prévôt du département, instruit actuellement le procès ; qu'il croit devoir proposer à l'assemblée de délibérer de prier de plus fort MM. les commissaires du pays de continuer à veiller à la seureté publique et à exciter l'émulation des habitants, pour l'arrestation des malfaiteurs, en faisant jouir ceux qui parviendront à ces arrestations des gratifications cy-devant délibérées.

Ce qui a été délibéré, conformément à la proposition dudit sieur sindic.

De relevée.

Le sindic du païs a dit qu'on a continué de travailler cette année aux réparations des parties des chemins dégradées par les inondations de 1766, et qu'en conséquence des différentes délibérations prises par l'assemblée pour accélérer l'ouverture de la route du haut de la côte de Saint-Pierre jusques au-delà de la garde-frontière de l'Auvergne, extrémité du Gévaudan, et des permissions obtenues pour faire exécuter les parties les plus urgentes, il a été fait trois adjudications l'année dernière par MM. les commissaires du païs de certaines de ces parties, sçavoir : de celle de l'avenue du pont du Mazel, du côté de Florac, et du pont de La Bessède, près Florac, jusques à la pièce de Jacques le Serrurier, au prix de 14,500 livres; à Etienne Lapise et Barbut, celle depuis le communal des habitants de La Rochette jusques à celle de la pièce de Claude Couret, des Faux, au prix 1,950 livres; à Victorin Robert, Feljas, Falgairette et Meynadier, et celle du pont de Saint-Philip jusques à la place d'Ispanhac aux mêmes entrepreneurs, au prix de 10,100 livres; que ces différents entrepreneurs ont mis tout de suite la main à l'œuvre, qu'ils ont actuellement des ateliers nombreux et qu'il y a tout lieu d'espérer que ces trois parties seront mises en état de perfection dans le courant de cette année; en conséquence, ledit sindic a requis l'assemblée de délibérer d'approuver lesdites adjudications et de renvoyer à MM. les commissaires du païs pour procéder à celles qui restent à faire.

Ce qui a été délibéré, conformément à la réquisition dudit sieur sindic.

Après quoi, le *Te Deum* a été récité et la bénédiction a été donnée par M. le Président.

Fait, clos et arrêté à Mende, le quatre avril mil sept cens soixante-onze.

L'abbé DE SAVINE, vicaire général.

1772

MM. les commissaires de l'assiette. — Lecture des commissions pour les sommes à imposer. — Prestation du serment par MM. de l'assemblée des Etats. — Vote des sommes demandées. — Une lettre doit accompagner les procurations des députés. — Confirmation des officiers du diocèse. — Débets et reliquats des comptes des collecteurs des communautés. — Indemnité pour pertes de récoltes. — Instances à renouveler pour obtenir la diminution sur le sel. — Route du bas Languedoc en Auvergne. — Clôture des Etats.

L'an mil sept cens soixante-douze, et le lundi trentième jour du mois de mars. Les gens des trois Etats du pays de Gévaudan, convoqués par ordre du Roy, en la ville de Maruejols, sont venus à la salle de l'hôtel de M. le comte de Peyre, où loge M*re* Michel-Ange de Bruges, prêtre, docteur en théologie, vicaire général de Mgr l'évêque de Mende, Président des Etats et assiette dudit païs, qui les attendoit, étant accompagné de MM. les commissaires ordinaires, et, tous ensemble, sont allés à l'église collégiale de la ville de Maruejols pour y entendre la messe du Saint-Esprit. Après laquelle, s'étant rendus dans la salle de l'auditoire des Cours du Bailliage de Gévaudan et royale ordinaire dudit Maruejols, ils ont pris chacun leur place, sçavoir : M. le Président, sur une stalle, élevée au-dessous d'un dais, et sur la gauche de cette stalle, à la tête du banc, M. Louis-Dominique Cahuzac, lieutenant général au Bailliage de Gévaudan, pour M. le bailli, en tour pour le Roy, la présente année, commissaire ordinaire desdits Etats et assiette ; M*re* Pierre de Michel du Roc, marquis de Brion, substitut du commis des nobles, pour M. le marquis de Saint-Point, commis des nobles, commissaire ordinaire desdits Etats et assiette, absent ; M. Jean-Baptiste Thouzellier ; sieur Pierre Favier, marchand, et sieur Antoine Jory, 1*er*, 2*e* et

3ᵉ consuls de la ville de Mende, l'année dernière ; M. Raymond Sevène, avocat au Parlement, 1ᵉʳ consul de la ville de Maruejols, commissaire ordinaire desdits Etats et assiette, sur un banc, placé au milieu du parterre ; MM. les ecclésiastiques, sur un banc à la droite de M. le Président, chacun suivant son rang ; et sur le banc dudit sieur baillif, MM. les barons et gentilshommes de ce diocèse ou leurs députés, aussi suivant leur rang ; et les sieurs consuls et députés des autres villes et communautés dudit pays, qui ont entrée et voix délibérative auxdits Etats, assis sur le bas banc.

M. Cahuzac, lieutenant général, ayant en main les commissions de nosseigneurs les commissaires, qui ont présidé pour le Roy en l'assemblée des Etats généraux de la province, tenus à Montpellier, a dit que nosdits seigneurs ordonnent, par leursdites commissions, à M. le bailli du Gévaudan, étant en tour ou son lieutenant, aux consuls de Mende et à un de Maruejols, commissaires ordinaires comme lui, de procéder au département des deniers y contenus, et ainsi qu'il a été consenti et résolu auxdits Etats ; lesquels Sa Majesté veut être imposés, la présente année, pour le soutien de l'Etat et pour fournir aux autres dépenses qui se feront dans le royaume, aussi bien que pour les appointements de son altesse sérénissime, Mgr le comte d'Eu, gouverneur de la province, entretenement de ses gardes et de MM. les lieutenants généraux dans ladite province, dettes et affaires de la province et de ce diocèze, et département des gratifications ordinaires et extraordinaires contenues au billet sur ce signé, Coster, ensemble l'arrêt de validation du Conseil d'Etat de Sa Majesté, pour être payés aux premiers jours d'avril, juillet et octobre prochains, et a remis les commissions au greffier pour en faire la lecture.

Et à l'instant, lecture ayant été faite desdites commissions, ensemble des instructions et autres actes y attachés, contenant, entr'autres choses, permission d'imposer pour les vacations et journées des consuls de Mende, de Maruejols et du sindic du diocèse, députés aux Etats généraux de la province ; la lecture ayant été finie, ledit sieur Cahuzac est sorti de l'assemblée.

M. le Président a fait appeler les gens des trois Etats du pays de Gévaudan, et, ayant fait remettre au greffier du diocèse les procurations des députés auxdits Etats, il en a fait la lecture.

L'assemblée ayant été réglée, chacun ayant pris sa place, le serment en tel cas requis et accoutumé ayant été prêté, sçavoir : par MM. de l'église, la main mise sur la poitrine ; et par MM. de la noblesse et députés du Tiers-Etat, la main levée à Dieu, et, tous ensemble, ont promis à M. le Président, moyennant leur serment, de ne rien faire contre l'honneur de Dieu ny contre le service du Roy.

Ensuite a été unanimement résolu que les sommes contenues aux commissions de nosseigneurs les commissaires, présidents pour le Roy aux Etats généraux de la province, tenus à Montpellier, seront imposées la présente année sur les contribuables aux tailles du païs de Gévaudan, et les Etats ont donné pouvoir à MM. les commissaires de l'assiette, qui s'assembleront demain, d'en faire le département.

Comme il est d'usage dans la province que MM. de l'église et MM. qui ne peuvent pas assister aux Etats du Languedoc envoyent, outre leurs procurations, une lettre adressée à M. le Président, pour toute l'assemblée, contenant les raisons pour lesquelles ils ne peuvent pas venir ; que cet usage a été toujours observé dans ce païs, pour soutenir la dignité de M. le Président et de toute l'assemblée, et que néanmoins quelques-uns ont omis d'écrire lesdites lettres ;

A été délibéré que les procurations, tant de MM. de l'église que de MM. les barons et gentilshommes de ce diocèse seront refusées à l'avenir, si elles ne sont accompagnées d'une lettre pour M. le Président, qui contienne les raisons pour lesquelles ils ne peuvent assister en personne, et que le greffier du diocèse couchera la présente délibération dans les lettres d'avis pour la convocation des Etats prochains.

M. le Président a dit que, suivant l'usage et instruction de nosseigneurs les commissaires, présidents pour le Roy aux Etats généraux de la province, cette assemblée est en droit de faire procéder à la confirmation ou nouvelle élection des officiers du diocèse.

Sur quoi le sieur Lafont, sindic, et le sieur de Lhermet, greffier, étant sortis de l'assemblée, a été délibéré, d'une voix unanime, de confirmer le sieur Lafont dans la charge de sindic, et le sieur de Lhermet dans la charge de greffier.

Après quoi les États ayant fait appeler lesdits sieurs Lafont et de Lhermet, lecture leur a été faite de la présente délibération, et M. le Président leur a fait prêter le serment, la main levée à Dieu, de remplir les devoirs de leur charge ; ce qu'ils ont promis et juré de faire.

Le sindic du païs a dit qu'il a été rendu deux jugements par nosseigneurs des États, en date du . . . . dont l'un ordonne, en faveur des collecteurs de plusieurs communautés du diocèse, de l'année 1770, l'imposition des sommes dont ils ont été déclarés créanciers par la clôture de leurs comptes, et l'autre veut qu'il soit fait un moins imposé dans plusieurs communautés des reliquats des comptes de leurs collecteurs, de la même année 1770, et, conformément auxdits jugements, ledit sieur sindic a requis l'assemblée de délibérer qu'il sera fait mention de ces débets et de ces reliquats dans les mandes de la taille de cette année, et qu'il y sera marqué, par un article particulier, la somme que chaque communauté doit imposer ou moins imposer à ce sujet, chacune comme la concerne.

Ce qui a été unanimement délibéré, conformément à la réquisition dudit sieur sindic.

Ledit sieur sindic a dit qu'il a été dressé, l'année dernière, des procès-verbaux des dommages causés aux récoltes ; ces procès-verbaux ont été remis aux bureaux de M. l'Intendant, qu'il n'a point reçu son ordonnance de la somme qu'il aura bien voulu attribuer à ce diocèse dans la répartition de l'indemnité accordée par Sa Majesté, et ledit sieur sindic a requis l'assemblée de délibérer de renvoyer à MM. les commissaires, suivant l'usage, la répartition de la somme qui sera portée par l'ordonnance de M. l'Intendant.

Ce qui a été délibéré, conformément à la réquisition dudit sieur sindic.

Ledit sieur sindic a dit aussi qu'il a été cy-devant fait des représentations pour que le Gévaudan fut déchargé sur le prix du sel des trente sols par minot que ce pays paye au-dessus de ce qu'il se vend dans les autres greniers de la province, qu'il est d'autant plus intéressé à renouveler ces représentations, que d'un côté il ne peut que lui importer de profiter de la circonstance du prochain renouvellement des fermes du Roy pour obtenir une demande aussi juste, et que de l'autre on annonce une augmentation générale sur le prix de cette denrée ; qu'en conséquence, ledit sieur sindic a lu le mémoire par luy cy-devant fait, et approuvé par MM. les commissaires du diocèse, qui démontre la justice de cette demande, et a proposé à l'assemblée de délibérer de renouveler ses instances et et de prier MM. les commissaires ordinaires, pendant l'année, de reprendre ses représentations et de se donner, sous la protection et le crédit de Mgr l'évêque de Mende, soit auprès du Ministère, soit auprès de MM. les députés des Etats généraux de la province, à la Cour, tous les mouvements et les effets qui pourront dépendre d'eux pour obtenir une décharge, qui doit moins être regardée comme une grâce que comme une justice d'autant plus due au païs du Gévaudan que, suivant les motifs exposés dans le mémoire dudit sieur sindic, il n'est point de contrée dans le royaume qui mérite plus d'égards par rapport aux prix du sel.

Ce qui a été délibéré, conformément à la proposition dudit sieur sindic.

De relevée.

Ledit sieur sindic a dit, qu'en conséquence des délibérations prises par l'assemblée et par MM. les commissaires de l'assiette, il a été exécuté divers ouvrages sur la grande route du bas Languedoc en Auvergne, dans la partie qui concerne le Gévaudan ; qu'il est de la plus grande importance pour ce païs de continuer à faire travailler sur cette route de plus en plus fréquentée par des voitures roulantes ; qu'on pourroit actuellement s'attacher à ouvrir ou perfectionner les parties depuis le haut de la côte de Saint-Pierre jusques au Castanier, et a requis l'assemblée de délibérer.

Sur quoi l'assemblée a unanimement délibéré de continuer à faire travailler sur la partie de la grande route du bas Languedoc en Auvergne, qui est située dans le Gévaudan, et a renvoyé à MM. les commissaires de l'assiette et subsidiairement à MM. les commissaires ordinaires, pendant l'année, pour faire dresser les devis des réparations, changements ou nouvelles constructions à faire sur cette route, depuis l'entrée du Gévaudan au haut de la côte de Saint-Pierre jusques au Castanier, et prendre les délibérations nécessaires à l'effet d'obtenir les consentements, permissions et autorisations requises pour l'exécution des ouvrages et pour les emprunts des sommes à y employer pour pourvoir à leur dépense.

Après quoy, le *Te Deum* a été récité et la bénédiction a été donnée par M. le Président.

Fait, clos et arrêté à Maruejols, le trente mars mil sept cents soixante-douze.

L'abbé DE BRUGES, vicaire général, Président.

1773

MM. les commissaires de l'assiette. — Places occupées par MM. des Etats. — Vote des sommes demandées. — Lecture des procurations de MM. les députés. — Prestation de serment. — Une lettre doit accompagner les procurations. — Confirmation des officiers du pays. — Reliquats des comptes des collecteurs. — Indemnité pour pertes de récoltes. — Dommages causés par l'inondation et secours accordés. — Clôture des Etats.

L'an mil sept cens soixante-treize, et le lundi dixième jour du mois de may. Les gens des trois Etats du pays de Gévaudan, convoqués par ordre du Roy, en la ville de Mende, sont venus à la salle du palais épiscopal, où Mgr l'illustrissime et révérendissime Sgr, Mgr Jean-Arnaud de Castellane, évêque et Sgr de la ville de Mende, comte de Gévaudan, conseiller du Roy en tous ses Conseils, les attendoit, étant accompagné de MM. les commissaires ordinaires ; et, tous ensemble, sont allés à l'église cathédrale dudit Mende, pour y entendre la messe du Saint-Esprit. Après laquelle, sont revenus audit palais épiscopal, dans la salle destinée pour la tenue desdits Etats. Ils ont pris chacun leur place, savoir : Mgr le Président, sur un fauteuil, placé sur une stalle, à la tête du banc ; M. Louis Valentin, lieutenant général au bailliage du Gévaudan, pour M. le baillif en tour pour Mgr l'évêque de Mende, la présente année, commissaire ordinaire desdits Etats et assiette ; M⁽ʳᵉ⁾ Pierre de Michel du Roc, marquis de Brion, substitut du commis des nobles, pour M. le marquis de Saint-Point, commis des nobles, commissaire ordinaire desdits Etats et assiette, absent ; M⁽ʳᵉ⁾ Jean-Joseph Norry de La Blachère, ancien capitaine d'infanterie, chevalier de l'ordre royal et militaire de Saint-Louis ; sieurs Charles Grange et Jean-Baptiste Portalier, 1ᵉʳ, 2ᵉ et 5ᵉ consuls de la ville de Mende, l'année dernière ; M. Raymond Sevène, avocat au Parlement, 1ᵉʳ consul de la ville de Maruejols, commissaires ordinaires desdits Etats et assiette, sur un banc, placé au milieu du parterre ; MM. les ecclésiastiques, sur un banc à la droite de Mgr le Président, chacun suivant son rang ; et sur le banc dudit sieur baillif, MM. les barons et gentilshommes de ce diocèze ou leurs députés, aussi suivant leur rang ; et les sieurs consuls et députés des autres villes et communautés dudit païs, qui ont entrée et voix délibérative auxdits Etats, assis sur le bas banc.

M. Valentin, lieutenant général, ayant en main les commissions de nosseigneurs les commissaires, qui ont présidé pour le Roy en l'assemblée des Etats généraux de la province, tenus à Montpellier, a dit que nosdits seigneurs ordonnent, par leursdites commissions, à M. le baillif du Gévaudan, étant en tour ou son lieutenant, aux consuls de Mende et à un de Maruejols, commissaires ordinaires comme lui, de procéder au département des deniers y contenus et ainsi qu'il a été consenti et résolu auxdits Etats ; lesquels Sa Majesté veut être imposés, la présente année, pour le soutien de l'Etat et pour fournir aux autres dépenses qui se feront dans le royaume, aussi bien que pour les appointements de son altesse sérénissime, Mgr le comte d'Eu, gouverneur de la province, entretenement de ses gardes et de MM. les lieutenants généraux dans ladite province, dettes et affaires de la province et de ce diocèse, et département des gratifications ordinaires et extraordinaires contenues au billet, sur ce signé : Coster ; ensemble l'arrêt de validation du Conseil d'État de Sa Majesté, pour être payés aux premiers jours d'avril, juillet et octobre prochains, et a remis les commissions au greffier pour en faire la lecture.

Et à l'instant, lecture ayant été faite desdites commissions, ensemble des instructions et autres actes y attachés, contenant, entr'autres choses, permission d'imposer pour les vacations et journées des consuls de Mende, de Maruejols et du sindic du diocèse, députés aux Etats généraux de la province. La lecture ayant été faite, ledit sieur Valentin est sorti de l'assemblée.

Mgr le Président a fait appeler les gens des trois Etats du païs de Gévaudan, et, ayant fait remettre au greffier, du diocèse, les procurations des députés auxdits Etats, il en a fait la lecture.

L'assemblée ayant été réglée, chacun ayant pris place, le serment en tel cas requis et accoutumé ayant été prêté, savoir : par MM. de l'église, la main mise sur la poitrine ; et par MM. de la noblesse et députés du Tiers-Etat, la main levée à Dieu ; et, tous ensemble, ont promis à Mgr le Président, moyennant leur serment, de ne rien faire en cette assemblée contre l'honneur de Dieu ny contre le service du Roy.

Ensuite a été unanimement résolu que les sommes contenues aux commissions de nosseigneurs les commissaires, présidents pour le Roy aux Etats généraux de la province, seront imposées, la présente année, sur les contribuables aux tailles du pays de Gévaudan ; et les Etats ont donné pouvoir à MM. les commissaires de l'assiette, qui s'assembleront demain, d'en faire le département.

Comme il est d'usage dans la province que MM. de l'église et Messieurs qui ne peuvent pas assister aux Etats du Languedoc envoyent, outre leurs procurations, une lettre adressée à Mgr le Président, pour toute l'assemblée, contenant les raisons pour lesquelles ils ne peuvent pas venir ; que cet usage a été toujours observé dans ce païs, pour soutenir la dignité de Mgr le Président et de toute l'assemblée, et que néanmoins quelques-uns ont omis d'écrire lesdites lettres ;

A été délibéré que les procurations, tant de MM. de l'église que de MM. les barons et gentilshommes de ce diocèse, seront refusées à l'avenir, si elles ne sont accompagnées d'une lettre pour Mgr le Président, qui contienne les raisons pour lesquelles ils ne peuvent assister en personne, et que le greffier du diocèse couchera la présente délibération dans les lettres d'avis pour la convocation des Etats prochains.

Mgr le Président a dit que, suivant l'usage et instructions de nosseigneurs les commissaires, présidents pour le Roy aux Etats généraux de la province, cette assemblée est en droit de faire procéder à la confirmation ou nouvelle élection des officiers du diocèse.

Sur quoi ledit sieur Lafont, sindic, et le sieur de Lhermet, greffier, étant sortis de l'assemblée, a été délibéré, d'une voix unanime, de confirmer ledit sieur Lafont dans la charge de sindic, et le sieur de Lhermet dans la charge de greffier.

Après quoi, les Etats, ayant fait appeler lesdits sieurs Lafont et de Lhermet, lecture leur a été faite de la présente délibération, et Mgr le Président leur a fait prêter le serment, la main levée à Dieu, de remplir les devoirs de leur charge; ce qu'ils ont promis et juré de faire.

Le sindic du païs a dit qu'il a été rendu deux jugements par nosseigneurs des Etats, en date du 12e décembre dernier, dont l'un ordonne, en faveur des collecteurs de plusieurs communautés du diocèse, de l'année 1771, l'imposition des sommes dont ils ont été déclarés créanciers par la clôture de leurs comptes, lesquelles reviennent en total à 547 livres 2 sols 8 deniers, et l'autre veut qu'il soit fait un moins imposé, dans plusieurs communautés, des reliquats des comptes de leurs collecteurs, de ladite année 1771, qui se portent en total à la somme de 3,088 livres 3 sols, et, conformément auxdits jugements, ledit sieur sindic a requis l'assemblée de délibérer qu'il sera fait mention de ces débets et de ces reliquats dans les mandes de la taille de cette année, et qu'il sera marqué, par un article particulier, la somme que chaque communauté doit imposer ou moins imposer à ce sujet, chacune comme la concerne.

Ce qui a été unanimement délibéré, conformément à la réquisition dudit sieur sindic.

Ledit sieur sindic a dit encore qu'il a été dressé, l'année dernière, des procès-verbaux des dommages causés aux récoltes ; qu'on a donné la plus grande étendue à ces procès-verbaux, pour mettre M. l'Intendant à portée de connoitre toute celle des pertes que ce païs a faites ; que Mgr le Président a employé, pendant le cours des Etats, tout son crédit et ses sollicitations auprès de lui pour en obtenir un secours aussi considérable qu'il se pourra sur l'indemnité accordée, cette année, par Sa Majesté, et que M. l'Intendant lui a promis de traiter ce diocèse aussi favorablement que la modicité de la somme qu'il a à répartir pourra le permettre, et ledit sieur sindic a requis l'assemblée de délibérer de renvoyer, suivant l'usage, à MM. les commissaires, la répartition de la somme qui sera attribuée au païs sur l'indemnité accordée par Sa Majesté.

Ce qui a été délibéré, conformément à la réquisition dudit sieur sindic.

Ledit sieur sindic a dit encore que les inondations du mois de septembre dernier ont causé de grands ravages dans plusieurs païs et diocèses de la province, et en particulier en Gévaudan ; que le mal, en vérité, n'y a pas été général, mais qu'il y a cependant plusieurs cantons qui ont considérablement souffert et que les chemins, ponts et autres ouvrages publics ont été ruinés ou bien dégradés ; qu'il a été fait des vérifications des différents dommages ; que ceux concernant les fonds de terre se sont trouvés de deux sortes ; que les uns ont consisté à plusieurs terrains emportés ou dégradés par les tas de sable et de gravier que les eaux y ont déposé, et c'est ce qui est principalement arrivé dans les Cévennes ; les autres ont consisté à la perte des semences qui ont été emportées dans plusieurs communautés, principalement à celle de la montagne ; que le Roy a accordé une indemnité extraordinaire applicable, pour la majeure partie, aux fonds emportés ou endommagés, et le surplus aux chemins, ponts et chaussées et autres ouvrages publics ; que les Etats généraux ont renvoyé la répartition de cette indemnité à une commission composée de M. l'Intendant et de plusieurs membres des Etats ; que Mgr le Président s'est donné les plus grands mouvements pendant son séjour à Montpellier, pour obtenir pour son diocèse le traitement le plus favorable ; que depuis son retour il en a écrit plusieurs fois à M. l'Intendant ; qu'il a été dressé des procès-verbaux particuliers des dommages causés par les inondations du mois de septembre ; que, conformément aux instructions envoyées de la part de la commission de Montpellier, tous les particuliers dont les pertes ont été estimées de 300 fr. au-dessus, ont été compris dans ces procès-verbaux par autant d'articles séparés ; et, à l'égard des pertes au-dessous de 300 francs, elles ont été estimées en général pour chaque communauté ; que M. de Joubert, sindic général de la province, vient d'informer ledit sieur sindic qu'il a été procédé à la répartition de cette indemnité ; qu'il a été accordé le dixième des pertes estimées à 2,000 francs et au-dessus, et le vingtième pour celles au-dessous de 2,000 francs ; que les ordonnances s'en expédient actuellement à Montpellier, et ledit sieur sindic a proposé à l'assemblée de délibérer de le charger, lorsqu'il aura reçu ses ordonnances, de donner connoissance à ces différentes indemnités aux communautés et aux particuliers qu'elles concerneront.

Sur quoi, l'assemblée, pénétrée des bontés dont Mgr le Président ne cesse de donner des marques au païs et du zèle qui l'anime pour tout ce qui peut contribuer à son bien et à son soulagement, lui en a rendu ses actions de grâces ; l'a supplié de lui continuer ces mêmes bontés, et, quant au surplus, a été unanimement délibéré, conformément à la proposition dudit sieur sindic.

De relevée.

Ledit sieur sindic a dit qu'il a été rendu compte à la séance du matin des ravages causés par les inondations du mois de septembre dernier, de l'indemnité accordée par Sa Majesté, soit pour venir au secours des communautés et particuliers endommagés, soit pour contribuer aux réparations des ouvrages publics, ruinés en tout ou en partie par lesdites inondations ; que suivant l'avis qui lui a été donné par M. de Joubert, sindic général de la province, nosseigneurs de la commission, établie pour la répartition de ladite indemnité, ont attribué dans cette répartition une somme de 18,155 livres 9 sols 11 deniers au pair, pour être employée, sous les ordres de MM. les commissaires ordinaires, auxdites réparations ; en conséquence, ledit sieur sindic a requis l'assemblée de renvoyer à mesdits sieurs commissaires le soin de faire exécuter les différents ouvrages, pour remettre les parties dégradées dans leur premier état, en faisant d'abord pourvoir à la dépense sur l'indemnité des 18,135 livres 9 sols 11 deniers, et ensuite sur les fonds qu'il sera permis d'emprunter pour suppléer à l'insuffisance ; et qu'en conséquence, MM. les commissaires de l'assiette prendront sur ce les délibérations nécessaires, à l'effet d'obtenir, pour ce supplément, les consentements, permissions et autorisations requises par les règlements.

Ce qui a été délibéré, conformément à la réquisition dudit sieur sindic.

Après quoi, le *Te Deum* a été récité et la bénédiction a été donnée par Mgr le Président.

Fait, clos et arrêté à Mende, le dix mai mil sept cents soixante-treize.

† L'Évêque de Mende.

1774

MM. les commissaires de l'assiette. — Places occupées par les membres de l'assemblée. — Lecture des commissions pour les sommes à imposer. — Remise des procurations. — Prestation du serment. — Vote des sommes demandées. — Une lettre doit accompagner les procurations. — Confirmation des officiers du pays. — Débets et reliquats des comptes des collecteurs. — Nomination de M. de Rets de Servières aux fonctions de commis de la noblesse. — Indemnité pour pertes causées aux récoltes. — Instances à faire pour obtenir une diminution sur le prix du sel. — États à fournir au sujet de l'étendue des biens des communautés. — Route du Bas-Languedoc en Auvergne. — Clôture des États.

L'an mil sept cens soixante-quatorze. et le mardi cinquième jour du mois d'avril. Les gens des Trois Etats du païs de Gévaudan, convoqués par ordre du Roy, en la ville de Maruejols, sont venus à la salle de l'hôtel de M. le comte de Peyre, où loge M⁰ Michel-Ange de Bruges, prêtre, docteur en théologie, vicaire général de Mgr l'évêque de Mende, Président des Etats et assiette dudit pays, qui les attendait, étant accompagné de MM. les commissaires ordinaires ; et, tous ensemble, sont allés à l'église collégiale de la ville de Maruejols pour y entendre la messe du Saint-Esprit. Après laquelle, s'étant rendus dans la salle de l'auditoire des Cours du bailliage de Gévaudan et royale ordinaire dudit Maruejols, ils ont pris chacun leur place, savoir : M. le Président, sur un fauteuil, placé sur une stalle élevée au-dessous d'un dais ; et, sur la gauche de cette stalle, à la tête du banc, M. Jacques-Louis d'Hombres, avocat au Parlement et maire d'Alais, commissaire principal desdits Etats et assiette ; M. Louis-Dominique Cahuzac, lieutenant général au bailliage de Gévaudan, pour M. le baillif en tour pour le Roy, la présente année, commissaire ordinaire desdits Etats et assiette ; Mʳᵉ Urbain de Retz de Servières, ancien capitaine du régiment de Chartres, infanterie, commis des nobles, commissaire ordinaire desdits Etats et assiette ; Mᵉ Jean-Joseph Norry de La Blachère, ancien capitaine d'infanterie, chevalier de l'ordre royal et militaire de Saint-Louis ; sieurs Charles Grange et Jean-Baptiste Portalier, premier, second et tiers consuls de la ville de Mende, l'année dernière ; M. Raymond Sévène, avocat au Parlement, 1ᵉʳ consul de la ville de Maruejols, commissaires ordinaires desdits Etats et assiette, sur un banc, placé au milieu du parterre ; MM. les ecclésiastiques, sur un banc, à la droite de M. le Président, chacun suivant son rang ; et, sur le banc dudit sieur baillif, MM. les barons et gentilshommes de ce diocèze ou leurs députés, aussi suivant leur rang ; et les sieurs consuls et députés des autres villes et communautés dudit païs, qui ont entrée et voix délibérative auxdits Etats, assis sur le bas banc.

M. d'Hombres, commissaire principal, ayant en main les commissions de nosseigneurs les commissaires qui ont présidé, pour le Roy, en l'assemblée des Etats généraux de la province, tenus à Montpellier, le 15 décembre dernier, a dit que nosdits seigneurs ordonnent, par leursdites commissions, à M. le baillif du Gévaudan, étant en tour, ou son lieutenant, aux consuls de Mende et à un de Maruejols, commissaires ordinaires comme luy, de procéder au département des deniers y contenus, et ainsy qu'il a été consenty et résolu auxdits Etats ; lesquels Sa Majesté veut être imposés, la présente année, pour le soutien de l'Etat et pour fournir aux autres dépenses qui se feront dans le royaume, aussi bien que pour les appointements de son altesse sérénissime, Mgr le comte d'Eu, gouverneur de la province, entretenement de ses gardes et de MM. les lieutenants généraux dans ladite province, dettes et affaires de la province et de ce diocèse, et département des gratifications ordinaires et extraordinaires contenues au billet, sur ce signé, Coster ; ensemble, l'arrêt de validation du Conseil d'Etat de Sa Majesté, pour être payés aux premiers jours d'avril, juillet et octobre prochains, et a remis les commissions au greffier, pour en faire la lecture.

Et à l'instant, lecture ayant été faite desdites commissions, ensemble des instructions et autres actes y attachés, contenant, entr'autres chozes, permission d'imposer pour les vacations et journées des consuls de Mende, de Maruejols et du sindic du diocèze, députés aux Etats généraux de la province. La lecture ayant été finie, ledit sieur d'Hombres est sorti de l'assemblée.

M. le Président a fait appeler les gens des Trois Etats du pays de Gévaudan, et, ayant fait remettre au greffier du diocèse les procurations des députés auxdits Etats, il en a fait la lecture.

L'assemblée ayant été reglée, chacun ayant pris sa place, le serment en tel cas requis et accoutumé ayant été prêté, savoir : par MM. de la noblesse et députés du Tiers-Etat, la main levée à Dieu, et, tous ensemble, ont promis à M. le Président, moyennant leur serment, de ne rien faire, en cette assemblée, contre l'honneur de Dieu ny contre le service du Roy.

Ensuite a été unanimement résolu que les sommes contenues aux commissions de nosseigneurs les commissaires, président pour le Roy aux Etats généraux de la province, tenus à Montpellier, le 13 décembre dernier, seront imposées, la présente année, sur les contribuables aux tailles du pays de Gévaudan; et les Etats ont donné pouvoir à MM. les commissaires de l'assiette, qui s'assembleront demain, d'en faire le département.

Comme il est d'usage dans la province que MM. de l'église et Messieurs qui ne peuvent pas assister aux Etats du Languedoc, envoyent, outre leurs procurations, une lettre adressée à M. le Président, pour toute l'assemblée, contenant les raisons pour lesquelles ils ne peuvent pas venir; que cet usage a été toujours observé dans ce païs, pour soutenir la dignité de M. le Président et de toute l'assemblée, et que néantmoins quelques-uns ont obmis d'écrire lesdites lettres; a été délibéré que les procurations, tant de MM. de l'église que de MM. les barons et gentilshommes de ce diocèse, seront refusées à l'avenir, si elles ne sont accompagnées d'une lettre pour M. le Président, qui contienne les raisons pour lesquelles ils ne peuvent assister en personne, et que le greffier du diocèse couchera la présente délibération dans les lettres d'avis, pour la convocation des Etats prochains.

M. le Président a dit que, suivant l'usage et instructions de nosseigneurs les commissaires, présidents pour le Roy aux Etats généraux de la province, cette assemblée est en droit de faire procéder à la confirmation ou nouvelle élection des officiers du diocèse.

Surquoy, le sieur Lafont, sindic, et le sieur de Lhermet, greffier, étant sortis de l'assemblée, a été délibéré, d'une voix unanime, de confirmer le sieur Lafont dans la charge de sindic, et le sieur de Lhermet dans la charge de greffier.

Après quoy, les Etats ayant fait appeler lesdits sieurs Lafont et de Lhermet, lecture leur a été faite de la présente délibération, et M. le Président leur a fait prêter le serment, la main levée à Dieu, de remplir les devoirs de leur charge; ce qu'ils ont promis et juré de faire.

Le sindic du pays a dit qu'il a été rendu deux jugements par nosseigneurs des Etats, en date du 11 décembre 1773, dont l'un ordonne, en faveur des collecteurs de plusieurs communautés du diocèse de l'année 1772, l'imposition des sommes dont ils ont été déclarés créanciers par la clôture de leurs comptes; lesquelles reviennent en total à la somme de 498 livres 5 sols 10 deniers; et l'autre qu'il soit fait un moins imposé, dans plusieurs communautés, des reliquats des comptes de leurs collecteurs, de la même année 1772, qui se porte en total à la somme de 2,961 livres 14 sols 7 deniers, et, conformément auxdits jugements, ledit sieur sindic a requis l'assemblée de délibérer qu'il sera fait mention de ces débets et de ces reliquats dans les mandes de la taille de cette année, et qu'il y sera marqué, par un article particulier, la somme que chaque communauté doit imposer ou moins imposer a ce sujet, chacun comme la concerne.

Ce qui a été unanimement délibéré, conformément à la réquisition dudit sieur sindic.

M. le Président a dit que la place de commis des nobles de ce païs étant vacante par la mort de M. le marquis de Saint-Point, il importe de la remplir incessamment d'un seigneur qui succède à son mérite et à sa qualité ; que Mgr l'évêque de Mende l'a chargé de proposer, à l'assemblée, pour cette place, M. de Rets de Servières, Sgr et titulaire de la gentilhommerie de Servières, l'un des membres de cette assemblée, qui a été souvent à portée de reconnoitre ses qualités personnelles et son zèle pour le bien public ; et, à l'instant, ayant fait appeler les voix suivant l'usage, ledit sieur de Rets de Servières, gentilhomme des Etats du païs, a été nommé, d'un consentement unanime, pour commis des nobles, comme étant un des seigneurs les plus propres pour remplir les fonctions de cet emploi, par rapport à sa naissance et à son mérite distingué, avec attribution des honneurs et profits y attachés.

Et à l'instant, ledit Sgr de Servières ayant été introduit dans l'assemblée par le sieur de Lhermet, il y a été reçu en ladite qualité de commis des nobles, et a prêté le serment accoutumé, à genoux, entre les mains de M. le Président, auquel ledit Sgr de Servières, commis des nobles, a fait son remercîment et à l'assemblée.

Ledit sieur sindic a dit qu'il a été dressé, l'année dernière, des procès-verbaux des dommages causés aux récoltes ; ces procès-verbaux ont été remis aux bureaux de M. l'Intendant ; qu'il n'a point encore reçu son ordonnance de la somme qu'il aura bien voulu attribuer à ce diocèse dans la répartition de l'indemnité accordée par Sa Majesté ; et ledit sieur sindic a requis l'assemblée de délibérer de renvoyer, suivant l'usage, à MM. les commissaires, la répartition de la somme qui sera portée par l'ordonnance de M. l'Intendant. Ce qui a été délibéré, conformément à la réquisition dudit sieur sindic.

Ledit sieur sindic a dit encore, qu'en conséquence de la délibération prise par l'assemblée aux Etats, tenus en la présente ville, le 30 mars 1772, au sujet des représentations que le païs fait depuis plusieurs années, pour être déchargé des 30 sols par minot de sel qu'il paye au-dessus de ce que cette denrée se vend dans les autres diocèses de la province ; le mémoire qui y fut lu a été envoyé par Mgr l'évêque de Mende à M. le contrôleur général, à M. l'archevêque de Narbonne, à Mgr l'évêque de Lavaur, à M. le Vte de Polignac, et que ledit sieur sindic l'a adressé à MM. les autres députés à La Cour et à M. de La Fage, sindic général ; que le Ministre des finances, qui a d'abord bien reçu ce mémoire, a paru reconnoitre la justice de la demande du païs, et faire espérer une décision favorable ; que ledit sieur sindic a écrit de nouveau à ce sujet à M. de La Fage, qui est retourné à Paris, et qui l'a assuré que MM. les députés des Etats à la Cour, la présente année, se donneroient toute sorte de mouvement pour le succès de cette affaire ; que l'assemblée trouvera sans doute à propos de supplier Mgr l'évêque de Mende de continuer, conjointement avec MM. les commissaires ordinaires, leurs instances, pour obtenir, en faveur du païs, la justice qui lui est due sur un objet aussi intéressant ; et, ledit sieur sindic, a requis l'assemblée de délibérer.

Sur quoy, l'assemblée, après avoir prié M. le Président de remercier Mgr l'évêque de Mende des soins qu'il a bien voulu se donner pour cette importante affaire, a unanimement délibéré de le supplier de vouloir bien continuer à l'appuyer de son crédit, et de prier MM. les commissaires ordinaires de continuer aussi toutes leurs instances, soit auprès du Ministre, soit auprès de MM. les députés à la Cour, pour obtenir de la bonté et de la justice de Sa Majesté la diminution dont il s'agit.

Ledit sieur sindic a dit aussi que le Ministre, désirant connoitre l'étendue des biens de toutes les communautés du royaume, M. le contrôleur général écrivit à nosseigneurs des Etats généraux pour les engager à entrer dans ces vues et à concourir à cet objet, et leur adressa un modèle de l'état qu'il vouloit que chaque communauté dressât à ce sujet, dont ledit sieur sindic a présenté et fait lecture à l'assemblée ; et, les Etats, délibérèrent, le 4 décembre dernier, de charger MM. les sindics généraux d'écrire aux sindics des diocèses d'exhorter les administrateurs des communautés à satisfaire à ce qu'exige le Ministre des finances ; que M. de Joubert, sindic général, a écrit, en conséquence de cette délibération, audit sieur sindic, la lettre dont il a fait aussi la lecture à l'assemblée ; et, ledit sieur sindic, a proposé de le charger de faire imprimer des feuilles conformes audit modèle, de les envoyer dans toutes les communautés du païs, et d'en exhorter les administrateurs à en remplir les colonnes avec vérité et exactitude.

Sur quoy, l'assemblée a délibéré de charger ledit sieur sindic de faire imprimer des feuilles conformes audit modèle, de les envoyer aux administrateurs des différentes communautés du païs, et de les exhorter à les remplir exactement et fidèlement.

De relevée.

Ledit sieur sindic a dit que les ouvrages qu'il avoit été permis d'exécuter sur la partie de la route du bas Languedoc en Auvergne, qui est située dans le Gévaudan, commençant au haut de la côte de Saint-Pierre, où finit le diocèse d'Alais, ont été faits et reçus pour la plus grande partie, ne restant plus que celle de Saint-Roman au Castanier, à laquelle les entrepreneurs travaillent actuellement, et qui sera perfectionnée dans le courant de cette année ; que l'assemblée doit en déterminer de nouveaux pour la continuation d'une route aussi importante, dont les avantages, depuis que le païs a commencé à la faire ouvrir, deviennent tous les jours plus sensibles ; que le sieur Boissonade, ingénieur du diocèse, est actuellement occupé à dresser les plans et devis de tout ce qui doit être construit à neuf ou réparé sur différentes parties, depuis le lieu du Castanier jusques à Mende ; que ces devis pourront être rapportés à l'assemblée de MM. les commissaires de l'assiette, qui se tiendra lors de la confection et signature des rôles de la capitation et vingtièmes d'industrie, pour y être examinés, être délibéré, s'il y a lieu, sur l'exécution des ouvrages qui y seront indiqués, et donné pouvoir audit sieur sindic de poursuivre, à la prochaine assemblée de nosseigneurs des Etats, les consentements et permissions nécessaires pour leur exécution ; et ledit sieur sindic a requis l'assemblée de délibérer.

Sur quoi, l'assemblée a unanimement délibéré de faire travailler à la continuation de la route, par le Gévaudan, du bas Languedoc en Auvergne, et de commencer les nouveaux ouvrages au lieu du Castanier, pour les conduire à leur perfection sur toutes les parties qui doivent être construites ou réparées à neuf jusques à Mende ; qu'en conséquence, le sieur Boissonade rapportera les devis qu'il en aura dressés à MM. les commissaires de l'assiette, qui s'assembleront, pour la confection et signature des rôles de la capitation et des vingtièmes d'industrie, à l'effet d'être par eux examinés, approuvés, s'il y a lieu, et en ce cas délibéré de les faire exécuter, et de charger ledit sieur sindic de poursuivre, à la prochaine assemblée de nosseigneurs des Etats de la province de Languedoc, leur consentement et permissions nécessaires pour leur exécution, et pour l'emprunt des sommes auxquelles lesdits ouvrages auront été estimés dans lesdits devis.

Après quoy, le *Te Deum* a été récité et la bénédiction a été donnée par M. le Président.

Fait, clos et arrêté à Maruejols, le cinquième avril mil sept cents soixante-quatorze.

Signé : Bruges, vicaire général.

1775

MM. les commissaires de l'assiette. — Lecture des commissions pour les sommes à imposer. — Remise des procurations de MM. les députés. — Prestation du serment.

— *Vote des sommes demandées.* — *Une lettre doit accompagner les procurations.* — *Confirmation dans leur charge, des officiers du pays.* — *Imposition des sommes dues aux receveurs des tailles.* — *Indemnité pour pertes de récoltes.* — *Instances à renouveler pour obtenir une diminution sur le sel.* — *Vote d'un crédit pour la pension des aliénés.* — *Ponts et chaussées.* — *Secours à solliciter pour l'accomplissement des travaux.* — *Clôture des Etats.*

L'an mil sept cens soixante-quinze, et le lundy quinzième jour du mois de may. Les gens des Trois Etats du pays de Gévaudan, convoquéz par ordre du Roy, en la ville de Mende, sont venus à la salle du palais épiscopal, où Mgr l'illustrissime et révérendissime Sgr, Mgr Jean Arnaud de Castellane, évêque et seigneur de la ville de Mende, comte du Gévaudan, conseiller du Roy en tous ses Conseils, les attendoit, étant accompagné de MM. les commissaires ordinaires, et, tous ensemble, sont allés à l'église cathédrale de Mende, pour y entendre la messe du Saint-Esprit. Après laquelle, sont revenus audit palais épiscopal, dans la salle destinée pour la tenue desdits Etats, ils ont pris chacun leur place, sçavoir : Mgr le Président, sur un fauteuil, placé sur une stalle élevée au-dessous d'un dais ; et, sur la gauche de cette stalle, à la tête du banc, MM. Louis Pontier, avocat au Parlement, sindic du diocèse desdits Etats et assiette ; M. Louis Valentin, lieutenant général au bailliage du Gévaudan, pour M. le baillif en tour pour Mgr l'évêque de Mende, la présente année, commissaire ordinaire desdits Etats et assiette ; M⁰ Urbain de Retz de Servière, ancien capitaine du régiment de Chartres, infanterie, commis des nobles, commissaire ordinaire desdits Etats et assiette ; M⁰ Jean-

Joseph Norry de La Blachère, ancien capitaine d'infanterie, chevalier de l'ordre royal et militaire de Saint-Louis ; sieurs Charles Grange et Jean-Baptiste Portalier, premier, second et tiers consuls de la ville de Mende, l'année dernière ; M. Raymond Sevène, avocat au Parlement, 1er consul de la ville de Maruejols, commissaires ordinaires desdits Etats et assiette, sur un banc, placé au milieu du parterre ; MM. les ecclésiastiques, sur un banc, à la droite de Mgr le Président, chacun suivant son rang ; et, sur le banc dudit sieur baillif, MM. les barons et gentilshommes de ce diocèse ou leurs députés, aussi suivant leur rang ; et, les sieurs consuls et députés des autres villes et communautés dudit païs, qui ont entrée et voix délibérative auxdits Etats, assis sur le bas banc.

M. Pontier, commissaire principal, ayant en main les commissions de nosseigneurs les commissaires, qui ont présidé pour le Roy en l'assemblée des Etats généraux de la province, tenus à Montpellier, le 9 janvier dernier, a dit que nosdits seigneurs ordonnent, par leursdites commissions, à M. le baillif du Gévaudan, étant en tour ou son lieutenant, aux consuls de Mende et à un de Maruejols, commissaires ordinaires comme luy, de procéder au département des deniers y contenus, et ainsi qu'il a été consenty et résoleu auxdits Etats ; lesquels Sa Majesté veut être imposés, la présente année, pour le soutien de l'Etat et pour fournir aux autres dépenses qui se feront dans le royaume, aussi bien que pour les appointements de son altesse sérénissime, Mgr le comte d'Eu, gouverneur de la province, entretenement de ses gardes et de MM. les lieutenants généraux dans ladite province, dettes et affaires de la province et de ce diocèse, et département des gratifications ordinaires et extraordinaires, contenues au billet, sur ce signé : Pujol, ensemble l'arrêt de validation du Conseil d'Etat de Sa Majesté, pour être payés aux premiers jours d'avril, juillet et octobre prochains ; et a remis les commissions au greffier, pour en faire la lecture.

Et à l'instant, lecture ayant été faite desdites commissions, ensemble des instructions et autres actes y attachés, contenant, entr'autres choses, permission d'imposer pour les vaccations et journées des consuls de Mende, de Maruejols et du sindic du diocèze, députéz aux Etats généraux de la province. La lecture ayant été finie, ledit sieur Pontier est sorti de l'assemblée.

Mgr le Président a fait appeler les gens des Trois Etats du pays de Gévaudan, et, ayant fait remettre, au greffier du diocèse, les procurations des députés auxdits Etats, il en a fait la lecture.

L'assemblée ayant été réglée, chacun ayant pris sa place, le serment en tel cas requis et accoutumé ayant été prêté, sçavoir : par MM. de l'église, la main mise sur la poitrine, et par MM. de la noblesse et députés du Tiers-Etat, la main levée à Dieu ; et, tous ensemble, ont promis à Mgr le Président, moyennant leur serment, de ne rien faire, en cette assemblée, contre l'honneur de Dieu ny contre le service du Roy.

Ensuite a été unanimement résolu que les sommes contenues aux commissions de nosseigneurs les commissaires, présidents pour le Roy, aux Etats généraux de la province, tenus à Montpellier, le 9 janvier dernier, seront imposées, la présente année, sur les contribuables aux tailles du pays de Gévaudan ; et les Etats ont donné pouvoir à MM. les commissaires de l'assiette, qui s'assembleront demain, d'en faire le département.

Comme il est d'usage dans la province, que MM. de l'église et Messieurs qui ne peuvent pas asssiter aux Etats du Languedoc, envoyent, outre leurs procurations, une lettre, adressée à Mgr le Président, pour toute l'assemblée, contenant les raisons pour lesquelles ils ne peuvent pas venir; que cet usage a été toujours observé dans ce pays pour soutenir la dignité de Mgr le Président et de toute l'assemblée, et que néantmoins quelques-uns ont obmis d'écrire lesdites lettres;

A été délibéré que les procurations, tant de MM. de l'église que de MM. les barons et gentilshommes de ce diocèse, seront refusées à l'avenir, si elles ne sont accompagnées d'une lettre, pour Mgr le Président, qui contienne les raisons pour lesquelles ils ne peuvent assister en personne, et que le greffier du diocèse couchera la présente délibération dans les lettres d'avis pour la convocation des Etats prochains.

Mgr le Président a dit que, suivant l'usage et instructions de nosseigneurs les commissaires, présidant pour le Roy aux Etats généraux de la province, cette assemblée est en droit de faire procéder à la confirmation ou nouvelle élection des officiers du diocèse.

Sur quoy, le sieur Lafont, sindic, et le sieur de Lhermet, greffier, étant sortis de l'assemblée, a été délibéré, d'une voix unanime, de confirmer le sieur Lafont dans la charge de sindic, et le sieur de Lhermet dans la charge de greffier.

Après quoy, les Etats ayant fait appeler lesdits sieurs Lafont et de Lhermet, lecture leur a été faite de la présente délibération, et Mgr le Président leur a fait prêter le serment, la main levée à Dieu, de remplir les devoirs de leur charge; ce qu'ils ont promis et juré de faire.

Le sindic du pays a dit qu'il a été rendu deux jugements par nosseigneurs des Etats, en date du 8 janvier 1775, dont l'un ordonne, en faveur des collecteurs de plusieurs communautez du diocèse, de l'année 1773, l'imposition des sommes dont ils ont été déclarés créanciers par la clôture de leurs comptes ; lesquelles reviennent en total à la somme de 351 livres 9 sols 7 deniers ; et l'autre veut qu'il soit fait un moins imposé, dans plusieurs communautés, des reliquats des comptes de leurs collecteurs, de la même année 1773, qui se portent en total à la somme de 3,066 livres 13 sols 10 deniers, et, conformément auxdits jugements, ledit sieur sindic a requis l'assemblée de délibérer qu'il sera fait mention de ces debets et de ces reliquats dans les mandes de la taille de cette année, et qu'il y sera marqué, par un article particulier, la somme que chaque communauté doit imposer ou moins imposer à ce sujet, chacune comme la concerne. Ce qui a été unanimement délibéré, à la réquisition dudit sieur sindic.

Ledit sieur sindic a dit encore qu'il a été dressé, l'année dernière, des procès-verbaux des dommages causés aux récoltes ; ces procès-verbaux ont été remis aux bureaux de M. l'Intendant ; qu'il n'a point encore reçu son ordonnance de la somme qu'il aura bien voulu attribuer à ce diocèse dans la répartition de l'indemnité accordée par Sa Majesté ; et, ledit sieur sindic, a requis l'assemblée de délibérer de renvoyer, suivant l'usage, à MM. les commissaires, la répartition de la somme qui sera portée par l'ordonnance de M. l'Intendant. Ce qui a été délibéré, conformément à la réquisition dudit sieur sindic.

Ledit sieur sindic a dit aussi qu'il n'a été encore rien

statué sur la demande faite depuis plusieurs années de la part du païs, pour qu'il soit déchargé de l'augmentation de 50 sols par minot de sel qu'il paye au-dessus de ce que cette denrée se vend dans les autres chambres à sel de la province ; qu'on ne saurait perdre de vue une demande aussi intéressante, qu'il dit d'autant plus à propos de renouveler les instances du païs à ce sujet, que les circonstances paraissent, à bien des égards, plus favorables, et que Mgr le Président sera à portée, pendant son séjour à Paris, d'appuyer personnellement de son crédit les demandes que MM. les commissaires du païs pourront faire, et ledit sieur sindic a requis l'assemblée de délibérer.

Sur quoi, l'assemblée a unanimement délibéré de prier MM. les commissaires ordinaires de continuer leurs instances, pour obtenir des bontés et de la justice de Sa Majesté et de ses Ministres, la diminution depuis si longtemps sollicitée sur le prix du sel en Gévaudan ; et a supplié Mgr le Président de vouloir bien continuer à protéger et à appuyer de son crédit les demandes de MM. les commissaires.

Ledit sieur sindic a dit encore, qu'en conséquence des délibérations prises aux Etats et assiette du païs, l'année dernière, nosseigneurs des Etats généraux de la province ont donné leur consentement, et nosseigneurs les commissaires du Roy et des Etats, la permission pour l'imposition d'une somme de 1,500 livres, destinée à payer, dans des maisons de force, les pensions des insensés du païs, dont les parents ne sont pas en état de pourvoir à leur garde et à leur subsistance ; et que cette dépense a été autorisée par arrêt du Conseil du 6 mars 1775, dont il a été fait la lecture à l'assemblée, après laquelle ledit sieur sindic lui a proposé de délibérer de renvoyer à MM. les commissaires de l'assiette, qui s'assembleront demain, l'imposition de ladite somme de 1,500 livres, et pour la destination en être, faite suivant les circonstances.

Ce qui a été délibéré, conformément à la réquisition dudit sieur sindic.

Mgr le Président a dit qu'il a été reçu une lettre de M. de Bastard, conseiller d'Etat et chancelier de M. le comte d'Artois, avec deux mémoires qu'il lui a adressés, de la part du Prince, pour l'ouverture de deux routes, l'une depuis le lieu de Saint-Amans jusques en Auvergne, passant par Le Malzieu, l'autre de la ville de Saugues à celle de Langogne ; desquelles lettre et mémoires, Mgr le Président a ordonné la lecture. Laquelle ayant été faite, il a observé que la première de ces deux routes, qui doit faire partie de celle à laquelle le païs du Gévaudan fait travailler à ses frais depuis quelques années pour établir la communication la plus directe entre le bas Languedoc et l'Auvergne, Paris et plusieurs hautes provinces de France, ne peut être qu'avantageuse au païs, mais qu'elle l'est infiniment plus au général du royaume et à la province du Languedoc en particulier ; que les travaux que le Gévaudan fait actuellement exécuter sur cette route, donnent lieu à une dépense très considérable ; et que nonobstant cette dépense dont le païs se trouve surchargé et l'activité qu'on met dans l'exécution des ouvrages, ceux qui restent à faire depuis l'entrée du Gévaudan, du côté du bas Languedoc, jusques à Saint-Amans, ne pourront être finis que dans 4 ou 5 années ; que cependant il paraît nécessaire de continuer ces ouvrages jusqu'au dit lieu de Saint-Amans, autrement l'ouverture proposée dudit lieu en Auvergne, passant par Le Malzieu, ne serait plus d'une utilité générale et il n'y aurait que quelques lieux particuliers qui en retirassent quelque avantage ; que d'un autre côté cette ouverture donnera lieu à une dépense de plus de 100,000 livres ; qu'un tel objet est bien au-dessus des forces du Gévaudan, qui est généralement reconnu pour une contrée des plus pauvres du royaume, la plus dépourvue de ressources par la nature du païs et du climat, et, par une suite de mauvaises récoltes que, dans les fâcheuses circonstances et l'épuisement où il se trouve, il serait dans l'impossibilité absolue de donner dans cette occasion des preuves du zèle dont il sera toujours animé pour tout ce qui peut plaire à Mgr le comte d'Artois, si l'on ne lui ménageait les fonds nécessaires, soit auprès de Sa Majesté, soit de la part des Etats généraux de la province de Languedoc, pour fournir aux frais de construction de la communication proposée de Saint-Amans en Auvergne, passant par Le Malzieu ; que ce païs est d'autant plus autorisé à solliciter ces secours, que la communication dont il s'agit doit faire partie d'une route qui sera encore plus utile en général du royaume et à la province du Languedoc qu'au Gévaudan, qui continue et continuera à prendre les autres parties de cette route sur son compte, en faisant les plus grands efforts pour fournir à l'excessive dépense à laquelle elles donneront lieu. A l'égard de l'autre route proposée, de Saugues à Langogne, Mgr le Président a observé qu'elle n'a pas, à beaucoup près, les mêmes avantages que l'autre ; qu'elle a principalement pour objet des communications intérieures, les chemins des païs voisins auxquels elle doit aboutir, n'étant point roulants praticables à des voitures, et le transport ne s'y faisant que par des bêtes de somme ; que cependant la construction de cette route ne laissera pas d'être dispendieuse ; qu'elle doit être ouverte sur une étendue de plus de six lieues, de 3,000 toises chacune, dans un païs de montagne, à travers des rochers, et qu'il doit y être construit plusieurs côtes, dont certaines seront longues ; que dans l'état d'accablement où le païs se trouve, il ne pourrait, quant à présent, l'entreprendre qu'en discontinuant les ouvrages de celles du bas Languedoc en Auvergne, qui est d'une tout autre importance que l'autre, et qui doit venir aboutir à la communication demandée, de Saint-Amans en Auvergne, passant par Le Malzieu ; que par ces considérations, il y a lieu d'espérer, des bontés de Mgr le comte d'Artois, qu'il lui plaira de permettre que la route de Saugues à Langogne soit encore suspendue jusques à ce que des circonstances plus favorables mettent le païs en état de l'entreprendre, et mondit seigneur le Président a requis l'assemblée de délibérer.

Sur quoi, l'assemblée, pénétrée du respect le plus profond pour les volontés de Mgr le comte d'Artois et du désir le plus ardent de s'y conformer, a unanimement délibéré de supplier M. de Bastard d'implorer, pour le Gévaudan, ses bontés et sa protection afin d'obtenir de Sa Majesté ou faire accorder par les Etats généraux de la province de Languedoc les fonds nécessaires pour ouvrir la communication proposée du lieu de Saint-Amans en Auvergne, passant par Le Malzieu, attendu l'impuissance où ce païs se trouve de pourvoir par lui-même aux frais de cette ouverture, comme aussi de le supplier très humblement de vouloir bien permettre, par les considérations que Mgr le Président vient d'exposer, que la construction du chemin de Saugues à Langogne soit, quant à présent, différé.

Mgr le Président a dit aussi que M. le comte de Morangiés lui a adressé un mémoire contenant plusieurs objets intéressants, dont il a fait la lecture à l'assemblée. Après laquelle mondit seigneur a observé que la délibération qui vient d'être prise au sujet de la route allant aboutir en Auvergne, en passant par Le Malzieu, répond aux vœux de M. le comte de Morangiés ; à l'égard des autres articles, il croit devoir proposer à l'assemblée de délibérer que le chemin de Serverette au Malzieu sera réparé le plustôt possible ; que le pont construit sur la rivière de Trueire, servant de communication entre Saint-Chély et Saint-Alban, sera aussi incessamment réparé et conduit à sa perfection, en continuant cette construction en bois ; la situation où se trouve actuellement le païs, relativement aux dépenses des ouvrages publics qu'il a été obligé d'entreprendre, ne lui permettant pas de faire construire les arches en pierre. Mondit seigneur a encore proposé à l'assemblée de prier MM. les commissaires ordinaires de faire leurs représentations aux Etats généraux de cette province, tant pour obtenir, s'il est possible, que le sel soit rendu marchand, ou que du moins le prix en soit considérablement diminué ; que pour qu'ils prennent lors du renouvellement qui doit se faire à leur prochaine assemblée de la ferme générale de l'équivalent pour procurer la paisible exploitation de cette ferme et prévenir toute vexation de la part des fermiers, leurs commis et régisseurs.

Tous lesquels objets ont été délibérés, conformément aux propositions faites par Mgr le Président.

Après quoy, le *Te Deum* a été récité et la bénédiction a été donnée par Mgr le Président.

Fait, clos et arrêté à Mende, le quinze may mil sept cents soixante-quinze.

† L'Évêque de Mende.

1776

MM. les commissaires de l'assiette. — Places occupées par les membres de l'assemblée des Etats. — Lecture des commissions pour les sommes à imposer. — Remise des procurations de MM. les députés. — Prestation du serment. — Vote des sommes demandées. — Une lettre doit accompagner les procurations. — Confirmation des officies du pays. — Augmentation des émoluments des syndics du diocèse. — Débets et reliquats des comptes des collecteurs. — Indemnité pour pertes de récoltes. — Projet d'un nouveau règlement sur la construction et entretien des chemins. — Route du bas Languedoc en Auvergne. — Travaux de réparations aux ponts et aux chemins. — Clôture des Etats.

L'an mille sept cens soixante-seize, et le lundi troisième jour du mois de juin. Les gens des Trois Etats du païs de Gévaudan, convoqués par ordre du Roy, en la ville de Maruejols, sont venus à la salle de l'hôtel de M. le comte de Peyre, où loge M° Michel-Ange de Bruges, prêtre, docteur en théologie, prévôt de l'église cathédrale de Mende, chanoine de ladite église et vicaire général de Mgr l'évêque de Mende, Président-né des Etats et assiette dudit païs, qui les attendoit, étant accompagné de MM. les commissaires ordinaires ; et, tous ensemble, sont allés à l'église collégiale de la ville de Maruejols pour y entendre la messe du Saint-Esprit. Après laquelle, s'étant rendus dans la salle de l'auditoire des Cours du Bailliage de Gévaudan et royale ordinaire dudit Maruejols, ils ont pris chacun leur place, savoir : M. le Président, sur un fauteuil, placé sur une stalle élevée, à la tête du banc ; M. Louis-Dominique Cahuzac, lieutenant général au bailliage du Gévaudan, pour M. le baillif en tour pour le Roy, la présente année, commissaire ordinaire desdits Etats et assiette ; M⁰ Urbain de Retz de Servière, ancien capitaine du régiment de Chartres, infanterie, commis des nobles, commissaire ordinaire desdits Etats et assiette ; M⁰ Jean-Joseph Norry de La Blachère, ancien capitaine d'infanterie, chevalier de l'ordre royal et militaire de Saint-Louis ; sieurs Vital Maurin et Alexis Brajon, premier, second et tiers consuls de la ville de Mende, commissaires ordinaires desdits Etats et assiette ; M. Raymond Sevène, avocat au Parlement, 1ᵉʳ consul de la ville de Maruejols, commissaire ordinaire desdits Etats et assiette, sur un banc, placé au milieu du parterre ; MM. les ecclésiastiques, sur un banc, à la droite de M. le Président, chacun suivant son rang ; et, sur le banc dudit sieur baillif, MM. les barons et gentilshommes de ce diocèse ou leurs députés, aussi suivant leur rang ; et les sieurs consuls et députés des autres villes et communautés dudit païs, qui ont entrée et voix délibérative auxdits Etats, assis sur le bas banc.

M. Cahuzac, lieutenant général, ayant en main les commissions de nosseigneurs les commissaires, qui ont présidé pour le Roy en l'assemblée des Etats généraux de la province, tenus à Montpellier, le . . . .

a dit que nosdits seigneurs ordonnent, par leursdites commissions, à M. le baillif du Gévaudan, étant en tour ou son lieutenant, aux consuls de Mende et à un de Maruejols, commissaires comme lui, de procéder au département des deniers y contenus, et ainsi qu'il a été consenty et résolu auxdits Etats ; lesquels Sa Majesté veut être imposés, la présente année, pour le soutien de l'Etat et pour fournir aux autres dépenses qui se feront dans le royaume, aussi bien que pour les appointements de Mgr le gouverneur de la province, entretenement de ses gardes et de MM. les lieutenants généraux de ladite province, dettes et affaires de la province et de ce diocèse, et département des gratifications ordinaires et extraordinaires contenues au billet, sur ce signé : Bonnemain ; ensemble l'arrêt de validation du Conseil d'Etat de Sa Majesté, pour être payés aux premiers jours d'avril, juillet et octobre prochains, et a remis les commissions au greffier pour en faire la lecture.

Et à l'instant, lecture ayant été faite desdites commissions, ensemble des instructions et autres actes y attachés, contenant, entr'autres choses, permission d'imposer pour les vacations et journées des consuls de Mende, de Maruejols et du sindic du diocèse, députés aux Etats généraux de la province. La lecture ayant été faite, ledit sieur Cahuzac est sorti de l'assemblée.

M. le Président a fait appeler les gens des Trois Etats du païs de Gévaudan, et, ayant fait remettre, au greffier du diocèse, les procurations des députés auxdits Etats, il en a fait la lecture.

L'assemblée ayant été réglée, chacun ayant pris place, le serment en tel cas requis et accoutumé ayant été prêté, savoir : par MM. de l'église, la main mise sur la poitrine ; et par MM. de la noblesse et députés du Tiers-Etat, la main levée à Dieu ; et, tous ensemble, ont promis à M. le Président, moyennant leur serment, de ne rien faire en cette assemblée contre l'honneur de Dieu ny contre le service du Roy.

Ensuite a été unanimement résolu que les sommes contenues aux commissions de nosseigneurs les commissaires, présidant pour le Roy aux Etats généraux de la province, tenus à Montpellier, le 4 mars dernier, seront imposées, la présente année, sur les contribuables aux tailles de Gévaudan ; et les Etats ont donné pouvoir à MM. les commissaires de l'assiette, qui s'assembleront demain, d'en faire le département.

Comme il est d'usage que MM. de l'église et Messieurs qui ne peuvent pas assister aux Etats du Languedoc, envoyent, outre leurs procurations, une lettre adressée à M. le Président, pour toute l'assemblée, contenant les raisons pour lesquelles ils ne peuvent pas venir; que cet usage a été toujours observé dans ce païs, pour soutenir la dignité de M. le Président et de toute l'assemblée, et que néanmoins quelques-uns ont omis d'écrire lesdites lettres ; a été délibéré que les procurations, tant de MM. de l'église que de MM. les barons et gentilshommes de ce diocèse, seront refusées à l'avenir, si elles ne sont accompagnées d'une lettre pour M. le Président, qui contienne les raisons pour lesquelles ils ne peuvent assister en personne, et que le greffier du diocèse couchera la présente délibération dans les lettres d'avis pour la convocation des Etats prochains.

Il a été ensuite procédé à la confirmation des officiers du diocèse ; après laquelle les Etats ayant fait appeler le sieur Lafont, sindic; et le sieur Delhermet, greffier, étant dans ce moment absent pour cause d'indisposition. M. le Président a fait prêter audit sieur Lafont serment, la-main levée à Dieu, de remplir les devoirs de sa charge ; ce qu'il a promis de faire.

Ledit sieur Lafont étant de nouveau sorti de l'assemblée, M. le Président a dit que nosseigneurs des Etats généraux de la province ayant reconnu la nécessité d'augmenter les émoluments des sindics des diocèses, ont délibéré, le 10 février 1776, que pour être en état de le faire dans une juste proportion à l'étendue de leur travail et aux frais des diocèses, il serait délibéré par l'assemblée de l'assiette de chaque diocèse sur l'augmentation qu'ils croiront juste et convenable pour qu'elle puisse être autorisée, s'il y a lieu, dans la prochaine assemblée de nosdits seigneurs des Etats ; que le grand nombre d'objets sur lesquels roulent les fonctions du sindic du païs dans un païs d'une administration aussi étendue que celle du Gévaudan, rend son travail continuel, ainsi que MM. les commissaires ont portée d'en juger pendant le cours de l'année ; que les émoluments qui lui sont attribués ne sont pas à beaucoup près proportionnés à ce travail, qu'ils ne consistent qu'à une somme de sept cens livres, sur laquelle il lui est fait une retenue de septante-sept livres pour les deux vingtièmes et les quatre sols pour livre du premier, ce qui réduit ses émoluments à six cens vingt-trois livres ; qu'il est encore obligé de prendre sur cette dernière somme de quoi fournir à la majeure partie des frais de bureau, ne lui étant accordé, pour cet objet, que deux cents livres, quoiqu'indépendamment des autres frais indispensables il tienne nécessairement deux commis toute l'année, et que même dans quelques occasions, surtout aux approches et lors de la tenue de l'assiette, il soit obligé d'en employer un plus grand nombre. M. le Président a ajouté que Mgr l'évêque de Mende qui peut, plus que personne apprécier le travail du sindic, parce qu'il se fait journellement sous ses ordres et sous ses yeux, a cru que ses appointements devaient être portés à quatorze cens livres, pour que, distraction faite des retenues des vingtièmes et quatre sols pour livres du premier, il lui restât une somme d'environ douze cens livres pour ses honoraires, à raison de son travail, et qu'afin que cette somme lui revint en entier, celle qui lui est attribuée pour les gages des deux années et autres frais de bureau, devait être aussi augmentée et portée à six cens livres; que ces deux augmentations ayant paru de toute justice à Mgr l'évêque de Mende, il l'a chargé de les proposer à cette assemblée et à celle de l'assiette, pour en être par elles délibéré; qu'il espère qu'elles se porteront d'autant plus volontiers à accueillir ces propositions, que le zèle de M. Lafont, sindic actuel, son désintéressement, son expérience dans les affaires lui sont connus, ainsi que les longs et utiles services qu'il a rendus au païs et qu'il est disposé à lui continuer avec la même application, et mondit sieur le Président a requis l'assemblée de délibérer.

Sur quoi, l'assemblée, d'après les connaissances qu'elle a de l'étendue du travail du sindic du païs et des dépenses qu'il exige de lui, ne pouvant d'ailleurs que donner à l'administration dudit sieur Lafont tous les éloges qui lui sont dus, a unanimement délibéré qu'il y a lieu d'augmenter ses appointements et de les porter à une somme de quatorze cens livres; qu'il y a pareillement lieu d'augmenter celle qui lui est attribuée pour les frais de bureau, et de la porter à six cents livres ; MM. les commissaires de l'assiette étant priés de prendre semblable délibération à l'effet d'être autorisée par nosseigneurs des Etats généraux de la province à leur prochaine assemblée.

Le sindic du païs a dit qu'il a été rendu deux jugements par nosseigneurs des Etats, dont l'un ordonne, en faveur des collecteurs de plusieurs communautés du diocèse, de l'année 1774, l'imposition des sommes dont ils ont été déclarés créanciers par la clôture de leurs comptes, et l'autre veut qu'il soit fait un moins imposé, dans plusieurs communautés, des reliquats des comptes de leurs collecteurs, de la même année 1774, et, conformément auxdits jugements, ledit sieur sindic a requis l'assemblée de délibérer qu'il sera fait mention de ces débets et de ces reliquats dans les mandes de la taille de cette année, et qu'il y sera marqué, par un article particulier, la somme que chaque communauté doit imposer ou moins imposer à ce sujet, chacune comme la concerne.

Ce qui a été unanimement délibéré, conformément à la réquisition dudit sieur sindic.

Ledit sieur sindic a dit que les orages et les grêles dont ce pays a été affligé l'année dernière ont été aussi multipliées que funestes ; qu'il a eu soin de rendre compte de ces accidents, à mesure qu'ils sont arrivés, à M. l'Intendant, qui, à son tour, en a informé le Ministre ; qu'il a été dressé des procès-verbaux des dommages soufferts par le général des communautés et par un grand nombre de particuliers qui, sur les représentations qui ont été faites par M. l'Intendant et par Mgr l'évêque de Mende, que ledit sieur sindic avait également soin d'instruire de ces malheurs, pendant son séjour à Paris, le Ministre, a obtenu de Sa Majesté un secours particulier pour ce diocèse d'une somme de vingt mille livres ; qu'indépendamment de ce secours, M. l'Intendant a compris ce diocèse dans la répartition qu'il a faite de l'indemnité accordée par Sa Majesté au général de la province, pour une somme de six mille neuf cens nonante-huit livres, qu'il a répartie sur les propriétaires dont les pertes se sont portées à six cens livres ou au-dessus, en faveur desquels il a fait expédier ses ordonnances ; qu'en conséquence des arrangements qu'il a concertés avec MM. les commissaires du païs, la répartition du secours extraordinaire de vingt mille livres doit être faite par mesdits sieurs commissaires et être par lui autorisée, et la somme attribuée à chaque communauté employée en moins imposé général ou sur les côtes de taille des propriétaires dont les pertes ont été estimées au-dessous de ladite somme de six cens livres, suivant la répartition qui en sera pareillement faite par mesdits sieurs commissaires, conjointement avec son délégué ; en conséquence, ledit sieur sindic a requis l'assemblée de leur renvoyer lesdites répartitions. Ce qui a été délibéré, conformément à la proposition dudit sieur sindic.

Ledit sieur sindic a dit encore que, par une délibération de nosseigneurs des Etats, du 15 février dernier, nosdits seigneurs ont fait connoitre qu'elles étaient les villes de la province qui devaient être réputées de la première classe, par rapport à la réunion et à l'exercice des offices municipaux rachetés, et quels sont les honneurs dont doivent jouir ceux qui exerceront lesdits offices ; et ledit sieur sindic ayant fait lecture de ladite délibération, a requis l'assemblée de délibérer.

Sur quoi, l'assemblée, après ladite lecture, a délibéré de charger ledit sieur sindic de donner connoissance de cette délibération aux villes et lieux qui sont dans le cas dont il s'y agit, afin qu'elles s'y conforment.

De relevée.

Ledit sieur sindic a dit encore, qu'en conséquence des ordres de nosseigneurs des Etats, M. de Joubert lui a envoyé une copie du projet d'un nouveau règlement sur la construction et entretien des chemins, principalement par rapport à ceux qui peuvent concerner les communautés ; ledit projet contenant cent soixante articles, que n'était pas possible d'en discuter l'examen dans cette assemblée, qui doit, suivant l'usage, finir aujourd'hui ; il croit devoir lui proposer de renvoyer cet examen, non-seulement à MM. les commissaires ordinaires de l'assiette, mais encore à MM. les commissaires ordinaires du païs, pendant l'année, pour y faire leurs observations.

Ce qui a été délibéré, conformément à la proposition dudit sieur sindic.

Le sindic du païs a dit ensuite qu'à l'assiette tenue à Maruejols, en 1774, il fut délibéré de faire exécuter, pendant le cours de trois années, divers ouvrages sur la route du bas Languedoc en Auvergne, par le Gévaudan, pour continuer a la conduire à sa perfection ; que nosseigneurs des Etats y donnèrent leur consentement, et nos sieurs les commissaires du Roy et des Etats les permissions nécessaires ; que le tout ayant été autorisé par arrêt du Conseil, du 16 mars 1775, la plus grande partie de ces entreprises ont été adjugées dans la forme ordinaire, et qu'on y a travaillé pendant le cours de l'année dernière et ce qui s'est écoulé de la présente ; que ce travail se continue avec la même activité, en sorte qu'il y a lieu d'espérer qu'avant la fin de l'année prochaine tous ces ouvrages seront exécutés et qu'on pourra même en entreprendre de nouveaux ; que ceux qui restent à faire pour rendre cette route parfaite, consistent à construire le chemin à neuf depuis la croix d'Alteirac, à trois quarts de lieue au-dessus de Mende, jusques au pont de Chadenet, à la sortie du lieu de Serverette, sur une étendue de 12,214 toises ; qu'il resterait encore une autre partie d'environ 4,000 toises, qui est celle de la ville de Saint-Chély, à la jonction du chemin d'Auvergne, au-delà du village de La Garde ; mais comme dans cette partie le chemin est presque partout en plaine, n'y ayant que deux petites montées presque insensibles, qu'il est bien roulant et bien entretenu, et que ce qu'il y a à faire consiste principalement à l'élargir d'une toise pour qu'il ait les quatre toises prescrites par le règlement ; que d'un autre côté la route qui s'ouvre par Lodève et Millau aux frais du Roy, doit venir aboutir à la ville de Saint-Chély et joindre celle dont il s'agit, qui sera, selon les apparences, perfectionnée, sur le compte de Sa Majesté et à la décharge du païs ; il paraît qu'on peut, quant à présent, laisser subsister cette partie dans son état actuel, dès lors surtout que les plus grandes voitures y roulent sans aucune peine, et en sorte que tout se réduit à celle depuis la croix d'Alteirac, au-delà de Mende, jusques à la sortie de Serverette ; que nosseigneurs des Etats ayant témoigné qu'ils auraient voulu connoitre ce qui reste à faire dans le Gévaudan pour conduire à sa perfection la nouvelle route du bas Languedoc en Auvergne, Mgr l'évêque de Mende a chargé le sieur Boissonade, directeur des travaux publics du païs, de dresser le plan et le devis estimatif de la partie dont il s'agit ; qu'il a vaqué assidûment à ce travail, dont il rédige actuellement les plans et devis, et qu'il espère de les présenter à MM. les commissaires de l'assiette, pendant le cours de leurs séances, et ledit sieur sindic a requis l'assemblée de délibérer.

Sur quoy, l'assemblée des Etats du païs, occupée depuis bien des années à faire ouvrir par le Gévaudan une grande route, du bas Languedoc en Auvergne, dont on reconnoit de plus en plus les avantages, a unanimement délibéré de prier MM. les commissaires de l'assiette de se faire rapporter les plans et les devis, qui ont dû être dressés par ledit sieur Boissonade, de la partie du chemin depuis la croix d'Alteyrac, au-delà de Mende, jusques à la sortie de Serverette, afin que, si elle approuve lesdits plans et devis, elle charge ledit sieur sindic de poursuivre le consentement de nosseigneurs des Etats et la permission de nosseigneurs les commissaires du Roy et des Etats à l'emprunt de la somme à laquelle lesdits ouvrages auront été estimés.

Ledit sieur sindic a dit encore que la chaussée au-dessous du domaine de Chaumeilles, ainsi que le ponceau dont elle est percée, ont été dégradés par le ruisseau qui coule au pied de cette chaussée, qui grossit prodigieusement lors de la fonte des neiges ; qu'une partie des murailles qui soutiennent cette chaussée ont croûlé ; que d'autres menacent ruine ; que le comblement a été emporté sur 16 toises de longueur ; que la même fonte de neiges a fait couler sur le chemin une partie du terrain supérieur le long de la côte qui est au bas de cette chaussée ; que la route ayant été interceptée par ces accidents, il y a été fait des réparations provisoires pour la rendre passante ; qu'il est nécessaire de rétablir cette chaussée dans son premier état, ne pouvant subsister longtemps telle qu'elle est, et de réparer le ponceau, comme aussi de prendre des précautions pour soutenir le terrain supérieur dans quelques parties de la côte et prévenir des nouvelles chutes ; que le sieur Boissonade, ingénieur et inspecteur des chemins du païs, a dressé le plan et le devis estimatif des ouvrages, qu'il croit convenable de faire pour remplir ces objets ; qu'il en fait porter la dépense à une somme de 3,856 livres ; et, ledit sieur sindic, a requis l'assemblée de renvoyer à MM. les commissaires de l'assiette pour se faire représenter les plans et devis de l'ouvrage dont il s'agit, afin que si, d'après l'examen qu'ils en feront, ils croyent devoir l'approuver, ils autorisent ledit sieur sindic à poursuivre, à la prochaine assemblée de nosseigneurs des Etats de la province, leur consentement et la permission de nosseigneurs les commissaires du Roy et des Etats, pour l'exécution desdits ouvrages et l'emprunt de ladite somme de 3,856 livres, à laquelle ils ont été estimés. Ce qui a été délibéré, conformément à la réquisition dudit sieur sindic.

Après quoi, le *Te Deum* a été récité et la bénédiction a été donnée par M. le Président.

Fait, clos et arrêté à Maruejols, le trois juin mil sept cens soixante-seize.

Signé : Bruges, vicaire général, Président.

1777

Lecture des commissions pour les sommes à imposer. — Remise des procurations de MM. les députés aux Etats. — Prestation du serment. — Vote des sommes deman-

dées. — *Une lettre doit accompagner l'acte de procuration.* — *Confirmation des officiers du diocèse.* — *Contestation entre deux députés pour représenter la communauté de Saint-Etienne-Vallée-Française.* — *Débets et reliquats des comptes des collecteurs.* — *Indemnité pour pertes de récoltes.*

(*Ce procès-verbal est incomplet.*)

M. Valentin, lieutenant général au bailliage de Gévaudan, ayant en main les commissions de nosseigneurs les commissaires qui ont présidé, pour le Roy, en l'assemblée des Etats généraux de la province, tenus à Montpellier, a dit que nosdits seigneurs ordonnent, par leursdites commissions, à M. le baillif du Gévaudan, étant en tour, ou son lieutenant, aux consuls de Mende et à un de Maruejols, commissaires ordinaires comme luy, de procéder au département des deniers y contenus, et ainsi qu'il a été consenty et résolu auxdits Etats; lesquels Sa Majesté veut être imposés, la présente année, pour le soutien de l'Etat et pour fournir aux autres dépenses qui se feront dans le royaume, aussi bien que pour les appointements de Mgr le gouverneur de la province, entretenement de ses gardes et de MM. les lieutenants généraux dans ladite province, dettes et affaires de la province et de ce diocèse, et département des gratifications ordinaires et extraordinaires contenues au billet, sur ce signé; ensemble, l'arrêt de validation du Conseil d'Etat de Sa Majesté, pour être payés aux premiers jours d'avril, juillet et octobre prochains, et a remis les commissions au greffier, pour en faire la lecture.

Et à l'instant, lecture ayant été faite desdites commissions, ensemble des instructions et autres actes y attachés, contenant, entr'autres chozes, permission d'imposer pour les vacations et journées des consuls de Mende, de Maruejols et du sindic du diocèze, députés aux Etats généraux de la province. La lecture ayant été finie, ledit sieur Valentin est sorti de l'assemblée.

Mgr le Président a fait appeler les gens des Trois Etats du pays de Gévaudan, et, ayant fait remettre au greffier du diocèse les procurations des députés auxdits Etats, il en a fait la lecture.

L'assemblée ayant été reglée, chacun ayant pris sa place, le serment en tel cas requis et accoutumé ayant été prêté, savoir : par MM. de l'église, la main mise sur la poitrine ; et par MM. de la noblesse et députés du Tiers-Etat, la main levée à Dieu, et, tous ensemble, ont promis à Mgr le Président, moyennant leur serment, de ne rien faire, en cette assemblée, contre l'honneur de Dieu ny contre le service du Roy.

Ensuite a été unanimement résolu que les sommes contenues aux commissions de nosseigneurs les commissaires, présidents pour le Roy aux Etats généraux de la province, tenus à Montpellier, seront imposées, la présente année, sur les contribuables aux tailles du pays de Gévaudan ; et les Etats ont donné pouvoir à MM. les commissaires de l'assiette, qui s'assembleront demain, d'en faire le département.

Comme il est d'usage dans la province que MM. de l'église et Messieurs qui ne peuvent pas assister aux Etats du Languedoc, envoyent, outre leurs procurations, une lettre adressée à Mgr le Président, pour toute l'assemblée, contenant les raisons pour lesquelles ils ne peuvent pas venir ; que cet usage a été toujours observé dans ce païs, pour soutenir la dignité de Mgr le Président et de toute l'assemblée, et que néantmoins quelques-uns ont obmis d'écrire lesdites lettres ;

A été délibéré que les procurations, tant de MM. de l'église que de MM. les barons et gentilshommes de ce diocèse, seront refusées à l'avenir, si elles ne sont accompagnées d'une lettre pour Mgr le Président, qui contienne les raisons pour lesquelles ils ne peuvent assister en personne, et que le greffier du diocèse couchera la présente délibération dans les lettres d'avis, pour la convocation des Etats prochains.

Mgr le Président a dit que, suivant l'usage et instructions de nosseigneurs les commissaires, présidents pour le Roy aux Etats généraux de la province, cette assemblée est en droit de faire procéder à la confirmation ou nouvelle élection des officiers du diocèse.

Surquoy, le sieur Lafont, sindic, et le sieur de Lhermet, greffier, étant sortis de l'assemblée, a été délibéré, d'une voix unanime, de confirmer le sieur Lafont dans la charge de sindic, et le sieur de Lhermet dans la charge de greffier.

Après quoy, les Etats ayant fait appeler lesdits sieurs Lafont et de Lhermet, lecture leur a été faite de la présente délibération, et Mgr le Président leur a fait prêter le serment, la main levée à Dieu, de remplir les devoirs de leur charge ; ce qu'ils ont promis et juré de faire.

Le sindic du païs a dit que la communauté de Saint-Etienne-Valfrancesque ou de Roque-Servière, l'une des quatre qui représentent la partie du bas Languedoc, située dans les Cévennes, connues et qualifiées notamment dans l'administration œconomique du païs, sous la dénomination de colloque des Cévennes, étant en tour pour députer à cette assemblée et à celle de l'assiette, il s'est élevé une contestation au sujet de cette députation, et qu'il y a deux contandans qui demandent à être reçus, à l'exclusion l'un de l'autre ; que le sieur Rodier rapporte une délibération du 11 du présent mois d'avril, prise par devant le juge du lieu et signée de six conseillers politiques et d'une douzaine d'autres habitants, qui y sont qualifiés de forts contribuables de la communauté et qui y députent ledit sieur Rodier, second consul, le premier étant décédé depuis quelque temps ; d'un autre côté M. Lauze de Perret, ancien maire dudit Saint-Etienne, présente une délibération du 10 du même mois d'avril, prise dans une assemblée tenue par devant lui, où il a présidé en cette qualité d'ancien maire, composée de cinq autres habitants de la première classe, l'un desquels est conseiller politique, qui députent ledit sieur de Perret, qui est aussi conseiller politique ; que Mgr le Président a nommé, suivant l'usage, une commission composée de M. le député du Chapitre de Mende, de M. de Servière, propriétaire de la gentilhommerie de ce nom, de M. le premier consul, maire de Maruejols ; qu'il a été remis des mémoires respectifs par ledit sieur Rodier et par ledit sieur de Perret, qui ont été appelés et entendus par la commission et par devant Mgr l'évêque de Mende, devant qui elle a été tenue ; que ledit sieur Rodier expose que l'usage ayant toujours été, en conséquence d'un arrêt du Parlement de Toulouse de 1739, que lors des élections consulaires le corps municipal présentât des sujets au seigneur du lieu, lesdits sujets pris dans la première et la seconde classe, à l'effet par lui d'en choisir un sur la première classe pour le premier consulat et un sur la seconde ; que certains particuliers s'étant scindiqués en 1771 pour intervertir cet ordre,

M. le marquis de Roque-Servière, seigneur dudit Saint-Etienne, se pourvut contre les scindiqués au Conseil supérieur de Nimes, et y obtint un arrêt, le 12 may 1772, qui condamna leur prétention et leur ordonna de se conformer aux anciens usages; qu'en exécution de cet arrêt, il fut présenté par le corps municipal, au même mois de may 1772. la liste des deux sujets proposés par les deux consulats à M. le marquis de Roque-Servière, qui fit choix pour le premier de noble David-Louis de Teule, seigneur des Cambons, et de lui Pierre Rodier pour le second ; que ledit sieur des Cambons étant décédé dans le mois de septembre 1773, il a resté seul en charge sans avoir pu parvenir à en sortir et faire procéder au renouvellement des consuls; qu'il s'est donné toutes sortes de mouvement pour cela, mais que ce même esprit de désunion les a toujours rendus inutiles; que le motif des scindiqués est celui de priver le seigneur du droit, du choix et élection des consuls, et dans le cas où ils ne pourraient y réussir, d'introduire un changement dans l'usage observé dans la communauté, afin que la députation pour l'entrée aux Etats et assiette du païs, aux années où elle est en tour, ne tombe jamais sur MM. les consuls, mais bien sur quelqu'autre particulier qui ne voudrait pas accepter le consulat, mais cependant profiter des émoluments que procure cette commission; que ce motif est injuste, qu'au contraire il est juste qu'un consul, qui est obligé de se donner bien des peines et des soins dans l'exercice de sa charge, profite de quelque avantage quant il peut s'y en trouver ; que d'ailleurs si ce changement d'usage projeté par les scindiqués avait lieu, il éloignerait tous les bons sujets du consulat, qu'aucun d'eux ne voudrait accepter; que la délibération prise par six particuliers, dont même quatre ne sont pas du corps municipal et n'ont ny titre ny qualité pour s'assembler et faire une députation, ne sçaurait subsister ; que ces six particuliers profitèrent pour la prendre à son insçu, du temps où il était occupé avec M. le subdélégué et la jeunesse de la communauté, au tirement du sort indiqué à ce jour-là ; qu'enfin cette délibération se trouve anéantie par celle qui a été prise en sa faveur, qui est revêtue de toute la formalité et l'authenticité qu'on peut exiger ; qu'elle a été prise, ainsi qu'elle le porte, par une assemblée convoquée en la forme ordinaire et présidée par le juge du lieu, suivant l'usage ; le sieur de Perret oppose au sieur Rodier que cette délibération a été captée et fabriquée clandestinement ; que le second consul n'a fait aucune convocation d'une assemblée, quoiqu'il y soit dit que cette convocation a été faite en la forme ordinaire ; que le sieur Rodier a été lui-même chez tous ceux qui l'ont signée, pour capter leurs suffrages ; qu'au contraire celle dont il est porteur est légale et revêtue de toutes les formalités requises ; que la convocation de l'assemblée qui a été faite par un billet d'avis signé par le second consul et par lui envoyé chez les conseillers et principaux habitants, pour se rendre à l'heure et au lieu indiqués, ledit sieur de Perret a représenté un de ces billets ; qu'on a sonné la cloche suivant l'usage ; que ceux qui étaient bien intentionnés se sont rendus à l'assemblée, et que ceux qui se conduisent par des vues particulières et intéressées s'en sont abstenus, pour nommer ensuite clandestinement un sujet qui leur est dévoué ; que le titre en vertu duquel il se présente ne sçaurait être suspecté d'aucun monopole ; que d'ailleurs c'est ici une affaire qui intéresse en général et en particulier les communautés, qu'elles seules ont le droit de députer sans la participation des seigneurs qui voudraient, par leurs intrigues, se les arroger et les en dépouiller ; qu'il n'importe d'alléguer qu'il n'y avait pas à l'assemblée qui le députe un nombre suffisant de délibérants, qu'on ne doit considérer que leurs qualités de premier et plus notables de l'endroit, sans s'occuper du nombre qui même a été moindre, dans d'autres occasions semblables ; qu'on voit par une délibération du 1er avril 1774, concernant pareille députation, qu'elle ne fut signée que par le maire et par le consul, qui nommèrent un particulier au lieu d'un d'eux et qu'il fut admis ; que d'ailleurs la communauté est autorisée, par ordonnance de M. l'Intendant, du 16 septembre 1756, à délibérer, en l'absence des conseillers politiques, et ceux-cy condamnés en dix livres d'amende pour chaque contravention et à répondre du fait des délibérations prises par les présents. Ledit sieur de Perret oppose encore audit sieur Rodier son insuffisance, qui le met hors d'état de remplir l'emploi qu'il réclame ; que les intérêts du païs des Cévennes et ceux en particulier de la communauté de Saint-Etienne, ne peuvent être confiés en de pareilles mains, et qu'un tel sujet n'est admissible en aucune façon, qu'il l'est lui-même à tous les égards, qu'il faut de nécessité un représentant des Cévennes ; que la communauté de Saint-Etienne étant en tour, il vient avec un titre de cette communauté que cela doit suffire, pour qu'il soit admis et que tout renvoy ne pourrait qu'être préjudiciable aux intérêts du païs qu'il représente ; que tout au moins faut-il une nomination provisoire, et qu'il ne serait pas juste de lui préférer quelqu'autre, puisque personne ne peut mieux parler d'un païs que celui qui l'habite et qui est chargé de représenter bien de choses qui motivent sa mission ; que par toutes ces considérations il n'y a aucune difficulté à recevoir un député nanti d'un pouvoir légal et capable par état et par quelque lumière, de remplir les devoirs de sa charge ; qu'il a déjà eu l'honneur d'entrer à cette qualité dans l'assemblée, et qu'il croit sa conduite à l'abri de tout reproche, que sa procuration est la seule admissible, soit parce qu'elle est la seule et véritable de la communauté, soit parce que son concurrent, n'étant pas de la qualité requise pour être l'un des commissaires du diocèse, il reste seul pour remplir cette place, et que souvent la transaction passée en 1640, entre le Gévaudan et le colloque des Cévennes, il doit y avoir chaque année, de la part de celle-cy, un consul ou un autre député ; que cependant pour trancher toute difficulté, si MM. de l'assemblée croient devoir s'assurer de la vérité des faits par lui allégués, il s'en remet au serment que son concurrent prêtera devant eux en sa présence et sur ses interrogatoires, ou bien il consent de n'être reçu que par provision, et qu'avant de percevoir aucun émolument il soit ordonné qu'il rapportera une information sur la vérité légale de ce qu'il avance.

Ledit sieur siudic a observé que le sieur Rodier a reconnu son insuffisance devant MM. les commissaires, qu'il ne demande et n'a fait demander que d'être admis à la séance des Etats et aux prochaines séances de l'assiette, et qu'il soit nommé un commissaire pour le suppléer dans les autres opérations, notamment pour se rendre, suivant l'usage observé dans ce païs, dans chacune des communautés du département ou arrondissement du député des Cévennes, pour y faire la répartition de la capitation et des vingtièmes d'industrie, ne se sentant pas en en état de s'acquitter de cet emploi ; que la commission n'a pu regarder cette proposition que comme nouvelle et sans exemple ; que les opérations ultéricures de MM. les commissaires de l'assiette étant une suite des premières, liées les unes aux autres, elles paraissaient indivisibles, d'autant mieux que la communauté du colloque des Cévennes, qui se trouve en tour, n'a le droit que de députer un seul commissaire aux Etats et assiette, et que cependant par l'évènement il y en aurait deux pour remplir les objets de cette commission ; d'un autre côté la délibération qui députe ledit sieur de Perret, prise dans une assemblée tenue devant lui, a paru irrégulière à MM. les commissaires ; qu'indépendamment du petit nombre de délibérans, lesquels composent principalement un des deux partis qui divisent depuis quelques années la communauté dudit Saint-Etienne, ledit sieur de Perret n'a ny titre ny qualité pour faire tenir devant lui des assemblées, et que toutes ses fonctions ont dû cesser depuis la réunion de sa mairie et le remboursement de sa finance, en exécution de l'arrêt du Conseil du 27 octobre 1774 et ceux des 18 may et 29 septembre 1775. D'après ces considérations, MM. les commissaires ont été d'avis de proposer à l'assemblée de délibérer que ledit sieur Rodier et ledit sieur de Perret se retireront par devers nosseigneurs des prochains Etats généraux de la province de Languedoc, pour y rendre compte de leurs contestations et recevoir leurs ordres; ledit sieur sindic a enfin observé, sur le serment, que ledit sieur de Perret veut defférer à son concurrent, d'après ses interrogatoires sur la demande qu'il a fait de son admission provisoire et l'enquête qu'il propose d'ordonner, que ce sont autant de formes nouvelles et inusitées dans cette assemblée qui peut être excèderait son pouvoir en admettant quelqu'une d'elles, ledit sieur sindic a requis l'assemblée de délibérer.

Sur quoi l'assemblée a unanimement délibéré que ledit sieur Rodier et de Perret se retireront par devers nosseigneurs des prochains Etats généraux de la province de Languedoc, pour, sur ce leur être pourvu ; que cependant et jusques à ce qu'il en ait été autrement ordonné par nosdits seigneurs, les émoluments attribués au député des Cévennes, pour son assistance aux Etats et assiette du païs, autres toutesfois que ceux concernant le défray du commissaire ; que Mgr le Président a été suppléé par l'assemblée de nommer pour suppléer cette année ledit député et se transporter dans chacune des communautés de son département à l'effet d'y procéder à la répartition de la capitation et des vingtièmes d'industrie, demeureront consignés entre les mains du receveur en exercice la présente année.

Ledit sieur sindic a dit qu'il a été rendu deux jugemeuts par nosseigneurs des Etats, en date du 3 janvier 1777, dont l'un ordonne, en faveur des collecteurs de plusieurs communautés du diocèse, de l'année 1775, l'imposition des sommes dont ils ont été déclarés créanciers par la clôture de leurs comptes, lesquelles reviennent en total à la somme de 458 livres 8 sols, et l'autre veut qu'il soit fait un moins imposé dans plusieurs communautés des reliquats des comptes de leurs collecteurs, de la même année 1775, qui se portent en total à la somme de 2,325 livres 15 sols 6 deniers, et, conformément auxdits jugements, ledit sieur sindic a requis l'assemblée de délibérer qu'il soit fait mention de ces débets et de ces reliquats dans les mandes de la taille de cette année, et qu'il y sera marqué, par un article particulier, la somme que chaque communauté doit imposer ou moins imposer à ce sujet, chacune comme la concerne.

Ce qui a été unanimement délibéré, conformément à la réquisition dudit sieur sindic.

Ledit sieur sindic a dit aussi qu'il a été dressé, l'année dernière, des procès-verbaux des dommages causés aux récoltes ; ces procès-verbaux ont été remis aux bureaux de M. l'Intendant ; qu'il n'a point encore reçu son ordonnance de la somme qu'il aura bien voulu attribuer à ce diocèse dans la répartition de l'indemnité accordée par Sa Majesté, et ledit sieur sindic a requis l'assemblée de délibérer de renvoyer, suivant l'usage, à MM. les commissaires, la répartition de la somme qui sera portée par l'ordonnance de M. l'Intendant.

Ce qui a été délibéré, conformément à la réquisition dudit sieur sindic.

1778

MM. les commissaires de l'assiette. — Lecture des commissions pour les sommes à imposer. — Remise des procurations de MM. les députés. — Prestation du serment. — Vote des sommes demandées. — Une lettre doit accompagner les procurations. — Confirmation des officiers du pays. — Débets et reliquats des comptes des collecteurs. — Indemnité pour pertes de récoltes.

(Ce procès-verbal est incomplet.)

L'an mil sept cent soixante-dix-huit, et le mercredi dix-septième jour du mois de juin. Les gens des Trois Etats du païs de Gévaudan, convoqués par ordre du Roy, en la ville de Maruejols, sont venus à la salle de l'hôtel de M. le comte de Peyre, où loge M° Michel Ange de Bruges, prêtre, docteur en théologie, prévôt de l'église cathédrale de Mende, Président-né des Etats et assiette dudit païs, qui les attendait, étant accompagné de MM. les commissaires ordinaires ; et, tous ensemble, sont allés à l'église collégiale de la ville de Maruejols pour y entendre la messe du Saint-Esprit. Après laquelle, s'étant rendus dans la salle de l'auditoire des Cours du bailliage de Gévaudan et royale ordinaire dudit Maruejols, ils ont pris chacun leur place, sçavoir : M. le Président, sur un fauteuil, placé sur une stalle au-dessous d'un dais ; et sur la gauche de cette stalle, à la tête du banc, M. Louis-Dominique Cahuzac, lieutenant général au Bailliage de Gévaudan, pour M. le baillif, en tour pour le Roy, la présente année, commissaire ordinaire desdits Etats et assiette ; M° Urbain de Retz de Servière, ancien capitaine du régiment de Chartres, infanterie, commis des nobles, commissaire ordinaire desdits Etats et assiette ; M° Jean-Joseph Norry de La Blachère, ancien capitaine d'infanterie, chevalier de l'ordre royal et militaire de Saint-Louis ; sieurs Vital Maurin et Alexis Brajon, premier, second et tiers consuls de la ville de Mende, commissaires ordinaires desdits Etats et assiette ; M. Raymond Sevène, avocat au Parlement, 1er consul de la ville de Maruejols, commissaire ordinaire desdits Etats et assiette, sur un banc, placé au milieu du parterre ; MM. les ecclésiastiques, sur un banc, à la droite de M. le Président, chacun suivant son rang ; et, sur le banc dudit sieur baillif, MM. les barons et gentilshommes de ce diocèse ou leurs députés, aussy suivant leur rang, et les sieurs consuls et députés des autres villes et communautés dudit pays, qui ont entrée et voix délibérative auxdits Etats, assis sur le bas banc.

M. Cahuzac, lieutenant général, ayant en main les commissions de nosseigneurs les commissaires, qui ont présidé pour le Roy en l'assemblée des Etats généraux de la province, tenus à Montpellier, le . . . . a dit que nosdits seigneurs ordonnent, par leursdites commissions, à M. le baillif du Gévaudan, étant en tour ou son lieutenant, aux consuls de Mende et à un de Maruejols, commissaires comme luy, de procéder au département des deniers y contenus, et ainsi qu'il a été consenty et résoleu auxdits Etats ; lesquels Sa Majesté veut être imposés, la présente année, pour le soutien de l'Etat et pour fournir aux autres dépenses qui se feront dans le royaume, aussi bien que pour les appointements de Mgr le gouverneur de la province, entretenement de ses gardes et de MM. les lieutenants généraux dans ladite province, dettes et affaires de la province et de ce diocèse, et département des gratifications ordinaires et extraordinaires, contenues au billet sur ce signé, Bonnemain, ensemble l'arrêt de validation du Conseil d'Etat de Sa Majesté, pour être payés aux premiers jours d'avril, juillet et octobre prochains, et a remis les commissions au greffier pour en faire la lecture.

Et à l'instant, lecture ayant été faite desdites commissions, ensemble des instructions et autres actes y attachés, contenant, entr'autres choses, permission d'imposer pour les vacations et journées des consuls de Mende, de Maruejols et du sindic du diocèse, députés aux Etats généraux de la province. La lecture ayant été finie, ledit sieur Cahuzac est sorti de l'assemblée.

M. le Président a fait appeler les gens des Trois Etats du pays de Gévaudan, et, ayant fait remettre au greffier du diocèse les procurations des députés auxdits Etats, il en a fait la lecture.

L'assemblée ayant été réglée, chacun ayant pris sa place, le serment en tel cas requis et accoutumé ayant été prêté, sçavoir : par MM. de l'église, la main mise sur la poitrine ; et par MM. de la noblesse et députés du Tiers-Etat, la main levée à Dieu, et, tous ensemble, ont promis à M. le Président, moyennant leur serment, de ne rien faire contre l'honneur de Dieu ny contre le service du Roy.

Ensuite a été unanimement résolu que les sommes contenues aux commissions de nosseigneurs les commissaires, présidents pour le Roy aux Etats généraux de la province, tenus à Montpellier, seront imposées la, présente année, sur les contribuables aux tailles du païs de Gévaudan, et les Etats ont donné pouvoir à MM. les commissaires de l'assiette, qui s'assembleront demain, d'en faire le département.

Comme il est d'usage dans la province que MM. de l'église et MM. qui ne peuvent pas assister aux Etats du Languedoc envoyent, outre leurs procurations, une lettre adressée à M. le Président, pour toute l'assemblée, contenant les raisons pour lesquelles ils ne peuvent pas venir ; que cet usage a été toujours observé dans ce païs, pour soutenir la dignité de M. le Président et de toute l'assemblée, et que néanmoins quelques-uns ont omis d'écrire lesdites lettres ;

A été délibéré que les procurations, tant de MM. de l'église que de MM. les barons et gentilshommes de ce diocèse seront refusées à l'avenir, si elles ne sont accompagnées d'une lettre pour M. le Président, qui contienne les raisons pour lesquelles ils ne peuvent assister en personne, et que le greffier du diocèse couchera la présente délibération dans les lettres d'avis pour la convocation des Etats prochains.

M. le Président a dit que, suivant l'usage et instructions de nosseigneurs les commissaires, président pour le Roy aux Etats généraux de la province, cette assemblée est en droit de faire procéder à la confirmation ou nouvelle élection des officiers du diocèse.

Sur quoi le sieur Lafont, sindic, et le sieur de Lhermet, greffier, étant sortis de l'assemblée, a été délibéré, d'une voix unanime, de confirmer le sieur Lafont dans la charge de sindic, et le sieur de Lhermet dans la charge de greffier.

Après quoi les Etats ayant fait appeler lesdits sieurs Lafont et de Lhermet, lecture leur a été faite de la présente délibération, et M. le Président leur a fait prêter le serment, la main levée à Dieu, de remplir les devoirs de leur charge ; ce qu'ils ont promis et juré de faire.

Le sindic du païs a dit qu'il a été rendu deux jugements par nosseigneurs des Etats, dont l'un ordonne, en faveur des collecteurs de plusieurs communautés du diocèse, de l'année 1776, l'imposition des sommes dont ils ont été déclarés créanciers par la clôture de leurs comptes, et l'autre veut qu'il soit fait un moins imposé, dans plusieurs communautés, des reliquats des comptes de leurs collecteurs, de la même année 1776, et, conformément auxdits jugements, ledit sieur sindic a requis l'assemblée de délibérer qu'il sera fait mention de ces débets et de ces reliquats dans les mandes de la taille de cette année, et qu'il y sera marqué, par un article particulier, la somme que chaque communauté doit imposer ou moins imposer à ce sujet, chacune comme la concerne ; ce qui a été unanimement délibéré, conformément à la réquisition dudit sieur sindic.

Ledit sieur sindic a dit aussi qu'il a été dressé, l'année dernière, des procès-verbaux des dommages causés aux récoltes ; qu'on a cherché à en faire connoitre toute l'étendue ; que Mgr l'évêque de Mende écrivit, au mois de mars dernier, la lettre la plus instante à M. l'Intendant, pour solliciter, en faveur de son diocèse, une indemnité aussi considérable qu'il se pourroit ; que M. l'Intendant y a eu tout l'égard possible ; que dans la répartition qu'il a faite de l'indemnité accordée par Sa Majesté à la province, il y a compris ce diocèse pour une somme de 27,273 livres, dont il en a distribué 3,273 en faveur des particuliers qui ont souffert, l'année dernière, des incendies, et a ordonné que les 24,000 livres restantes seroient réparties sur les communautés, pour être mises en moins imposé sur le général des taillables ou sur les côtes des particuliers compris dans les procès-verbaux des dommages ; qu'en conséquence, MM. les commissaires du diocèse ont fait la répartition de cette somme de 24,000 livres, relativement à ce qui est porté par ces procès-verbaux ; que cette répartition a été autorisée par M. l'Intendant ; que MM. les commissaires ont aussi fait la répartition des sommes attribuées aux particuliers endommagés.

Sur quoy, ledit sieur sindic croit devoir proposer à l'assemblée de délibérer qu'il sera donné connoissance, par un article de la mande, à chaque communauté, de la somme pour laquelle elle a été comprise dans la répartition des 24,000 livres et de ce qu'elle doit employer en moins imposé général et en moins imposés particuliers.

Ce qui a été délibéré, conformément à la proposition dudit sieur sindic.

(La fin du procès-verbal manque.)

TABLE DES MATIÈRES

DU VIIe VOLUME

DES ÉTATS PARTICULIERS DU GÉVAUDAN

Délibération des Etats en 1734 (1)...... page	5
— en 1735.........	26
— en 1736.........	51
— en 1737.........	68
— en 1738.........	80
— en 1739.........	94
— en 1740.........	108
— en 1741.........	125
— en 1742.........	148
— en 1743.........	164
— en 1744.........	177
— en 1745.........	190
— en 1746.........	204
— en 1747.........	219
— en 1748.........	237
— en 1749.........	251
— en 1753.........	270
— en 1754.........	289
— en 1755.........	315
— en 1756.........	337

(1) Voir le sommaire a la page indiquée.

Délibération des Etats	en 1757.........	354
—	en 1758.........	390
—	en 1759.........	412
—	en 1760.........	425
—	en 1761.........	432
—	en 1762.........	467
—	en 1763.........	491
—	en 1764.........	501
—	en 1765.........	528
—	en 1766.........	549
—	en 1769.........	565
—	en 1770.........	578
—	en 1771.........	587
—	en 1772.........	594
—	en 1773.........	601
—	en 1774.........	609
—	en 1775.........	618
—	en 1776.........	629
—	en 1777.........	640
—	en 1778.........	651